INSTITUTIONS DE L'AUVERGNE

HISTOIRE

INSTITUTIONS DE L'AUVERGNE

CONTENANT

Un Essai historique sur le Droit public et privé
dans cette province

PAR

H.-F. RIVIÈRE

Conseiller à la Cour d'appel de Riom, Docteur en droit, Membre correspondant
de l'Académie de législation de Toulouse.

TOME DEUXIÈME

LIBRAIRIE DE A. MARESCQ AÎNÉ, ÉDITEUR,
Rue Soufflot, 17, près le Panthéon.

1874

HISTOIRE

DES

INSTITUTIONS DE L'AUVERGNE

TITRE VI.

Ère moderne.

—

Observations préliminaires.

Jetons avant tout un regard général et rapide sur la dernière époque que nous devons parcourir.

A la fin du XVᵉ siècle, la royauté avait fait des progrès immenses. Depuis Louis XI, elle ne parlait plus au nom de sa suzeraineté féodale, mais elle parlait et agissait en son propre nom. La ligue du bien public sous le règne de ce prince, ensuite les conspirations et le soulèvement des grands seigneurs contre l'absolutisme de Richelieu ; sous Mazarin, la guerre de la Fronde, excitée par la haute magistrature et l'aristocratie féodale, furent des tentatives impuissantes, qui n'eurent d'autre résultat que d'affermir et de consolider le pouvoir royal.

Pendant le XVIᵉ siècle, ce siècle tout à la fois si grand et si plein de convulsions et de misères, comme pendant le siècle suivant, les rois continuèrent leurs conquêtes territoriales, administratives et judiciaires. La monarchie absolue détrôna le régime féodal. A l'avénement de Louis XIV, la féodalité avait perdu tout pouvoir. Elle n'apparaît plus que dans des débris portant l'empreinte d'une mesquine tyrannie, contre laquelle protestaient l'intérêt de la nation et la conscience de l'humanité.

Tandis que la royauté centralisait toute l'administration politique et judiciaire, la liberté municipale, cet antique privilége de la bourgeoisie, était traitée de la même manière que les priviléges féodaux; le régime municipal disparaissait en passant sous le niveau du pouvoir royal. Comme compensation, la bourgeoisie voyait s'accroître son influence et ses richesses.

La législation subit les conséquences du changement opéré dans l'ordre politique. La volonté royale multiplia ses ordonnances, qui devinrent des lois générales pour toutes les provinces de la monarchie. Au roi seul appartint le droit de faire la loi. C'est cette doctrine que Loisel exprimait par la fameuse formule : « qui veut le roi si veut la loi [1]. » Les coutumes des provinces elles-mêmes ne reçurent plus leur autorité de l'usage seul : leur rédaction, ordonnée par le roi, fut faite sous la présidence de commissaires royaux, et elles furent confirmées par le souverain. Vingt coutumes, parmi lesquelles figure celle de l'Auvergne, furent ainsi publiées et sanctionnées pendant le règne de Louis XII [2]. Ce travail continua pendant le XVIe siècle. Plusieurs furent réformées dans ce siècle et dans le suivant. Dès la première rédaction, on introduisit dans leur texte des modifications qui changèrent souvent le caractère de leurs dispositions. L'esprit dominant de ces réformes révèle, en général, la prépondérance du tiers-état, de son esprit et de ses mœurs, dans la législation nouvelle [3]. Nous reviendrons sur cette observation, dans l'exposé que nous nous proposons de faire des principes de la coutume d'Auvergne.

Le droit coutumier eut ses règles particulières, règles propres à chaque province; il fut un droit essentiellement provincial. Les coutumes réformées, c'est-à-dire même celles qui ne conser-

---

[1] Liv. I, tit. 1, regl. 1re.

[2] Ann. 1505 à 1515.

[3] Voy. M. E. Laboulaye, *Recherches sur la cond. civ. et polit. des femmes* p. 378.

vèrent pas, comme la coutume d'Auvergne, leur rédaction primitive, ne perdirent jamais entièrement ce caractère.

Toutefois, il y eut une tendance universelle vers l'unité de législation, dans les écrits des jurisconsultes, dans les arrêts des parlements, comme dans les ordonnances.

Au XVIe siècle, l'influence du droit romain avait grandi. Vers 1567, la gloire de *Cujas* brillait de tout son éclat. Ce fut aussi le siècle de *Doneau*, ce logicien inexorable, plus connu aujourd'hui en Allemagne qu'en France, celui de *Duaren*, maître de *Doneau*, et d'autres encore, qui poussèrent loin l'étude historique et dogmatique du droit romain. *Dumoulin* lui-même l'appelait le *droit commun*, *Jus scriptum, hoc est commune* [1]. La pression que ce droit exerça sur la réformation des coutumes n'est point douteuse.

Cependant, il y eut aussi l'école coutumière, qui comptait de savants jurisconsultes, à la tête desquels se plaçait le jurisconsulte que nous venons de nommer. Rêvant le projet d'un seul code pour toute la France, Dumoulin avait porté ses regards sur l'ensemble des coutumes, cherché à les concilier, à les ramener à des principes fixes, uniformes, et avait signalé les anomalies et les innombrables diversités à la critique des réformateurs.

Ce *prince des jurisconsultes* porta la lumière dans les profondeurs du droit français, et dégagea les principes qui dominent dans plusieurs dispositions du Code civil. Il lutta aussi avec vigueur, dans ses écrits, contre la féodalité. L'assujettissement des justices féodales à celle du roi, l'abolition du droit de guerre qui appartenait aux seigneurs, la précision du droit du vassal comme droit de propriété, la simplification des formalités de l'hommage, la résistance au seigneur qui abusait de son droit en pratiquant la saisie féodale, la définition du fief, et de sa concession, réduite à la nature d'un simple contrat, la critique des droits onéreux des fiefs, déclarés odieux, la suppression des principaux droits seigneuriaux, fruit de la tyrannie et de l'oppression ; tous ces points furent abordés par l'éminent jurisconsulte, et traités par lui dans un style qui ne faisait faire aucun progrès à la langue, mais avec cette force et cette supériorité qui le font considérer comme l'un des plus grands esprits de son temps.

[1] *Cons.* 15, n° 14.

Après Dumoulin, le droit français eut encore des praticiens et des écrivains célèbres. Leurs doctrines et les arrêts des parlements fixèrent chaque jour le sens des coutumes et suppléèrent à leurs lacunes.

Trois noms appartenant à l'Auvergne, Antoine Duprat, l'Hôpital et Domat, doivent être inscrits parmi ceux qui, à l'époque que nous allons étudier, exercèrent, dans une mesure diverse, une influence sur la destinée des institutions, sur la législation générale et le droit de la France[1]. Nous apprécierons leur œuvre, dans le titre complémentaire, que nous avons l'intention de consacrer aux jurisconsultes, aux publiscites et aux hommes politiques de l'Auvergne. Nous n'oublierons pas d'y mentionner un autre enfant de cette province, qui prit une part active aux faits politiques de son temps, le célèbre Savaron. Les Etats Généraux de 1614, où il se distingua par la fermeté et la fierté de son langage, fermèrent la série des grandes assemblées de l'ancienne monarchie. La France se donna ensuite pour longtemps à la royauté absolue.

Les chapitres qui vont suivre contiennent l'exposé des institutions de l'Auvergne pendant la période des temps modernes. Après avoir parlé de la division territoriale et politique de cette province, nous étudierons son gouvernement, son administration. Nous assisterons à l'agonie de toutes ses vieilles libertés. Nous examinerons les réformes ou les modifications apportées dans plusieurs institutions, que nous avons passées en revue, à l'époque précédente. Nous terminerons par l'exposition des principes de son droit privé, de sa coutume, et de son organisation judiciaire. Ces explications nous conduiront jusqu'à la révolution de 1789, à cette crise suprême, à cette grande date, où coutumes, traditions, droit écrit, institutions administratives et judiciaires, la province elle-même, tout se disperse, tout s'efface. Là finit notre tâche.

[1] Nous n'ajoutons pas celui de *Michel de Marillac*, qui a laissé dans les fastes de la législation la grande ordonnance publiée au Parlement, le 15 janvier 1629, parce qu'il n'est pas né en Auvergne, quoiqu'il ait appartenu à une famille de cette province (*Voy.* Chabrol, IV, 6).

CHAPITRE Ier.

Division territoriale et politique de l'Auvergne dans les temps modernes.

La division de la province en Basse et Haute-Auvergne remonte à une époque assez ancienne. On distinguait déjà, au XIIIe siècle, les deux parties de cette contrée, que la nature avait, d'ailleurs, séparées, et qui étaient désignées, l'une par le nom d'*Auvergne*, l'autre par celui de *Montagnes d'Auvergne*.

Dans le XIIIe siècle, et dans les siècles suivants, ces deux parties furent soumises à des règles distinctes, au point de vue judiciaire et coutumier [1].

La coutume de 1510 [2], en consacrant cette division, traça les limites de ces deux régions de l'Auvergne [3] : elle porte que « le Bas-pays s'estend jusqu'à la rivière d'Alaignon, qui entre en Allier, et jusques à la rivière de la Rüe [4] »; elle ajoute que « le Haut-pays des Montagnes d'Auvergne est depuis ladite rivière de la Rüe en haut, tant que le dict pays d'Auvergne s'estend [5]. »

La coutume distingue encore une troisième partie de la province appelée le *Brivadois* et *Langhadois*, qui, selon l'art. 13 du chapitre 31, aurait été située entre les rivières d'Allier et d'Alagnon [6]. Mais cette distinction est moins importante que la précé-

---

[1] Quant à l'administration des Etats de la province, *voy.* chap. VI, tit. V

[2] Notamment art. 10 et suiv., chap. XXXI.

[3] Cette constatation des limites est faite par la Coutume à l'occasion de l'assiette de rente, qui ne se faisait pas de la même manière dans les différentes parties de la province.

[4] Art. 12, chap. XXXI.

[5] Art. 14, chap. XXXI.

[6] Prohet critique ces limites, « car, dit-il, elles renfermeroient la ville de St-Flour et un grand nombre de justices, qui constamment sont de la Haute-Auvergne, comme Andelat, Taleysat, Lachapelle-Laurens, etc.... Et de l'autre côté de la rivière d'Allier, il y a plusieurs lieux qui sont de Brivadois et Langhadois, comme Auzon, Paulhaguet, la Chaise-Dieu, Chornelis, Allègre, St-Paulien, Vissac, St-Privat, et autres. » (Sur l'art. 13, ch. XXXI, *Cout. d'Auv.*). D'autre part, Chabrol pense que Prohet a donné trop d'étendue aux lieux situés au-delà de l'Allier, qu'il indique comme dépendant de Brivadois et Langhadois (*Voy.* Chabrol, sur l'art. 13, ch. XXXI, *Cout. d'Auv.*, t. IV, p. 657.).

dente, car le pays ainsi appelé était compris dans la Basse-Auvergne, et était régi par les mêmes lois que celle-ci, sauf ce qui concernait les pâturages[1].

Du reste, la division générale en Basse et Haute-Auvergne, énoncée par la coutume, n'était pas exempte d'obscurité. C'est seulement en recourant aux coutumes locales, dont il fut fait deux chapitres séparés, et en recherchant les lieux reconnus par les rédacteurs comme situés soit dans la Basse, soit dans la Haute-Auvergne, qu'il était possible de savoir d'une manière précise de quelle partie de la province certaines localités dépendaient[2].

Nous avons vu, à l'époque précédente, l'Auvergne divisée en quatre grands fiefs principaux : le Duché, autrefois la *Terre d'Auvergne,* le Comté d'Auvergne, dont Vic-le-Comte était la capitale, le Dauphiné d'Auvergne et le Comté de Clermont[3]. Il n'est pas inutile de faire connaître les vicissitudes et les modifications principales, que cette division politique a subies dans la période que nous devons expliquer[4].

Après la mort de Charles, fils aîné de Jean, duc de Bourbon[5], le Duché appartint successivement à Jean II et à Pierre, ses deux fils. Jean mourut le 1er avril 1487, et Pierre le 10 octobre 1503, laissant Suzanne de Bourbon mariée à Charles de Bourbon, qui fut Duc et Dauphin d'Auvergne.

Le duché d'Auvergne fut ensuite réuni à la couronne. Toutefois, par un traité de 1527, François Ier en avait laissé la jouissance à Louise de Savoie, duchesse d'Angoulême, sa mère, qui mourut, en 1531, et le retour du Duché à la Couronne n'eut lieu qu'à cette époque.

[1] Cette distinction n'offrait presque plus aucun intérêt lorsque l'assiette de rente cessa d'être pratiquée.

[2] La distinction du Haut et du Bas pays d'Auvergne, et celle de la Limagne et des montagnes de la Basse-Auvergne, avaient donné lieu, en l'année 1555, à une enquête, dont un extrait est rapporté par Chabrol, d'après un manuscrit attribué à Decombe (*Voy.* Chabrol, sur l'art. 14, tit. XXXI, *Cout. d'Auv.,* t. IV, p. 658).

[3] *Voy. suprà,* ch. 3, tit. V.

[4] La province d'Auvergne se confinait, au levant, par le Forez; au midi, par le Rouergue et le Gévaudan ; au couchant, par le Limousin, le Quercy et la Marche; au nord, par le Bourbonnais. Son étendue était de 840 lieues carrées environ. (La lieue était de 2282 toises 3 pieds environ.)

[5] *Voy.* ch. 3, tit. V.

Il fut, en 1562, donné, à titre de douaire, à Catherine de Médicis, et, en 1569, à titre d'apanage, à Henri, duc d'Anjou.

Il fut cédé à Elisabeth d'Autriche, veuve de Charles IX, en 1577; puis, il passa à Louise de Lorraine, veuve de Henri III, et fut, enfin, cédé, en 1643, à Anne d'Autriche, veuve de Louis XIII, pour sa dot et son douaire.

En 1773, le Duché était devenu l'apanage de Philippe, comte d'Artois, petit-fils de Louis XV; mais ce don avait été révoqué, en 1778, et, depuis cette époque, il demeura réuni au domaine de la couronne.

Quant au Comté d'Auvergne, il appartint d'abord à Bertrand VII, puis, en 1494, à Jean de la Tour, qui laissa à sa mort, en 1501, deux filles, dont l'une, Anne de la Tour, mariée, en 1505, à Jean Stuart, duc d'Albanie, mourut en 1534. Sa succession fut dévolue à Catherine de Médicis.

Catherine de Médicis eut la jouissance du Comté jusqu'à sa mort, c'est-à-dire jusqu'au mois de janvier 1589.

On se rappelle qu'elle avait réclamé la seigneurie de Clermont, et qu'elle l'avait obtenue par le fameux arrêt de 1551[1].

Elle disposa du Comté par testament en faveur de Charles de Valois, fils naturel de Charles IX. Des lettres-patentes de 1589 en ordonnèrent l'exécution, et Charles de Valois eut la possession du Comté pendant quelque temps. Mais un arrêt du parlement, du 17 juin 1606, le restitua à Marguerite de Valois, femme de Henri IV, fille et héritière de Catherine de Médicis. Le Comté de Clermont et la baronnie de la Tour lui appartinrent également.

Marguerite de Valois fit ensuite donation des comtés d'Auvergne et de Clermont, et autres seigneuries, à Louis Dauphin de France, depuis Louis XIII, par acte du 10 avril 1609. Ces comtés et seigneuries se trouvèrent réunis à la couronne, l'année suivante, par suite de l'avénement de Louis XIII au trône[2].

Plus tard, Louis XIV disposa du comté d'Auvergne par le célèbre échange du 10 mars 1651, en faveur de Frédéric-Maurice

[1] Voy. *supra*, ch. 3, tit. V.

[2] Voy. *Etat de l'Auvergne, en* 1765, par Ballainvilliers (*Tabl. hist. de l'Auv.*, t. VII, p. 152); *Recherches sur l'ancien château de Mont-Redon*, par l'abbé Cohadon (*Tabl. hist. de l'Auv.*; t. III, p. 228).

de la Tour d'Auvergne, duc de Bouillon. Cet échange fit rentrer
le comté en la possession de ses anciens propriétaires, et il y
demeura jusqu'à la Révolution [1].

Le roi s'était réservé la ville de Clermont et celle de Lezoux,
dans l'acte d'échange du 10 mars 1651, quoiqu'elles ne dépen-
dissent pas du comté, parce qu'elles avaient appartenu comme
ce dernier à Catherine de Médicis, et que l'on voulait éviter
toute équivoque pour l'avenir.

Enfin, le Dauphiné d'Auvergne avait été assuré à Louis de
Bourbon par la transaction qu'il avait faite, le 26 septembre 1452,
avec Louis de Beuil [2]. Il passa à Gilbert de Bourbon-Montpensier,
qui mourut en 1496, puis à son fils, décédé en 1501. Charles III,
connétable de France, le recueillit, avec le comté de Montpensier, la baronnie de Mercœur, et la Combraille. Ensuite, Louise
de Savoie eut la jouissance du Dauphiné et de la terre de Montpensier, qui, par le traité de 1538, furent rendus, avec la Combraille, à Louise de Bourbon, sœur du Connétable.

En 1540, le Dauphiné et la Combraille avaient été réunis au
comté de Montpensier, érigé en Duché-pairie, par lettres du
mois de février 1538, en faveur de Louis de Bourbon, prince de
la Roche-sur-Yon, mort en 1582. Son fils, François, et son petit-
fils, Henri de Bourbon, possédèrent successivement le Dauphiné
et le Duché de Montpensier. Le Dauphiné appartint encore à
Mademoiselle d'Orléans, duchesse de Montpensier, décédée en
1693. Philippe de France (frère de Louis XIV) lui succéda dans
ces deux possessions, que la maison d'Orléans conserva ensuite
jusqu'à la Révolution.

---

[1] Le procès-verbal du 25 janvier 1674 énonce que le comté se composait,
en 1550, de Vic-le-Comte, Mercurol, Laz, Coppel, Ybois, St-Babel, Cremps,
Busseol, Mirefleur, Laroche, Dieu-y-soit, Lezoux, Clermont, Montrognon
et Chamalières; mais que, par suite de diverses aliénations postérieures, il
se réduisait à Vic-le-Comte, Mercurol, Laz, Mirefleur, La Roche, Dieu-y-soit,
Ybois, St-Babel, Lezoux, Clermont, Montrognon et Chamalières. — Chabrol
fait observer qu'il y a une erreur pour les quatre derniers pays, qui ne faisaient nullement partie du Comté (*Disc. prélim.*, t. IV, p. xxxiij. — *Voy.*
Ballainvilliers, *Loc. cit.*, p. 150).

[2] Le Dauphiné d'Auvergne se composait de la châtellenie de Vaudable,
chef-lieu, et des terres, fiefs et seigneuries de Lempdes, Meillaud, Vieille-
Brioude, Lestaing, Valligny, Combronde, St-Hérent, Vernox, Tourzel,
St-Gervasy et la Meyrand (Ballainvilliers, *Loc. cit.*, p. 140).

CHAPITRE II.

Gouvernement et administration de la province d'Auvergne.

Ce chapitre, dans lequel nous nous proposons de donner quelques explications sur le gouvernement et l'administration de la province d'Auvergne, depuis les temps modernes, sera divisée en trois sections : dans la première, nous ferons connaître les fonctions et les attributions des gouverneurs, celles des intendants et autres officiers ou agents chargés de l'administration ; dans la seconde, nous complèterons nos observations sur les Etats de l'Auvergne, en les suivant dans cette nouvelle période de leur existence ; enfin, dans la troisième, nous dirons quelques mots de l'Assemblée provinciale de cette contrée.

SECTION Ire.

Gouverneurs, Intendants, et autres Officiers ou Agents chargés de l'administration.

Du treizième au quatorzième siècle, l'action de la royauté avait pris une grande extension, et devint de plus en plus prépondérante dans les provinces. Les pouvoirs des baillis et sénéchaux, qui en avaient, dans l'origine, la garde et la défense, furent successivement restreints et réduits au commandement des milices de l'arrière-ban. Il leur était défendu, en 1362, de prendre la qualité de *gouverneurs*. Les rois envoyèrent pour gouverner les provinces, et y représenter le pouvoir central, des officiers, auxquels la direction des forces militaires fut attribuée, avec une autorité à peu près discrétionnaire, qu'ils exerçaient sous leur responsabilité personnelle. Cette organisation des commandements supérieurs dans les provinces, d'abord irrégulière, se généralisa sous le règne de Louis XII, et acquit plus d'uniformité sous celui de François Ier.

Les personnages ou officiers auxquels le gouvernement des provinces fut confié reçurent d'abord le titre de *lieutenants pour le Roi*.

Le duc Louis de Bourbon fut établi lieutenant du roi en Auvergne et en Berry par lettres du 20 octobre 1357 [1]. Il avait eu pour prédécesseur, en 1356, dans le premier pays, Jean de Boulogne, comte de Montfort. Le duc de Berry fut nommé, en 1372, lieutenant du roi dans cette province, qui était son apanage [2]. Déjà il avait reçu ce titre, en 1369, pour les Montagnes d'Auvergne [3]. En 1380, des lettres patentes le nommaient en la même qualité pour les provinces de Berry, d'Auvergne, de Poitou, de Guyenne et Languedoc, et lui accordaient l'exercice le plus étendu des droits et prérogatives de la souveraineté [4]. On sait l'usage que ce prince fit de ce pouvoir, et de quelles exactions furent victimes les pays soumis à son autorité despotique.

Le gouvernement particulier de l'Auvergne appartint successivement à différents personnages, dont on trouve la liste chronologique, depuis la fin du XIVe siècle jusqu'à celle du XVIIe, dans un extrait, fait par Dulaure, du manuscrit d'Audigier, de la bibliothèque nationale [5].

Dans les premiers temps, les gouverneurs nommaient eux-mêmes leurs lieutenants, lorsqu'ils étaient obligés, par suite de certaines circonstances, de s'éloigner de leurs provinces. François Ier établit, sous le nom de *lieutenants de Roi*, des officiers entièrement indépendants des gouverneurs, « pour s'assurer par eux de leur fidélité [6]. » Il réunit aussi le gouvernement de l'Auvergne à celui du Lyonnais.

Sous Charles IX, l'Auvergne redevint un gouvernement particulier, dont la Marche limousine relevait. Il y avait, à cette époque, trois lieutenants du roi dans le gouvernement d'Auver-

---

[1] *Hist. génér. de Languedoc*, t. IV, p. 540.

[2] Secousse, t. V, p. 606.

[3] Secousse, t. V, p. 218, 606.

[4] Secousse, t. VI. p. 529.

[5] Voy. Mss. biblioth. de Clermont, no 241. Cet extrait a été inséré dans les *Tablettes hist. de l'Auvergne*, t. 1er, p. 479 et suiv.

[6] Audigier, Manuscrit précité, *Tabl. hist. de l'Auvergne, Loc. cit.*, p. 504. — Voy. la liste des lieutenants de roi de la Basse et de la Haute-Auvergne, dans le même manuscrit, *Tabl. hist. de l'Auvergne*, t. 1er, p. 504 et suiv.

gne : le premier pour le Bas pays, le second pour les Montagnes, et le troisième pour la Marche. Sous Henri IV, la Marche reçut un gouvernement séparé.

Depuis ce temps, jusqu'en l'année 1692, le gouvernement d'Auvergne se composa d'un gouverneur en chef, et de deux lieutenants du roi [1].

En 1637, le frère du roi était gouverneur en chef de cette province ; le comte de Noailles était lieutenant du roi dans le Haut pays, et le comte de Lude lieutenant du roi dans le Bas pays [2].

En 1692, Louis XIV créa deux nouvelles charges de lieutenants du roi, l'une pour la Haute, l'autre pour la Basse-Auvergne [3].

La charge de la Haute-Auvergne fut seule *levée* par le marquis de Roussille, frère de la duchesse de Fontanges [4] ; de sorte qu'il y eut, en Auvergne, depuis l'édit de 1692, un gouverneur en chef, deux lieutenants, qui prirent le titre de *lieutenants généraux*, l'un pour le Haut pays, l'autre pour le Bas pays, et un lieutenant du roi pour la première de ces régions.

Ce lieutenant du roi recevait et donnait les ordres en l'absence du gouverneur et du lieutenant général [5].

Les gouverneurs et les lieutenants étaient anciennement nommés avec la clause *tant qu'il nous plaira* ; plus tard, avec la clause *pour trois années*. Néanmoins, ils n'étaient presque jamais, et sans de graves motifs, relevés de leurs fonctions.

Dès l'origine, les gouverneurs avaient la direction et la disposition de la milice de la province. Ils devaient, d'après une

[1] Manuscrit précité, *Loc. cit.*; *Relation de l'état de la province d'Auvergne en* 1637, par de Mesgrigny, Mss., Biblioth. [nationale, fonds de St-Germain-des-Prés, no 945 ; copie du même manuscrit, Biblioth. Clermont, no 234 ; *Tab. hist. de l'Auvergne*, t. III, p. 146.

[2] De Mesgrigny, *Loc. cit.*

[3] Voy. *Mémoire concernant la province d'Auvergne dressé par ordre de Mgr le duc de Bourgogne, en* 1697-1698, par Lefevre d'Ormesson, intendant (*Tab. hist. de l'Auvergne*, t. V, p. 530) ; *Etat de l'Auvergne, en* 1765, par de Ballainvilliers, intendant d'Auvergne, (*Tab. hist. de l'Auvergne*, t. VII, p. 8).

[4] Voy. les documents précités.

[5] Lefevre d'Ormesson, *Loc. cit.*

ordonnance de Louis XII, veiller à la sûreté du pays, empêcher les désordres et les pillages, avertir le roi des entreprises tentées contre son pouvoir et faire exécuter les sentences des juges royaux[1].

Représentants de la puissance royale dans les provinces, et exerçant, comme nous l'avons dit, une autorité à peu près discrétionnaire, les gouverneurs servirent puissamment, dans les premiers temps de leur institution, la cause de la centralisation monarchique.

Selon les termes de l'art. 2 du titre Ier de l'ordonnance du 1er mai 1768, un gouverneur de province doit veiller à ce que les habitants ne s'écartent point de l'obéissance due au roi, et à ce qu'ils vivent entre eux en bonne union. Il doit aussi contenir les gens de guerre en bon ordre, commander aux officiers généraux employés dans l'étendue de son gouvernement, et aux troupes qui y passent, tenir la main à l'exécution de ce qui est réglé pour le logement et les autres fournitures qu'on doit leur faire. Enfin, il peut visiter les places, assembler les troupes en cas de besoin ; et il jouit, au surplus, de toute l'étendue des pouvoirs qui lui sont donnés dans les provisions que le roi lui a fait expédier. Les fonctions des gouverneurs des provinces étaient donc tout à la fois politiques et militaires. En leur absence, c'étaient les lieutenants qui donnaient les ordres et les *attaches*. A défaut des lieutenants, ce pouvoir revenait aux sénéchaux ou baillis[2]. Lorsque les intendants furent établis, ce furent ces officiers qui, dans ce cas, reçurent directement les ordres du roi et qui furent chargés de leur exécution[3].

Sous François Ier, il n'y avait que douze gouvernements des provinces. En 1776, les gouvernements généraux étaient au nombre de trente-neuf, divisés en deux classes. L'Auvergne était dans les vingt-un gouvernements de la seconde classe, dont les titulaires recevaient un traitement de 30,000 livres par an[4].

---

[1] Guenois, *Conf. des ordonn. royaux*, liv. I, tit. 20, § I, ordonn. de 1498, art. 70.

[2] Voy. de Mesgrigny, *Loc. cit*, p. 146.

[3] Voy. Lefèvre d'Ormesson, *Loc. cit.*, p. 530 ; de Ballainvilliers, *Loc. cit.*, p. 8.

[4] Voy. ord. du 18 mars 1776. — La loi du 20 février 1791 supprima les gouvernements des provinces et les lieutenances générales. Celle du 8 juillet suivant y substitua des commandements de divisions (voy. art. 2, tit. 3 de cette loi).

Une autre création aussi importante que celle des gouverneurs fut celle des intendants.

Le Conseil du roi avait commencé à envoyer régulièrement dans les provinces des *Commissaires départis*, pris parmi les Maîtres des Requêtes. Ces officiers rappellent les anciens *Missi dominici.* C'étaient des inspecteurs généraux, députés dans les provinces pour les visiter au nom du roi. L'art. 33 de l'ordonnance d'Orléans leur prescrivait de faire les *chevauchées*, de recevoir les plaintes des habitants des pays qu'ils visitaient, et de dresser des procès-verbaux, qu'ils devaient remettre entre les mains du Chancelier[1]. Selon l'art. 8 de l'ordonnance de janvier 1629, les Maîtres des Requêtes devaient visiter les provinces, suivant le *département* qui en était fait, chaque année, par le Chancelier ou garde des sceaux; ils devaient se transporter dans les cours de parlements, bailliages et sénéchaussées, y recevoir les plaintes des sujets du roi, tant sur l'administration de la justice, que pour raison des levées et impositions excessives, que l'autorité des plus forts pourrait faire tomber sur les plus faibles; informer d'office de tous abus et malversations de la part des officiers royaux, et autres choses concernant le service du roi, le bien public, et le soulagement du peuple; et faire sur le tout des rapports au Chancelier ou garde des sceaux.

La visite périodique des *Commissaires départis* cessa. Des Intendants astreints à la résidence leur succédèrent. Institués par Richelieu, (1635), ils furent supprimés durant la fronde (1648) et rétablis par Mazarin (1654), sous le non d'*Intendants de justice, police et finances*[2].

Un édit du 7 décembre 1542 avait divisé le territoire du royaume en seize *généralités*, dans chacune desquelles furent établis un receveur général et un commis des trésoriers de France et généraux des finances. Un autre édit du mois de janvier 1551 porta le nombre des généralités, de seize à dix-sept, et établit dans chacune d'elles un trésorier général cumulant les fonctions des

---

[1] Voy. aussi ord. de Moulins, art. 7; ord. de Blois, art 209; et ord. de janvier 1629.

[2] Voy., pour la chronologie des intendants d'Auvergne, le *Mémoire historique sur les modes successifs de l'administration dans la province d'Auvergne*, par M. Michel Cohendy, p. 13 et suiv.

anciens trésoriers et des anciens généraux. Le nombre des généralités varia, du reste, avec les époques[1].

On doit observer que cette division financière en généralités ne correspondait pas à la division militaire des gouvernements des provinces.

Il fut institué un intendant dans chaque généralité. Le ressort de l'intendance s'étendait à toute la généralité, qui était, du moins dans les pays d'élections comme l'Auvergne, subdivisée en un certain nombre d'*élections*, ainsi que nous l'expliquerons plus loin.

L'établissement des intendants fut, pour les finances et l'administration, ce que les gouverneurs avaient été pour la partie politique et militaire du gouvernement. Les intendants accaparèrent peu à peu l'administration, tandis que le pouvoir des gouverneurs fut de plus en plus amoindri ou effacé[2].

A l'époque des guerres de religion, les gouverneurs s'étaient rendus presque souverains dans leurs provinces[3]. Quelques-uns tentèrent même, en cachant leur projet sous l'apparence du dévouement à la ligue, de partager la nation en brisant l'unité nationale. Richelieu attaqua leur puissance. Ils avaient essayé de se relever à l'époque de la fronde, en se coalisant avec les parlements pour amoindrir l'autorité royale. Louis XIV s'en souvint, et abaissa de plus en plus leur autorité.

Les intendants, dont le pouvoir s'accrut considérablement, contribuèrent beaucoup à affermir la puissance royale. Leurs attributions embrassaient pour ainsi dire toutes les parties du gouvernement et de l'administration. « Leur pouvoir, dit un ancien auteur, s'étendait à tout ce qu'il plaisait à sa Majesté d'ajouter à leurs commissions[4]. » Ils étaient chargés de la police, au point

---

[1] La recette qui était d'abord à Issoire fut ensuite transférée à Riom (Lefèvre d'Ormesson, *Loc. cit.*, p. 539).

[2] Voy. Extrait du manuscrit de Dulaure précité, *Tab. hist. de l'Auvergne*, *Loc. cit.*, p. 489.

[3] En Auvergne, le comte de Larochefoucaud-Randan, gouverneur de la province, fut, on le sait, un ardent et intrépide ligueur. (Voy. Chabrol, IV, 443; M. Imberdis, *L'Auvergne*, p. 431 et suiv).

[4] Ferrière, *Dict. de dr.*, v° *Intendants de provinces*. — On peut consulter sur les pouvoirs des intendants, M. Pierre Clément, *Lettres, instructions et mémoires de Colbert*, vol. IV, introduction, p. VIII, M. Dareste, *Revue histo-*

de vue de l'ordre public, des subsistances et de la salubrité publique. Les questions relatives à l'administration militaire, les convois, étapes, logement et campement des troupes, le tirage au sort de la milice, étaient de leur compétence. Les routes, les canaux, les mines, les travaux publics[1], la tutelle des communes, la surveillance et la direction supérieure de l'agriculture, du commerce et de l'industrie, figuraient aussi parmi leurs nombreuses attributions. Les finances étaient toutes soumises à leur autorité directe ou à leur inspection. Les règlements leur donnaient le droit de taxer d'office les taillables omis dans les rôles, et d'augmenter arbitrairement les impositions qu'ils jugeaient trop faibles; pouvoir funeste, dans les pays d'élections, qui n'avaient pas de garantie, comme les pays d'Etats, dans leur organisation administrative.

Enfin, quand la capitation, les dixièmes et les vingtièmes vinrent écraser le royaume, les intendants eurent le droit non-seulement de dresser les rôles des nouveaux impôts, mais encore de statuer sur les réclamations occasionnées par leurs taxes. Le recours, même en matière contentieuse, dirigé contre leurs décisions, était le plus souvent illusoire: « Vient-il au ministre, disait Necker, des plaintes d'un particulier ou d'une paroisse entière, que fait-on alors? Et qu'a-t-on fait de tout temps? on communique à l'intendant la requête; celui-ci, en réponse, ou conteste les faits, ou les explique, et toujours de manière à prouver que tout ce qui a été fait par ses ordres a été bien fait; alors, on écrit au plaignant qu'on a tardé à lui répondre, jusqu'à ce qu'on eût pris connaissance exacte de son affaire, et on lui transmet comme un jugement réfléchi du Conseil, la simple réponse de l'intendant[2]. »

C'est surtout sous le rapport de l'assiette, de la répartition et de la perception de l'impôt que les inconvénients et les vices de

---

rique de dr. franç., 1855, 1er numéro. — M. Dareste a surtout considéré les intendants sous le rapport du contentieux administratif; — M. H. de Luçay, Revue hist. de dr. franç., t. II, p. 256; M. Michel Cohendy, Mémoire précité, p. 10.

[1] Voyez, sur les travaux publics en Auvergne, une lettre de Colbert à l'intendant de Marle, du 23 juin 1681 (Lettres, instr. et mémoires de Colbert, publiés par M. Pierre Clément, vol. IV, p. 525).

[2] Voy. Mémoire donné au roi en 1778.

cette organisation étaient considérables, car l'autorité absolue et omnipotente des intendants était encore favorisée, en cette matière, par la multiplicité des charges, et par le vague dans l'exécution que l'esprit fiscal avait su se ménager [1].

Le roi expédiait souvent aux intendants des commissions avec attribution spéciale de juridiction, et même avec le pouvoir, dans certains cas, de juger en dernier ressort, en se faisant assister du président du lieu [2].

Par une lettre de St-Germain, du 13 mars 1671, Colbert écrivait au premier président de la cour des aides de Clermont-Ferrand, au sujet du procès que Tubeuf avait ordre de faire au nommé Froment: « Lorsque les crimes ont duré longtemps, qu'ils sont de conséquence, dans la matière qui est la plus importante, c'est-à-dire dans le recouvrement des deniers de sa Majesté, et que les officiers des compagnies qui doivent poursuivre la vengeance publique, ou l'ont négligé, ou n'ont pas eu assez d'application pour en estre avertis, alors sa Majesté a renvoyé les affaires de cette nature aux intendants et leur a donné le pouvoir de juger souverainement. C'est ce qui arrive en cette occasion [3]... »

Dans les présidiaux, bailliages ou sénéchaussées, les baillis, sénéchaux et présidents leur cédaient la première place [4].

Leurs attributions en matière contentieuse furent considérablement augmentées : ils devinrent juges en première instance des contestations concernant les droits de contrôle des actes, des exploits, l'insinuation, le centième denier, le petit scel, les droits de greffe, les droits réservés, les droits de franc-fief, d'amortissement et de nouvel acquêt, les droits d'échanges dus au roi pour les biens situés dans les mouvances des seigneurs particuliers, etc., etc. [5]

L'appel de leurs décisions était porté au Conseil du roi, ou au Parlement, ou à la Cour des aides, selon la nature des affaires. Quand les intendants eurent ainsi absorbé tous les pouvoirs, les

[1] Necker, Mémoire précité.

[2] Ferrière, Loc. cit.

[3] Lettres, instructions et Mémoires de Colbert, publiés par M. Pierre Clément, vol. II; p. 78.

[4] Ferrière, Dict. de dr., v° Maîtres des Requêtes.

[5] Voy. Dict. raisonné des domaines, v° Attributions.

vieilles libertés provinciales disparurent. Les provinces, même celles qui par exception conservèrent leurs assemblées délibérantes, leurs Etats, et que l'on désignait sous le nom de *pays d'Etats*[1], ne jouirent point pour autant d'une plus grande liberté. Les délibérations et les votes de ces Etats furent soumis à la direction, aux brigues et aux cabales des intendants. La royauté devint maîtresse de chaque province. Rien ne put s'y faire sans sa volonté ou son assentiment.

Cependant, on ne saurait le nier, le concours intelligent des intendants eut pour résultat, dans plusieurs provinces, de donner à l'agriculture, au commerce, à l'industrie et aux travaux publics, un développement remarquable, à la fin du XVIIe et dans le courant du XVIIIe siècle. Les intendants instruisaient le ministère de l'état des provinces, de leurs productions, de leurs débouchés, de leurs revenus, etc. Ils signalaient les réformes, et appelaient l'attention du pouvoir sur celles qu'il était urgent d'opérer. L'Auvergne eut le privilége de compter parmi ces puissants administrateurs de hautes intelligences ou des âmes généreuses, telles que de Mesgrigny, d'Ormesson, Trudaine, de Ballainvilliers, Montyon, Chazerat, à qui cette province est redevable de créations utiles et d'améliorations importantes[2].

La *généralité* de l'Auvergne était subdivisée en sept *élections* comprenant un certain nombre de paroisses. On appelait *élection* une circonscription soumise à la juridiction financière de magistrats appelés *élus*.

Une ordonnance de Saint-Louis nous apprend que, dans les villes où le roi levait des tailles, les bourgeois élisaient des commissaires chargés de la répartition[3]. L'ordonnance du 28 décembre 1355 généralisa cette institution, et des *Elus* furent établis dans tous les diocèses pour l'administration locale et la juridiction du premier degré en matière d'impôts. Ils devinrent des officiers nommés par le roi, dès le règne de Charles V (1372); mais ils

---

[1] Les territoires ainsi appelés furent : le Languedoc, la Bretagne, la Bourgogne, la Provence, le Dauphiné, la Flandre, l'Artois, le Hainaut et le Cambrésis, le comté de Pau, le comté de Foix, le Bigorre, le Marsan, le Nébouzan et les quatre vallées. (Voy. Aug. Thierry, *Tiers-Etat*, p. 227, note 1re).

[2] Voy. M. Michel Cohendy, p. 13.

[3] *Ordonn.*, t. Ier, p. 291.

n'en conservèrent pas moins le nom d'*Élus*. Leurs attributions furent successivement réduites et passèrent peu à peu entre les mains des trésoriers de France et des intendants[1].

La Basse-Auvergne comprenait les élections qui avaient pour chef-lieux Clermont, Riom, Issoire, Brioude[2].

L'élection de Clermont, capitale de la province, était la plus considérable et la plus étendue : elle renfermait treize villes et 237 collectes[3]. L'élection de Riom avait quatre villes dans son district[4], et 135 collectes, sans compter les quatre villes; celle d'Issoire, huit petites villes[5], et 153 collectes; celle de Brioude, cinq villes[6] et 143 collectes.

Les chefs-lieux des élections de la Haute-Auvergne étaient : Aurillac, Saint-Flour et Mauriac.

L'élection de Saint-Flour avait trois villes[7] et 148 collectes, les villes comprises. Celle d'Aurillac, quatre villes[8] et 95 collectes, en comptant les villes. Enfin, l'élection de Mauriac comprenait cette ville, avec Salers, et 58 collectes qui composaient un bureau particulier d'élection dépendant de Saint-Flour[9].

Nous verrons plus tard que cette division par élections et généralités fut prise pour base par les rédacteurs de l'édit de 1787, qui créa des assemblées provinciales dans les pays d'élections, et

---

[1] Voy. M. Dareste, *Revue historique*, vol. II, p. 131.

[2] Une partie de la Basse-Auvergne, située entre Saint-Pourçain et Riom, formait une enclave dans le Bourbonnais, où se trouvait l'élection de Gannat, dépendant de la généralité de Moulins, pour laquelle on avait distrait 80 paroisses de la généralité de Riom, mais qui continuèrent cependant à faire partie du gouvernement d'Auvergne (Voy. Lefèvre d'Ormesson, *Loc. cit.*, p. 530 et suiv.; de Ballainvilliers, *Loc. cit.*, p. 9.)

[3] Ces treize villes étaient : Clermont, Montferrand, Billom, Courpière, le Pont-du-Château, Lezoux, Vic-le-Comte, Olliergues, Saint-Amant, Besse, Latour, Ardes, et Pontgibaud.

[4] Riom, Thiers, autrefois siége d'une élection, Maringues, Montaigut-en-Combraille.

[5] Issoire, St-Germain-Lembron, Usson, Nonette, Sauxillanges, Auzon, Ambert, et Arlanc.

[6] Brioude, Blesle, la Chaise-Dieu, Pauliaguet, et Langeac.

[7] St-Flour, Murat et Chaudesaigues.

[8] Aurillac, Maurs, la Roquebrou, Montsalvy.

[9] Voy. Lefèvre d'Ormesson, *Loc. cit.*, p. 530 et suiv.; de Ballainvilliers, *Loc., cit.*, p. 9 et suiv.

institua ces assemblées dans 23 généralités, au nombre desquelles se trouvait celle de l'Auvergne.

Il nous reste encore à faire connaître quelques agents qui concouraient à l'administration.

Il y avait d'abord les *subdélégués,* qui étaient nommés directement par l'intendant, et qui exerçaient, dans différentes parties de la généralité, une portion de son pouvoir.

Chaque élection comprenait une ou plusieurs *subdélégations,* ou contingent de paroisses formant la circonscription dans laquelle s'exerçait l'autorité du subdélégué.

M. Michel Cohendy pense que la création des subdélégués ne remonte pas, en Auvergne, au-delà de l'administration de l'intendant Leblanc (1704-1707), et qu'ils furent institués en l'année 1705[1]. Le savant archiviste n'a pu, dit-il, malgré de très-longues et minutieuses recherches, parvenir à découvrir dans les archives de l'intendance aucune pièce pouvant établir l'existence des subdélégués pendant le XVIIe siècle[2].

L'institution de ces agents, qui nous semble être l'idée première des sous-préfets actuels, remonte cependant au-delà de l'année 1705. Les intendants, dont les attributions étaient si diverses et si multipliées, éprouvèrent bientôt le besoin de ces auxiliaires, que l'on trouve établis dans les élections de chaque généralité, et qui étaient chargés d'instruire et de préparer les décisions. Colbert en parle, pour s'en plaindre, dès l'année 1672. En 1683, un arrêt du Conseil restreignait leurs attributions à l'instruction des affaires civiles. En avril 1704, dans un moment de pénurie, le pouvoir avait donné à ces agents la garantie de l'institution royale[3].

Les emplois de subdélégués, placés jusqu'à cette époque dans la dépendance absolue de l'intendant, furent convertis en charges vénales, et l'Etat, profitant de la finance à laquelle ces charges furent taxées, prit à son compte le traitement des nouveaux

---

[1] *Loc. cit.,* p. 22.

[2] M. Michel Cohendy donne la liste des subdélégations de l'intendance d'Auvergne, avec les noms des subdélégués, des 15 à 20 premières années du XVIIIe siècle (*Loc. cit.,* p. 23); et celle des subdélégations, avec les noms des subdélégués, des années 1732, 1746, 1778, 1786 (*Loc. cit.,* p. 24 et suiv.).

[3] Voy. *Rec.* Isambert, vol. XX, p. 444.

offices [1]. Mais cette mesure fut révoquée en 1715. Les offices des subdélégués furent supprimés par un édit du mois d'août de cette année [2]. Depuis cette époque, ils ne furent plus que de simples mandataires des intendants. Les *ordonnances* qu'ils rendaient n'étaient considérées que comme de simples avis à l'intendant, qui prononçait en dernier ressort sur tous les recours des parties intéressées.

Même en l'absence de l'intendant, les subdélégués n'avaient aucun rapport avec le ministre. Sans espoir d'acquérir jamais de titre à l'avancement, ils n'avaient aucun zèle, et, loin de combattre les abus, ils se servaient souvent de leur autorité pour satisfaire leurs passions ou leur intérêt. Le 24 octobre 1682, Colbert écrivait au sujet des procès occasionnés par la liquidation des dettes communales : « Les subdélégués ont toujours des intérêts particuliers, ou des affections, ou des haines qui ne conviennent pas pour rendre la justice [3]. » Aussi, leur administration fut-elle souvent l'objet des critiques les plus vives des publicistes, des doléances des cours souveraines, et des sévères observations de Colbert, qui contestait absolument leur utilité.

Enfin, il y avait, dans plusieurs subdélégations, des *correspondants,* nommés par l'intendant sur la présentation du subdélégué.

Dans son excellent travail intitulé : *Mémoire historique sur les modes successifs de l'administration dans la province d'Auvergne,* M. Michel Cohendy donne plusieurs tableaux, qui font connaître les subdélégations de la généralité d'Auvergne ayant des *correspondances* antérieures à l'année 1770, les lieux de la résidence des subdélégués et de leurs correspondants, ainsi que les paroisses composant l'arrondissement des correspondants [4]. Leur autorité, qui s'exerçait sur un certain nombre de paroisses, était peu importante : elle se bornait à la transmission des ordres et des paquets, qu'ils distribuaient dans les collectes ou villages

---

[1] Au mois d'août 1712, l'Etat accordait aux subdélégués, selon l'expression usitée, une augmentation de gages de 50,000 livres, au denier 25 ; c'est-à-dire que tous ceux d'entre eux qui versèrent une somme déterminée, dont l'intérêt était payé à raison de 4 p. 0|0, furent assurés d'être maintenus dans leurs fonctions.

[2] Voy. *Rec.* Isambert, vol. XX, p. 648.

[3] Voy. *Lettres, instructions et mémoires de Colbert,* vol. IV, introd., p. IX.

[4] *Loc. cit.,* p. 28 et suiv.

composant ces paroisses, dont la réunion portait le nom d'*arrondissement de correspondance de la subdélégation de*.....

Outre les divisions principales, que nous avons rappelées, il y avait encore celle des paroisses en *collectes*[1], ou circonscriptions dans lesquelles se faisait la levée des impositions, et dont nous parlerons plus spécialement, lorsque nous exposerons ce qui a trait aux impôts.

Tels étaient les divisions administratives et les principaux organes ou agents de l'administration, dans la province d'Auvergne, depuis l'ère moderne.

Il faut encore y joindre les Etats de la province, qui vont être l'objet de la section suivante, mais qui ne tardèrent pas à disparaître et à laisser le champ libre à l'autorité absolue des intendants.

SECTION II.

Suite des Etats de la province d'Auvergne.

Nous avons assisté, en étudiant l'époque précédente[2], à la naissance et aux développements des Etats de l'Auvergne. Nous allons les suivre dans les autres phases principales de leur existence, et jusqu'au moment où les derniers coups seront portés à ces gardiens de l'indépendance provinciale, devenus trop gênants pour la royauté absolue.

Au XVIe siècle, la situation de la population agricole était améliorée; si l'humiliante condition du servage n'avait pas complétement disparu, le nombre des serfs avait considérablement diminué, et les obligations des habitants des campagnes envers les propriétaires étaient mieux fixées et moins rigoureuses. Le progrès accompli dans leur condition civile concordait, vers la fin du XVe siècle, avec celui qui fut introduit dans le mode de représentation des trois ordres par des députés élus[3], et même, selon

---

[1] M. Michel Cohendy donne le tableau, par élections, des paroisses et collectes de la généralité d'Auvergne, de l'année 1696, avec le nom des seigneurs, des paroisses, le chiffre de la taille, etc. (*Loc. cit.*, p. 44 et suiv.).

[2] *Suprà*, vol. II, tit. V, chap. 6.

[3] En 1484; voy. *suprà*, vol. II, tit. V, ch. 6.

de graves historiens, avec la règle démocratique, qui fit participer, dans plusieurs provinces, les paysans à l'élection.

Mais, en Auvergne, les députés des bonnes villes conservèrent le privilége de représenter seuls le tiers-état. Les bonnes villes gardèrent l'espèce de tutelle qu'elles exerçaient sur les gens du plat pays.

Cependant, vers le milieu du XVIᵉ siècle, le nombre des bonnes villes de la Haute-Auvergne fut augmenté [1].

Quant à la Basse-Auvergne, les villes et bourgs du plat pays avaient bien été admis à présenter leurs doléances, lors de la convocation pour la députation aux Etats Généraux de Tours [2]; mais c'était, de la part des bonnes villes, un acte de pure tolérance [3].

Seize ans après, à l'époque de la convocation pour la députation aux Etats de Blois de 1576, le plat pays voulut s'affranchir de la tutelle des bonnes villes. Il s'assembla séparément sous la présidence du lieutenant général de la sénéchaussée d'Auvergne. Ses députés eurent entrée et séance aux Etats Généraux. Mais l'arrêt du Conseil du 8 novembre 1576 portait qu'il le décidait ainsi « pour bonnes considérations, *et pour cette fois, sans tirer à conséquence pour l'avenir* [4]. »

Après une lutte de treize années entre les bonnes villes et le

---

[1] Voy., à la date du 12 décembre 1569, le procès-verbal d'une assemblée générale du Haut et du Bas pays, à laquelle assistèrent, avec les treize bonnes villes du Bas pays, les députés de dix villes ou bourgs du Haut pays, cinq anciennes et cinq nouvelles : Saint-Flour, Murat, Pierre-Fort, Aurillac, Maurs, Marcolez, Mauriac, Salers, Pleaux et St-Amant. (*Extrait du registre des délibérations du Tiers-Etat, année* 1569; Bergier et Verdier Latour, *Loc. cit.*, pièces justificatives, n° 68.)

[2] En 1560.

[3] On lit dans le Registre des délibérations du Tiers-Etat de la province d'Auvergne, année 1560 : « Lesdites villes (les treize bonnes villes) voulant en ce *fraterniser* avec ceux dudit plat pays, ont bien voulu, *pour cette fois seulement et sans tirer à conséquence*, appeler ledit plat pays, sans toutefois entendre ou vouloir par le présent acte préjudicier aux droits, autorité, prééminences, prérogatives et libertés appartenant aux dites treize villes, et sans soi, aucunement s'abstraindre pour l'avenir de les appeler, pour délibérer et conclure sur aucunes affaires survenantes et concernant le dit tiers et commun Etat dudit pays... » (Bergier et Verdier Latour, *Loc., cit.*, n° 64, p. 86.)

[4] *Recueil* de Bergier et Verdier Latour, n° 71, p. 120. — Voyez sur ce conflit le même recueil, p. 112-119.

plat pays, six nouvelles villes furent agrégées aux treize anciennes[1], et le Tiers-Etat fut alors représenté par dix-neuf villes. Mais les treize bonnes villes anciennes formèrent toujours le principal noyau de la représentation du Tiers-Etat d'Auvergne.

Lors de la première nomination des six nouvelles villes, toutes les communautés du plat pays furent convoquées, et durent s'assembler pour les désigner.

Après trois années, trois de ces villes sortaient et étaient remplacées par trois villes nouvelles. Après une seconde période de trois ans, les trois autres villes, qui avaient six ans d'exercice, sortaient à leur tour, pour être aussi remplacées par trois nouvelles villes, et ainsi de suite. Ces désignations triennales n'étaient plus faites, comme la première fois, par les communautés, mais par le corps même des dix-neuf villes, qui pouvait, du reste, choisir parmi toutes les villes ou les bourgs de la Basse-Auvergne ayant corps commun et consulat.

Chacune des dix-neuf villes envoyait un député à l'Assemblée du Tiers-Etat. Les échevins de Clermont avaient droit d'entrée dans cette assemblée, avec *préséance, recollection des voix, et conclusion de ce qui avait été arrêté*. Il y avait, en outre, un procureur-syndic, et un secrétaire. Cette organisation se maintint jusqu'à la disparition des Etats de la province[2].

Nous ne reviendrons pas sur ce que nous avons dit précédemment[3] au sujet de la composition et des attributions de ces Etats. Nous rappelons seulement que tout ce qui n'excédait pas les limites de la surveillance de l'intérêt et de l'administration ordinaire de la province appartenait exclusivement à l'assemblée du Tiers-Etat, soit dans le Haut, soit dans le Bas pays. Le clergé et la noblesse n'y prenaient point part[4].

[1] Voy. Règlement du 29 novembre 1588; Bergier, *Loc. cit.*, p. 27 et suiv.

[2] Elle existait encore, lors de la convocation des Etats-Généraux de Paris, en 1614, et même en 1649 et 1651; voy. arrêt du conseil du 29 novembre 1588; Bergier, *Loc. cit.*, p. 29 et suiv.

[3] *Suprà*, vol. II, tit. V, ch. 6.

[4] Au commencement du XVIe siècle, il n'y avait plus à réunir les trois ordres pour voter les subsides devenus permanents et même quelque peu arbitraires. Les assemblées des trois ordres étaient cependant encore nécessaires pour arrêter les impôts destinés à pourvoir aux dépenses locales, accidentelles et extraordinaires. Mais le clergé et la noblesse, qui n'y contri-

Ces deux premiers ordres n'étaient même pas consultés quand il s'agissait d'arrêter, pour dépenses communes de la province, des impôts n'excédant pas 6,000 livres par an, si ces impôts devaient être supportés exclusivement par le Tiers-Etat. Au-delà de cette somme, il fallait le consentement des syndics du clergé et de la noblesse[1].

Les bonnes villes représentant le Tiers-Etat s'assemblaient toutes les fois que les besoins de l'administration et l'expédition des affaires l'exigeaient. Celles de la Basse-Auvergne se réunissaient à Clermont, sur la convocation par lettres des échevins de cette ville, qui en étaient les présidents de droit[2].

Le Tiers-Etat ne pouvait convoquer les deux autres ordres « pour traiter, délibérer, conclure, déterminer et contracter, de toutes affaires » qu'avec la permission royale et en la présence du lieutenant-général du roi, ou de ses représentants. Le procureur de la sénéchaussée, ou son substitut, devait aussi être appelé à la réunion. Les lettres-patentes du 1er août 1556, qui le décident ainsi, ajoutent : « Pourvu toutefois que, en ladite assemblée desdits trois Etats, il ne se traite, ni parle de choses qui nous puisse tourner à aucun préjudice ou dommage[3]. »

Les assemblées générales des trois ordres pour la députation aux Etats-Généraux ne pouvaient avoir lieu que sur un ordre exprès et après convocation spéciale du roi. Les lettres de convocation étaient autrefois adressées, soit aux gouverneurs ou lieutenants du roi, soit aux baillis ou sénéchaux, ou aux gouverneurs et sénéchaux à la fois. Mais les baillis et sénéchaux furent exclusivement chargés de la convocation des assemblées, depuis que le mode de représentation des provinces par députés élus

---

buaient pas, se bornaient souvent à consentir par procuration à ce que l'impôt arrêté par le Tiers-Etat fût réparti sur leurs *sujets* du plat pays. — Il existe un grand nombre de procurations de cette nature pour les années 1535 et 1536 (voy. *Recueil* de Bergier et Verdier Latour, p. 79).

[1] Voy. arrêt de règlement du 7 octobre 1568; Bergier et Verdier Latour, *Loc., cit.*, nos 67 et 74; et même *Recueil*, supplément, p. 2 à 5, 2e et 3e pièces extraites des archives de la ville.

[2] Voy. Bergier, *Loc. cit.*, p. 58.

[3] Ces lettres et la requête des gens du tiers et commun Etat du pays d'Auvergne sont insérées au *Recueil* de Bergier et Verdier Latour, p. 80 et suiv.

fut introduit, c'est-à-dire vers la fin du XVᵉ siècle [1]. Par des lettres closes adressées aux sénéchaux il leur était mandé et enjoint d'avoir « incontinent à convoquer et faire assembler en la ville de Clermont, capitale du pays, tous ceux des trois Etats d'icelui, ainsi qu'il est accoutumé, et qu'il est observé en semblable cas, pour conférer ensemble, former leurs cahiers, *et ce fait,* élire un d'entr'eux de chacun ordre, l'envoyer et faire trouver en la ville de... (où les Etats-Généraux devaient se réunir), avec amples instructions, mémoires et pouvoirs, etc. » En exécution de ces ordres, un placard était publié aux audiences des deux sénéchaussées, et affiché dans tout le Bas pays [2]. Le lieutenant du roi et les sénéchaux mandaient aux échevins de Clermont, présidents du Tiers-Etat, de le convoquer pour le jour indiqué. Pareille invitation était adressée à l'évêque pour la convocation du clergé. L'évêque adressait des invitations particulières aux membres de son ordre. Les principaux personnages de la noblesse recevaient chacun une lettre spéciale de convocation [3].

Les Etats particuliers de la Haute-Auvergne furent supprimés sous le règne de Louis XIII, avant l'année 1624; et cette suppression souleva de vives résistances [4].

Quelques années après, l'intendant de la province, de Mesgrigny proposait d'abolir les Etats du Bas pays, dans une *Relation de la province d'Auvergne,* du 2 décembre 1637, dont nous extrayons les passages suivants qui, mieux qu'un commentaire, feront connaître les oppositions qui étaient nées, les tendances de la royauté et les dispositions de ses agents à l'égard de ces défenseurs des libertés provinciales.

« Il y avait autrefois, dans le Haut pays une forme d'Etat, où les quatre prévôtés, savoir: dudit St-Flour, d'Aurillac, Maurs et Mauriac, envoyoient leurs députés pour délibérer des impositions et affaires concernant ledit Haut pays, principalement le Tiers-

---

[1] Voy. Bergier, p. 59 et suiv., et pièces citées aux notes 58 à 64.

[2] Nous ne parlons que des assemblées pour la députation de la Basse-Auvergne.

[3] Voy. Bergier, *Loc. cit.,* sur la convocation des Etats de la Basse-Auvergne pour la députation aux Etats-Généraux de 1560, 1561, 1576, 1588, 1614, 1651, p. 73 à 110, et pièces justificatives.

[4] Voy. *Relation de la province d'Auvergne, en* 1637, par de Mesgrigny, *Tablettes hist. de l'Auvergne,* t. III, p. 147.

Etat; mais ledit sieur de Noailles, lieutenant du roi, père de celui qui est à présent, *voyant les préjudices que telles assemblées du pays apportoient aux affaires du Roi*, obtint arrêt du conseil, par lequel il fut fait défense auxdites prévôtés de s'assembler dorénavant sans la permission de Sa Majesté...» Plus loin : «Dans le Bas pays, il y a un syndic de la noblesse... mais depuis un fort long temps, ledit syndic ne fait aucune fonction de sa charge, ni convoque aucune assemblée de gentilshommes, à cause de quelques défenses de Sa Majesté, dont je n'ai pu avoir connaissance. Pour le Tiers-Etat du Bas pays, l'assemblée s'en tient trois ou quatre fois dans l'année en la ville de Clermont, selon que le désirent les échevins dudit Clermont, lesquels la convoquent et les treize villes y envoient leurs députés, savoir: Clermont, Riom, Montferrand, Aigueperse, Billom, Brioude, Issoire, Cusset, Saint-Pourçain, Esbreulle, St-Germain-Lembron, Langhac et Aulzon ; et, outre les treize villes, il y a environ soixante villes dans le Bas pays qui se disent agrégées, sur lesquelles six envoyent leurs députés qui assistent et ont voix ez dites assemblées dudit Bas pays, et lesdites villes changent de trois en trois ans... Dans lesdites assemblées, les Echevins de Clermont ont accoutumé d'y présider, mais ils n'y ont pas voix délibérative ; seulement ils proposent les affaires et concluent à la pluralité des voix des députés de toutes les autres villes... »

Après de nombreuses plaintes contre les assemblées du Bas pays, l'intendant poursuit :

« Lesdits Echevins de Clermont prennent qualité de représentant le Tiers-Etat du Bas pays d'Auvergne, et se disent tuteurs dudit Bas pays, dans lequel il se lève sur le peuple, par chacun an, la somme de 6,000 livres, qui est mise par les receveurs particuliers des tailles, entre les mains desdits échevins de Clermont, pour emploi et affaires dudit Bas pays. »

Après plusieurs récriminations contre les échevins de Clermont, la *Relation* ajoute :

« La plus grande partie des villes du Bas pays de Limagne souhaiteraient que cette assemblée fut ôtée... et outre ce, *lesdites assemblées du Tiers-Etat du Bas pays se font vrais monopoles et cabales au préjudice des affaires du Roi*, comme feu le sieur de Noailles l'avait bien reconnu dans le Haut pays; et ayant assisté par deux fois auxdites assemblées du Bas pays, encore que ma présence les dût retenir dans le devoir, néanmoins *ils se sont toujours portés par leur avis à des résolutions préjudiciables aux service et affaires de Sa Majesté, de sorte que j'ai toujours été contraint d'éluder lesdites assemblées*; enfin, j'ai donné et fait signifier aux Echevins de ladite ville de Clermont mon ordonnance par laquelle je leur ai fait défense de faire aucune assemblée du Tiers-Etat du Bas pays sans la permission expresse de Sa Majesté, et auxdits Echevins de prendre qualité de Tiers-Etat dudit Bas pays, laquelle ordonnance a été confirmée par arrêt du conseil du 19 août dernier; et, outre ce, ordonné que les 6,000 livres qui avaient accoutumé d'être levées, par chacun an, sur le pays et reçues par lesdits échevins, seraient voiturées à l'épargne[1]; et, néanmoins, depuis, lesdits arrêts et ordonnances ont demeuré sans exécution, au moyen de l'emprunt. »

Enfin, l'intendant conclut en ces termes:

« *J'estime, Monseigneur, qu'il est très-important pour le service du Roi, pour le bien et le repos de la province, et le soulagement du pauvre peuple, d'ôter tout-à-fait cette assemblée du Tiers-Etat du Bas pays d'Auvergne, comme elle a été ôtée en Haut pays, où l'on tâche de la rétablir* [2]. »

Il y avait donc de nombreux conflits, et le désir de dépouiller la Basse-Auvergne de ses Etats ne pouvait pas être plus nettement exprimé. Est-ce à dire cependant que tous les griefs de l'intendant de Mesgrigny n'eussent aucun fondement? Telle n'est pas notre pensée. Nous croyons, au contraire, que plusieurs plaintes formulées par lui, dans ce même tableau de la province d'Auvergne, contre la bourgeoisie privilégiée des villes, étaient aussi fondées que celles qu'il portait contre la noblesse [3]. Les

---

[1] L'*épargne* était le trésor central du royaume.

[2] Voy. cette *Relation* dans les *Tablettes hist. de l'Auvergne, Loc. cit.*

[3] Telle était notamment celle qu'il exprimait dans les termes suivants: « Jamais ils (les échevins de Clermont représentant le Tiers-Etat) n'ont voulu souffrir la levée des droits de francs-fiefs et nouveaux acquets, que quand ils y ont eu part, et en ont composé avec le traitant moyennant une somme notable que l'on dit qu'ils ont reçue sous main, et ont, par après, consenti l'imposition d'une somme immense sur toute la province, pour être régalée au sol la livre, ce qui a grandement surchargé le plat pays,

abus qu'il signalait dérivaient, pour la plus grande partie, des
défauts de l'institution qui était restreinte aux villes seules. Mais
ces abus n'étaient certainement pas le principal motif qui faisait
proposer si énergiquement la suppression des Etats de la Basse-
Auvergne.

Ces Etats se réunirent encore, le 9 mars 1649 [1], lors de la
convocation des Etats généraux de Tours, ordonnée pour le
15 mars suivant. On sait l'accueil dédaigneux que firent à cette
convocation les classes roturières. L'appel de la royauté à l'autorité des trois ordres, dans sa querelle avec le Parlement, ne fut
pas écouté par le Tiers-Etat. Les élections furent, en général,
incomplètes, et la réunion des Etats ajournée. Elle fut de nouveau
ordonnée avec de nouveaux choix pour le 8 septembre 1651.
Mais cette fois encore, les élections, surtout celles du Tiers-Etat,
n'eurent point lieu dans toute la France. Cependant, le Tiers-
Etat de la Basse-Auvergne ne manqua pas à ce nouvel appel, et
son assemblée se réunit, les 7 et 8 août 1651, pour nommer ses
députés et dresser les cahiers de plaintes et doléances [2]. On y
parla de faire confirmer par le Roi les privilèges de la province,
auxquels, porte la délibération, il *était journellement contrevenu ;
ce qui pouvait procéder de ce qu'on avait négligé de les faire confirmer par les rois de temps en temps.* Touchante et naïve confiance de la bonne bourgeoisie de l'Auvergne dans l'autorité
paternelle et la bienveillante tutelle de ses rois !

Pendant plus d'un siècle, cette province resta privée de ses repré-

où il y avoit beaucoup de lieux qui ne devoient point les dits francs-fiefs
et nouveaux acquets, et néanmoins y ont été fixés au sol la livre de leur
taille ; et la ville de Clermont, qui est exempte de tailles, en est aussi exempte,
et néanmoins, il y a plus de roturiers en la dite ville qui possèdent des fiefs
qu'en tout le reste de l'Auvergne. » *Loc cit.*, p. 189.

Déjà l'égoïsme de la bourgeoisie des bonnes villes de l'Auvergne s'était
suffisamment révélé, à la fin du siècle précédent, lorsque l'assemblée des
habitants de Clermont demandait le maintien des officiers des tailles, et ne
voulait pas laisser les assemblées du Tiers-Etat maîtresses en cette matière
(Voy. Remontrances des habitants de la ville et cité de Clermont en 1565,
ou 1566, *Recueil* de Verdier Latour; Mss. Biblioth. de Clermont, n° 233,
pièce 44).

[1] Voy. *Recueil* de Bergier et Verdier Latour, p. 163.

[2] Voy. *Recueil* de Bergier et Verdier Latour, p. 158 et suiv.

sentants [1], et fut livrée à l'administration arbitraire des commissaires royaux, des intendants de justice, police et finances.

En Auvergne, comme dans les autres contrées, cette situation suscita de vives réclamations. Mais ce fut seulement dans la seconde moitié du XVIIIe siècle, lorsque l'opinion publique s'éclaira, lorsque la nation commença à comprendre combien il lui serait avantageux de gérer elle-même ses propres affaires, de ne plus être soumise au bon plaisir du monarque et au pouvoir despotique de ses agents, lorsqu'elle éleva, enfin, la voix, que la royauté se décida, après bien des hésitations, à accorder au pays des assemblées provinciales.

SECTION III.

Assemblée provinciale d'Auvergne.

La triste situation des pays d'élections avait, au XVIIIe siècle, ému l'opinion publique, et inspiré différents projets de réforme relatifs à leur mode d'administration.

En 1750, le marquis de Mirabeau, esprit chimérique, mais parfois profond, publiait son *Mémoire sur les Etats provinciaux*, dans lequel il défendait la forme d'administration des pays d'Etats contre les attaques dont elle avait été l'objet, et la préconisait, en démontrant « l'avantage que le roi et l'Etat trouveraient à ce que les pays d'élections fussent provinces d'Etats [2]. »

Quelques années après (1776), un homme illustre, qui fut tout à la fois un grand ministre et un vrai philanthrope, Turgot, frappé surtout du mode vicieux de la répartition des impôts et de

---

[1] Les derniers procès-verbaux des assemblées des trois ordres du Bas pays d'Auvergne sont de l'année 1672. Cependant, ce n'est que vers l'année 1680 que ces assemblées cessèrent (voy. M. Tardieu, *Histoire de la ville de Clermont*, t. Ier, p. 478).

[2] Voy. la seconde édition de ce mémoire, 1759, 4e partie de *L'Ami des hommes*. — Déjà, à la cour même de Louis XIV, était née l'idée d'une administration tout entière exercée dans chaque province par des Etats particuliers, sous le contrôle souverain des Etats Généraux du royaume. Voy. l'écrit intitulé : *Plans de gouvernement concertés avec le duc de Chevreuse, etc.*, dans les œuvres de Fénelon, t. XXII, et les appréciations d'Augustin Thierry, *Tiers-Etat*, p. 216 et suiv.

la confection des travaux publics dans les généralités des pays d'élections, avait pensé à remédier aux abus, en transportant les attributions des agents du gouvernement à une hiérarchie d'administrations municipales, s'engendrant successivement de la base au sommet par la voie de l'élection[1]. « Ce qu'il faut se proposer, disait Turgot, c'est un plan qui lie les individus à leurs familles, les familles à leurs villes ou villages, les villes et villages à l'arrondissement, les arrondissements à la province, les provinces à l'Etat[2]. »

Dans le projet de Turgot, il y avait les *municipalités de villages et de villes,* qui avaient pour attributions : de répartir les impositions directes, d'aviser aux ouvrages publics, chemins vicinaux et autres spécialement nécessaires aux villages, de s'enquérir des relations de la communauté avec les communautés voisines, et avec les grands travaux publics de l'arrondissement, et de porter à cet égard le vœu de la paroisse à l'autorité supérieure, enfin, de veiller à la police des pauvres et à leur soulagement.

Il y avait ensuite les *municipalités d'élection,* composées d'un député de chacune des municipalités de villages; les *municipalités provinciales,* formées d'un certain nombre de députés des assemblées d'élection; enfin, la *grande municipalité,* la municipalité générale du royaume, composée d'un député de chaque assemblée provinciale, et chargée de la répartition des impositions entre les provinces, de la décision des grands travaux publics, etc.

Dans ce système, toutes ces assemblées, dont Turgot déterminait les attributions, avaient pour mission d'éclairer le pouvoir sur la répartition des impôts, sur les besoins de chaque localité, et de permettre au gouvernement, en le débarrassant des détails, de se livrer aux grandes vues d'une sage législation. Les affaires, les intérêts particuliers des paroisses, des élections, des provinces, se faisaient et se géraient par les personnes qui en étaient le mieux instruites, et qui ne pouvaient se plaindre, puisqu'elles avaient la décision dans leur propre cause. Mais Turgot fut obligé de se retirer du ministère, sans avoir pu, pour ce projet, comme

---

[1] Voy. *Mémoire sur les municipalités à établir en France (Œuvres posthumes de Turgot, Lauzanne, 1787).*

[2] *Loc. cit.*

pour plusieurs autres, mettre à exécution ses libérales et généreuses conceptions [1].

La cour des aides, dans ses remontrances de 1775, faisait aussi entendre sa voix en faveur de la création d'assemblées provinciales, de conseils ayant pour but d'établir une communication directe entre le roi et la nation.

Necker, profitant des idées émises par Turgot, et les modifiant, présenta au roi, en 1778, le célèbre *Mémoire* qui souleva contre lui tant d'intrigues et de haines [2]. Dans ce mémoire, Necker rappelait toutes les plaintes élevées contre l'administration des pays d'élections, et proposait comme remède l'établissement d'administrations provinciales ou municipales. Il pensait que, s'il était des parties de l'administration qui tenant uniquement à la police, à l'ordre public, à l'exécution des volontés du souverain, ne pouvaient jamais être partagées, et devaient constamment reposer sur l'agent du pouvoir central dans la province, il en était aussi d'autres, telles que la répartition et la levée des impôts, l'entretien et la construction des chemins, le choix des encouragements favorables au commerce, au travail en général et aux débouchés de la province en particulier, qui pouvaient être confiées préférablement à une commission de propriétaires. Parmi les nombreux avantages que Necker espérait de l'institution d'assemblées provinciales, il signalait la possibilité d'ouvrir des voies d'amélioration indépendantes de la qualité des hommes, intendants ou ministres, et de substituer un gouvernement réellement national à celui des bureaux. Il insistait sur la différence profonde existant entre ces assemblées provinciales et les Etats provinciaux, sur le caractère dépendant et consultatif des premières. « Ce ne sont point, disait-il, des pays d'Etats, arguant d'anciens priviléges, mais de simples administrateurs honorés de la confiance du roi [3]. » Et ailleurs : « Ce sont autant de commissaires départis, autorisés par le souverain à seconder en commun ses vues bienfaisantes, ou à remplir une partie des devoirs cumulés auparavant dans la seule personne d'un intendant [4]. »

---

[1] Voy. notre *Précis histor. et critique de la législation des céréales*, p. 73 et suiv.

[2] Il fut imprimé furtivement en 1781; voy. *Administration des finances*, vol. II, p. 225.

[3] *Compte-rendu.*

[4] *Administration des finances*, vol. II, p. 289.

La réforme proposée par Necker fut partiellement appliquée : une assemblée provinciale fut d'abord instituée, en 1778, dans le Berry ; une autre, dans la Haute-Guyenne, en 1779, et une troisième, en 1780, dans la généralité de Moulins.

Dans son discours, à la séance d'ouverture de l'assemblée des notables du 22 février 1787, Calonne annonça que le roi avait, sur sa proposition, résolu de confier, dans les pays où il n'y avait pas d'Etats, aux propriétaires eux-mêmes la répartition des charges publiques, afin d'en diminuer l'inégalité et l'arbitraire, et qu'il avait conçu le plan uniforme d'un ordre graduel de délibérations, suivant lequel l'émanation du vœu des contribuables et leurs observations sur tout ce qui les intéressait se transmettraient des Assemblées-paroissiales à celles de district, de celles-ci aux Assemblées provinciales, et par elles jusqu'au trône. Ces assemblées devaient former trois degrés élémentaires les uns des autres. Calonne donna sa démission, le 9 avril 1787, et le nouveau ministère s'appropria le projet d'établissement d'assemblées provinciales, modifié dans le sens des observations présentées par les notables. L'édit de création parut dans le mois de juin de la même année.

Des assemblées provinciales furent établies dans vingt-trois généralités, avec des assemblées secondaires ou d'arrondissement, et des assemblées de municipalité [1].

L'assemblée décrétée pour la généralité de Riom était instituée pour la Haute et la Basse Auvergne [2].

Il y eut donc, dans cette province, trois espèces d'assemblées : 1° les *assemblées municipales*, se réunissant dans les villes et paroisses ; 2° les *assemblées d'élection* se réunissant dans chacun

[1] On peut consulter sur cette matière : *Essai sur les Assemblées provinciales et en particulier sur celle du Berry*, par le baron de Girardot, 1 vol. in-8°, Bourges, 1845 ; *L'Assemblée provinciale d'Auvergne*, par M. Francisque Mège, dans les *Mémoires de l'Académie de Clermont-Ferrand*, vol. VIII, p. 273 et suiv. ; les articles de M. H. de Luçay dans la *Revue historique de droit français*, vol. II, p. 252 et suiv., p. 586 et suiv., vol. III, p. 428 et suiv. ; *Les Assemblées provinciales sous Louis XVI*, par M. Léonce de Lavergne, 1 vol. in-8°, Paris, 1863.

[2] Voy. l'édit de création, enregistré au Parlement, le 22 juin 1787, et le règlement spécial à l'Assemblée d'Auvergne, des 8 juillet et 5 août de la même année.

des chefs-lieux des sept élections de la généralité [1] ; 3° l'*assemblée provinciale* ayant son siége à Clermont, ville importante, où se tenaient les anciens Etats de la province.

Toutes ces assemblées étaient électives.

Les membres de l'assemblée de la province étaient choisis parmi les membres des assemblées d'élection, et ces derniers parmi les membres des assemblées municipales [2].

L'assemblée provinciale d'Auvergne dut se réunir le 14 août 1787. Elle était composée, pour cette première réunion, de six ecclésiastiques, six seigneurs laïques, et de douze représentants du Tiers-Etat [3], tous désignés par le roi. Ces vingt-quatre membres réunis désignèrent eux-mêmes vingt-quatre autres membres, douze du Tiers-Etat, et douze des deux premiers ordres, ce qui portait à quarante-huit le nombre des membres de l'assemblée.

Le roi s'était réservé la nomination du président, qui devait être choisi parmi les membres du clergé ou de la noblesse. L'assemblée nomma deux *procureurs syndics* et une *commission intermédiaire*.

La durée de l'assemblée était fixée à trois années. Après ce temps, elle devait se renouveler par quart et par voie d'élection.

Améliorer la répartition des impôts, et le mode de recouvrement; voter les sommes nécessaires chaque année pour les frais d'administration, les indemnités ou décharges, la construction et l'entretien des routes et travaux intéressant l'Auvergne; procéder à l'adjudication, à la direction et à la réception des travaux exécutés sur les fonds de la province; délivrer des mandats pour l'acquittement des charges locales; délibérer sur tout ce qui pouvait intéresser la province, et transmettre dans ce but au conseil du roi toutes propositions, tous mémoires; telles étaient, d'après les règlements et institutions, les principales attributions de l'assemblée provinciale [4].

---

[1] Clermont, Riom, Issoire, Brioude, St-Flour, Aurillac et Mauriac.

[2] Pour tout ce qui concerne la formation et les attributions des assemblées municipales et des assemblées d'élection, voy. le travail très-intéressant de M. Francisque Mège, *Loc. cit.*, p. 283 et suiv.

[3] D'après l'édit, le Tiers-Etat devait avoir une représentation égale à celle du clergé et des seigneurs réunis.

[4] Voy. sur ces attributions et sur le régime intérieur de l'Assemblée, M. Mège, *Loc. cit.*, p. 286.

Aucune délibération devant être mise à exécution hors de l'assemblée n'avait d'effet qu'après avoir reçu l'approbation spéciale du roi. Ses procès-verbaux étaient rendus publics quinze jours après sa clôture.

Après sa séparation, la *commission intermédiaire* devait entrer immédiatement en fonctions. Elle représentait seule alors l'assemblée provinciale. Elle surveillait aussi l'exécution de ses décisions [1].

Les *procureurs syndics* devaient, à chaque nouvelle session de l'assemblée, présenter un rapport sur les objets dont la *commission intermédiaire* s'était occupée depuis la dernière session. Ils étaient tenus de faire remettre au commissaire du roi une notice succincte des objets discutés ou mis en délibération dans l'assemblée [2].

Les fonctions de commissaire du roi étaient remplies par l'intendant. Il prononçait l'ouverture et la clôture ; il faisait connaître les intentions du gouvernement. Toutes assemblées et commissions étaient tenues de se soumettre à ses vérifications. C'était un surveillant placé auprès de l'Assemblée.

L'assemblée préliminaire, réunie le 15 août 1787, après s'être complétée, fixa le jour de la réunion de l'assemblée générale de la province ; puis elle se sépara.

Une fois séparée, la *commission intermédiaire* entra immédiatement en fonctions.

L'assemblée provinciale d'Auvergne se réunit ensuite le 8 novembre 1787. L'ouverture de ses séances eut lieu le 12 du même mois. Elles cessèrent, en vertu des ordres du roi, le 11 décembre suivant. Sa session dura donc 30 jours [3], et ce fut la dernière.

La *commission intermédiaire* se trouva alors investie de ses pouvoirs et de l'administration de la province, dans la limite de

---

[1] Voy. sur les attributions de la *Commission intermédiaire*, M. Mège, *Loc. cit.*, p. 287.

[2] Aux termes de l'édit de création, les procureurs-syndics établis près d'une assemblée provinciale avaient mission pour présenter, en son nom et comme ses représentants, toutes requêtes, former toutes demandes et introduire toutes instances pardevant les juges compétents, et même intervenir dans toutes les affaires générales ou particulières pouvant intéresser la province, et les poursuivre au nom de l'Assemblée, après toutefois y avoir été autorisés par elle ou par la Commission intermédiaire (art. 8).

[3] C'était le temps fixé pour la durée des sessions.

ses attributions. Elle s'acquitta consciencieusement de sa mission dans le cours de l'année 1788.

M. Francisque Mège parle d'une tentative de fédération, qu'elle fit, par voie d'échange non-officiel de procès-verbaux, avec des syndics de différentes commissions intermédiaires d'autres provinces, ce qui lui suggère les réflexions suivantes : « Cet échange insignifiant au premier aspect, pouvait avoir de sérieuses conséquences dans l'avenir, si l'avenir eût appartenu aux assemblées provinciales. Il y avait là le germe d'une fédération entre toutes les provinces. Isolées les unes des autres, sans lien, sans cohésion, les Assemblées n'avaient, pour ainsi dire, aucune force, aucune autorité, et ne pouvaient exercer aucune influence sur la marche générale des affaires publiques. Réunies en un faisceau, elles auraient pu s'éclairer mutuellement, et s'entendre pour peser sur le gouvernement et lui faire adopter un plan général de réformes ; et, de la sorte, auraient été préparées les voies pour la fondation de la France nouvelle..... Mais si cette association entre Assemblées offrait des avantages réels à chaque province, et même à la nation entière, on pressentait avec raison que le gouvernement ne la verrait pas d'un bon œil, et prendrait certainement des mesures pour s'y opposer[1]. »

Le 15 octobre 1788, le ministre Necker prévenait l'intendant d'Auvergne de la détermination prise par le roi de ne pas ordonner, pour cette année, la convocation des assemblées provinciales. Il donnait pareil avertissement au président de l'assemblée provinciale d'Auvergne et à la commission intermédiaire.

Cette commission prolongea son existence pendant l'année 1789, et une partie de l'année suivante, poursuivant avec le même zèle la tâche qui lui était imposée par les règlements, et se renfermant dans la limite de ses attributions purement administratives.

Le paragraphe 3 de l'art. 8 de la loi des 22 décembre 1789-8 janvier 1790, qui consacra la division de la France en départements, districts et cantons, disposait que, du jour où les nouvelles administrations seraient formées, les Etats particuliers, Assem-

---

[1] *Loc. cit.,* p. 372 et suiv.

blées provinciales et inférieures demeureraient supprimés et cesseraient entièrement leurs fonctions [1].

La province d'Auvergne disparut dans cette refonte générale des divisions administratives de la France. La commission intermédiaire tint sa dernière séance le 28 septembre 1790. Avec elle finit l'administration de l'Assemblée provinciale d'Auvergne.

Nous n'avons pas à apprécier ici la valeur de l'institution des assemblées provinciales, ni les résultats qu'on en obtint. Leur durée fut courte, et les moyens d'action dont elles disposaient étaient faibles et souvent contestés. Elles auraient pu cependant, si cette institution n'avait pas été d'abord appliquée timidement, si elle n'avait pas été généralisée seulement à l'époque de la lutte des parlements avec le pouvoir royal, produire quelque bien, préparer la nation à la liberté politique, l'habituer à gérer elle-même ses propres affaires. Les appréciations des contemporains leur sont en général favorables [2]. Mais elles furent mal accueillies par la noblesse et le clergé, dont cette création froissait les idées et les intérêts. Elles furent aussi minées par les intrigues des intendants avec lesquels elles avaient de nombreux points de contact, et qui voyaient leurs pouvoirs amoindris. La bourgeoisie les accepta d'abord comme le prélude d'améliorations futures. Quant au peuple, du moins en Auvergne, il resta assez indifférent. Il attendait des réformes plus radicales. La création des assemblées provinciales, en 1787, n'était d'ailleurs, qu'un expédient de l'ancien régime, un simulacre des Etats provinciaux, dont le souvenir ne s'était point effacé de l'esprit des habitants de l'Auvergne. L'assemblée provinciale préliminaire faisait, dans sa séance du 20 août 1787, des réserves expresses en faveur de cette antique institution, et de ce qu'elle appelait

[1] L'acte législatif du 28 décembre 1789 enjoignait à ces assemblées, ainsi qu'aux intendants, de rendre leurs comptes et de remettre leurs pièces et papiers aux nouvelles administrations de département et de district.

[2] L'établissement d'assemblées provinciales a été l'objet de plusieurs publications, à la fin du XVIIIe siècle et à l'époque de la Révolution : voy. notamment *De l'administration provinciale et de la réforme de l'impôt*, publié par Le Trosne, en 1799, et couronné par l'Académie de Toulouse; *Examen des Assemblées provinciales*, par M. de Saint-Priest, 1782 et 1787; *Projet d'administration municipale des généralités, districts et arrondissements*, par M. Letellier, 1778 et 1787.

les *droits primitifs et imprescriptibles de l'Auvergne*[1]. Dans la séance du 13 novembre suivant, l'assemblée renouvelait avec énergie sa première résolution[2].

Les Auvergnats, doués, en général, d'un sens éminemment pratique et sûr, voyaient dans leurs Etats une sorte de représentation réelle, que ne leur offrait pas l'Assemblée provinciale à laquelle, selon l'observation de Necker, on s'était borné à conférer une partie des fonctions des intendants. Il y avait, enfin, un vieux souvenir du patriotisme, de la fermeté et du dévouement des anciennes assemblées. Ce souvenir s'était transmis d'âge en âge jusqu'à la génération nouvelle, et contribuait à lui en faire vivement désirer le rétablissement.

CHAPITRE III.

Le Régime municipal sous la Monarchie absolue.

Les villes se maintinrent dans leurs droits et priviléges pendant le XVIᵉ siècle. Il est même vrai de dire que, jusqu'à une époque assez avancée du règne de Louis XIV, le régime municipal n'éprouva pas d'altérations bien profondes. Des modifications avaient été cependant introduites dans plusieurs consulats de l'Auvergne. Nous avons vu, par exemple, que le cardinal de Bourbon, qui était évêque et seigneur temporel de la ville de Clermont, avait obtenu, en 1484, un arrêt par suite duquel les consuls devinrent de simples *élus au gouvernement*. Les habitants ne pouvaient s'assembler sans la permission du seigneur évêque, ou celle de ses officiers[3]. La commune de Clermont resta pendant un assez grand nombre d'années sous ce régime.

---

[1] Voy. *Procès-verbal des séances de l'Assemblée provinciale d'Auvergne, tenue à Clermont dans le mois d'août* 1787, p. 48.

[2] Voy. M. Mège, *Loc. cit.*, p. 298 et suiv.

[3] Voy. *suprà*, ch. 5, sect. 2, tit. V; et Savaron-Durand, p. 411 et suiv.

Mais, en 1552, Catherine de Médicis accorda à cette ville des lettres de consulat [1]. La qualité d'*élus au gouvernement* fut remplacée par celle de *consuls* [2], puis, en 1556, par celle d'*échevins* [3]. Ils étaient au nombre de quatre, deux anciens et deux nouveaux. Ils furent réduits à trois, depuis 1561 jusqu'en 1662 [4]. Plusieurs attributions de police leur furent accordées [5].

A mesure que l'équilibre et la subordination se rétablirent dans la monarchie, à mesure que la royauté affermit son pouvoir, le régime municipal reçut de graves atteintes. Lorsqu'elle se sentit assez puissante pour se passer de tout secours étranger, au lieu de favoriser les communes, qu'elle avait, dans l'origine, prises sous sa protection, elle chercha à diminuer leurs prérogatives et leurs droits.

Les corps municipaux furent d'abord surveillés et contrôlés par des agents du pouvoir central. C'est ainsi qu'en 1555 il fut établi, dans la généralité de Riom, comme dans les autres généralités, un office de surintendant pour l'administration des deniers communs et patrimoniaux des villes [6].

Des restrictions furent aussi introduites dans le régime des assemblées municipales. Par suite d'un arrêt du Conseil du 11 avril 1642, l'intendant d'Auvergne, M. de Chaulnes, faisait, à la date du 25 février 1643, un réglement pour les assemblées générales et particulières de la ville de Clermont, par lequel

---

[1] Ces lettres permettent à Clermont d'avoir un consulat, une maison commune, des archives avec un coffre, des armoires. Les consuls élus par les bourgeois et marchands assemblés prêtent serment devant le sénéchal, qui doit confirmer leur élection. Les habitants peuvent élire douze conseillers, un avocat, un procureur, un greffier. Aucune restriction n'est imposée à leurs assemblées. Ils ont le droit d'avoir trois huissiers, deux serviteurs de ville, des messiers ou gastiers, des portiers, des sonneurs de cloches, deux sergents, une bourse commune, la garde des portes et des clés de la ville; ils ont le droit de faire le guet, etc.

[2] Savaron-Durand, p. 414.

[3] *Idem*, p. 415.

[4] *Loc. cit.*

[5] Savaron-Durand, p. 394 et suiv.

[6] Edit de juin 1555, *Rec. des anc. lois fr.* de M. Isambert, t. XIII, p. 448. — Cet office fut, il est vrai, supprimé, en 1560, sur les remontrances des députés du Tiers-Etat, et l'administration des deniers des communes remise exclusivement aux mains des corps municipaux (*Voy.* ord. d'Orléans, janvier 1560, art. 94, *Rec.* précité, t. XIV, p. 87).

il fixait à soixante-treize le nombre des citoyens qui devaient prendre part aux assemblées générales pour la nomination des échevins et du conseil de ville. Ces soixante-treize électeurs étaient ainsi désignés : les trois échevins, le lieutenant-général de la sénéchaussée, les trois anciens échevins, cinq officiers de la cour des aides, cinq magistrats du présidial, y compris le lieutenant-général, cinq magistrats de l'Election, l'un des secrétaires du roi et visiteurs généraux des gabelles, douze membres choisis parmi les *Curiaux*, avocats, procureurs, greffiers et notaires, trente bourgeois et marchands élus parmi *les plus apparents et notables* de la ville, six artisans, pris parmi les *bailes* de chaque corporation, trois laboureurs ou vignerons [1].

Vingt-un citoyens, élus, chaque année, par les soixante-treize électeurs, formaient le conseil de ville [2].

A Riom où, depuis les lettres-patentes du 24 avril 1447, quatre consuls étaient nommés annuellement, ces magistrats assemblaient chaque année les députés des différents corps, auxquels ils rendaient compte de leur administration.

Un arrêt du conseil du 16 juin 1691, publié à Riom, le 16 décembre de la même année [3], ordonna qu'à l'avenir il y aurait dans cette ville un premier et un second consul, chargés de tout ce qui concernait le logement et le passage des gens de guerre, la police, les ouvrages publics et la décoration de la ville, et généralement de toutes les affaires de la communauté, à l'exception de l'assiette et de la levée des impositions. Ces deux consuls

[1] *Voy.* ce règlement, n° 900, catal. 1849, Bibl. de Clermont.

[2] Le règlement du 25 février 1643 porte : « Et sera ledit conseil de ville composé *du nombre de 24* (?) ainsi que par le passé; sçavoir des trois échevins antiques, trois officiers de chacune des compagnies de la cour des Aydes, présidial et élection, à condition que ledit lieutenant général sera annuellement l'un des nommez dudit présidial et le surplus des sieurs secrétaires du Roy ou visiteurs généraux des gabelles, Curiaux, Bourgeois et Marchands; et pour le regard de la nomination des assesseurs, sera faite au nombre de neuf suivant l'usage ancien; sçavoir : un officier de chacune des dites compagnies, un artisan, un vigneron ou laboureur, et les quatre autres membres du nombre desdits sieurs secrétaires du Roi ou visiteurs généraux des gabelles, Curiaux, Bourgeois et Marchands.... »

[3] *Règlement des assemblées générales et particulières de la ville de Riom.* M. Gomot, procureur de la République près le tribunal de Riom, a eu l'obligeance de nous communiquer cette pièce, dont il a fait prendre une copie, qu'il a collationnée sur le registre des archives municipales.

devaient rester deux ans en fonctions et exercer leur charge gratuitement. Pour en être revêtu, il fallait avoir déjà exercé pendant deux ans celle de collecteur. Les consuls étaient nommés par le corps de ville, qui nommait aussi, chaque année, pour les quatre quartiers de la ville, quatre collecteurs chargés de l'assiette et de la levée des impositions.

Les assemblées générales de la ville de Riom étaient, d'après le même règlement, composées de cinquante-deux membres, savoir : des deux consuls en exercice, des *deux antiques*, du lieutenant-général de la Sénéchaussée, de cinq officiers du Bureau des finances, de cinq officiers du Présidial, de trois officiers de l'Election, six avocats, six bourgeois, six procureurs, quatre notaires, huit marchands, deux artisans et deux laboureurs. Tous ces membres étaient élus annuellement par leurs corps respectifs.

Un conseil de ville était chargé de la suite des affaires. Ce conseil était composé de quatorze membres, non compris les deux consuls et le lieutenant-général de la Sénéchaussée. Il était pris parmi les différents corps; on y comptait deux trésoriers de France, deux officiers du Présidial, un officier de l'Election, deux avocats, deux bourgeois, deux procureurs, un notaire et deux marchands.

Les assemblées générales devaient, sous peine de nullité, être composées de quarante membres, et les conseils particuliers, de dix.

Le même règlement défendait aux consuls d'entreprendre aucune instance, tant en demandant qu'en défendant, sans avoir pris au préalable l'avis de l'assemblée générale et reçu l'autorisation des commissaires délégués pour l'exécution des ordres du roi dans la province, sous peine d'être responsables des suites du procès.

Déjà, à diverses époques, des édits avaient créé successivement, à titre d'offices royaux, des greffiers héréditaires et des procureurs du roi héréditaires dans chaque ville et municipalité du royaume [1].

[1] *Voy.* Edits de juill. 1622, mai 1633 et 1634 ; l'édit de juin 1635 créa des offices de procureur et de greffier héréditaires dans les municipalités du ressort des Parlement et Chambre des comptes de Paris; et celui de juillet 1690, dans toutes les villes et communautés du royaume ayant hôtel commun (*Voy.* le préambule de cet édit, *Rec. des anc. lois fr.*, t. XX, p. 106).

Malgré les motifs dont on avait entouré ces créations, malgré
les considérations, tirées de l'intérêt des communes, qui étaient
pompeusement exposées dans le préambule des édits [1], le contrôle et la surveillance de ces officiers royaux furent mal accueillis
par les municipalités. Un édit du 14 juillet 1691 fut même rendu
pour lutter contre les résistances. Au nombre des attributions
des procureurs du roi près les municipalités, cet édit énumérait
le droit conféré à ces officiers d'assister à toutes les assemblées
générales et particulières, même pour les élections des maires,
échevins et consuls; celui de se faire communiquer par ces magistrats les ordonnances et mandements délivrés pour l'emploi
et la dépense des deniers communs et patrimoniaux; le droit de
faire à leur requête toutes les poursuites et procédures concernant les affaires des communautés; celui d'assister aux visites,
marchés de réparations, aux adjudications des baux des biens
communaux; le droit de se faire communiquer les comptes des
deniers d'octroi, et ceux des administrateurs des hôpitaux, pour
y fournir les débats nécessaires [2].

L'année suivante, les offices de procureurs du roi et de greffiers furent réunis aux corps de ville, sur la demande des administrations locales [3].

Toutes ces tentatives étaient un acheminement à une mesure
plus radicale, c'est-à-dire à la suppression de l'antique liberté
municipale, basée sur le principe de l'élection des magistrats de
la cité. Les magistratures municipales, les emplois à la nomination des villes, furent érigés en offices héréditaires. Le pourvu
d'office ne fut plus l'homme de ses concitoyens, il devint l'agent
du pouvoir royal.

Cette révolution fut d'abord opérée par le célèbre édit
d'août 1692 [4]. Le préambule de cet édit ne manquait pas, comme
toujours, de s'élever contre les abus de la liberté dans l'élection,
et de vanter les bienfaits du régime inauguré.

Des maires en titre d'office furent créés dans toutes les villes

[1] Voy. le préambule de l'édit de 1690.
[2] *Rec. des anc. lois fr.*, t. XX, p. 134 et suiv.
[3] *Voy.* Edit de décembre 1691 (*Rec.* précité, XX, 145).
[4] Rec. précité, XX, 158.

et municipalités du royaume[1] : « Ces maires, porte le préambule, n'étant point redevables de leurs charges au suffrage des particuliers, et n'ayant plus lieu d'appréhender leurs successeurs, en exerceront les fonctions sans passion, et avec toute la liberté qui leur est nécessaire pour conserver l'égalité dans la distribution des charges publiques. D'ailleurs, étant perpétuels, ils seront en état d'acquérir une connaissance parfaite des affaires de leur communauté. »

La charge de maire ne fut acquise pour la première fois, à Clermont, qu'en l'année 1694[2].

Le 30 mars de la même année, la charge de maire perpétuel héréditaire de la ville d'Aigueperse était accordée par le roi à Charles Grimauld, lieutenant au bailliage de Montpensier, aux gages de 120 l. à prendre sur l'état des finances de S. M., avec dispense de prêter d'autre serment que celui qu'il avait prêté lors de la prise de possession de sa charge de lieutenant-général[3].

Les *maires perpétuels* jouissaient de tous les droits, honneurs, prérogatives et émoluments appartenant auparavant aux maires, consuls, ou échevins. Ils avaient seuls le droit de convoquer les assemblées générales et particulières de la municipalité.

Les consuls et échevins n'étaient pas supprimés, mais ils étaient obligés de prêter serment, après leur élection, devant les maires perpétuels[4]. Leurs fonctions, du reste, n'étaient plus qu'un vain simulacre, en présence des droits et prérogatives accordés à ces derniers par l'édit qui, après une longue énumération de leurs attributions, ajoutait : « Et généralement feront les dits maires créés par le présent édit tout ce qui a été fait jusqu'à présent par les anciens maires, ou par les autres officiers qui en ont exercé les fonctions dans les villes et lieux où il n'y a point eu de maire, soit que lesdites fonctions aient été faites par de premiers échevins, capitouls, jurats, consuls et syndics, ou par d'autres officiers sous quelque titre et dénomination que ce puisse être. »

[1] A l'exception de Paris et de Lyon.
[2] *Jean Antoine de Bonnet* fut investi de ces fonctions, à cette époque (M. Tardieu, *Loc. cit.*, p. 542).
[3] *Archives d'Aigueperse*, 1ʳᵉ part., 48ᵉ sac.; voy. *Inventaire*, Mss. de J.-B. Culhat, *fol.* 48, r°.
[4] Les procureurs du roi et greffiers des hôtels de ville prêtaient aussi serment devant eux (Edit d'août 1692).

Enfin, on accordait à ces maires, en qualité de *députés nés des communautés*, entrée et séance aux assemblées des Etats de la province. Le privilége de la représentation des habitants des villes à l'assemblée des provinces était vendu et livré moyennant finance, comme le droit d'administrer la commune. Mais, en Auvergne, il y avait déjà plusieurs années que cette autre liberté avait été confisquée [1].

En même temps, l'édit de 1692 créait en titre d'office héréditaire des conseillers ou assesseurs, choisis parmi les plus notables bourgeois, et dont le roi se réservait de fixer le nombre [2]. Ces assesseurs avaient entrée et voie délibérative dans les conseils et jouissaient des mêmes honneurs, droits, prérogatives et émoluments que les conseillers de ville. En l'absence du procureur du roi, le dernier reçu des assesseurs le suppléait pour les réquisitions.

Les échevins ou consuls devaient être, à chaque élection annuelle, pris pour moitié parmi les assesseurs, par préférence aux autres habitants, à peine de nullité.

Un autre édit, de mars 1702, établissait un syndic perpétuel dans chaque paroisse, où il n'y avait pas de maire [3]. Dans la même année, on créait des assesseurs ou lieutenants de maires [4], ce qui éloignait complétement les consuls ou échevins de l'administration.

En 1704, on érigeait en titre d'office les places d'échevins, de consuls, capitouls, jurats, concierges et gardes-meubles des hôtels et maisons communes des villes [5].

Un édit de décembre 1706 portait création d'un maire perpétuel et d'un lieutenant de maire, alternatifs et triennaux, dans chaque ville et communauté du royaume [6].

[1] *Voy.* tit. VI, ch. 3, sect. 2.

[2] Si ce n'est pour Paris et Lyon, où il devait être de douze, d'après l'édit.

[3] *Rec. des anc. lois fr.*, t. XX, p. 408.

[4] Edit de mai 1702, *Loc. cit.*, p. 410. — Des lettres du 19 novembre 1702 accordaient la charge de lieutenant de maire d'Aigueperse à François Montanier (*Arch. d'Aigueperse*, Ire part., 18e sac; *Inventaire*, Mss. de Culhat, fol. 48, vo).

[5] Edit du 4 janvier 1704, *Loc. cit.*, p. 441.

[6] *Loc. cit.*, p. 492.

Nous devons reconnaître que les embarras du trésor épuisé, en grande partie, par les longues guerres du règne de Louis XIV furent au nombre des motifs qui firent prendre toutes ces mesures. Le préambule de l'édit de septembre 1714 le déclare : « Nous avons, pour ménager le zèle et les forces de nos sujets, préféré à tout autre expédient celui de créer différents offices[1].» C'était, en effet, un expédient financier, et un expédient déplorable, dont la royauté avait grand soin de ne point user pour son gouvernement, car elle se garda bien d'ériger en offices les fonctions d'intendants. Mais cette grande révolution s'accomplit-elle sans aucune vue politique ? Louis XIV n'avait sans doute pas beaucoup à redouter le caractère démocratique des libertés municipales ; et, cependant, qui oserait affirmer qu'en les abolissant il n'agissait pas aussi dans l'intérêt du pouvoir royal, du pouvoir absolu ? Cette pensée datait de loin : dès le commencement du XIVᵉ siècle, le Parlement avait posé en principe que le droit de régir les villes communales était régalien[2]. Les tendances de la royauté, lorsqu'elle n'eut plus à redouter les seigneurs, furent de rendre ces confédérations impuissantes ; et, si les opérations du règne de Louis XIV furent faites en vue du besoin, il est difficile de les considérer comme un pur expédient de finances, étranger à toute pensée politique. Dans tous les cas, ces mesures n'étaient pas seulement malheureuses, elles étaient encore un véritable abus d'autorité.

La déclaration du mois de septembre 1714 permettait aux villes de rembourser les offices de maire et de lieutenant de maire. Mais cette faculté était illusoire pour un grand nombre de communes qui étaient privées de toutes ressources. Dans une délibération de la ville d'Aigueperse, du 10 mars 1715, les consuls exposent que ce remboursement serait favorable aux habitants de cette ville, parce que, les maires et lieutenants de maire étant remboursés, nul autre que celui qui serait choisi par la compa-

---

[1] *Loc. cit.*, p. 637. — L'édit de juin 1716 rappelle les édits antérieurs qui avaient également érigé en titre d'office les places de « commissaires aux revues et logements de guerre, contrôleurs d'iceux, secrétaires, hoquetons, greffiers des hôtels de ville et contrôleurs d'iceux, archers, hérauts, massarts, valets de ville, trompettes, tambours, fifres, portiers, concierges, gardes-meubles et gardes des hôtels de ville. » (*Loc. cit.*, t. XXI, p. 117).

[2] Voy. *Rec. des Olim*, t. III, p. 108, n° 400.

gnie n'aurait à l'avenir le droit de présider à leurs assemblées. Mais la délibération porte « que la ville n'a aucuns revenus, et qu'elle est, par conséquent, dans l'impossibilité de faire ce remboursement, étant d'ailleurs accablée par la surcharge des impositions [1]. »

Cependant, l'édit de juin 1716 fit rentrer toutes les villes dans leurs droits, en abolissant tous les offices qui avaient été créés, et en restaurant l'ancien ordre municipal [2].

Les intendants furent chargés d'assister aux assemblées tenues pour les élections des officiers des hôtels de ville [3].

Quelques années après, tous les offices municipaux furent de nouveau mis en vente par le Régent [4]. Il fut permis aux villes d'enchérir dans l'adjudication de ces offices, et, si elles restaient adjudicataires, de nommer les officiers [5]. On créa des offices de

[1] *Archives d'Aigueperse*, Ire part., 18e sac; voy. *Inventaire*, précité, *fol.* 48, v⁰.

[2] « Ces nouveaux établissements, porte l'édit, ayant causé beaucoup de désordre dans l'administration publique, nous avons résolu de supprimer tous ces offices sans exception, et de rendre à toutes les villes, communautés et paroisses de notre royaume, la liberté qu'elles avaient d'élire et nommer des maires et échevins, consuls, capitouls, jurats, secrétaires-greffiers, syndics et autres officiers municipaux pour administrer leurs affaires communes. » (*Loc. cit.*, t. XXI, p. 117 et suiv.).

[3] Arrêt du conseil, du 28 août 1717, *Loc. cit.*, p. 149.

[4] Edit d'août 1722. Le préambule porte : « La nécessité de pourvoir au paiement exact des arrérages, et au remboursement des capitaux des dettes de l'Etat, nous a obligé à chercher les moyens les plus convenables pour y parvenir ; et il ne nous a point paru d'expédient plus sûr et moins onéreux à nos peuples que le rétablissement des différents offices supprimés depuis notre avénement à la couronne. » (*Loc cit.*, p. 209).

[5] Arr. cons., 26 janvier 1723, *Loc. cit.*, p. 213. — Bernard avait acquis la charge de maire de Clermont, à cette époque (*Voy.* M. Tardieu, *Loc. cit.*, p. 542). Une délibération de la ville d'Aigueperse, du 14 novembre 1723, porte que le roi met en vente l'état des officiers municipaux, savoir : l'office de gouverneur, celui de lieutenant du roi, major maire, lieutenant de maire, avocat du roi, procureur du roi, échevins, assesseurs, greffiers, contrôleurs, gardes des archives, concierge, héraut, portier, hoqueton, archers, valets de ville, tambours, lesquels offices ont été arrêtés au conseil de S. M. à la somme de 76890 liv.; que l'intention du roi est que les gages desdits offices soient payés ou à ceux qui les auront acquis ou à Sa Majesté. La délibération ajoute qu'il n'y a jamais eu d'autres officiers municipaux à Aigueperse qu'un maire et un lieutenant de maire, et que la ville n'a point de fonds pour faire le remboursement de ces derniers offices. (*Archives d'Aigueperse*, 2e part., 18e sac; voy. *Inventaire Mss.* de Culhat, *fol.* 49, r⁰).

gouverneurs et de lieutenants du roi dans les petites villes, bourgs et autres lieux, où il n'avait point été établi de maires[1].

L'année suivante, les offices étaient de nouveau supprimés[2]; puis, ils étaient rétablis en novembre 1733, et supprimés encore par les édits d'août 1764[3], et mai 1765[4].

Ces deux derniers édits restituaient aux villes et communautés le droit d'élection, mais en le restreignant, et en l'altérant par les conditions imposées à son exercice.

Dans toutes les villes de 4,500 habitants au moins, le *corps de ville* était composé d'un maire, de quatre échevins, de six conseillers de ville, d'un syndic receveur et d'un secrétaire greffier[5]. Dans les villes et bourgs de 2,000 à 4,500 âmes, il n'y avait, outre le maire, le syndic receveur et le secrétaire greffier, que deux échevins et quatre conseillers[6]. Les corps municipaux des villes et bourgs de moins de 2,000 âmes étaient composés de deux échevins, de trois conseillers de ville, d'un syndic-receveur et d'un secrétaire-greffier[7].

Le corps de ville était le pouvoir exécutif de la commune; il était chargé de la régie et de l'administration des intérêts communaux.

Il y avait une *assemblée des notables,* à laquelle les officiers municipaux devaient rendre compte de l'état des affaires de la

---

[1] M. Cohendy donne la liste des lieux de l'Auvergne dans lesquels ces officiers furent établis (*Mém. hist. sur les modes success. de l'admin. dans la prov. d'Auv.*, p. 244).

[2] Edit de juillet 1724, *Loc. cit.*, p. 275.

[3] Art. 2.

[4] *Loc. cit.*, p. 381, et vol. XXII, p. 406, 434. — Le nombre et l'époque des assemblées étaient réglementés : ainsi, par un règlement du 13 février 1746, confirmé, la même année, par arrêt du conseil, l'intendant d'Auvergne, M. Rossignol, fixait de la manière suivante les assemblées générales de la commune de Clermont : la première, au 1er janvier, pour la nomination des échevins, des conseillers de ville et des capitaines de quartiers; la seconde, au 1er dimanche de mars; la troisième, au 1er dimanche de septembre, pour la nomination des collecteurs.

[5] Art 3, édit de mai 1765, *Loc. cit.*, p. 436. — Les fonctions du ministère public étaient exercées par les procureurs du roi des juridictions ordinaires (art. 19, édit de 1765). Les procureurs des hôtels de ville avaient été supprimés par l'édit de 1758. (Voy. art. 5, édit d'août 1764).

[6] Art. 51, édit de juill. 1765, *Loc. cit.*, p. 445.

[7] Art. 54, édit de juill. 1765, *Loc. cit.*, p. 446.

commune [1]. Les assemblées des notables étaient composées du maire, des échevins, des conseillers de ville et de notables [2].

Pour l'élection de ces notables, le chapitre principal du lieu, chaque autre chapitre séculier, l'ordre ecclésiastique, les nobles et officiers militaires, le bailliage, les autres juridictions, et les autres corps et communautés nommaient chacun un député, dans des assemblées particulières [3]. Les députés élisaient au scrutin, pour quatre années, un notable, dans chacune de ces catégories de personnes [4].

L'assemblée des notables procédait à l'élection des échevins, à celle des conseillers de ville, et des trois candidats, parmi lesquels le roi s'était réservé de nommer le maire, sur la présentation de l'assemblée [5]. Les maires ne pouvaient être choisis que parmi ceux qui en avaient déjà rempli les fonctions, ou qui avaient été échevins. Les échevins ne pouvaient être élus que parmi les conseillers de ville, ceux-ci parmi les notables [6], et ces derniers parmi les personnes âgées au moins de trente ans, et domiciliées dans la ville ou le bourg depuis dix ans [7].

Il y avait quelques exceptions au régime dont nous venons de parler. Ainsi, le duc d'Orléans avait exposé qu'étant devenu propriétaire du fonds de tous les offices municipaux créés dans son apanage et ses terres patrimoniales, il espérait que le roi l'excepterait des dispositions de son édit de 1764, en laissant subsister lesdits offices, soit dans les villes de son apanage, soit dans les villes patrimoniales, ou, du moins, qu'il lui accorderait un dédommagement.

[1] Art. 7 et 8, édit de 1764.

[2] Art. 29, édit de 1765.

[3] Art. 34, 35, édit de mai 1765.

[4] Art. 32, 36, même édit. — Le 12 octobre 1765, les députés des différents corps d'Aigueperse nommèrent dix notables, savoir : un pour l'ordre ecclésiastique, un pour la classe des officiers des diverses juridictions, trois pour la classe des *commençaux*, avocats, médecins et bourgeois vivant noblement, un pour la classe des notaires et procureurs, deux pour celle des marchands, chirurgiens et autres exerçant des arts libéraux, et deux pour la classe des laboureurs et artisans (*Archives d'Aigueperse*, 2e part., 18e sac; voy. *Inventaire* précité, fol. 53, v°).

[5] Art. 4, 39, 5, édit de 1765.

[6] Art. 9, 10, 11, édit de mai 1765.

[7] Art. 37, édit de 1765

Des lettres patentes du 15 août 1765 ordonnaient que les édits d'août 1764 et mai 1765 seraient exécutés, du consentement du duc d'Orléans, dans toutes les villes ou communautés de son apanage et de ses terres patrimoniales, et que lesdites villes ou communautés seraient tenues de présenter au Duc, pour remplir chaque place vacante, trois sujets, élus par elles, et parmi lesquels il choisirait celui qu'il jugerait le plus capable d'exercer ces fonctions.

Une lettre de M. de Belle-Ysle, secrétaire des commandements du duc d'Orléans, adressée aux officiers municipaux, leur donnait avis de l'envoi des lettres patentes du 15 août 1765, et leur mandait que la forme prescrite par ces lettres consistait, de la part des communautés, à présenter trois candidats pour la place de maire, pour chaque place d'échevin, ou de conseiller, et pour chacune des places de receveur syndic et de secrétaire-greffier. M. de Belle-Ysle faisait observer que les notables, représentant, d'après les nouveaux édits, la communauté des habitants, ne devaient pas être remplacés par la présentation à S. A. S. de trois sujets, comme les autres membres du corps municipal, ni assujettis à sa confirmation [1].

Enfin, l'édit de novembre 1771 rétablit pour la troisième fois la vénalité des offices perpétuels de maires, lieutenants de maires, secrétaires, greffiers, conseillers, échevins, jurats, capitouls, consuls, assesseurs, etc.; et cet état de choses dura jusqu'à la Révolution.

Depuis cet édit, le corps de ville de Riom était composé d'un maire, d'un lieutenant de maire, de quatre échevins, quatre assesseurs et un secrétaire [2].

Celui de Clermont se composait, en 1786, d'un maire, d'un lieutenant de maire, de quatre échevins, six conseillers, d'un procureur du roi et d'un secrétaire-greffier, nommés par le roi [3].

En 1788, les officiers municipaux de cette ville adressaient au ministre et secrétaire d'Etat, de Villedeuil, un *mémoire*, dans lequel ils exposaient qu'après l'édit de 1771, et pendant dix-sept

---

[1] *Archives d'Aigueperse*, 2e part., sac 18; *voy. Inventaire*, Mss. de J.-B. Culhat, fol. 52 et suiv.

[2] Chabrol, IV, 449.

[3] Chabrol, IV, 186.

ans, la ville de Clermont avait été privée de ses assemblées, quoiqu'elles eussent été prescrites par un arrêt du Parlement de l'année 1778. Ils se plaignaient de ce qu'elle était soumise à un régime qui la privait du choix de ses officiers municipaux, et l'empêchait de connaître l'opinion des citoyens: « Cette double privation, porte le mémoire, a l'inconvénient de briser, du côté du corps municipal, tous les liens de la communication, et d'affaiblir ceux de cette confiance qui devrait exister, et qu'il lui est presque impossible d'obtenir, parce que ce corps s'est élevé au milieu de tous les autres ordres, sans avoir été formé par leur choix [1]. »

Le *mémoire* signalait quelques-uns des graves inconvénients de cette situation: « L'insuffisance des revenus de la ville et l'immensité de ses dettes aggravent, dans de telles circonstances, l'embarras de ses officiers municipaux. Pleins d'une juste timidité dans l'administration, ils éprouvent la cruelle alternative, ou d'exciter des plaintes des créanciers, s'ils ne les satisfont pas, ou d'entendre celles de leurs concitoyens, s'ils osent, sans leur consentement, attenter aux fonds patrimoniaux. »

Les affaires litigieuses et les autres intérêts de la commune périclitaient; les dettes ne s'acquittaient pas; les citoyens élevaient des réclamations vives et souvent fondées [2].

En résumé, pendant les temps que nous venons de parcourir, le plus souvent l'administration des villes était confiée à deux assemblées. La première, composée d'officiers municipaux plus ou moins nombreux, était le *corps de ville*, dont les membres étaient revêtus d'un pouvoir temporaire, conféré par élection, quand le roi avait remis en vigueur ce mode de nomination, ou que la ville avait pu racheter les offices, ou bien remplissaient une charge perpétuelle, moyennant finance, lorsque le roi avait rétabli les offices et était parvenu à les vendre. La seconde assemblée, l'*assemblée générale*, élisait le corps de ville, lorsque

---

[1] *Mémoire du corps de ville de Clermont-Ferrand, à M. de Villedeuil, pour réclamer la restitution aux habitants de la ville du droit de se réunir en assemblées générales pour délibérer sur les affaires communes.* (Remis à M. Reboul, maire, membre de l'assemblée des notables, le 21 octobre 1788). — Ce document se trouve dans les *Mémoires de l'Acad. de Clermont*, t. VIII, p. 419 et suiv.

[2] *Loc. cit.*, p. 420.

l'élection était encore permise, et continuait de prendre part aux principales affaires.

L'administration était collective. Il n'y avait pas de magistrat qui la dirigeât particulièrement sous sa propre responsabilité. Le maire était plutôt le président du corps de ville que le chef de l'administration de la cité.

A la différence des temps antérieurs où l'assemblée générale se composait souvent de tout le peuple, qui élisait ses officiers municipaux, qui était quelquefois consulté, à qui on rendait compte, cette assemblée, au XVIII° siècle, est presque toujours *représentative*, et composée de *notables*. Le gouvernement municipal des villes n'est plus pour ainsi dire qu'une petite oligarchie, dirigeant l'administration de la cité d'après ses vues particulières, et sans responsabilité envers le public.

Ce n'est qu'après un arrêt du Conseil, sur le rapport de l'intendant, qu'il est permis aux villes d'établir un octroi, de lever une contribution, d'hypothéquer, de vendre, de plaider, d'affermer leurs biens, de les administrer, de faire emploi de l'excédant de leurs recettes [1]; et cette *tutelle* ne les empêchait pas de se ruiner. Le désordre de leurs affaires est attesté par toute l'histoire administrative de cette époque.

Quant aux villages, la sujétion était la même, et l'administration n'en était pas meilleure. Dans presque toutes les paroisses, au XVIII° siècle, les deux seuls fonctionnaires étaient le *collecteur* et le *syndic*. Ces officiers municipaux étaient devenus les instruments du gouvernement plus que les représentants de la communauté. Les assemblées de paroisse, qui semblent plus démocratiques que celles des villes, n'avaient pas plus de liberté; au-dessus de toutes planait la volonté despotique de l'agent du pouvoir central. Enfin, rien ne fait mieux voir dans quel avilissement toutes les libertés locales étaient tombées que l'extrême mobilité des règles auxquelles l'administration municipale fut sou-

---

[1] Des lettres patentes *portant règlement pour l'administration économique de la ville de Riom*, en date du 3 janvier 1766, déterminaient d'une manière invariable les charges ordinaires et annuelles de cette ville, en fixaient le chiffre, qui ne pouvait être dépassé; elles déterminaient aussi celui des charges extraordinaires, telles que réparations et nouvelles constructions d'édifices publics, fontaines, promenades publiques, frais de procès, robes de maire et échevins, etc., etc.

mise. On dirait que cette mobilité, ces changements si nombreux, ces variations perpétuelles, étaient destinés, en éteignant tout attachement aux institutions, tout patriotisme local, à frayer la voie à la Révolution, qui allait bientôt tout anéantir, et tout réédifier sur des bases nouvelles.

CHAPITRE IV.

Impôts.

Les modifications introduites dans l'état des impositions, sous Charles VII[1], étaient la conséquence des changements apportés dans l'organisation des forces destinées à la défense de la nation. L'armée était devenue permanente; il fallut, pour pourvoir à sa solde et à son entretien, des ressources de même nature : la taille devint aussi permanente[2].

Le système des tailles réelle et personnelle fut, à dater du règne de ce prince, l'une des bases principales des finances de l'ancienne monarchie. Pour les asseoir on prit en considération les *facultés* des contribuables[3].

La taille était réelle dans quelques provinces, telles que le Languedoc, la Provence, le Dauphiné, mais personnelle, ou plutôt mixte, en Auvergne, comme dans la plus grande partie du royaume, c'est-à-dire dans les pays d'élections[4].

La taille réelle portait sur les biens-fonds, indépendamment du domicile, et sans prendre en considération la qualité des possesseurs[5]. Elle grevait tous ceux qui possédaient des fonds dans

---

[1] Voy. *Suprà*, vol. Ier, tit. V, ch. 8.

[2] Voy. Forbonnais, *Recherches sur les finances*, t. 1er, p. 11.

[3] Voy. art 7, ordonn. de 1517, et art. 20, ord. de mars 1600 ; M. de Parieu, *Hist. des impôts généraux*, ch. VIII, p. 260.

[4] Voy. Jehan Combes, *Traicté des tailles*, f. 60, édit de 1584.

[5] Jehan Combes, *Loc. cit.*; M. de Parieu, *Loc. cit.*, p. 261.

la paroisse, à proportion de la quantité de terres qu'ils y possédaient, et sans avoir égard à leurs facultés en général. Elle ne s'imposait que sur les héritages roturiers. Les personnes nobles devaient la taille pour les immeubles de cette nature qu'ils possédaient dans les provinces où la taille était réelle, et les roturiers ne payaient pas pour les biens nobles qu'ils pouvaient y posséder. Il n'existait aucune exemption personnelle dans les pays où elle était établie [1].

La taille personnelle ou mixte portait sur les habitants roturiers des villes non franches, bourgs et villages, à proportion, comme le dit Jehan Combes [2], de *tous les biens et fortunes de l'indiciable, en quelque part qu'ils soient posez et assis* [3]. Elle était imposée, dans chaque paroisse, sur ceux qui y avaient leur domicile, et non sur les personnes qui pouvaient y posséder des biens, sans y être domiciliées [4]. A la différence de la taille réelle, qui était foncière, la taille personnelle ou mixte portait moins sur le fonds lui-même que sur le propriétaire, sur les produits et revenus provenant de ses biens, de son travail et de son industrie [5].

Selon l'auteur de l'*Essai sur la nature et la répartition de l'impôt en Auvergne* [6], la taille aurait été personnelle dans cette province, comme dans tous les pays d'élections, d'après la défense faite aux percepteurs de mettre la main sur les propriétés par voie de saisie-réelle. Suivant cet écrivain, les tailles personnelles n'affectaient que les produits des héritages et les meubles des taillables [7]. Nous préférons l'opinion qui rattache la distinction en tailles personnelle et réelle aux bases fondamentales de l'assiette des tailles dans les diverses contrées de la France.

La taille personnelle était aussi appelée *arbitraire*, parce qu'elle

[1] Voy. Ferrière, *Dict. de droit*, v° taille; Denizart, *Dict. de jurispr.*, *eod. verbo*.

[2] *Loc. cit.*

[3] Arrêts de la Cour des aides de Paris, des 8 et 19 octobre 1552, cités par Combes, *Loc. cit.*

[4] Elle grevait l'individu, comme le dit M. de Parieu, à raison de sa qualité et du lieu de son domicile (*Loc. cit.*, p. 260).

[5] Voy. Ferrière, *Loc. cit.*

[6] Probablement *Mabru*, trésorier de France à Riom, 1 vol., Clermont-Ferrand, 1787.

[7] *Loc. cit.*, p. 19.

ne reposait sur aucune base certaine et qu'elle dépendait pour ainsi dire de la seule appréciation des répartiteurs.

Voici, en quelques mots, quel était le mode d'assiette et de recouvrement de la taille au XVIe siècle :

Le montant de la taille était arrêté, tous les ans, au Conseil.

Le Roi envoyait *ses mandements et lettres de commission*, dans chacune des généralités, aux généraux des finances, qui les adressaient en particulier aux élus, *pour, chacun dans leur ressort, imposer, égaler et départir les deniers mandez par ladite commission* [1].

Lorsque les élus avaient reçu le mandement des généraux des finances, ils faisaient l'assiette et répartition par *paroisses* dans chaque élection. Ils envoyaient ensuite leurs commissions aux consuls, syndics ou échevins des villes et paroisses de leur élection, pour qu'ils eussent à faire asseoir et imposer sur les habitants la somme qui était portée dans ces commissions [2].

Chaque année, les consuls, syndics ou échevins réunissaient le corps commun pour élire, à la majorité des suffrages des habitants, des *asséeurs*, qui étaient chargés de faire la répartition de l'imposition sur les contribuables [3].

Cette répartition faite, les asséeurs dressaient les rôles, qu'ils remettaient aux *collecteurs*, chargés de faire *la levée et cueillette* de l'impôt. Pour être exécutoires, ces rôles devaient être signés par l'un des élus.

Les collecteurs étaient aussi choisis, chaque année, à la majorité des suffrages des habitants des villes et paroisses ; mais le plus souvent cette charge était adjugée *au moins disant du sol*

---

[1] Jehan Combes, *Traicté des tailles*, fo 23, 24.

[2] Jehan Combes, *Loc. cit.*, fo 27, 29.

[3] Jehan Combes, *Loc. cit.*, fo 29, *verso*. Cet auteur, en parlant des fonctions des *asséeurs* ou *partisseurs* des tailles s'exprime ainsi : « Aussi est-ce véritablement le soing et charge principale desdits asséeurs.... que d'égaler la taille et autres deniers sur tous leurs habitans, chacun selon ses facultez, sans y obmettre personne quelconque, s'ils ne veulent payer son taux et indiction.... et en cela principalement gist leur devoir, que de soulager les pauvres gens, tant qu'il leur sera possible.... Mais doivent les dits asséeurs charger sur les plus riches et opulents, et mesmes sur ceux qui font de folles et téméraires despenses, tant en somptuosité d'habits, que de la bouche, selon le conseil de *Suidas*. » (*Loc. cit.*, fo 30).

pour livre, et au rabais[1]. « Ils doivent, disait Jehan Combes, gracieusement et doulcement lever et cueillir l'imposition d'un chacun, de quartier en quartier, ayant leurs rolles en une main, et en l'autre la plume, pour sur iceux croiser, ou autrement endosser et mettre les payements qu'ils reçoivent.... et doivent les dits collecteurs, auparavant que demander ladite indiction ou cottisation, le dénoncer, publier et advertir les debteurs[2]. »

Quatre jours après l'échéance du terme, les collecteurs étaient tenus de verser les deniers dans la caisse des receveurs particuliers des tailles de l'Election[3].

Ces derniers effectuaient à leur tour leurs versements, *en mêmes espèces qu'ils avaient reçues*, entre les mains des receveurs généraux, dont ils retiraient un acquit dûment contrôlé[4]. Les deniers étaient ensuite *voiturés* à l'*épargne*.

Pour activer ce dernier versement, on avait institué les *clercs des finances*, qui allaient dans toutes les recettes particulières ou générales diligenter les receveurs, et faisaient effectuer *le port et voiture* des deniers[5].

Dans le siècle suivant, les officiers des élections et les trésoriers de France du Bureau des finances établi à Riom avaient, conjointement avec l'intendant, la direction *de la dresse du brevet de la taille*. Les trésoriers députaient quelques-uns d'entre eux dans chaque élection pour conférer avec les élus, et, après le rapport des députés, ils envoyaient leur avis au Conseil. L'intendant envoyait aussi le sien séparément. Ensuite des commissions étaient adressées aux trésoriers, aux officiers des élections, et à l'intendant. Le Bureau des finances députait alors, dans chaque élection, un trésorier qui procédait, conjointement avec l'intendant et les élus, à l'assiette et à la répartition, sous la présidence de l'intendant, dont la voix était prépondérante[6].

On conserva à peu près intactes les autres bases du mode d'as-

---

1 Jehan Combes, *Loc. cit.*, f° 32.

2 *Loc. cit.*, f° 33, *verso*.

3 Jehan Combes, *Loc. cit.*, f° 34.

4 Jehan Combes, *Loc. cit.*, f° 34, *verso*.

5 Jehan Combes, *Loc. cit.*, f° 39.

6 Voy. *Mémoire concernant la province d'Auvergne, en 1697-1698*, par Lefèvre d'Ormesson (*Tab. hist. de l'Auvergne*, vol. V, p. 646).

siette et de recouvrement, que nous avons indiquées. Les innovations qui furent introduites avaient surtout pour but d'accroître les pouvoirs des intendants, qui finirent par substituer leur autorité à la garantie déjà bien faible des officiers des élections.

On a souvent signalé tout ce qu'il y avait de vicieux, d'injuste et d'arbitraire dans la répartition de la taille, sous l'ancienne monarchie, tous les abus qui se reproduisaient, toutes les inégalités choquantes qui se renouvelaient, chaque année, entre les contribuables. L'Auvergne ne fut pas plus exempte que les autres provinces de tous ces maux. Là aussi on vit les collecteurs devenus autant de petits tyrans favoriser les uns, opprimer les autres, selon leur intérêt ou leurs passions. Là aussi les malheureux contribuables furent souvent exposés à la rigueur de ces percepteurs pauvres, illettrés, ignorants, et aux vexations de la tourbe des garnisaires, *devenus le fléau des campagnes* [1].

A tant d'inconvénients et d'abus dans la répartition et la perception venaient se joindre, en Auvergne, pays de taille personnelle, les injustices et les inégalités résultant des immunités admises par la loi au profit du clergé, de la noblesse, des titulaires des divers offices, et des exemptions frauduleuses qui s'entaient sur ces priviléges scandaleux [2].

Il faut encore ajouter l'élévation successive de la taille, surtout depuis le commencement du XVIIᵉ siècle [3]. L'intendant de Ballainvilliers avouait, dans son rapport, que la détresse et l'épuisement des populations taillables de ce pays, en 1765, provenaient

[1] Voy. l'ouvrage de *Mabru* précité; le *procès-verbal de l'assemblée de l'élection de Clermont*, en 1788, et le *mémoire de l'assemblée d'élection de St-Flour sur les réformes à faire dans le recouvrement des impôts*; M. Francisque Mège, *L'Assemblée provinciale d'Auvergne*, t. VIII des *Mémoires de l'Académie de Clermont*, p. 321 et suiv.

[2] Voy. sur ces immunités et exemptions, Denizart, Ferrière, *Loc. cit.*; M. de Parieu, *Loc. cit.*, p. 263; *Procès-verbal de l'assemblée provinciale d'Auvergne*, p. 225; M. Fracisque Mège, *Loc. cit.*, p. 330 et suiv.—La ville de Clermont avait le privilége d'être exempte de la taille. Ce privilége lui fut accordé par Louis XI, le 27 janvier 1481, et confirmé, soit en 1566, soit par diverses lettres patentes d'une date postérieure (Chabrol, IV, p. 186).

[3] Voy. Lefèvre d'Ormesson, *Loc. cit.*, p. 647. — Il y eut en Auvergne, sur l'effectif de la taille, depuis 1706 jusqu'en 1763, une augmentation réelle de 795,551 l. (Voy. le tableau de Ballainvilliers, *Tablett. hist. de l'Auvergne*, vol. VII, p. 158 et suiv.).

principalement de l'accroissement et du poids de l'impôt [1], dont nul commerce ne dédommageait la province d'Auvergne.

Puis, il y avait les *accessoires de la taille* : à côté du brevet établissant la quotité de la taille à imposer, il en paraissait chaque année un second, qui, dans le principe, comprenait l'énumération et la quotité d'impôts divers, temporaires, et classés sous le titre d'*accessoires*. Plus tard, en 1780, pour éviter toutes investigations, on ne donna plus que le chiffre total du brevet des accessoires [2].

Faut-il donc s'étonner si la taille parut si odieuse et souleva en Auvergne tant de plaintes et de récriminations; si cet impôt sema dans les esprits tant de germes de défiance et d'irritation !

Outre la taille, l'Auvergne eut à supporter divers impôts qui furent successivement établis.

Ce fut d'abord la *capitation,* sorte d'impôt personnel, créé par déclaration royale du 18 janvier 1695, pour subvenir aux dépenses de la guerre qui se termina par le traité de Riswich. Supprimée en 1698, la capitation fut rétablie en 1701. Cet impôt devait porter sur tous les habitants eu égard à leur fortune. Ils étaient pour cela divisés en vingt-deux classes entre lesquelles l'intendant faisait la répartition. Les taillables dont la cote était inférieure à 40 sols, plus tard à 20 sols, et les indigents étaient seuls exempts. Mais l'égalité apparente cessa bientôt : le clergé et les nobles ne tardèrent pas, par divers moyens, à faire reporter le poids de cet impôt presque totalement sur la masse des taillables [3]. On renonça à la répartition par classes.

Alors, en Auvergne, comme dans tous les pays où la taille était personnelle, on se contenta de prendre le marc le franc de la taille pour l'établissement de la capitation qui s'appelait *taillable* [4]. Dans l'origine, on défalquait du rôle général le montant

---

[1] *Loc. cit.,* p. 159. — Lefèvre d'Ormesson disait, en 1697-1698, que la généralité de Riom était une de celles qui payaient le plus de tailles au roi (*Loc. cit.,* p. 647).

[2] Voy. procès-verbal de l'assemblée provinciale d'Auvergne, p. 253 ; M. Francisque Mège, *Loc. cit.,* p. 326 et suiv.

[3] Le clergé obtint de remplacer la capitation par un don gratuit; en 1710, il racheta ce don gratuit, en en payant six fois la valeur, ce qui lui procura un affranchissement complet.

[4] Voy. Denizart, v° *Capitation,* n° 6.

de la capitation des privilégiés ; l'excédant était ensuite réparti. Depuis 1781, ce mode de procéder fut changé : on imposa d'abord la capitation sur les non privilégiés au marc la livre de leur taille, et le reliquat seul était réparti sur les privilégiés[1].

L'arbitraire et l'inégalité de la répartition de cet impôt l'avaient rendu, en Auvergne, aussi impopulaire que le précédent.

Il y eut encore le *doublement et triplement de la capitation*[2] ; le *quartier d'hiver et autres dépenses militaires*[3] ; l'*ustensile d'infanterie et de cavalerie* ; la *milice garde-côtes*[4] ; le *don gratuit extraordinaire*[5].

Après avoir récapitulé toutes les impositions de l'Auvergne, l'intendant de Ballainvilliers faisait observer que, de 1725 à 1760, il y avait eu une augmentation de 1,127,843 l.; et, depuis 1731 jusqu'en 1763, une augmentation de 1,412,609 l.; de telle sorte que le chiffre de l'impôt s'était élevé d'un quart environ dans l'espace de trente-sept ans[6].

Les impositions des années 1761 à 1763 montaient à 5,800,000 l.; et, pour payer cette somme, il n'y avait que 140,000 cotes ou taillables compris dans les rôles, ce qui faisait en moyenne 41 l. 10 s. pour chaque redevable. L'intendant déclarait lui-même que les trois quarts des taillables n'étaient pas en état de payer trois livres[7]. Dans son calcul n'étaient compris, ni le don gratuit, ni

---

[1] Voy. *Essai sur la nature et la répartition de l'impôt en Auvergne,* par un habitant de la province (*Mabru,* trésorier de France à Riom); M. Francisque Mège, *Loc. cit.,* p. 344 et suiv. — Le total de la capitation de la généralité de Riom était, en 1763, de 1,298,000 liv., et avec diverses taxations accessoires, il s'élevait à la somme de 1,503,400 liv. (Ballainvilliers, *Etat de l'Auvergne, en* 1765, dans les *Tabl. hist. de l'Auv.,* vol. VII, p. 159 et suiv.).

[2] Notamment en 1760, 1761, 1762, 1763 (voy. Ballainvilliers, *Loc, cit.,* p. 160).

[3] Voy. le tableau de cet impôt pour les années 1758 à 1763 dans l'*Etat* de Ballainvilliers, *Loc. cit.,* p. 161.

[4] Ces impôts n'avaient lieu qu'en temps de guerre. Voy., à l'égard du premier, pour les années 1734, 1735, 1736, 1742 à 1748 et 1758 à 1763, Ballainvilliers, *Loc. cit.*; et, à l'égard du second, pour la dernière période, *Loc. cit.,* p. 161, 162.

[5] Décrété pour 6 ans, depuis le 1er octobre 1760 (Ballainvilliers, *Loc. cit.*).

[6] Ballainvilliers, *Loc. cit.,* p. 163-166.

[7] *Loc. cit.,* p. 167.

les vingtièmes et autres charges non portées dans la carte générale !

Le total de la taille et de ses accessoires était pour l'Auvergne, en 1788, y compris la capitation et le don gratuit, de 6,660,723 livres [1], pour une population de 681,500 habitants.

L'Auvergne fut aussi soumise à l'impôt du *premier dixième* [2], à celui du *cinquantième* [3], du *second dixième* [4], du *troisième dixième* [5], des *deux sols pour livre en sus du dixième* [6], du *premier vingtième* [7], du *second vingtième* [8], enfin, du *troisième vingtième et deux sols pour livre d'icelui* [9].

Les désastres militaires de la France, à la fin du règne de Louis XIV, conduisirent à un accroissement des charges publiques. Les impôts établis ne suffisaient plus aux besoins du trésor. Inspiré probablement par la *dîme* de Vauban, le contrôleur général Desmarets fit décréter le *premier dixième*. Cet impôt fut établi sur les revenus de toute espèce, fonciers, mobiliers, industriels et professionnels [10]. Le principe de taxation proportionnelle et uniforme qui en était la base fut bientôt affaibli par de nombreuses transactions. Il en fut de même pour le second et le troisième dixième.

L'impôt du vingtième fut ensuite établi avec un caractère de permanence, que n'avait pas eu la taxe du dixième. Le roi, dans le préambule de l'édit de mai 1749 relatif à cette contribution,

---

[1] *Procès-verbal de l'assemblée provinciale*, p. 248.

[2] Etabli par déclaration du 14 octobre 1710, il dura sept ans et trois mois.

[3] Créé par déclaration du 25 juin 1725, et supprimé le 7 juillet 1727.

[4] Etabli par déclaration du 17 novembre 1733, pour commencer le 1er janvier 1734, et supprimé par celle du 7 juillet 1737.

[5] Etabli par déclaration du 29 août 1741, et supprimé par l'édit de mai 1749.

[6] Etablis par édit de 1746, pour commencer le 1er janvier 1747, ils ont été continués jusqu'au 31 décembre 1756, par l'art. 1er de la déclaration du 7 juillet 1756.

[7] Etabli par édit de mai 1749, pour commencer le 1er janvier 1750, et continué par déclaration du 7 juillet 1756, pour finir dix ans après la paix.

[8] Etabli par déclaration du 7 juillet 1756, pour commencer le 1er octobre suivant, et finir trois mois après la paix.

[9] Etablis par édit de février 1760, continué jusqu'à la fin de 1763, et rétablis de 1783 à 1785.

[10] Voyez art. 1, 2, 3, 4, 5 et 8 de la déclaration du 14 octobre 1710.

disait « qu'il n'y en avait point de plus juste, de plus égale, puisqu'elle se répartirait sur tous et chacun de ses sujets dans la proportion de leurs biens et de leurs facultés. » Néanmoins, cet impôt sur le vingtième des revenus souleva de vives résistances parmi les ordres privilégiés. Le clergé, qui avait déjà obtenu des transactions pour les dixièmes, voulut encore se soustraire à l'impôt du *vingtième*, et il y parvint.

Les deux *vingtièmes* furent maintenus jusqu'à la Révolution et furent même souvent accompagnés d'un troisième vingtième.

L'impôt des vingtièmes, selon la remarque d'un savant publiciste, fut peut-être de tous les impôts de l'ancienne monarchie celui qui, malgré ses imperfections, se rapprochait le plus des idées de justice et d'équité qui doivent toujours guider le législateur dans l'établissement des charges publiques. « L'impôt des vingtièmes, ajoute M. de Parieu, quoiqu'il fût défectueux sous plus d'un rapport, et qu'il dût être souvent fort inégal, à raison même de la permanence de son assiette comparée à la mobilité des revenus, en même temps qu'il était profondément dénaturé par les dispenses accordées au clergé, moyennant des dons gratuits, et par les abonnements au profit d'un grand nombre de villes, de provinces et même d'individus, l'impôt des vingtièmes, disons-nous, paraît avoir été accepté en général, sans trop de répugnance dans l'ancien régime [1]. »

Les trois vingtièmes et deux sols pour livre imposés sur la province d'Auvergne produisaient, en 1765, la somme de 1,790,429 l. 18 s. 6 d. [2].

En 1787, le Roi demandait à l'Auvergne un abonnement d'un million 807 mille livres, déduction faite de la part à la charge des biens ecclésiastiques. Le bureau de l'impôt de l'assemblée provinciale proposait un abonnement au taux en vigueur des vingtièmes, c'est-à-dire à la somme fixe de 1,298,493 livres [3]. L'Assemblée fit un mauvais accueil aux projets ministériels. Sa réponse déplut au ministre, et l'intendant avait été chargé d'en témoigner son mécontentement. Les admonestations faites à l'Assemblée furent sévères ; mais, malgré son dévouement à la monarchie, elle n'en persista pas moins dans ses résolutions,

---

[1] *Loc. cit.*, p. 292.

[2] Ballainvilliers, *Loc. cit.*, p. 469.

[3] Voy. procès-verbal de l'assemblée, p. 175,

et l'impôt des vingtièmes ne reçut aucune augmentation dans la province[1].

L'Auvergne s'était rédimée des *aides*[2]. Cet affranchissement fut reconnu et confirmé par arrêt du conseil, du 6 février 1697, sur l'avis de Lefèvre d'Ormesson[3].

On sait que le roi Jean, pour indemniser le trésor du refus fait par plusieurs provinces de contribuer aux aides, ordonna que ces provinces seraient considérées comme *étrangères* aux autres, c'est-à-dire que toutes marchandises sortant des pays soumis aux aides pour entrer chez elles paieraient les droits de traite, le *haut-passage*, le *rêve* et l'*imposition foraine*, comme si elles passaient chez les étrangers[4]. Ce fut là l'origine de cet absurde système qui établit des lignes de douane dans l'intérieur de la France, et mit de si nombreuses entraves aux relations commerciales d'un même pays, quand tous les intérêts commandent la plus grande facilité dans les communications. On nous approuvera de passer sous silence tous les édits et règlements qui parurent ensuite sur cette matière.

Quelque temps avant l'année 1637, les fermiers des traites foraines et cinq grosses fermes avaient essayé de soumettre l'Auvergne aux droits pour les marchandises qui en sortaient ou qui y étaient importées, en se prévalant de ce qu'elle était une province non sujette aux aides. Mais les résistances furent éner-

---

[1] Voyez, sur cet incident, M. Francisque Mège, *Loc. cit*, p. 325 et suiv.

[2] Voy. *suprà*, vol. Ier, tit. V, ch. 8. — On distinguait les *aides ordinaires* et les *aides extraordinaires*. La quotité et la consistance des aides proprement dites varièrent suivant les époques. Dans l'origine, ces aides consistaient : 1° *dans le droit de gros*, c'est-à-dire le vingtième ou le sou pour livre du prix de la vente en gros des boissons, des denrées et des marchandises ; 2° dans le quart à la vente en détail du vin et des autres boissons. Le droit du quart au détail fut ensuite réduit à un huitième, c'est-à-dire à douze et demi pour cent.

[3] Voy. son mémoire, *Tabl. hist. de l'Auvergne*, vol. V, p. 644. — Lefèvre d'Ormesson semble ne parler que de la Basse-Auvergne, mais ce qu'il dit doit s'appliquer à toute la province (voy. de Mesgrigny, *Loc., cit.*, p. 189.) Elle était exempte des aides, mais l'*équivalent* les y remplaçait (de Mesgrigny, *Loc. cit.*).

[4] Voy. Necker, *Loc. cit.*, t. Ier, p. 169. — Dans l'origine, les provinces furent aussi considérées comme étrangères, lorsqu'elles ne voulaient pas souffrir à leurs extrémités l'établissement des bureaux destinés à à la perception des droits de traite foraine. La province qui s'était refusée à cet établissement était réputée étrangère aussi bien que celle qui ne payait pas les aides. (Voy. Forbonnais, *Rech. sur les finances*, t. Ier, p. 356.)

giques, quelquefois violentes, et aucune recette ne put jamais être effectuée [1].

En 1697-1698, l'intendant Lefèvre d'Ormesson faisait observer que la province d'Auvergne était *hors de l'étendue des cinq grosses fermes* [2]. On se rappelle que, sous Louis XIV, Colbert, dans un but d'uniformité, et afin de reporter tous les droits de traite aux frontières du royaume, avait fait le célèbre tarif de 1664, auquel toutes les provinces devaient être soumises. A la suite d'un grand nombre d'oppositions, ce tarif ne fit loi que pour certaines provinces, que l'on désigna par le nom de *provinces des cinq grosses fermes.* Une autre partie du royaume resta, à l'égard des droits de traite, dans la même situation que par le passé, sous le nom de *provinces réputées étrangères.* C'était une manière abrégée de rappeler que ces provinces n'étaient pas soumises aux règles du tarif de 1664. L'Auvergne était dans cette dernière catégorie.

Les bureaux d'entrée et de sortie furent placés entre le Bourbonnais et l'Auvergne, à Vichy et à Gannat [3].

Les sous-fermiers ou commis des *droits réunis* avaient aussi voulu, longtemps avant l'année 1637, exercer les droits en Auvergne ; mais ils ne purent jamais vaincre l'opiniâtre résistance des populations de cette contrée, si ce n'est pour le droit de marque du papier [4]. Le droit annuel pour les cabaretiers et débitants de vin n'eut aucun succès [5].

La plus grande partie de l'Auvergne s'était rédimée en 1453 de la *gabelle* [6]. Cependant les prévôtés de Brioude, Langeac, Auzon, Livradois et Lauradois, étaient soumises à la gabelle du Languedoc [7]. Il en était de même, dans le Haut-pays, de la partie de

[1] Voy. de Mesgrigny, *Loc. cit.*, p. 191.

[2] *Loc. cit.*, p. 644.

[3] Voy. Lefèvre d'Ormesson, *Loc. cit.*, p. 644.

[4] Voy. de Mesgrigny, *Loc. cit.*, p. 191, et Lefèvre d'Ormesson, *Loc. cit.*, p. 645.

[5] Voy. de Mesgrigny, *Loc. cit.*, p. 192.

[6] Le mot *gabelle*, dans l'origine, désignait toute espèce d'impôt, et n'avait pas une signification précise. Depuis le XIVᵉ siècle, il fut appliqué plus spécialement à l'impôt du sel.

[7] Lefèvre d'Ormesson, *Loc. cit.*, p. 644.

la prévôté de St-Flour située sur là rive droite de la rivière d'Alagnon [1].

Il y avait encore, au XVIIIe siècle, les droits de contrôle, insinuation, centième denier, scel, amortissement, franc-fief, greffe, et autres accessoires, le produit de la vente des tabacs, qui faisaient partie du bail général des fermes; puis, les droits établis sur les cartes à jouer et sur la marque des cuirs [2].

Tous les impôts, que nous avons passés en revue dans ce chapitre, donnaient, pour l'année 1765, un total de 8,852,315 livres [3].

En 1784, Necker, parlant de la généralité de Riom [4], disait que les contributions de cette généralité pouvaient être estimées à 12 *millions huit cent mille livres environ* [5]; chiffre énorme pour une contrée qui, malgré la fertilité de la majeure partie de son sol, n'avait cependant qu'un commerce peu étendu et des ressources assez limitées.

On peut aussi compter parmi les impôts la *dîme*, que le clergé prélevait sur toutes les terres. Bien qu'elle ne profitât pas directement à l'Etat, puisqu'elle n'augmentait pas les ressources du Trésor, la dîme n'était pas moins pour les propriétaires, en général, un impôt foncier, un véritable impôt direct en nature.

Enfin, il y avait la *corvée*, établie en vue de la construction et de l'entretien des routes, et qui portait sur les paysans seuls.

---

[1] Lefèvre d'Ormesson, *Loc. cit.*; voy. aussi de Mesgrigny, *Loc. cit.*, p. 189 et suiv. — Necker met la plus grande partie de l'Auvergne dans le *pays rédimé* (*Loc. cit.*, t. II, p. 16), et une petite partie de cette province dans le pays des *petites gabelles* (*Loc. cit.*, p. 14; voy. aussi de Ballainvilliers, *Loc. cit.*, p. 157). En dehors des pays de *grandes gabelles*, ou de la *gabelle de France*, on distinguait les pays de *petites gabelles*, où l'impôt, perçu de la même manière, était moins élevé.

[2] De Ballainvilliers, *Loc. cit.*, p. 157.

[3] Voy. le tableau donné par de Ballainvilliers, *Loc. cit.*, p. 171.

[4] *De l'administration des finances de la France*, t. Ier, ch. XI, p. 284, édit. 1784.

[5] C'est-à-dire 18 livres 16 s. par tête, la généralité étant, à cette époque, de 684,500 âmes.

CHAPITRE V.

L'Eglise et les Institutions ecclésiastiques de l'Auvergne.

Dans la période précédente, la royauté s'était subordonné le clergé, et avait commencé à prendre la direction de son gouvernement, en vertu du droit de police générale qui lui appartenait. La doctrine, qui exigeait l'autorisation du roi pour promulguer, en France, les décrets de la puissance ecclésiastique, était appliquée depuis le commencement du séjour des papes à Avignon. Plus tard, elle fut érigée en loi fondamentale du royaume. Le clergé fut obligé de se conformer aux ordonnances générales de police. L'ancienne règle qui rendait l'autorisation royale obligatoire pour toute levée de deniers faite par le Saint-Siége fut remise en vigueur. Les exactions pontificales furent arrêtées ou prévenues par les édits royaux et les arrêts du Parlement. Par suite du concordat de François Ier, le roi devint l'intermédiaire obligé entre le Saint-Siége et le clergé de France. L'Université, les Parlements furent les gardiens vigilants des libertés gallicanes, et des droits de la royauté contre la papauté. Ces libertés furent rangées parmi les lois fondamentales de la monarchie. Le premier des quatre articles de 1682 rédigés par Bossuet déclara que le pape n'avait aucune autorité ni directe ni indirecte sur les choses temporelles. Le triomphe du gallicanisme fut assuré. La distinction féconde du temporel et du spirituel fut établie en principe.

Les évêques, d'après le concordat, étaient à la nomination du roi. Le système fut modifié après les Etats d'Orléans de 1560 : il fut fait deux parts du droit d'élire, l'une pour le clergé et le peuple, l'autre pour le pouvoir royal; on prit un terme moyen entre le concordat de François Ier et le retour à l'ancien usage sollicité par le Tiers-Etat [1].

[1] « Tous archevêques et évêques seront désormais, sitost que vacation adviendra, élus et nommés, à sçavoir : les archevêques par les évêques de la province et chapitre de l'église archiépiscopale; les évêques, par les

Quand la royauté eut, dans une certaine limite, la disposition des dignités ecclésiastiques, son pouvoir vis-à-vis de l'Eglise fut considérablement augmenté. Elle pensa à réformer le clergé. Cette réforme fut poursuivie avec persévérance. Elle fut notamment l'objet des arrêts de la cour des Grands-Jours d'Auvergne de 1665 [1].

Différentes mesures considérées comme de simple police furent prises par le pouvoir civil.

On voit déjà poindre, à cette époque, l'opinion qui regardait l'Etat comme propriétaire des biens ecclésiastiques; dans son discours aux Etats d'Orléans, L'Hôpital disait : « Se souviennent les gens d'Eglise qu'ils ne sont qu'administrateurs, et qu'ils rendront compte; se contentent de l'usage desdits biens et distribuent le reste aux pauvres. »

La constitution des assemblées du clergé fut réglée par les statuts de 1625, 1636 et 1715. L'Assemblée ne pouvait être convoquée que par le roi, qui y envoyait des commissaires.

De nouvelles restrictions furent apportées à la juridiction ecclésiastique. La compétence de ses tribunaux fut limitée. Le pouvoir royal enleva certaines causes à cette juridiction, ou intervint [2] dans son action par la création de charges d'avocats et de procureurs du roi dans toutes les officialités.

Les ordonnances de 1667 et de 1670 réglèrent la compétence des tribunaux de l'Eglise en même temps que celle des tribunaux civils.

La limite entre les attributions du pouvoir civil et du pouvoir

archevêques, évêques de la province et chanoines de l'église épiscopale, appelez avec eux douze gentilshommes qui seront élus par la noblesse du diocèse, et douze notables bourgeois qui seront aussi élus en l'hostel de la ville archiépiscopale ou épiscopale; tous lesquels, convoquez à certain jour par le chapitre du siège vaquant, et assemblez, comme dit est, s'accorderont de trois personnages de suffisance et qualitez requises par les saints décrets et conciles, âgez au moins de trente ans, qu'ils nous présenteront, pour par nous faire élection de celui des trois que voudrons nommer à l'archevêché ou évêché vaquant. » (Ordonnance générale rendue sur les plaintes, doléances et remontrances des Etats assemblés à Orléans; *Rec. des anciennes lois françaises*, t. XIV, p. 64.)

[1] Voy. le *Journal de Dongois*, fol. 113-138, et les Mémoires de Fléchier sur les Grands-Jours, p. 85 et suiv., 2e édit.

[2] En 1639.

religieux commençait à se dessiner; mais il y avait entre la
royauté de droit divin et la religion catholique des liens trop
étroits pour qu'une réforme radicale pût s'opérer.

Telle était, dans ses traits les plus généraux, la situation de
l'Eglise vis-à-vis du pouvoir royal, à l'époque que nous allons
parcourir en exposant les institutions ecclésiastiques de l'Auvergne.

On se rappelle que, depuis l'année 1317, cette province était
divisée en deux évêchés, Clermont et Saint-Flour [1]. Dans le
XVII° siècle, et le siècle suivant, l'évêché de Clermont était,
selon Lefèvre d'Ormesson et Ballainvilliers, composé d'environ
800 paroisses, dont la plus grande partie était dans la généralité
de Riom, et l'autre dans celle de Moulins. L'évêché de Saint-
Flour renfermait 400 paroisses environ [2].

Il y avait dans la province deux chapitres cathédraux [3], et un
grand nombre de chapitres collégiaux [4].

Le *chapitre* était le corps ou le collège même des chanoines [5].
On entendait par *chanoines* les membres du clergé qui jouissaient,
dans une église cathédrale, ou collégiale, d'un certain revenu
affecté à ceux qui devaient y faire le service divin.

Nous ne parlerons pas de l'origine des chapitres [6]. Nous dirons
seulement que l'on peut considérer les chapitres des églises
cathédrales comme représentant les anciens conseils des évêques,
qui composaient leur *presbyterium*, et dont ils prenaient toujours

[1] Voy. *suprà*, vol. Ier, tit. V, ch. 4.

[2] Voy. *Mémoire concernant la province d'Auvergne*, par Lefèvre d'Ormesson
(*Tabl. hist. de l'Auv.*, t. V, p. 552 et suiv.; *Etat de l'Auvergne*, par Ballainvilliers (*Eod. loc.*, t. VII, p. 116).

[3] L'un à Clermont, l'autre à St-Flour.

[4] Trois à Clermont, trois à Riom, deux à Aigueperse, un à St-Flour et
dans les lieux suivants: Brioude, Aurillac, Montferrand, Chamalières, Billom,
Cournon, Vertaizon, Lezoux, Thiers, Cusset, Cébazat, Ennezat, Artonne,
St-Amand, Crocq, Herment, Laqueuille, Orcival, St-Chamant, Pont-du-
Château, St-Germain-Lembron, Vic-le-Comte, le Broc, le Crest, Murat,
Chaudesaigues, Ville-Dieu, Ruines, Massiac, Auzon, Langeac et St-Paulien
(Lefèvre d'Ormesson, *Loc. cit.*, p. 554). De Ballainvilliers cite les chapitres de
Veausse, de Verneuil, de Varennes-sur-Tèche, de Mareugeolles, de St-Pierre-
de-la-Vastries, d'Oradoux (*Loc. cit.*, p. 120 et suiv.)

[5] Ce mot désignait aussi le lieu où s'assemblaient les chanoines, et l'assemblée elle-même.

[6] Voy. M. Guizot, *Cours d'hist. moderne*, t. III, p. 36.

l'avis dans les affaires importantes du gouvernement de leur
église. Plus tard, les chapitres cathédraux perdirent le droit
d'être le conseil nécessaire de leur chef. La prélature fut distin-
guée du chapitre. Les chanoines restèrent seulement en possession de quelques prérogatives, que les évêques ne purent leur
enlever, et du droit de gouverner le diocèse pendant la vacance
du siége.

Le chapitre cathédral de Clermont était le plus considérable
de la province. Abandonnant la vie claustrale et en commun, les
chanoines de la cathédrale s'étaient sécularisés dès le XIIe
siècle [1].

Le chapitre de Clermont avait un prévôt, un abbé, un doyen,
un chantre. Le prévôt en était le premier dignitaire, l'abbé le
second, le doyen le troisième; enfin, la place de chantre était
un office conféré à vie. Le nombre des chanoines varia avec les
époques [2].

Les bénéfices et dignités de ce chapitre étaient tous à sa nomination. Il avait juridiction sur tous ses membres [3]. Il était exempt
de la juridiction de l'évêque.

Il était parvenu, vers le milieu du XIVe siècle, à conquérir
une grande indépendance. On se souvient sans doute de la querelle qui eut lieu, à ce sujet, entre Guillaume de Grisac, official
de Pierre d'André, évêque de Clermont, et Gilbert de Chalencon,
chanoine de cette ville. Dans la chaleur de la discussion, le chanoine abattit le bonnet de l'official et le foula aux pieds: « Vous
vous repentirez un jour de votre emportement, lui dit Guillaume
de Grisac, et votre chapitre pourra bien déchoir de cette autorité, dont il est si jaloux et si fier. » — « Eh bien, répliqua
le chanoine, quand vous serez pape, vengez-vous. » Guillaume de Grisac devint pape, en octobre 1362, sous le nom

---

[1] La vie commune des chanoines dura, en général, jusqu'au Xe ou XIe siècle,
époque à laquelle ils partagèrent les revenus de leur église.

[2] Il y avait, en 1697-1698, trente chanoines prébendés, et plusieurs autres
semi-prébendés (Lefèvre d'Ormesson, Loc. cit., p. 554). Selon Ballainvilliers,
il y avait, en 1765, vingt-neuf chanoines et douze semi-prébendés (Loc. cit.,
p. 117). Chabrol parle de vingt-quatre chanoines et de douze semi-prébendés.
Il cite l'arrêt du 15 mars 1661, qui fixait, suivant l'ancienne institution, le
nombre des canonicats à trente-six, dont six hebdomadiers (t. IV, p. 183).

[3] Voy. arrêt du 14 juillet 1611; Chabrol et Ballainvilliers, Loc. cit.

d'Urbain V. Un de ses premiers actes fut de priver Gilbert de Chalencon de ses bénéfices. Puis, il expédia, en 1363, une bulle qui soumettait le chapitre à la juridiction de Jean de Mello, évêque de Clermont, et à celle de tous ses successeurs. Le parlement de Paris autorisa la bulle par arrêt de l'an 1393. Mais le pape Eugène IV rétablit le chapitre dans sa prérogative par la bulle du 30 mai 1443. Cette bulle fut ratifiée par diverses transactions, notamment par celle du 21 juillet 1447. Le pape Nicolas confirma ce privilège, le 26 février 1450. Enfin, un arrêt du Parlement, du 14 juillet 1611, rendu par suite d'appel comme d'abus, et contrairement aux conclusions de Servin, consacra également le droit du Chapitre [1]. Il avait, en outre, plusieurs privilèges sur lesquels nous regrettons de ne pouvoir insister. Il était seigneur des paroisses d'Orcines et d'Aunat.

Le chapitre cathédral de St-Four, sans être ausssi puissant que celui de Clermont, jouissait cependant de prérogatives assez nombreuses. Il avait été sécularisé en 1476. Il était composé de trois dignitaires, l'archidiacre, le trésorier, l'archiprêtre, et de dix-sept chanoines. Les dignitaires étaient nommés par l'évêque, et les canonicats conférés par le chapitre et l'évêque [2].

L'évêque ne pouvait exercer sa juridiction sans le concours du chapitre, et celui-ci avait le droit de faire tous actes de juridiction, en l'absence du prélat [3].

Le chapitre cathédral de St-Flour était seigneur d'une partie de la paroisse de cette ville et de plusieurs autres de la Haute-Auvergne [4].

Parmi les nombreux chapitres collégiaux de la province d'Auvergne [5], celui de Brioude se distinguait par l'ancienneté de son origine, par la qualité de ses membres, et la nature de ses privilèges.

Louis-le-Débonnaire en avait confirmé la fondation, en 826.

---

[1] Voy. M. Gonod, *Notice hist. de la cathédrale de Clermont*, dans les *Annales de l'Auvergne*, t. XII, p. 87, et Chabrol, IV, 183.

[2] Lefèvre d'Ormesson, *Loc. cit.*, p. 555; Chabrol, IV, 710.

[3] Chopin, *de polit. sacra*, Lib. II, tit. III, n° 17.

[4] Lefèvre d'Ormesson, *Loc., cit.*

[5] *Voy.*, sur ces chapitres, Lefèvre d'Ormesson, *Loc., cit.*, p. 554 et suiv.; Chabrol, IV, 124 et suiv.

Des biens considérables avaient été abandonnés aux chanoines, avec le privilège de ne relever que du roi[1]. Dans l'origine, c'était un corps militaire, une société de chevaliers institués pour la défense de la foi chrétienne et des pèlerins, qui venaient de toutes parts au tombeau de St-Julien. Plus tard, les prêtres chevaliers dépouillèrent la cotte de mailles et revêtirent la robe. Le chapitre de Brioude n'admettait que des nobles parmi ses membres. Les roturiers en étaient exclus. Il fallait, pour entrer dans cet ordre, une noblesse de quatre générations paternelles et maternelles[2]. Chaque membre du chapitre et le chapitre lui-même avaient le droit de prendre le titre de comte[3]. Ils étaient comtes de la ville de Brioude et de ses dépendances. Les chanoines comtes avaient rang d'évêques; ils officiaient avec la crosse et la mitre, et portaient l'habit violet. Le chapitre était exempt de la juridiction épiscopale. Les appels des jugements de ses officiers étaient soumis immédiatement au Saint-Siège.

Sous un chapitre si puissant, il fut difficile aux habitants de la ville de Brioude d'obtenir quelque liberté[4].

Dans les deux diocèses de l'Auvergne, comme dans ceux des autres provinces, la juridiction ecclésiastique appartenait aux évêques. Dans l'origine, ces prélats l'exercèrent eux-mêmes. Vers le XIIe siècle, les décrétales supposent l'institution des *officiaux*, juges ecclésiastiques. Les évêques ne purent, en règle générale, exercer personnellement la juridiction contentieuse. Ils furent tenus de la déléguer à des clercs, qu'ils nommaient à cet effet. C'est surtout au XIVe siècle que les *officialités* furent organisées. Chaque diocèse fut pourvu d'un de ces tribunaux.

La fonction d'*official* était remplie par un ecclésiastique, délégué par l'évêque. Cet ecclésiastique devait être gradué. L'évêque pouvait le destituer. L'official siégea d'abord seul et sans assesseurs. Plus tard, la règle qui voulait que les jugements criminels fussent rendus par trois juges au moins dût être observée par les officiaux.

---

[1] *Ann.* de Lecointe, VII, 748; Baluz., *Capit.* II, col. 1426.

[2] Voy. *Mémoire sur la noblesse du chapitre de St-Julien de Brioude.*

[3] Chopin, *Loc. cit.*, II, tit. I, n° 10.

[4] Voy. *suprà*, vol. Ier, tit. V, chap. 5, sect. 1re.

Il y avait, auprès de chaque officialité, un *promoteur*, chargé de surveiller l'instruction, et de requérir l'application des peines; un *vice-gérant*, qui suppléait l'official dans ses fonctions; un *greffier*, des *appariteurs* ou *huissiers*; enfin, un *geôlier*, pour la garde de la prison annexée à l'officialité.

Outre les deux officialités des diocèses de Clermont et de St-Flour, il existait un official, à Brioude, et un autre, à Aurillac. Le chapitre de Brioude et l'abbé d'Aurillac avaient, en effet, les droits épiscopaux[1].

Dans l'origine, la vaste étendue du diocèse de Clermont, la difficulté des communications entre le Haut et le Bas pays d'Auvergne portèrent l'évêque à établir un juge ou un official dans les Montagnes d'Auvergne. On trouve les premières traces de cette institution vers l'année 1277. Bernard, archiprêtre de St-Flour, était, à cette époque, juge de l'évêque de Clermont dans le Haut pays d'Auvergne. Dans un acte de 1278, il prenait le titre de: « *Auditor causarum episcopi Claromontensis in montanis.* » A partir de 1289, ses sentences sont intitulées au nom du juge de l'évêque de Clermont dans les montagnes: « *Judex Claromontensis episcopi in montanis.* » Il exerçait sa juridiction sur les trois archiprêtrés de St-Flour, d'Aurillac et de Mauriac. Avant l'érection de l'évêché de St-Flour, le siége de ce juge était fixé à Mauriac[2]. Sa résidence y fut maintenue après cette érection. Elle fut supprimée en 1622[3].

Les justices ecclésiastiques, établies dans les diocèses, sous l'autorité épiscopale, ne doivent pas être confondues avec les justices territoriales, que possédaient les évêques, ou les abbés, à titre de seigneurs. Ces dernières ne différaient point des autres justices seigneuriales sous le rapport des formes et de la compé-

---

[1] Voy. *Relation de l'état de la province d'Auvergne, en* 1637, par de Mesgrigny, dans les *Tabl. hist. de l'Auv.*, t. III, p. 154. — Cet intendant dit que l'official d'Aurillac ne dépendait point de St-Flour. Voici, au contraire, comment s'exprime Lefèvre d'Ormesson, en 1697 : « Il y a dans Aurillac un official de M. l'évêque de St-Flour, qui exerce la juridiction et l'inspection sur le clergé de cette élection, comme vicaire-général de l'évêque dans le district. » (*Loc. cit.*, p. 575).

[2] Deux actes de 1309 et de 1311, passés sous le sceau du juge, portent qu'ils ont été reçus « in nostrâ curiâ Mauriaci. »

[3] *Dict. stat. du Cantal*, vᵒ *Mauriac*, t. IV, p. 267.

tence. La juridiction ecclésiastique avait pour but de protéger les intérêts de la religion, et de maintenir les priviléges de l'Eglise. La compétence des cours d'Eglise varia de siècle en siècle. Dans le XIIᵉ, cette juridiction avait atteint le plus haut degré de sa puissance. Ses limites avaient été successivement étendues. Mais elle subit, après le XVᵉ siècle, d'importantes modifications, et fut soumise, nous l'avons déjà dit, à de graves restrictions [1].

Il existait, en Auvergne, un grand nombre d'abbayes d'hommes, la plupart données en *commende* [2], et plusieurs abbayes de filles [3], des *prieurés conventuels* d'hommes, en plus grand nombre encore [4]; enfin, plusieurs *prieurés conventuels* de filles [5].

Au nombre des grands bénéfices de la province, on comptait le *doyenné* de Mauriac et l'*archidiaconé* de Clermont.

Il y avait une *chartreuse*, dite du Port-Sainte-Marie, à trois lieues de Riom.

[1] Voy. ordonn. de François Iᵉʳ, d'août 1539, art 2 et 4. Cette ordonnance servit de base à toutes les lois suivantes. —Les officialités furent supprimées, avec les autres juridictions, en 1790.

[2] La Chaise-Dieu, Pebrac, Issoire, Manglieu, le Bouchet, Feniers, Mégemont, Montpeyroux, St-Alyre et St-André-les-Clermont, Mozat, près Riom, Menat, Ebreuil, Aurillac, Maurs (Voy. Lefèvre d'Ormesson, *Loc. cit.*, p. 560 et suiv.; *comp.* Ballainvilliers, *Loc. cit.*, p. 121 et suiv.).

[3] L'Esclache et Ste-Claire, à Clermont, Beaumont, Blesle, Brageac, Lavesse (ou Lavassin), Les Chazes, St-Jean-Dubuy-lès-Aurillac, et Ste-Claire-d'Aurillac (Lefèvre d'Ormesson, *Loc. cit.*, p. 565 et suiv.; Ballainvilliers, *Loc. cit.*, p. 124).

[4] Les principaux étaient: Sauxillanges, La Voûte, Ris, St-Pourçain, Bredon, Sauviac, Cunlhat, Arlanc. — Les autres prieurés d'hommes moins considérables étaient : Rochedago, Lac-Roy, Ardes (uni ensuite à la communauté des prêtres de l'Eglise de ce pays), Boudes, Bonnat (dépendant du prieuré de Sauxillanges), Briou (plus connu sous le nom de *Brout*), Vollore, Chare (ou *Chars*), Moyssat, St-Germain-l'Herm (dépendant de l'abbaye de la Chaise-Dieu), Chaumont, Vertolaye, la Bajasse, Vieille-Brioude, Chanteugeol (dépendant de l'Abbaye de la Chaise-Dieu), Cellule (dépendant de l'abbaye de Menat), Theilhède (dépendant de la Chaise-Dieu), Issac, Pionsat, St-Vincent (dépendant de l'abbaye de St-Alyre de Clermont), Volvic (dépendant de l'Abbaye de Mozat), Perol, Briffous, Maringues, St-Dournin, St-Clément-de-Reignat, Augerolles, Chavaroux, Jussat, St-Sandoux, St-Robert; — puis, dans le diocèse de St-Flour : Rochefort, St-Michel-Lieutadès, Beaulieu, Pauline, Ruynes, St-Just, Lugarde, Requistal, Ségur, St-Urcise, Talysat (uni au séminaire de St-Flour), St-Juéry, Tours, Allanche (Lefèvre-d'Ormesson, *Loc. cit.*).

[5] Courpières, Lavaudieu, Marsat, Lavesne, St-Julien, St-Projet (Lefèvre d'Ormesson, *Loc. cit.*, p. 572).

L'Auvergne était une des principales *langues* de la religion de Malte [1]. Il y avait, dans cette province, neuf commanderies ; celle de Montchamp, dans la Haute-Auvergne, était la plus opulente [2].

Nous ne parlerons pas des cures et communautés de prêtres. Nous rappellerons seulement que la plupart des curés n'étaient que des vicaires perpétuels, réduits, soit à la portion congrue, qui leur était payée par les gros décimateurs, soit à la jouissance des dîmes de leur paroisse [3].

Enfin, les deux évêchés de Clermont et de Saint-Flour étaient divisés en plusieurs archiprêtrés et doyennés ruraux [4].

Telles étaient, en résumé, avec les trois séminaires de Clermont, de Thiers et de Saint-Flour, les principales institutions ecclésiastiques de la province d'Auvergne.

Au XVIᵉ siècle, le concordat et les guerres de religion brisèrent les constitutions cénobitiques, et ruinèrent les vieux monastères auvergnats. C'est du moins à cette époque que commença leur décadence. Ils tombèrent pour la plupart dans l'oubli de leur règle, et dans un grand relâchement de mœurs. Les uns avaient été sécularisés, les autres renouvelés par l'agrégation, ou supprimés. Malgré la réaction religieuse, et les réformes des ordres monastiques du XVIIᵉ siècle, leur sort empira de plus en plus. Un principe fatal, le principe féodal, qui survécut dans les monastères à toutes les réformes, contribua encore plus à leur perte que le concordat et les guerres de religion.

D'ailleurs, l'esprit humain choisit, au XVIIIᵉ siècle, d'autres voies, et, malgré la jouissance des richesses et des dignités, la population des monastères diminua chaque jour.

Au moment où l'ordre monastique tombait en ruines de toutes parts, la noblesse d'Auvergne, pour laquelle les riches commendes et les opulents bénéfices avaient un grand attrait, obtenait

[1] On sait que l'on distinguait en *langues* les différentes nations de l'ordre de Malte. Il y avait huit *langues* avant le schisme d'Angleterre. Les sept *langues* que l'ordre conserva jusqu'aux derniers temps étaient celles de Provence, d'Auvergne, de France, d'Italie, d'Aragon, d'Allemagne et de Castille.

[2] *Voy.* Lefèvre-d'Ormesson, *Loc. cit.*, p. 374, et de Ballainvilliers, p. 125, sur les autres commanderies situées soit dans la Haute, soit dans la Basse Auvergne.

[3] Lefèvre d'Ormesson, *Loc. cit.*, p. 574.

[4] Selon Ballainvilliers, l'évêché de Clermont était distribué en 15 archiprêtrés, et l'évêché de St-Flour en cinq (*Loc. cit.*, p. 125 et suiv.).

de Louis XVI, par l'intermédiaire de Marie-Antoinette, la fondation d'un chapitre séculier de filles dans l'ancien prieuré des religieuses de Lavesne [1]. Cette fondation aristocratique fut bientôt emportée, comme les autres, par le souffle révolutionnaire.

L'Assemblée nationale supprima tous les corps monastiques, tous les titres, tous les offices et emplois ecclésiastiques, tous les établissements religieux, pour ne laisser subsister que ceux reconnus ou créés par la célèbre constitution civile du clergé [2].

CHAPITRE VI.

Suite de l'Instruction publique en Auvergne.

Nous avons esquissé, dans un chapitre précédent, l'état de l'enseignement public en Auvergne, au moyen-âge [3]. Nous exposerons rapidement, dans celui-ci, les modifications et les changements qui y furent introduits.

Il serait intéressant de suivre l'action de la royauté, le contrôle qu'elle ne cessa d'exercer sur l'enseignement, depuis le XIVe siècle, son intervention dans l'administration des universités, les luttes de l'Université de Paris contre le pouvoir royal, et d'apprécier les différents faits destinés à hâter la subordination du corps enseignant au pouvoir monarchique. Mais nous devons nous restreindre.

A partir de Louis XI, la royauté s'était rendue maîtresse de toutes les questions soulevées à propos du gouvernement intérieur

---

[1] *Voy.* une notice élégamment écrite sur l'abbaye de Lavesne, par M. Marcellin Boudet, substitut à Gannat, aujourd'hui président du tribunal civil de Thiers, dans les *Mémoires de l'Académie de Clermont,* 1862, t. IV, p. 249 et suiv.

[2] *Voy.* décret des 12 juillet-24 août 1790.

[3] *Suprà,* vol. Ier, tit. V, ch. 10.

de l'Université de Paris et de sa discipline. Lors de la réforme entreprise, en 1452, par le cardinal d'Estouteville, l'autorité du pape était encore réunie à celle du roi. Mais les jurisconsultes des XVIᵉ, et XVIIᵉ siècles, proclamèrent le droit exclusif de la royauté. Sous Henri IV, le légat n'intervint plus, comme auparavant, dans le choix des commissaires nommés pour la réforme de 1595. L'instruction publique commençait à se séculariser. L'étude du grec, de l'hébreu, de la littérature et de la rhétorique ancienne introduite à Paris conduisait au même résultat. Ramus adressait à Charles IX un plan célèbre, qui avait pour but de constituer l'enseignement sur des bases plus libérales et mieux appropriées aux besoins du temps.

Les parlements, représentants de l'autorité royale, exercèrent, aux XVIIᵉ et XVIIIᵉ siècles, une surveillance rigoureuse sur les universités et colléges. L'enseignement même fut soumis au contrôle du pouvoir central et de ses délégués. Après l'expulsion des Jésuites, une plus grande régularité fut apportée dans la surveillance exercée sur l'instruction publique. Le roi s'exprimait ainsi dans l'édit de février 1763 : « Sous l'autorité des rois nos prédécesseurs et la nôtre, *sans laquelle il ne peut être permis d'établir aucune école publique dans notre royaume*, se sont établies deux sortes d'écoles qui existent aujourd'hui dans nos Etats : les unes gouvernées par les universités; les autres subsistantes chacune par son propre établissement. » Les administrateurs des colléges appartenant à des congrégations religieuses ou séculières durent remettre, dans le délai de six mois, l'état exact de ces établissements. Le Parlement et les autres tribunaux étaient spécialement chargés de connaître de tout ce qui avait trait à *la police, régie et administration des écoles.*

Aux universités seules appartenait le droit de conférer les grades académiques. Le gouvernement cherchait à imprimer à l'enseignement un caractère d'unité [1].

L'Etat était intervenu dans le règlement des hautes études. Louis XIV avait organisé l'enseignement du droit et de la médecine.

En Auvergne, la plupart des anciennes écoles monastiques,

[1] *Voy.* Lettres patentes du 7 août 1764.

dont nous avons parlé, à l'époque précédente [1], prolongèrent
encore pendant quelque temps leur existence. L'école d'Aurillac
subsista jusqu'au XVIᵉ siècle. Celle de Saint-Allyre eut une durée
un peu plus longue. Elle avait produit d'habiles maîtres orienta-
listes. Ils eurent pour disciples le savant Pierre Leblanc, qui
ouvrit, en 1522, un cours de langue hébraïque à Clermont, et le
célèbre Gilbert Génébrard, qui enseigna cette langue au collège
de France. L'école des dominicains de Clermont ne se ferma que
vers la fin du XVIIᵉ siècle.

Mais, à son retour du concile de Trente, Guillaume Duprat,
évêque de Clermont, avait amené avec lui quelques membres
d'un nouvel ordre religieux, né au XVIᵉ siècle, l'ordre des
Jésuites, auxquels fut confiée, en 1555, l'école de Billom [2].

C'est de cette ville que les Jésuites se répandirent dans la
province, et allèrent s'installer dans les colléges de Mauriac [3], de
Saint-Flour [4], d'Aurillac [5], de Montferrand [6]. Ils ne tardèrent
pas à venir fixer leur résidence à Clermont [7], qui avait longtemps
refusé de les recevoir, et où, à leur arrivée, ils avaient été poursuivis à coups de pierre [8].

Ils ne professèrent d'abord que les humanités et les belles-

[1] *Suprà*, vol. Iᵉʳ, chap. 10, tit. V.

[2] Transaction du 26 janvier 1555; Lettres patentes du 12 avril 1556;
Chabrol, IV, 100.

[3] Vers 1560, selon le testament de Guillaume Duprat, du 25 juin de la
même année (voy. Lefèvre-d'Ormesson, *Tabl. hist. de l'Auv.*, t. V, p. 576).

[4] Le collège de Saint-Flour fut fondé par Annet de Fontanges, en 1590
(Chabrol, IV, 710.)

[5] En 1619. Voy. sur le collège des Jésuites d'Aurillac, *Dict. stat. du Cantal*,
t. Iᵉʳ, p. 158, vᵒ *Aurillac*.

[6] Par l'édit d'union des deux villes de Clermont et de Montferrand, du
mois d'avril 1630, le collège de Clermont, tenu par des prêtres séculiers
fut transféré en la partie de la ville appelée Montferrand, et donné aux
Jésuites en remplacement des prêtres séculiers (Lefèvre d'Ormesson, *Loc.
cit.*).

[7] Voy. Lefèvre d'Ormesson, *Loc. cit.*; Chabrol. IV, 365. Cet auteur cite un
arrêt du conseil, de 1633, qui autorisait cette transaction. Mais Lefèvre
d'Ormesson dit que le collège tenu par des prêtres séculiers, à Clermont,
subsista jusqu'en 1663, époque à laquelle les Jésuites se mirent en possession
de ce collège par ordre exprès du roi (*Loc. cit.*). Ce fut l'évêque Louis d'Estaing qui les introduisit à Clermont de concert avec M. de Choisy, intendant de la province.

[8] *Voy.* Jacques Audigier, *Not. hist. d'Auv.*, Bibl. Clerm., nᵒ 239.

lettres; ensuite, ils enseignèrent la philosophie et la théologie, concurremment avec les dominicains, dont l'enseignement fut éclipsé par la parole habile de ces dangereux rivaux [1].

En 1697-1698, les Jésuites tenaient, dans la province, cinq collèges, pour l'instruction de la jeunesse, à Billom, Clermont, Mauriac, St-Flour et Aurillac. Ils avaient obtenu du chapitre et de la ville de Brioude la permission d'en établir un dans cette ville [2].

Mais les Jésuites furent condamnés, en 1762 et 1763, par la plupart des parlements, à cause de leur doctrine. Un édit royal du mois de novembre 1764, enregistré au parlement de Paris, le 1er décembre suivant, abolit, en France, cette société. Ses collèges et autres établissements furent fermés [3].

Lors de l'expulsion des Jésuites, on trouva placé sur le maître autel de l'église de leur collège de Billom le fameux tableau qui représentait l'Eglise, sous l'emblème d'un vaisseau, à bord duquel paraissaient le pape, des cardinaux, des évêques, toute la hiérarchie ecclésiastique, et dont le gouvernail était tenu par des Pères de la Société de Jésus.

Une institution rivale de cette compagnie, quant à la science, et fondée, au XVIIe siècle, par le cardinal de Bérulle, s'était aussi introduite en Auvergne. C'était celle des Pères de l'Oratoire, qui ouvrirent deux écoles, l'une à Riom, où la municipalité avait pris possession des écoles, dès l'année 1429 [4], l'autre à Effiat (près d'Aigueperse), où les Oratoriens furent appelés par le maréchal Antoine d'Effiat, qui leur confia le collège, qu'il avait fondé dans cette ville. Le Maréchal voulut que douze gentilshommes choisis par préférence dans ses terres, sinon dans la province, y fussent instruits gratuitement. Louis XIV confirma cette

---

[1] Jacq. Audigier, Loc. cit.

[2] Lefèvre d'Ormesson, Loc. cit.

[3] Le 21 juillet 1773, un bref de Clément XIV ajouta la sanction religieuse à l'arrêt de l'autorité civile, et abolit la Société dans toute la chrétienté. Cet ordre fut rétabli, le 7 août 1814, par Pie VII. Les Jésuites rentrèrent bientôt en France sous le nom de *Pères de la foi*.

[4] Chabrol, IV, 462. — Cet auteur cite une délibération du 15 mars 1585 de laquelle il résulte que l'école de Riom comptait, à cette époque, jusqu'à 300 élèves. — Les Pères de l'Oratoire furent appelés à Riom le 8 janvier 1618.

fondation, et, conservant les douze bourses, il l'érigea en école militaire, qui resta sous la direction des Pères de l'Oratoire. C'est de cette école que sortirent l'amiral de Villeneuve, Casabianca, et Désaix [1].

En 1765, outre le collège d'Effiat, et le pensionnat de Cermont, tenu par les prêtres de St-Sulpice, les collèges existants dans la province d'Auvergne étaient ceux de Clermont-Ferrand, Riom, Aurillac, St-Flour, Brioude, Mauriac et Billom. Le collège de Riom continua à être dirigé par les Oratoriens; celui de Brioude l'était par des prêtres de la Congrégation du saint-sacrement; les autres, depuis l'expulsion des Jésuites, avaient été confiés à des ecclésiastiques de la province [2].

Enfin, il y avait, à la même époque, trois séminaires, en Auvergne: à Clermont, à Thiers et à St-Flour.

On voit d'après cette notice, et ce que nous avons dit précédemment [3], que l'enseignement public dans cette province, depuis l'époque franque, jusqu'à la fin du XVIIIe siècle, ne cessa pas d'appartenir au clergé, et que, pendant près de deux cents ans, il fut presque exclusivement entre les mains des membres de la Société de Jésus. Cet enseignement laissa dans les idées et les mœurs de l'Auvergne une empreinte qui n'est pas encore effacée.

L'instruction élémentaire était aussi donnée par le clergé. Dans le XVIe siècle, on cherchait à la répandre, du moins dans les villes. L'ordonnance d'Orléans de 1561 affectait une prébende, dans chaque église, à l'entretien d'un instituteur « tenu moyennant ce d'instruire les jeunes enfants de la ville gratuitement et sans salaire [4]. » Dans le siècle suivant, la propagation de cet enseignement préoccupait les esprits. Richelieu, ce hardi novateur dans le sens du pouvoir absolu, était hostile à cette idée: « Ainsi

---

[1] J. Audigier, Loc. cit.; Chabrol, IV, 769; Gonod, Descript. stat. du Puy-de-Dôme, p. 89.

[2] Voy. État de l'Auvergne, en 1765, par de Ballainvilliers, Tabl. hist. de l'Auvergne, VII, 126. — Le collège de Brioude avait été autorisé par un concordat passé entre les comtes et les habitants, le 2 janvier 1584. Il avait d'abord été confié à des prêtres séculiers. Il fut ensuite dirigé par les prêtres du saint-sacrement. D'après un arrêt du 20 oct. 1647, les régents étaient choisis par la ville et par le chapitre (Chabrol, IV, 136).

[3] Suprà, vol. Ier, ch. 10, tit. V.

[4] Art. 8, ord. de 1561.

qu'un corps, disait-il [1], qui auroit des yeux en toutes ses parties, seroit monstrueux, de même un Etat le seroit-il si tous les sujets étoient savants; on y verroit aussi peu d'obéissance que l'orgueil et la présomption y seroient ordinaires. » Un ministre honnête et libéral, Turgot, dans le projet qu'il avait conçu d'organiser un enseignement national, pensait, au contraire, à créer de petites écoles, à côté des académies, des universités et des collèges, à faire composer au concours des livres classiques, et à établir des instituteurs dans toutes les paroisses. Depuis ces temps, jusqu'à nos jours, où les projets d'instruction *gratuite et obligatoire* sont si vivement discutés, l'enseignement public a traversé de nombreuses phases, que nous sommes obligé de passer sous silence.

CHAPITRE VII.

Suite des institutions de bienfaisance et d'assistance publique.

Au XVIe siècle, le pouvoir central intervint plus activement que par le passé [2] dans l'organisation des établissements d'assistance publique, et dans les mesures prises pour la suppression de la mendicité.

Sans entrer dans le détail des ordonnances, nous rappellerons que, sous François Ier, la surveillance des hôpitaux et des maladeries fut attribuée aux baillis, aux sénéchaux et autres juges royaux, avec la faculté de remplacer les administrateurs [3]. Ces derniers, quelque fût leur titre, furent tenus de rendre compte de leur gestion aux juges des lieux les plus voisins, et de leur exposer la situation financière des divers établissements [4].

[1] *Testament politique.*
[2] Voy. *suprà*, vol. Ier, ch. 11, tit. V.
[3] Règlement de 1542.
[4] Règl. de 1546.

Ces mesures et quelques autres prises à cette époque n'eurent pas tout le succès espéré, car on voit, dans le préambule d'une ordonnance de 1561, Charles IX se plaindre « que les hôpitaux et autres lieux pitoyables du royaume ont été ci-devant si mal administrés, que plusieurs à qui cette charge a été commise, approprient à eux et appliquent à leur profit la meilleure partie du revenu d'iceux, et ont quasi aboli le nom d'hôpital et d'hospitalité.... »

En conséquence, cette ordonnance régla les formes de l'élection et le mode de gestion des administrateurs. Les hôpitaux placés sous la dépendance de patrons durent avoir deux administrateurs élus tous les trois ans par les personnes ayant le droit de présentation. Pour les hôpitaux qui ne dépendaient pas de patrons ou de fondateurs, la nomination des administrateurs appartint aux communautés des villes, bourgades ou villages[1].

Les Etats de Blois ajoutèrent à l'ordonnance de 1561 que les administrateurs des hôpitaux ne seraient ni ecclésiastiques, ni nobles, ni officiers publics, mais de simples bourgeois, marchands ou laboureurs, c'est-à-dire de bons pères de famille, économes et instruits des affaires[2].

Un arrêt du Parlement, du 9 mai 1564, portait que l'*Hospital* et *Hostel-Dieu* de Clermont serait *réglé, pollicé* et *administré* à l'instar de celui de Paris, et qu'il serait nommé deux surintendants parmi les bons et notables personnages de la ville.

Cependant de nouveaux édits furent encore jugés nécessaires pour assurer la bonne administration troublée par les désordres publics ou la négligence de ceux auxquels elle était confiée. En 1606, après l'anarchie des guerres de religion, Henri IV ordonna que le Grand-Aumônier procèderait à la réforme générale des hôpitaux, et surtout à la révision de la comptabilité, et que les sommes dont on pourrait bonifier seraient appliquées à l'entretien des pauvres gentilshommes et soldats estropiés. Une *Chambre de charité chrétienne* fut établie pour l'exécution de cette ordonnance. L'édit de 1606 n'eut pas d'autres suites.

En 1612, une déclaration de Louis XIII prescrivit de nouveau une réforme devenue indispensable. Le Grand-Aumônier de

---

[1] Art. 1er, ord. de 1561.

[2] *Voy.* art. 65 ord. de Blois.

France, qui était alors le cardinal du Perron, fut chargé de cette réformation, qui s'étendait à tous les hôpitaux, maladeries, aumôneries et autres lieux de charité du royaume. Tous les administrateurs étaient astreints à rendre leurs comptes, tous les trois ans, devant les Grands-vicaires et subdélégués du Grand-Aumônier ; les deniers provenant de l'apurement des comptes devaient être employés aux réparations des hôpitaux, ou consacrés à des œuvres pies. Pour assurer l'exécution de cette ordonnance, on établit, à Paris, une Chambre composée du Grand-Aumônier, de quatre maîtres des requêtes, et de quatre conseillers au Grand Conseil, sous le nom de *Chambre de la réformation générale des hôpitaux*. Cette Chambre avait un droit de juridiction ; les appels de ses décisions étaient portés au Grand Conseil. Elle subsista jusqu'en 1672.

Le succès de toutes ces institutions fut encore insuffisant. Un édit du mois d'avril 1695, art. 29, une déclaration du 12 décembre 1698, et une ordonnance du mois d'août 1749, réglèrent la composition des bureaux d'administration et la forme des acquisitions de biens au profit des hôpitaux. Sous Louis XIV, les nouvelles fondations se multiplièrent. Mais, c'est sur la création des principaux hôpitaux de l'Auvergne, et sur leur administration, que nous devons arrêter notre attention.

En 1538, Guillaume Duprat forma le projet de réunir à l'Hôtel-Dieu de Saint-Barthélemy tous les hôpitaux de la ville de Clermont. Ces anciens hôpitaux étaient l'*Hôpital du Port*, l'*Hôtel-Dieu de St-Adjutor*, et l'*Hôpital du St-Esprit*. Ces hôpitaux ne furent définitivement réunis qu'après l'année 1566[1].

Un nouvel établissement, l'Hôtel-Dieu actuel, fut autorisé par lettres patentes du mois de novembre 1764. C'est en 1773 seulement que les malades de l'Hôtel-Dieu Saint-Barthélemy y furent transférés.

Au nombre des fondations les plus importantes du XVIIe siècle, en Auvergne, il faut ranger celle des *hôpitaux généraux*. Des établissements de ce genre furent créés, dans cette province, un an environ après l'édit de fondation de l'hôpital général de Paris, du 4 mai 1656.

---

[1] M. Peghoux, *Recherch. sur les hôpitaux de Clermont-Ferrand*, p. 68.

Avant l'érection de l'hôpital général de Clermont, il en avait été établi un à Aurillac [1].

La première délibération sur la nécessité de fonder celui de Clermont est à la date du 18 juillet 1657. Elle avait pour but d'établir « ung hopital général ainsin qu'il a esté faict à Paris, et en plusieurs autres villes.... qui ne sont pas plus considérables que celle-cy : comme Senlis, Pontoise, Beauvais et *Aurillac*, pour bannir l'oisiveté et mendicité des pauvres qui soubs ce prétexte se nourrissent et s'élesvent dans l'yvrognerie, larcin, impureté, et à toutes sortes de crimes; les porter à la crainte de Dieu, et en faire de bons artizans : comme aussy pour.... esviter de contignueles importunités.... de grand nombre de pauvres passans estrangers... ne sachans ou se retirer attandu qu'ils ont esté déjà chassés de partout....» [2].

L'hôpital général de Riom fut fondé en partie par Regin, seigneur de Palerne, et par Gilbert Veny d'Arbouze, évêque de Clermont, de 1664 à 1682 [3].

Par l'érection des hôpitaux généraux, on espérait éteindre la mendicité, en renfermant les indigents, et épargner aux habitants le triste spectacle de mendiants assaillant tous les jours leurs domiciles. L'Hôpital de Clermont, notamment, ne fut destiné, pendant plusieurs années après sa fondation [4], qu'à recevoir un grand nombre de pauvres [5]. Ils y étaient occupés à divers travaux, dont le produit était en partie consacré à leur entretien.

Des pouvoirs étendus et rigoureux étaient accordés aux administrateurs. On lit ce qui suit dans les lettres patentes de septembre 1676, obtenues à la demande des échevins et habitants de Clermont : « Donnons et attribuons ausdits administrateurs tout pouvoir pour la direction, correction, et châtiment desdits

[1] *Voy.* Délibér. de la ville de Clermont, du 18 juillet 1657, *Archiv. des hospices*, Regist., n° 87, p. 4 et 5.

[2] *Archiv. des hospices*, n° 87, p. 4 et 5; M. Peghoux, *Loc. cit.*, p. 79.

[3] Les lettres patentes d'approbation sont à la date du mois de janvier 1658; Chabrol, IV, 454.

[4] *Voy.* Arrêt d'autorisation de la sénéchaussée de Clermont, du 28 mai 1658; arrêt de la cour des Grands-Jours, du 30 janvier 1666.

[5] Le chiffre des mendiants renfermés dans cet hôpital, en 1733, était de 360 (*Reg. des délibér. du conseil de ville*, assemblée générale du Iᵉʳ janvier 1734).

pauvres enfermez et pour cet effet leur permettons d'avoir dans la maison dudit hôpital, prisons, poteaux et carcans : A la charge néantmoins que si les dits pauvres méritent peines afflictives plus grandes que le fouët, de les mettre ès mains des juges ordinaires pour être leur procez fait et parfait, ainsi qu'il appartiendra ; et quant aux pauvres valides qui seront trouvez mendians dans les églises, rües et fauxbourgs de ladite ville, pourront les dits administrateurs les faire constituer prisonniers et les y tenir pendant le temps qu'ils aviseront. »

La sévérité des règlements et les habitudes de vagabondage de la plupart des mendiants leur faisaient souvent déserter l'établissement, pour se soustraire à l'espèce de réclusion à laquelle ils étaient condamnés.

La fréquence des épidémies et des famines, le dénûment d'un grand nombre de malheureux obligèrent, dans le XVII⁰ siècle, à créer d'autres hôpitaux, dans différentes villes de l'Auvergne.

Nous mentionnerons seulement la *Maison des Hospitalières* de Riom [1] et de Clermont [2], l'*Hôpital de la Charité* [3] et celui *de St-Joseph*, dit *des Incurables* ou *des Abandonnés* [4], enfin, la *Maison du Refuge*, dite *du Bon Pasteur* [5], érigés dans cette dernière ville.

Plusieurs maladreries furent supprimées et réunies à l'Hôtel-Dieu de la ville la plus proche [6].

---

[1] Les religieuses hospitalières de l'ordre de St-Augustin furent appelées à Riom, en 1641.

[2] L'installation des religieuses de l'ordre de St-Augustin destinées à l'Hôtel-Dieu de Clermont eut lieu le 25 juillet 1642.

[3] Cet établissement fut approuvé par des lettres patentes du mois de mars 1696. Un arrêt de 1754 le supprima et le réunit à l'Hôpital-Général.

[4] Les lettres patentes de confirmation sont du mois de février 1697. — L'hôpital de *St-Jean-des-Abandonnés*, de Riom, fut approuvé par lettres patentes de juin 1736 (Chabrol, IV, 464).

[5] La *maison du Refuge* était une maison de correction pour les filles de mauvaises mœurs. Cette fondation fut autorisée par lettres patentes de 1666. — Riom possédait un établissement pareil (Chabrol, IV, 464).

[6] *Voy.* arrêt du conseil d'Etat, du 4 mai 1696, portant supression des maladreries de Durtol et d'Enval, près Vic-le-Comte, des hôpitaux de Vertaizon et de Rochefort, et réunion de leurs biens à l'Hôtel-Dieu de Clermont ; — lettres patentes du 31 août 1697 confirmant l'arrêt précédent ; — lettres patentes de décembre 1611 et d'août 1696, confirmant la réunion de la maladrerie d'Herbet à l'Hôtel-Dieu de Montferrand.

Les évêques et le clergé n'eurent plus une part aussi grande, ni aussi directe, dans la gestion des affaires des hospices. Ainsi, la direction exclusive du chapitre de la cathédrale fut supprimée, pour l'Hôtel-Dieu de Saint-Barthélemy, de Clermont, depuis la réunion des hôpitaux à cet établissement, et sa reconstruction. A partir de la seconde moitié du XVIᵉ siècle, cette direction fut confiée à une commission mixte, composée de douze membres, ou commissaires des pauvres, trois de la Cour des aides, trois du Présidial, deux chanoines de la cathédrale, deux avocats, un procureur et un bourgeois. La nomination des membres était faite par le bureau, et approuvée par les assemblées générales de la ville.

Les commissions des autres hôpitaux étaient à peu près composées de la même manière, et choisies parmi les plus notables habitants. Un chanoine nommé par le chapitre cathédral les présidait ordinairement [1].

Les échevins de Clermont étaient de droit membres de l'administration de l'Hôpital-Général. Une partie des administrateurs était nommée par l'assemblée même, une autre par le conseil de ville, et la dernière par l'Hôtel-Dieu [2]. Le grand jurisconsulte Domat figure parmi les premiers administrateurs de l'Hôpital-Général, en qualité de commissaire nommé par la ville. Il continua à faire partie de l'administration jusqu'en 1676.

L'Hôtel-Dieu de Riom était administré par un chanoine député du chapitre de St-Amable, et par quatre laïques, choisis, chaque année, par la ville, dans les différents ordres des citoyens [3].

L'Hôpital-Général de la même ville avait douze administrateurs, qui se renouvelaient annuellement par moitié. Les six nouveaux membres étaient élus par ceux qui étaient en fonctions [4].

---

[1] M. Peghoux, *Loc. cit*, p. 122.

[2] M. Peghoux, *Loc. cit.*, p. 123.

[3] On lit ce qui suit, dans la transaction intervenue, en 1554, entre le chapitre de St-Amable et la ville de Riom : « Les revenus des hospitaliers, autrement appelé le prieuré de Saint-Cassy, demeureront à l'hôpital et aux pauvres d'icelui, lequel sera régi et gouverné par celui ou ceux qui seront commis par lesdits consuls, commune et habitants, sauf que lesdits de St-Amable pourront commettre homme capable, tel que bon semblera, pour administrer les sacremens auxdits pauvres, et faire le service en ladite église dudit hôpital accoutumé. » (Chabrol, IV, 468).

[4] Chabrol, IV, 464.

Du reste, bien que la déclaration du 12 décembre 1698 eût été faite au sujet des hôpitaux, maladeries et léproseries unis et désunis de l'ordre de Notre-Dame-du-Mont-Carmel et de St-Lazare, ses dispositions étaient suivies pour ceux qui, à l'époque où elle fut publiée, n'avaient point de règlement.

L'administration des hôpitaux de l'Auvergne fut ensuite l'objet de divers règlements, dans le détail desquels nous ne pouvons pas entrer[1].

Voilà, en somme, comment s'organisèrent dans cette province, sous la direction supérieure de l'Etat, les établissements d'assistance publique. Ces institutions avaient autant pour but de garantir la sûreté publique que de satisfaire un sentiment de charité en soulageant les souffrances des malheureux.

C'est dans la même pensée que les ordonnances obligeaient chaque ville à entretenir ses pauvres, à ne pas les laisser errer ou mendier[2], et forçaient aussi « toutes personnes et toutes communautés à contribuer au fonds de secours publics, au sol pour livre des deux tiers des revenus qu'elles avaient dans la paroisse[3]. »

Nous ne rechercherons pas ici le degré d'utilité de toutes les institutions, que nous venons de rappeler. Nous ne parlerons ni des efforts faits par les derniers rois de l'ancienne monarchie pour venir au secours de l'indigence, et réprimer la mendicité, ni de la sollicitude pour les indigents, attestée par les actes de plusieurs gouvernements, qui se succédèrent après la Révolution de 1789. C'est là un de ces nombreux problèmes dont la solution s'impose d'une manière impérieuse à notre société, et qui ont entre eux la plus étroite affinité. Depuis la Révolution, l'assistance publique a fait de grands progrès, et cependant combien elle est encore impuissante ! Mais nous pouvons le dire, sans craindre de nous tromper, quelque soit le principe consacré un jour par nos législateurs, il faudra toujours mettre en pre-

---

[1] Voy. notamment les lettres patentes du 28 avril 1725, et le règlement général pour la *direction et économie* de l'Hôpital-Général de la même ville; Clermont-Ferrand, imprimerie du Roi, 1773; le règlement particulier, relatif au même hôpital, du 20 janvier 1789.

[2] Voy. ord. de Moulins, art. 73, confirmé par la déclaration de 1586.

[3] Déclaration de juin 1662.

mière ligne la nécessité de propager l'éducation morale, intel-
lectuelle, professionnelle, les habitudes de travail, d'ordre et
d'économie, sans lesquelles toutes les réformes seraient stériles
et illusoires. En proclamant le règne de la liberté et de l'égalité,
la Révolution de 1789 a posé les bases d'un principe et d'un
régime nouveau. C'est un devoir sacré pour l'Etat de secourir,
dans la mesure de ses ressources, dont il est le souverain appré-
ciateur, le malheureux qui souffre, l'enfance, la vieillesse. Il
doit l'assistance à l'indigent invalide, au nom de la solidarité et
de la dignité humaine. Ce devoir rentre dans sa grande mission
de protection sociale, d'ordre et de justice. Mais il faut surtout
que le progrès des institutions et des mœurs tende à diminuer le
nombre des personnes obligées de solliciter le triste bienfait de
l'assistance publique.

CHAPITRE VIII.

Suite des corporations d'arts et métiers.

Dans la période que nous allons examiner, la royauté s'empara
définitivement de la police du travail, s'immisça dans l'organisation intérieure et dans les conditions d'existence de toutes les
aggrégations de travailleurs réunis en communautés.

Les ordonnances abolirent et prohibèrent toutes les confréries,
assemblées et banquets des gens de métier et artisans, dans tout
le royaume [1].

Le droit de travailler fut déclaré un droit domanial et royal,
qui devait être acheté du prince. Le but de la royauté était d'imposer son autorité absolue et souveraine aux communautés. En
même temps, elle battait monnaie, et cette considération eut
souvent la première place dans ses préoccupations. Toutefois,
l'édit de 1581, en substituant l'initiative du pouvoir à l'initiative

---

[1] Voy. art. 185 ord. 1539, et autres, Guenois, *Confér. des Ordonn.*, t. II,
p. 144 et suiv.

des corps, constatait une victoire de la liberté sur le monopole, qui était l'un de plus graves inconvénients du système des corporations[1]. Il fut décidé que les maîtres reçus à Paris pourraient exercer leur métier dans tout le royaume, et que les maîtres reçus dans une ville de parlement seraient libres de s'établir dans tout le ressort de ce parlement. On n'exigea plus qu'un ouvrier eût fait son apprentissage dans la ville même où il voulait fixer son établissement. Néanmoins, l'édit de 1581 ne changea pas la constitution intérieure des corps de métiers. Ils étaient devenus un instrument de fiscalité. Les arts et métiers furent établis en corps et communautés dans toutes les villes et autres lieux du royaume. L'édit de 1597 assujettit tous les marchands à la même loi que les artisans. L'exploitation financière chercha de plus en plus à étendre les ressources qu'elle trouvait dans l'existence de ces corps.

Cependant, ces entraves au droit sacré du travail avaient été vivement attaquées, au commencement du XVIIᵉ siècle. Les Etats généraux de 1614, notamment, demandaient formellement « que toutes les maîtrises créées depuis 1576 fussent éteintes, qu'il n'en pût être rétabli d'autres ; que l'exercice des métiers fût laissé libre à tous pauvres sujets du roi, sans visite de leurs ouvrages par experts ; que tous les édits concernant les arts et métiers fussent révoqués, sans qu'à l'avenir il pût être octroyé aucunes lettres de maîtrise ni fait aucun édit pour lever denier, à raison des arts et métiers ; que les marchands et artisans n'eussent rien à payer ni pour leur réception, ni pour lèvement de boutique, soit aux officiers de justice, soit aux maîtres jurés et visiteurs de marchandises. »

Ce cri de liberté du Tiers-Etat ne fut pas entendu : le système des maîtrises et des règlements continua à étouffer l'industrie. Colbert lui-même ne fit qu'affermir et étendre le régime rigoureux des corporations. L'édit de mars 1673, en ordonnant l'exécution des édits de 1581 et 1597, ajouta à la nomenclature des communautés déjà existantes d'autres communautés jusqu'alors

---

[1] L'édit de 1581, enregistré au Parlement, le 7 mars 1583, et renouvelé, en 1597, donna à l'institution des corps et communautés d'arts et métiers l'étendue et la forme d'une loi générale (*Voy.* Turgot, préamb. de l'édit de 1776).

inconnues. Nous lisons, dans un mémoire sur les corps et métiers, couronné, en 1757, par l'Académie d'Amiens : « Le système de réduire tout en corps de jurande ayant prévalu, on y comptoit (à Paris), vingt ans après (après l'édit de 1673), comme aujourd'hui, plus de cent vingt communautés. Ce système passa de la capitale dans les provinces : tous les corps voulurent être décorés de lettres-patentes. Ils proposèrent des règlements sur le modèle de ceux de Paris ; ils furent adoptés : c'est par cette raison que le même esprit les a tous dictés, et qu'ils paroissent copiés les uns sur les autres [1]. »

Après Colbert, un édit de mars 1691 créa des commissaires chargés de veiller à l'exécution des chefs-d'œuvre, que les aspirants à la maîtrise étaient obligés de faire, et à la police des arts et métiers. Des maîtres et gardes dans chaque corps de marchands, et des jurés dans chaque corps d'arts et métiers furent aussi créés et érigés en titre d'offices héréditaires, au lieu et place des maîtres jurés, syndics ou prieurs électifs.

Au XVIIIe siècle, de nombreuses voix s'élevèrent en faveur de la liberté du travail et de l'égalité des travailleurs.

Le mémoire, que l'Académie d'Amiens couronnait, en 1757, répondait aux questions suivantes, posées par son programme : « Quels sont les obstacles qu'apportent au travail et à l'industrie les corps de métiers ? Quels sont les avantages qui reviendraient à l'Etat de sa suppression ? Quelle serait la meilleure méthode d'y procéder ? Les secours que ces corps de métiers ont fournis au royaume lui ont-ils été utiles ou nuisibles [2] ? » L'auteur y faisait valoir avec une grande logique les principales raisons qui militaient pour la suppression du système des corporations. La limitation du nombre des apprentis, la longueur du temps de l'apprentissage et du compagnonage, les faveurs accordées aux fils de maîtres, les frais de réception à la maîtrise, étaient l'objet d'une critique juste et sévère [3]. Les conséquences désastreuses pour la

---

[1] *Considérations sur le commerce et en particulier sur les compagnies, sociétés et maîtrises*, p. 16.

[2] Ce mémoire fut publié sous le titre indiqué dans la note précédente, Amsterdam, 1758.

[3] *Voy.* p. 18 et suiv.

nation de cette organisation de l'industrie étaient aussi exposées avec autant de sens que de précision[1].

Le système des corporations, ruiné théoriquement, fut supprimé en 1776. Ce fut un des plus grands actes de Turgot, qui, dans le préambule célèbre de l'édit, parle le langage d'un philosophe et d'un savant économiste. L'abolition des maîtrises et jurandes n'était que trop justifiée par tous les abus signalés. Elle ne fut cependant pas définitive. La coalition des privilèges et des intérêts l'emporta sur les droits imprescriptibles du travail. L'édit de février 1776 fut révoqué. Les corporations furent rétablies, après la disgrâce de Turgot, mais avec de profondes modifications[2].

Les corporations industrielles de l'Auvergne furent soumises aux diverses vicissitudes, ou phases législatives, que nous venons de rappeler sommairement. Leur histoire n'offre que de rares particularités dignes d'être mentionnées[3].

En 1700, cette province comptait huit communautés de bouchers, dont M. Bouillet a reproduit les bannières[4]. Les règlements de quelques-unes de ces communautés contenaient, dans l'intérêt de l'hygiène et de la santé publiques, des dispositions, que quelques villes de l'Auvergne, celle de Riom notamment, — dans laquelle il n'existe ni abattoir, ni inspecteur de la boucherie, — doivent envier à l'ancien régime[5].

[1] P. 46 et suiv.

[2] Voy. édit du mois d'avril 1777, et déclaration du 1er mai 1782.

[3] Dans un travail intitulé : *Histoire des communautés des arts et métiers de l'Auvergne, avant* 1789, M. Bouillet entre dans plusieurs détails sur les corporations des villes de cette province, et fait connaître les armoiries qui ornaient la bannière de chacune d'elles; *Clermont-Ferrand*, 1857, 1 vol. in-8°.

[4] *Loc. cit.*, pl. 5 à 8.

[5] L'ordonnance de police arrêtée, à Clermont, le 5 novembre 1672, et renouvelée en 1730, contenait les dispositions suivantes :

« Art. 1er. Les bailes et gardes des bouchers qui seront nommés tous les ans pour tenir la main à leurs statuts et à l'exécution des ordonnances de police, demeureront civilement responsables de toutes les contraventions qui y seront faites par leur négligence. »

» Art. 2. Défendons à tous les bouchers, tant de la grande boucherie que de celle de St-Genès, de tuer leurs bestiaux dans leurs granges et maisons qui sont dans la ville; mais dans les tueries qui seront construites, savoir : pour la grande boucherie, au moulin de la Place, et pour celle de St-Genès, à Rabanesse. »

» Art. 3. Enjoignons aux dits bailes et gardes des bouchers de faire visite

Il existait, en Auvergne, onze communautés de boulangers
formant seules des corporations, ou associées à d'autres corps
de métiers [1]. Leurs bailes ou gardes, nommés, chaque année,
pour surveiller l'observation des statuts, étaient, comme ceux
des bouchers, civilement responsables de toutes les contraventions aux statuts résultant de leur négligence [2]. Ils étaient
tenus de faire au moins une fois, chaque mois, la visite des bou-
tiques des autres maîtres, pour vérifier la qualité et la marque
du pain [3].

Il y avait encore dans les villes de cette province des corporations de cordonniers [4], d'épiciers, de gantiers, de maçons, de
marchands, et autres professions, telles que sergers, teinturiers,
tisserands, orfèvres, papetiers, dont la nomenclature serait trop
longue [5]. Brioude avait sa corporation d'aubergistes [6].

Clermont, Riom, Aurillac avaient leurs corporations d'apothicaires [7], qui étaient réunis aux médecins et aux chirurgiens dans
d'autres villes, telles que Montaigut, St-Germain-Lembron,
Ambert, Issoire, Murat [8].

Il y avait aussi dans plusieurs villes de l'Auvergne des corpo-

toutes les semaines de toutes les bêtes qu'on tuera dans les dites tueries,
pour savoir si elles sont saines, pour obvier aux accidents qui pourraient en
arriver, desquels ils demeureront responsables, faute d'avoir fait les dites
visites. »

[1] Voy. M. Bouillet, Loc. cit., p. 56 et suiv.

[2] Voy. art. 1er ord. de police relative aux boulangers de Clermont, du 5
novembre 1672.

[3] Art. 3 ordonn. précitée.

[4] Voy. sur la corporation de Clermont, les statuts revêtus des lettres-patentes
du mois d'avril 1697, enregistrées au greffe de police de Clermont, le 30 septembre de la même année; — sur la corporation des cordonniers de Thiers,
les statuts et lettres-patentes des 5 octobre 1575, 2 et 3 août 1616, homologués
au Parlement, le 5 juillet 1660; — sur celle d'Ambert, la convention du 7
mai 1689, homologuée en la sénéchaussée d'Auvergne, le 10 mai de la même
année; — sur la corporation de Riom, les statuts autorisés par lettres-
patentes du mois de janvier 1725, et homologués en la sénéchaussée, le 4
février suivant.

[5] Voy. M. Bouillet, Loc. cit.

[6] M. Bouillet, Loc. cit., p. 28.

[7] Voy. l'extrait des registres du Parlement du 7 septembre 1651, relatif
aux apothicaires de Clermont, et ordonnant l'exécution des statuts du 20
janvier 1637; M. Bouillet, Loc. cit., p. 4 et suiv.

[8] M. Bouillet, Loc. cit., p. 13 et suiv.

rations ou confréries spéciales de chirurgiens. Il existait, à Clermont, un lieutenant du premier chirurgien du roi, qui était chef et garde des privilèges de la chirurgie. C'est lui qui procédait, dans cette ville, aux examens et réceptions des aspirants, en présence du greffier et de quatre maîtres de la communauté [1].

L'une des plus célèbres, parmi toutes ces corporations, était celle des couteliers de Thiers, à laquelle Henri III, par lettres du mois de mai 1582, confirmées par Louis XIII, en septembre 1614, donna des statuts, dont les dispositions résument presque toutes les règles des corporations en vigueur à cette époque [2].

Toutes ces communautés de l'Auvergne disparurent, comme celles des autres provinces, lorsque la révolution française inscrivit au frontispice de nos lois le grand principe de la liberté du travail [3]. L'abolition des jurandes fut élevée à la hauteur d'un principe constitutionnel [4].

La Constituante ne croyait pas avoir terminé sa tâche, en abolissant les corporations, et en proclamant la liberté du travail. Elle avait, aussi bien que nos publicistes contemporains, compris la nécessité de donner une constitution à l'industrie [5]. Mais d'autres préoccupations empêchèrent la réalisation de ce projet.

[1] Voy., sur les communautés des chirurgiens de Riom, de Clermont et des autres villes de l'Auvergne, lettres patentes de 1730, et M. Bouillet, *Loc. cit.*, p. 97 et suiv.

[2] Voy. *Règles et statuts pour le règlement du mestier et artizaige de cousteleric en la ville et mandement de Thiers, accordez par la commune deslibération des maistres cousteliers de la dite ville et banlieue, sur l'exécution des lettres de Chartres du roi Henri III, du mois de mai 1582, nouvellement compilées et réformées soubz le bon plaisir et autorisation de Sa Majesté et autres qu'il appartiendra, et confirmées par lettres-patentes du roi Louis XIII, du mois de septembre 1614.* — Ces règles et statuts sont rapportés par M. Bouillet, *Loc. cit.*, p. 145 et suiv. — Ces anciens règlements furent complétés par celui du 24 décembre 1743.

[3] Décr. des 15-28 mars 1790, du 14 juin 1791.

[4] Constit. des 3-14 septembre 1791; déclar. des droits de l'homme des 29 mai-8 juin 1793; constit. du 3 fructidor an III.

[5] « Il entrait aussi dans vos desseins paternels, disait M. de Boufflers, de vivifier, ou pour mieux dire, de ressusciter l'industrie française; car les arts ont partout un droit de cité, partout leurs intérêts sont les mêmes que ceux des citoyens; comme eux, ils ont besoin de liberté et de lois; *comme eux, ils sont fondés à vous demander une constitution. Les principaux éléments de ce travail, si digne de vous, Messieurs, ne tarderont pas à vous être présentés par votre comité de l'agriculture et du commerce.* » (Séance du 30 février 1790.)

On reconnait assez généralement aujourd'hui que le principe de liberté doit être accompagné d'institutions complémentaires, destinées à contrebalancer les inconvénients de l'*individualisme*, tant au point de vue politique qu'au point de vue de l'industrie.

Comme remède aux maux et aux périls de l'anarchie industrielle, on a quelquefois sollicité le rétablisssement des corporations [1]. Le bon sens a fait justice de cet anachronisme. Des écrivains ont préconisé le système de *libre association* des travailleurs, ayant pour base l'affranchissement de la commune. Enfin, l'*individualisme* poussé à ses dernières limites a amené la réaction de tous les systèmes socialistes. Nous sortirions de notre sujet en prolongeant ces observations. Un jour viendra sans doute où toutes ces graves questions de travail, de paupérisme, d'assistance, seront abordées par les pouvoirs publics, avec la ferme volonté de les résoudre dans un sens conforme aux intérêts de la société, de la justice et de l'humanité.

---

[1] *Voy.* notamment la fameuse pétition de 1814, rédigée par M. Lévacher Duplessis.

CHAPITRE IX.

Rédaction et publication de la coutume d'Auvergne; Exposé de ses principes.

La première section de ce chapitre est destinée à faire connaître les divers incidents de la rédaction et de la publication de la coutume d'Auvergne. Nous exposerons, dans une deuxième section, les principes les plus généraux de cette coutume, ceux qui nous ont paru le plus propres à mettre en lumière son esprit et son caractère.

SECTION Ire.

Rédaction et publication de la Coutume.

Louis XII dota la France des premières coutumes rédigées officiellement et revêtues de la sanction du législateur. C'est aussi sous son règne que furent rédigées et publiées les coutumes d'Auvergne.

La coutume d'Auvergne n'est cependant pas une des plus anciennes du royaume. Quelques-unes ont été rédigées et même publiées avant elle [1]. Mais il en est plusieurs qui ont été réformées plus tard [2]. La coutume d'Auvergne n'a jamais subi aucune réformation. On peut donc dire que son texte est l'un des plus anciens.

Le mandement qui avait été adressé au bailli de Montferrand, pour sa rédaction, dès le règne de Charles VIII, était resté sans exécution, et un autre mandement, adressé par Louis XII à la duchesse de Bourbonnais et d'Auvergne, avait fait naître un différend entre le procureur du roi en Auvergne et le procureur de la duchesse, qui prétendaient tous deux être exclusivement compétents pour cette rédaction.

---

[1] *Voy.* la nomenclature, dans Klimrath, t. II, p. 145 et suiv.
[2] *Voy.* Klimrath, *Loc. cit.,* p. 154.

Par des lettres du 19 décembre 1508, Louis XII commit Antoine Duprat, premier président, depuis chancelier de France, et les conseillers au parlement de Paris, Louis Doreille et Jean Briçonnet, pour procéder à la rédaction et à la publication des coutumes d'Auvergne. Ces lettres ne furent pas exécutées. Le roi les renouvela le 31 mai 1510; puis, le 12 juin suivant, il nomma le conseiller Picot, en remplacement de ses collègues Doreille et Briçonnet.

Les commissaires arrivés à Clermont, le 18 juin 1510, mandèrent les officiers des Baillages de Montferrand et des Montagnes d'Auvergne, ainsi que ceux de la Sénéchaussée d'Auvergne.

Douze des plus anciens et des plus notables praticiens de Montferrand, ou de Riom, leur furent adjoints; et, après avoir prêté serment sur l'évangile, le 26 juin 1510, on se mit à l'œuvre [1].

Le coutumier Masuer fournit sans doute aux rédacteurs de nombreux matériaux. On peut dire qu'il est une source excellente d'interprétation de la coutume, et un guide très-sûr pour remonter à ses origines. Mais il ne fut pas le seul coutumier consulté. Il en existait probablement de plus anciens. En outre, il ne renfermait guère que les coutumes générales; et les diversités locales auraient échappé aux rédacteurs, s'ils n'avaient pas eu pour les connaître d'autres secours que l'œuvre de Masuer. Le procès-verbal porte que, parmi les rédacteurs, les uns rédigèrent les coutumes générales, « après avoir vu *certains cayers* des coutumes autrefois rédigées par écrit, et les *anciens coutumiers* dudit pays, » et que les autres allèrent de justice en justice, dans la Basse et la Haute-Auvergne, recueillir les coutumes locales. Ils firent probablement usage de ce que l'on appelait autrefois le *livre coutumier du greffe* [2]. C'était un recueil des coutumes tenues pour vraies en jugement, et enregistrées sous forme de mémorial par le greffier, mais n'ayant aucune force obligatoire. Là ne durent pas sans doute se borner leurs investigations, car c'étaient les coutumes les plus certaines et le plus fréquemment appliquées qui devaient se trouver le moins dans ce recueil. Aussi, les rédacteurs

---

[1] Voy. le procès-verbal de la rédaction de la Coutume.
[2] Voy. Bouteiller, *Somme rurale*, liv. Ier, ch. 2.

avaient-ils mission de prendre leurs informations auprès des praticiens et des officiers des comtés, baronnies, châtellenies et prévôtés.

Après que les rédacteurs eurent arrêté et revu leur travail en commun, il fut lu publiquement aux audiences de Montferrand et de la Sénéchaussée d'Auvergne, afin d'avoir l'avis des praticiens. De légères modifications furent demandées et introduites[1]. Les Etats de la province s'assemblèrent le 31 juillet 1510. On avait donné assignation à tous les membres des trois Etats, exempts ou non de la justice ordinaire, pour voir publier les coutumes tant générales que locales, rédigées par écrit, et venir présenter leurs observations, *icelles consentir ou dissentir*[2].

Ordinairement, lors de la rédaction officielle des coutumes, les défaillants, comme le dit Klimrath, étaient réassignés et contraints, les ecclésiastiques par la prise de leur temporel en la main du Roi, les laïques par les voies d'exécution ordinaires. S'ils ne comparaissaient point avant le décret des coutumes, ils étaient, pour le profit du défaut, condamnés à être régis par elles[3]. Les Etats devaient faire connaître toutes leurs coutumes, tant générales que locales, à peine de déchéance. Les commissaires leur faisaient même prêter serment de rapporter en leurs loyauté et conscience ce qu'ils savaient et avaient vu garder et observer[4]. Mais nous n'avons trouvé, dans le procès-verbal de la rédaction de la coutume d'Auvergne, aucun passage indiquant d'une manière expresse la prescription ou l'accomplissement de ces différentes formalités. Les lettres patentes du 19 décembre 1508 portent seulement : « Appelez les trois Etats en la forme et manière accoutumée, lesquels ordonnons par devant vous comparoir, et y être contraints par toutes voies dues et raisonnables. » Le procès-verbal dit que leur absence doit être *pour présence réputée*.

Les articles débattus étaient arrêtés par les commissaires de l'avis de la majorité des Etats, ou renvoyés à la décision du Parlement, en cas de désaccord.

[1] Voy. le procès-verbal de la rédaction de la Coutume.
[2] Voy. le procès-verbal.
[3] Klimrath, *Loc. cit.*, p. 170.
[4] Klimrath, *Loc. cit.*, p. 169.

Dans l'assemblée du 31 juillet 1510, il fut fait quelques protestations contre certaines dispositions. L'opposition rédigée pour Anne et Madeleine de Boulogne, comtesse d'Auvergne, par *Vialar*, avocat, rappelle, sinon par sa teneur, du moins par sa forme, les facéties de Rabelais [1].

Les plus vives protestations furent celles du clergé. Il avait été reconnu et disposé que « la façon et manière de juger et lever dixme, et aussi la quote d'icelui ou ce qui est accoutumé payer pour raison du dit dîme » se prescrivaient par trente ans [2] ; — « qu'il n'y avait qu'une seule prescription, qui était de trente ans, » même contre l'Eglise ; la coutume portait encore « que tout homme pouvait être adjourné pardevant juge lay, en vérification et reconnaissance de seing manuel [3] ; » « qu'exception d'excommunication n'avait lieu en cour laye [4] ; » et que « reproche d'excommunication contre témoins n'était recevable [5] ; » enfin, que nul « ne pouvait par testament, codicile ni autre disposition de dernière volonté, disposer de ses biens *à pies causes* ne autrement, au préjudice de l'héritier ab intestat, que d'un quart... » [6]. Toutes ces dispositions, et quelques autres, étaient une réaction contre l'entraînement qui, au moyen-âge, avait fait tout donner aux églises, et contre les envahissements du clergé. Il protesta avec force contre ces prescriptions, qui affaiblissaient ses priviléges et la juridiction de ses tribunaux ; qui tendaient à diminuer sa puissance territoriale et son influence. Il déclara qu'il n'entendait aucunement les accepter, qu'il les considérait comme nulles « parce qu'elles disposaient des choses spirituelles, contre les constitutions canoniques, dérogeaient aux censures, libertez, franchises et immunitez de la dicte Eglise et suppôts d'icelle » [7].

La noblesse et le Tiers-Etat repoussèrent ces protestations qui ne portaient pas l'empreinte du désintéressement le plus pur. Les Coutumes furent autorisées par les commissaires Duprat et

---

[1] Voy. *suprà*, tome Ier, p. 507.
[2] Voy. ch. XVII, art. 18, Cout. d'Auvergne.
[3] Chap. Ier, art. 8.
[4] Chap. XVIII, art. 5.
[5] Chap. VIII, art. 4.
[6] Chap. XII, art. 41.
[7] Procès-verbal de la rédaction de la Coutume.

Picot, et signées le 3 août 1510. Le roi les confirma dans le mois de septembre de la même année. L'arrêt d'homologation fut donné par le Parlement, le 1ᵉʳ mars suivant[1].

On a souvent reproché à la coutume d'Auvergne les longueurs, l'obscurité de sa rédaction. Les rédacteurs de cet important travail y apportèrent une grande précipitation. Les commissaires, nous l'avons vu, se mirent à l'œuvre le 28 juin, et tout était terminé le 3 août suivant. Il fallut, comme le dit Prohet, faire bien des choses dans ce peu de temps. C'est surtout dans les coutumes locales qu'il existe un défaut d'ordre, une confusion, des omissions et des erreurs regrettables. Les commentateurs, notamment Prohet et Chabrol, ont cherché à combler ces lacunes, et à réparer ces défectuosités. Mais, malgré le mérite de leurs travaux, bien des points sont restés obscurs. Rappelons aussi que la coutume d'Auvergne, à la différence de la plupart des autres coutumes, ne fut pas réformée, et garda, par conséquent, les défauts d'une première rédaction.

SECTION II.

Exposé des principes de la coutume d'Auvergne en matière de droit privé.

Nous passerons sous silence toutes les dispositions qui sont de procédure, *de style, plutôt que de coutume, stili, non consuetudinis,* selon les expressions de Dumoulin[2]. Les explications, que nous avons données sur le droit féodal[3], et sur la plupart des modifications introduites dans ce droit par la Coutume, nous permettent aussi de ne pas comprendre dans notre exposé les principes qu'elle

---

[1] Cet arrêt porte la date du 1ᵉʳ mars 1510, quoique le procès-verbal de la rédaction de la Coutume soit du 15 juin 1510. C'est parce que l'année commençait alors à Pâques. Cet usage n'a cessé qu'après l'ordonnance de 1564.

[2] Les dix premiers chapitres de la Coutume et le trentième appartiennent à cette catégorie. Nous omettrons également les dispositions relatives aux répits (chap. XIX), aux cessions de biens (chap. XX), aux exécutions (chap. XXIV); matières qui furent, du reste, presque toutes modifiées par les ordonnances.

[3] *Suprà,* vol. 1ᵉʳ, ch. 15, tit. V.

consacre en cette matière[1]. Quelques chapitres concernant les
épaves[2], les pâturages et le dommage causé par le bétail[3],
les injures, crimes et délits[4], l'assiette de rente[5], ne doivent
pas non plus y trouver place. Nous avons seulement l'intention
de faire connaître le caractère, l'esprit général de la Coutume, et
d'apprécier les éléments de sa formation, en nous renfermant
dans les limites du droit privé, et en exposant brièvement les
principes qui ont plus spécialement trait à la capacité des personnes, au mariage, à la famille, aux successions, à la faculté de
disposer.

On sait qu'il y avait, dans l'ancienne France, deux espèces de
majorité, la majorité féodale, et la majorité en matières communes et non féodales. Pour la première, la coutume d'Auvergne
adopta le système qui fixait la majorité à 20 ans, sans distinction
de sexe[6]. L'erreur commise par Basmaison et par Prohet, qui
avaient pensé que la majorité féodale était fixée à 25 ans, et
qui ont même corrigé en ce sens le texte, dans les éditions qu'ils
ont données de la coutume[7], a été parfaitement démontrée par
Chabrol[8], qui dit avoir vérifié la minute au greffe. Quant aux
matières communes et non féodales, c'est la majorité romaine de
25 ans qui fut expressément introduite, en 1510, du consentement des Etats d'Auvergne[9]. Auparavant, la majorité était fixée
à douze ans pour les filles et à quatorze ans pour les hommes[10].

[1] Voy. notamment chap. XVI, XXI, XXII, XXIII, XXV, XXVI, XXVII, Cout. d'Auvergne.
[2] Chap. XXVI, art. 1er et suiv.
[3] Chap. XXVIII.
[4] Chap. XXIX.
[5] Chap. XXXI.
[6] Chap. XXII, art. 28.
[7] Voy. Basmaison et Prohet sur l'art. 28, chap. XXII.
[8] Voy. Chabrol, vol. III, p. 191 et suiv. — Basmaison semblait avoir reconnu que la majorité féodale était à vingt ans, lorsqu'il disait que le vassal *majeur de vingt ans était réputé par la Coutume d'Auvergne d'âge parfait pour faire le fief (Sommaire discours des fiefs et rière-fiefs,* p. 58). De son côté, Prohet avoue que les premières éditions de la Coutume portaient *vingt ans (Loc. cit.),* ce qui rend assez étrange la correction qu'il a cru pouvoir faire subir au texte.
[9] Chap. XIII, art. 1er.
[10] Voyez art. précité et Masuer, tit. *de procur.*, no 19.

Comme conséquence, le mineur de 25 ans ne pouvait pas ester en jugement, aliéner ses immeubles, ni en disposer d'une manière irrévocable [1]. Mais il pouvait faire un testament quand il avait l'âge de puberté.

La puissance maritale est admise par la coutume d'Auvergne, comme elle le fut par les autres coutumes de France. Il y a cependant une exception pour les biens adventifs ou paraphernaux [2].

Par une disposition remarquable, la Coutume fait passer la *fiancée*, comme la femme mariée, sous la puissance de son futur époux [3], quoique les fiançailles n'engagent pas irrévocablement. Malgré la dissolution des fiançailles, la fiancée ne retournait pas sous la puissance paternelle ; elle demeurait *dame de son droit* [4]. Il est assez difficile de donner les motifs de semblables dispositions.

Le mariage émancipe, mais les filles seulement; les fils mariés restent soumis à la puissance paternelle [5].

La coutume d'Auvergne est une des rares coutumes qui n'admettaient pas le régime de la communauté entre époux. Dans presque toute la France coutumière, homme et femme conjoints par mariage étaient communs en tous biens meubles et conquêts immeubles, et fruits des immeubles propres, de même qu'en toutes dettes mobilières, actives et passives, chacun pour moitié. Il n'en était pas ainsi en Auvergne.

Masuer atteste cependant que, dans quelques pays de la province, l'usage local admettait autrefois la communauté entre mari et femme, et un douaire coutumier [6]. Cet usage fut conservé par quelques coutumes locales [7].

La Coutume ne défend pas de stipuler la communauté, elle l'approuve même, en supposant un contrat de mariage dans lequel il y a association entre les époux, avec convention de succéder en faveur du survivant [8].

---

[1] *Voy.* chap. I, art. 7; chap. XIII, art. 1, 2, 3.

[2] Chap. XIV, art. 1er; Masuer, tit. *de coutumacia*, n° 18.

[3] Chap. XIV, art. 1er.

[4] Chap. XIV, art. 2.

[5] Chap. XIV, art. 2; Masuer, tit. *de dote*, n° 37.

[6] Masuer, tit. *de societate*, n° 1.

[7] Voy. Coutume locale d'Esbreule (Ebreuil), art. 1 et 2 (Chabrol, IV, 239); Coutume d'Escurolles, art. 1, 2 (Chabrol, IV, 241).

[8] Chap. XIV, art. 32.

Elle consacre le régime dotal, et accorde au mari survivant, comme *gaigne coutumière*, les lits, robes, coffre, linge et joyaux de sa femme, à la charge de payer les funérailles.

Si c'est la femme qui survit, elle reprend ces objets en l'état où ils se trouvent[1].

Par une disposition qui est ausssi contraire à la plupart des autres coutumes, le douaire n'a lieu qu'autant qu'il est stipulé[2]. La coutume d'Auvergne, sauf dans quelques endroits régis par des coutumes locales, n'admet que le douaire conventionnel[3].

Elle déclare, d'une manière impérative et rigoureuse, la dot inaliénable[4], si ce n'est dans quelques cas exceptionnels[5]. Elle ne veut pas que la dot soit aliénée, même pour doter les enfants, lorsque le mari est en état d'y pourvoir[6].

La femme dispose valablement de ses paraphernaux sans le consentement du mari, pourvu que ce ne soit pas au profit de celui-ci[7]. Par suite d'une règle générale, elle ne peut disposer ni entrevifs, ni à cause de mort, de ses biens dotaux, aussi bien que de ses biens adventifs et paraphernaux, au profit de son mari, ou des enfants qu'il aurait eus d'un précédent mariage, ou des personnes auxquelles il peut ou doit succéder. Enfin, elle ne peut pas s'obliger pour lui[8].

Au contraire, le mari peut donner à sa femme par donation entrevifs tous ses biens, pendant le mariage, sauf la légitime de ses descendants[9]. Dans les autres coutumes, la liberté accordée aux époux de disposer au profit l'un de l'autre pouvait varier, mais leur condition à cet égard n'était pas inégale comme dans la coutume d'Auvergne.

Un des commentateurs de cette coutume, Prohet, a écrit que

[1] Chap. XIV, art. 3: chap. XII, art. 16; chap. XIV, art. 44, 45.

[2] Chap. XIV, art. 11; Masuer, tit. *de societate*, n° 1.

[3] *L'augment* n'avait pas lieu dans la partie de l'Auvergne régie par le droit écrit (Chabrol, II, 276).

[4] Chap. XIV, art. 3.

[5] Chap. XIV, art. 4, 6 et 7.

[6] Voy. art. 6, chap. XIV.

[7] Chap. XIV, art. 9.

[8] Voy. chap. XII, art. 16; chap. XIV, art. 28, 46, et chap. XVIII, art. 1er.

[9] Chap. XIV, art. 39.

la *puissance paternelle* n'avait pas lieu en Auvergne [1], et il invoque l'autorité de Loisel qui, effectivement, a fait une maxime coutumière de cette disposition : *Droit de puissance paternelle n'a lieu* [2].

Sans doute, la puissance paternelle n'existait pas en Auvergne avec tous les attributs et les effets consacrés par la loi romaine. Mais elle y était admise avec certaines restrictions ou modifications.

L'enfant qui est sous la puissance paternelle a une condition analogue à celle de la personne qui est en puissance de tuteur ou de curateur.

Le père, et le père seul, est *administrateur légitime* des biens adventifs de ses enfants. Il gagne, entre nobles et roturiers, les fruits de tous les biens, de tous les immeubles féodaux ou autres. Il n'est pas tenu de rendre compte [3].

Cette qualité de légitime administrateur lui donne des droits plus étendus que ceux d'un tuteur : il conserve cette administration, avec l'usufruit, pendant toute sa vie; elle ne cesse ni par la majorité [4], ni par le prédécès des enfants [5], ni même par le mariage des fils, car, lors de la rédaction de la Coutume, les enfants mâles n'étaient point émancipés par le mariage [6]. Quant à la fille, nous avons vu [7] que le mariage l'émancipait et la faisait sortir de la puissance paternelle, pour la faire entrer sous celle du mari [8]. Comme conséquence, le père était privé de l'usufruit de ses biens, s'il ne se le réservait pas expressément; et cela, non-seulement lorsqu'il la mariait, mais encore lorsqu'il consentait à ses fiançailles [9].

[1] Sur l'art. 1er, chap. Ier, Cout. d'Auvergne.

[2] Liv. I, tit. I, Règl. 37, édit. Dupin et Laboulaye.—C'est seulement dans une addition à la Coutume de Senlis, rédigée en 1539, que Loisel a, en 1607, puisé cette règle de ses *Institutes coutumières*.

[3] Voy. chap. XI, art. 2; Masuer, tit. *de tut. vel cur.*, no 1.

[4] Voy. Chabrol, I, 16.

[5] Chap. XIV, art. 49.

[6] Voy. Masuer, tit. *de tutor.*, nos 3 et 5, et arg. art. 48, tit. XIV, Cout. d'Auvergne. — C'est plus tard que le mariage produisit l'émancipation dans le ressort du parlement de Paris.

[7] *Suprà*, p. 101.

[8] Voy. Masuer, tit. *de dote*, no 37; et art. 1, 2, chap. XIV, Cout. d'Auvergne.

[9] Chap. XIV, art. 48.

Quand il y a lieu de pourvoir à la tutelle des mineurs, la coutume d'Auvergne, à la différence de la plupart des coutumes, où les tutelles sont datives, admet la tutelle testamentaire et une tutelle légitime, en exigeant qu'elles soient confirmées par le juge[1].

Elle donne d'abord la priorité à la tutelle testamentaire[2]. Elle défère ensuite à l'aïeul paternel la tutelle de ses petits enfants, de préférence à la mère et à tout autre[3]. Le frère aîné, majeur de 25 ans, au moment du décès du père ou aïeul, a la tutelle de ses frères et sœurs mineurs, à l'exclusion de la mère[4]. Enfin, celle-ci est appelée, à défaut de l'aïeul paternel et du frère aîné, si toutefois elle est âgée de 25 ans[5].

À défaut de l'aïeul paternel, du frère aîné ou de la mère, la coutume appelle l'oncle paternel[6]. Elle donne la préférence à la ligne paternelle. Tant qu'il existe dans cette ligne un parent capable d'exercer les fonctions de tuteur, la tutelle lui est déférée, à l'exclusion des parents maternels.

La règle *le mort saisit le vif*, qui existait généralement dans la France coutumière, est aussi consacrée par la coutume d'Auvergne[7]. Mais cette saisine déférée à l'héritier présomptif ne le rend pas nécessairement héritier. La règle coutumière: « Il n'est héritier qui ne veut[8] » est aussi admise[9].

La succession est déférée aux héritiers du sang les plus proches, et se partage par parts et portions égales entre les appelés du même degré.

Toutefois, ces principes reçoivent des dérogations importantes.

D'abord, la Coutume admet la représentation à l'infini, non-

[1] Chap. XI, art. 12.
[2] Chap. XI, art. 1er ; Masuer, tit. *de tutor. et cur.*, nos 3 et 4.
[3] Chap. XI, art. 3.
[4] Chap. XI, art. 6.
[5] Chap. XI, art. 4.
[6] Chap. XI, art. 10.
[7] Chap. XII, art. 1er. — Voy. ce que nous avons dit sur la saisine héréditaire, *suprà*, vol. Ier, tit. V, ch. 15, sect. 3.
[8] Loisel, liv. II, tit. V, R. 2.
[9] Voy. Chabrol, I, 209.

seulement en ligne directe, mais encore en ligne collatérale, aussi loin que le lignage peut se montrer [1].

Elle n'a pas adopté le privilège du double lien, en vertu duquel les frères et sœurs germains excluaient les consanguins et utérins [2].

Elle admet les droits de primogéniture et de masculinité pour tous les fiefs, et entre nobles seulement [3]. Le fils aîné prend le nom et les armes du défunt, le principal manoir avec le *vol du chapon*, à la charge d'indemniser les puînés. Pour le surplus des fiefs, il y a partage égal.

Le droit d'aînesse n'est admis qu'en succession directe, et il n'a pas lieu entre filles [4].

Les filles mariées du vivant de leur père ou de leur aïeul paternel et de leur mère sont exclues de toute succession directe ou collatérale, qu'elles aient été dotées ou non. Leurs enfants sont compris dans la même exclusion. Cette forclusion est prononcée en faveur des mâles et de leurs descendants, et elle subsiste tant qu'il y a des mâles et descendants de mâles habiles à succéder, quelque soit le sexe de ces descendants. La forclusion cesse, si la fille est mariée en la maison de son père ou de son aïeul sans constitution de dot [5]. Enfin, le droit des filles forcloses renaît par l'extinction des mâles, mais sans effet rétroactif [6].

La fille forclose ne peut réclamer ni légitime, ni supplément de légitime ; elle peut seulement demander une dot, s'il ne lui en a point été constitué [7].

Ces dispositions rigoureuses de la coutume, admises en faveur des enfants mâles, faisaient dire à Dumoulin que, en Auvergne, le mot *enfant* ne s'appliquait pas aux filles [8].

---

[1] Chap. XII, art. 9. — Masuer atteste que la représentation à l'infini existait déjà de son temps en ligne collatérale; et, quoiqu'il l'approuve, il attribue l'introduction de ce principe dans la Coutume à l'ignorance *du droit* de la part des praticiens (Tit. *de success.*, n° 2).

[2] Chap. XII, art. 5; Novel. 118, cap. 3. — Masuer dit que ce principe existait déjà dans la Coutume à l'époque où il vivait (Tit. *de success.*, n° 9).

[3] Voy. *suprà*, tit. V, ch. 15, sect. 2 et 3.

[4] Chap. XII, art. 51, 52.

[5] Chap. XII, art. 25.

[6] Chap. XII, art. 26.

[7] Chap. XII, art. 35. — Voy. sur cette matière, les art. 25 à 37 de la Coutume.

[8] *Cons.* 56, n° 28.

La coutume d'Auvergne consacre, pour la succession aux propres, les deux règles suivantes, qui étaient aussi admises par la plupart des autres coutumes :

1º Les *propres* ne remontent point en ligne directe ; en d'autres termes, à défaut d'enfants et autres descendants, les collatéraux succèdent, à l'exclusion des ascendants, aux immeubles qui étaient échus au défunt par succession.

2º Les propres retournent au plus prochain lignage du côté et ligne dont ils sont venus ; c'est la règle *paterna paternis, materna maternis* [1].

Les *acquêts* sont réputés bien paternels [2], et, par conséquent, ils appartiennent aux héritiers paternels seuls [3].

Mais cette attribution des acquêts aux héritiers paternels ne concerne que les rapports des collatéraux paternels ou maternels ; car, à défaut d'enfants, les acquêts et meubles, qui ne proviennent point de succession *ab intestat*, vont aux ascendants paternels et maternels [4].

La coutume d'Auvergne est au nombre des coutumes qui permettent de déroger au principe de l'égalité du partage par la volonté de celui qui doit laisser sa succession : le prélegs permis en faveur d'un héritier peut aller jusqu'à la quotité dont on peut disposer en faveur des étrangers [5].

La quotité disponible en faveur des étrangers, lorsqu'il y a des enfants, est, par testament ou autre disposition de dernière volonté, du quart calculé sur la masse totale des biens [6].

On peut donner, par institution contractuelle contenue en contrat de mariage, par association universelle, et donation entre-vifs, tous ses biens à des étrangers. Toutefois, la Coutume réserve aux enfants leurs droits à la légitime, conformément aux principes du droit romain [7].

---

[1] Chap. XII, art. 2 et 4.

[2] Chap. XII, art. 6.

[3] Ce principe était déjà exposé par Masuer dans les termes suivants : « In bonis acquisitis per defunctum titulo emptionis, vel donationis, aut quovis alio singulari, illa respiciunt latus paternum, et competunt hæredibus ex latere paterno venientibus. » (Tit. *de success.*, nº 5.)

[4] Chap. XII, art. 3, 7.

[5] Chap. XII, art. 46.

[6] Chap. XII, art. 41 ; Masuer, tit. *de success.*, nº 6.

[7] Chap. XIV, art. 40 ; voy. Masuer, tit. *de success.*, nº 57.

Elle consacre expressément la règle : *Donner et retenir ne vaut* [1]. Cependant, sous l'influence du droit romain [2], elle considère la possession comme suffisamment transmise au donataire par la rétention de l'usufruit stipulé au profit du donateur [3].

Les libéralités faites entre-vifs par des personnes atteintes d'une maladie suivie d'*une mort prochaine* sont réputées donations à cause de mort ou testamentaires. On doit y observer les formalités du testament, et on ne peut y donner que la quotité disponible permise par ce dernier acte [4].

Conformément au plus grand nombre des coutumes, *institution d'héritier n'a lieu*. L'institution d'héritier n'est pas requise, comme en droit romain, pour la validité du testament. Elle ne vaut que comme legs et jusqu'à concurrence de la quotité disponible [5]. C'est l'héritier du sang, et non l'institué, qui est saisi; il faut qu'il reçoive la chose léguée des mains de l'héritier, qui lui en fait la délivrance [6].

Il existe une disposition remarquable sur l'exhérédation des filles qui se marient « au desçu et outre le gré de leurs père et mère, à homme qui ne serait d'estat et qualité condignes à leur lignage. » La Coutume les exhérède, elle les exclut de tous biens paternels et maternels [7]. Elle avait devancé l'ordonnance du mois de février 1556. Elle allait aussi plus loin que cette ordonnance, puisqu'elle privait la fille de la succession de ses père et mère, sans attendre la manifestation de leur volonté.

Les substitutions fidéicommissaires par testament ou autre acte de dernière volonté sont prohibées [8]; ce qui semble assez extraordinaire dans une province qui renfermait un si grand nombre de familles nobles. Il est probable que cette disposition était nouvelle dans la Coutume.

La coutume d'Auvergne est très-favorable aux conventions faites par contrat de mariage.

---

[1] Chap. XIV, art. 18; Masuer, tit. *de donat.*, n° 1.
[2] Voy. L. 28, Cod. *de donat.*
[3] Chap. XIV, art. 21.
[4] Chap. XIV, art. 36, 38.
[5] Chap. XII, art. 40, 47.
[6] Chap. XII, art. 1er et 42.
[7] Chap. XII, art. 36.
[8] Chap. XII, art. 53.

Le droit romain avait déclaré les conventions de succéder contraires aux bonnes mœurs [1]. Le droit coutumier, au contraire, avait admis, comme une stipulation fort légitime, l'*institution contractuelle*. Nous avons vu [2] qu'elle était pratiquée très anciennement en Auvergne. La coutume de 1510 renferme sur ce point plusieurs dispositions [3].

Après le contrat de mariage, l'*association universelle* est l'acte que la Coutume favorise le plus. Les nombreuses dispositions qu'elle contient sur ce contrat, qui était très-fréquent dans la province d'Auvergne [4], prouvent toute l'importance que les rédacteurs y attachaient [5]. Par cette convention, chacun peut priver ses héritiers de sa succession, sauf la conservation de la légitime aux enfants, et faire toute espèce de pactes, qui seraient nuls dans tout autre acte [6].

On peut convenir que les conventions de succéder qui y sont stipulées auront leur effet en faveur des descendants des associés. Ces descendants sont associés en vertu de la stipulation de leurs auteurs [7].

Les droits de l'héritier du sang ne sont pas garantis, comme dans d'autres coutumes, par des restrictions mises à la faculté de disposer *à titre onéreux*. Chacun, au contraire, a la liberté de disposer ainsi tant des propres que des acquêts.

Mais si l'aliénation des immeubles est permise sans le consentement de l'héritier, celui-ci a la faculté de *retraire* les propres vendus, en remboursant le prix et les loyaux coûts à l'acheteur, dans un délai qui était autrefois de 40 jours, et, d'après la rédaction de 1510, de trois mois, courant du jour où l'acquéreur a pris possession devant deux témoins du lieu et de la justice de la situation de l'immeuble [8]. Le but unique du *retrait lignager*, dont

[1] Voy. L. 4, Cod. *de inutil. stipul.*
[2] *Suprà*, vol. Ier, tit. V, ch. 15, sect. 3.
[3] Chap. XIV, art. 26, 29, 31 et 34.
[4] Voy. Masuer, tit. *de societate*, et *suprà*, tome Ier, tit. V, ch. 5, sect. 4.
[5] Voy. chap. XV, art. 1er et suiv.
[6] Chap. XIV, art. 40, 17, 16, 25.
[7] Chap. XV, art. 2 et 3; — Masuer disait aussi: « Durat etiam et perseverat societas in superviventibus, si ità fuerit conventum. » (Tit. *de soc.*, n° 22.)
[8] Chap. XXIII, art. 1, 2 et suiv.; — Masuer, tit. *de retract.*, n° 4, et *de feudis*, n° 4.

nous avons déjà parlé [1], était de conserver les biens dans les familles.

La distinction des biens en meubles et immeubles résulte de plusieurs dispositions qui en consacrent les conséquences. Ainsi, par exemple, la rescision pour lésion d'outre moitié n'a pas lieu en vente de chose meuble [2]. Les *noms debtes et actions* sont réputés meubles [3]. Les meubles n'ont point de suite par hypothèque ni en exécution, quand ils ont été mis sans fraude hors de la possession du débiteur [4].

Il est fait de nombreuses applications de la distinction des immeubles en fiefs, censives et francs-alleux, sur laquelle nous n'avons pas à revenir [5].

On ne distinguait pas, en Auvergne, le fief noble et le fief roturier. Il est vrai que l'art. Ier du chapitre XXII de la Coutume parle de fiefs *nobles*, mais il est probable que cette disposition n'entendait s'exprimer, comme Masuer lui-même, qu'à l'égard des fiefs qui n'étaient grevés d'aucune charge : *feudum nobile et allodiale* [6].

La Coutume ne distingue pas non plus le franc-alleu noble et le franc-alleu roturier : elle n'admet que le dernier [7].

Enfin, nous avons exposé plus haut quelques conséquences juridiques de la distinction des immeubles en propres et acquêts.

Plusieurs dispositions de la Coutume ont trait à la *complainte et autre remède possessoire* [8]. Ces dispositions sont, du reste, peu explicites ; elles supposent les principes admis et connus. Masuer avait, au contraire, consacré à cette matière de grands développements, et il l'avait traitée avec beaucoup de soin [9].

La complainte en cas de saisine et de nouvelleté ne peut s'in-

---

[1] *Suprà,* vol. Ier, tit. V, ch. 15, sect. 3.

[2] Chap. XVI, art. 9.

[3] Chap. XVI, art. 10. — Toutefois, Masuer disait : « Nomen seu actio quæ competit pro re immobili dicitur immobilis. » (Tit. *de execut.*, no 31.)

[4] Chap. XXIV, art. 52 ; — « Mobilia alienata non possunt capi, vel distrahi, nec in eis cadit hypotheca ; ideo dicitur gallice *que meuble n'a point de poursuytte.* » (Masuer, tit. *de execut.*, no 9.)

[5] Voy. *suprà*, vol. Ier, tit. V, ch. 15, sect. 1, 2, 3.

[6] Tit. *de feudis*, no 1.

[7] Voy. *suprà*, vol. Ier, tit. V, ch. 15, sect. 1re.

[8] Chap. II, art. 1, 2, 9.

[9] Voy. tit. *de possessorio.* — En parlant de la complainte, Masuer s'exprime ainsi : « Requiritur quòd actor habeat et probet se habere possessionem rei

tenter que pour immeubles, et non pour un meuble particulier, selon la disposition expresse de la Coutume[1].

A la différence de la plupart des coutumes de France qui admettaient la prescription romaine de dix et vingt ans avec titre, et de trente ans sans titre, la coutume d'Auvergne ne consacre que la prescription trentenaire, avec ou sans titre, entre présents ou absents. C'est par ce laps de temps que tous les droits prescriptibles *s'acquièrent* ou *se perdent*, en général[2]. Cette prescription était fort ancienne[3]. Chabrol en fait remonter l'origine à une constitution de Théodose, insérée au Code Théodosien[4]. A une époque bien postérieure à celle dont il parle, plusieurs chartes de l'Auvergne consacraient une prescription de dix ans[5].

La prescription de trente ans était admise, même contre l'Eglise, tandis que, dans d'autres coutumes, la prescription était dans ce cas de quarante ans.

Le droit romain est évidemment un élément important dans la coutume d'Auvergne. On le trouve dans les dispositions qui règlent la capacité des personnes, le régime matrimonial, les partages de succession, la légitime des enfants etc. Mais l'élément féodal et coutumier y occupe aussi une place assez notable : les règles que les propres ne remontent ; que les biens doivent retourner à l'estoc dont ils sont sortis, sont d'origine purement féodale[6]. C'est du droit coutumier, et non du droit romain, que viennent les principes sur la puissance maritale, sur l'émancipation des filles par le mariage, sur la saisine héréditaire, etc.

---

contentiosæ per ultimas annatas, vel ultimos expletus et possunt dici ultimæ annatæ tres postremo elapsæ juxtâ clementi. unicam. de sequestrâ.» (*Dict.tit.*, n°1.)

[1] Chap. II, art. 9; Masuer, *Loc. cit.*, n° 14.

[2] Chap. XVII, art. 1 et 2. Cependant, dans les pays de droit écrit de la Haute-Auvergne, c'était la prescription de dix et vingt ans qui était admise (Chabrol, II, 657).

[3] Voy. Masuer, tit. *de præscriptionibus*, n°s 1 et 9. « Primo sciendum est quòd in patriâ Alverniæ consuetudinaria est una sola præscriptio, scilicet XXX annorum. » (n° 1.)

[4] Vol. II, p. 657. — Voy. sur la constitution de l'an 424 introductive de la prescription trentenaire, constit. 3, Cod. Justin., lib. VII, tit. 39; voy. aussi J. Godefroi sur la constit. 1, Cod. Theodos., IV, 14, et Sidoine Apollinaire, *Epist.* VIII, 6.

[5] Voy. chartes de Montferrand de 1291, art. 88, et de Riom, de 1270, art. 28; *suprà*, vol. Ier, tit. V, ch. 5, sect. 3.

[6] Voy. *suprà*, vol. Ier, tit. V, ch. 15, sect. 2.

La règle *donner et retenir ne vaut* a la même origine. Les principes sur la complainte possessoire n'appartiennent pas non plus au droit romain. La prescription a aussi un caractère particulier qui s'écarte des principes de ce droit. Il en est de même des règles sur la tutelle. Nous en dirons autant de la disposition qui exclut le privilège du double lien.

Dans les principes soit du droit romain, soit du droit coutumier, qui ont été conservés, on reconnaît quelquefois des modifications résultant de l'influence réciproque de ces deux législations.

La Coutume admet la réprésentation, mais elle l'admet en ligne collatérale à l'infini.

Le principe romain exerce son influence sur plusieurs règles d'origine coutumière, par exemple, sur la règle *donner et retenir ne vaut*, qui est singulièrement modifiée, puisqu'on considère la possession comme suffisamment transmise au donataire par la simple rétention d'usufruit au profit du donateur.

La coutume d'Auvergne, comme les autres coutumes, ne renferme pas des dispositions nombreuses sur les *engagements*. Ce sont le plus souvent des dérogations tacites au droit romain, qui, pour ces matières, et avec ces restrictions, fut prépondérant dans cette province, comme il le fut dans toute la France coutumière.

Au-dessus de toutes les dispositions de la Coutume planait le grand principe de l'*allodialité*.

Les jurisconsultes disputèrent longtemps sur la question de savoir si le franc-alleu formait, ou non, le droit commun. Quand une coutume ne contenait pas une disposition formelle, ils se demandaient si elle était *allodiale*, c'est-à-dire si le franc-alleu s'y présumait de plein droit, si, dans le doute, toutes les terres y étaient censées franches, et si on y observait la maxime *nul seigneur sans titre*. La coutume d'Auvergne faisait mention des francs-alleux, elle en supposait l'existence, sans décider d'une manière expresse si les biens devaient être présumés tels. Mais tous ceux qui commentèrent ses dispositions s'accordèrent à en reconnaître l'allodialité[1]. Chabrol mit parfaitement cette vérité

---

[1] Aymon, le plus ancien de ces commentateurs, s'exprimait ainsi : « Omnia bona præsumuntur libera et allodialia, nisi probentur feudalia. » (Sur l'art. 19 du tit. XVII, *Cout. d'Auv.*, fol. xcvi, édit. 1548.) — Voy. aussi Basmaison et Consul, sur l'art. 19, chap. XVII, *Cout. d'Auv.*; Chapsal, *Discours sur l'allodialité et la féodalité*, p. 222 et suiv.

en lumière[1]. Elle eut encore pour défenseurs de célèbres jurisconsultes étrangers à l'Auvergne, de la Thaumassière[2], Brodeau
sur Louet[3], Salvaing[4], Henrion[5].

L'allodialité de la coutume fut aussi reconnue par les anciens
tribunaux, et par les actes de l'ancien gouvernement de la
province[6].

Enfin, un édit du mois de décembre 1641 avait obligé tous les
possesseurs de francs-alleux situés dans les pays ou l'allodialité
n'était point de droit à obtenir du roi des lettres de confirmation,
et à lui payer une certaine somme. Chabrol affirme que cet
édit ne reçut aucune exécution en Auvergne[7]. Il ajoute qu'après
l'édit du mois d'août 1692, qui avait renouvelé les dispositions
de celui de 1641, le droit de la province fut encore contesté,
mais qu'elle opposa avec succès sa possession[8]. Avant la rédaction de la coutume, Masuer disait déjà que le seigneur était
obligé, s'il en était requis, de faire *la vue et montrée* des héritages sur lesquels il prétendait un cens[9]. « On ne suppose donc
pas, faisait observer Chabrol, un seigneur sans titre ; dès lors,
la condition présumée des héritages est d'être allodiaux ; les deux
maximes *nulle terre sans seigneur*, et *nul seigneur sans titre*, sont
contradictoires ; s'il est certain que, dans la coutume d'Auvergne,
il faut un titre particulier pour établir la directe, on ne peut
donc pas y reconnaître la maxime *nulle terre sans seigneur*[10]. »

---

[1] *Loc. cit.*, p. 877 et suiv.

[2] *Traité du franc-alleu*, ch. IV.

[3] Lettre C, § 21, n° 22.

[4] *De l'usage des fiefs*, p. 277.

[5] Voici les expressions de ce jurisconsulte : « La coutume d'Auvergne est,
comme celle du Bourbonnais, dans le nombre des coutumes allodiales, et
par les mêmes motifs, c'est-à-dire : l'usage, la jurisprudence, le suffrage des
auteurs, et différents articles de la Coutume, qui sans être nécessairement
exclusifs de la règle *nulle terre sans seigneur*, peuvent cependant être regardés
comme supposant la règle contraire, *nul seigneur sans titre*. » (*Dissertations
féodales*, v° Alleu, § 4.)

[6] Voy. Chabrol, *Loc. cit.*

[7] *Loc. cit.*, p. 892.

[8] *Loc. cit.*

[9] « Dominus directus tenetur ostendere rem pro quâ prætendit censum sibi
deberi, et de eâ facere veutam si petatur. » Tit. *de locato*, n° 19.

[10] *Loc. cit.*, p. 879.

Cette dernière maxime ne fut pas, en effet, admise dans la province d'Auvergne, surtout avec le sens absolu que lui donna le
pouvoir royal. La coutume y consacra la présomption de liberté
des terres. La franchise des héritages et la présomption d'allodialité y furent toujours de droit commun.

Avec les coutumes générales du Haut et du Bas pays, il existait, en Auvergne, un grand nombre de coutumes locales. Mais la
coutume générale dominait dans le pays où elle était reçue : des
modifications n'y étaient admises qu'autant que l'on prouvait
que les coutumes locales y dérogeaient. Ces dernières se rapportent principalement aux droits de pâturages, ou aux gains de
survie entre époux, aux congés en matière de baux à loyer[1].
Nous avons vu que quelques-unes, dans les pays limitrophes du
Bourbonnais, établissaient une communauté légale et un douaire
coutumier. Dans d'autres, elles excluent le retrait lignager et le
retrait censuel[2]. Certaines dispositions des coutumes locales
étaient observées comme une coutume générale dans toute
l'Auvergne, même en pays de droit écrit. Telle est la disposition
de la coutume de Montamat sur la computation des *têtes d'her-
bages* dans les montagnes[3].

En somme, on remarque dans la physionomie générale de la
coutume d'Auvergne une assez vive réaction contre la puissance
de l'Eglise, et une certaine prépondérance du Tiers-Etat; mais
on y retrouve aussi, au point de vue du droit privé, ce que, sauf
des dissidences passagères, nous avons pu observer dans d'autres
institutions de cette province, c'est-à-dire le droit de la bourgeoisie demeurant en assez bonne harmonie avec celui de la
noblesse, et se tempérant réciproquement l'un et l'autre par de
prudentes concessions. Souvent les lois qui régissent un peuple
reflètent son esprit et son caractère.

Enfin, le droit romain était considéré, en Auvergne, comme
la loi qui devait, en général, suppléer aux cas que la coutume
avait omis.

---

[1] Voy. sur les Coutumes locales, Prohet, à la suite de son commentaire
de la Coutume générale; Chabrol, vol. IV.

[2] Aigueperse, art. 3 ; Coutume de Charnhac.

[3] Voy. art. 2 et 3 de cette Coutume, qui a été ainsi généralisée d'après
l'avis des Etats; Chabrol, vol. I, p. xxix, et vol. IV, p. 689.

Mais quel était le caractère de son autorité dans la partie de la province régie par la Coutume?

On sait que cette question était une de celles qui divisaient le plus les anciens jurisconsultes.

Les uns soutenaient que, même dans les provinces coutumières, c'est-à-dire régies par des coutumes devenues de véritables lois écrites, le droit romain restait encore, sous le titre de *droit commun*, pour tous les cas non prévus par les coutumes, la règle suprême à laquelle les juges devaient conformer leurs sentences[1]. Telle était, spécialement pour l'Auvergne, l'opinion du jurisconsulte Andraud[2]. Le savant avocat cite, à l'appui de son opinion, l'art. 1er du titre XIII des coutumes générales du Haut et Bas pays, les coutumes locales de St-Bonnet-le-Bourg et de St-Germain-l'Herm, ainsi que le procès-verbal et les lettres patentes de 1510, confirmatives de la Coutume, qui donnent au droit romain la qualification de *droit commun* de la province. Andraud invoque aussi le sentiment de l'avocat-général Talon[3], et celui de l'avocat-général le Nain, lequel, en parlant des coutumes qui avaient conservé l'esprit du droit romain, s'exprimait en ces termes au sujet de l'Auvergne : « Province dont une partie se gouverne uniquement par le droit romain, et l'autre par la coutume, *qui ne forme que quelques usages particuliers ou exceptions au droit romain*[4]. » — Nous ne nous arrêterons pas à réfuter des inexactitudes, que les meilleurs esprits commettent quelquefois dans l'improvisation.

D'autres jurisconsultes ne reconnaissaient point d'autre droit pour les pays coutumiers que les coutumes mêmes. Si elles étaient obscures ou ambigues, on devait les expliquer par les coutumes des provinces voisines[5], et surtout par celle de Paris. Le droit romain, dans ce système, pouvait être cité comme renfer-

---

[1] Voy. notamment Charondas, *Du dr. franç.*, l. III, Resp. 66; Pasquier, *Recherches*, l. 9, ch. 38; Bretonnier sur Henrys, préface.

[2] Voy. *Première dissertation sur le franc-alleu de la province d'Auvergne*, p. 25 et suiv.

[3] *Journal du palais*, arrêt du 6 septembre 1673.

[4] *Journal des audiences*, arrêt du 2 juillet 1708.

[5] Mornac, sur la L. 9, D. *de justitia et jure.*

mant des maximes bonnes à suivre, mais il n'avait pas force de loi[1].

Toutefois, les auteurs, qui refusaient au droit romain une autorité légale et subsidiaire dans les pays de coutumes, lui accordaient, pour tous les cas non prévus, la puissance de la raison écrite.

Chabrol, après avoir cherché à prouver que *l'on ne pouvait pas conclure précisément* de la qualification de *droit commun* donnée au droit romain par la coutume générale, par quelques coutumes locales, et par les lettres patentes de 1510, *qu'il était la loi générale de toute l'Auvergne*, reconnaissait cependant *qu'il avait une très-grande autorité* même dans la partie de la province régie par la Coutume[2]. Si cette autorité n'était pas, à proprement parler, celle de la loi, il faut convenir que le plus souvent son influence était, en fait, aussi prépondérante.

[1] Dumoulin, *Cout. de Paris,* tit. des fiefs, n° 106; Imbert, *Enchyrid.,* § error. Voy., sur cette controverse, Arthur Duck, *De l'usage et de l'autorité du droit civil dans les Etats des princes chrétiens,* liv. II, § 30 et suiv.; p. 221 et suiv. de la traduction.

[2] Vol. II, p. 149 et suiv.

CHAPITRE X.

Organisation judiciaire.

Ce chapitre est divisé en deux sections consacrées, l'une à la juridiction ordinaire, l'autre aux tribunaux extraordinaires ou d'attribution. Nous parlerons, dans un Appendice, de la juridiction extraordinaire et souveraine, connue sous le nom de Grands-Jours.

SECTION Iʳᵉ.

Juridiction ordinaire.

A la mort de la duchesse d'Angoulême, en 1531, le retour du Duché à la couronne[2] opéra de nouveaux changements dans l'organisation judiciaire. Les juridictions qui administraient la justice au nom du Duc la rendirent au nom du Roi. Les bailliages des exempts de Montferrand et d'Aurillac n'avaient plus de raison d'être, et cessèrent d'exister, du moins avec leur ancien titre. En redevenant royale, la Sénéchaussée d'Auvergne recouvra le droit de rendre la justice aux terres d'Eglise et aux privilégiés de son ressort.

Mais avant d'entrer dans d'autres explications, il faut jeter un regard en arrière, pour faire connaître les principales réformes qui avaient été introduites dans l'institution des justices royales.

Une ordonnance du 25 mai 1413, rendue sur les remontrances de l'Assemblée des notables, mais bientôt abolie, avait substitué la mise en garde des prévôtés à leur mise en ferme, et l'élection des officiers de ces justices faite en la cour du Parlement au mode vicieux de l'adjudication, qui avait été jusque-là usité[1].

L'ordonnance de 1493 avait fait une distinction entre l'autorité judiciaire du prévôt et les produits de la prévôté : on continuait

---

2 *Suprà*, vol. Iᵉʳ, tit. V, ch. 3.
1 Art. 190 ord. 25 mai 1413.

à affermer les amendes et exploits ; mais l'ordonnance voulait que les prévôtés fussent confiées à des *gens lettrés ou bons coustumiers bien fairés et renommés, élus par les officiers des lieux et institués par le Roi*[1].

Louis XII avait confirmé cette dernière disposition par l'art. 60 de l'ordonnance du mois de mars 1498, ainsi conçu : « Les prévosts en garde de nostre royaume se éliront dorénavant ès auditoires des bailliages, sénéchaussées et autres sièges, où seront assises et ressortiront les dites prévôtés, à jour plaidoyable, en pleine assemblée, présens et appelés nos baillis, sénéchaux et autres nos juges, et feront les élisans serment de bien et loyaument élire celui que en leurs consciences ils trouveront plus ydoines et suffisans pour exercer ledit office. »

Quant aux baillis et sénéchaux, ils étaient nommés par le Conseil du Roi, sur la présentation de deux ou trois candidats, faite, lors de chaque vacance, par les officiers du bailliage[2].

Ces charges s'exercèrent encore pendant plusieurs années sous forme de commission et pour un temps limité. Même après qu'elles furent données en titre d'office, elles n'étaient accordées que *pour en jouir sous le bon plaisir du Roi*, et les titulaires devaient être confirmés au commencement de chaque règne[3]. Mais un édit du 21 octobre 1467 déclara que, nonobstant toute clause contraire, un office ne vaquerait jamais que par mort, résignation volontaire ou forfaiture constatée judiciairement.

L'autorité judiciaire des Sénéchaux s'était amoindrie en Auvergne, comme dans les autres contrées de la France. L'humeur guerrière de ces gens d'épée préférait le bruit des armes à l'étude paisible des principes du droit. L'administration de la justice n'avait point tardé à leur paraître une tâche difficile et épineuse. Ils avaient sans doute reconnu leur insuffisance. Les fonctions publiques ont, en général, peu d'attraits pour ceux qui se sentent incapables de les remplir. S'ils les conservent, c'est le plus souvent pour recevoir les émoluments, ou pour jouir de l'influence, des honneurs et de la considération, qui s'y trouvent ordinairement attachés. Ainsi firent les sénéchaux.

---

[1] Art. 65 ord. juillet 1493.
[2] Voy. art. 1ᵉʳ ord. 5 février 1388 ; art. 82 ord. avril 1453.
[3] Ord. 17 avril 1364 ; Pasquier, liv. IV, ch. 17.

II

8

Dès le XIIIe siècle, ils déléguaient leurs fonctions à des officiers de justice, que l'on appelait *lieutenants du sénéchal*, et qui étaient pris dans la classe des gens de robe [1].

Les ordonnances rappelèrent souvent aux baillis, pendant le XIVe siècle, l'obligation qui leur était imposée de résider dans leurs ressorts et d'exercer leurs fonctions en personne [2]. Toutefois, l'ordonnance du 5 février 1388 leur permit d'avoir des lieutenants, en cas d'empêchement légitime, par exemple de maladie, et pendant la durée de l'empêchement [3]. Les ordonnances du 25 mai 1413 [4] et d'avril 1453 [5] étendaient cette faculté. Celle de juillet 1493 accorda aux baillis et sénéchaux le droit de commettre dans chaque siége de leurs juridictions un lieutenant général et un lieutenant particulier. Le premier représentait le bailli ou sénéchal, et en remplissait toutes les fonctions; le second ne pouvait exercer les siennes qu'en l'absence du lieutenant-général [6].

Selon l'ordonnance de mars 1498, l'élection des lieutenants avait lieu en assemblée générale du siége. Ils ne pouvaient pas être révoqués par les baillis. Une condition était mise à leur élection : ils devaient être gradués en droit, ou, comme le porte l'ordonnance, « docteurs ou licentiez *in altero jurium* en université fameuse [7]. »

C'est sous François Ier, vers l'époque où la vénalité des charges fit de nouveaux progrès, que les baillis ou sénéchaux commencèrent à déchoir de leur autorité réelle dans l'administration de la justice.

---

[1] Les sénéchaux de France avaient de ces lieutenants dès le règne de S. Louis; voy. Moréri, *Dict. hist.*, v° *Lieutenant de robe longue*. — Dans sa chronologie, Chabrol cite *Guillaume Gardelle* comme ayant rempli le premier les fonctions de lieutenant-général, en 1284 (*Loc. cit.*, p. cxij).

[2] Voy. notamment ord. 1302, 1303; mars 1319; 5 février 1388 ; 28 octobre 1394.

[3] Art. 2 et 5 ord. 5 février 1388.

[4] Art. 174.

[5] Art. 87 et 90.

[6] Voy. art. 74 et 75 ord. juillet 1493.

[7] Voy. art. 47, 48 et 49 ord. mars 1498. — Plusieurs années avant cette ordonnance, quelques lieutenants-généraux de la Sénéchaussée d'Auvergne étaient déjà gradués, notamment *Pierre Faure*, en 1422, et *Pierre de Toucy*, tous deux licenciés. *Jean de la Volpilière*, lieutenant général en 1579, était docteur en droit (Voy. Chabrol, *Loc. cit.*, p. cxij et suiv.).

Cependant leurs fonctions étaient encore considérées, dans le XVIe siècle, comme étant si honorables que l'art. 21 de l'ordonnance de Moulins disposait que les seuls gentilshommes pourraient être pourvus de ces offices, et qu'ils seraient de *robe courte*[1].

Cette ordonnance portait aussi : « Entendons que nos... Baillis et Sénéchaux puissent entrer et présider en leur siége, tant en l'audience qu'au conseil, et que les sentences soient expédiées en leurs noms. » Ces dispositions furent modifiées par l'art. 266 de l'ordonnance de Blois, de 1579, disposant : « que les Baillis et Sénéchaux pourront, si bon leur semble, *assister* à tous jugements qui se donneront en leur siége, sans néantmoins y avoir voix ni opinions délibératives, ni pour ce prétendre aucun émolument. »

Les légistes, plus instruits du droit coutumier, ou écrit, et plus capables, par conséquent, de rendre la justice, furent ainsi introduits dans l'ordre judiciaire.

Le lieutenant-général de la Sénéchaussée eut, en fait, toute l'autorité. Le bailli ou sénéchal ne conserva qu'un titre purement nominal et honorifique.

C'est le lieutenant-général qui présidait le tribunal de la Sénéchaussée.

Cependant, quelques années après l'établissement du présidial de Riom, une ordonnance de 1557 créa un office de président[2].

D'autres innovations suivirent celle qui avait substitué les lieutenants aux sénéchaux, les légistes aux hommes de guerre.

Nous avons vu, dans les temps antérieurs, les baillis ou sénéchaux se transporter dans les différentes prévôtés de leur ressort, où ils rendaient la justice, avec le concours d'un conseil, dont nous avons indiqué la composition[3]. Les baillis tinrent d'abord régulièrement leurs assises dans chaque prévôté, en y appelant tous les éléments de ce conseil. Les prévôts furent, par suite d'une surveillance rigoureuse, obligés de remplir leurs fonctions avec exactitude.

[1] Voy. aussi art. 263 ordonnance de Blois.
[2] Fontanon, *Ordonn.*, t. Ier, p. 355. — Chabrol indique *Jacques Dubourg* comme ayant rempli le premier les fonctions de président, mais il ne précise pas la date (*Loc. cit.*, p. xiij). Il cite ensuite *Michel Dubourg*, en 1586 (*Loc. cit.*).
[3] Voy. *suprà*, vol. Ier, tit. V, ch. 18, sect. 4.

Les lettres patentes de 1345, en fixant à Riom la résidence du
bailli d'Auvergne, n'avaient point aboli l'institution de la tenue
des assises dans les prévôtés. Nous avons dit qu'elle avait encore
eu lieu pendant l'apanage du duc de Berry, et que le conseil des
hommes éclairés des divers ordres avait été remplacé par les
grands de la province, qui accompagnaient le Sénéchal[1]. Ces
assises tombèrent peu à peu en désuétude.

Les prévôts ne furent plus surveillés, et, comme le dit Verdier
Latour[2], ils furent de nouveau accusés d'être *mangeurs de pauvres
gens, et pires que ne sont larrons*[3].

Une autre cause contribua à changer le caractère et la physionomie de la Sénéchaussée. Le développement de la législation,
les difficultés d'interprétation obligèrent à remplacer les *hommes
jugeurs* par des personnes plus instruites, plus versées dans la
connaissance du droit, ou, pour nous servir des expressions des
ordonnances, par des *officiers praticiens* ou *conseillers praticiens*[4].

Les prévôtés subirent les mêmes changements. La plupart des
anciennes prévôtés furent supprimées.

La Sénéchaussée, dont le siége était fixé à Riom, et qui était

[1] Voy. *suprà*, vol. Ier, tit. V, ch. 18, sect. 4 et 5.
[2] Manuscrit précité, § 4.
[3] Verdier Latour attribuait à la cessation de la tenue régulière des assises
la confusion qui régna dans les ressorts des siéges de justice de l'Auvergne,
et tous les inconvénients qui en furent la conséquence :
« Cette confusion, disait-il, si onéreuse aux habitants de la province, exis-
teroit-elle, si les baillis de toute l'Auvergne eussent rempli leurs obligations
comme ils le devoient; si on eut conservé le conseil de nos chevaliers et de
nos bonnes gens du pays, et enfin si on eut maintenu dans le devoir les juges
des prévôtés. Il existe encore de ces prévôtés, et les justiciables seroient
trop satisfaits si chacune d'elles avoit eu dans le tems assès de faveur pour
se conserver la portion de juridiction du bailli d'Auvergne qui lui étoit due
et qui a été réunie sans partage au siége de la ville de Riom. Cette réunion,
qui a irrévocablement fixé la résidence du bailli d'Auvergne à Riom, a fixé
en même temps la portion de la magistrature de ce bailli, qui appartenoi
par division à chacune des prévôtés sur les lieux mêmes; ce qui a consé-
quemment forcé les habitants à venir chercher très-loin de leur domicile
une justice qu'ils avoient précédemment dans le chef-lieu de leur arrondissement. Ces malheureux habitants n'ont pas même retenu, pour la très-
grande partie, leurs sièges de prévôtés. Tout a été successivement réuni. On
a substitué au conseil de la patrie des officiers royaux. » (Voy. le mémoire
de Verdier Latour, à la suite du manuscrit précité.)
[4] On trouve la première expression dans l'art. 78 de l'ordonnance de juillet
1493, et la seconde dans les art. 87 et 94 de l'ordonnance de mars 1498.

composée de légistes formant un tribunal sédentaire et permanent, devint de plus en plus importante.

La Sénéchaussée de Riom, appelée aussi *Sénéchaussée d'Auvergne*, était considérée comme l'une des plus remarquables juridictions par ses prérogatives, par son ancienneté et l'étendue de son ressort. Même après les démembrements, dont nous parlerons, ce ressort comprenait encore plus des deux tiers de la province[1]. Henri II l'appelait *l'un des plus beaux siéges du royaume*[2].

Elle se composait, dans l'origine, du Sénéchal, d'un lieutenant-général, d'un lieutenant particulier, d'un avocat du roi, d'un procureur du roi et de conseillers. Plus tard, on y établit un lieutenant criminel, et un président[3].

Avant l'an 1543, il n'y avait que quatre conseillers à la Sénéchaussée, outre le lieutenant général et le lieutenant particulier. Le nombre en fut successivement augmenté[4].

L'établissement des procureurs du roi, ou des ducs d'Auvergne, près la Sénéchaussée, remonte au commencement du XIVᵉ siècle[5]. L'un d'eux, *Jean Bernier*, ou *Vernety*, qui était revêtu de ces fonctions en 1475, se qualifiait *procureur général*[6].

---

[1] Voy. *Mémoire concernant la province d'Auvergne*, par Lefèvre d'Ormesson, *Tabl. hist. de l'Auvergne*, t. V, p. 639; *État de l'Auvergne en 1765*, par Ballainvilliers, *Tabl. hist. de l'Auvergne*, t. VII, p. 127.

[2] Édit de 1556. — Les Archives de la Sénéchaussée d'Auvergne sont aujourd'hui dans l'état le plus déplorable. Les pièces de ce précieux dépôt ont été reléguées, sans aucun ordre, dans une salle obscure, sous le toit du palais de la Cour d'appel de Riom, où elles sont exposées à toutes les intempéries. Il existe, au greffe de cette Cour, un inventaire en six volumes, à l'aide duquel il serait cependant facile de faire cesser ce désordre. Les documents les plus anciens ne remontent pas au-delà de 1545. — Les liasses 741 à 1183 contiennent les jugements définitifs ou autres, et les sentences, sur rapport, de 1549 à 1790. Dans un *supplément* contenant des pièces trouvées après le travail des archivistes, nous avons remarqué un document intéressant qui est intitulé : *Comptabilité et gestion des domaines et revenus de Catherine Mère, comtesse de Clermont*, par M. Boniface, receveur général.

[3] Chabrol donne la liste chronologique de tous ces officiers, à l'exception des conseillers (voy. *Diss. hist.*, t. 1ᵉʳ, p. cx et suiv.).

[4] Les charges de conseillers valaient 40000 livres dans l'origine (Chabrol, IV, 465).

[5] Chabrol cite *Pierre Escalier* comme ayant rempli ces fonctions en 1321 (*Diss. hist.*, p. cxiv).

[6] Chabrol, *Loc. cit.*

La création des avocats du roi, ou des ducs d'Auvergne, date du commencement du XVe siècle[1].

Il n'appartient pas à notre sujet de remonter à l'origine et de rechercher les causes de l'institution du ministère public. Cette institution se développa à mesure que la royauté tendit à devenir le centre de tous les intérêts de l'Etat. Jusqu'à la fin du XVe siècle, les rares dispositions des ordonnances, qui s'y rapportent, supposent un état de choses préexistant, et se bornent à attribuer aux avocats et procureurs du roi un droit de surveillance générale sur les procédures criminelles et sur l'administration de la justice, mais sans indiquer avec précision la mesure et la limite de leurs attributions.

Ce n'est qu'au XVIe siècle que l'institution du ministère public reçut ses développements et sa constitution définitive[2].

A cette époque, on établit successivement des officiers du ministère public près de tous les tribunaux.

Une autre mesure, qui précéda l'établissement des présidiaux, fut la création en chaque bailliage ou sénéchaussée d'un lieutenant criminel.

Les lieutenants des baillis ou sénéchaux avaient autrefois la connaissance des affaires criminelles, comme celle des procès civils. Une ordonnance du 14 janvier 1522 sépara ces attributions. Elle érigea dans chaque siége un lieutenant criminel, qui devait *connoître, juger et décider de tous cas, crimes, délicts et offenses, faits, commis et perpétrez au bailliage, sénéchaussée et ressort d'iceux.* L'ordonnance du 14 janvier 1522, qui n'avait été, à ce qu'il paraît, qu'imparfaitement exécutée, fut plus tard confirmée par l'édit de mai 1552, qui déclara qu'en chaque bailliage il y aurait *un juge et magistrat criminel, lequel avec le lieutenant particulier et les conseillers établis en chaque siége présidial, qu'il appellerait selon la gravité et le poids des matières, cognoistrait, jugerait et déciderait de tous crimes, délits, offenses, commis dans le ressort*[3].

---

[1] Chabrol cite *Etienne Romeuf* comme étant chargé de ces fonctions en 1406 (*Loc. cit.*).

[2] Voy. ordonn. d'août 1522, nov. 1553 et mai 1586.

[3] Chabrol cite *Antoine Duboury* comme investi de ces fonctions en 1556. — Le siége de Riom fut, en raison de son importance, excepté, avec les

Un édit de juin 1586 plaça ensuite à côté de ce magistrat un lieutenant particulier, assesseur criminel, chargé de l'assister et de le suppléer. Une chambre criminelle, placée sous la direction du lieutenant criminel, se trouva ainsi organisée dans la Sénéchaussée d'Auvergne, comme dans les autres bailliages ou sénéchaussées de France.

Quelques modifications furent introduites, à différentes époques, dans le personnel de la Sénéchaussée de Riom. Ce personnel fut augmenté. Dans son dernier état, c'est-à-dire vers la fin du XVIIIᵉ siècle, cette compagnie judiciaire était composée d'un sénéchal, de deux présidents, d'un lieutenant-général civil, d'un lieutenant-général criminel, de deux lieutenants particuliers, l'un civil, l'autre criminel, et portant le nom d'assesseurs, de dix-sept conseillers laïques, d'un conseiller clerc, d'un conseiller d'honneur, de deux avocats du roi et d'un procureur du roi [1].

Un brevet du roi du mois de janvier 1775 permit aux membres de la Sénéchaussée d'Auvergne de porter la robe rouge.

Cette Sénéchaussée relevait du parlement de Paris. Quelques tentatives furent faites, à la fin du XVIᵉ siècle, dans le but d'obtenir la création d'un parlement pour l'Auvergne et le Lyonnais. La requête qui fut présentée pendant la session des Etats Généraux par les députés du Lyonnais faisait valoir les

parlements, de la disposition de l'ordonnance de Blois qui avait réuni les offices de lieutenants criminels à ceux de lieutenants généraux (voy. Chabrol, IV, 464).

[1] Chabrol, qui nous fournit ces détails, ajoute : « Les offices de lieutenant général et de procureur du roi de police, créés par édit de 1699, ont été unis au corps, par arrêts du conseil des 19 octobre et 7 septembre 1700, et chacun des officiers, y compris les gens du Roi, exerce alternativement la police » (IV, 465). — La liste du personnel de la sénéchaussée d'Auvergne donnée par Ballainvilliers, pour l'année 1765, est la même que celle de Chabrol. Ballainvilliers ajoute : un receveur des consignations, un greffe civil et un greffe criminel (voy. *Etat de l'Auvergne en 1765 présenté à M. de Laverdy, contrôleur général des finances*, par M. de Ballainvilliers, intendant d'Auvergne; manuscrit de la Bibliothèque de Clermont, imprimé dans le tome VII des *Tabl. hist. de l'Auvergne*, p. 127 et suiv.). — Un tableau imprimé à Riom, en 1780, par Martin Dégoutte, fait connaître l'ordre de service de la Sénéchaussée : on y voit *les jours de vacations, cessation des audiences et entrées en la Chambre du Conseil*. Ce tableau est précédé de la liste de *soixante-un procureurs en la Sénéchaussée d'Auvergne, siège présidial et autres juridictions royales de la ville de Riom.*

inconvénients et le préjudice résultant pour les justiciables de la longue distance existant entre ces contrées et Paris [1]. Mais le Parlement, qui ne voulait pas laisser diminuer son immense ressort, empêcha la réalisation de ce projet.

L'établissement des présidiaux, l'érection d'une sénéchaussée, puis d'un présidial à Clermont, apportèrent des changements assez notables dans l'organisation et dans l'étendue du ressort de la Sénéchaussée de Riom.

Après les guerres du règne de Charles VII, lorsque le calme fut rétabli dans l'intérieur de la France, on songea à donner satisfaction aux vœux émis depuis longtemps au sujet des réformes à introduire dans l'administration de la justice.

La multitude des affaires qui encombraient les cours souveraines, l'avantage qui pouvait exister pour les justiciables de laisser aux premiers juges le pouvoir de terminer en dernier ressort les causes de peu d'importance, peut-être aussi le désir de fortifier l'exercice de la juridiction royale, déterminèrent Henri II à donner l'édit de janvier 1551. Il fut ordonné que dans certains bailliages et sénéchaussées il y aurait un *présidial* composé de neuf magistrats au moins, y compris les lieutenants généraux et particuliers, civils et criminels.

Outre les matières criminelles, dont la connaissance appartenait à ces magistrats, conformément aux ordonnances [2], ils devaient connaître de toutes les matières civiles n'excédant pas la somme de 250 livres tournois en capital, ou 10 livres de rente annuelle, et les juger sans appel, comme juges souverains et en dernier ressort. Ce pouvoir de juger en dernier ressort jusqu'aux taux de 250 livres de principal, ou de 10 livres de rente, fut ce qu'on appela le *premier chef de l'édit des présidiaux*.

Le même édit de 1551 ordonna que les sentences des présidiaux pour choses n'excédant pas la valeur de 500 livres, ou 20 livres de rente, s'exécuteraient par provision, nonobstant l'appel. Cette disposition s'appela *le second chef de l'édit des présidiaux* [3].

---

[1] Voy. *Procès-verbal du Tiers*, 5 janvier 1577.

[2] Voy. Denizart, v° *Cas présidiaux;* ord. de 1670, tit. Ier, art. 12 et 15; déclaration du 5 février 1731.

[3] L'édit de novembre 1774 éleva à 2000 fr. la compétence en dernier ressort

Quoique les présidiaux eussent le droit de juger sans appel et comme juges souverains dans certains cas, néanmoins ils ne pouvaient pas prononcer par *jugement souverain*, mais seulement par *jugement dernier*. Ils ne pouvaient pas non plus user de l'expression *mettre l'appellation au néant;* ils devaient prononcer par *bien* ou *mal jugé.*

L'édit du mois de mars 1551 créa un présidial, pour la Sénéchaussée d'Auvergne, à Riom, et un autre à Aurillac [1].

Le ressort de Clermont, Montferrand, Montaigut, Combraille, Aigueperse et Montpensier, fut attribué au présidial de Riom [2].

Grâce au pouvoir de Catherine de Médicis, qui s'était fait adjuger la seigneurie de Clermont par l'arrêt du 21 avril 1551 [3], une sénéchaussée fut établie dans cette ville par un édit du mois de juin de la même année.

Elle fut d'abord érigée en sénéchaussée seigneuriale, et elle rendit la justice au nom de cette princesse [4].

Catherine de Médicis avait obtenu, le 20 juin 1553, des lettres-patentes qui ordonnaient que les appels de Clermont seraient portés directement au parlement de Paris. Mais ces lettres furent révoquées, le 6 mai 1558, par d'autres lettres qui rendirent ces appels au présidial de Riom, aux cas de l'édit des présidiaux.

des présidiaux, et celui du mois d'août 1777 régla définitivement leur compétence et l'exercice de la juridiction présidiale. Voy. aussi la déclaration du 29 août 1778.

[1] Fontanon, *Ordonn.*, t. Ier, p. 337, §§ 23 et 24.

[2] Chabrol, *Dissert. hist.*, t. Ier, p. xcv.

[3] Voy. *suprà*, vol. Ier, tit. V, ch. 3.

[4] Elle eut pour ressort, par suite des édits ou lettres-patentes, et d'un traité, la ville et le comté de Clermont, le comté d'Auvergne, les baronnies de la Tour et les autres terres et seigneuries appartenant, en Auvergne, à Catherine de Médicis, ainsi que les sujets, vassaux et arrière-vassaux tenant en fiefs et arrière-fiefs de ses comtés, baronnies et dépendances, et de celles qui auparavant ressortissaient du *gouverneur de la temporalité,* juge seigneurial ainsi appelé par opposition à l'*official.*

Le ressort de cette sénéchaussée fut encore augmenté des châtellenies de Montrognon et Chamalières, la Sauvetat, de St-Allyre, Aubière et Beaumont, des terres de l'évêché de Clermont et de l'église cathédrale de la ville, de la *jugerie* d'Issoire et des châtellenies qui en dépendaient (Voy. *État de l'Auvergne en 1765,* par Ballainvilliers, *Loc. cit.,* p. 128 et suiv.; Chabrol, t. Ier, *Dissert. hist.,* p. xciv et suiv.; édit de juin 1551; lettres-patentes du 30 juillet 1551; traité du 1er janvier 1556, art. 7, 8, 9, 10; voy. aussi *Mémoire concernant la province d'Auvergne,* par d'Ormesson, *Loc. cit.,* p. 640.)

Par suite de la même protection, la Sénéchaussée de Clermont obtint, en 1556, le titre de justice royale, et la connaissance des cas royaux fut attribuée à ses officiers.

Catherine de Médicis qui, le 14 janvier 1578, avait fait don de son palais dit de Boulogne pour y rendre la justice, obtint encore, en 1582, de son fils Henri III, un édit portant création d'un présidial dans la Sénéchaussée de Clermont.

Cette compagnie était, au XVIIIe siècle, composée d'un sénéchal, d'un président, d'un lieutenant-général, d'un lieutenant criminel, d'un lieutenant particulier, d'un chevalier d'honneur, d'un assesseur, de douze conseillers laïques, de deux avocats du roi et d'un procureur du roi. Il y avait aussi un receveur des consignations, un greffe civil et un greffe criminel [1].

Les membres de la Sénéchaussée de Clermont portaient la robe rouge comme ceux de la Sénéchaussée de Riom [2].

Une rivalité qui date de loin, et qui est encore aussi vive que par le passé, existait entre Riom et Clermont au sujet de leurs siéges de justice. On nous saura gré de ne pas rappeler ce qui a été dit et écrit au sujet de cet antagonisme. Les anciens édits furent toujours favorables à la ville de Riom, dont le siége conserva le droit de porter seul le titre de *Sénéchaussée d'Auvergne*, que la Sénéchaussée de Clermont lui enviait et avait même voulu usurper [3].

Les édits, les lettres-patentes font mention des sommes considérables, que les habitants de Riom et les officiers de la Séné-

---

[1] *État de l'Auvergne en* 1765, par de Ballainvilliers, *Loc. cit.,* p. 129. — Chabrol donne à peu près la même composition, mais il ne fait pas mention du président, ni du chevalier d'honneur (IV, 187). Cet auteur donne aussi la liste des sénéchaux et des lieutenants-généraux de la sénéchaussée de Clermont (I, 195 et suiv.).

[2] Domat fut avocat du roi, au présidial de Clermont; voy. *infrà* le titre complémentaire sur *les jurisconsultes et les publicistes de l'Auvergne.*

[3] Voy. arrêt du 8 août 1626; *Mémoire sur les privilèges, l'ancienneté et l'étendue du ressort de la sénéchaussée d'Auvergne et siège présidial de Riom, fait en* 1731, *par ordre de Monseigneur le chancelier;* Chabrol, *Dissert. hist.,* p. xcvj et suiv.; et *Réponse pour les officiers du présidial de Riom, contre les officiers du présidial de Clermont, au sujet de la justice d'Issoire,* par Chabrol, avocat du roi honoraire au présidial de Riom, imprimé à Riom en 1761. Ce dernier mémoire renferme des renseignements intéressants, et quelques erreurs, par exemple lorsque l'auteur ne fait remonter qu'à l'année 1319 l'origine du bailliage des Montagnes d'Auvergne (p. 12).

chaussée d'Auvergne versèrent, à diverses époques, dans les coffres du roi, pour maintenir l'étendue du ressort, et la prééminence de cette sénéchaussée sur les autres siéges de la province.

Lors de l'institution des tribunaux d'appel, la question s'éleva de nouveau. Ce fut grâce aux anciens errements, aux vieux souvenirs, et grâce aussi à l'influence de Grenier, que la petite ville de Riom conserva le *chef-lieu de justice*[1], et qu'elle possède encore aujourd'hui une Cour d'appel, à 16 kilomètres de Clermont, centre de l'administration, ville importante par sa population et ses divers établissements. Tant il est vrai que le progrès se réalise avec lenteur, et que, dans le présent, on retrouve souvent, sous une forme différente, pour les questions secondaires, comme pour les problèmes d'un ordre plus élevé, les mêmes éléments, les mêmes intérêts que dans le passé, et l'action toujours puissante des siècles écoulés.

Mais revenons à l'ancienne organisation judiciaire.

Nous avons dit que, par l'édit de mars 1551, un présidial avait été créé au bailliage d'Aurillac. En 1531, ce bailliage avait cessé d'exister comme tribunal des exempts, mais il avait été maintenu comme juridiction ordinaire, avec le même ressort qu'il avait auparavant, c'est-à-dire qu'il ne comprenait que des terres et des fiefs d'Eglise[2].

On donna au présidial qui fut établi dans ce bailliage le ressort de St-Flour, Carlat et Murat[3].

Au XVIIIᵉ siècle, le présidial d'Aurillac était composé d'un lieutenant-général, d'un lieutenant criminel[4], d'un lieutenant particulier, d'un assesseur, d'un chevalier d'honneur, de sept conseillers, de deux avocats du roi, d'un procureur du roi, d'un substitut, d'un receveur des consignations, d'un receveur du sceau de la chancellerie présidiale, d'un greffe civil et d'un greffe criminel[5].

---

[1] Voy. l'écrit intitulé : *Observations adressées aux citoyens consuls, au Conseil d'Etat, au Corps législatif et au Tribunat*, par le citoyen Grenier, membre du Tribunat; Paris, 26 pluviôse an VIII.

[2] Voy. le mémoire de Lefèvre d'Ormesson, *Loc. cit.*, p. 640.

[3] Edit de création; Chabrol, *Dissert. hist.*, p. xcv, t. Iᵉʳ; Delalo, *Loc. cit.*, p. 96; voy. cependant Ballainvilliers, *Loc. cit.*, p. 129.

[4] Les charges de président furent réunies à ces deux offices.

[5] *Etat de l'Auvergne en* 1765, par Ballainvilliers, *Loc. cit.*, p. 130.

Les charges des présidiaux de Riom, de Clermont et d'Aurillac avaient une très-grande valeur[1]. La vénalité des charges de judicature avait fait de la magistrature la carrière des personnes riches. Nous ne rappellerons pas les plaintes vives et nombreuses que souleva ce système qui livrait au plus offrant des fonctions pour lesquelles la science et les lumières sont aussi nécessaires que l'indépendance et l'honnêteté[2].

Le bailliage de Montferrand avait été réuni, en tant que juridiction des exempts, à la Sénéchaussée d'Auvergne, par l'édit de janvier 1531, qui n'avait laissé subsister à Montferrand qu'un petit siége appelé à statuer notamment sur les appellations des sentences du châtelain de cette ville. Ce bailliage fut définitivement supprimé, en mai 1731, et réuni à la Sénéchaussée de Clermont[3].

Il existait encore, en Auvergne, quatre bailliages royaux, savoir : Montaigut-en-Combraille, Salers, Vic-en-Carladès et Saint-Flour[4].

Le bailliage de Montaigut avait probablement été établi, en 1531, lorsque cette terre revint à la couronne. Il existait certainement en 1551, puisque l'édit des présidiaux le plaçait au nombre des siéges dépendant du présidial de Riom.

Ce bailliage était composé d'un seul lieutenant-général et d'un procureur du roi[5].

Les appels du bailliage de Montaigut étaient portés directe-

---

[1] Celle du lieutenant général de Riom fut vendue 120,000 livres, vers 1697 ou 1698; celle du lieutenant général de Clermont valait 100,000 livres, et la charge du lieutenant général d'Aurillac 50,000 livres. Les charges de conseillers valaient, à la même époque, 20,000 livres, au présidial de Riom; 14 à 15,000 livres, au présidial de Clermont; 10 à 12,000 livres, à celui d'Aurillac (Voy. *Mémoire concernant la province d'Auvergne en 1697-1698*, par Lefèvre d'Ormesson, *Loc. cit.*, p. 642 et suiv.).

[2] On peut consulter, sur l'historique de la vénalité des offices, M. Picot, *Hist. des États Généraux*, t. II, p. 117 et suiv, 462 et suiv.; t. III, p. 173, 278, et t. IV, p. 2 et suiv., 88 et 89.

[3] Chabrol, *Diss. hist.*, p. xcij et civ.

[4] Chabrol cite encore le bailliage de Cusset, *Loc. cit.*, p. xciij. Ballainvilliers n'en fait pas mention, *Loc. cit.*, p. 130.

[5] Le lieutenant général de Montaigut avait le droit de siéger avec voix délibérative au présidial de Riom, conformément à l'art. 43 de l'édit de mars 1551.

ment au parlement de Paris, et, pour les cas de l'Edit, au siége présidial de Riom[1].

Le bailliage de Salers, auquel l'arrêt de 1564 avait réuni le siége de St-Martin-Valmeroux[2], était composé d'un bailli de robe courte, d'un lieutenant-général civil et criminel, de trois conseillers, d'un commissaire enquêteur et examinateur, d'un procureur du roi, d'un avocat du roi, d'un receveur des consignations et d'un greffier en chef et des présentations[3].

Les appels de ce bailliage, lorsqu'il fut redevenu royal, après le retour de l'Auvergne à la couronne, étaient, dans le principe, portés au Parlement, à l'exception des cas présidiaux, qui relevaient du présidial de Riom. Mais un arrêt du Parlement de 1628 jugea que le tout relèverait de la Sénéchaussée et siége présidial de Riom[4].

Le bailliage de Vic-en-Carladès date, comme juridiction royale, de la même époque que celui de Montaigut, c'est-à-dire de 1531, année du retour de l'Auvergne à la couronne[5].

Le bailliage de Vic était composé d'un lieutenant-général, d'un lieutenant particulier, d'un procureur du roi, d'un avocat du roi, et d'un greffier[6].

Il relevait directement du parlement de Paris, et du présidial d'Aurillac pour les cas présidiaux.

Enfin, le bailliage royal de St-Flour, dont la création remonte à 1523 et fut confirmée par les lettres patentes du 23 mars 1584, avait été démembré de celui d'Aurillac.

Ce siége royal avait *son territoire et étendue de justice, juridiction et ressort en la ville de St-Flour, villes, places et lieux de ladite prévôté.*

Il était composé d'un lieutenant-général civil et criminel et de police, d'un lieutenant particulier, d'un lieutenant particulier

[1] Ballainvilliers, *Loc. cit.*, p. 130.

[2] Voy. *suprà*, vol. Ier, tit. V, ch. 18, sect. 5.

[3] Ballainvilliers, *Loc. cit.* Cet intendant ajoute qu'en 1765 la plus grande partie des offices était vacante.

[4] Ballainvilliers, *Loc. cit.*, p. 131.

[5] Voy. Chabrol, *Dissert. hist.*, p. cj; et, sur les origines de ce bailliage, MM. Delalo, *Loc. cit.*, p. 91, et de Sartiges, *Dict. stat. du Cantal*, v^{is} *Carlat et Vic.*

[6] Ballainvilliers, *Loc. cit.*

assesseur criminel, d'un avocat du roi, d'un procureur du roi, et d'un greffier en chef[1].

Le bailliage de St-Flour relevait immédiatement du Parlement, à l'exception des cas présidiaux, qui avaient été attribués au présidial d'Aurillac, lors de son érection.

Chabrol mentionne encore le bailliage d'Andelat, qui relevait de la Sénéchaussée d'Auvergne, comme ayant continué d'exister, après l'apanage, sous le titre de bailliage royal, et avec la même juridiction qu'auparavant[2].

Lefèvre d'Ormesson dit aussi que François Ier, en 1531, composa du bailliage ducal de St-Martin-Valmeroux deux bailliages, l'un à Salers, pour tout le pays en deçà du Cantal, l'autre à Murat, appelé le bailliage d'Andelat, pour tout ce qui était de l'autre côté du Cantal[3].

Cependant l'intendant Ballainvilliers ne cite dans son *Etat de l'Auvergne en* 1765, que les quatre bailliages, dont nous avons parlé, et il mentionne Murat, où le bailliage d'Andelat avait été, en définitive, transporté[4], comme étant le siége de la prévôté de ce nom[5].

La prévôté royale de Murat paraît remonter à l'an 1531, époque du retour de cette seigneurie à la couronne, quoiqu'il n'y ait pas d'édit de création. D'après un principe certain, la justice de tout domaine, dont la propriété passait au roi, devenait, dès ce moment, prévôté royale, de plein droit[6]. La prévôté de Murat était composée d'un juge prévôt royal, d'un lieutenant particulier, d'un assesseur et d'un procureur du roi[7]. Elle relevait du bailliage de Vic.

Ballainvilliers mentionne encore Issoire et Langeac au nombre des prévôtés royales. Langeac était du ressort de la Sénéchaussée d'Auvergne. Cette prévôté fut supprimée par édit enregistré le 23 août 1771, puis rétablie.

---

[1] Ballainvilliers, *Loc. cit.*; Chabrol, *Loc. cit.*, p. xciij.
[2] *Loc. cit.*; voy. aussi M. Delalo, *Loc. cit.*, p. 90.
[3] *Loc. cit.*, p. 640.
[4] Voy. *suprà*, vol. Ier, tit. V, ch. 18, sect. 5.
[5] Voy. Ballainvilliers, *Loc. cit.*, p. 131.
[6] Voy. Chabrol, *Loc. cit.*, p. ciij.
[7] Ballainvilliers, p. 132.

Quant à la prévôté d'Issoire, elle fut créée par un édit du mois de février 1700, après le délaissement que fit de sa justice l'abbé seigneur de cette ville. Elle était composée d'un prévôt de robe courte, d'un lieutenant-général civil et criminel, d'un lieutenant particulier, d'un conseiller assesseur, de deux conseillers, d'un avocat du roi, d'un procureur du roi et d'un greffier [1]. La prévôté d'Issoire relevait de la Sénéchaussée de Clermont [2].

La prévôté de Calvinet redevint aussi royale, en 1531, à l'époque du retour à la couronne du duché d'Auvergne, auquel elle était restée unie. Elle relevait de la Sénéchaussée d'Auvergne [3].

Il y avait, en outre, plusieurs prévôtés royales, de création plus récente : d'abord, les quatre prévôtés d'Ardes, Saint-Cirgues et Chillac, Merdogne et Saint-Ilpize établies par l'édit du mois de mars 1781.

.. Elles étaient composées d'un lieutenant civil et criminel, d'un lieutenant particulier, d'un procureur du roi et d'un greffier.

Le même édit créa les deux prévôtés de Saugne et de Malzieux, dans le Gévaudan.

Ces six prévôtés relevaient de la Sénéchaussée d'Auvergne [4].

Enfin, il y avait, dans la Haute-Auvergne, la prévôté de Chaudesaigues, qui datait probablement de la réunion de cette seigneurie au domaine du roi, en 1778. Elle relevait, comme les six précédentes, de la Sénéchaussée de Riom [5].

Les justices royales établies à Usson et Nonette avaient été réunies à la prévôté d'Issoire, par édit de juillet 1770. Mais elles en furent distraites par un autre édit de mars 1781, pour ne former qu'une seule et même juridiction, sous la dénomination de châtellenie royale d'Usson et Nonette, dont le siége fut fixé à Usson. Les appels de cette justice furent portés à la Sénéchaussée d'Auvergne.

---

[1] Ballainvilliers, *Loc. cit.* — L'édit de 1700 permettait à l'abbé d'Issoire d'établir un juge et un procureur d'office, pour connaître des difficultés relatives aux redevances et droits seigneuriaux dus à l'abbaye et au monastère.

[2] Chabrol, *Loc. cit.*, p. civ.

[3] Chabrol, *Loc. cit.*

[4] Chabrol, *Loc. cit.*, p. cv.

[5] Voyez la liste que Chabrol a donnée des prévôtés, et des sénéchaussées ou bailliages dont elles relevaient, *Loc. cit.*, p. cix et suiv. — Il y a, dans cette liste, des rectifications à faire.

L'ancienne prévôté de Riom avait été supprimée par lettres de Henri III du 22 avril 1579.

Telle fut l'organisation de la justice royale, en Auvergne, pendant la dernière période que nous étudions.

Comme on le voit, le nombre des siéges royaux, dans cette province, n'était pas considérable. Les justices seigneuriales, au contraire, y étaient très-nombreuses[1].

Cependant la justice royale s'était développée et régularisée, en dépouillant successivement les justices seigneuriales de leurs prérogatives. Les seigneurs virent leur juridiction s'amoindrir peu à peu. Dans cet état, les justices seigneuriales de l'Auvergne, comme celles des autres provinces, subsistèrent encore longtemps. Les diverses ordonnances rendues pendant les trois derniers siècles les maintinrent avec leur division en hautes, moyennes et basses justices, et avec les limites respectives de ces trois espèces de juridiction. Mais les hautes justices seigneuriales avaient été successivement dépouillées par l'appel ou le ressort, et par les *cas royaux*[2]. Elles furent soumises à la suprématie de la juridiction royale. La législation des XVIe et XVIIe siècles restreignit de plus en plus leurs attributions et leur compétence.

Au nombre des principes qui contribuèrent puissamment à l'amoindrissement des justices seigneuriales et à la prépondérance de la juridiction royale, il faut placer la *prévention parfaite*. La Sénéchaussée d'Auvergne jouissait depuis longtemps de cette prévention. Dans l'origine, c'était seulement en cas de négligence de la part des seigneurs que l'on pouvait recourir à la justice royale : *aut si fuerint negligentes vel etiam defectivi*[3]. Plus tard, et suivant une charte de Jean, duc d'Auvergne, du 23 janvier

---

[1] Voy. Lefèvre d'Ormesson, *Loc. cit.*, p. 641.

[2] On sait que, en matière criminelle, les *cas royaux* étaient les crimes et délits dont la connaissance était réservée aux officiers du roi, c'est-à-dire aux baillis et sénéchaux, et quelquefois aux cours de parlement. Il est intéressant de suivre les diverses vicissitudes de ce point de législation et de jurisprudence, depuis le XIIIe siècle jusqu'à la déclaration du 5 février 1531 et aux arrêts du parlement du XVIIe et du XVIIIe siècle, pour voir jusqu'à quel point la compétence des juges seigneuriaux fut amoindrie.

[3] Voy. ordonn. de 1319, et *suprà*, vol. Ier, tit. V, ch. 18, sect. 2, sur l'origine de la prévention.

1402, la prévention parfaite fut accordée sans condition ni restriction. Il fut permis, en toutes causes et matières, d'attirer les justiciables des seigneurs directement devant la juridiction royale, à laquelle la connaissance de l'affaire ainsi déférée appartenait irrévocablement. Plusieurs arrêts du Parlement consacrèrent à cet égard le droit de la Sénéchaussée d'Auvergne, qui invoquait en sa faveur la charte de Jean et la possession immémoriale[1].

L'action de la royauté pour restreindre les justices des seigneurs n'était pas seulement secondée par les juges royaux, mais encore par les légistes. Dumoulin, l'énergique et infatigable adversaire des justices féodales, proclamait que le *juge royal était le seul juge de droit commun*; que personne ne pouvait décliner sa juridiction, pas même les vassaux soumis à celle de leur seigneur[2].

Les légistes admirent, en général, la doctrine de Dumoulin. Elle avait été sanctionnée par l'ordonnance de 1554[3], et elle se résuma en cette maxime : *toute justice émane du roi.* Henrys, en parlant de la prévention, professait les mêmes principes, lorsqu'il disait qu'elle était une suite du droit primitif du roi, dont toutes les justices émanaient. Henrys rappelait ces paroles de Dumoulin : *Non est propriè devolutio, seu translatio potestatis de uno ad alium, sed potiùs recuperatio, seu reversio ad pristinam naturam et statum*[4].

Le droit de prévention parfaite appartenait aussi autrefois aux anciennes prévôtés de l'Auvergne. Mais il résulte des lettres d'Anne de France, duchesse d'Auvergne, du 20 septembre 1516[5], qu'il ne fut permis aux prévôts d'exercer ce droit à l'avenir que dans les terres du Duché seulement, et qu'on le laissa subsister dans toute son étendue en faveur de la Sénéchaussée.

[1] Voy. notamment arrêts des 29 décembre 1564, 2 juillet 1639, 24 mars 1688. — Ce droit fut encore reconnu par l'édit du mois de mai 1784.

[2] *Traité des fiefs*, § 3, glos. 3, n°s 10, 11, 12.

[3] Art. 5.

[4] Voy. Henrys, t. II, liv. II, quest. 45. — Les gens du roi, Bourdin, Brulart et Dumesnil, consultés sur la question, en 1537, invoquaient simplement, en faveur du droit de prévention, la bonne administration de la justice et l'abréviation de la durée des procès. — Voy. Chabrol, t. Ier, p. 93.

[5] Ces lettres sont rapportées par Chabrol (t. Ier, preuves, p. cxlij et suiv.). On y lit : « Nous ont très humblement remontré (les trois États) les très grands et très énormes abus, pilleries, vexations, concussions et rançonneries que par ci-devant de longtemps se sont faites et commises sous couleur de justice, tant par les prévôts et fermiers, que par les autres officiers des prévôtés de notre dit pays et duché.... ».

On a pu poser, dans d'autres provinces, la question de savoir si une sénéchaussée ou un bailliage royal pouvait avoir droit de prévention sur les prévôtés ou châtellenies royales de son ressort; en Auvergne, l'affirmative fut constamment admise. Il fut toujours reçu que les justiciables pouvaient porter leurs causes directement devant le juge supérieur. L'édit du mois de mai 1781 disposait aussi que la Sénéchaussée d'Auvergne pouvait avoir la prévention, dans tous les cas, sur les prévôts.

Cette Sénéchaussée exerçait le droit de prévention même sur la justice du Duché de Montpensier, qui cependant était un Duché-pairie, dont les appels relevaient au Parlement [1]. Le droit de la Sénéchaussée était toutefois, en ce cas, moins général qu'à l'égard des autres justices. Il avait été l'objet de deux règlements du 10 mars 1611 et du 21 juin 1614 [2].

Enfin, la Sénéchaussée d'Auvergne avait encore la connaissance exclusive des causes des nobles de son ressort indistinctement, en toutes matières, et quoiqu'ils résidassent dans leurs terres ou dans celles des autres seigneurs hauts-justiciers. Ce droit était déjà reconnu par la charte de 1402 [3].

---

[1] Dans une lettre missive du 20 juin 1579, Louis de Bourbon mandait aux officiers du bailliage du duché de Montpensier que les habitants de ce duché lui avaient exposé qu'il leur était pénible et coûteux, en raison de la distance entre Paris et Aigueperse, d'aller plaider, en cas d'appel, devant le parlement de Paris, et qu'ils l'avaient supplié d'y remédier en leur permettant d'être jugés en appel au présidial de Riom, du moins pour les matières dont il avait la connaissance en dernier ressort. — Louis de Bourbon disait qu'il accéderait volontiers au désir de ses sujets; mais il ajoutait que le duché étant une pairie de France, il ne voulait pas consentir à la demande des habitants, dans la crainte de diminuer les prééminences du duché; qu'il convenait mieux d'attribuer ces appels aux gens du présidial de Riom par forme d'échiquier et de grands-jours, qui tiendraient au palais de Montpensier, quatre fois dans l'année, une session de huit jours, s'il en était besoin, en dehors des causes du présidial, et par un rôle séparé. — Il terminait en disant que, ne voulant rien faire que par bon conseil, il désirait prendre l'avis des officiers de son bailliage et celui de l'avocat Basmaison, et il leur transmettait la requête, en leur demandant de l'informer, si cela pouvait se faire sans déroger ni préjudicier aux droits de la pairie, et si les officiers du présidial de Riom voudraient y consentir. (*Archives d'Aigueperse*, 1re part., 13e sac. — Voy, *Inventaire Mss.* de Culhat, *fol.* 27 et 28.)

[2] Le règlement du 21 juin 1614 est rapporté en entier par Chabrol, t. Ier, p. 108 et suiv.

[3] L'arrêt du 29 décembre 1564 précité rappelle la disposition de cette charte en ces termes : « Sans préjudice de la juridiction des officiers de la Sénéchaussée d'Auvergne sur les nobles du pays et autres, suivant la transaction faite du temps du duc Jean. »

En fait, la compétence des justices seigneuriales fut très-limitée. De plus, les ordonnances royales et les arrêts des cours souveraines en réglèrent l'exercice. Elles furent rigoureusement soumises à la surveillance du Parlement. Des arrêts privèrent même de leurs droits de justice des seigneurs qui en avaient abusé [1]. L'Hôpital écrivait ce qui suit : « Les seigneurs hauts-justiciers qui abusent de leur justice, et au lieu d'une juste distribution d'icelle, font des oppressions, injustices et violences à leurs vassaux, sujets et justiciables, perdent et sont *ipso jure* déchus de leur juridiction ; et, en ce cas, elle est réunie à la justice souveraine [2]. »

Une ordonnance de 1539 enjoignait aux seigneurs de faire bonne justice des crimes commis dans leur ressort et par leurs sujets. Elle recommandait aux juges royaux de corriger la négligence des juges inférieurs [3].

On obligea les seigneurs à faire rendre la justice par des officiers spéciaux, qui devaient, pour être reçus, subir un examen devant un juge royal, lieutenant, ou ancien conseiller [4].

Cette obligation de recourir à l'autorité royale, pour la nomination et le choix des officiers de leur justice, faisait une large brèche au pouvoir judiciaire des seigneurs. Voici comment Loiseau s'exprimait au sujet de cette règle : «Quant à la réception des officiers des seigneurs, si elle est nécessaire aux officiers du roi, qui ont leur pouvoir de celui de qui tout pouvoir provient, à plus forte raison l'est-elle en ceux qui sont pourvus par gens qui n'ayant l'exercice d'aucune puissance publique, ne le peuvent par conséquent bailler et attribuer d'eux-mêmes à leurs officiers, auxquels ils n'attribuent par leurs provisions que le titre et seigneurie de l'office, qui leur apporte une aptitude à obtenir cette puissance publique, leur étant icelle appliquée par les magistrats qui en ont pouvoir et qui leur baillent la mission, l'ordre et le caractère d'officiers publics [5]. »

---

[1] Voyez, dans Bacquet, *Droits de justice*, ch. XVIII, un arrêt rendu contre un seigneur d'Auvergne.

[2] *Traité de la réformation de la justice*, 5e partie.

[3] Voy. ordonn. de 1539, ch. 2, art. 6.

[4] Art. 55 ordonn. de janvier 1560.

[5] *Des offices des seigneurs*, ch. 2, n° 76.

L'édit du mois de mars 1693 confirma ces principes d'une manière précise : « Nous avons, par le présent édit, perpétuel et irrévocable, dit et ordonné.... que tous les particuliers qui seront ci-après pourvus par les seigneurs, tant ecclésiastiques que séculiers, dans l'étendue de notre royaume, pour exercer les offices de judicature de leurs justices, soient tenus, avant d'en faire aucune fonction, de se faire recevoir par les officiers de nos cours ou juridictions royales, à leur choix, dans l'étendue desquelles lesdites justices seigneuriales seront situées. »

Cependant, malgré les efforts faits par la royauté pour introduire l'unité dans les juridictions et simplifier l'administration de la justice, il existait encore, à la fin du XVIe siècle, en Auvergne, de nombreux abus, résultant de la multiplicité des justices seigneuriales et des degrés de juridiction. Nous lisons ce qui suit dans le *Sommaire abrégé des remontrances* des délégués du Tiers-Etat du Haut-pays d'Auvergne aux Etats d'Orléans de 1560 : « Et est encore pis que plusieurs grands seigneurs vos vassaux et du d. duc de Bourbon et d'Auvergne, voyants le d. seigneur duc d'Auvergne avoir ainsi érigé plusieurs baillifs et siéges en son d. duché, iceux d. seigneurs érigèrent chacun deux siéges de bailes à leurs terres et seigneuries tellement qu'ils font ressortir les appellations de leurs juges ordinaires à leurs juges d'appeaux, et de leurs juges d'appeaux au baillif d'Aurillac. Ceux que sont de la royalité, et ceux que sont de la d. duché les appellations des juges ordinaires sont relevés es-juges d'appeaux des d. seigneurs et des juges d'appeaux des d. seigneurs au d. Saint-Martin, Vic, Murat ou Andalat, et de là à Riom et de Riom en parlement que sont cinq juridictions prohibées de droit que font qu'un pauvre homme poursuive avant avoir sentence définitive d'une petite chose. »

Les habitants de la Haute-Auvergne concluaient à la suppression de la juridiction des juges d'appeaux et même des baillis du Haut-pays, demandant à ne relever directement que de leur ancien bailli, dont ils sollicitaient le rétablissement [1].

Ces vœux du Tiers-Etat de la Haute-Auvergne reçurent plus tard une satisfaction partielle.

---

[1] Ces remontrances se trouvent dans les preuves du manuscrit de Verdier Latour, que nous avons plusieurs fois cité.

L'ordonnance d'Orléans de janvier 1560 défendit *la multipli-cation des degrés de juridiction... l'une des causes de la longueur des procès* [1]. L'art. 24 de l'ordonnance de janvier 1563 décida, en conséquence, qu'il n'y aurait *qu'un degré de juridiction en pre-mière instance dans chaque ville ou bourg*, et que les seigneurs qui avaient justice en leurs terres seraient tenus d'opter dans le délai d'un mois. Enfin l'ordonnance de janvier 1629 réitéra l'injonction de réduire les justices seigneuriales à un seul degré. Elle défendit aussi aux seigneurs d'ériger dans leurs terres de nouveaux officiers au-delà du nombre ancien [2]. Le parlement de Paris dénia à leurs juges le pouvoir de recevoir des appellations en matière criminelle [3]. A l'époque de leur abolition par les décrets révolutionnaires, les justices seigneuriales étaient ren-fermées dans les plus étroites limites. En présence des principes de la législation que nous avons exposés, la patrimonialité de ces justices n'était plus pour ainsi dire qu'une fiction au point de vue du droit de juger et de tous les éléments du pouvoir judiciaire.

SECTION II.

Tribunaux Extraordinaires ou d'Attribution.

Outre les tribunaux ordinaires, que nous avons fait connaître dans la section précédente, il fut créé, à diverses époques, dans la province d'Auvergne, plusieurs juridictions extraordinaires ou d'attribution, que nous devons rappeler sommairement.

Il y eut une Cour des aides, sept Elections, des Juridictions du Grenier à sel, un Bureau des finances, un Siége des Monnaies, trois Maîtrises des eaux et forêts, une Prévôté de la Maréchaussée, et enfin cinq Juridictions Consulaires.

La *Cour des aides* jugeait souverainement et en dernier ressort les procès civils et criminels naissant des tailles, aides, gabelles et autres impositions royales [4].

---

[1] Art. 50 ord. de janvier 1560.
[2] Voy. art. 122 ord. de janvier 1629.
[3] Voy. arrêts 10 septembre 1683 et 23 septembre 1712.
[4] L'ordonnance du 24 juin 1500, qui résume et confirme les dispositions des ordonnances antérieures, porte que la cour des aides connaît de tous les procès civils et criminels relatifs aux impôts *mis et à mettre*.

La Cour des aides de Paris fut d'abord unique en France [1]; il en fut ensuite institué plusieurs, à l'instar de celle-ci, dans les provinces.

Un édit du mois d'août 1557 en créa une pour la généralité de Riom. Etablie d'abord par cet édit, à Montferrand, elle fut transférée à Clermont, par l'édit de réunion des deux villes, du mois d'avril 1630 [2].

Son ressort s'étendait, en Auvergne, sur sept Elections [3]; sur deux, dans le Bourbonnais [4], sur une seule, dans la Marche [5], sur trois, dans le Limousin [6], et sur divers dépôts à sel [7].

On a souvent fait observer que la Cour des aides de Clermont-Ferrand avait cela de particulier que son ressort finissait partout où les Aides commençaient.

Elle était, en 1765, composée de quatre présidents, vingt-un conseillers, deux avocats-généraux, un procureur général, quatre substituts du procureur général, d'un greffier civil, d'un greffier criminel et d'un payeur des gages [8].

Il y avait près de cette cour les officiers de la chancellerie, c'est-à-dire un garde des sceaux, quatre secrétaires du roi audienciers, quatre secrétaires du roi contrôleurs, douze secrétaires du roi, quatre référendaires, puis deux porte-coffres, deux chauffe-cires, un clerc commis à l'audience, un greffier garde-minute et deux huissiers [9].

Jusqu'au règne de Louis XIV, la Cour des aides resta exclusivement compétente pour connaître du contentieux des impo-

---

[1] Voyez, sur l'origine et la compétence de la *Cour des aides*, Denizart, v° *Aides*; le *Dictionnaire raisonné des domaines*, v° *Cour des aides*; M. Dareste, *Etudes sur les origines du contentieux administratif en France*, dans la *Revue hist. de dr. franç.*, t. II, p. 121 et suiv.

[2] Voy. Lefèvre d'Ormesson, *Loc. cit.*, p. 649 et suiv.

[3] Riom, Clermont, Issoire, Brioude, St-Flour, Aurillac et Mauriac.

[4] Gannat et Evaux.

[5] Guéret.

[6] Limoges, Tulle et Brives.

[7] Dépôts à sel de Riom, Cusset, Ris, Aigueperse, Maringues, Evaux, St-Gervais, Menat, Montaigut, Pionsat, Guéret, Jarnage, St-Valery, Dieu-le-Palteau, St-Pourçain, Aubusson, Langeac, St-Flour, Thiers et Ausance.

[8] Voy. Lefèvre d'Ormesson, pour l'organisation de cette cour, en 1697-1698, *Loc. cit.*, p. 649.

[9] Voy. Ballainvilliers, *Loc. cit.*, p. 132.

sitions. Les intendants eurent, à partir de cette époque, une juridiction qui s'étendit, en général, à tous les impôts de création nouvelle. Au commencement du règne de Louis XVI, au contraire, plusieurs édits restituèrent aux Elus, en première instance, et aux Cours des aides, en appel, la connaissance de certaines matières précédemment attribuées aux intendants.

Indépendamment de ses attributions, comme cour d'appel, la Cour des aides jugeait encore plusieurs matières en *première instance et dernier ressort* [1].

Toutes les affaires concernant les impositions publiques, telles que la taille, les aides, les gabelles, qui étaient portées en appel devant la Cour des aides, étaient jugées en première instance par les *Elections* ou par les *Greniers à sel*.

Nous avons déjà parlé des Elections [2], qui reçurent à peu près leur dernière organisation, vers la première moitié du XVe siècle [3].

Il n'y eut d'abord que *deux siéges d'Election* dans la province d'Auvergne, l'un à St-Flour, pour le Haut pays, l'autre à Riom, pour la Basse-Auvergne.

Il fut ensuite créé, dans la Haute-Auvergne, deux nouveaux siéges, l'un à Aurillac, l'autre à Salers [4]. Ce dernier fut supprimé, en 1664, par un édit qui établit une *Election particulière* à Mauriac [5].

Dans la Basse-Auvergne, le siége de l'Election de Riom, qui avait été établi dans cette ville, par les lettres-patentes du 20 janvier 1396, fut transféré à Clermont, et y fut fixé à la suite d'un traité fait entre les deux villes, le 1er janvier 1556.

L'édit de septembre 1629 démembra le siége de Clermont, et l'on comptait, nous l'avons vu [6], au XVIIIe siècle, quatre Elections

---

[1] M. Dareste, *Loc. cit.*, p. 126.

[2] *Suprà*, chap. II, sect. Ire, p. 21 et suiv.

[3] Voy. ord. des 19 juin 1445 et 26 août 1452. Le titre de conseiller du roi fut conféré aux membres des Elections par un édit de Henri III, du mois de juillet 1578.

[4] Edits de septembre 1629 et de 1639.

[5] M. Delalo, *Loc. cit.*, p. 113. — Voyez cependant, M. Michel Cohendy, *Mémoire hist. sur les modes successifs de l'administration dans la province d'Auvergne*, p. 103. Cet écrivain dit que l'élection de Salers fut refondue, en 1661, avec celle de St-Flour, et que Mauriac resta bureau dépendant du siége de St-Flour.

[6] *Suprà*, p. 22.

dans la Basse-Auvergne : Clermont, Riom, Issoire et Brioude [1].

Les Élections étaient composées d'un président, d'un lieutenant et de deux ou trois conseillers, appelés aussi *Elus* dans quelques siéges, par exemple à Brioude et à Mauriac, d'un procureur du roi et d'un greffier [2]. L'Election de Mauriac se composait seulement d'un Elu, d'un procureur du roi et d'un greffier [3].

L'ordonnance du 19 juin 1445 attribuait aux Elections, compétence pour toutes les causes relatives aux impôts *qui avaient été et au temps à venir seraient mis sus*. Elles connaissaient en première instance de tous les procès relatifs aux droits d'aides et d'octroi, aux droits sur le tabac, la marque d'or et d'argent, le papier timbré. Le contentieux de la taille leur fut toujours conservé. Tout ce qui concernait les difficultés en *comparaison* de cotes, en radiation, et autres contestations qui naissaient par suite de la répartition des tailles sur les particuliers, leur appartenait [4].

Des juridictions royales appelées *Juridictions du Grenier à sel*, furent instituées dans les différentes villes où des *Greniers à sel* furent établis [5].

Celle de Riom se composait d'un président, d'un procureur du roi, d'un greffier en chef et d'un contrôleur [6].

Les juridictions du grenier à sel connaissaient en première instance des contestations qui s'élevaient au sujet de l'impôt du sel, et des contraventions commises dans le débit et le transport de cette denrée [7].

L'appel de leurs décisions était porté devant la Cour des aides [8].

---

[1] Voy. Ballainvilliers, *Loc. cit.*, p. 132 ; Chabrol, *Diss. hist.*, t. 1er, p. cvij ; M. Michel Cohendy, *Loc. cit.*, p. 103.

[2] Ballainvilliers, *Loc. cit.*, p. 133.

[3] Ballainvilliers, *Loc. cit.*

[4] Voy. ordonnance des fermes de juillet 1681 ; Lefèvre d'Ormesson, *Loc. cit.*, p. 648 ; M. Dareste, *Revue historique*, t. II, p. 130 et suiv.

[5] On sait que l'Etat avait pris le monopole du sel et établi des greniers ou magasins, dans lesquels s'en faisait la distribution. Les greniers ou dépôts de sel étaient fixés, dans le XVIIIe siècle, à Riom, Aigueperse, Maringues et Lezoux, Menat et St-Gervais, Langeac et Auzon, St-Flour, Montaigut, Auzance, Mainssat et Thiers (Chabrol, *Diss. hist.*, p. cvij). — Les greniers à sel furent supprimés par l'art. 10 de la loi du 7 sept. 1790.

[6] Ballainvilliers, *Loc. cit.*, p. 136. — Voy. l'ord. du 31 octobre 1717 sur la composition de ces juridictions.

[7] Voy. Edits de 1553, janvier 1639, mai 1680 ; Ferrière, *Dict. de droit et de pratique*, vo *juridiction du grenier à sel* ; M. Dareste, *Loc cit.*, p. 133.

[8] Voy. Denizart, vo *grenier à sel* ; Guyot, *Répertoire*, eod. verbo.

St-Flour avait un *Bureau des gabelles*, composé d'un visiteur général, d'un lieutenant, d'un avocat, d'un procureur du roi, d'un greffier en chef, d'un procureur de la ferme par commission [1].

Les juridictions dont nous avons parlé jusqu'à présent étaient établies pour les impositions perçues par le roi comme souverain. Il existait d'autres revenus : c'étaient ceux du Domaine.

Il y avait une juridiction, le *Bureau des finances*, qui connaissait en première instance de toutes les affaires concernant le Domaine du Roi, et les droits en dépendant [2].

Dans l'origine, la juridiction de la Chambre du trésor établie à Paris s'étendait sur tout le royaume. L'édit de Crémieu de 1536 restitua aux baillis et sénéchaux la compétence en matière domaniale. La Chambre du trésor fut conservée, mais son ressort fut restreint à la prévôté de Paris et à certains bailliages, hors desquels elle n'eut que le droit de concurrence avec la justice ordinaire [3]. Un édit du 7 décembre 1542 avait divisé le territoire du royaume en seize généralités, dans chacune desquelles furent établis un receveur général et un commis des trésoriers de France et généraux des finances. Les quatre trésoriers de France et les quatre généraux des finances existant à Paris furent supprimés. Un édit du mois de janvier 1551, qui portait le nombre des généralités de seize à dix-sept, établit dans chacune d'elles un *trésorier général*, cumulant, dans les limites de son ressort, les fonctions des anciens trésoriers et des anciens généraux. Enfin, un édit de juillet 1577 créa, dans chaque généralité, un Bureau des finances, composé de cinq trésoriers généraux, dont le nombre fut successivement augmenté [4]. Chaque Bureau eut, en outre, ses présidents, procureurs du roi, greffiers, etc.

---

[1] Ballainvilliers, *Loc. cit.*, p. 136.

[2] M. Pardessus dit : « La source primitive des revenus du roi était le domaine, et par ce mot, il ne faut pas entendre seulement le produit des immeubles, des redevances fixes ou casuelles connues sous les noms de droits féodaux, cens, rentes, ou autres que payaient les vassaux, les colons, les serfs, tous objets de nature à composer les fortunes privées; mais encore divers produits résultant des droits de la puissance publique, tels que les émoluments du sceau, des greffes et chancelleries, des actes judiciaires, des amendes, confiscations, aubaines, bâtardises, etc. » *Essai historique sur l'organisation judiciaire et l'administration de la justice, etc.*, p. 224.

[3] Édit de février 1543.

[4] Voy. Lefèvre d'Ormesson, *Loc. cit.*, p. 648 et 651; M. Dareste, *Loc. cit.*, p. 110 et suiv.

Le Bureau des finances de Riom était, au XVIIIe siècle, composé d'un premier président, de vingt-quatre trésoriers, d'un chevalier d'honneur, de deux avocats du roi, deux procureurs du roi et trois greffiers en chef[1].

Nous n'entrerons pas dans le détail des attributions de ce tribunal.. Il nous suffira de dire que, comme autorité administrative, le Bureau des finances avait, dans l'étendue de la généralité, la direction des services publics, domaine, finances, voirie, travaux publics.

Comme tribunal d'attribution, il connaissait des affaires du domaine et de la voirie[2].

Il pouvait juger définitivement et en dernier ressort jusqu'à la somme de 250 livres[3].

Les appels de ses décisions étaient portés au Parlement.

Il existait des justices royales établies, sous le nom de *juridiction des monnaies*, ou *siége des monnaies*, dans les différentes provinces du royaume, pour connaître, en première instance, du fait des monnaies, des matières d'or et d'argent, et de tous les ouvriers employés à la fabrication des monnaies, ou aux différents ouvrages d'or et d'argent.

Ces juridictions se composaient du *général provincial*, dans le département duquel se trouvait la juridiction, de deux juges-gardes, qui pouvaient, en l'absence du général provincial, et concurremment avec lui, faire toutes les instructions et connaître des mêmes matières; d'un contrôleur contre-garde, qui remplis-

[1] Ballainviliers dit qu'en 1765 il existait à Riom un *Bureau des finances et Chambre des domaines* avec la composition suivante : Vingt-trois trésoriers, deux procureurs du roi, deux avocats du roi, trois greffiers, deux receveurs des domaines, deux contrôleurs, deux commis greffiers et un huissier *(Loc. cit.,* p. 183). — Une *Chambre du domaine* avait été établie séparément, en 1704, dans les bureaux des finances des provinces (voy. *Dict. raisonné des domaines,* v[o] *Chambre du domaine).*

[2] Parmi ses attributions en matière contentieuse nous mentionnons spécialement les difficultés qui naissaient par suite des actes de foi et hommage, et des aveux et dénombrements appelés ordinairement *nommées* en Auvergne. Comme tous les fiefs de la province étaient dans la mouvance du Roi, le nombre de *nommées* fournies au bureau de Riom était considérable (voy. Lefèvre d'Ormesson, *Loc. cit.,* p. 647 et suiv.). Voyez sur les autres attributions des bureaux des finances l'édit de 1627, et M. Dareste, *Loc. cit.,* p. 112 et suiv.

[3] Edit d'avril 1627 ; voy. *Dict. raisonné des domaines,* v[o] *Bureau des finances.*

sait les fonctions des juges en leur absence ; d'un garde-scel, d'un avocat, d'un procureur du roi, et d'un greffier [1].

Des lettres de Charles VII au sénéchal d'Auvergne, du 17 avril 1422, attestent que la ville de Riom possédait anciennement un siége de monnaie royale. Elle redevint siége de l'hôtel de la monnaie, à la suite de l'édit de 1681, qui supprima l'hôtel de Saint-Pourçain [2]. L'hôtel des monnaies de Riom était, en 1765, composé de deux juges-gardes, d'un procureur du roi, d'un directeur, d'un contrôleur, d'un essayeur, d'un greffier en chef et d'un graveur [3].

La juridiction des monnaies, dans la province, était la même que celle de la *Cour des monnaies* de Paris ; mais ses décisions étaient en premier ressort. Elle avait, par exemple, la police de toutes les corporations d'ouvriers travaillant l'or et l'argent, c'est-à-dire des monnayeurs et des orfèvres, et celle des graveurs, changeurs, batteurs, etc. Elle homologuait leurs statuts, en surveillait l'exécution, et punissait les contraventions. Elle appliquait les peines édictées pour les infractions aux règlements sur la marque des ouvrages d'or et d'argent.

Les appels de la juridiction des monnaies de Riom furent d'abord portés devant la Cour des monnaies de Paris, qui fut longtemps unique pour toute la France, et dont le droit de juger souverainement fut mis hors de toute contestation par l'édit de janvier 1551. Cependant une seconde Cour des monnaies fut créée à Lyon, en juin 1704. L'Auvergne était une des provinces ou généralités de son ressort [4].

Il y avait, en Auvergne, plusieurs *Maîtrises des eaux et forêts.* Cette juridiction remontait à une époque assez reculée. Les *Maîtres des eaux et forêts* sont rappelés dans une ordonnance du mois d'août 1291 [5]. Leur juridiction, dont le siége était à Paris,

---

[1] Voy. Guyot, *Répert.,* v° *Monnoie ;* Ferrière, *Dict. de droit,* v° *Cour des monnoies.*

[2] Voy. M. Michel Cohendy, *Loc. cit.,* p. 152 et suiv.

[3] Ballainvilliers, *Loc. cit.,* p. 134.

[4] Voy. Denizart, v° Monnoies, nos 7 et 8 ; *Dict. raisonné des domaines,* v° *Cour des monnoies de Lyon.* — La cour des monnaies de Lyon fut supprimée en 1771. Les juridictions des monnaies furent abolies par l'art. 9 de la loi du 7 septembre 1790.

[5] Voy. Pardessus, *Organisation judiciaire,* p. 267 et 277.

s'étendait à toutes les contraventions commises par les officiers inférieurs, ou par les simples particuliers, aux règlements sur les eaux et forêts [1]. Au XIVᵉ siècle, le nombre des Maîtres avait été augmenté, et l'on créa une autorité supérieure, qui fut celle du Grand Maître enquêteur et général réformateur des forêts de France [2]. Les simples Maîtres des eaux et forêts ne résidèrent plus à Paris ; ils furent répartis dans les provinces ; ils reçurent le nom de Maîtres particuliers et devinrent juges de première instance de tout le contentieux relatif aux eaux et forêts, sauf appel devant la juridiction du Grand Maître à Paris [3].

Les Maîtrises furent érigées en titre d'office et rendues vénales par les édits du mois de février 1554, de janvier et août 1583.

Dès l'année 1667, le nombre des officiers de chaque Maîtrise particulière fut fixé à cinq ; il y eut, dans chacune d'elles, un maître particulier, un lieutenant, un procureur du roi, un garde-marteau et un greffier [4].

L'Auvergne, qui avait été d'abord département de l'une des seize *Grandes Maîtrises* créées par l'édit de février 1689, n'eut plus ensuite que de simples maîtrises établies par l'édit de décembre 1728 à Riom, à Ambert, et à Murat. Celle-ci fut ensuite transférée à St-Flour [5].

Outre les trois Maîtrises *royales*, il y avait encore, en Auvergne, deux Maîtrises *seigneuriales*, l'une à Montaigut, et appartenant au duc d'Orléans, l'autre à Vic-le-Comte, et appartenant au duc de Bouillon [6]. Leur composition était à peu près la même que celle des Maîtrises royales.

La compétence des officiers des eaux et forêts avait été définie

[1] Ord. du 25 février 1318 ; de juillet 1367. — M. Dareste, *Loc. cit.*, p. 115.

[2] V. ord. de juillet 1381 ; M. Dareste, *Loc. cit.*

[3] En 1575, le Grand-Maître fut supprimé et remplacé par six Grands-Maîtres répartis dans différentes résidences. Leur nombre fut successivement augmenté. Voy. M. Dareste, *Loc. cit.*, p. 116.

[4] Voy. édit d'avril 1667. — Il y avait, en outre, un arpenteur, et des sergents-gardes en proportion de l'étendue des forêts de la maîtrise.

[5] Un édit de janvier 1678 avait déjà établi à Murat une maîtrise particulière pour la Haute-Auvergne, mais elle avait été supprimée par un autre édit de novembre 1689 (voy. M. Michel Cohendy, *Loc. cit.*, p. 160).

[6] Voy. Ballainvilliers, *Loc. cit.*, p. 135 et suiv.; M. Michel Cohendy, *Loc. cit.*, p. 163.

par la célèbre ordonnance de 1669[1]. Toutes les contestations civiles et criminelles relatives aux eaux et forêts, à la propriété des bois domaniaux, aux droits d'usage, étaient portées devant eux. Ils statuaient sur les difficultés soulevées à l'occasion du service des bacs et bateaux, du curage des rivières. Ils connaissaient de tous délits de chasse et de pêche, etc.

Les appels des décisions des Maîtrises particulières étaient portés à la *Table de marbre*, et, s'il y avait lieu, au Parlement.

Il y avait en Auvergne une juridiction appelée *Prévôté de la Maréchaussée*.

On sait que la *Maréchaussée* était un corps de gens à cheval établi, dans diverses provinces, pour assurer la sûreté publique, surtout dans les campagnes, qui étaient infestées de vagabonds et de malfaiteurs. Ce corps était ainsi nommé parce qu'il était immédiatement subordonné aux Maréchaux de France.

La prévôté de la Maréchaussée d'Auvergne se composait, au XVIIIe siècle, d'un *prévôt*, appelé *prévôt des Maréchaux* ou *de la Maréchaussée*, résidant à Clermont, et ayant, pour la Basse-Auvergne, un lieutenant, un assesseur, un procureur du roi et un greffier, résidant à Riom[2].

Le prévôt avait, dans la Haute-Auvergne, un second lieutenant, qui résidait à Saint-Flour, avec un assesseur, un procureur du roi et un greffier[3].

Cette juridiction connaissait en dernier ressort notamment de tous les crimes commis par les vagabonds et gens sans aveu, des excès oppressions et autres crimes commis par les gens de guerre ; des vols faits sur les grands chemins, et autres méfaits

[1] Voy. titre Ier *De la juridiction des eaux et forêts*, de l'ordonnance des eaux et forêts de 1669.

[2] Au XVIIIe siècle, la maréchaussée de la Basse-Auvergne se composait, en outre, de cinq exempts, ou chefs des archers, un à Riom, un à Thiers, un à Clermont, un à Issoire, et un à Brioude ; de deux sous-brigadiers, un à Clermont, l'autre à Montaigut. Il y avait douze brigades de quatre cavaliers chacune, réparties dans différentes villes (voy. Ballainvilliers, *Loc. cit.*, p. 184).

[3] A la même époque, la maréchaussée de la Haute-Auvergne se composait, en outre, de trois exempts : un à St-Flour, un à Aurillac, et un à Mauriac ; de deux sous-brigadiers, un à Murat, et l'autre à Chaudesaigues ; et, enfin, de cinq brigades de quatre cavaliers chacune (voy. de Ballainvilliers, *Loc. cit.*). Un trésorier pour toute la maréchaussée de la province avait sa résidence à Clermont.

spécifiés par l'ordonnance de 1670, et par la déclaration du 5
février 1731 [1]. Outre les cas dans lesquels ils avaient juridiction,
les prévôts des Maréchaux avaient le droit d'arrestation sur tous
les criminels, en cas de flagrant délit.

On voudra bien nous permettre de rapporter un passage du
*procès-verbal des conférences tenues pour l'examen des articles
proposés pour la composition de l'ordonnance criminelle de 1670*;
cet extrait donnera un aperçu des vices de l'institution des
prévôts de la Maréchaussée, et des nombreux abus qui en
résultaient : « M. le premier président (Guillaume de Lamoignon)
a dit que l'intention qu'on avait, lorsqu'on a institué les
prévôts des Maréchaux était bonne, mais que..... la plupart de
ces officiers sont plus à craindre que les voleurs mêmes, et qu'on
a reconnu, aux Grands-Jours de Clermont, que toutes les affaires
criminelles les plus atroces avaient été éludées et couvertes par
les mauvaises procédures des prévôts des Maréchaux.....

» M. Talon a dit que... comme ces officiers, ni leurs archers,
n'ont point de gages pour subsister, il n'y a pas de malversations
auxquelles ils ne se soient abandonnés. Ils ne font aucune fonction,
s'ils n'espèrent en retirer de l'émolument ; et toutes les oppressions que peuvent commettre ou les voleurs ou les personnes
puissantes qui s'engagent à mal faire, n'approchent point des
concussions des prévôts des Maréchaux et de leurs officiers
subalternes. Cette vérité a été reconnue aux Grands-Jours de
Clermont, où l'on a fait le procès à plusieurs officiers de la
Maréchaussée, mais l'on a été persuadé d'ailleurs qu'il n'y en
avait pas un seul dont la conduite fût innocente et exempte de
reproche....[2] »

Les Maréchaussées ont disparu avec l'ancienne monarchie [3].

[1] Voyez, sur la compétence et les attributions de cette juridiction, Ferrière, *Dict. de droit*, v° *Prévôts des maréchaux*.

[2] Voy. le procès-verbal ci-dessus cité, sur l'art. 12, édit. de l'Isle, 1697,
in-4°, p. 25-29.

[3] Sauf la juridiction, c'était à peu près le même service que la gendarmerie actuelle. Le nom de *gendarmerie nationale* fut substitué à celui de
maréchaussée (décr. 22 décembre 1790). Mais la gendarmerie n'a été organisée que par la loi du 28 germinal an VI (9 avril 1797), et par l'ordonnance
du 29 octobre 1820.

Enfin, dans le XVIe siècle, on établit des *juridictions consulaires*, pour statuer sur les contestations entre marchands ou négociants. Un édit du mois d'avril 1565 créa celle de Clermont, à l'instar de la juridiction consulaire de Paris, pour jouir des mêmes priviléges que ceux accordés aux juge et consuls de cette dernière ville par l'édit d'érection de novembre 1563, avec cette seule différence que l'élection des juge et consuls de Clermont devait être faite par une assemblée de cinquante, au lieu de cent notables bourgeois marchands.

D'autres sièges furent érigés à Thiers, dans le mois de février de la même année, à Montferrand, en 1566[1], à Riom, dans le mois de mars 1567[2], à Billom, dans le mois de février 1569, à Brioude, dans le mois de juillet 1704[3].

L'organisation et la compétence de ces tribunaux ne différaient point de celles des autres juridictions de ce genre établies dans plusieurs villes de la France.

Les membres de la juridiction consulaire étaient nommés pour un an.

Nul ne pouvait être juge avant l'âge de quarante ans au moins, ni consul avant 27 ans. Le juge était choisi dans le corps des anciens consuls. Les nouveaux juge-consuls prêtaient serment entre les mains des anciens. Plus tard, les anciens accompagnaient seulement les nouveaux élus devant la Sénéchaussée, où le serment était prêté. En 1714, ce nouvel usage n'était pas encore introduit : c'est ce qui résulte d'un règlement du 7 mai de cette année, *sur l'ordre et la cérémonie qui seront observés dans la juridiction consulaire de Clermont*. Ce règlement contient, sur l'élection des juges et sur l'organisation de la justice consulaire, quelques documents qu'il n'est pas inutile de reproduire : « Le juge des marchands ou celui qui doit présider en son absence, fait son compliment et son exposé à la compagnie : ensuite de quoi le *procureur-conservateur* fait ses réquisitions, après lesquelles la compagnie délibère sur ce qu'il y a à décider sur l'exposition qui en a été faite; et après que le juge a nommé deux évangélistes

---

[1] Le siége de Montferrand fut supprimé en 1731 et réuni à celui de Clermont.

[2] Chabrol dit, par erreur, que le siége de Riom était le plus ancien.

[3] Chabrol ne cite pas le siége de Brioude. — Voy., sur la création de ces divers tribunaux consulaires, Ballainvilliers, *Loc. cit.*, p. 134 et suiv.

pour, conjointement avec le greffier, recueillir les voix, il est
procédé à la nomination *d'un juge, deux consuls* et *trois conserva-*
teurs, suivant les suffrages qui sont donnés de vive voix par la
compagnie, lesquels doivent être recueillis par le greffier de
ladite juridiction en présence desdits évangélistes; et le juge
et les deux consuls qui sont nommés doivent, s'ils sont présents,
sitôt leur nomination prêter serment entre les mains des juge-
consuls anciens, qui en même temps les mettent en possession au
siège en leurs places, et rendent ordonnances sur les causes
appelées par le greffier; il leur sera expliqué qu'ils prêtent serment de rendre la justice dans l'équité pendant l'année de leur
consulat, maintenir les intérêts du corps, et assister exactement
aux services divins, processions générales et particulières, pré-
dications, *Te Deum* et autres cérémonies publiques.

» Il faut remarquer que s'il n'y avait que le juge, où l'un des
deux consuls nommés qui eût prêté serment aux anciens en
l'absence des autres, ceux qui le devront prêter après seront
tenus de le faire devant les anciens juge-consuls, à l'exclusion
des nouveaux, quand même ils auraient siégé plusieurs jours;
car le serment ne peut et ne doit être prêté qu'aux anciens qui
seuls ont ce droit.

» Quelques jours après ladite nomination les nouveaux juge-
consuls nommeront *quatre conseillers* pour assister exactement
aux audiances à peine d'amende, et ils donneront avis sur tous
les procès et différents pendant toute l'année, et auront voix
opinative seulement, parce que ce n'est que pour leurs instructions. Le juge en nommera deux, et les deux autres par les deux
consuls; et étant avertis par les huissiers, et parés en habit décent,
ils prêteront serment ès mains des nouveaux juge-consuls d'assister exactement à toutes les audiances à peine d'amende, et
auront place immédiatement après les *anciens juge-consuls*;
lesquels *anciens* seront obligés d'assister en robes et toques aux
audiances et ne pourront y être reçus autrement... L'ancienne
coutume est que les anciens juge et consuls siègent avant les
conseillers du côté droit, et les *conservateurs* ou ceux qui ont
passé par la charge de juge, du côté gauche.

» Les audiances se doivent tenir tous les mardis, jeudis et
samedis de chaque semaine, à neuf heures du matin, auxquelles
les *huissiers* de ladite juridiction ou l'un d'eux, doivent assister

en robes et aller de bon matin avertir les juge et consuls et les antiques conservateurs et conseillers pour aller à l'audiance... Le greffier doit avoir toutes ses causes présentées avant que messieurs les juge-consuls, conservateurs et conseillers montent au siège......[1] »

Pour tarir la source des abus engendrés par la création des offices parasites qui existaient dans les justices consulaires, et qui appartenaient à des officiers connus sous les dénominations de *greffiers anciens, alternatifs, triennaux, gardes-scels, clercs, commis et contrôleurs, greffiers des présentations et affirmations,* un édit du mois de mars 1710 avait supprimé tous ces offices et les avait remplacés par un seul office de *greffier en chef,* aux gages proportionnels au taux du denier 16 de la finance.

Nous n'insisterons pas davantage sur l'historique des tribunaux consulaires. Nous avons publié, ailleurs[2], sur l'origine de ces tribunaux, et sur leur utilité actuelle, quelques pages, auxquelles nous nous permettons de renvoyer le lecteur.

La conservation et l'existence des tribunaux de commerce, même dans les villes les moins importantes, est encore un exemple qui confirme nos observations sur la persistance des éléments du passé dans nos institutions modernes.

---

[1] Le règlement, dont nous venons de rapporter un extrait, porte : «Fait à Clermont audit parquet royal de la cour le septième may 1714 ;

» Et ont assisté audit règlement Messieurs CORTIGIER l'aîné, juge; BRUN et CHAIX *consuls;* VAZEILLES, DE BRION, *autres consuls;* TERINGAUD, DEYDIER et DE LA VAISSE, *conservateurs;* MALLET, THIERY, MESSANCE et GAILLARD, *conseillers.* » Et signé : CORTIGIER l'aîné, *juge,* et CHAUMONT, *commis greffier.* »

[2] Voy. notre *Étude sur les tribunaux de commerce,* publiée dans la *Revue pratique de droit français,* vol. XX, 1865.

APPENDICE

Les Grands-Jours d'Auvergne.

Les *Grands-Jours* étaient des tribunaux extraordinaires et souverains, de grandes assises, que les rois faisaient tenir surtout dans les provinces éloignées du siège des parlements dont elles relevaient [1].

Ces tribunaux non-seulement jugeaient les causes civiles et criminelles, mais ils avaient pour mission de procurer une prompte expédition des affaires, d'entendre les plaintes des habitants contre les juges et autres officiers de justice, de réformer les abus introduits dans l'administration, et, enfin, d'affranchir les populations des droits trop souvent usurpés par les seigneurs.

Lorsque la royauté eut soumis la féodalité et consolidé sa puissance dans la France septentrionale, elle pensa à la rendre présente dans les provinces éloignées du centre de sa domination. Elle délégua des commissaires pour y tenir de Grands-Jours, combattre la tyrannie féodale, rétablir l'ordre et maintenir l'autorité du monarque.

On ne peut assigner une date précise à l'origine de ces sessions judiciaires. Les cahiers des Etats, de 1484, qui en demandaient le rétablissement, parlaient déjà des Grands-Jours comme d'une coutume fort ancienne [2].

Les premiers Grands-Jours que l'on rencontre en Auvergne sont ceux qui eurent lieu à Montferrand dans le mois de septembre 1454. Ceux qui furent tenus dans la même ville, en 1481, par un président et douze conseillers du parlement de Paris, et ceux de 1520, avaient eu un assez grand retentissement et produisirent de sérieux résultats.

[1] « *Magnos dies* vocarunt Reges nostri placita extraordinaria, quæ in Regni provinciis remotioribus cogebantur, delegatis ad ea tenenda selectis judicibus, qui supremo judicio lites dirimebant, et in reos, quos regionis longinquitas in perpetrandis criminibus reddebat audaciores, severius inquirebant.» Ducange, *Glossaire*, v° *Dies magni*; Voy. aussi Fontanon, liv. I, tit. 17.

[2] Voy. M. Picot, *Hist. des Etats Généraux*, t. I⁰ʳ, p. 455, 456.

Le ressort de ces grandes assises comprenait la Haute et Basse-Auvergne, et plusieurs autres provinces, telles que le Bourbonnais, le Nivernais, le Forez, etc.

Les Grand-Jours se montrèrent souvent inexorables. Ceux qui furent tenus à Riom, en 1542, et en 1546, ne furent pas moins sévères.

L'article 206 de l'ordonnance de Blois de 1579 disposait que les Grands-Jours se tiendraient tous les ans dans les provinces les plus éloignées des parlements, suivant le département fait par le roi, et en fixait la durée à trois mois. Mais cette disposition ne fut pas exécutée.

A mesure que l'autorité monarchique s'affermit, cette juridiction extraordinaire devint plus rare. Elle s'exerça encore à Clermont pendant l'année 1581 [1]. Plus tard, la Fronde la rendit de nouveau nécessaire.

La royauté avait vaincu définitivement la féodalité; elle la poursuivit jusque dans les contrées lointaines où elle pouvait encore exercer son odieuse oppression. L'Auvergne était un de ces asiles où elle s'abritait, et où elle trouvait facilement l'impunité [2]. Dès 1661, les intendants de cette province n'avaient cessé de dénoncer les abus de pouvoir et les excès des nobles, qui étaient protégés et couverts par les officiers mêmes de justice [3].

---

[1] Voy. lettres patentes du 26 avril 1581 (Fontanon, IV, 708).

[2] Voy. préambule des lettres patentes du 31 août 1665 ; *Correspondance administrative sous Louis XIV*, t. II, p. 9 et 10.

[3] Déjà, en 1637, l'intendant Mesgrigny avait signalé les fraudes et les exactions de la noblesse dans les termes suivants : « Les plus ordinaires contre les gentilshommes et leurs officiers sont qu'ils se servent du prétexte des beaux droits qu'ils ont dans leurs terres pour vexer et travailler leurs paysans. Ils ont presque tous les tailles aux quatre cas ; et quand ils marient leurs filles ou qu'ils ont quelqu'emploi nouveau dans les armées, ils font payer de grandes surcharges à leurs paysans; et encore que bien souvent ce soient des gratifications, néanmoins elles sont extorquées, et si quelqu'un ne les donnoit, il seroit foulé de logement de gens de guerre, et bien souvent maltraité par les domestiques des dits gentilshommes. Les droits de *devestis (de victu?)* dont les seigneurs jouissent leur servent aussi pour exiger de leurs tenanciers, et *devestis*, en Auvergne, s'entend une rente en blé qui est portable au château du seigneur, et qui se paie par tous les habitants d'un tennement ou village solidairement et l'un pour l'autre ; et le seigneur s'adresse à celui que bon lui semble, de sorte que les plus riches font des présents de peur que l'on ne s'adresse à eux. Et, qui pis est, quelques gentilshommes ne veulent recevoir leur *de victu* lorsque le blé est à bon marché, et attendent deux ou trois années qu'il devienne cher, et pour lors le font évaluer à un

Des lettres patentes du 31 août 1665 ordonnèrent que de Grands-Jours seraient tenus à Clermont.

Les lettres patentes portant établissement de Grands-Jours fixaient l'étendue de leur ressort, nommaient ordinairement les juges, et les autres officiers dont ils devaient être composés. Elles déterminaient les pouvoirs de la Cour, les matières dont elle devait connaître et la durée de la session [1]. Ces dispositions se trouvent aussi dans les lettres du 31 août 1665. La Cour des Grands-Jours fut instituée « pour les provinces du Bas et Haut pays d'Auvergne, Bourbonnois, Nivernois, Forez, Beaujolois, Lyonnois, St-Pierre-le-Moûtier, Montferrand, Montagnes d'Auvergne, Combraille, la Haute et Basse-Marche, Berry et tous leurs ressorts. »

La session dut commencer à Clermont, pour être continuée, selon l'exigence des cas, dans les autres villes capitales des provinces comprises dans le ressort de la Cour des Grands-Jours.

Henri Potier, sieur de Novion, président à Mortier, fut chargé de présider; de Caumartin devait y tenir le sceau. Les autres commissaires étaient : Lecoq de Corbeville, Noël le Boultz, Guillaume Hébert, Charles Malo, Charles Tronson, Henri de Boyvin

---

haut prix, ce qui tourne à grande ruine au pauvre peuple. Par la coutume d'Auvergne, les seigneurs hauts-justiciers ont des corvées à eux, lesquelles, par les arrests, ont été modérées à 12 par an. La plupart aussi ont droit de *louades* et *vinades,* et bien que la coutume et les arrêts entendent que les seigneurs se fassent payer ces droits en espèces, néanmoins quelques-uns les évaluent à un haut prix, et pour le vin qu'ils ont besoin, ils n'emploient qu'une partie de leurs corvées, ce qui est la ruine des paysans qui quittent leur labeur pour aller quelquefois à 12 ou 15 lieues quérir du vin pour le seigneur. Beaucoup de gentilshommes d'Auvergne s'accommodent aussi des dîmes des curés et des ecclésiastiques leurs voisins, et se les font adjuger à vil prix sous le nom de leurs domestiques. » (*Relation de l'état de la province d'Auvergne*, p. 18 et 19. Mss. Biblioth. de Clermont; voy. *Tabl. hist. de l'Auvergne*, t. III, p. 183 et 184). Les Grands-Jours de 1665 mirent au jour bien d'autres méfaits.

[1] Pour les Grands-Jours de 1581, un président, seize conseillers et deux substituts du procureur général devaient se rendre de Paris à Clermont, y séjourner du 6 août au 30 novembre, et expédier pendant cette session toutes les affaires civiles arriérées au rôle de Paris, ainsi que les procès criminels de la province. Ces magistrats avaient une sorte d'inspection souveraine de la justice : ils devaient connaître de tous les manquements à la discipline de la part des gens de justice des provinces, les punir, et rendre même des arrêts de règlement (voy. lettres patentes du 26 avril 1581, Fontanon, IV, 708). — Quelquefois la nomination des membres de la cour des Grands-Jours se faisait par une commission postérieure.

du Vaurouy, Claude Guillard, Destrappes de Pressy, Charles de Vassan, Barillon, Barentin, Bochart, Lepelletier, Lefèvre de la Faluère, Nau et Joly de Fleury, tous conseillers au Parlement. L'avocat général Denis Talon devait exercer les fonctions du ministère public. Enfin, Dongois et Drouet greffiers civil et criminel étaient chargés de la rédaction [1].

Les dix articles des lettres patentes de 1665 énumérèrent les matières civiles et criminelles qui devaient être soumises à cette haute juridiction, et déterminèrent les pouvoirs des juges.

Les Grands-Jours de Clermont devaient tenir depuis le 15 novembre 1665 jusqu'à la fin du même mois. Ils furent prorogés jusqu'à la fin de janvier 1666.

Sans interrompre ses audiences, consacrées aux affaires civiles et criminelles [2], la Cour fit un règlement qui avait pour but d'assurer l'ordre, la sûreté et l'usage des minutes des greffes, d'empêcher les seigneurs et les juges subalternes d'en disposer arbitrairement et d'abuser des droits de leur justice [3].

La Cour fit aussi, le 30 septembre 1665, un autre règlement, contenant une taxe des objets de consommation et diverses dispositions de police relatives à ces mêmes objets [4].

Les Grands-Jours de Clermont, et ceux tenus à Poitiers, en 1688, furent les derniers qui parurent avec toute la solennité, toute l'étendue de pouvoir inhérentes à cette institution.

Les *Mémoires* de Fléchier, *sur les Grands-Jours d'Auvergne,* contribuèrent à leur célébrité. L'authenticité de la composition de Fléchier n'est plus contestée [5]. Lorsque ces *Mémoires* furent

---

[1] Voy. commission royale du 3 septembre 1665; *Journal* de Dongois, fol. 77, *verso.*

[2] Fléchier dit : « Outre les affaires criminelles, nous entendons plaider ici bien des causes civiles. » *Mémoires sur les Grands-Jours d'Auvergne,* p. 56, 2e édit.

[3] Voy. le *Recueil des arrêts, déclarations, etc., de la cour des Grands-Jours,* p. 147 et suiv., Clermont, 1666, in-4°; — le *Journal* de Dongois donne, à la date du 10 décembre 1665, le texte du règlement relatif aux hautes-justices.

[4] Ce règlement est rapporté dans l'appendice de la 2e édition des *Mémoires* de Fléchier, n° XIV, p. 375 et suiv.

[5] Voy. MM. Taillandier, *Athenæum français* du 24 novembre 1855, et Sainte-Beuve, introduction à la 2e édition des *Mémoires* de Fléchier, p. xxvii, et suiv.

publiés, en 1844, par M. Gonod [1], ils soulevèrent une controverse très-vive, qui est aujourd'hui oubliée.

Dans l'introduction qui précède la seconde édition, M. Sainte-
Beuve a apprécié, au point de vue littéraire, ce livre, qui a surtout
à nos yeux le mérite de faire connaître dans ses éléments les
plus saillants la province d'Auvergne au XVII⁰ siècle, c'est-à-
dire à une époque où les mœurs féodales un moment ranimées
par les rébellions de la Fronde étaient à la veille de disparaître
pour toujours.

« L'Auvergne, dit Fléchier, était une province bien déréglée.
L'éloignement de l'autorité souveraine, la faiblesse des justices
subalternes, la commodité de la retraite dans les montagnes, et
peut-être l'exemple ou le mauvais naturel de quelques-uns avaient
donné courage à la plupart des gentilshommes de faire les tyrans,
et d'opprimer les peuples, ce qui nous a paru par plus de douze
mille plaintes qu'on a rendues [2], et par la fuite presque générale
de la noblesse du pays. »

Ailleurs, il s'exprime ainsi : « Toute la noblesse étoit en fuite ;
il ne restoit pas un gentilhomme qui ne se fût examiné, et qui
n'eût repassé tous les mauvais endroits de sa vie et qui ne tâchât
de réparer le tort qu'il pouvoit avoir fait à ses sujets pour arrêter
les plaintes qu'on pouvoit faire. Il se faisoit mille conversions, qui venoient moins de la grâce de Dieu que de la justice
des hommes, et qui ne laissoient pas d'être avantageuses, pour

---

[1] Il y a une 2⁰ édit. annotée et augmentée d'un appendice par M. Chéruel ;
elle est précédée d'une introduction par Sainte-Beuve ; Paris, 1856.

[2] P. 292, 2⁰ édition. — Parmi les exactions spécifiées dans le *Monitoire* publié
à l'occasion des Grands-Jours on remarque les suivantes, qui toutes furent au
moins une fois l'objet d'une condamnation : Extorsion de reconnaissance de
rentes, cens, corvées, ou autres droits non dus ; évaluation abusive des denrées,
dans les conversions en argent des redevances en nature ; contrainte de payer
à un taux supérieur à celui de la coutume l'abonnement pour les prestations
personnelles ; fixation arbitraire du prix des denrées et violence faite pour
en avoir paiement à ce prix ; emprisonnement dans les maisons ou châteaux
sans décret de justice ; prélèvement de droit sans titre sur la circulation des
marchandises ; rentes et cens arriérés durant les années de bas prix pour les
exiger avec contrainte et violence dans les temps de cherté ; obligation
imposée de moudre au moulin du château, bien qu'il ne fut pas banal ;
confiscation du blé et amende pour ceux qui y manquaient ; vente de denrées avariées à des prix excessifs, et empêchement d'acheter ailleurs qu'au
château, etc., etc. (voy. le *Monitoire* à la suite des *Mémoires* de Fléchier,
p. 324 et suiv., 2⁰ édit. ; et *Journal de Dongois*).

être contraintes. Ceux qui avoient été les tyrans des pauvres devenoient leurs suppliants, et il se faisoit plus de restitutions qu'il ne s'en fait au grand jubilé de l'année sainte [1]. »

Fléchier fait ensuite le récit des accusations des criminels jugés par les Grands-Jours, et dont les noms se sont conservés dans la mémoire des populations de l'Auvergne. C'est d'abord le procès de M. de Lamothe, *le plus innocent des Canillac* [2]; puis, celui de Messieurs du palais [3]; l'affaire du comte de Montvallat, ce « tyran à petit bruit.... qui trouvoit que les anciennes coutumes étoient les meilleures, lorsque quelque belle villageoise alloit épouser, et ne vouloit pas laisser perdre ses droits » [4]; le procès du baron de Sénégas, accusé de concussions, d'exactions, de deux ou trois assassinats et d'une foule de cruautés, lequel « passa *à fleur de corde* et fut sauvé par je ne sais quel hasard qui domine dans les jugements [5]. » Viennent ensuite les accusations de d'Espinchal, seigneur de Massiac, *le plus décrié et le plus criminel de la province,* d'après l'opinion publique [6]; de Jacques Timoléon de Beaufort, marquis de Canillac, auquel on avait donné le nom de *l'homme aux douze apôtres,* parce que « pour exécuter ses desseins plus facilement et pour empêcher les murmures, il entretenoit dans des tours douze scélérats, dévoués à toutes sortes de crimes, qu'il appeloit ses douze apôtres, qui catéchisoient avec l'épée ou avec le bâton ceux qui étoient rebelles à sa loi, et faisoient de terribles violences, lorsqu'ils avoient reçu la cruelle mission de leur maître [7]; » les accusations du comte d'Apchier [8]; de M. de Latour, qui fut condamné par erreur à être pendu, « mais lorsqu'on eut appris qu'il étoit de la *première qualité,* on lui rendit l'honneur qu'il méritoit, et on le condamna *à avoir noblement la tête coupée* [9]. »

[1] P. 50, 2ᵉ édition.
[2] P. 51.
[3] P. 138.
[4] P. 155-159. — Allusion au *droit de noces.*
[5] P. 210-212.
[6] P. 244-258.
[7] P. 259-266.
[8] P. 269.
[9] P. 270.

Sous Louis XIV, la féodalité était vaincue pour toujours. Elle était désormais obligée de se soumettre aux arrêts de la justice royale. Fléchier dit en parlant des Grands-Jours de 1665 : « Il ne s'en est jamais tenu qui aient été si autorisés que ceux-ci. Ils ont été assemblés dans une province où le nombre des criminels était grand ; ils n'ont point eu besoin de troupes pour leur sûreté, ni pour l'exécution de leurs arrêts[1]. »

Les condamnations prononcées par les Grands Jours inspirèrent seulement aux nobles la résolution « de faire apprendre les lois à leurs enfants, et de les faire instruire sur les matières criminelles, afin qu'ils fussent en état de répondre à des juges, et de défendre leur vie aux premiers Grands-Jours[2]. »

Les Grands-Jours avaient fait naître dans l'esprit de la classe opprimée, des habitants de la campagne, des sentiments et des idées d'un autre genre : « Une dame de la campagne se plaignoit que tous ses paysans avoient acheté des gants, et croyoient qu'ils n'étoient plus obligés de travailler.... Ils étoient encore persuadés que le roi n'envoyoit cette compagnie (la cour des Grands-Jours) que pour les faire rentrer dans leur bien, de quelque manière qu'ils l'eussent vendu ; et sur cela, ils comptoient déjà pour leur héritage tout ce que leurs ancêtres avoient vendu, remontant jusqu'à la troisième génération[3]. » — C'était là toute la logique du paysan.

Enfin, Fléchier critique assez lestement les mœurs du clergé, et raconte, à ce sujet, plusieurs faits que nous devons passer sous silence[4].

La cour des Grands-Jours avait fait un règlement pour réformer tous les abus, tous les scandales contre lesquels Denis Talon s'était élevé avec une *éloquence sévère*[5]. Mais ce règlement fut annulé par arrêt du Conseil du 1er avril 1666, sur la demande de l'Assemblée du clergé réunie à Paris[6].

[1] P. 293.

[2] *Loc. cit.*

[3] P. 160.

[4] Voy. le récit du curé de St-Babel (p. 102), de l'évêque de Clermont, Joachim d'Estaing (p. 110 et suiv.), de la dispense de mariage (p. 111).

[5] Voy. *Journal de Dongois*, fol. 113-138 ; *Mémoires* de Fléchier, p. 85.

[6] Voy. *Mémoires* de Fléchier, appendice, n° XIII, § 2, p. 373, 2e édit.

Les Grands-Jours de 1665 n'avaient pas seulement flétri et puni de grands coupables ; ils avaient encore donné de la publicité à leurs crimes. Aussi, il y eut une vive réaction contre une classe qui, après avoir perdu son ancienne puissance, était courbée sous le glaive de la justice, et expiait ses nombreux méfaits[1].

Lorsque le calme régna dans le royaume, lorsque l'autorité royale put, grâce à ses intendants, faire exécuter ses ordres avec rapidité sur toute la surface de la France, l'institution des Grands-Jours, destinée surtout à abattre les restes de la tyrannie seigneuriale, devint inutile et finit par tomber en désuétude.

---

[1] Une médaille fut frappée pour perpétuer le souvenir des Grands-Jours de 1665. D'un côté, est la figure de Louis XIV, avec la légende : *Ludovicus IIII, rex christianiss ;* de l'autre, la justice tenant de la main gauche des balances et une épée, et relevant de la main droite une femme couchée sur des rochers. La légende est : *Salus provinciarum ;* à l'exergue, on lit ces mots : *Repressa potentiorum audacia.* — MDCLXV et MDCLXVI.

TITRE COMPLÉMENTAIRE.

Jurisconsultes, hommes politiques et publicistes de l'Auvergne.

Nous nous proposons de passer en revue les hommes de la province d'Auvergne qui se sont livrés à l'étude des institutions, qui en ont facilité l'intelligence, ou qui ont fait des efforts pour en activer la marche et les progrès par leurs actes ou leurs travaux. Quelques grandes figures dominent dans cette galerie. Nous y trouverons des hommes éminents par les lumières et le caractère. Ils sont la gloire de l'Auvergne et l'honneur de la France. D'autres sont restés dans un cercle plus étroit : leur influence et leur renommée n'ont pas dépassé les limites de leur province. Il en est même plusieurs qui, malgré les services rendus, malgré la faveur dont ils ont joui auprès de leurs contemporains, sont tombés dans l'oubli, et sont aujourd'hui à peu près inconnus, non-seulement dans les autres provinces, mais même en Auvergne, le pays de leur naissance, le théâtre de leurs succès. Telle est souvent la destinée de ceux qui, après avoir parcouru les sentiers arides et solitaires de la science, ne peuvent se présenter aux yeux de la postérité, nous ne disons pas avec l'auréole du génie, mais avec une œuvre fortement empreinte de leur propre substance, de leur individualité. Nous serons heureux de pouvoir donner à leur mémoire le souvenir dû à tous les penseurs qui, dans la mesure de leurs forces, se sont associés par leurs méditations et leurs œuvres aux progrès du droit et de la civilisation.

Nous ne parlerons, dans cette étude, que des jurisconsultes ou publicistes qui ont reçu le jour sur la terre d'Auvergne ; nous

garderons le silence sur plusieurs célébrités pouvant se rattacher
à cette province par leur famille, mais nées sur un autre sol. Nous
parcourrons très-rapidement, dans un premier chapitre, la liste
des quelques jurisconsultes ou hommes politiques de la période
féodale. Nous aborderons ensuite l'époque beaucoup plus féconde
des XVIᵉ, XVIIᵉ et XVIIIᵉ siècles, à chacun desquels nous consa-
crerons un chapitre particulier. Cette revue comprendra plusieurs
jurisconsultes ou publicistes, qui appartiennent à l'ancienne
Auvergne par la date de leur naissance et par une partie de leur
existence, mais dont la plupart des travaux ont eu pour objet
les institutions et les lois de notre nouvel ordre social. On voudra bien nous permettre de ne pas rester dans la limite qui nous
serait sans doute imposée par une méthode rigoureuse, et d'es-
sayer de relier au passé le temps présent, en appréciant quelques
œuvres d'une époque postérieure à la disparition de la province.

CHAPITRE Iᵉʳ.

Jurisconsultes et hommes politiques des XIVᵉ et XVᵉ siècles.

I. — A la fin du XIIIᵉ siècle, il y avait déjà plus de cent ans
que la science du droit et de la jurisprudence avait reçu une
impulsion remarquable par les cours et les écrits des glossateurs.
Accurse avait résumé les progrès de la science. C'est à cette
époque que florissait l'école de Riom. Mais on ne connait aucun
nom des professeurs de cette école que l'Auvergne puisse reven-
diquer [1]. C'est au XIVᵉ siècle seulement que commence la liste
des jurisconsultes de cette province.

En 1311, *Pierre Jacobi*, né à Aurillac, ville de la Haute-
Auvergne, composait un traité des actions, accompagné de
formules pratiques, et connu sous le nom de *Pratique dorée*,

------

[1] *Pierre de Limoges* y enseignait, en 1281, le droit civil et canonique. Voy.
Hist. des institutions de l'Auvergne, tome Iᵉʳ, p. 353.

Practica aurea, qui eut plusieurs éditions[1]. Pierre Jacobi avait étudié le droit à Toulouse et à Montpellier. Il habitait Narbonne en 1290[2], et Montpellier, l'année suivante. Il s'intitule docteur, *legum doctor*, et était probablement professeur[3]. Humbertus disait que le livre de Pierre Jacobi renfermait toute la pratique des cours du pays de droit écrit et du pays coutumier, et que cet ouvrage était aussi nécessaire au jurisconsulte que le bréviaire au prêtre. Il est souvent cité par l'auteur du *Grand Coutumier* de Charles VI et par plusieurs autres jurisconsultes. Pierre Jacobi était grand partisan, non-seulement de l'indépendance, mais de la domination du clergé, tout en censurant ses faiblesses, et en s'élevant contre les lenteurs et les abus de la juridiction romaine.

2. — Dans le même siècle, et vers l'an 1320, *Durand de Saint-Pourçain* publiait son livre *de jurisdictione ecclesiasticâ*, dans lequel il traitait la célèbre question agitée entre Pierre de Cugnières et les prélats français sur les limites de la juridiction ecclésiastique. Il était né à Saint-Pourçain, obtint l'évêché de Limoux, puis devint évêque du Puy, en 1318, et de Meaux en 1326. Il mourut le 13 octobre 1333. La manière hardie et tranchante avec laquelle il décidait les questions lui fit donner le nom de *docteur résolutif*[4].

3. — *Pierre Masuer*, oncle de Jean Masuer, le coutumier d'Auvergne, était originaire de Riom. Il enseigna le droit avec distinction à l'université d'Orléans. Il fut nommé évêque d'Arras en 1373, et mourut en 1391.

4. — *Jean Roland*, de la maison de Cromières, et né au château de ce nom, situé dans la paroisse de Raulhac, était, s'il faut en croire l'épitaphe gravée sur son tombeau, un *jurisconsulte fameux*. Jean Roland était docteur et archidiacre de Bourges, lorsqu'il fut nommé, le 14 janvier 1376, à l'évêché d'Amiens. Il

[1] La plus ancienne que l'on connaisse fut imprimée à Lyon, en 1492, sous le titre de : *Solempnis et practicabilis tractatus libellorum clarissimi legum doctoris Petri Jacobi de Aureliaco gallici.*

[2] Voy. *Practica aurea*, fol. 98.

[3] Voy. l'*Etude sur la Pratique dorée de Pierre Jacobi*, par M. Esquirou de Parieu, *Revue de législation*, t. XX, p. 417 et suiv.

[4] Il a laissé plusieurs autres ouvrages, dont on peut voir la liste dans la Bibliothèque des prédicateurs.

mourut le 17 décembre 1388, et fut enterré dans la cathédrale de cette ville.

5. — Vers la même époque vivait *Berberius d'Issingeaux*, qui publia un *Arbor actionum* et un *Viatorium juris*, espèce de manuel offert aux jurisconsultes, avocats et conseillers en voyage. Les actions possessoires y occupent une place assez importante. Dumoulin avait eu l'intention de le faire réimprimer, mais le trouvant trop vieilli, il abandonna son projet [1].

6. — La littérature du droit, en Auvergne, se borne à peu près à ces quelques indications, pour le XIVᵉ siècle, le siècle de Bartole et de Balde. La science du droit proprement dite n'était pas encore sortie des limites d'une timide exégèse, et l'on ne rencontre pas dans cette contrée, comme dans d'autres provinces, les œuvres d'anciens coutumiers, ces sources si précieuses pour l'histoire de notre droit national.

7. — Mais si les écrits des jurisconsultes ou des praticiens sont très-rares en Auvergne, il n'y a pas de pays qui ait produit, à cette époque, un aussi grand nombre d'hommes politiques, de *chanceliers*.

Jusqu'à l'établissement fixe des parlements, les chefs suprêmes de la justice, connus sous les titres divers de *grand-référendaire*, *apocrysiaire*, *souverain chancelier*, *archi-chancelier*, *archi-notaire*, enfin, de *chancelier*, étaient pris le plus souvent dans l'ordre ecclésiastique. Cette fonction ne fut plus dans la suite conférée qu'à des hommes de robe, jurisconsultes ou magistrats.

Le chancelier était le *correcteur et le contrôleur des ordonnances et des mandements du prince* [2]. Ce sont les ordonnances elles-mêmes qui lui imposaient cette mission [3].

La dignité de chancelier fut longtemps une sorte de magistrature nationale. Le chancelier ne pouvait entrer en fonctions avant d'avoir été reçu chevalier. Il était nommé au scrutin par un grand conseil extraordinaire, composé des grands et des principaux magistrats des parlements. Cet usage se maintint sous les règnes de Charles V, Charles VI et Charles VII. Les rois nommèrent ensuite les chanceliers sans l'intervention de ce conseil,

[1] *Molinæi opera*, t. II, p. 408.
[2] Voy. Loyseau, *Des offices*, liv. IV, chap. II, nº 29.
[3] Voy. notamment art. 44 ord. de mars 1356, et art. 214 ord. de 1413.

8. — Parmi les hommes de l'Auvergne qui occupèrent, au XIVe siècle, ces hautes fonctions, nous rencontrons tout d'abord le célèbre *Pierre Flotte*, seigneur de Ravel, habile légiste, et le principal conseiller de Philippe-le-Bel.

Pierre Flotte joua un rôle considérable dans le procès de Bernard de Saisset, évêque de Pamiers, et dans la lutte de Philippe-le-Bel contre Boniface[1]. Il avait été envoyé en ambassade à Rome, avec Guillaume de Nogaret : « Mon pouvoir, s'était écrié le pape, le pouvoir spirituel embrasse le temporel et le renferme ! » — « Soit, avait répliqué Pierre Flotte; mais votre pouvoir est verbal ; celui du roi est réel. » Boniface courroucé l'appelait « ce Bélia, borgne de corps, aveugle d'esprit[2]. » Pierre Flotte fit partie du conseil qui suggéra à Philippe le plan de campagne contre les prétentions de la papauté à la suprématie temporelle. Le 11 février 1302, la bulle *ausculta fili* était brûlée publiquement à Paris; Philippe et son conseil décidaient d'en appeler au sentiment national. Le chancelier Pierre Flotte ouvrit les Etats par une harangue dans laquelle il exposa avec une grande habileté les entreprises de la cour de Rome contre le royaume et l'Eglise gallicane, et s'adressa tour à tour aux intérêts de la noblesse, à ceux du clergé, et à l'amour-propre national. Son succès fut immense : la noblesse et le Tiers-Etat jurèrent de sacrifier leurs biens et leur vie pour défendre l'indépendance temporelle du royaume[3]. La papauté fit un pas en arrière. Pierre Flotte fut accusé de mensonge et de calomnie; mais l'intervention de Rome dans la politique intérieure de la France n'en était pas moins repoussée, et l'indépendance nationale solennellement consacrée.

Pierre Flotte suivit en Flandre l'armée de Robert d'Artois et périt à la bataille de Courtrai.

9. — *Guillaume Flotte*, son fils, fut chancelier de France, après l'an 1339, et se démit de ses fonctions au mois de juillet 1347[4].

Avant lui, *Gilles Aycelin*, de Montaigut, près Billom, avait eu

---

[1] *Voy.* M. Henri Martin, *Hist. de France*, t. IV, p. 425 et suiv.

[2] Dupuy, *Preuves*, p. 48-52; H. Martin, *Loc. cit.*, p. 427.

[3] Henri Martin, *Loc. cit.*, p. 431.

[4] Anselme, *Hist. généal. et chronol. des chanceliers de France*, t. VI, p. 328.

la garde du sceau royal, depuis le 27 février 1309 jusqu'au mois d'avril 1313 [1] ; *Pierre Rodier*, depuis 1321 jusqu'au mois de novembre 1323 [2], et *Étienne de Vissac*, vers l'année 1334 [3].

Nous citerons encore *Gilles Aycelin* II, qui fut chancelier après le cardinal de la Forest, et qui tenait les sceaux auprès du roi Jean, au mois de septembre 1357 [4] ; enfin, *Pierre de Giat*, d'abord chancelier du duc de Berry, en 1379, puis chancelier de France, en 1383 [5].

10. — Les XIVe et XVe siècles furent une période tourmentée, orageuse, et, par conséquent, peu favorable à l'étude du droit. Ce fut un temps de décadence et de stérilité pour la science. Le pape Eugène IV avait accordé, en 1415, à l'école de Billom, la permission d'enseigner le droit civil [6], qui était interdit à l'Université de Paris. Aucun nom de cette école n'est parvenu jusqu'à nous.

Le XVe siècle ne fournit, d'ailleurs, en France, aucun jurisconsulte éminent, vulgarisant la science du droit par l'enseignement. Une révolution cependant se préparait dans cette science : le siècle d'Alciat et de Cujas n'était pas éloigné. Mais ce qui dominait, au XVe siècle, c'était la pratique, c'étaient les ouvrages des praticiens écrivant pour l'application usuelle et quotidienne de la loi, pour l'usage du Palais. Tel fut le caractère de l'œuvre de *Jean Masuer*, que Tiraqueau appelait : *vir apud Gallos magnæ in practica auctoritatis*, et auquel nous avons consacré, ailleurs, quelques pages [7]. Jean Masuer mourut vers l'an 1450 ou 1456.

Des écrivains citent parmi les jurisconsultes auvergnats du même siècle *Martial d'Auvergne* : « Quoiqu'on en ait douté, dit M. Bayle-Mouillard, il était certainement notre compatriote, *origine arvernus* [8]. » Mais ces expressions de son commentateur Benoît de Court signifient seulement que le célèbre auteur des

---

[1] Anselme, *Loc. cit.*, p. 301.

[2] *Loc. cit.*, p. 310.

[3] *Loc. cit.*, p. 324.

[4] Il mourut le 5 décembre 1378 (*Loc. cit.*, p. 331).

[5] Mort en 1407 (Anselme, *Loc. cit.*, p. 343).

[6] Voy. *Histoire des institutions de l'Auvergne*, tome Ier, p. 354.

[7] Voy. *Hist. des institutions de l'Auvergne*, tome Ier, p. 449 et suiv.

[8] *Études sur l'hist. du dr. en Auvergne*, p. 57, note 3.

Arrêts d'amour appartenait à une famille originaire de l'Auvergne. L'épitaphe gravée sur sa tombe prouve qu'il était né à
Paris [1]. Il fut en même temps procureur au Parlement [2] et un des
premiers poètes de France. Il cultiva la procédure et la poésie !
Mais doit-on le compter au nombre des jurisconsultes de son
époque ? Quoique M. Dupin ait écrit que les *Arrêts d'amour*
étaient « un cadre imaginé pour consigner les formes de la procédure et les principes du droit, et pour les mettre à la portée
des gens du monde, en les appliquant à des espèces fictives et
galantes [3], » nous aimons mieux y voir l'œuvre originale d'un
homme d'esprit que le travail sérieux d'un jurisconsulte.

CHAPITRE II.

Jurisconsultes, hommes politiques et publicistes du XVIᵉ siècle.

11. — La théorie du droit n'avait pas encore paru en France,
quand s'ouvrit le XVIᵉ siècle. Mais quinze ans environ après les
leçons populaires d'Alciat, Cujas inaugurait son enseignement par un
cours particulier, à Toulouse, et poursuivait sa brillante carrière,
analysant les textes, les éclairant à l'aide de la littérature, de la
philologie, et retrouvant les anciennes lois de Rome dans
toute leur pureté historique. Dumoulin portait le flambeau de sa
critique sur le droit français épars dans les coutumes des provinces. D'autres jurisconsules célèbres, dont nous n'avons pas
à parler ici, s'associaient à l'œuvre de ces deux géants de la
science.

[1] « Cy devant gist en sepulture
 » Monsieur Martial, Dauvergne surnommé,
 » *Né de Paris*, et fut plein de droicture,
 » Pour ses vertus d'un chacun bien aymé. »
Martial d'Auvergne était né vers 1440, et mourut en 1508.
[2] En 1460.
[3] *Bibliothèque de droit*, tome II, p. 736.

C'est aussi dans ce siècle de merveilleuse érudition, si tourmenté par les guerres politiques et religieuses, si agité par l'esprit novateur, que l'Auvergne produisit L'Hôpital. Nous allons parcourir la liste de plusieurs savants jurisconsultes ou publicistes de cette province, qui ont honoré leur patrie par leurs travaux ; mais leur talent ou leur renommée s'effacent devant le génie et la gloire de cet illustre enfant de l'Auvergne.

Avant lui, Antoine Duprat sortit aussi de cette province pour entrer dans les conseils de la royauté, et y exercer une grande influence ; mais quelle différence, quel contraste entre ces deux caractères !

12. — *Antoine Duprat*, né, le 17 janvier 1463, à Issoire, petite ville de la Basse-Auvergne, fut successivement avocat à Paris, lieutenant-général à Montferrand, avocat général à Toulouse, maître des requêtes, président à mortier, puis premier président au parlement de Paris, chancelier, en 1514, enfin cardinal, en 1527, et légat *a latere,* en 1530. Il mourut, à Nantouillet, le 9 juillet 1535.

Homme cupide et sans conscience, Antoine Duprat employa pour réussir les plus mauvais moyens. Il favorisa la vénalité des offices ; faussa l'ancienne loi fondamentale du royaume en persuadant à François Ier d'augmenter les impôts sans attendre l'octroi des Etats Généraux ; engagea ce prince à faire le fameux concordat du 19 décembre 1515, par lequel le monarque et le pape *se donnèrent l'un à l'autre ce qui n'appartenait à aucun des deux.*

Antoine Duprat fut aussi considéré comme l'auteur de la maxime : *nulle terre sans seigneur,* qui était plus ancienne que lui, mais à laquelle il donna un sens plus illibéral que celui qu'elle avait auparavant. Pierre Jacobi d'Aurillac, qui vivait plus de deux cents ans avant François Ier, parlait déjà de cette maxime dans sa *Practica aurea*[1]. Mais Duprat conseilla à François Ier ce que Louis XIII voulut ériger en loi par l'art. 382 de l'ordonnance de 1629.

Il fit toujours passer ses intérêts avant ceux de son pays. La réponse de François Ier, auquel il demandait une nouvelle faveur, *sat prata biberunt,* est une preuve surabondante de son avidité.

[1] *De succ. regni Fr.,* f° 98, v°, col. 1.

C'est ce même homme qui profita de la confiscation, qui eut
Thiers pour sa part des dépouilles du connétable de Bourbon, et
qui dressa le premier ces bûchers où périrent dans la suite tant
de courageuses victimes, notamment le conseiller Anne Du Bourg,
dont nous parlerons, après avoir dit quelques mots d'un jurisconsulte qui fut impitoyable dans ses haines contre les Calvi-
nistes, et leur persécuteur.

13. — *Pierre Lizet* était né à Salers, en 1482. Il s'éleva aux
plus hautes charges de la magistrature. Il fut d'abord avocat au
parlement de Paris, élu conseiller, en 1515, avocat général, en
1517, et succéda, en 1519, à Jean de Selve dans la charge de
premier président au même parlement, qu'il occupa pendant près
de vingt années. Une intrigue de cour, ourdie par le cardinal de
Lorraine et la duchesse de Valentinois, le força, en 1550, à se
démettre de ses fonctions. Henri II, auquel il représenta son
extrême pauvreté, et qui ne pouvait méconnaître ses services,
lui donna l'abbaye de St-Victor, située dans un faubourg de Paris,
où Lizet employa le reste de ses jours à étudier les Pères de
l'Eglise, et à écrire contre les protestants. Les écrivains calvi-
nistes se vengèrent de son intolérance et de ses persécutions en
livrant à la risée publique ses œuvres théologiques, écrites dans
un style diffus et en latin barbare. Ils le tournèrent cruel-
lement en ridicule dans une satire burlesque intitulée : *Epistola
magistri Benedicti Passavantii*, et attribuée à Théodore de Bèze[1].
Sa réputation de jurisconsulte fut quelque peu ternie par ses
élucubrations de théologien.

Cependant Pierre Lizet avait des connaissances en droit romain,
dont il était fortement épris. Il avait été chargé, en 1538, avec le
conseiller Mathé, de réformer la coutume de Berry. Guy Coquille,
en parlant de cette coutume, et de Pierre Lizet qui avait présidé à
sa réformation, disait : « Mais, pour ce qu'il étoit plus excellent en
cette science du droit romain, aussi il en a toujours fait plus d'estat,
et ladite coutume du Berry en plusieurs endroits, et les arrêts
donnez de son temps, en peuvent rendre grand témoignage[2]. »

---

[1] On connait aussi la *Complainte de messire Pierre Lizet sur le trépas de
son feu nez.* M. Delarfeul, juge suppléant au tribunal civil de Riom, aujour-
d'hui juge à Moulins, l'a insérée dans les notes de son *Etude sur Pierre Lizet*,
broch. in-8°, Clermont-Ferrand, 1856.

[2] *Cout. du Nivernais*, t. II, p. 3.

Pierre Lizet était aussi très-dévoué aux intérêts du fisc.

Il a laissé une *Pratique judiciaire pour l'instruction et décision des causes criminelles et civiles,* qui a été annotée par Charondas le Caron [1]. Il mourut le 17 juin 1554, à l'âge de 72 ans, après avoir fondé un hospice à Salers et quelques bourses dans un collége de Paris.

14. — Si la Haute-Auvergne donna le jour à Pierre Lizet, la Basse-Auvergne vit naître *Anne Du Bourg,* jurisconsulte dont le nom est inséparable des événements de la Réforme, et le souvenir étroitement lié aux guerres de religion; le type le plus remarquable et le plus pur du martyre calviniste [2].

Anne Du Bourg naquit à Riom, en 1521, dans une famille riche et puissante, dont plusieurs membres occupaient depuis longtemps des fonctions élevées dans l'administration de la justice et dans celle des finances [3].

Le clergé le reçut d'abord dans ses rangs. Il fut ordonné diacre. Il laissa ensuite l'étude de la théologie pour se livrer à celle du droit. A cette époque, la Réforme était, avec des formules et des sentiments divers, l'idée dominante dans toutes les classes de la société, à l'exception de l'Eglise. Anne Du Bourg, comme plusieurs autres jurisconsultes de son temps, abandonna le catholicisme pour embrasser les doctrines du protestantisme.

Sa science de jurisconsulte lui fit obtenir une chaire à l'école d'Orléans. Il quitta cette chaire pour entrer au parlement de Paris, où il fut reçu comme conseiller-clerc, dans le cours de l'année 1557. Il ne tarda pas à être compté au nombre des membres de cette compagnie qui demandaient la liberté de conscience, et qui blâmaient les rigueurs auxquelles les réformés étaient en butte. Les deux chambres du Parlement, auxquelles avait été confié, en 1557, le soin de les poursuivre, étaient en dissidence, et n'apportaient pas les mêmes vues dans l'accomplissement de cette triste mission.

Dans le mois de juin 1559, Henri II était venu au Parlement,

[1] *Paris,* 1603, in-8o. — Autre édition, *Arras,* 1606. — *Paris,* 1613, in-8o.

[2] Voy. M. Doniol, *Tabl. hist de l'Auvergne,* t. VI, p. 402.

[3] Il était neveu d'Antoine Du Bourg, chancelier en 1536, après la mort de Duprat, et fils du contrôleur général des aides et tailles d'Auvergne et de Languedoc.

un jour de mercuriale, exprimer le désir de voir prendre sérieu-
sement à l'avenir la défense de l'Eglise. Des magistrats n'avaient
pas craint de faire entendre au roi l'expression de leurs convictions, et de proposer la tolérance. Du Faur avait attaqué, dans
un discours plein de hardiesse, les abus de l'Eglise. Après lui,
Anne Du Bourg prit la parole, et, comme Henri II avait dit,
dans son allocution au Parlement, qu'il s'agissait de la cause
de Dieu, ces paroles royales lui suggérèrent son exorde: il
opposa l'éternelle sagesse de la providence aux passions terrestres des hommes qui exerçaient en son nom des persécutions, fit
ensuite un tableau peu flatteur de la société catholique et de la
cour, et s'éleva avec force contre les vices de la puissance
romaine. Anne Du Bourg fut emprisonné avec Du Faur et plusieurs autres conseillers. Déclaré hérétique, après de longues
procédures, il fut condamné à être brûlé vif. On obtint pour lui
l'unique grâce d'être pendu avant d'être jeté aux flammes, et il
fut ainsi exécuté, le 25 décembre 1559, à l'âge de trente-huit
ans.

Anne Du Bourg mourut pour son dévouement absolu à une
idée, à celle qu'il croyait être la vérité. Il affronta la mort avec
calme, avec courage, et en conservant ses croyances. Son supplice
fortifia les adeptes du protestantisme dans leur foi, et ne servit
qu'à allumer de plus vives passions.

Peu de mois après la mort de cette illustre victime, L'Hôpital
prenait les sceaux [1].

15. — Avant d'aborder ce grand homme, rappelons, en passant,
Pierre de Combefort, qui fit imprimer, en 1507, un ouvrage sur
la *Pragmatique;* — *Pierre Antony,* jurisconsulte, maître des
requêtes, né à Issoire, et auteur d'un Commentaire sur les traités
d'Etienne Aufrérius, qu'il dédia au chancelier Duprat; —*Antoine
Arnaud,* successivement procureur du roi au présidial de Riom,
en 1553, procureur général de Catherine de Médicis, et conseiller
du roi, en 1582. Il mourut à Paris en 1585.

16. — *Michel de L'Hôpital* est né, vers 1505, à Aigueperse,
selon l'opinion la plus générale, et, d'après quelques biographes,
au château de Laroche, situé sur l'un des côteaux qui dominent

[1] L'Hôpital fut chancelier depuis le 15 juin 1560.

cette ville. Cette grande, noble et sympathique figure [1] a été
souvent étudiée. Des plumes exercées ont retracé la vie, le caractère et apprécié les œuvres du célèbre homme d'Etat, en le suivant
depuis ses premières études jusqu'au moment où L'Hôpital disgra-
cié alla gémir, dans sa petite terre de Vignay, sur les malheurs de
la France [2]. Nous fatiguerions le lecteur par des redites, si nous
entrions dans ces détails. Un éminent historien a fait le portrait
de l'illustre chancelier, et caractérisé sa conduite politique dans
ces quelques lignes, que nous préférons à de plus volumineux
écrits : « Il y avait alors (1560) dans le conseil du roi mineur,
comme chef de la magistrature, un homme que son siècle a
honoré d'une admiration respectueuse et qui reste grand pour le
nôtre, Michel de L'Hôpital, dont on peut dire qu'il eut le génie
d'un législateur, l'âme d'un philosophe et le cœur d'un citoyen.
Fils d'un bourgeois, et devenu chancelier de France, c'est-à-dire
premier ministre, il porta dans le gouvernement les principes
traditionnels du Tiers-Etat, l'attachement au maintien de l'unité
française et aux libertés de l'Eglise gallicane. Il sut faire accepter
à la reine-mère, Catherine de Médicis, sa politique, dont l'esprit
était qu'au milieu des changements de l'Europe la France de-
meurât elle-même, et que sa personnalité ne fût absorbée ni par
la révolution religieuse du Nord, ni par la réaction du Midi. Il
aimait la vieille maxime : *une foi, une loi, un roi*, mais, selon
lui, la foi devait être tolérante, la loi protectrice et le roi im-
partial pour tous [3]. »

L'opinion est aujourd'hui fixée sur L'Hôpital. Notre siècle ne
demande plus s'il fut catholique ou *huguenot*. Il admire l'esprit

[1] « C'estoit un autre censeur Caton celuy-là, dit Brantome, il en avoit du
tout l'apparence avec sa grand barbe blanche, son visage pasle, sa façon
grave, qu'on eust dict à le voir que c'estoit un vrai pourtraict de sainct
Hierosme : aussy plusieurs le disoient à la cour. » (*Panth. littér.*, t. XIX,
Brantome, t. Ier, p. 317.)

[2] L'Académie française couronna, en 1777, l'éloge de l'Hôpital par l'abbé
Remi. M. Duféy consacra à un essai sur la vie et les ouvrages de l'Hôpital, la
plus grande partie du 1er volume de l'édition des œuvres complètes qu'il fit
paraître de 1824 à 1826. M. Villemain a aussi publié, en 1827, une vie du
chancelier (Voy. *Mélanges littéraires*, t. III, p. 1 et suiv.). Elle avait déjà
fait l'objet d'une brochure in-12, publiée à Londres, en 1764. *Voy.* aussi
Etudes sur la vie de Michel de L'Hôpital, par M. Salveton, avocat général,
broch. in-8°, 1835.

[3] Augustin Thierry, *Essai sur l'hist. du Tiers-Etat*, p. 91.

supérieur, la haute philosophie, la prudence, la modération, la tolérance, l'activité, la résolution, l'énergie, le patriotisme de cet homme illustre, qui conserva dans les palais licencieux des Valois la sévérité de ses mœurs, et épuisa sa vie en nobles efforts pour combattre la fatalité des temps, convaincu que la vérité ne triomphe pas par la force et l'intolérance, mais par la justice et et la persuasion.

L'Hôpital ne cessa de faire appel à l'équité, à l'humanité, et de travailler à une réconciliation religieuse, que les passions détruisaient sans cesse, et au rétablissement de la paix, au milieu de la collision et de la fureur des partis ; tâche difficile et périlleuse, mais toujours belle, toujours glorieuse pour les hommes qui l'entreprennent, lors même que leur œuvre n'est pas couronnée par le succès.

Son génie organisateur se signala par une série d'actes législatifs ayant leur source dans les principes posés par le cahier du Tiers-Etat de 1560. Toutes ces ordonnances préparées pendant les déchirements de la guerre civile formèrent un fonds nouveau de législation, dont le siècle suivant accepta avec respect l'héritage. L'édit des *pareatis* et des évocations de 1560 était une tentative faite dans un but d'uniformité, comme l'ordonnance de Moulins de février 1566 était un pas vers l'unité de juridiction et de procédure civile.

On sait quelle était la sollicitude du chancelier pour la bonne administration de la justice, et les efforts qu'il fit pour remédier aux abus de la vénalité des offices. On sait aussi quelle juste sévérité il apportait dans l'appréciation du mérite et de la capacité des magistrats. L'anecdote du président et du conseiller, auxquels il fit, à Moulins, subir un examen, est ainsi racontée par Brantome : « Après disner, on luy dit qu'il y avoit là un président et un conseiller nouveaux qui vouloient estre receus de luy en leurs nouveaux estats qu'ils avoient obtenus. Soudain il les fit venir devant luy, qui ne bougea ferme de sa chaire. Les autres trembloient comme la feuille au vent. Il fit apporter un livre du code sur la table, et l'ouvre luy-mesme, et leur monstre à l'un après l'autre une loy à expliquer, leur en faisant sur elle des demandes, interrogations et réponse. Ils lui répondirent si impertinemment et avecques un si grand estonnement, qu'ils ne faisoient que vaxiller et ne sçavoient que dire ; si bien qu'il fut

contrainct leur en faire une leçon, et puis leur dire que ce n'estoient que des asnes, et qu'encor qu'ils eussent près de cinquante
ans, qu'ils s'en allassent encor aux escoles estudier. .... M. le chancelier les renvoya sans recevoir leur serment, qu'il remonstreroit
au roy leur ignorance, et qu'il en mist d'autres en leurs places[1]. »
On connaît enfin, ses nobles et belles allocutions aux magistrats :
« Si vous ne vous sentez, leur disait-il, assez forts et assez justes
pour commander à vos passions et pardonner à vos ennemis,
abstenez-vous de l'office de juge. » Et dans une autre circons-
tance : « Le juge homme de bien faict son office envers Dieu et
les hommes, et ne crainct personne. » Avec quel enthousiasme
on doit s'associer au patriotique désir d'Estienne Pasquier qui,
parlant de ce grand ministre, souhaitait que la France n'eût
jamais que des chanceliers *moulant leur vie sur la sienne!*

L'Hôpital joignait à de hautes et graves pensées l'amour des
jouissances intellectuelles. Ses poésies latines forment la matière
d'un gros volume in-8°[2]. On y trouve les riches souvenirs de l'antiquité, l'élégance, la noblesse, et l'expression de généreux sentiments.

Son *Traité de la réformation de la justice* est une de ses œuvres
les plus importantes; ce fut peut-être la seule qu'il destinait à la
publicité[3].

Ses *Harangues*, qui ont été prononcées, soit devant les cours
de justice, soit au sein des assemblées nationales, sont toutes
empreintes d'un grand sens. Une mâle éloquence mêlée d'une
érudition sans excès en est le principal caractère[4].

L'Hôpital est mort le 13 mars 1573. Dans son *testament* se
trouve, à côté de l'expression de ses dernières volontés, un
résumé de tous les événements de sa vie. Il était tombé[5], après
une lutte impuissante contre une mauvaise époque; il mourut,
après avoir vu le *grand crime du siècle*, le massacre de la Saint-
Barthélemy; mais il pouvait jeter un regard en arrière : si sa
grande âme fut frappée d'une profonde tristesse, aucun regret ne
dut du moins inquiéter ses dernières pensées.

---

[1] *Panthéon littéraire,* t. XIX, Brantome, t. Ier, p. 347.

[2] Volume III des œuvres complètes de Michel L'Hospital, publiées par
M. Duféy, Paris, 5 vol. in-8°.

[3] Vol. IV et V de l'édition Duféy.

[4] Vol. I et II de l'édition Duféy.

[5] Il sortit du ministère le 15 mai 1568.

17. — Aigueperse fut aussi le berceau de la famille des *Marillac*. *Gilbert de Marillac*, avocat-général au Parlement, magistrat éloquent et jurisconsulte distingué, était né dans cette ville, vers la fin du XV° siècle. Il mourut le 23 avril 1551.

Charles de Marillac, son frère, né dans la même ville, vers 1510, d'abord avocat renommé au parlement de Paris, puis archevêque de Vienne, ensuite ambassadeur, fut le négociateur le plus fameux de son temps. Les discours qu'il prononça à la diète d'Augsbourg, après la mort de Charles V, mirent le dernier sceau à sa réputation. Il prononça aussi aux Etats généraux du 21 août 1560 une harangue mémorable sur les désordres de l'Etat, et mourut quelques mois après, à l'âge de 50 ans, de la douleur que lui causaient les maux de la patrie. Le chancelier L'Hôpital, son ami, lui adressa quelques unes de ses poésies latines[1], et Dumoulin lui dédia son *Novus intellectus quinque legum*, imprimé à Lyon, en 1558. Charles de Marillac laissa des mémoires manuscrits[2].

18. — *Jean Amariton* naquit à Nonette, en 1525. Il suivit, à l'Université de Paris, les leçons de Grenet, d'Omer Talon, de Pierre de la Ramée et de Philaret ; enseigna la philosophie, au collège de Presles, en 1550 ; étudia ensuite le droit à Toulouse ; y devint l'ami et le collègue de Cujas. Mis en prison par les ligueurs, il mourut en 1590. Il publia des notes sur Ulpien[3]. Cujas lui dédia les siennes. Jean Amariton publia aussi des commentaires sur les épîtres de Cicéron et sur celles d'Horace[4].

19. — *Antoine de Matharel*, né dans les environs d'Issoire, vers l'an 1520, se distingua au barreau de Paris. Il est l'auteur d'un travail intitulé : *Antonii Matharelli ad Francisci Hotomani franco galliam responsio*, publié en 1575. Antoine de Matharel mourut vers 1580.

---

[1] Dans une de ses épîtres, il lui dit :
> Nunc sequere, in que forum mecum descende, videbis
> Jucundum nil, suave nihil, nil denique gratum,
> Nil possis quo perpetuos lenire labores.
> *(Ad Marilliacum, v. 37 et s.)*

[2] Nous avons déjà dit que nous ne parlerions pas de *Michel de Marillac*, garde des sceaux de France, qui était né à Paris le 9 octobre 1563.

[3] Toulouse, 1554.

[4] Imprimés à Paris en 1553.

20. — *Jehan Combes* publiait, en 1576, son *Traité des tailles* [1], qui eut un grand succès. Cet ouvrage, écrit dans un style assez net, résumait toutes les règles sur l'assiette et la perception de l'impôt, faisait connaître les attributions des différents officiers qui en étaient chargés, le nombre et la nature des diverses impositions. Jehan Combes remonte souvent aux origines. On trouve dans son traité plusieurs renseignements utiles sur l'histoire du droit financier, à côté de grosses erreurs. Comme dans la plupart des ouvrages de cette époque, les textes profanes et sacrés y sont prodigués. On y voit souvent intervenir Rome et la Grèce. Néanmoins, le livre de Jehan Combes contient de précieuses indications sur des matières, qui, au temps où il fut écrit, étaient l'objet, sinon unique, du moins le plus important du droit administratif.

Du Haillan [2], Fontanon [3] et Chabrol en font un grand éloge. Il fut réimprimé en 1584 [4]. Dans sa dédicace à Huraut de Cheverny, Jehan Combes promettait de publier un second ouvrage sur l'origine de la Chambre des comptes, de la Cour des aides, sur les Elections, les Chambres du trésor et des monnaies, et leurs juridictions. Ce travail n'a pas paru.

Jehan Combes était né à Riom, en 1530. Après avoir exercé la profession d'avocat à Montferrand, il embrassa la carrière des armes. Il reprit la robe après le siége de Poitiers (1569). Il fut ensuite conseiller et avocat du roi au siége présidial et sénéchaussée d'Auvergne. Après la prise de Riom, Jehan Combes fut en butte aux persécutions du comte de Randan, qui avait vainement tenté de l'attirer dans le parti de la ligue.

21. — *Durant Gilles*, né à Clermont, vers 1550, avocat distingué au Parlement, et l'un des neuf avocats désignés par la cour

---

[1] *Traicté des tailles et autres charges et subsides, tant ordinaires que extraordinaires qui se lèvent en France, et des offices et estats touchant le maniement des finances de ce royaume, avec leur institution et origine.* — *Ouvrage contenant sommairement par qui et pour quelles causes ont esté inventés tant de subsides, de leur nature et qualité, quelles personnes y contribuent, et la conformité d'iceux avec les anciens.*

[2] Préface de l'*Estat des affaires de France.*

[3] *Annotations à Masuer.*

[4] Paris, chez Morel, 1584.

pour travailler à la réformation de la coutume de Paris[1], put cultiver avec un égal succès le droit et la poésie[2].

22. — *Fontanon*, l'auteur du recueil des *Ordonnances des rois de France*, et avocat au parlement de Paris, vers la fin du XVIe siècle, était aussi né en Auvergne. Il traduisit le coutumier Masuer. Mais il ne le comprit pas toujours. Fontanon vivait encore en 1594.

23. — L'Auvergne fut aussi la patrie de *Jean de la Guesle*, qui devint premier président du parlement de Bourgogne, puis procureur général au parlement de Paris, en 1570. Il était né au château de la Guesle, près de Vic-le-Comte. Il mourut en 1588, dans sa maison de Laureau, près de la ville d'Epernai, en Beauce.

24. — *Mathieu Chalvet*, président au parlement de Toulouse, était également originaire de cette province. Il était né, en 1528, au château de Rochemonteix, paroisse de Saint-Hippolyte, ou à Salers, dans la Haute-Auvergne. Il mourut à Toulouse, en 1607. Mathieu Chalvet était le neveu de Pierre Lizet.

25. — *Jean du Vair*, d'abord avocat au parlement de Paris, ensuite procureur général de la reine Catherine de Médicis, et enfin, maître des requêtes de l'hôtel du roi, était né à Tournemire. On lit dans les *Dialogues de Loisel* : « Nous avions aussi M. Jean du Vair, natif d'Aurillac (?), qui tenoit beaucoup de son Auvergnac, et ne put jamais bien parler françois, encores qu'ayant esté fait procureur général de la reyne, et du roy en la cour des aydes, et depuis maistre des requestes, et en ces charges conversé avec toute sorte de personnes, et mesmement avec les courtisans, il eust eu moyen de changer son ramage.....[3]» Jean du Vair mourut le 6 janvier 1592.

[1] Pasquier, liv. XIX, lettre 15e.

[2] Il est auteur de sonnets, d'odes, d'élégies. On connaît ses *Vers à sa commère, sur le trépas de l'âne ligueur, qui mourut de mort violente dans le siège de Paris en* 1590. Cette pièce se trouve dans le premier volume de la satire Ménippée, édit. de 1714.

[3] *Dialogue des advocats*, t. Ier, p. 234 de la *Profession d'avocat*, de M. Dupin. Le *Dialogue des advocats* cite encore *François de Marillac, Auvergnat*, « qui estoit fort en réplique » (*Loc. cit.*, p. 221); *Antoine Du Lac, Auvergnat*, « qui estoit un peu trop ventart, luy semblant qu'il n'y avoit personne au palais qui entendist la matière des substitutions comme luy, dont ses compagnons se rioient » (*Loc. cit.*, p. 224). C'est le même Du Lac qui félicite Aymon Publitius dans une épître placée en tête de son commentaire sur la Coutume d'Auvergne.

26. — *Antoine Arnaud*, fils d'Antoine Arnaud, dont nous avons parlé plus haut [1], fut un avocat éloquent. Il était né à Riom, le 10 juillet 1550. Il publia son célèbre plaidoyer pour l'Université de Paris contre les jésuites [2], et un autre opuscule contre les disciples de Loyola, ayant pour titre : *Le franc et véritable discours au roi sur le rétablissement qui lui est demandé pour les jésuites* [3].

Antoine Arnaud refusa la charge de Simon Marion, son beau-père, avocat général au Parlement, et les fonctions de secrétaire d'Etat, offertes par Catherine de Médicis. Lemaître, son petit-fils, faisait allusion à ce désintéressement dans les vers suivants :

> Il vit comme un néant les hautes dignités
> Et préféra l'honneur d'oracle de la France
> A tout le vain éclat des titres empruntés.

Antoine Arnaud mourut à Paris, en 1619.

27. — *Jean de Vernhes* ou *de Vernyes*, qui fut président de la cour des aides de Montferrand, et royaliste zélé, était originaire de Salers. Henri IV, peu de temps après son avénement, voulant connaître l'esprit et l'état des provinces, demanda des renseignements aux hommes réputés les plus capables de les donner. Cette mission fut confiée, en Auvergne, au président Jean de Vernyes. Ses mémoires, qui furent envoyés au roi, et qui sont écrits de 1589 à 1593, ont été publiés pour la première fois par les soins de M. Gonod [4].

28. — Nous allons maintenant parcourir la série des jurisconsultes qui étudièrent la Coutume d'Auvergne, publiée en 1510, et dont les commentaires contribuèrent à en élucider les dispositions.

29. — Le premier qui entreprit de commenter cette coutume, *Aymon Publitius*, était Piémontais. Il avait été président du sénat de Chambéry, et expulsé de sa patrie. Il se réfugia à

---

[1] *Supra*, n° 14.

[2] Paris, 1594.

[3] *Voy.* encore : *La fleur de lys*, 1593, in-8°; *Avis au roi Louis XIII pour bien régner*, 1615, in-8°.

[4] Broch. in-8°, Clermont, 1838.

Montferrand, et publia, en 1548, un livre[1] rempli de citations le plus souvent inutiles. Ce commentaire ne jette qu'une faible lumière sur le sens et l'esprit de la Coutume. Prohet disait *qu'il n'était presque d'aucun usage*[2]. Il était entièrement abandonné du temps de Chabrol[3]. Les éloges ne lui avaient cependant pas été ménagés lors de sa publication[4].

30. — Dans la même année, *Bessian*, ou *Jean de Besse* (*Johannes Bessianus*), né à Préissac, près de Blesle, publiait son commentaire sur les coutumes d'Auvergne[5]. Il le composait à Toulouse, où il était avocat, après avoir exercé cette profession à Montferrand. Dans sa préface, il prévient les lecteurs que son livre est une œuvre de jeunesse, que, par conséquent, on ne doit pas s'étonner d'y rencontrer des fautes : *Quamobrem non mirum (benevole lector) si in hoc adolescentiæ nostræ primævum opus, pleraque reprœhensione digna invenias.* Il n'est pas un jurisconsulte, même parmi les plus habiles, qui n'ait erré, dit-il, et ce serait un véritable miracle s'il n'avait lui-même commis aucune erreur : *Neque est eorum quispiam, qui jura sunt interprœtati, qui non interdum sit hallucinatus..... verum si non errassem magnum profectò miraculum esset.* Cet aveu bien inutile témoigne du moins en faveur de la modestie de l'auteur, qui était à un âge où la confiance en ses forces n'est pas le moindre défaut de ceux qui parlent ou qui écrivent. Le commentaire de Jean de Besse est cependant supérieur à celui d'Aymon Publitius. Chabrol reconnaissait qu'il s'y trouvait des choses utiles, mais plus souvent encore singulières[6].

[1] COMMENTARII IN CONSUETUDINES ARVERNIÆ, *editi per D. Aymonem Publitium Pēdemontanum, clarissimum juris utriusque doctorem, ac Olim Allobrogum præsidem, summariis, ac indice alphabetico illustrati.* In-fol. Paris, Poncet le Preux, 1548.

[2] Voy. Prohet, préface.

[3] *Voy.* Chabrol, t. Ier, préface.

[4] Voy. les épitres de Jean de Mosac et d'Antoine Du Lac, insérées en tête de ce commentaire.

[5] ARVERNORUM CONSUETUDINES, *Joannis Bessiani à Pressaco jurisconsulti clarissimi Olim apud Montemferrandum in Arvernis, nunc in senatu Tholosano causarum patroni annotationes locupletissimæ atque etiam doctissimæ in Arvernorum consuetudines : Opus recens natum, ac nunc primam in lucem editum.* Lyon, chez Antoine Vinçent, 1548, in-12.

[6] Vol. Ier, préface.

Ainsi l'auteur, sous l'art. 11 du chapitre xiv de la coutume, énu-
mère ce qu'il appelle les cent priviléges des femmes. Il avait
entrepris, disait-il, cette énumération pour gagner l'amour des
femmes honnêtes, en leur montrant combien il avait travaillé
pour elles : *quanto labore opus fuerit in cumulatione istorum quæ
feci, ut amarer ab honestis mulieribus, cum scient me tanto opere pro
illis laborasse* [1]. Le centième privilège qu'il cite est celui que les
femmes ont en France, où elle sont sous puissance maritale, de
soumettre toujours les maris à leur volonté [2]. C'est à Jean de Besse
que s'adressait la célèbre invective de Ragueau, dans laquelle
les interprètes étaient traités d'une façon fort incivile [3].

31. — Nous avons à enregistrer des travaux plus sérieux, ceux
de *Jean de Basmaison-Pougnet*, qui occupa un rang élevé parmi
les jurisconsultes et les hommes politique de l'Auvergne [4].

Jean de Basmaison était né à Vic-le-Comte, vers l'an 1530.
Se destinant au barreau, il alla à Paris pour y compléter son
instruction. Il s'y lia intimement avec Dumoulin, Imbert et
Etienne Pasquier, surtout avec ce dernier, qui devint ensuite
son conseil et son guide dans plusieurs circonstances importantes
et difficiles de sa vie. Il revint en Auvergne, en 1557, et se fixa
au barreau de Riom, où il conquit une haute position par son
savoir, son éloquence, son désintéressement et sa probité.

Député aux Etats de Blois, en 1576, par la province d'Auvergne, comme représentant du Tiers-Etat, il s'y distingua par sa
prudence et sa modération. Il était dans ce groupe d'hommes
intelligents qui, luttant contre les passions de l'Assemblée, voulaient assurer aux protestants la liberté de conscience, et faire

---

[1] *Loc. cit.*, fol. 90, v°.

[2] *Loc. cit.*

[3] Voici cette boutade : « Interpretum plerique sunt plerumque sine fructu
et beta blitoque insipidiores. In ipsa etiam arte quam se profiteri dicunt
imperiti, inertes, somniculosi, lethargici, insipientes, eorumque sermo
jejunus, ingratus, incomptus, insulsus; denique more Academicorum pleraque
faciunt incerta, et ad aniles fabulas se conferunt. » (*Gloss.*, v° *Surjet.*)

[4] M. Bardoux, avocat à Clermont, aujourd'hui député à l'Assemblée
nationale, a publié, en 1856, dans la *Revue historique de dr. fr.*, un excellent
article, qui avait surtout pour but de mettre en lumière le caractère politique de Jean de Basmaison (vol. II, p. 375 et suiv.). Voy. aussi l'*Etude
historique et biographique sur Jean de Basmaison*, publiée, en 1867, par
M. Chirol de Labrousse, conseiller à la Cour impériale de Riom.

du pouvoir royal le protecteur de tous les cultes[1]. La question
de tolérance avait été posée, et Basmaison fit entendre au roi et
aux Etats Généraux des paroles d'une grande sagesse : « Dans ce
discours, dit Consul[2], il traitte à fonds cette question si importante et si propre au temps auquel il le prononça, si dans
l'ardeur de la guerre civile, que la différence des religions avoit
allumée dans le royaume, et qui avoit donné lieu à la convocation des Estats, il estoit plus seur et plus honneste de traitter
les religionaires avec douceur, pour les remettre dans leur
devoir, que de les contraindre par la force, des armes à se soû-
mettre à la volonté du Roy. — Et après avoir examiné ce pro-
bleme avec une éloquence forte et vigoureuse (telle qu'elle devoit
estre en un rencontre si remarquable), il conclud qu'il estoit
plus à propos, et plus digne de la prudence et de la grandeur du
Roy, de pardonner à des sujets rebelles, pour les ranimer
dans l'obéissance qu'ils doivent à leur prince, que d'irriter et
aggraver le mal par la dureté du remède. »

Basmaison fut député aux seconds Etats de Blois de 1588.
Mais il y prit une part moins active qu'aux Etats de 1576 ; il
s'abstint, tout en conservant ses convictions, et en déplorant
amèrement le triomphe du fanatisme et de l'intolérance. Son
âme fut en proie à de patriotiques angoisses, lorsqu'il quitta
Blois.

Il avait publié, en 1579, sous le titre de *Sommaire discours
des fiefs et rièrefiefs,* un précis des fiefs, qu'il dédia aux seigneurs
de l'Auvergne. Dans sa pensée, ce livre avait pour but de faire
connaître aux vassaux l'étendûe de leurs obligations et aux seigneurs la limite de leurs droits. Dans sa dédicace, il disait aux
seigneurs : « La lecture ne vous destournera pas beaucoup de
vos meilleures et plus louables exercices, aux armes, aux chevaux, à la chasse : estant si sommaire, si raccourcy, familier et
tissu d'un continuel fil d'oraison, représentant à un clin d'œil
l'origine, nature, condition, hommage, et devoirs des terres,
et chevanches féodales, qu'il poura favoriser voz relais de quelque
plaisir. Pour vous induire à le lire, je l'ay disposé sans alléga-

[1] *Voy.* M. Bardoux, *Loc. cit.,* p. 383.
[2] Préface des *Coustumes du Haut et Bas pays d'Auvergne.*

tions, questions, diversité d'opinions, et contrariété d'arguments. »

Le livre de Basmaison, est, en effet, une espèce de manuel substantiel et concis, qui résume les principes sur les fiefs, et dans lequel l'auteur expose successivement l'origine et la nature des fiefs et arrière-fiefs, les règles sur l'hommage et le serment, l'investiture et l'inféodation, la distinction des fiefs, les devoirs et obligations du vassal, la juridiction, l'amortissement, l'ouverture des fiefs, les prescriptions, la commise et la confiscation. On y trouve quelques notions importantes sur le droit féodal de l'Auvergne. Il fut écrit sous l'influence des idées qui dominaient à la fin du XVIe siècle, et d'après les modifications opérées dans ce droit par la rédaction de la coutume. Mais il révèle une ignorance complète des sources et des origines. Le *Sommaire discours des fiefs* eut cependant un grand succès; il fut même appelé un *divin traité*, et l'auteur *grand mignon de Thémis*, dans un de ces sonnets qui précédaient ordinairement les livres publiés à cette époque, et qui étaient, comme le dit notre collègue M. Chirol, la *réclame du temps*.

L'ouvrage le plus important et le plus remarquable de Basmaison est sans contredit sa *Paraphrase sur les coutumes du Haut et Bas pays d'Auvergne.*

Rentré à Riom, sa fidélité au roi, ses opinions lui avaient attiré la haine des ligueurs. Obligé de quitter cette ville, il se retira à Vic-le-Comte, d'où il écrivait à Claude Binet une lettre dans laquelle déborde toute l'amertume de ses pensées; où il lui dit qu'il a gagné le port et qu'il lui sera doux de mourir au milieu de ses livres et dans le pays qui l'a vu naître [1]. Il lui annonce qu'il travaille à un commentaire latin sur la Coutume, entrepris d'après les conseils de Dumoulin, et qu'il termine une paraphrase, une ébauche, *prævium opus*, qu'il publiera comme introduction.

Le commentaire latin n'a jamais vu le jour. La paraphrase parut en 1590, et eut plusieurs éditions [2]. Elle conserva toujours

---

[1] « Portum tenere cogitamus in illo nativo solo in quo, ut nasci honestum fuit, ità cum libris immori dulciùs fortassis erit, quàm vitam cum urbicis istis lupis agere. »

[2] La deuxième édition est de 1608, et la troisième de 1628. Nous parlerons plus loin de la quatrième, qui fut publiée, en 1667, par Guillaume Consul.

une très-grande autorité, même après les travaux de Prohet et de Chabrol. A la fin du XVIIIe siècle, ce dernier auteur écrivait: « La paraphrase de Basmaison est encore aujourd'hui le principal secours que l'on ait pour entendre la coutume d'Auvergne. » Personne, en effet, n'en a mieux que Basmaison pénétré l'esprit ; aucun commentateur de cette coutume n'a été plus sage et plus exact dans ses interprétations.

Basmaison mourut vers l'an 1600. Il n'eut point, comme homme politique, le génie de L'Hôpital, ni comme jurisconsulte celui de Dumoulin. Mais sa conduite politique, la fermeté de ses convictions, sa modération, son bon sens et sa science lui ont assuré un rang éminent dans les annales de l'Auvergne.

32. — A la même époque, et après l'an 1567, sous le règne de Charles IX, *Jean André de Laronade*, connu aussi sous le nom d'*André d'Apchon*, composait sur la coutume d'Auvergne un commentaire qui ne fut pas imprimé. Ce commentaire était, en 1689, dans la bibliothèque du lieutenant-général d'Aurillac, de Lort, chez lequel les auteurs de la *Bibliothèque des Coutumes* en firent prendre une copie [1].

Jean André de Laronade était né vers le commencement du XVIe siècle, et exerçait, en 1541, la profession d'avocat à la sénéchaussée de Riom.

Il protestait avec énergie contre la tyrannie et les exactions seigneuriales: « Aujourd'hui, disait-il, il y en a aucuns qui sont si malins, qui usent envers leurs subjets d'acte de receveur, de lever et percevoir leurs cens et rentes, ou exiger nouveaux droits, qu'ils appellent droits seigneuriaulx, qui plus tost devroient être appelés droits de tyrannie ou exaction, et au surplus, ils ne font rien plus moins que bel estat et office et devoir de seigneur, mais bien souvent menacer, inthimider, ou bien souvent batre ou offenser les pauvres subjets pour satisfaire à leur cupidité d'avarice, faisant plus l'acte de tyran et de barbare que de seigneur, comme l'on voit par expérience. »

Chabrol, qui ne partageait pas les idées d'André de Laronade, ne fut pas bienveillant pour l'œuvre de ce jurisconsulte. Il disait que son commentaire « se réduisait à peu près à une explication

---

[1] Voy. *Bibliothèque des coutumes*, p. 84.

littérale du texte. » Berroyer et de Laurière, au contraire, comparaient André de Laronade à Basmaison, et pensaient « qu'il n'était pas moins versé que lui dans l'intelligence de la coutume [1]. » La vérité se trouve sans doute entre ces deux appréciations [2].

33. — Dans la seconde moitié du XVIe siècle, et en l'année 1567, la ville de Clermont vit naître un homme qui eut un grand savoir et un caractère très-énergique, le célèbre *Jean Savaron*. Issu d'une honorable famille de cette ville, il se destina à la magistrature, après les fortes études qui étaient, à cette époque, exigées de ceux qui voulaient suivre cette carrière ou celle du barreau. Il fut successivement conseiller au présidial de Riom, conseiller à la Cour des aides de Montferrand ; quelques années après, il fut pourvu de la charge de lieutenant-général à la Sénéchaussée de Clermont [3].

Jean Savaron avait consacré une partie de sa jeunesse aux études littéraires et d'érudition. Il débuta comme écrivain par la publication des œuvres de Sidoine Apollinaire, dont il donna une édition, en 1598, et une autre, en 1609, en les enrichissant de notes précieuses. Inspiré par la vieille rivalité entre Riom et Clermont, qui existait plus vive, plus ardente que jamais, il fit paraître, en 1604, les *Origines de Clairmont*, livre plein de savantes et curieuses recherches, dans lequel sont cités la plupart des titres historiques de l'Auvergne, mais qui est dépourvu de critique et de méthode. Il compléta ce travail, en 1608, en publiant, avec des notes, l'ouvrage d'un moine du Xe siècle sur les *Églises et monastères de l'Auvergne*. Il avait précédemment, et en l'année 1604, donné une édition de *Cornelius Nepos*, accompagné d'annotations, et publié la *Sainteté de Clovis*.

Après ces diverses publications, Savaron tourna ses méditations vers le droit public et la vie politique ; il se préparait ainsi à la mission qu'il allait bientôt recevoir de ses concitoyens. Il fit

---

[1] *Biblioth. des Coutumes, Loc. cit.*

[2] Citons pour mémoire un autre commentaire manuscrit de la Coutume, de la fin du XVIe siècle, attribué à *de Combe*, président au présidial de Riom : « Recueil aride de brocards de droit, la plupart fort étrangers à la coutume. »

[3] M. Aug. Thierry commet une erreur lorsqu'il dit que Savaron était lieutenant général de la Sénéchaussée d'Auvergne (*Essai sur l'hist. du Tiers-État*, p. 137).

paraître, en 1610, l'*Espée française*, ouvrage peu connu aujourd'hui, mais très-remarquable par l'érudition. Signe de la valeur et de l'autorité, l'*espée française* est, selon Savaron, le symbole de la royauté : « Elle ne doit, dit-il, armer le bras des rois de France que pour l'employer à la gloire de Dieu, à la défense de la couronne et du peuple. »

Dans la même année parut le *Traité contre les duels*, dans lequel Savaron examine et discute la question du duel au point de vue religieux, social et judiciaire [1].

L'année suivante, il publiait le *Traité contre les masques*, qui avait été précédé de celui *des confréries*, dans lequel il cherchait à démontrer que certaines prohibitions des synodes et ordonnances ne frappaient point la confrérie de Saint-Yves, le patron des hommes de robe.

Les travaux et la haute position de Savaron le conduisirent aux Etats Généraux de 1614, où il joua un rôle important.

On sait que toute l'antipathie amassée depuis longues années entre le second et le troisième ordre éclata au sein de ces Etats convoqués, à la majorité de Louis XIII, pour chercher un remède aux dilapidations et à l'anarchie résultant des quatre années de régence écoulées depuis le dernier règne. Dès la séance d'ouverture, des signes de jalousie et d'hostilité s'étaient manifestés entre les deux ordres laïques. La noblesse tenta une agression contre la haute bourgeoisie en demandant la suspension du *droit annuel*, de la *Paulette* [2]. Les députés du Tiers-Etat allèrent plus loin, et voulurent y ajouter la proposition de supprimer la vénalité des offices, mais en réquérant les deux autres ordres de solliciter avec eux la surséance des pensions et la réduction des tailles. La noblesse demanda que les deux propositions fussent disjointes et qu'on s'occupât uniquement du droit annuel. Le Tiers s'opposa

---

[1] L'habitude des duels avait reparu plus ardente que jamais. L'édit de 1609 n'avait pas modifié cette déplorable coutume. Les déclarations du 1er juillet 1611, du 18 janvier 1613 et l'arrêt du Parlement du 27 janvier 1614 se heurtèrent aussi contre l'orgueilleuse obstination des gentilshommes. On sait quelle fut la sévérité de l'édit d'août 1623.

[2] Ce droit avait été institué en 1604, et avait pris le nom de *Paulette,* du nom de Paulet, financier qui en avait donné l'idée et qui en fut le premier fermier. Moyennant le paiement annuel du 60e de la valeur de sa charge, le titulaire consolidait entre ses mains une propriété qu'il pouvait aliéner à son gré.

à la séparation, et Savaron fut chargé de porter la réponse. On connait les discours énergiques, qu'il prononça devant le clergé, et les paroles pleines de fierté, d'ironie et de menaces, qu'il fit entendre à la noblesse [1]. Ayant reçu une seconde fois du Tiers la mission de porter la parole, Savaron traita de nouveau, au Louvre, les points d'où provenait le désaccord, dans le plus noble langage, avec une logique pressante et une franchise, qui irritèrent la noblesse, et amenèrent une espèce de conflit, suivi d'une médiation du clergé et d'un accommodement [2]. Entre les deux ordres laïques la rivalité était complète, passionnée; c'était la lutte du passé et de l'avenir, mais une lutte qui, dans la réunion des Etats de 1614, fut pour le pays impuissante et stérile. Savaron y était arrivé avec le sentiment de la force nouvelle du Tiers-Etat et de son droit. Il conserva et défendit ses opinions avec une admirable fermeté. Lorsque les Etats furent congédiés, il pensa encore à les justifier par ses écrits.

Il publia son traité sur l'*Annuel et la vénalité des offices*, qui avait été précédé, avant la clôture des Etats, de la publication de la *Souveraineté du roi et de son royaume*, travail qu'il refondit entièrement dans un second traité sur le même sujet.

Il publia aussi la *Chronologie des Etats généraux*, qui présente un tableau abrégé et exact des principales décisions prises dans ces grandes assemblées, et renferme plusieurs documents précieux. Dans cet écrit, Savaron cherchait à prouver le droit du Tiers-Etat à la vie politique par le fait de sa possession séculaire et de sa convocation à toutes les assemblées de la nation. Un français ne doit subir d'autre domination que celle de Dieu et du roi. Le temporel du royaume n'est point assujetti aux puissances spirituelles, et le roi ne saurait l'y soumettre. Ces maximes de l'ancien droit public avaient été, selon Savaron, établies par les Etats généraux. La *Chronologie des Etats généraux* fut réimprimée en 1788.

Le savant publiciste ne vécut que peu d'années après la dissolution des Etats de 1614. Il mourut en 1622, à l'âge de cinquante-cinq ans.

Ses œuvres, auxquelles tout le monde rend un légitime

---

[1] Voy. *Essai sur l'hist. du Tiers-Etat*, par A. Thierry, p. 137 et suiv.

[2] Voy. A. Thierry, *Loc. cit.*, p. 139 et suiv.

hommage, ont néanmoins été l'objet d'appréciations diverses [1]. Savaron vécut dans un siècle d'érudition, et fut un profond érudit, quelquefois diffus et obscur, mais très-versé dans la connaissance des textes sacrés et profanes. L'indépendance de son caractère le porta à la discussion, dans ce siècle qui fut aussi celui des controverses ; mais le culte de l'antiquité grecque et romaine entrava souvent l'essor de sa pensée. Il fut le défenseur courageux et même éloquent des droits du Tiers-Etat, dont il avait compris la puissance morale et l'importance croissante. Ses écrits portent tous le caractère du siècle où il vécut. Son esprit était essentiellement religieux, mais il défendait avec vigueur le principe des libertés de l'Eglise gallicane. Savaron, pour qui la royauté était une émanation de la puissance divine, éleva au-dessus de toutes les classes l'autorité royale, à une époque où cette autorité était en lutte avec les exigences de la noblesse, qui voulait rompre les traditions administratives de la royauté, et avec les prétentions ambitieuses du clergé, qui aspirait à la domination temporelle. L'ancienne France produisit des écrivains supérieurs à Savaron par le génie, mais il n'y en eut pas de plus instruit, de plus honnête, de plus constant dans ses vues.

[1] Voy. *Essai sur la vie et les ouvrages de Savaron,* par M. Henri Doniol, 1844 ; *Etudes historiques et littéraires sur J. Savaron,* par M. Conchon, 1846.

CHAPITRE III.

Jurisconsultes du XVIIᵉ siècle.

34. — Après le mouvement scientifique du XVIᵉ siècle, après les immenses développements du droit, la décadence suivit ; au commencement du XVIIᵉ siècle, cette science fut languissante en France, et ne brilla que dans quelques individualités. Aucun jurisconsulte ne pensa à scruter les fondements de la société, à porter ses regards sur la philosophie du droit. Cependant, un enfant de l'Auvergne, un puissant penseur laissa échapper ces paroles devenues célèbres : « On ne voit presque rien de juste et d'injuste qui ne change de qualité en changeant de climat. Trois degrés d'élévation du pôle renversent toute la jurisprudence ; un méridien décide de la vérité, ou peu d'années de possession. Les lois fondamentales changent ; le droit a ses époques. Plaisante justice qu'une rivière ou une montagne borne ! Vérité en deçà des Pyrénées, erreur au delà [1]. » L'ami de Pascal, Domat, ne laissa pas la raison du droit, les rapports sociaux, sous le coup de cette boutade inspirée sans doute par un accès de mélancolie. Nous apprécierons bientôt l'œuvre de ce grand jurisconsulte. Rappelons auparavant les noms de quelques autres juristes de l'Auvergne, dont les travaux furent plus humbles, et la renommée moins éclatante.

35. — *Antoine Rigault* (*Antonius Rigaltius*), avocat à Riom, publiait, en 1613, un traité latin *des Prescriptions* [2], dans lequel il expliquait avec beaucoup de clarté les dispositions de la coutume d'Auvergne sur cette matière. Il donnait aussi une explication de l'édit de Roussillon.

36. — *François Broë*, professeur de droit à Bourges, et né à

---

[1] Pascal, *Pensées,* 1ʳᵉ part. art. VI.

[2] *De diversis temporibus et terminis legis municipalis Arvernorum cum jure Civili, Canonico, Gallico consuetudinario, collatis, cumque Analytica singulorum Articulorum et Rossinensis edicti interpretatione,* Auctore Antonio Rigaltio in Ricomagensi Arvernorum Seneschalliâ et præsidum Curiâ patrono ; in-8°, Parisiis, apud Franciscum Huby, 1613.

Riom, faisait paraître, en 1622, son Commentaire sur les Institutes. En 1633, il publiait son *Analogia juris* et son *Parallela juris*, qui furent réimprimés dans le *Thesaurus de Meermann*[1]. Ces deux ouvrages renferment quelques vues générales.

37. — *Jean Broë*, né aussi à Riom, publiait, en 1651, les *Nuptiæ jurisconsulti et philologiæ*, qui se trouvent dans la même collection[2]. C'était pour ainsi dire un premier bégaiement de la science devenue si féconde depuis Vico.

38. — *Georges Durant*, né à Clermont, vers 1601, et qui exerça dans cette ville la profession d'avocat avec distinction, traduisait, en 1640, les Commentaires d'Aymon Publitius et de Bessian, en y ajoutant des annotations qui sont peut-être encore inférieures à ces commentaires[3].

39. — *Guillaume Consul*, né à Vic, et avocat à Riom, rajeunissait, en 1667, la Paraphrase de Basmaison sur la coutume d'Auvergne, et la mettait, à l'aide de notes judicieuses, au courant de la doctrine et de la jurisprudence[4]. Guillaume Consul a aussi laissé des notes manuscrites sur cette coutume. Mais tous ces travaux sont au-dessous de son talent. Prohet dit « qu'il était un avocat très-habile et qu'il joignait à une grande étendue et une grande netteté d'esprit beaucoup d'érudition et de littérature[5]. »

40. — Enfin, *Claude Ignace Prohet*, né à Riom, où il exerça pendant de longues années la profession d'avocat, publiait, en 1695, une nouvelle édition de la Coutume avec des commentaires[6]. Cet ouvrage, auquel Chabrol a fait de nombreux

[1] Tome IV.
[2] Tome IV.
[3] *Coutumes d'Auvergne paraphrasées par Aymon et Bessian, traduites du latin, et enrichies d'observations,* par M. Georges Durant, avocat en parlement; in-4º, Clermont, 1640.
[4] Voy. COUSTUMES DU HAUT ET BAS PAYS D'AUVERGNE, *avec la Paraphrase de M. Jean de Basmaison-Pougnet, advocat en la Sénéchaussée d'Auvergne, et siège présidial de Riom, et les notes de M. Charles du Moulin,* 4º édition, revue et beaucoup augmentée, par Maître Guillaume Consul, advocat en parlement; Clermont, 1667, in-4º.
[5] Prohet, préface.
[6] Voy. LES COUTUMES DU HAUT ET BAS PAYS D'AUVERGNE, *conférées avec le droit civil, et avec les coutumes de Paris, de Bourbonnois, de la Marche, de Berri, et de Nivernois. — Avec les notes de Mº Charles du Moulin, des*

emprunts, tout en critiquant les négligences de style, et la précipitation avec laquelle il avait été composé, renferme des observations parfois judicieuses ; mais Prohet n'a ni l'exactitude ni la profondeur de Basmaison. Ses commentaires renferment plusieurs doctrines erronées, que Chabrol n'a pas manqué de réfuter.

41. — Malgré le mérite de quelques-unes des œuvres que nous venons de citer, l'Auvergne, si elles étaient les seules, ne pourrait rivaliser, pour la science du droit et de la jurisprudence, avec d'autres provinces, dans un siècle où vécurent les D'Argentrée, les Brodeau, les Henrys, les Ricard. Mais c'est aussi dans ce siècle que Domat publia ses travaux.

42. — *Jean Domat* est né à Clermont, le 30 novembre 1625, d'une famille honorable de la bourgeoisie[1]. Le Père Sirmond, son grand oncle, se chargea de son éducation, le conduisit à Paris, et lui fit faire ses études au collège des Jésuites, dit de Clermont, où, avec les humanités et la philosophie, il apprit le grec, l'italien, l'espagnol et la géométrie. Il revint dans sa famille, et alla ensuite étudier le droit à l'université de Bourges. Le professeur Edmond Mérille lui reconnut une si grande aptitude pour cette science, qu'il l'engagea à prendre le grade de docteur après sa licence, quoiqu'il ne fût alors âgé que de vingt ans. A son retour de Bourges, il se fixa au barreau de Clermont, où il plaida pendant neuf ou dix années. C'est de ce temps que datèrent ses relations amicales avec Pascal. Sept ou huit ans après son mariage[2], il fut pourvu d'une charge d'avocat du roi au présidial de Clermont. Il l'occupa pendant trente ans environ. A l'époque des Grands-Jours de 1665, de Novion, Pelletier et Talon lui confièrent le soin de plusieurs affaires importantes,

---

observations sur les coutumes générales et locales de la même province d'Auvergne : l'Histoire de ce qu'il y a de plus considérable dans chaque lieu, par les fondations des églises, par les personnes illustres originaires de cette province, par les familles qui ont possédé les plus grandes Terres : et en quelles Sénéchaussées et Bailliages les lieux particuliers ressortissent, par M. Claude Ignace Prohet, ancien avocat au parlement; Paris 1695, in-4°.

[1] Voy. *Mémoire pour servir à l'histoire de la vie de M. Domat, avocat du roi au présidial de Clermont en Auvergne.* C'est la source la plus abondante des renseignements sur la vie de Domat. — Voy. aussi les *Documents inédits sur Domat,* par M. V. Cousin (*Recueil Vergé,* 1843, t. III, p. 120 et suiv.).

[2] Le 8 juillet 1648.

notamment la recherche de plusieurs abus de la noblesse. Il
remplit cette mission avec fermeté, et sans se laisser intimider
par les menaces et par les voies de fait de plusieurs gentilshommes. Ses biographes ont tous parlé de son désintéressement,
de son intégrité, de sa droiture, de la simplicité de ses mœurs,
et de l'estime générale qu'il s'était acquise par son savoir et son
caractère.

Ayant une grande religion, Domat déplorait les vices de
l'Eglise, et avait embrassé le jansénisme, dans lequel il se forti-
fiait par ses rapports avec Pascal.

On sait quelle vigueur le savant magistrat déploya contre les
Jésuites. Une première fois, il s'efforça d'empêcher leur établissement à Clermont. A la plainte que les Pères de l'Oratoire
de cette ville avaient portée contre eux, ils avaient répondu par
une Relation de l'état du jansénisme, dans laquelle ils représen-
taient Domat comme le chef du parti, et *corrompant une partie
de la jeunesse.* Grâce au crédit du Père Annat, confesseur du Roi,
un ordre du cabinet les mettait en possession du collége de
Clermont. Les habitants élevèrent de vives réclamations.
Domat prit l'affaire en main, écrivit en leur nom une requête
remarquable, qu'il alla porter au Roi. Mais le Père Annat ré-
pondit que Sa Majesté ne devait point s'occuper de cette affaire,
et les Jésuites s'établirent à Clermont. Ceci se passait en 1663.

Dix ans après, un de leurs prédicateurs, le Père Duhamel,
ayant fait dans la cathédrale de Clermont un sermon où il soute-
nait l'infaillibilité du pape, contrairement aux ordonnances,
Domat informa contre lui, dressa un procès-verbal détaillé, et
écrivit une lettre au procureur-général de Harlay, pour appuyer
ce procès-verbal. Ces deux pièces célèbres resteront comme des
modèles de discussion, de fermeté et d'indépendance, en présence
du parti puissant qui dominait à cette époque.

En 1681, Domat fit à Paris un voyage pour communiquer à des
personnes compétentes le plan et plusieurs parties de son ouvrage
intitulé *Les loix civiles dans leur ordre naturel.* On parla au roi
de ce travail dans des termes si flatteurs que, pour engager
l'auteur à le continuer, une pension de 2000 livres lui fut assurée.
Domat alla habiter Paris, où il se consacra tout entier à son

œuvre, qui fut imprimée en 1694[1]. Il mourut dans cette ville, le 14 mars 1696[2], à l'âge de 70 ans, 3 mois 4 jours. Il fut inhumé dans le cimetière de St-Benoît, sa paroisse, selon le désir qu'il en avait manifesté.

Il n'est pas un jurisconsulte dont les travaux aient été aussi souvent appréciés, non-seulement par les légistes, mais encore par les littérateurs les plus éminents[3]. Mais il n'en n'est pas un non plus dont l'œuvre ait été l'objet d'appréciations plus diverses, et plus discutée. Dans les temps qui suivirent la publication des *Loix civiles*, plusieurs écrivains considéraient ce traité *comme un de ces répertoires ordinaires qui servent de secours à l'ignorance ;* d'autres, *comme un ouvrage parfait, qui contenait toute la science des lois*[4]. On connaît ces paroles de d'Aguesseau, dans ses instructions à son fils sur l'étude de la jurisprudence : « Personne n'a mieux approfondi que cet auteur le véritable principe des lois, et ne l'a expliqué d'une manière plus digne d'un philosophe, d'un jurisconsulte, d'un chrétien. Après avoir remonté jusqu'au premier principe, il descend jusqu'aux dernières conséquences. Il les développe dans un ordre presque géométrique : toutes les différentes espèces de lois y sont détaillées avec les caractères qui les distinguent. C'est le plan général de la société civile le mieux fait et le plus achevé qui ait jamais paru[5]. » On connaît aussi la lettre de Boileau à Brossette, où il appelle Domat le *restaurateur de la raison dans la jurisprudence*[6].

De notre temps, les jugements ont été quelquefois moins favorables. L'originalité, l'influence de l'œuvre de Domat, sa qualité de jurisconsulte même, ont été contestées. Il y a plusieurs années, devant l'Académie des sciences morales et politiques, M. Berriat-Saint-Prix, disait : « On n'a jamais compté Domat parmi les jurisconsultes de premier ordre ; on pourrait même, sans trop de sévérité, lui contester le titre de jurisconsulte, en prenant ce

---

[1] En 3 volumes in-4°. — Le *Droit public* fut imprimé en 1697.

[2] Ferrière dit : en mars 1695.

[3] Notamment par M. Mignet, dans l'*Eloge de Merlin;* par M. Cousin, *Loc. cit.;* par M. Sainte-Beuve, *Histoire de Port-Royal*, t. V.

[4] Voy. Terrasson, *Histoire de la jurisprudence romaine*, IV, § 9, p. 482.

[5] *Œuvres de d'Aguesseau*, t. Ier, p. 273.

[6] *Œuvres de Boileau*, édit. de Saint-Surin, t. IV, p. 515.

titre dans sa stricte acception.» MM. Giraud et Portalis répondirent à cette appréciation par des observations qui plaçaient
Domat à la tête des plus grands jurisconsultes du XVIIe siècle[1].
Depuis cette époque, de nombreux écrivains ont étudié l'ouvrage
de Domat, et confirmé par leurs éloges le jugement porté sur lui
par les deux savants académiciens. Nous nous associons à cet
hommage qui maintient à son véritable rang le nom de ce célèbre enfant de l'Auvergne.

Avant Domat, Doneau, pour le droit romain, Despeisses, pour
le droit romain et le droit français réunis, avaient déjà conçu et
exécuté l'idée de coordonner méthodiquement les diverses règles
éparses du droit. Mais Domat apporta dans son œuvre une plus
grande perfection, par la distribution et l'arrangement des
matières, par le choix des principes, par l'art de les exposer, par
la déduction analytique des conséquences. On l'a dit avec raison :
sa méthode est celle de la géométrie ; il avait étudié les mathé-
matiques, et il en transporta les habitudes dans la composition
des *Lois civiles*. Cependant, cette œuvre remarquable ne termina
pas, comme le dit M. Bayle-Mouillard[2], la fusion des deux éléments germanique et romain, dont l'honorable magistrat veut
que l'Auvergne ait eu le privilège. Non, les lois romaines
avaient paru à Domat le type de la plus grande perfection, et son
ouvrage est presque entièrement romain.

Son style n'a pas l'énergie passionnée du style de Pascal,
mais il a toutes les qualités de la grande école à laquelle il
appartenait.

Enfin, les travaux de Domat ont inspiré d'Aguesseau, Pothier,
les rédacteurs de nos codes, et contribué dans une large mesure
à la fondation de notre unité législative. Ces titres seuls suffi-
raient pour immortaliser son nom.

Mais Domat eut, aux yeux de la plupart de ses panégyristes[3],

---

[1] *Voy.* observations faites à l'Académie des sciences morales et politiques
sur la communication de M. Cousin (*Recueil Vergé*, 1843, t. III).

[2] *Loc. cit.*, p. 65.

[3] Voy. notamment *Essai sur Domat*, par M. Allemand, avocat à Riom,
1836 ; *Essai historique et critique sur Domat*, par M. Jouvet-Desmarand,
avocat à la Cour royale de Riom, 1837 ; *Domat et son temps*, discours prononcé à l'audience solennelle de rentrée de la Cour impériale de Riom, le

un plus grand mérite encore : ce fut de remonter aux premiers
principes des lois, et de rattacher la législation positive à cette
grande philosophie qu'on appelle le christianisme. « Son système
et son but, écrivait-on dernièrement, c'est le christianisme dans
la jurisprudence, comme Lesueur et Raphaël l'avait aperçu et
réalisé dans l'art [1]. »

C'est, en effet, dans la nature religieuse de l'homme que Domat
cherche le principe du droit et de la sociabilité. La philosophie
de son *Traité des lois* est toute chrétienne.

La première loi de notre nature, c'est la recherche et l'amour
du souverain bien :

« C'est pour connaître et pour aimer, que Dieu a fait l'homme ;
c'est par conséquent pour s'unir à quelque chose dont la connaissance et l'amour doivent faire son repos et son bonheur : c'est
vers cet objet que toutes ses démarches doivent le conduire.
D'où il s'ensuit que la première loi de l'homme est sa destination
à la recherche et à l'amour de cet objet, qui doit être sa fin, et
où il doit trouver sa félicité..... Il n'y a que Dieu seul, qui puisse
remplir le vide infini de cet esprit et de ce cœur qu'il a fait pour
lui. C'est donc pour Dieu même, que Dieu a fait l'homme. C'est
pour le connaître qu'il lui a donné un entendement ; c'est pour
l'aimer, qu'il lui a donné une volonté ; et c'est par les liens de
cette connaissance et de cet amour qu'il veut que les hommes
s'unissent à lui [2]. »

Cette première loi est le principe de toutes les autres.

La seconde, conséquence de la première, c'est que les hommes
doivent s'aimer et s'unir entre eux « parce qu'étant destinez pour
être unis dans la possession d'un bien unique, qui doit faire leur commune félicité,—et pour y être unis si étroitement qu'il est dit qu'ils
ne seront qu'un,—ils ne peuvent être dignes de cette unité dans la

---

3 novembre 1854, par M. Pommier-Lacombe. — On peut encore consulter
un discours de M. Salveton, procureur général à la Cour d'Amiens (*Le Droit*
des 11 et 12 novembre 1840) ; les Etudes de M. Cauchy (*Recueil Vergé*, t. XX,
XXI, XXV).

[1] Voy. *Jean Domat, philosophe et magistrat*, essai littéraire présenté, en
1873, à la Faculté des lettres de Paris, par M. Henri Loubers, procureur de
la République à Montpellier.

[2] *Traité des loix*, chap. Iᵉʳ, nº 3.

possession de leur fin commune, s'ils ne commencent leur union,
en se liant d'un amour naturel, dans la voie qui les y conduit [1]. »

C'est de la destination de l'homme au souverain bien, de
l'amour divin, que Domat fait découler la sociabilité :

« C'est par l'esprit de ces deux premières loix que Dieu destinant les hommes à l'union dans la possession de leur fin commune,
a commencé de lier entre eux une première union, dans l'usage
des moyens qui les y conduisent. Et il a fait dépendre cette dernière union, qui doit faire leur béatitude, du bon usage de cette
première, qui doit former leur société.... C'est pour les lier dans
cette société qu'il l'a rendue essentielle à leur nature. Et comme
on voit dans la nature de l'homme sa destination au souverain
bien, on y verra aussi sa destination à la société, et les divers
liens qui l'y engagent de toutes parts, et que ces liens qui sont
des suites de la destination de l'homme à l'exercice des deux
premières loix, sont en même temps les fondements du détail
des règles de tous ses devoirs, et les sources des loix [2]. »

Sublime doctrine, qui nous impressionne par son immense
grandeur : l'amour de Dieu unissant les hommes; la fraternité
humaine, la solidarité devenant le principe des relations sociales!
Mais une objection se présente à la pensée du jurisconsulte, du
philosophe chrétien : la société subsiste, et cependant les deux
premières lois qu'il énonce ne sont guère respectées sur cette
terre. Les sociétés se maintiennent donc par d'autres principes.
Nous dirons tout-à-l'heure comment Domat y répond.

Quelque temps avant lui, Grotius avait dégagé la science du
juste et de l'injuste de l'appareil de la théologie [3]. Il n'isolait pas
l'homme de Dieu, il ne méconnaissait pas l'autorité exercée par
la religion dans la vie humaine et dans l'histoire; mais il pensait
que la notion du droit existait sans la notion théologique, et que
scientifiquement le droit avait une existence tout-à-fait indépen-
dante. Il proclamait que la raison ne relevait que d'elle-même
et qu'elle devait édifier son œuvre sur les bases de la seule
logique.

---

[1] *Loc. cit.*, n° 7.

[2] *Loc. cit.*, n° 8.

[3] *Voy.* chap. Ier. — Le livre de Grotius, *Du droit de la paix et de la guerre*,
parut en 1625, l'année de la naissance de Domat.

Domat emprunta beaucoup à la doctrine de Grotius, pour résoudre la question qu'il s'était posée, en considérant l'état des sociétés [1], dans lesquelles l'homme, au lieu de l'amour divin, qui devait faire sa félicité, a recherché les biens terrestres et périssables, en y plaçant son amour, sa béatitude, et en faisant de ces biens sa divinité [2].

Dans de telles sociétés, il reste, selon Domat, la raison, *cette lumière de l'homme déchu*, cette espèce de loi, *quasi lex quædam tacita* [3], qui lui fait connaître les règles de l'équité et de la justice, ou plutôt qui n'en est que la vue et l'usage [4]. Domat avoue que, sans cette lumière, sans cette connaissance des lois naturelles, qui sont gravées dans notre nature et inséparables de la raison [5], la société ne pourrait exister [6]. Cependant le jurisconsulte janséniste, mais profondément religieux et chrétien, n'abandonne pas son système, et continue de mêler dans sa méthode les principes du droit et ceux de la théologie.

Peu de temps après Domat, Thomassius fraya une route nouvelle, en montrant que la morale et le droit avaient un but différent, et indiqua leurs limites respectives. Dans la première moitié du XVIIIe siècle, la philosophie, l'esprit d'examen prit une grande étendue. Il suffit, pour s'en convaincre, de rapprocher l'œuvre de Domat de celle d'un homme doué aussi de vertu et de prudence, s'occupant du même sujet, se trouvant dans une situation analogue, et au moins égal à Domat par le génie. Montesquieu, qui respecte la religion, n'en fait pas tout découler. Il déclare qu'il n'est point théologien, mais écrivain politique, et qu'il y a des choses qu'il n'a pas considérées dans leur rapport avec des vérités plus sublimes [7]. La religion de *Confucius* et la secte de *Zénon* elles-mêmes ont, selon lui, tiré de leurs mauvais principes des conséquences admirables pour la société [8].

---

[1] *Loc. cit.*, chap. VIII, n° 5, et chap. IX.

[2] Chap. IX, n°s 1 et 2.

[3] L. 7, D. *de bon. damn.*

[4] *Loc. cit.*, n° 5.

[5] Chap. XI, n° 33.

[6] Chap. IX, n° 5.

[7] *Esprit des loix*, liv. XXIV, chap. Ier.

[8] Chapitre XIX. — Voy. aussi ce que Montesquieu dit dans les chap. V et VII du même titre.

Quelque opinion que l'on ait, au point de vue philosophique ou scientifique, sur la doctrine et la méthode de Domat, aussi bien que sur la tendance des modernes à séparer complètement le domaine de la religion de celui du droit, on ne peut que saluer respectueusement le majestueux monument élevé à la science par le génie de ce grand jurisconsulte, de ce modèle des magistrats, qui, par la fermeté et la noblesse de son caractère, par l'austérité de ses mœurs, et par l'étendue de son savoir, honore à jamais le pays qui l'a vu naître. Mais si grande et si belle que soit son œuvre, elle renferme plus d'un principe, que l'esprit moderne ne peut accepter. Domat n'a eu qu'une vue incomplète de la liberté. Il en parle, mais il n'en a qu'une notion vague et confuse. Les plus grands penseurs subissent souvent ainsi les idées et même le joug de leur siècle.

CHAPITRE IV.

Jurisconsultes, publicistes et hommes politiques du XVIIIᵉ siècle.

43. — Nous diviserons ce chapitre en deux sections qui seront consacrées, l'une aux jurisconsultes, l'autre aux publicistes ou hommes politiques du XVIIIᵉ siècle. Parmi les hommes remarquables de l'Auvergne, sur lesquels nous voulons appeler l'attention, il en est plusieurs qui eurent l'heureux ou le triste privilège de vivre dans un temps où le passé s'anéantissait, et d'assister à l'établissement d'un nouvel ordre de choses. Ils sont comme le trait d'union entre le passé et le présent, entre l'ancienne France et la France nouvelle. C'est à ce titre que nous leur donnerons une place dans cette revue.

SECTION Ire.

Jurisconsultes.

44.— Les études sur les origines du droit français, qui avaient commencé dès le XVIe siècle, continuèrent dans les deux siècles suivants. Il suffit de se rappeler les noms de Coquille, de Chopin, des Pithou, de Pasquier, de D'Argentrée, de Ducange, de la Thaumassière, Loisel, de Laurière, Montesquieu, Bouhier, Dominicy, Caseneuve, Chantereau-Lefèvre, Galland, Salvaing, Brussel, Hauteserre, Hévin, pour reconnaître que l'ancienne école historique ne fut pas stérile, et produisit des hommes d'une grande érudition.

Un nom appartenant à l'Auvergne doit être ajouté à la liste des jurisconsultes, que nous venons de citer : c'est celui de *Pierre Chabrit*, né en 1755, à Parent, près de Coude, dans la Basse-Auvergne.

Pierre Chabrit, après avoir suivi les cours du collège de Billom, alla étudier le droit à Paris. Ses débuts au barreau de cette ville ne furent pas heureux. Il tourna alors ses pensées vers une carrière qui n'est pas moins hérissée de difficultés : il fit de l'histoire de la législation l'objet de ses méditations, et publia un ouvrage intitulé : *De la monarchie française et de ses lois* [1], qui renferme une étude historique et critique de la législation française depuis l'invasion barbare jusqu'au règne de Louis XVI. Il existe, dans le second volume, spécialement consacré à la législation antérieure à 1789, cinq discours sur l'influence de la domination romaine, visigothe, franque, et des rois de la troisième race. Pierre Chabrit est, comme Grosley et quelques autres auteurs anciens, partisan de l'opinion qui admet la persistance des coutumes gauloises [2]. Malgré la sécheresse du style et l'obscurité de plusieurs passages, son ouvrage fut une des bonnes publications de l'époque, révélant un esprit distingué et un grand savoir. Il

---

[1] Bouillon, 1783, 2 vol. in-8°.
[2] *Voy.* discours préliminaire du 2e volume.

le publia, lorsqu'il était *conseiller au conseil souverain de Bouillon*. Le premier volume avait été accueilli avec la plus grande faveur. Ce succès valut au jeune Chabrit la protection de Diderot auprès de Catherine II. Dans une lettre accompagnant l'ouvrage adressé à cette princesse, Diderot disait en parlant de lui : « Il a profondément étudié nos lois, nos usages, nos coutumes, les progrès de notre civilisation. Il a le sens juste, le caractère doux et simple, des mœurs pures, des lumières sans prétention. » Le livre *De la monarchie française et de ses lois* fut couronné par l'Académie française, qui décerna à l'auteur le prix fondé par M. de Walbelle pour l'ouvrage le plus utile.

Chabrit publia aussi, en 1779, sous ce titre : *Du luxe dans la Limagne*, un opuscule qui prouve que la science de l'économie politique lui était familière.

Privé de ressources pécuniaires, brisé par cette cruelle situation, il mit, en 1785, fin à ses jours par le poison.

45. — *Artaud*, avocat à Clermont, avait publié, en 1745, les *Coutumes du Haut et Bas pays d'Auvergne, avec les notes de Dumoulin et les observations de Prohet*, en y joignant les arrêts des Grands-Jours de 1665 et 1666[1]. En 1770, il fit paraître le même ouvrage augmenté des notes de Toussaint Chauvelin, de Julien Brodeau, Jean-Marie Ricard, et autres célèbres jurisconsultes[2].

46. — En 1784, *Guillaume-Michel Chabrol* publiait ses célèbres commentaires[3], sous le titre de *Coutumes générales et locales de la province d'Auvergne etc.* La coutume de cette province recevait dans cet ouvrage l'interprétation la plus complète, la plus lumineuse.

Chabrol est né à Riom le 1er février 1714. En sortant du collège des oratoriens de cette ville, il étudia le droit sous la direction de son père, Jacques Chabrol, avocat du roi à la Séné-

[1] 2 vol. in-8°, Clermont-Ferrand, 1745.

[2] Cette édition contient aussi des notes et une dissertation de *Champflour*, lieutenant particulier de la Sénéchaussée de Clermont; 1 vol. in-4°, Clermont-Ferrand, 1770.

[3] Les trois premiers volumes de l'ouvrage de Chabrol furent publiés en 1784 et le quatrième en 1786.

chaussée d'Auvergne, et alla suivre les cours de l'Université de Paris, où il fut admis, avec dispense d'âge, à soutenir la thèse de licencié en droit. Il prêta serment comme avocat au Parlement de Paris, et fut pourvu, le 28 juillet 1733, de la charge de conseiller avocat du roi à la Sénéchaussée de Riom, devenue vacante par le décès de son père. Il exerça ces fonctions pendant vingt-trois ans, et les résigna, en 1756, au profit de l'un de ses fils. Les lettres patentes qui autorisaient cette résignation lui conférèrent le titre d'avocat d'honneur à la Sénéchaussée, en lui permettant de siéger avec voix délibérative au sein de la compagnie [1].

Quand Chabrol entreprit ses commentaires, la science du droit était éclairée par les travaux des XVIe, XVIIe et XVIIIe siècles. La coutume d'Auvergne avait été expliquée par Basmaison, par Prohet, et les autres jurisconsultes de l'Auvergne, que nous avons passés en revue ; ses dispositions avaient encore été élucidées par les notes de Ricard, de Brodeau, de Toussaint Chauvelin et de Dumoulin, qui avait eu le projet de faire un commentaire complet de cette coutume, sur laquelle il aurait jeté ces traits de lumière, que son génie savait répandre sur toutes les matières qu'il abordait. Chabrol profita de tous ces secours, de toutes ces richesses. Il expliqua avec beaucoup de développements toutes les dispositions de la Coutume, paraphrasant son texte, traitant toutes les questions de la doctrine et de la jurisprudence, et les résolvant le plus souvent avec un grand sens, dans un style peu élevé, mais assez net, assez précis.

Chabrol chercha aussi à éclairer la législation par l'histoire : nous avons déjà apprécié ce côté de son talent [2]. La philosophie du droit lui manqua entièrement. Il n'avait pas non plus cet esprit de critique qui apprécie et juge les institutions, qui en sollicite les réformes devenues nécessaires [3] ; et cependant, quelques

[1] Ces détails biographiques ont été communiqués par un membre de la famille de Chabrol à M. Welter, avocat général à la Cour d'appel de Riom, qui les a insérés dans son discours de rentrée du 4 novembre 1873, intitulé : *Chabrol et la Coutume d'Auvergne.*

[2] Voy. *suprà, Considérations préliminaires*, vol. Ier, p. XX et suiv.

[3] M. le conseiller Tailhand faisait déjà cette remarque dans l'étude qu'il lut, le 24 novembre 1862, à la Société du Musée de Riom : « C'est même une observation caractéristique à retenir dans l'appréciation de tout son ouvrage, disait notre honorable collègue, que si Chabrol fait constamment

années après la publication de ses œuvres, tout allait être emporté et remplacé par une nouvelle législation. Un panégyriste de Chabrol, M. Welter, premier avocat général à la Cour d'appel de Riom, semble vouloir lui en faire un mérite : « Chabrol, dit-il, était avant tout un magistrat, et il avait appris à se défier des excursions dans le domaine des abstractions, qui sont presque toujours stériles, quelquefois dangereuses, car elles peuvent déshabituer de l'étude des faits[1]. » Il est permis de ne pas partager cette manière de voir, et de penser que le jurisconsulte et le magistrat qui restent courbés devant la lettre de la loi, même dans leurs études théoriques, s'exposent à manquer de l'indépendance du jugement, et à parler comme des captifs dans les chaînes : *tanquam è vinculis sermocinantur*[2]. Quoique l'avocat du roi Domat remontât aux premiers principes du droit, quoique l'avocat général Servan se livrât aux plus hautes méditations philosophiques, et proposât des réformes dans l'administration de la justice criminelle[3], ces deux magistrats n'en donnaient pas moins à l'audience de bonnes conclusions[4], qui reflétaient souvent aussi l'étendue de leurs connaissances, la fermeté de leur esprit et la dignité de leur caractère.

A l'époque où Chabrol écrivait, les personnes les plus éclairées et le plus directement intéressées au maintien de l'ancienne constitution semblent n'avoir pas soupçonné que la société était sur le penchant de l'abîme qui allait tout engloutir. Les dernières

---

preuve de recherches laborieuses et d'un savoir éclairé, s'il est constamment à la hauteur de son sujet, il ne le dépasse jamais. La nature de son esprit, quelque ample qu'il soit, n'avait pas cette élévation qui, dominant une législation et coordonnant les avantages d'un progrès, le demande comme un bienfait ou comme une nécessité. » (*Aperçus généraux sur Guillaume-Michel Chabrol*, broch. in-8°, Riom, 1863.)

[1] *Loc. cit.*, p. 25.

[2] Bacon.

[3] *Voy.* notamment *Discours sur l'administration de la justice criminelle;* — *Mercuriales sur les avantages de la véritable philosophie;* — *Discours sur les connaissances humaines en général, de la morale et de la législation en particulier;* — *De l'influence de la philosophie sur l'instruction criminelle;* — *Des révolutions dans les grandes sociétés civiles considérées dans leurs rapports avec l'ordre général.*

[4] On lit dans le Mémoire pour servir à l'histoire de la vie de Domat : « Ses conclusions furent toujours suivies, à l'exception de trois ou quatre. »

traces de la vie publique ayant disparu, comment auraient-elles pu être prévenues de la décadence de l'ancien édifice ? Chabrol ne voyant rien de changé extérieurement pensait que tout était resté précisément au même point. Son esprit n'allait pas plus loin que celui de ses pères.

Les observations qui précèdent ne tendent point à diminuer le mérite des Commentaires de Chabrol, mérite qui a été proclamé au temps où l'auteur vivait, et qui a fait placer le commentateur de la coutume d'Auvergne au nombre des meilleurs interprètes de la fin du XVIIIᵉ siècle.

Travailleur infatigable, il avait exploré les vieilles chroniques, les anciennes archives, interrogé les chartes, les terriers. Il écrivit l'histoire des villes, des établissements importants de l'Auvergne, la biographie des hommes les plus célèbres, et la généalogie des plus puissantes familles de cette province. Le quatrième volume de son ouvrage, consacré aux coutumes locales, est à lui seul un monument qui, sans placer Chabrol sur la même ligne que Baluze, comme un de ses compatriotes a bien voulu le dire[1], lui assure, en Auvergne, une belle renommée et la reconnaissance des descendants des anciens personnages du pays, qui aiment à rappeler les noms de leurs ancêtres.

Chabrol a aussi publié plusieurs mémoires se rattachant aux intérêts locaux[2].

Son caractère, ses écrits, tout décèle en lui l'enfant de l'Auvergne, le bourgeois de Riom, aimant sa province, et surtout sa ville natale, dont il prit plusieurs fois chaudement la défense.

Il fut anobli, en 1767, par Louis XV, et nommé conseiller d'Etat en 1780 ; sut gagner une fortune considérable, tout en se livrant à des travaux d'érudition, et mourut à Riom, le 22 février 1792.

Les thèses historiques de Chabrol et plusieurs de ses doctrines juridiques furent vivement attaquées par les deux jurisconsultes dont nous allons parler.

46. — *Pierre Andraud*, né à Montaigut-le-Blanc, en 1728, l'un des jurisconsultes les plus distingués de la Sénéchaussée d'Auvergne, composa vingt-quatre dissertations sur divers articles

[1] M. Chirol, *Etude hist. et biograph. sur Jean de Basmaison*, p. 51.
[2] *Voy.* l'indication de ces mémoires dans la brochure de M. Tailhand, p. 31.

de la Coutume. Quelques-unes ont été publiées[1]. Il y discute avec une grande vigueur les opinions de Chabrol, notamment la thèse historique de cet auteur sur le franc-alleu. Andraud fit aussi paraître un travail sur les règlements, la discipline et la profession de l'ordre des avocats[2]; une dissertation et un mémoire sur *la nature des percières dans la ci-devant province et coutume d'Auvergne*[3]. Il mourut le 5 avril 1808.

47. — *Chapsal*, avocat au présidial de Riom, publia, en 1789, ses *Discours historiques sur la féodalité et l'allodialité, suivis de dissertations sur le franc-alleu des coutumes d'Auvergne, de Bourbonnais, du Berry, de Champagne*[4].

Dans ce travail, Chapsal cherchait à expliquer les causes et les progrès de la féodalité, dans le but de déterminer l'origine des droits seigneuriaux. Il essayait en même temps d'indiquer les motifs de la variété de ces droits dans les différentes provinces du royaume, et de faire voir comment la franchise et la liberté des possessions s'étaient conservées dans plusieurs contrées, tandis que, dans les autres, tout avait été soumis à la directe seigneuriale. Selon lui, la maxime *nulle terre sans seigneur* ne devait son existence qu'à l'usurpation faite sur les rois par les seigneurs du droit de lever des impôts connus sous le nom de cens, et à l'erreur qui, dans les XIVe et XVe siècles, laissa convertir ces mêmes cens publics en cens fonciers.

L'ouvrage de Chapsal renferme, sur les origines, des opinions qui peuvent ne pas être acceptées; mais il contient aussi des aperçus souvent ingénieux.

48. — Nous pouvons encore citer au nombre des jurisconsultes de cette époque:

Danty, né à Murat, qui publia, en 1769, un *Traité de la preuve par témoins, en matière civile, contenant le commentaire de J. Boi-*

<hr>

[1] Voy. *Première Dissertation sur le franc-alleu de la province d'Auvergne;* — *Seconde Dissertation sur l'art. 31 du titre 14 de la Coutume d'Auvergne;* — *Dix-neuvième Dissertation sur la question de savoir si l'institution d'héritier, faite dans un contrat de mariage, saisit les enfants d'un autre mariage.*

[2] 1 vol. in-8º, Riom, 1804.

[3] Broch. de 12 pages in-4º, Riom, 27 février 1808.

[4] 1 vol. in-8º, Paris, 1789.

ceau, sur l'art. 54 de l'ordonnance de Moulins, avec plusieurs questions et observations, ouvrage qui eut plusieurs éditions[1];

Jean de Sistrières-Murat, né à Vic, lieutenant-général au bailliage de cette ville, auteur d'un Discours sur l'origine des lois, et d'un autre travail intitulé: Concours de la législation avec l'agriculture, les arts et le commerce des siècles modernes[2];

Du Closel d'Arnery, qui écrivit, en 1788, sur les abus et les dangers de la contrainte par corps;

Enfin, Antoine Boirot, célèbre avocat de Clermont, jurisconsulte distingué, né aux Serviers, canton d'Ebreuil, en 1744, et qui mourut en 1831. Dans une lettre écrite à M. le président Tailliand, Dupin payait un juste tribut d'éloges et de regrets à à celui qu'il avait nommé le patriarche de l'Auvergne[3]. Boirot avait plusieurs fois reçu de ses concitoyens le mandat de les représenter dans les assemblées législatives. Membre du corps législatif en 1814 et 1815, il assista à la chute du gouvernement impérial. Il faisait partie de la minorité libérale dirigée par Lainé, Flaugergues, Raynouard, qui peut être considérée comme l'origine et le berceau du parti constitutionnel.

49. — Gaultier de Biauzat (Jean-François), naquit à Vodable, près d'Issoire, le 23 octobre 1739[4]. Lorsque, après l'exil des parlements, il fallut improviser une nouvelle organisation judiciaire, un conseil supérieur, dont le ressort comprenait le Nivernais, la Marche, le Bourbonnais et l'Auvergne, fut établi à Clermont. Gaultier de Biauzat occupa un bon rang parmi les avocats venus de différents barreaux pour plaider devant cette juridiction. Après le rétablissement des parlements, il continua avec le même succès l'exercice de sa profession devant la Sénéchaussée de Clermont.

Il avait collaboré à l'édition, que Artaud donna des coutumes d'Auvergne, en 1770, en lui fournissant quelques notes. Frappé des abus et de l'énormité des charges qui accablaient le peuple, Biauzat publia, en 1788, un travail intitulé: Doléances sur les

[1] La 7e édition est de 1789, in-4º.
[2] Il publia aussi une Histoire d'Auvergne, Paris, 1782, in-12, et quelques travaux sur l'agriculture.
[3] Voy. sur le Monument funèbre élevé par la ville de Clermont à la mémoire d'Antoine Boirot, la notice de M. G. Moulin, avocat général (Tabl. hist. de l'Auvergne, t. III, p. 243 et suiv.)
[4] Voy. Tabl. hist. de l'Auvergne, t. II, p. 606 et suiv.

surcharges que les gens du peuple supportent en toute espèce d'im-
pôts etc , qu'il parvint à présenter en audience particulière à
Louis XVI. La popularité qu'il s'était acquise dans sa profession
et par la publication de ses *Doléances* le fit nommer député du
Tiers-Etat du bailliage de Clermont aux Etats généraux. Il prit
une part active aux premiers travaux de l'Assemblée nationale.
Son utilité y fut appréciée dès l'origine. Il est désigné sous le
pseudonyme d'*Hortensius* dans un livre attribué à Mirabeau et
qui renferme sur le caractère de Biauzat le passage suivant :
« *Hortensius* a un mélange de sagesse, d'habileté, de sens, qui ne
permet pas de le laisser dans la classe ordinaire. Ne cherchez
pas en lui les dons impérieux de l'éloquence ou du moins
le charme de bien dire ; mais vous y trouverez la justesse, la
clarté, la cohérence, l'harmonie des opinions et des principes. Ses
conseils ne vous entraîneront peut-être pas, mais ils vous tran-
quilliseront sur votre propre façon de penser, et vous acquerrez
la confiance dans des sentiments appuyés par lui. Il est une classe
d'hommes qui n'a point un rang assez distingué dans l'opinion,
c'est celle des hommes utiles. La patrie trouve en eux un agent ;
les lois, un défenseur ; les pauvres, un appui ; les esprits faux, un
conseil ; l'Etat un serviteur. [1] »

Biauzat eut le sort souvent réservé aux hommes qui se mêlent
activement à la vie politique : il fut tour à tour l'objet d'ovations
populaires et de basses persécutions. Nommé juge au tribunal de
cassation, après le 18 fructidor an V, il conserva ces fonctions
jusqu'au Consulat. Il fut ensuite commissaire et accusateur public
près le tribunal criminel de la Seine, et juge à la Cour d'appel de
Paris. Il mourut le 22 février 1815. Gaultier Biauzat avait composé pour ses enfants une *Introduction à l'étude du droit naturel*,
qui n'a pas été publiée.

50. — *Antoine Bergier*, né le 13 décembre 1742, à Circou, commune de Lamontgie, non loin de la ville d'Issoire, fut reçu
licencié en droit à l'Université de Valence. Mais c'est surtout
dans le livre de Domat que Bergier, enfermé pendant quelques
années dans sa solitude de Circou, puisa les éléments de cette
science qu'il cultiva avec le plus grand succès. Il débuta, en 1766,
au barreau de Riom, et y occupa bientôt un rang distingué. Au

[1] *Galerie des Etats-Généraux*, 1789, t. II, p. 52.

dire de ses contemporains, il était, par ses connaissances en droit romain, supérieur à tous les jurisconsultes de la province, et il se montra l'heureux émule de Chabrol pour l'intelligence du droit coutumier.

Dix-sept ans après, c'est-à-dire en 1783, il publiait une édition du *Traité des donations* de Ricard, qu'il enrichissait de ces notes et observations substantielles et judicieuses, que tous les jurisconsultes ont appréciées, et qui complètent dignement cette œuvre remarquable.

Un arrêt du conseil du 5 juillet 1788 avait, en prévision de la prochaine convocation des Etats généraux, invité les commissions intermédiaires à faire rechercher, dans les municipalités de leur ressort, les titres, papiers et documents concernant les anciens Etats. Bergier avait composé son ouvrage intitulé : *Recherches historiques sur les Etats généraux et plus particulièrement sur l'origine, l'organisation et la durée des anciens Etats provinciaux d'Auvergne* [1]. Cet ouvrage était le résultat de laborieuses recherches faites par lui et par Verdier Latour dans 60 volumes de procès-verbaux et dans 400 sacs de pièces conservées, depuis le XVe siècle, à l'hôtel-de-ville de Clermont [2]. Il était suivi d'un recueil chronologique de pièces justificatives composé par ces deux écrivains [3]. Le conseil de ville décida que cet excellent travail serait imprimé aux frais de la ville de Clermont [4].

Bergier exerçait la profession d'avocat dans cette ville, lorsque, dans le mois de septembre 1795, il fut nommé au conseil des Cinq-Cents. Après le 18 brumaire, il devint membre du corps législatif. Il apporta souvent au sein des commissions le tribut de son expérience et de sa puissante raison. Pendant son séjour à Paris, il fit paraître divers travaux, qui sont aujourd'hui à peu près oubliés [5], mais qui, sans avoir la valeur des notes sur Ricard,

[1] Clermont-Ferrand, 1788, 1 vol. in-8°.
[2] *Voy.* vol. Ier, p. 316, note 1re de l'*Histoire des instit. de l'Auvergne.*
[3] *Voy.* vol. Ier, p. 221, de l'*Hist. des instit. de l'Auvergne.*
[4] Délibération de la ville de Clermont du 21 octobre 1788.
[5] *Instruction facile sur l'exercice de la faculté de disposer à titre gratuit, établie et réglée par la loi du 4 germinal an VIII;* — *Manuel général des magistrats, officiers et agents de la police judiciaire,* 1801, 2 vol. in-8°; — *Manuel spécial des officiers auxiliaires de la police de sûreté et des tribunaux de police simple,* 1804, 1 vol. in-8°; — *Traité manuel du dernier état des justices de paix,* 1801, in-8°; — *Mémoire sur l'urgente nécessité de revoir, d'amender et de perfectionner les nouveaux Codes,* 1815, in-8°.

ont, dans leur temps, rendu des services réels aux praticiens. Ce savant jurisconsulte mourut, à Clermont, en 1826, à l'âge de 84 ans.

51. — *Jean Grenier* est né, le 16 septembre 1753, à Brioude, où son père était notaire et bailli du seigneur de Lugeac.

Il est un de ces jurisconsultes qui, ayant vécu sous l'empire de l'ancienne législation et puisé aux vieilles sources, purent se servir des matériaux et des richesses accumulés par les études de leur jeunesse pour interpréter le Code civil, œuvre de transaction, dans laquelle, on le sait, l'ancien droit fut, pour tout ce qui ne blessait pas l'esprit d'indépendance et d'égalité, reproduit sous une forme plus élégante, plus philosophique, à côté des maximes nouvelles de la Révolution. Placé entre deux siècles d'une physionomie si différente, Grenier fut un de ces auteurs qui représentèrent la première alliance de l'ancienne doctrine avec les nouveaux principes. En prenant part à la rédaction des lois, il put acquérir dans les discussions et les travaux qui précédèrent la législation moderne, une connaissance exacte de ses dispositions.

Dans une élégante notice, lue à la séance publique de l'Académie de Clermont, le 20 juin 1841, M. Bayle-Mouillard, avocat-général à la Cour royale de Riom, a retracé les différentes phases de l'existence de Grenier et apprécié ses œuvres [1]. Le prenant à son origine, depuis le temps où faisant son dur apprentissage de cléricature, et enfermé dans son étroite mansarde, le jeune Grenier se livrait avec ardeur à l'étude du droit, M. Bayle-Mouillard nous le montre revenant à Riom, en 1777, bien approvisionné, et conquérant rapidement au barreau de cette ville une place brillante ; publiant, depuis 1778, de nombreux mémoires, dans lesquels étaient traitées avec science les questions les plus diverses du droit coutumier, du droit écrit et du droit ecclésiastique ; faisant imprimer, en 1785, son *Commentaire sur l'édit des hypothèques de 1771* [2] ; lancé, après 1789, dans la carrière admi-

---

[1] *Notice sur la vie et les travaux de M. le baron Grenier*, Clermont-Ferrand, 1841. — *Voy.* aussi *Le premier président Grenier, sa vie et ses travaux*, discours prononcé à l'audience solennelle de rentrée de la Cour de Riom, du 3 novembre 1871, par M. Guyot, avocat général.

[2] La deuxième édition, ayant pour titre : *Commentaire sur l'édit portant création de conservateurs des hypothèques sur les immeubles réels et fictifs, et abrogation des décrets volontaires*, fut publiée à Riom, en 1787, in-12.

nistrative par la tourmente révolutionnaire; nommé *procureur syndic*; cessant ces fonctions en 1792; puis, devenant *défenseur officieux;* faisant de la chicane au pied de l'échafaud pour sauver la tête de l'émigré Bosredon de Vatanges; ensuite, commissaire du gouvernement près le tribunal civil de Riom; entrant le 1er prairial au conseil des Cinq-Cents et se signalant par ses rapports et ses discussions; au 18 brumaire, de législateur qu'il était, devenant tribun du peuple; se faisant encore remarquer dans ces nouvelles fonctions par ses rapports; enfin, trouvant un plus vaste champ pour ses méditations.

Grenier prit part, en effet, aux travaux de la commission qui rédigea le premier projet de code civil; fut l'un des deux secrétaires de la section de législation du Tribunat, et rédigea la moitié de ses mémorables procès-verbaux.

Il fit son premier rapport sur le Code civil dans la séance du 9 ventôse an XI, et parut quatre fois à la tribune pour y exposer les principes sur la publication, les effets et l'application des lois, sur la propriété, sur le contrat de vente, sur les privilèges et les hypothèques.

Il fut ensuite nommé membre de la commission qui fit de Napoléon un empereur. Il passa plus tard du Tribunat au Corps législatif, et se fit investir, en 1808, des fonctions de procureur général à la Cour de Riom, qu'il avait contribué à faire maintenir dans cette ville par son mémoire du 26 pluviôse an VIII[1].

Grenier publia, en 1807, son *Traité des donations*, suivi d'un *Traité de l'adoption* et de la *tutelle officieuse*. Cet ouvrage eut plusieurs éditions[2]. Il fit paraître, en 1822, son *Traité des hypothèques*, qui fut aussi plusieurs fois réimprimé[3].

Grenier est un jurisconsulte nourri de la meilleur science. Ses doctrines et son autorité ont toujours été et sont encore aujourd'hui respectées. Mais il n'a ni la puissante dialectique de Merlin, ni l'élégante précision de Toullier, ni l'admirable lucidité, ni l'indépendance de jugement de Proudhon. Il ressemble cependant à ce dernier par certains côtés du caractère: c'est la même sim-

---

[1] Voy. ce que nous avons dit *supra*, p. 126 et suiv.

[2] La deuxième parut en 1812; la troisième est de 1826-1827, 2 vol. in-4°.

[3] Il fut réimprimé en 1824; la troisième édition, de 1829, est conforme aux deux précédentes, 2 vol. in-4°.

plicité de mœurs, la même bonhomie recélant un grand fonds
de finesse, avec cette différence que l'un était Franc-Comtois, et
l'autre Auvergnat. Deux hommes absorbés par la science, que le
souffle du XIX° siècle ne semble pas avoir effleurés; tous deux
profonds admirateurs de Napoléon. Selon ses panégyristes,
Grenier s'étonnait des honneurs qui venaient le chercher; « Qu'ai-
je fait pour cela, disait il? » Nous croyons à la sincérité de ces
paroles. L'Empire le fit procureur général, baron et commandeur
de la Légion d'Honneur; il fut nommé, sous la Restauration, premier président de la Cour de Riom, et élevé à la dignité de pair
de France par le gouvernement de juillet. Sa vie est un exemple
remarquable de ce que la persévérance unie à un cœur honnête,
à un esprit droit, enrichi et fécondé par le travail, peut avoir
d'heureuse influence sur la destinée de l'homme qui a reçu en
partage ces estimables et modestes dons.

Nous ne dirons rien de la carrière judiciaire de Grenier. Les
anciens conseillers de la Cour de Riom qui l'ont connu rendent
tous hommage au magistrat attentif et intègre, au savant premier président, apportant dans l'exercice de ses fonctions la
même bienveillance envers ses collègues, la même simplicité, le
même naturel que dans ses relations privées, et préférant, comme
tous les hommes instruits, les succès de la science aux petites
satisfactions de la supériorité hiérarchique. Il prit sa retraite en
1837, et mourut le 30 janvier 1841.

52. — *Guillaume-Jean Favard de Langlade,* né à Saint-Floret,
le 20 avril 1762, avocat au parlement de Paris, où il avait été
reçu en 1785, fut un jurisconsulte peut-être aussi laborieux que
Grenier, mais ses travaux sont moins importants et moins remarquables[1]. Ce sont le plus souvent des compilations. Il publia cependant quelques ouvrages utiles. Sa conduite politique le mit plus en

---

[1] *Organisation du notariat, contenant la loi du 25 ventôse an XI, les motifs
de cette loi, et le rapport fait au tribunat;* Paris, 1803, in-12. — *Conférence
du Code civil, avec la discussion particulière du Conseil d'Etat et du Tribunat,
avant la rédaction définitive de chaque projet de loi;* par un jurisconsulte qui
a concouru à la confection du Code (Favard); Paris, F. Didot, an XIII (1805),
8 vol. in-12 et in-8º. — *Code civil des Français, suivi de l'exposé des motifs sur
chaque loi, présenté par les orateurs du gouvernement; les rapports faits au
Tribunat; des opinions émises dans le cours de la discussion; des discours
prononcés au Corps législatif par les orateurs du Tribunat, et d'une table analytique et raisonnée des matières tant du Code que des discours;* Paris, F. Didot,

évidence et contribua plus à ses succès que ses écrits sur le droit. Il fut nommé, en 1795, au Conseil des Cinq-Cents, et réélu en 1798. Appelé au Tribunat, après le 18 Brumaire, auquel il participa, il ne tarda pas à en recevoir la présidence. Partisan de Napoléon, il s'associa à toutes les manifestations, à tous les actes qui eurent pour but de saluer sa gloire ou de consolider son pouvoir. Après la suppression du Tribunat, il entra au Corps législatif, eut bientôt la présidence de la section de l'intérieur, et fut nommé, en 1809, conseiller à la cour de cassation. Il devint, en 1813, maître des requêtes au Conseil d'Etat, et sut, sauf quelques intermittences, conserver toutes ses places, malgré les révolutions et les changements de dynasties. Il fut envoyé à la chambre des députés, en 1815, par le département du Puy-de-Dôme. Réélu à chaque dissolution, il se rangea du côté du pouvoir. Le roi l'appelait, en 1827, à la présidence d'une des sections de la Cour de cassation, qu'il conserva jusqu'à sa mort.

Favard de Langlade mourut à Paris le 14 novembre 1831.

53. — Enfin, A. *Vazeille*, né à Riom en 1779, est aussi un des auteurs qui frayèrent la route sous le Code civil. Il prit successivement place au barreau de cette ville et à ceux du Puy et de Paris. Il déposa dans plusieurs traités sur différents titres du

---

1804 et ann. suiv., 12 vol. in-12. — *Répertoire de la législation du notariat;* on y a joint quatre-vingt-deux tableaux généalogiques, pour faciliter, dans tous les cas prévus, le partage des successions ouvertes *ab intestat;* Paris, 1807, in-4°; 2e édition, en 2 vol. in-4°, de 1829-1830. — *Code d'instruction criminelle, avec l'exposé des motifs et des rapports;* Paris, 1810, in-12. — *Code pénal, suivi de l'exposé des motifs, des rapports faits au Corps législatif;* Paris, 1810, 2 vol. in-12. — *Code de procédure civile, avec le tarif des frais, suivi des motifs, rapports auxquels sa discussion a donné lieu, d'une table des matières et d'une concordance des deux styles;* Paris, 1808, 2 vol. in-12. — *Manuel pour l'ouverture et le partage des successions, avec l'analyse des principes sur les donations entre-vifs, les testaments et les contrats de mariage;* Paris, 1811, in-8°. — *Traité des privilèges et hypothèques, avec le rapprochement des lois et arrêts rendus sur cette matière depuis la publication du Code Napoléon;* Paris, 1812, in-8°. — *Instruction sur l'organisation des huissiers,* par un magistrat (Favard); Paris, 1813, in-8°. — *Répertoire de la nouvelle législation civile, commerciale et administrative, ou Analyse raisonnée des principes conservés par le Code civil, le Code de commerce et le Code de procédure civile, par les lois qui s'y rattachent, par la législation sur le contentieux de l'administration;* Paris, 1823, 5 vol. in-4°. — *Législation électorale, avec l'analyse des principes et de la jurisprudence sur cette matière;* Paris, 1830, in-8°.

Code le fruit d'un grand nombre d'années de recherches et d'études [1].

Le style de Vazeille est net et précis, son jugement sûr. Peut-être ne fut-il pas assez indépendant de la jurisprudence des arrêts, qu'il est toujours nécessaire de consulter, mais en réservant sa liberté d'examen. Néanmoins, les qualités par lesquelles les œuvres de Vazeille se distinguent les signalèrent à l'attention des jurisconsultes les plus compétents. M. Troplong reconnaissait aussi, dans la préface de son Commentaire du titre XX du livre III du Code civil sur la *prescription*, qu'il était redevable à son estimable devancier d'un grand nombre d'aperçus utiles. Ce laborieux et modeste jurisconsulte demeurait à Paris, lorsqu'il publia la plupart de ses travaux. Il revint ensuite habiter sa ville natale, où il continua ses études favorites, et mourut à Artonne, près de Riom, le 1er août 1847.

SECTION II.

Publicistes et hommes politiques.

54. — L'Auvergne prit peu de part au mouvement *politico-littéraire* qui se produisit en France vers le milieu du XVIIIe siècle. A cette époque, les écrivains discouraient sur l'origine des sociétés, sur leurs formes primitives, sur les droits primordiaux des citoyens, sur les principes mêmes des lois, et pénétraient jusqu'aux bases de la constitution. Presque tous étaient d'avis de substituer des règles simples et élémentaires, puisées dans la raison et la loi naturelle, aux coutumes compliquées et traditionnelles, qui régissaient la société de leur temps. Le spectacle des abus, des priviléges odieux ou ridicules de l'ancien régime, avait précipité les esprits dans ce courant, et inspiré le goût des théories générales et des systèmes abstraits. On allait chercher dans les républiques anciennes un idéal de société et d'institutions conforme à ce que les esprits enthousiastes pouvaient

[1] *Traité des prescriptions, suivant les nouveaux Codes français;* Paris, 1824, in-8o; 2e édition, Clermont-Ferrand, 1832, 2 vol. in-8o. — *Traité du mariage et de la puissance maritale, et de la puissance paternelle;* Paris, 1826, 2 vol. in-8o. — *Résumé et conférence des commentaires du Code civil sur les successions, donations et testaments;* Clermont-Ferrand, 1837, 3 vol. in-8o.

concevoir de plus parfait. Cette littérature fut peu répandue dans les œuvres des écrivains de l'Auvergne, même de ceux que leurs études semblaient appeler à l'examen de ces grands problèmes. Ensuite, et pendant la période révolutionnaire, on rencontre dans cette province des opinions ardentes, passionnées, des esprits implacables, à côté des caractères les plus calmes, des sentiments les plus modérés. On a écrit que l'Auvergne, aux époques de luttes, avait produit des hommes qui étaient *tous conciliateurs* [1]. Cette observation peut s'étayer des noms de quelques personnages qui ont joué un grand rôle dans l'ancienne France, quoique l'on puisse en opposer d'autres qui furent moins modérés, moins tolérants; mais, dans les temps plus rapprochés, si l'Auvergne fournit des hommes tels que *Lafayette, Bancal des Issarts*, elle donna aussi le jour à *Jean-Baptiste Carrier* [2], à *Georges Couthon* [3], à *Etienne Christophe Maignet* [4], son ami, et à *Jean-Baptiste Coffinhal* [5]. Dans l'examen des publicistes auquel nous allons nous livrer, nous trouverons, dès le début, les représentants de trois opinions bien différentes : Malouet, monarchiste dévoué et persévérant; de Montlosier, intrépide défenseur de la doctrine ultra-aristocratique; Dulaure, républicain inébranlable dans sa foi.

55. — *Pierre-Victor Malouet*, né à Riom, le 11 février 1740, fit son cours de droit, après avoir terminé ses études chez les Oratoriens; il abandonna le barreau pour s'adonner à la poésie. Sa vocation définitive fut pour l'administration maritime où il occupa plusieurs postes importants, et pour la carrière politique [6]. Il apporta dans les premières assemblées de la grande époque de 1789 les sentiments qu'il avait puisés au sein de sa famille, qui appartenait à la bourgeoisie, c'est-à-dire l'amour de l'ordre, de la légalité, et le respect pour la tradition monarchique, avec

---

[1] M. Bardoux, *Revue historique de dr. franç.*, t. II, p. 386. M. Bardoux a surtout en vue la Basse-Auvergne.

[2] Né à Yolet (Cantal), en 1746.

[3] Né à Orcet, près Clermont-Ferrand, en 1756.

[4] Né à Ambert, en 1758.

[5] Né à Aurillac, en 1746.

[6] Voy. *Notice sur la vie et les écrits de M. Malouet,* par M. Suard (*Gazette de France* du 14 septembre 1814).

quelques aspirations à la liberté. La première expression des pensées politiques de Malouet se trouve dans le discours, qu'il prononça, en 1789, comme président de l'assemblée des délégués du Tiers-État, réunis à l'hôtel-de-ville de Riom pour y rédiger le cahier de leurs doléances [1]. Dans ce discours, qui décèle un esprit modéré, ferme et conciliant, Malouet disait : « Il est peu, il n'est point de principes consacrés par le temps et par les mœurs des peuples policés qu'il ne soit indispensable de respecter. Ainsi le caractère auguste de la royauté, les distinctions propres aux ministres de la religion, aux anciennes familles, les prééminences de rang et de fonctions, les droits de propriété ne sont point au nombre de ces institutions mobiles qui subissent le joug des circonstances et des opinions nouvelles; ce sont les premiers éléments de la législation et du repos des nations [2]. » Nommé député aux Etats Généraux, il se prononça d'abord pour la réunion des trois ordres; ensuite il s'opposa à ce que l'assemblée prît le titre d'Assemblée *nationale constituante*. Il vota pour le *veto* suspensif, et repoussa la déclaration des droits de l'homme. Le 20 février 1790, de concert avec Cazalès, il proposa de confier momentanément au roi la puissance dictatoriale. Il fut l'un des fondateurs du *Club monarchique*. Malouet avait donné des preuves nombreuses de son inaltérable attachement à la royauté. Il fut appelé aux conseils du roi, où il redoubla d'efforts pour retarder la chute de la monarchie. Il s'était réfugié à Londres, d'où il sollicita l'autorisation de venir défendre Louis XVI. La Convention passa à l'ordre du jour, et le nom de Malouet fut porté sur la liste des émigrés. Il fut appelé, en 1810, au Conseil d'Etat, où il siégea jusqu'en 1812. Il fut chargé du porte-feuille du département de la marine, le 13 mai 1814, et mourut le 7 septembre de la même année. Il a laissé plusieurs publications intéressantes [3].

[1] Ce discours est rapporté dans les *Préliminaires de la Révolution en province*, de M. Daniel, p. 109 et suiv.

[2] *Loc. cit.*, p. 113.

[3] Voy. notamment *Mémoire sur l'esclavage des nègres*, 1788, in-8º; — *Mémoire sur l'administration du département de la marine*, 1790, in-8º; — *Collection des opinions de Malouet*, 3 vol. in-8º, Paris, 1791-1792; — *Défense de Louis XVI*, 1792, in-8º; — *Examen de cette question : Quelle sera, pour les colonies de l'Amérique, le résultat de la Révolution française?* etc.; 1 vol. in-8º,

Malouet fut un homme sincère, constant dans ses principes et son dévouement.

56. — *François-Dominique de Montlosier*, né à Clermont en 1755, avait déjà une grande réputation en Auvergne, lorsque la Révolution éclata [1]. Toutes les questions de l'époque, les administrations provinciales, les objets présentés à l'examen de l'assemblée des notables, la composition des Etats Généraux et le mode de les élire, l'absence de constitution, rentraient dans le cercle de ses études historiques. Il se trouvait ainsi préparé aux discussions politiques. Doué d'une imagination vive, d'un esprit original, d'un caractère énergique et indépendant, M. de Montlosier prit bientôt place parmi les notabilités de l'Assemblée constituante. Sans posséder les dons précieux de l'orateur, il eut plus d'une fois des mouvements d'une véritable éloquence. Après la fin de cette Assemblée, il émigra, et alla rejoindre les princes à Coblentz. Il fit la campagne de 1792. Plus tard, il se fixa en Angleterre, où il fonda un journal, le *Courrier de Londres,* qui eut un immense succès. La direction prise par ce journal avait été remarquée à Paris, où il fut appelé par Napoléon, sur les conseils de Talleyrand et de Fouché. La permission de transporter dans cette ville son établissement lui fut accordée, et il y continua la publication du *Courrier de Londres et de Paris.* Après un petit nombre de numéros, le journal était supprimé. Par une espèce de compensation, M. de Montlosier fut attaché au ministère des relations extérieures, sans y avoir une occupation régulière ou obligatoire.

Il s'était montré à l'Assemblée nationale le plus véhément défenseur des anciens privilèges, et, pendant son séjour en Angleterre, il n'avait cessé de combattre la Révolution.

Bonaparte, dont les doctrines émises jusqu'alors par les historiens ne satisfaisaient pas les vues, avait conçu le projet de faire publier

Londres, 1797 ; — *Mémoires et correspondances officielles sur l'administration des colonies, et notamment sur la Guiane* ; 5 vol. in-8°, Paris, 1802 ; — *Considérations historiques sur l'empire de la mer chez les anciens et les modernes,* in-8°, Anvers, 1810. — Malouet est encore l'auteur d'un poème : *Des quatre parties du jour à la mer,* composé en 1768, et inséré dans les *Soirées provençales* publiées par M. Bérenger.

[1] Il avait publié quelques travaux, notamment son *Essai sur la théorie des volcans d'Auvergne ;* 1788, in-8°.

un système qui rallierait les grands faits politiques de la Monarchie
aux restaurations sociales du Consulat. Le choix du premier
consul s'arrêta sur M. de Montlosier, qui fut, en 1804, chargé de
composer un ouvrage où il exposerait : 1° l'ancien état de la
France et de ses institutions; 2° la manière dont la Révolution
était sortie de cet état de choses; 3° les tentatives faites pour la
combattre; 4° les succès obtenus par le premier consul à cet égard
et ses diverses restaurations. » Ce travail devait plaire à M. de
Montlosier, qui revint avec ardeur à ses anciens travaux, et à des
idées qui avaient toujours pris une large place dans ses méditations.
L'œuvre ne put être prête, comme on l'avait désiré, pour le jour
du rétablissement de la monarchie héréditaire. L'écrivain que
Napoléon avait choisi ne pouvait pas, d'ailleurs, remplir le but
qu'il se proposait. « Il attendait, dit M. Augustin Thierry, un
livre qui mît en lumière toutes les époques d'ordre et de grandeur
nationale, où il n'y eût rien d'immolé que les principes anarchi-
ques, où l'ancienne France et la France nouvelle, réconciliées
sur le terrain de l'histoire, se donnassent fraternellement la main.
Il comptait sans les passions contre-révolutionnaires qui, par un
singulier hasard, se trouvaient, chez l'historien de son choix, à
leur plus haut degré de vivacité. — En effet, M. de Montlosier,
homme d'une parfaite bonne foi, mais d'une conviction intrai-
table, était revenu de l'émigration plein de ressentiment de la
grande défaite de 1791. Cette rancune qui débordait en lui, son
imagination la refoulait au loin dans le passé, et toute sa théorie
de notre histoire en était empreinte; il avait rapporté de ses
luttes politiques et de son exil d'émigré des formules étranges,
nouvelles, plus énergiques d'expressions et non moins orgueil-
leuses que celles de Boulainvilliers. Selon lui, le peuple français,
la nation primitive, c'était la noblesse, postérité des hommes
libres des trois races mélangées sur le sol de la Gaule; le Tiers-
Etat était un peuple nouveau, étranger à l'ancien, issu des
esclaves et des tributaires de toutes les races et de toutes les
époques. Jusqu'au XII° siècle, l'ancien peuple avait constitué
l'Etat; mais depuis lors, le nouveau peuple, entré en lutte et en
partage avec lui, l'avait dépouillé graduellement de son pouvoir
et de ses droits, usurpation couronnée, après six siècles, par les
résultats sociaux de 1789. . . . . Son ouvrage, qu'il
termina en 1807, tendait à faire un axiome historique de la

proposition suivante : dans ses luttes de tous les temps contre la bourgeoisie et les communes, la noblesse française a soutenu une cause juste et défendu des droits incontestables.—Ainsi la guerre intérieure était posée comme une nécessité de notre histoire, et ce livre, désiré dans des vues de réconciliation entre le passé et le présent, établissait que nul accord entre eux n'était possible ; que toujours, quelle que fût la forme des événements, il y aurait au fond la même chose, deux peuples ennemis sur le même sol. Il eut été difficile d'imaginer un résultat plus contraire aux intentions de celui qui l'avait provoqué [1]. »

L'ouvrage de M. de Montlosier ne parut qu'en 1814 [2]. Le moment était favorable pour sa publication. Il souleva de vives controverses. Œuvre remarquable, malgré ses erreurs historiques, pleine de verve et d'originalité, abondante en pensées revêtues d'une vive couleur, elle remua fortement les esprits. Le livre de la *Monarchie française* produisit sur l'éminent Augustin Thierry une impression profonde. Il choquait vivement ses opinions, et il consacra plusieurs pages de ses *Considérations sur l'histoire de France* à l'analyse et à la réfutation de cette œuvre dont l'action fut considérable de 1814 à 1820. L'illustre historien critique avec une vivacité qui ne lui est pas habituelle cette théorie qui a son point culminant à l'affranchissement des communes et du Tiers-Etat, et qui éclate à la fois, avec les formules les plus véhémentes, contre la puissance royale, l'unité sociale et l'égalité civile. L'animation de la pensée d'Augustin Thierry laisse apercevoir toute l'importance qu'il attachait à l'œuvre dont il combattait les doctrines.

En même temps que M. de Montlosier se livrait à ce travail, il adressait, comme Fiévée, comme Mme de Genlis, à Napoléon ces rapports confidentiels, qui avaient pour but de lui faire connaître

---

[1] *Considérations sur l'histoire de France*, ch. IV, p. 98 et suiv.

[2] Sous ce titre : *De la Monarchie française depuis son établissement jusqu'à nos jours, ou Recherches sur les anciennes institutions françaises, etc., avec un supplément sur le gouvernement de Buonaparte et sur le retour de la Maison de Bourbon* ; Paris, 1814, 3 vol. in-8º. — M. de Montlosier publia ensuite : *De la Monarchie française depuis la seconde Restauration jusqu'à la fin de la session de 1816, avec un supplément sur la session actuelle;* Paris, 1818, in-8º; — *De la Monarchie française au premier janvier* 1821; Paris, 1821, in-8º; — *De la Monarchie française au premier juin* 1821; Paris, 1821, in-8º.

l'opinion publique sur son gouvernement, sur sa politique. Napoléon préférait cette voie de renseignements à celle de la liberté
de la presse.

Quand le trône impérial se fut écroulé, M. de Montlosier
témoigna peu de joie du retour de l'ancienne dynastie. Il abandonna Paris, après le second retour du Roi. On le retrouve dans
une sorte d'opposition sous le ministère de Villèle.

Bientôt il commença sa guerre contre les Jésuites et contre ce
qu'il appelait le *parti-prêtre*. Il y mit toute son activité, toute
son énergie. Le 16 juillet 1826, il adressait à la Cour royale de
Paris une dénonciation contre les membres de la Société de
Jésus [1]. Il l'avait fait précéder de la publication de deux ouvrages
intitulés : le premier, *Mémoire à consulter sur un système religieux
et politique, tendant à renverser la religion, la société et le trône* [2] ;
le deuxième, *Dénonciation aux cours royales relativement à un
système religieux et politique, signalé dans le Mémoire à consulter* [3].
Isambert, Dupin et le barreau français presque tout entier s'étaient
unis à M. de Montlosier. La Cour de Paris rendait, à la date du
18 août 1826, un arrêt célèbre par lequel, tout en déclarant son
incompétence, elle reconnaissait que l'état de la législation s'op-
posait formellement au rétablissement de la société dite de Jésus,
et proclamait : « Que les arrêts et édits étaient principalement
fondés sur l'incompatibilité reconnue entre les principes professés
par cette société et l'indépendance de tous les gouvernements ;

---

[1] Cette dénonciation portait sur les quatre points suivants : 1° l'existence
de plusieurs affiliations connues sous le nom générique de *Congrégations*,
dont quelques-unes ont pour objet apparent des exercices de piété, ou
quelque fin pieuse, mais qui sont toutes liées par le même esprit et sous une
direction centrale, et tendant, à raison d'engagements divers, de promesses,
de serments ou de vœux, *à se composer dans l'État une influence particulière,
au moyen de laquelle elles espèrent maîtriser l'administration, le ministère et
le gouvernement ;* 2° l'existence flagrante de divers établissements de jésuites,
en contravention aux lois du royaume, qui ont proscrit la Société de Jésus;
3° la profession patente de *doctrines ultramontaines;* 4° enfin, l'esprit d'en-
vahissement du *parti prêtre*.

[2] Paris, 1826, in-8°.

[3] Paris, 1826, in-8°. — De Montlosier publia ensuite : *Les jésuites, les congrégations et le parti prêtre en* 1827 ; Paris, 1827, in-8°; — *Les jésuites en
présence des deux Chambres;* Paris, 1828, in-8°; — *De l'origine, de la nature
et des progrès de la puissance ecclésiastique en France ;* Paris, 1829, in-8°; —
Du prêtre et de son ministère dans l'état actuel de la France; Clermont-Ferrand,
1833, in-8°.

principes bien plus incompatibles encore avec la charte constitu-
tionnelle. » M. de Montlosier devint populaire.

Il publia successivement les *Mystères de la vie humaine*[1], et les
deux premiers volumes de ses mémoires, qui passèrent à peu près
inaperçus au milieu des événements de 1830[2]. Il avait salué avec
un certain enthousiasme la révolution de juillet. Il fut appelé à
la Chambre des pairs en octobre 1832, où, malgré son âge avancé
et ses digressions trop nombreuses, on admirait encore l'originalité, l'indépendance de son esprit.

Ce penseur d'élite mourut à Clermont, le 9 décembre 1838. De
Montlosier ne trouva point le repos à ses derniers moments. Il était
chrétien; il témoigna le plus vif désir de s'entourer des secours de
la religion; mais il n'avait pas voulu consentir à la rétractation
publique de ses écrits qui lui était demandée; l'Eglise lui refusa
ses prières. Les funérailles, qui commencèrent à Clermont et se
terminèrent à Randanne, furent ouvertes par un discours de
M. Bayle-Mouillard, dans lequel il disait : « Si quelques hommes,
si quelques symboles manquent à ce grand deuil, à ce rendez-vous
de toute la cité, n'en ayez ni souci, ni colère. L'injustice des
hommes est le plus puissant appel à la justice de Dieu[3]. »

Le Conseil d'Etat fut saisi, et déclara qu'il y avait abus[4].

57. — *Jacques-Antoine Dulaure* est né à Clermont, le 3 décembre 1755. Il fit ses premières études au collège de cette ville, et
alla, en 1779, à Paris, où il étudia l'architecture à l'école du célèbre
Rondelet. Un accident le dégoûta de cette carrière, et il se fit

[1] 1829, 2 vol. in-8°.

[2] *Mémoires de M. le comte de Montlosier*, 4 vol. in-8°.

[3] L'amitié inspira à Mᵐᵉ Bayle-Mouillard quelques vers consacrés à la
mémoire de Montlosier (Voy. *Tabl. hist. de l'Auvergne*, t. IV, p. 250 et suiv.).
Elle fait allusion au refus de sépulture de l'Eglise dans le passage suivant :

       « Dans ces cœurs cachés sous la bure,
       » La prière unie au murmure,
       » D'un injuste abandon frémit;
       » Et leur naïf amour proteste,
       » Semblable à ce parfum agreste
       » Du sépulcre où dort leur ami. »

Le comte de Montlosier avait inséré la clause suivante dans son testament :
« Mon exécuteur testamentaire fera recueillir une assez grande quantité de
plantes aromatiques, dans lesquelles je serai enveloppé et enseveli. »

[4] Voy. cette décision dans le *Recueil des arrêts* de Devilleneuve, 1839.2.53.

ingénieur géographe. Il avait inventé un instrument destiné à
lever des plans, qu'il soumit, en 1781, au jugement de l'Académie
des sciences, et sur lequel les mathématiciens Bossut et Cousin
firent un rapport qui donnait au jeune inventeur des encouragements. Ce fut vers la même époque que Dulaure commença à
publier quelques écrits [1]. Il fit ensuite paraître sa *Description des
curiosités de Paris* [2], qui eut, dans un court espace de temps, trois
éditions, et qui fut suivie de la *Description des principaux lieux de
la France* [3]. Les fermiers généraux avaient obtenu de Calonne,
en 1784, l'autorisation de renfermer Paris dans une vaste
muraille. Cette entreprise fut mal accueillie par la population
parisienne. Dulaure publia la *Réclamation d'un citoyen contre la
nouvelle enceinte de Paris* [4]. Cette brochure, qui fut attribuée au
comte de Mirabeau, fit grand bruit et excita toute la vigilance de
la police.

En ajoutant à la liste de ces divers ouvrages la *Pogonologie,
ou histoire philosophique de la Barbe* [5], et les *Singularités historiques* [6], on a le catalogue des principales publications de Dulaure
avant la Révolution.

Il fut nommé député extraordinaire (suppléant) à l'Assemblée
constituante par la province de la Marche (aujourd'hui départe-

---

[1] Notamment *Lettre critique sur la nouvelle salle des Français*, in-8° de
8 pages ; *Amsterdam et Paris*, 1782 ; — *Les Italiens aux boulevarts, ou Dialogue
entre leur nouvelle salle et celle des Français*, in-8° de 21 pages, Rome et
Paris, 1783 ; — *Retour de mon pauvre oncle, ou Relation de son voyage dans
la lune, écrite par lui-même et mise au jour par son cher neveu* ; in-8° de 60
pages; *Ballomanipolis*, Paris, 1784.

[2] Paris, 1786, 1787, 1790, 2 vol. in-8°.

[3] Voy. *Description des principaux lieux de la France*, contenant des détails
descriptifs et historiques sur les provinces, villes, bourgs, monastères, châteaux; 6 vol. petit in-12 avec cartes, Paris, 1788-1789. Le 5° volume, destiné
à la *Description de l'Auvergne*, est très-estimé. — Cet ouvrage devait avoir
18 volumes.

[4] In-8° de 32 pages, 1787.

[5] Suivie de *l'Exilé*, poème burlesque en vers; in-12 de 210 pages; Constan-
tinople et Paris, 1786.

[6] Ou *Tableau critique des mœurs, des usages et des événements de différents
siècles, contenant ce que l'histoire de la capitale et des autres lieux de l'Ile-de-
France offre de plus piquant et de plus singulier* ; in-12 de 329 pages, Paris,
1788. Une nouvelle édition a été donnée sous ce titre: *Singularités historiques,
contenant ce que l'histoire de Paris et de ses environs offre de plus piquant*;
in-8°, *Paris, Baudouin frères*, 1825.

ment de la Creuse). Il embrassa avec ardeur les principes de la
Révolution, pour la propagation desquels il publia de nombreuses
brochures[1]. Il rédigea un journal intitulé : le *Thermomètre du
jour*, qui parut depuis le 11 août 1791 jusqu'au 25 août 1793.
Nommé en 1792 par le département du Puy-de-Dôme à la Convention nationale, il ne parut que rarement à la tribune ; mais
comme il avait combattu avec une grande vigueur dans son
journal et dans d'autres écrits les principes des Jacobins, il fut
dénoncé le 31 mai et décrété d'accusation le 22 octobre 1793. Il
gagna la Suisse, et se fixa dans un village du canton de Berne,
où il utilisa son talent de dessinateur dans une manufacture d'in-
diennes. Après le 9 thermidor, il fut rappelé dans le sein de la
Convention, puis envoyé en mission dans les départements de la
Corrèze et de la Dordogne, où son caractère doux et pacifique
obtint de bons résultats pour le rapprochement des esprits.

Il fut choisi par les électeurs de ces deux départements et par
ceux du Puy-de-Dôme pour les représenter au conseil des Cinq-
Cents. Il opta pour le dernier. Il siégea dans ce Conseil parmi les
hommes les plus dévoués à l'ordre et à la liberté. Il y prononça
plusieurs discours sur l'instruction publique. Réélu en l'an VI, il
abandonna la carrière politique après le 18 brumaire. La réaction
qui s'opéra alors contre les institutions et les idées libérales fut
la cause de cette détermination. Rentré dans la vie privée, il se
livra exclusivement aux recherches historiques et aux travaux
littéraires jusqu'en 1808, époque à laquelle il obtint dans une

---

[1] *Voy.* notamment ADRESSE AU PEUPLE BRETON *des villes et des campagnes,
de la part de leurs députés à l'Assemblée nationale;* in-8° de 16 pages, Paris,
1789; — EVANGÉLISTES DU JOUR, *ouvrage périodique,* in-8°, *du 19 avril au
20 juillet, l'an Ier de la liberté* (1790); il parut 46 numéros; — *Réfutation des
opinions de M. Necker, relativement au décret de l'Assemblée nationale, concernant les titres, les noms et les armoiries,* par un citoyen du district des
Cordeliers; in-8° de 15 pages, Paris, l'an Ier de la liberté (1790). — *Histoire
critique de la noblesse, depuis le commencement de la monarchie jusqu'à nos
jours, où l'on expose ses préjugés, ses brigandages, ses crimes; où l'on prouve
qu'elle a été le fléau de la liberté, de la raison, des connaissances humaines, et
constamment l'ennemie du peuple et des rois;* in-8° de 325 pages, Paris, 1790;
— LISTE DES NOMS DES CI-DEVANT NOBLES, *nobles de race, robins, financiers,
intrigans, et de tous les aspirans à la noblesse ou escrocs d'icelle, avec des
notes sur leur famille; ouvrage périodique;* in-8°, Paris, l'an II de la liberté,
avec cette épigraphe :

« *Si notre père Adam eût acheté une charge de secrétaire, nous serions tous nobles.* »

administration financière une place honorable, qu'il conserva jusqu'en 1814.

Il avait publié, en 1805, deux ouvrages d'une assez grande importance : le premier était intitulé : *Des cultes qui ont précédé et amené l'idolâtrie ou l'adoration des figures humaines* [1] ; le second, *Des divinités génératrices, ou du culte de phallus chez les anciens et les modernes, etc,* [2]. Quelques années après leur publication, Dulaure reçut, dans un concours ouvert par la classe d'histoire et de littérature ancienne de l'Institut, une mention honorable pour un mémoire sur l'*Etat géographique de la Gaule pendant la domination romaine*. Nous passons sous silence toutes les savantes communications qu'il fit à l'Académie celtique, qu'il avait contribué à fonder en 1805, et ensuite à la Société royale des Antiquaires de France, qui succéda à cette Académie en 1814. Nous rappelons seulement ses dissertations *sur les sénats des Gaules* [3], *et sur les cités, les lieux d'habitation, les forteresses des Gaulois* [4], qui sont comptées au nombre des travaux les plus remarquables contenus dans les recueils de ces sociétés.

Enfin, Dulaure fit paraître son ouvrage le plus important, son *Histoire physique, civile et morale de Paris, depuis les premiers temps historiques jusqu'à nos jours* [5]. Après cet ouvrage, dont le succès fut considérable, Dulaure composa ses *Esquisses historiques des principaux événements de la Révolution française, depuis la convocation des Etats-Généraux jusqu'au rétablissement de la maison de Bourbon* [6] et son *Histoire physique, civile et morale des environs de Paris* [7].

Nous devons nous borner, dans cette notice, aux indications qui

[1] 1 vol. in-8º de 511 pages, Paris, 1805.

[2] 1 vol. in-8º de 437 pages, Paris, 1805. — Cet ouvrage et le précédent ont été réimprimés en 1825., sous le titre : *Histoire abrégée des différents cultes,* 2 vol. in-8º.

[3] *Mémoires de l'Académie celtique,* t. Ier, p. 322 et suiv.

[4] *Mémoires et dissertations sur les antiquités nationales et étrangères, publiés par la Société royale des Antiquaires de France,* t. II, p. 82 et suiv.

[5] La première édition, en 7 volumes in-8º, fut publiée en 1821-1822 ; la cinquième est en 10 volumes in-8º, Paris, Ledentu, 1834.

[6] 4 vol. in-8º, Paris, 1823-25 ; — 2e édition, 1825-29. — Les *Esquisses* furent traduites en espagnol.

[7] 7 vol. in-8º, Paris, 1825-27.

précèdent. Les recherches auxquelles Dulaure se livra sont immenses. Doué d'une aptitude extraordinaire d'application, il a laissé, outre ses compositions, une véritable encyclopédie historique de l'Auvergne, écrite presque toute entière de sa main. Ces précieux documents consistent en chartes et anciens titres concernant cette province, en de volumineux extraits, en dissertations, en différents manuscrits anciens, recueillis par lui et se rapportant à cette même contrée.

Dulaure mourut le 19 août 1835. Tous les matériaux et manuscrits dont nous venons de parler ont été acquis par l'administration municipale de Clermont, moyennant une rente annuelle et viagère de 600 francs accordée à sa veuve, et déposés à la bibliothèque publique. L'arrêté du conseil municipal du 30 décembre 1835 porte que *cette ville est fière d'avoir donné le jour à M. Dulaure.*

Nous n'avons pas à examiner ici la conduite politique de ce célèbre érudit, qui conserva au milieu de toutes les agitations et les épreuves de son existence une grande aménité, une inépuisable bienveillance dans ses relations privées. Il est permis de critiquer quelques-unes de ses doctrines, et les formules avec lesquelles il exprimait ses sentiments sur la noblesse et le clergé; mais, quelque soit le jugement que l'on porte, on ne peut contester à Dulaure le rang élevé qu'il occupe comme historien et comme publiciste parmi les écrivains de son époque.

Il conserva sous l'Empire et sous les règnes suivants sa foi républicaine, avec la simplicité de ses goûts, l'austérité de ses mœurs, et son ardent amour du travail, cette noble passion qui, au déclin de la vie, console l'homme de ses déceptions et calme les douleurs. Le nom de Dulaure sera toujours respecté de ceux qui apprécient la science, lorsqu'elle est jointe à un beau caractère et à de fermes convictions.

58. — Nous regrettons de ne pouvoir rendre le même hommage à un autre publiciste d'un talent incontestable, qui reçut aussi le jour en Auvergne : nous voulons parler de l'abbé de Pradt.

Dominique-Dufour de Pradt naquit à Allanche, dans la Haute-Auvergne, le 23 avril 1759. Issu des rangs de l'aristocratie, et ayant embrassé de bonne heure l'état ecclésiastique, M. de Pradt était avant la Révolution grand-vicaire de M. le cardinal de La Rochefoucauld, archevêque de Rouen. Porté aux États-Généraux par le clergé normand, il ne joua dans les assemblées qu'un rôle assez effacé. Il avait dirigé jusque-là ses études presque exclusivement vers la théologie, et, comme il le disait lui-même, la Sorbonne l'avait *amorti* : « Je ne savais rien, je n'avais pas lu Montesquieu; » c'est ainsi qu'il avait coutume d'expliquer son silence à l'Assemblée constituante.

La nature et les limites de notre étude ne nous permettent pas de nous étendre sur la carrière politique de M. de Pradt; nous laissons à d'autres le soin de rechercher comment, après avoir voté, comme M. de Montlosier, contre tous les actes de la majorité, à l'Assemblée constituante; après être resté jusqu'en 1798 l'adversaire acharné de la Révolution française [1], il devint, sous la Restauration, l'un des avocats les plus diserts de la cause libérale. Nous ne rappellerons pas le rôle actif, que l'abbé comblé des faveurs impériales, l'ancien aumônier du premier consul, l'ancien baron de l'Empire, l'ancien évêque de Poitiers, l'archevêque de Malines, l'ambassadeur dans le grand duché de Varsovie, joua dans le conseil de l'hôtel de Talleyrand, chez lequel l'empereur Alexandre était logé, après que la capitale fut tombée au pouvoir des princes coalisés [2]. Nous passerons aussi sous silence le portrait qu'il fit de l'empereur Napoléon dans son *Histoire de l'ambassade dans le grand duché de Varsovie;* un des morceaux les plus saillants de ce célèbre pamphlet, mais aussi l'un des traits les plus remarquables d'une noire ingratitude [3].

C'est seulement au publiciste, à l'écrivain, que nous voulons consacrer quelques lignes.

M. de Pradt avait porté ses regards et ses méditations sur le cours des événements du nouveau monde et de l'ancien. Ses observations parurent souvent prophétiques. Dans son historique du

[1] On peut consulter la brochure que de Pradt publia, sous le voile de l'anonyme, à Hambourg, et qui est intitulée : *Antidote au congrès de Rastadt* (1798). Elle fut bientôt suivie d'une autre également sans nom d'auteur : *La Prusse et sa neutralité;* 1 vol. in-8°, Paris, 1828.

[2] *Voyez* son livre intitulé : *Récit historique de la restauration de la royauté en France, le 31 mars 1814;* Paris, 1816, in-8°.

[3] Voy. *Histoire de l'ambassade dans le grand-duché de Varsovie, en 1812;* Paris, 1815, in-8°.

congrès de Vienne [1], d'Aix-la-Chapelle [2], de Carlsbad [3], etc., il signala toutes les fautes, toutes les difficultés, tous les mauvais effets de la politique adoptée par la Sainte-Alliance. Il pensait que l'Europe ne pourrait prendre une assiette fixe que lorsque le gouvernement constitutionnel serait établi chez tous les peuples assez civilisés pour le recevoir. Il considérait l'Europe comme une vaste république ayant, sauf quelques exceptions, des idées et des intérêts conformes. Il désirait que tous les gouvernements travaillassent à faire passer cette *conformité* dans les institutions politiques.

Écrivain d'une fécondité inépuisable, il saisissait tous les événements importants pour les contrôler; il écrivait sur toutes les matières, et sa verve était intarissable [4].

[1] *Congrès de Vienne* (1814-1815); Paris, 1815, 2 vol. in-8°.

[2] *L'Europe après le congrès d'Aix-la-Chapelle* (1818); Paris, 1819, in-8°.

[3] *Congrès de Carlsbad* (1819); Paris, 1819-20, 2 vol. in-8°.

[4] Voici la liste de ses principales publications :
Les trois âges des colonies, ou de leur état passé, présent et à venir; 1801, 3 vol. in-8°. — *De l'état de la culture en France, et des améliorations dont elle est susceptible;* Paris, 1802, 2 vol. in-8°. — *Mémoires historiques sur la révolution d'Espagne;* Paris, 1816, in-8°. — *Des colonies et de la révolution actuelle de l'Amérique;* Paris, 1817, 2 vol. in-8°. — *Des trois derniers mois de l'Amérique méridionale et du Brésil;* 1817, in-8°. — *Lettres à un électeur de Paris;* 1817, in-8°. — *Préliminaires de la session de 1817;* in-8°, 1817. — *De l'affaire de la loi des élections;* Paris, 1820, in-8°. — *De la révolution actuelle de l'Espagne et de ses suites;* 1820, in-8°. — *Appel à l'attention de la France sur sa marine militaire;* Paris, 1822, in-8°. — *L'Europe et l'Amérique en 1821;* Paris, 1822, 2 vol. in-8°. — *L'Europe et l'Amérique en 1822, 1823;* Paris, 1824, 2 vol. in-8°. — *La France, l'émigration et les colons;* Paris, 1824, 2 vol. in-8°. — *Vrai système de l'Europe, relativement à l'Amérique et à la Grèce;* Paris, 1825, in-8°. — *Pièces relatives à Saint-Domingue et à l'Amérique; congrès de Panama;* Paris, 1828, in-8°. — *Intervention armée pour la pacification de la Grèce; système permanent de l'Europe à l'égard de la Russie;* Paris, 1828, in-8°. — *Progrès du gouvernement représentatif en France;* Paris, 1828, in-8°. — *Extrait de l'introduction à l'histoire de Charles-Quint, et précis des troubles civils de Castille; garanties à demander à l'Espagne;* Paris, 1828, in-8°. — *L'Europe et l'Amérique depuis le congrès d'Aix-la-Chapelle;* Paris, 1828, 2 vol. in-8°. — *Parallèle de la puissance anglaise et russe, suivi d'un aperçu sur la Grèce; de la Belgique depuis 1789 jusqu'à 1794;* Paris, 1828, in-8°. — *Procès de M. de Pradt dans l'affaire de la loi des élections; petit catéchisme à l'usage des Français sur les affaires de leur pays;* Paris, 1828, in-8°. — *Les quatre concordats, suivis de considérations sur le gouvernement de l'Église en général;* Paris, 1828, 4 vol. in-8°. — *Du système permanent de l'Europe à l'égard de la Russie et des affaires de l'Orient;* Paris, 1828, in-8°. — *Les trois derniers mois de l'Amérique, etc.;* Paris, 1828, in-8°. — *Voyage agronomique en Auvergne;* Paris, 1828, in-8°. — *Concordat de l'Amérique avec Rome;* Paris, 1828, in-8°. — *Statistique des*

L'ancien archevêque de Malines s'éleva contre la tendance de la France et de l'Europe vers ce qu'il appelait *l'idéologie religieuse;* il en signala l'origine, les progrès et les dangers. Il regardait la religion comme le fondement des sociétés, mais il voulait que cette vérité fut prise dans son sens naturel, et contenue dans ses justes bornes. Il critiquait cet appel général et continuel à la Providence, qui avait lieu, depuis 1814, pour les plus simples événements. Il attaquait vivement cette littérature *providentielle,* et les écoles correspondantes à ce penchant vers la mysticité, ouvertes par les de Maistre, les de Bonald, les de Châteaubriand. « L'un, disait-il, étale hardiment des doctrines bizarres, qui amènent toutes les autorités au pied du Vatican; l'autre plonge les siennes dans une nébuleuse profondeur; celui-ci introduit le romantisme dans la religion de la vérité, il soulage le chrétien du fardeau des réalités terribles de l'Evangile, comme Delille, dans son genre descriptif, a soulagé les poëtes du besoin de créer et d'inventer [1]. » C'est lorsque de Pradt vit le Jésuitisme, après une longue disparition, percer sa tombe et se montrer de nouveau, qu'il publia le livre dans lequel il faisait l'histoire de cet ordre religieux, analysait ses doctrines, ses influences diverses, et concluait à l'impossibité de rétablir l'empire des disciples de Loyola dans un nouveau monde qui était tout entier à la liberté et à l'égalité : « Après Pascal, s'écriait-il, on pouvait encore être jésuite; mais après Voltaire cela est impossible [2]. » Il démontrait que l'esprit dominant de l'Europe était contraire au Jésuitisme, et il ajoutait : « Il est bien facile de dire quels sont ses partisans, ce sont les hommes du parti qui, dès 1789, a dit : *Si nous avions eu les jésuites et les mousquetaires, nous n'aurions pas la révolution.* Ce parti a peu d'idées, et celles qu'il a sont de l'espèce de celles que l'on appelle *idées fixes.* Ce parti veut refaire la société à sa guise; il rit de la perfectibilité de l'esprit humain, et il ne voit dans l'homme qu'un sujet du pouvoir; ce parti n'a pas, pour l'homme, d'idée de sociabilité [3]. »

libertés de l'Europe en 1829; Paris, 1829, in-8º.—*De la Grèce dans ses rapports avec l'Europe; examen de l'exposé de la loi relative à l'indemnité des émigrés;* Paris, 1830, in-8º. — *Question de l'Orient, sous ses rapports généraux et particuliers;* Paris, 1836, in-8º. — *Régnicide et régicide,* Paris, 1836; cah. in-8º.

[1] *Du jésuitisme ancien et moderne,* p. 14; 1 vol. in-8º, Paris, 1825.
[2] *Loc. cit.,* p. 334.
[3] *Loc. cit.,* p. 274.

Professant les doctrines les plus libérales, il s'indignait contre tous ces retours vers le passé, contre toutes ces mesures, toutes ces applications « qui, selon ses expressions, produisaient dans la société l'effet que produisent partout les choses violentes ou placées de travers. »

M. de Pradt eut un grand nombre de lecteurs; ses publications furent prônées par les uns et vivement critiquées par les autres; l'une d'elles fut, sous la Restauration, l'objet d'une saisie et de poursuites judiciaires, dont il sortit vainqueur. Ses productions exercèrent une grande influence sur l'esprit public. Elles sont pleines de pensées et d'aperçus ingénieux. Rien n'égale la perspicacité de cet esprit, si ce n'est son extrême mobilité. Son style se ressent souvent de la précipitation qu'il apportait dans ses compositions. Il n'est pas toujours correct, ni exempt de répétitions. La part que de Pradt a prise au mouvement de son époque, et les idées qu'il a émises rendront ses écrits toujours intéressants. Mais, malgré sa haute intelligence, malgré sa pénétration et sa fécondité, ce publiciste n'a pas laissé une de ces œuvres durables dans lesquelles on admire la profondeur des doctrines, le caractère et le talent de l'écrivain. De telles œuvres sont ordinairement le fruit d'une conviction profonde, d'un désintéressement réel, d'un travail assidu et persévérant.

M. de Pradt mourut le 20 mars 1837.

59. — *Charles Ganilh* naquit aussi à Allanche, en 1760. C'était un économiste, un publiciste laborieux; mais tous ses écrits sur l'économie politique ont quelque chose de vague et d'incomplet, qui a nui à leur succès. Le meilleur de ses ouvrages est celui qui a pour titre : *Des systèmes d'économie politique, de leurs inconvénients et de leurs avantages*[1]; le plus mauvais est son *Dictionnaire d'économie politique*[2]. Ganilh a publié d'autres travaux, en assez grand nombre, sur l'*économie*, ou sur la *politique*[3].

___

[1] 2 vol. in-8°, 1809.

[2] 1 vol. in-8°, 1826.

[3] On a de lui les ouvrages suivants : *Essai politique sur le revenu public des peuples de l'antiquité, du moyen-âge, des siècles modernes, etc.*; 1806, 2 vol. in-8°. — *Réflexion sur le budget de 1814*; in-8°. — *Considérations générales sur la situation financière de la France en 1815*; in-8°. — *Des droits constitutionnels de la chambre des députés en matière de finances, ou réfutation des doctrines de M. Garnier, dans son rapport à la chambre des pairs, sur le*

Nommé, en 1789, électeur de la ville de Paris, où il exerçait la profession d'avocat, il avait été, le 12 juillet de la même année, député par l'hôtel de ville vers l'Assemblée nationale, pour lui rendre compte des désordres de la capitale, et demander l'intervention de l'Assemblée pour les faire cesser. Membre du Tribunat, après le 18 brumaire, Ganilh combattit tous les projets qui lui parurent attenter à la souveraineté nationale. Envoyé, en 1815, par le département du Cantal à la chambre des députés, il y vota constamment avec la minorité. Il mourut le 4 mai 1836, à l'âge de 76 ans.

60.—Nous terminerons cette revue par l'appréciation des principaux travaux d'un historien, d'un publiciste, qui, par la date de sa naissance, se rattache aussi à l'ancienne Auvergne, mais dont la longue et brillante existence traversa, dans la France nouvelle, tous les régimes qui se succédèrent depuis la Révolution de 1789 jusqu'au second Empire inclusivement, ce qui lui permit d'assister à toutes les transformations de l'état intellectuel, moral, social et politique de notre pays. L'écrivain dont nous allons parler fut un de ceux qui, se détachant des temps contemporains de leur enfance, prirent le plus vivement la couleur du XIXe siècle, alors que ce siècle commençait à s'affranchir de celui qui l'avait précédé, et à revêtir son propre caractère.

M. de Barante (Amable-Guillaume-Prosper Brugière), naquit à Riom, le 10 juin 1782. Il fit ses premières études à l'école militaire d'Effiat. Il acheva son instruction dans une pension de Paris, et entra ensuite à l'école polytechnique. Nommé, en 1806, auditeur au Conseil d'Etat, il suivit pendant plusieurs années la carrière administrative. Il fut chargé des fonctions de préfet dans le département de la Vendée, le 13 février 1809, et dans la Loire-Inférieure, de 1813 à 1814.

Avant d'occuper ces postes importants, M. de Barante avait été

budget de 1815 ; in-8°. — Théorie de l'économie politique, fondée sur les faits résultant des statistiques de la France et de l'Angleterre, sur l'expérience de tous les peuples célèbres par leurs richesses et par les lumières de la raison ; 1815, 2 vol. in-8°. — De la législation, de l'administration et de la comptabilité des finances de la France, depuis la Restauration ; 1817, in-8°. — De la contre-révolution en France, ou de la restauration de l'ancienne noblesse, etc. ; 1823, in-8°. — Du pouvoir et de l'opposition dans la société civile ; 1824, in-8°. — De la science des finances, etc. ; 1825, in-8°.

nommé, vers la fin de 1807, à la sous-préfecture de Bressuire, sorte de grand village, qui ne contenait pas 1,000 âmes à cette époque[1]. Profitant des loisirs que lui laissait l'administration, il mit la dernière main à un travail entrepris depuis quelques années.

En 1805, l'Académie française avait proposé pour sujet de concours le *Tableau littéraire de la France au dix-huitième siècle*. Pendant quatre ans, ce sujet ne produisit aucun ouvrage qui parût à l'Académie digne de ses suffrages. En 1810 seulement, elle décerna le prix à MM. Jay et Fabre. M. de Barante avait aussi concouru, mais son travail n'avait obtenu aucune faveur. Il le publia cependant, en 1808, sous le titre suivant : *De la littérature française pendant le dix-huitième siècle*.

M. de Barante avait élargi les limites du programme de l'Académie : non-seulement il considérait la littérature française du dix-huitième siècle au point de vue littéraire, mais il appréciait son influence sur l'état social et politique, sur les croyances et la vie morale de la nation; il la rattachait, comme il le dit lui-même, à tout l'ensemble de la société. Selon lui, cette littérature avait été le symptôme bien plus que la cause réelle de la marche des idées qui devaient aboutir à la Révolution française. Ces idées étaient nées du travail des siècles, de la constitution intérieure du pays, des fautes, des excès ou faiblesses du pouvoir absolu. Recherchant la tendance et les intentions des écrivains du dix-huitième siècle, il reconnaissait en eux un sincère amour du bien, tout en portant un jugement sévère sur leur légèreté envers la religion. Il s'efforçait de démontrer que leurs erreurs étaient le résultat des circonstances politiques, et du relâchement des principes sociaux. Il n'acceptait ni le blâme excessif qu'on leur avait infligé, ni les éloges enthousiastes qui leur étaient prodigués. Il y avait, dans cet écrit, un heureux mélange de sagesse, d'austérité dans les principes, et d'indulgence pour les hommes; une réaction contre le passé, et un élan de la pensée vers l'avenir; enfin, un patriotisme sincère et éclairé. Le mérite littéraire de cette œuvre, qui a pris place parmi nos meilleurs livres classiques, a été depuis longtemps constaté, et assura même dès

---

[1] L'arrondissement de Bressuire, situé dans le Bas-Poitou, qui forme le département des Deux-Sèvres, confine à la Vendée.

l'origine à M. de Barante un rang distingué dans la nouvelle
école.

Ce que nous essayons de mettre en relief ici, c'est l'esprit, le
caractère du publiciste qui en est l'auteur. M. de Barante était
encore jeune, lorsqu'il publia ce travail. Madame de Staël, dans
le compte-rendu qu'elle en avait fait pour le *Mercure de France*,
et à l'insertion duquel la censure s'était opposée, disait : « Peut-
être n'a-t-on jamais vu un écrivain débuter dans la carrière
littéraire par un ouvrage aussi sagement profond. » Malgré sa
jeunesse, M. de Barante émettait, en effet, des pensées qui révé-
laient un esprit supérieur, habitué aux plus hautes méditations,
plein de sagesse et de modération.

Il ne s'était fait, lorsqu'il composa cet ouvrage, aucune illusion
sur le caractère du règne de Napoléon Ier, qui cependant était, à
cette époque, entouré de tout son prestige. Quelques années plus
tard, il écrivait: « Un homme, quelque profonde intelligence qu'il
ait de l'esprit de son temps, quelque habileté qu'il déploie à s'en
servir comme d'un instrument docile, n'a ni pouvoir, ni mission,
pour le changer, pour le détourner de sa route. Quand une nation
a été si complètement dissoute et renouvelée, il n'appartient à
personne de la reconstituer à son gré et sous sa main[1]. »

M. de Barante ne voyait dans l'établissement du régime impérial, du pouvoir absolu, qu'un délai apporté au développement
et à la classification régulière des éléments nouveaux de la
société. Il se demandait ensuite quelles seraient les formes, les
institutions, les mœurs et les idées qui devaient à l'avenir composer la constitution morale des peuples civilisés, et si, en présence de l'anéantissement des anciens pouvoirs, des anciennes
prééminences sociales, la société nouvelle renfermait en elle-
même les germes d'un ordre solide, qui pussent y être fécondés,
y jeter des racines. Repoussant comme moyen de solution le
despotisme qui brise les volontés par la force, subjugue les ima-
ginations, énerve les sentiments, et les réduit à l'intérêt personnel, il critiquait vivement les espérances des hommes qui
n'avaient d'autre principe que d'exclure les citoyens de toute
intervention directe dans la gestion de leurs affaires. Pour lui,
les formes d'un gouvernement étaient peu de chose, si elles

[1] Préface de 1822.

n'étaient pas l'expression des mœurs, des persuasions, des croyances d'un peuple. Il voulait aussi qu'il y eût des autorités et des prééminences investies de quelque force morale, et qui n'eussent pas à faire vérifier chaque jour la réalité de leurs pouvoirs. Mais cette restauration morale ne lui semblait possible que dans un temps éloigné[1].

Répondant, dans une nouvelle édition, aux écrivains qui avaient taxé de fatalisme sa façon d'envisager les événements et leurs résultats, M. de Barante cherchait à démontrer que, par suite de la facilité, de la rapidité et de l'étendue des communications entre les hommes, l'influence des causes isolées, des individus, était moindre que celle des causes générales. Il en concluait qu'il ne dépendait point de la volonté ou de la conduite de quelques hommes d'exercer sur leur nation et sur leur temps une influence décisive. Son système politique consistait à démêler les penchants calmes et raisonnables, les vœux modérés, les principes salutaires de son époque, à les protéger, à leur donner force et confiance. Régler et maintenir, voilà tout ce qui lui paraissait possible[2].

A ceux qui lui avaient reproché son impartialité, il disait : « Quels sont les partis qui ont l'insolente et absurde prétention de posséder en propre et exclusivement le bien et le juste, et qui ne veulent pas même qu'on examine jusqu'à quel point ils ont tort ou raison ? Quelles sont ces autorités qui croient vaincre l'esprit de révolte en lui annonçant d'avance qu'il doit accorder obéissance, sans conserver aucun moyen d'obtenir justice.... Vouloir faire du présent, ou un avenir qu'on a rêvé, ou un passé qu'on regrette, c'est retarder le moment où il se calmera, où il se fera des mœurs et une morale[3]. »

Telles étaient les principales pensées politiques du jeune et savant publiciste.

En 1821, M. de Barante publiait son étude intitulée : *Des communes et de l'aristocratie*, qui fut très-remarquée. A cette époque, l'organisation municipale et administrative était encore régie par la loi du 28 pluviose an 8, qui donnait au gouvernement la nomination des maires et même des conseillers munici-

---

[1] *Loc. cit.*
[2] *Loc. cit.*
[3] *Loc. cit.*

paux. La Restauration s'était bien gardée de modifier un système aussi favorable à la prépondérance du pouvoir administratif. M. de Barante, frappé de cette grave inconséquence qui instituait des libertés politiques et parlementaires au sommet de l'édifice, sans établir à la base une organisation représentative des pouvoirs locaux et intermédiaires, entreprit de démontrer que la libre et régulière gestion des affaires locales n'était pas une question indifférente aux droits publics, à la politique générale; que l'habitude de traiter avec indépendance les intérêts qui sont à leur portée, de délibérer sur ce que leur vue et leur esprit embrassent facilement, de se réunir et de se concerter pour faire prévaloir une conviction éclairée, donnait aux citoyens un caractère de force et de sagesse, leur enseignait à connaître, à aimer l'ordre public, et à ne point se soumettre trop docilement à la volonté des hommes revêtus de la puissance; qu'en un mot, une sérieuse participation à l'administration de la cité, de la commune, du département, formait l'homme public, le citoyen, et entrait comme élément nécessaire dans les mœurs d'un peuple libre. Il craignait que, dans le système où les grands corps de l'Etat se trouvaient seuls chargés de défendre les libertés nationales, et de maintenir le bon ordre, non-seulement leur action ne fût incertaine et irrégulière, mais encore que l'esprit de despotisme ne franchît trop facilement ce seul rempart pour rencontrer une obéissance passive. Il préconisait comme favorable à la liberté un système d'institutions municipales et départementales, dans lequel il confiait une portion du pouvoir à une sorte d'aristocratie, n'ayant rien de commun avec une noblesse privilégiée ou de frivoles distinctions, mais librement reconnue par les citoyens, et devant se constituer dans le pays par les services rendus, par l'importance acquise dans les représentations locales.

A la publication *Des Communes et de l'aristocratie* succéda, de 1824 à 1826, celle de l'*Histoire des ducs de Bourgogne*, qui mit le dernier sceau à la réputation de l'écrivain, historien, publiciste, pair de France, professant un libéralisme modéré. Cette histoire, qui commence en 1364 pour finir en 1477, embrasse un de ces siècles pendant lesquels tous les éléments de l'ordre social s'agitèrent souvent sans résultat, et qui cependant furent employés à faire de la France primitive la France moderne. Cet ouvrage est remarquable non-seulement par la vérité qui brille dans le récit des événements, dans la peinture de l'état de la France, de ses mœurs, de ses destinées, de la fin du XIVᵉ à la fin du XVᵉ siècle, mais encore par les enseignements féconds qu'il renferme sur la nécessité d'une autre civilisation, d'un ordre social plus équitable et d'un gouvernement plus libre et plus régulier. En le composant, le savant publiciste se préoccupait vivement de la vaste question du pouvoir et de la liberté. L'éclatant succès qui couronna son œuvre lui ouvrit les portes de l'Académie[1]. Il en fut élu membre, le 19 juin 1828, comme successeur de M. de Sèze.

Nous rappelons que M. de Barante fut conseiller d'État et directeur général des contributions indirectes, membre de la Chambre des députés, à laquelle il fut élu, en 1815, par les départements du Puy-de-Dôme et de la Loire-Inférieure, puis de la Chambre des pairs, dans laquelle le roi l'appela en 1819 ; enfin, ambassadeur à Turin et à St-Pétersbourg, après 1830.

La révolution de février 1848 vint mettre un terme à sa vie publique. Il se retira à Barante, mais son esprit resta aussi actif que par le passé. C'est de cette époque que datent plusieurs de ses travaux[2]. Il examina presque toutes les grandes questions qui étaient à l'ordre du jour : la propriété, le travail, la souveraineté, le suffrage universel, l'ensemble des théories égalitaires, etc. M. de Barante n'était ni un économiste, ni un politique, en prenant ce mot dans sa plus stricte acception. Nous n'admet-

---

[1] M. de Barante avait encore publié les *Mémoires de la marquise de la Rochejacquelein*, Bordeaux, 1815, in-8º, qui furent réimprimés dans la *Collection des mémoires relatifs à la Révolution française*. Il était aussi l'auteur des *Divers projets de constitution pour la France*, Paris, 1814, in-8º, dont il arrêta la publication. Il avait prononcé et publié plusieurs discours dans lesquels il combattait la politique de la Restauration : *Opinion sur le projet d'adresse et réponse au discours du roi à l'ouverture de la session*, 1823 ; — *Discours sur le projet de loi relatif à l'appel de la classe* 1823 ; — *Opinion sur le projet de loi relatif au sacrilège*, 1823. — C'est en 1836 qu'il fit paraître les *Mélanges historiques et littéraires*, Paris, 3 vol. in-8º ; et, en 1839, l'*Introduction à la chronique du religieux de Saint-Denis*, Paris, in-4º.

[2] *Voy.* notamment : *Histoire de la Convention nationale*, Paris, 1851-53, 6 vol. in-8º. — *Histoire du Directoire de la République française*, 1855, 3 vol. in-8º. — *Études historiques et biographiques*, 1857, 2 vol. in-8º. — *Le Parlement et la Fronde — Vie de Mathieu Molé, suivie de notices sur Édouard Molé et le comte Molé*; 1860, 1 vol. in-8º. — *La vie politique de Royer-Collard, ses discours et ses écrits*; 1861, 2 vol. in-8º. — *De la décentralisation en 1829 et en 1833*; 1 vol. in-18, 1865. — M. de Barante a aussi publié une traduction des *Œuvres de Schiller*, en 4 volumes in-8º.

tons pas plusieurs de ses doctrines ou de ses opinions. Mais ce qui ne peut être nié, c'est l'élévation de sa pensée, son amour d'une sage liberté, son respect de tous les droits, son patriotisme, sa bienfaisance. Il mourut dans le mois de novembre 1866, et fut inhumé au château de Barante, près de Thiers.

APPENDICE

PIÈCES JUSTIFICATIVES

I

Anciennes formules de l'Arvernie[1].

.... Nascuntur per hanc occasionem non perdant. Ob hoc igitur ego ille et conjux mea illa commanens orbe Arvernis, in pago illo, in villa illa. Dum non est incognitum qualiter cartolas nostras per hostilitatem Francorum in ipsa villa illa manso nostro, ubi visi sumus manere, ibidem perdimus; et petimus vel cognitum faciemus ut quit per ipsas stromentas et tempora habere noscuntur possessio nostra per hanc occasionem nostrorum pater inter epistolas illas de mansos, in ipsa villa illa de qua ipso attraximus in integrum, ut et vindedit ista omnia superius conscripta vel quod memorare minimè possimus judicibus brevis nostris spondiis incolcacionibus vel alias stromentas tam nostras quàm et qui nobis commendatas fuerunt hoc inter ipsas villas suprascriptas vel de ipsas turbas ibidem perdimus et petimus ut hanc contestaciuncula seu plancturia per hanc cartolas in nostro nomine collegere vel adfirmare deberemus. Quo ita et fecimus ista principium Honorio et Theodisio consilibus eorum ad[2] hostio sancto illo castro Claremunte per triduum habendi vel custodivimus seu in mercato publico in quo ordo curiæ duxerunt ant regalis vel manuensis vester

[1] Voy. vol. Ier, p. 67 et suiv.
[2] Ab (Cauciani).

aut personarum ipsius castri ut cum hanc contestatiuncula seu plancturia juxta legum consuetudinem in præsentia vestra relata fuerit,
nostris subscriptionibus signaculis subrogare faciatis, ut quocumque
perdiciones nostras de suprà scripta per vestra adfirmatione justa
auctoritas remedia consequatur ut nostra firmitas legum auctoritas
revocent in propinquietas.

Gesta.

Unde ego te vir laudabilis illu. defensore meo nec non et vos hono-
ratiqué cartas publicas agitis assiduè oportet me curiæ in hoc contestatiuncula seu plancturia per triduum partibus foris pupblicis apensa
vestris subscriptionibus vel signatulis subter faciatis adfirmare, ut
quomodo mihi necessarium fuerit causella mea aut in præsentia
dominorum vel judicibus adversariorum meorum revocent in pro-
quietas, per hocque contra hanc contestatiuncula seu plancturia
deponere percuravimus, ut quando volueritis et malueritis vel mihi
necessarium fuerit, ut mos est, gestis municipalibus eam faciatis
ablegare cum petitiones nostras, maximas vobis ex hoc gratias agere
valeamus,

Mandato.

Mos injunxit autiqua, principium jura decreta sanxerunt ut quicquid
causas per inpigritia census ant femina sexus vel corporamentisque
fragilitatis res snas suorumque suarum gubernare minimè possit, cura
electorum permittuntur. Ego illa femina, dilectissimus filius meus
illius et illius, rogo et injungo vel suplico gratias vestras, ut de omnis
causas meas vel negótiis meis vel quicquid de alode parentorum
meorum aut de attracto aut unde meæ consotium suppetit aut adversùs
me altercatio ortafuerit quicquo de heredibus meis dicit aut numerari
potest vos damus et procuratoribus de omnes causas meas vel facultates
meas tam terras seu et mancipia vel alias res meas quicquit dinume-
rare longum est tam in præsentia dominorum aut in quibuscunque
Provinciis sive eante Comitibus vel judiciaria potestate. Adsupta mea
vice elegi et proponat aut quicquid in hac parte ex causa veritatis
aut definieritis egeris gesseris veraci confirmatù adque finita in contra
esse pubplicar. Sanè si quis ego ipse aut ullus.

Hic habet gesta.

Arvernis aput vir laudabile illo defensore vel curia pubplica ipsius
civitatis illa femina ait quæso vobis optimè defensor vel cura publica
ipsius civitatis ut tu mihi quod dicis pubplicis prosequere præcipiatis
ab eoque gestarum alegacio cupio roborare memoratus defensore dixit.

Pateant tibi quod dicis per pubplicas quæ obtas quia illa femina per hanc mandatum mihi injunxit ut propter sollemnitatem lex scripturas adfirmatum ut à duobus arseri deberim et hæc mandatum quæ in filius suus illus et illu ut sumpta vice coscribere vel adfirmare rogaverunt de omnes causas suas sunt quod rectius superior abeatur scriptum gestis municipalibus adligare adque firmare deberet. Jam dictus defensor et ordo curiæ dixerunt : ediec mandatum adseras debere nobis ostendit ad relegendum. Tunc unus ex Notariis ipso mandato in publico recitavit. Præfatus defensor dixit : Hæc gesta quomodo est scripta nostros manibus roborata, quicquit exinde dicere vel numerare res illa aut nihil aliut ago hæc gesta quomodo est scripta vestris roborata mihi sine mora tradatur. Ille defensor cum suis curialibus vel subscriptionibus manibus ipsa gesta tradiderunt vel consignaverunt.

Libertas.

In Dei nomine. Ego ille metuens casum fragilitatis et dum fragilitas humanum genus pertimescit, ultimum vitæ temporibus ventura oportet ut non inveniat unumquemque imparatum ne sine aliquis operis bonum respectum nisi homo dum suum jure et potestatem præparet sibi viam salutis per quem ad æternam beatitudinem valeat pervenire. Propterea vindictam habuit liberare ancilla mea nomen illa unà cum fantes suos illus et illus, quem de alode visi sumus habere, de omni jugo servitutis meis pro peccatis meis minuandis ipsns præcipimus esse bene ingenuus et absolutus in pubplico, nam non in secreto, Arvernis civitatis domum matris Ecclesiæ sancto illo, ubi Christi nomen ille Episcopus pontifex tunc tempore præesse dignoscitur ante cornu altaris, in præsentia, præsbyteris, diaconis, clericis vel in præsentia plurimarum personarum qui ipsa manopa subter firmaverunt, de jugum servitutis meis pro peccatis meis minuandis, sicut jam diximus, quicquid persona aut religiosi deorum mancipia data libertate conferre voluerit, secundùm legem Romanam hoc facere potest, id est, latina dolitia et cives Romana, meliore statum habet testamentum condere testimonium perhibere, emere, vindere, donare, commutare habeat potestatem sicut et alii cives Romani, ut nullum nulle vel heredum ac proheredum nihil debeant servitio nec letimonium nec onus patronati nec ulla obedientia ipsius non requiratur nisi eant et maneant ubicumque voluerint, portæ apertæ, cives Romanæ se esse cognoscant. Defensionem verò tam Ecclesia vel omnem dium timentium ubicumque experire voluerint, licentiæ tribuimus ad faciendum in omnibus quicquid voluerint. Et si de ipsius aliquit generatum fuerit, ngenui permaneant. Sanè si quis.

Item absolutio.

Liberum esse credimus quod Christus per spiritum sanctum et baptismum lavacrum generavit bene convenit ut dimittentibus debita dimittantur peccata. Ego enim in Dei nomen ill. et conjux mea illa pro remedio animæ nostræ vel pro æternam retributionem absolvimus à die præsente servo nostro illo unà cum infantes suos illus et illus, que de alode parentorum meorum vel per cessionem extra consortium heredum eorum mihi obvenit, à die præsente remedium inveniat vos relaxamus, ut ab hac die sibi vivant, sibi agant, sibi laboret, sibi nutromenta proficiat, suumque jure commissas eum et intromissus in ordine civium Romanorum, ingenuis se esse cognoscant, ut post ac die neque ad ullus heredibus meis servitius nec letimonius ne onus patronati nec ulla obedientia eis non requiratur, nisi iant et maneant ubicumque voluerint porte aperte, cives Romana se esse agnoscant. Defensionem verò tam Ecclesia vel ominem Deum timentium ubicumque expelire volueritis libera et firmissima in omnibus habeatis potestatem ad hoc faciendum quicquit volueritis. Sanè si quis.

Redempturium.

Domino ill. A pluris est cognitum qualiter ante hos dies investiganti parte adversus neglegentia pro culpa mea in custodia traditus sum, et nullum habeo substantia unde me redimere debeam nisi tantùm formam et statum meum, quem libero et ingenuo videor habere, et in servitio me pro hac causa debeam inclinare, et vos pietas domini imperavit ut pro ac causa me redemisti, ego vobis carta patrocinale de statum meum, quem ingenuo habeo, in vos conscribere vel adfirmare rogavi, ut posthac diebus vitæ meæ ex jure in servicio vestro debeam consistere. Unde me spondo vel subter firmavit ut contra præsente cartola patrociniale neque ego neque de heredibus meis ne quislibet ulla opposita persona præ ac die ambulare non debeamus; quod quid fecerit, componat vobis sociante fisco auri uncia una, et quod petit nihil valeat vindicare, et ubicumque me invenire potueritis, sicut et reliquos servos vestros, ita me in vestro servitio faciatis revocare absque ullo contradicente stibulant stibulatur in omnibus sum.

Cessionem.

Quociens inter quascumque injenuis personis lex beneficium edocet ut quantumcumque persona de rebus propriis suis in alterius transferre voluerit, libera abeat potestatem ad hoc faciendum quicquit voluerit. Ob hoc igitur in Dei nomen et conjuves mea illa dilectissimo amico nostro illo pro benevolentia vel servitia tua quæ circa nos impendis sed in comea facere non desinis, propterea cedimus tibi cessumque in perpetuum esse volo, hoc est, de nostro jure in tua tradimus domina- tione tradimus transferimus atque transfundimus, hoc est, manso nostro in pago Arvernico, in jace illo, in villa illa, quæ de alode vel de attracto ibidem vissi sumus habere, cum casis, tictis, ædificiis, adja- centiis, campis, pratis, vineis, silvis, aquis aquarumve decursibus, omnia et ex omnibus quantumcumque ad ipsus mansus aspicit aut aspicere videtur, tam inquisitum...

II

Bulle du pape Urbain II,

PAR LAQUELLE IL RATIFIE ET CONFIRME LES PRIVILÈGES ET IMMUNITÉS DE L'ÉGLISE D'AUVERGNE[1].

(Ann. 1097)

Urbanus Episcopus servus servorum Dei dilecto fratri Guilielmo Arver- *nensi episcopo, ejus que successoribus, canonicè promovendis, in perpetuum.* Sicut injusta poscentium votis nullus est tribuendus effectus, sic legi- tima desiderantium non est differenda petitio, Tuis igitur fràter in **xpo (Christo)** karissime, precibus annuentes, ad perpetuam sancte Arvernensis ecclesie pacem ac stabilitatem presentis decreti auctoritate sancimus, Ut universi parochie fines, sicut ab tuis antecessoribus usque hodiè possessi sunt, Ità omnino integri tàm tibi quam tuis successori- bus in perpetuum conserventur. Omnem etiam vestre ecclesie dignitatem per predecessorum nostrorum privilegia vel auctentica scripta conces- sam nos quoque presentis privilegii auctoritate concedimus et firma- mus, Ut et in Bituricencis achiepiscopi consecratione priorem locum obtineas, Et in omnibus parochie Arvernensis congregationibus salvis si qua sunt sedis apostolice privilegiis citrà cujuslibet refragationem

---

[1] Vol. Ier, p. 236. — Cette bulle a été publiée par M. Cohendy, dans les *Annales de* *l'Auvergne*, t. XXVII, p. 48 et suiv.

pontificali jure fungaris, Ipsam sanè ecclésiam cùm universis apendiciis suis, clericos et clericorum res libertati perpetue manere decernimus, Statuentes ut nulli omninò hominum liceat eandem ecclesiam temerè perturbare vel ejus possessiones auferre, minuere, vel temerariis vexationibus fatigare. Quecumque autem bona juste hodiè possidet, sive in futurum justè atque canonicè poterit adipisci, firma tibi tuisque successoribus et illibata permaneant. Interdicimus etiam ne post tuum aut successorum tuorum obitum, quocumque tempori fuerint, invadere aliquis aut distrahere audeat, sed omnia sub clericorum curà et diligenti provisionè serventur, nec cuiquam omninò liceat in eandem ecclesiam personam quamlibet ingerere, sed libera clericis facultas sit secundùm Deum concordi et canonicâ electione sibi antistitem providere, Semotâ prorsùs laicalis potestatis oppressione vel invasione. Te autem pro ampliori familiaritatis preterite caritate tanquàm specialem sedis apostolice filium decernimus, ejus semper gremio affectuosius confovendum. Si quis igitur in crastinum archiepiscopus, aut episcopus, imperator, rex, princeps, aut dux, comes, vicecomes, judex, aut ecclesiastica quelibet secularisve persona hanc nostre constitutionis paginam sciens contrà eam temerè venire temptaverit, secundo tertiove commonita si non satisfactione congruâ emendaverit, Potestatis honorisque sui dignitate careat, reamque se divino judicio existere de perpetratâ iniquitate cognoscat, et à sacratissimo corpore ac sanguine Dei et Domini redemptoris nostri ihu xpi aliena fiat, atque in extremo examine districte ultioni subiaceat. Cunctis autem eidem ecclesie justa servantibus sit pax Domini nostri ihu xpi, Quatenùs et hic fructum bone actionis percipiant. Et apud districtum judicem premia eterne pacis inveniant. AMEN, AMEN, AMEN.

· Scriptum per manum Petri scrivi sacri palatii.

Datùm Laterani, per manum Iohannis, sancte romane ecclesie diaconi cardinalis, xiiii kalendarum maii, indictione v, anno dominice incarnationis m xc ʋıı, pontificatus autem Domini pape Urbani secundi X.

III

Serment de l'évêque Robert[1].

(Ann. 1198)

Eu Rotberz per la gratia de Deu evesques de Clarmont, promete a bona fe et a totz los omes et a totas las femnas de Clarmont a aquels que i ssont aoras o que i sserant, que eu non penrai ni farai penre lor cors ni lor maysos ni lor chausas; ni sufrirai que sia fait, se non era per homicidi, o per adulteri, o per murtre. Per que li persona de l'ome et de la femna et sa chausa sont emma marce; dels layronicis sera segunt las bonas costumas de Montferant. Se clams es faict d'ome o de femna, dara nos fiansa o segurtat avinent si pot, o jurara que no puscha. E sobre las chausas que aura en la ciptat, iutgarai l'ome o la femna a bona fe. Si eu o li ome de ma mayso avem propria querela contra alcu, si mais no vol donar segurtat, sobre las soas chausas lo iutiarem. Promete lor que totas chausas que serant messas a Clarmont per segurtat, en patz et en guerra, serant seguras de me et dels meus, ni no las sazirai ni penrai per uchaiso d'aquels que las i metra, ne per uchaiso d'aquel en cui poder seran messas; et qui las i aura messas las enportara seguramment quant se volra. Et ni eu ni altre no devem donar guidatge a nostre escient, ni en la ciptat ni el borc, a negun ome qui aia fait raubaria ni tort a ome de Clarmont, si non era fait ab la voluntat de celui a cui auria fait lo tort. Promete fielment a totz los omes et a totas las femnas de Clarmont que i sont a ora o que i serant que eu lor tenrai aquelas bonas costumas que mei ancessors tengront als lors ancessors; et si negunas querelas eu o mei ancessors avem ab negun ome o ab femna de Clarmont, perdonen a totz et a chascu entro qual jorn d'oi, si en aquelas querelas o non a chaptal de terra o daver. Promete lor que totas aquestas chausas gardarai a bona fe, et lor o jure sobre sains evangelis, et mos bailes que i es o a jurat, et altre, quant i er o jurara. Et il perdonon me ab bona voluntat, si negun gravamment lor ai fait tro qu'al iorn d'oi, si non a fiansa, o a chaptal de terra o d'aver o de depte. Et per so que

---

[1] Vol Ier, p. 253.

aquestas chausas durant toz temps en bona fermetat, aquesta chartra es saelada ab nostre sael, et ab aquel del chapitol de Clarmont. Et aiso fo fait l'an de la incarnatio nostre senhor M. C. XC. VIIJ. mense mais, octava de l'acensio.

IV

Charte de la ville de Maringues [1].

(Mai 1225)

Universis præsentes licteras inspecturis et audituris Ascellinus de Machis, clericus, secretarius, ac tenens sigillum excellentissimi principis, domini Johannis, Biturie et Arvernie ducis, in Arverniâ constitutum, salutem in Domino :

Noveritis quod nos vidimus, et de verbo ad verbum legi et transcribi fecimus quasdam patentes licteras, bonas et integras, non lesas, non corruptas, nec in aliquâ sui parte viciatas, sigillo nobilis et potentis viri, domini *Guodaffredi de Bolonia*, domini terrarum *Montisgasconis* et *Ruppisavine*, cum cordone pendente, et serâ rubeâ sigillatas, quarum tenor sequitur et est talis :

Nos *Guodaffredus de Bolonia*, dominus terrarum *Montisgasconis* et *Ruppissavine*, notum facimus per præsentes licteras universis, præsentibus et futuris, quod nos vidimus et de verbo ad verbum legi fecimus quasdam patentes licteras non rasas, non oblitas, non cancellatas, nec in aliquâ sui parte viciatas, sigillo inclite recordationis domini Falconis, quondam domini Montisgasconis, predecessoris nostri, ut primâ facie apparebat, sigillatas, tenorem qui sequitur continentes :

Nos Falco, dominus *Montisgasconis*, notum facimus per presentes licteras universis, quod nos, consideratâ utilitate nostrâ et predecessorum nostrorum, sponte nostrâ dedimus et concedimus, damus perpetuo et donamus *consulibus et aliis habitantibus, habitaturis et habitandis in villâ nostrâ Maringii* et pertinenciis ejusdem, usus, consuetudines, privilegia, franchesias et libertates qui et que sequuntur :

Et primo, quod quicumque habitans in dicta nostra villa Maringii, habens hospicium in censivis nostris, in quo inhabitet seu habitare possit, non tenebitur seu teneatur nobis solvere leydam de rebus seu bonis, quas seu que vendat, dum tamen sint de suis bonis propriis, excepta tamen quod si dicti habitantes, seu aliqui eorumdem vendebant aliqua blada de bonis suis propriis diebus fororum et nundinarum et mensuraba (nt) ad quartam nostram leyde vel ad quartam alterius, qui non esset proprie dictorum venditorum ipsorum, eo casu teneantur nobis et futuris successoribus nostris solvere dimidiam leydam tantùm.

Item quicumque de novo capiat pedam in dictâ villâ Maringii, movente de censivâ nostrâ pro edifficando, tenebitur nobis sen nostris solvere leydam quousquè edififcaverit in eâdem tal (iter) quod ibidem possit inhabitare.

Item si qui veniebant pro morando sen moram faciende in dicta villa Maringii de novo, quousque morati fuerunt per annum et diem in eadem villa, aliquas talhias, subventiones seu subsidia pro facto dicte ville nostre solvere teneantur.

Item, quicumque faciat residentiam in dictâ villâ Maringii in censivis nostris, vel qui habeat edifficium in dictis nostris censivis, in quo residentiam suam facere possit, tenetur nobis solvere pro clamâ duodecim denarios usualis monete et non ultrà; alii verò habitantes ipsius ville tres solidos dicte monete.

Item quicumque vendiderit domos seu proprietates existentes in dictâ villâ Maringii sen infrà fines ejusdem moventes de censivis nostris, tenebitur nobis et successoribus nostris solvere tercium decimum denarium de venditione tantùm.

Item quicumque inguatgiare velit proprietatem suam ad tempus, usque ad quinque annos, ratione vendarum in alquo nobis nomine tenebitur.

Item dicti habitantes tenebuntur nobis et futuris successoribus nostris in quatuor casibus, videlicet, in novâ miliciâ, pro filiâbus maritandis, pro capcione nostrâ et successorum nostrorum, dominorum dicti loci Maringii, ac transfrettando ultrà mare in ipsis et quolibet et eorumdem, præstare talhias racionabiles secundùm dictorum consulum et habitantium facultates.

Item de librâ falxâ, de marco falxo, qui vendiderit in eisdem inscienter, debet nobis domino predicto, septem solidos pro emendâ.

Item qui in dictis librâ et marco vendiderit, dùm alias reprehensus fuerit debet nobis sexaginta solidos pro emendâ.

Item de alnâ falxâ et de mensurâ vini et bladi de quâlibet qui vendiderit in eisdem pro qualibet vice septem solidos de emendâ.

Item qui aliquas denariatas vendiderit et leydam non solverit debet nobis pro emendâ septem solidos.

Item nos habemus de leyda in vendicione unius equi, unius eque, unius muli, unius mule, pro qualibet vice, quâ venditi fuerunt seu permutati pro qualibet quatuor denarios, quos venditor solvere debet.

Item habemus de leyda in vendicione unius bovis, unius vache, unius azini seu azine, pro quolibet unum denarium nobis solventurum per venditorem qualibet vice quâ venditi sen permutati fuerunt.

Item habemus de leyda in vendicione unius irci, unius capre, pro pro quolibet, qualibet vice qua venditi fuerunt obolum.

Item pro quolibet mutone et ove pictam de leyda, in edis nulla est leyda: sex agni non tonsi debent obolum pro leyda quociens venditi fuerunt seu permutati, et pro quolibet agno tonso picta pro leyda nobis solvenda per venditorem.

Item habemus de leyda in venditione unius corii bovis seu vache obolum nobis solventurum per venditorem.

Item si aliqui vendiderint pelles ircorum seu caprarum debent pro qualibet pelle unum denarium de leyda solvendum per venditorem quotiens vendite seu permutate fuerunt; verum si venditores dictarum pellium velint solvere sex denarios semel in anno pro *grossâ* leyda, nihil debebunt amplius per totum annum.

Item habemus in leydâ porcorum pro quolibet porco, sive *troyâ* venditis in dicto loco Maringii, unum denarium de leyda nobis per venditorem solvendum; verum si dicta troya vendebatur cum suis sequentibus lactantibus insimul, non debetur nisi unum denarium de leydâ.

Item in lactantibus sive *cochetibus* (sic) venditis *ceparatè*, si excedunt quilibet valorem duorum solidorum, debetur pro quolibet unum denarium de leydâ.

Item quilibet venditor vitrorum debet nobis de leyda si vendat dicto loco Maringii ultraque valent tria ligamina vitrorum per unum annum.

Item de draperiis, serreriis, pellipariis, cordoaneriis, commeriis, sabbatoriis, merceriis, si in dictâ villâ Maringii vendiderint, dum tamen in censivis nostris non (habitent) debet quilibet, pro leyda pro anno, sex denarios, et si per annum integrum eadem non vendiderint sed semel vel bis in anno, dictos sex denarios nobis vel nostris solvere tenebuntur pro leyda.

Item si mercatores veniebant in dictâ villâ Maringii mer(cando) et deligabant fardellum suum et non vendiderint, non debetur leyda.

Item unus pissonerius extraneus, vendens pisses salxatos, debet de leyda sex denarios per annum, et totidem si semel vendat nobis solvere tenebitur.

Item pro qualibet carratâ *maderie* venditâ, venditor solvet pro leydâ unum denarium, nisi tamen vendatur lune ante ante nativitatem Domini, lune post pascâ, et in die nativitatis Johannis Baptiste, in quiebus diebus, pro quâlibet carratâ maderie debentur nobis duo denarii, nobis per venditorem solvendi pro leydâ.

Item una carrata circulorum debet nobis quatuor denarios pro leydâ.

Item una carrata olarum debet nobis pro leydâ unum denarium.

Item una carrata fructuum vendendum in foris et nundinis, conducta cum uno curru in quatuor rotis, debet nobis quatuor denarios pro leydâ. — Item una chariossada cum duabus rotis debet nobis pro leyda duos denarios.

Item saumata fructuum debet nobis obolum pro leydâ. Item unum *honus* (sic) sive *fays* fructuum debet nobis pro leydâ obolum.

.... Item pro quolibet curru vendito lune ante nativitatem domini, lune pasche et die festinativitatis Johannis Baptiste, duos denarios pro leydâ nobis per venditorem solvendos, aliis diebus unum denarium.

Item habemus in unâ molâ molendini seu barbitoxor (is) pro leydâ duos denarios. — Item de omnibus bladis venditis, seu vendendis, debetur nobis pro leydâ, pro quinque una quarta bladi, et secundum magis aut minus ad idem.

Item leyderius, vel alter ejus nomine tenens seu portans quartam pro mensuranda, non debet habere mercedem aliquam, exceptâ leydâ predictâ.

Item quicumque vellet coquere in furnis ville Maringii panem suum debet et tenetur solvere pro furnagio unius sexterii bladi quatuor denarios, aut majoris vel minoris bladorum constitibus et secundum magis aut minus ad idem et non ampliùs.

Item venditores cellarum, frenorum, calcariorum, seu bridarum quilibet, debent anno sex denarios pro leydâ.

Item habemus de leydâ in unâ culcitrâ plume vendita unum denarium.

Item quelibet pecia tele lignee continens unam alnam, vel duas solum, nihil debet de leydâ.

Item quilibet pecia tele continens tres alnas debet pro leydâ obolum.

—Item quilibet pecia tele quatuor alnarum, vel ampliùs, quotiénscumque excedat, unum denarium de leydâ et non ampliùs.

Item de cerâ que venditur in eâdem villâ transitoriè, pro quâlibet ratâ cere debetur nobis unus denarius de leydâ. — Item qui vendit dictam ceram alestaso, debet nobis duos denarios de leydâ pro anno.

Item de cultellis, gladiis, forpexibus, ciphis et cutellis, duos denarios pro leydâ.

Item in uno bacone vendito unum denarium de leydâ.

Item unus carnifex, vendens carnes bovinas, debet nobis de leidâ, pro anno duos solidos ; alii vero carniffices vendentes alias carnes sex denarios pro anno.

Item unus paneterius extraneus qui non habeat habitacgium in dicta villa Maringii debet nobis pro leida sex denarios.

Item si aliquis extraneus debuerit aliquod aliquibus de habitantibus dicti loci Maringii, vel aliis qui ad dictos foros et nundinas venient pro mercando, illi quibus aliquod debitum fuerit ratione mercature poterit ipsos debitores gacgium facere et ipsos respondere facere eadem die quâ debitum factum fuerit, coram gentibus nostris, dùm tamen ipsos inveniat in dictâ villa ipsâ die.

Item si aliquis debeat alicui de habitantibus dicti loci Maringii aliquod debitum, pro que debito sibi tradatur per debitorem aliquod pignus, ipse creditor tenebitur ipsum pignus facere vendere per gentes nostras ad usacgium, et amplius offerenti deliberare; et si precium dicti pignoris venditi non equipollelat precium debiti, debitor tenebitur complere, et si plus excedit, creditor dicto debitori illud plus reddere tenebitur, deductis expensis que de jure.

Item qui vendiderit pegham in dictâ villâ Maringii debebit nobis pro leyda, quolibet anno, duos peghat.

Item qui vendiderit salem in foro et nundinis in villâ Maringii debet nobis solvere pro leyda, de quindecim quartis unam copam, et secundùm magis aut minus ad idem.

Item quicumque vendiderit denariatas quascumque in dicta villa Maringii, in quâ vendicione videretur venditor seu emptor fore deceptum pro terciâ parte, et ille qui deceptus fuerit, si clamat de deceptione et ita invenitur, mercatura illa restindetur.

Item quicumque veniens in dicta villa Maringii in foro vel nundinis dicti loci Maringii, non debet arrestari nec gacgiari per gentes nostras, nisi debeat aliquid pro facto fori seu nundinarum, vel pro eodem facto plegiam seu fidejussorem fecerit, nisi tamen aliquod delictum quomiserit (sic), pro quo de jure et de consuetudine debeat arrestari.

Item si aliquis de habitantibus in dicta villa Maringii non uxoratus, cum aliquâ muliere extraneâ maritatâ in adulterio deprehensus fuerit, dum tamen eadem mulier de hoc non conquesta fuerit, nichil pro emendâ nobis debebit.

Item quod nullus habitantium dicte ville debeat capi nec arrestari per gentes nostras, dum tamen caveat de stando juris, exceptis quatuor casibus, omissidio, adulterio (la) trocinio, et debito nostro proprio, nisi ad hoc fuerit expressè obligatus et in aliis casibus criminalibus qui capciones persone requirunt.

Item quicumque dictorum habitantium, uxoratus, cum muliere maritata vel non maritata, vel mulier maritata cum homine uxorato, in adulterio deprehensi fuerint, quilibet ipsorum uxorum et mulierum sit quictus penes nos pro sexagenta solidis usualis monete, si solvere voluerint, aut currantur dum tamen aliqua queremonia ex parte mulieris non fuerit super hoc facta.

Item de banno talis est consuetudo quod habitantes ville Maringii, comorantes in censivis nostris, vocatis la franchesa, possunt vendere vinum per totum mensem augusti, exceptis diebus dominicâ et lune dicti mensis, quibus diebus dominicis dicti habitantes in dictis censivis nostris, usque ad horam vesperorum vendere possunt, et a dicta hora vesperorum dicti diei dominice adcensatores bannii nostri et non alii vendere debent usque ad crastinum diem lune usque ad dictam horam vesperorum dicti diei lune et hoc per totum mensem augusti; habitantes dicte ville Maringii non facientes mansionem in dictis censivis nostris non possunt vendere vinum de toto mense augusti, nisi de voluntate et licenciâ nostri seu adcensatoris bannii nostri.

Item nos dominus supra dictus nec alter nomine nostro, non habemus seu habere debemus in dicta villa nostra Maringii cum habitantibus et habitaturis dicte nostre ville Maringii coltam, talhiam, questam, capcionem, chariacgia, manobrias, nec aliqua alia servicia cohacta ultra contenta in presentibus litteris.

Item dedimus et concedimus dictis habitantibus et habitaturis dicte nostre ville Maringii quod ipsi possint eligere, ponere et instituere perpetuò quatuor consules ydoneos in dicta villa Maringii de habitantibus ipsius ville, tociens eisdem videbitur faciendum. Quum consules dicte elicti fuerunt ac eciam instituti, ante quod exerceant officium consulatus, jurare teneantur ad sancta Dei Evangelia in manibus nostrorum judicis seu castellani, vel in manibus eorumdem loca tenentium qui pro tempore fuerint, jura nostra et secreta et jura eciam habitantium dicte ville nostre Maringii fideliter observare.

Item dedimus et concedimus et sponte nostra volumus quod tociensquociens castellanus et duo servientes nostri ordinarii qui debent esse in dicta villa nostra Maringii, quum de novo fuerint constituti, ad requestam dictorum consulum jurent ad sancta Dei Evangelia libertates, usus et consuetudines, privilegia, franchesas et alia superiùs et presentibus licteris contenta fideliter suo posse observare.

Item volumus et concedimus quod predicti servientes nostri habeant pro eorum guacgiamento duos denarios infra villa Maringii et fines ejusdem ville.

Item volumus et concedimus quod (dicti?) consules possint et sibi liceat eligere et constituere unum gasterium ad custodiendum eorum blada et bona tociensquociens sibi videbitur faciendum, quem electum et institutum debeant presentare castellano nostro, et idem gasterius teneatur ad sancta Dei Evangelia jura nostra et habitancium ville nostre Maringii fideliter custodire.

Item nos dominus supra dictus, seu gentes nostri pro nobis, eligere et instituere debemus quemdam alium gasterium qui in manibus castellani nostri jurare teneatur ad sancta Dei Evangelia jura nostra et habitancium ville nostre fideliter custodire.

Item volumus et concedimus quod per donaciones munera seu alia quecumque nobis seu nostris facta seu facienda per habitantes dicte ville nostre Maringii nec per chairgias, manoperas, seu alia servicia, per eosdem facta seu facienda, non sint prejudicialia dictis consulibus et habitantibus dicte ville Maringii futuris temporibus, nec propter hoc nullum novum jus neque nova consuetudo nobis seu nostris acquiratur, promittentes bona fide pro nobis et successoribus nostris predicta omnia et singula, pro ut supra sunt expressa perpetuò observare.

In cujus rei testimonium sigillum nostrum proprium presentibus licteris duximus apponendum.

Actum et datum mense maii anno Domini millesimo ducentesimo vicesimo quinto.

Et cum *Johannes Ravelli, Johannes Tamiscrii, Guillelmus Fabri et Stephanus Olmedas,* consules ad præsens dicte ville nostre Maringii et plures alii habitantes in eâdem villâ pro se et aliis habitantibus in dictâ villâ Maringii nobis humiliter et vehementi instancia requisiverunt et supplicaverunt quatenus dicta privilegia dictas quas franchezias, libertates et consuetudines, et omnia alia supra dicta, olim per dictum Falconem quondam *dominum Montisgasconis,* predecessorem nostrum, dictis consulibus et habitantibus dicte ville nostre Maringii, ut dictum est, datas et concessas ratifficare vellemus.

Nos vero, requeste et supplicationi dictorum consulum et aliorum habitancium in dictâ villâ nostra Maringii tam quod juste et racione consone annuere volentes, visis que etiam licteris supra dictis, nós, qui semper tenere et augmentare volumus bona, privilegia, usacgia, franchezias, libertates et consuetudines, quas et que predecessores nostri tenuerunt, donaverunt et concesserunt habitantibus supra dictis, inspectisque visis et diligenter consideratis gratis serviciis et amoribus nobis et predecessoribus sepe et (sepius?) factis prestitis et impensis ab habitantibus dicte ville nostre Maringii qui nunc fuerunt et ab ancessoribus suis supra dictis, eciamque ex eo et pro eo quod habitantes nunc et habitaturi et habitandi in futurum in dictâ nostrâ villâ Maringii, habentes boves, seu vacas arantes, seu jumenta vel animalia quadrigerantia, tenebuntur nobis domino predicto et futuris nostris successoribus perpetuò, facere quolibet anno unum quadrigerium charryum cum curru sive quadrigeria semel quolibet anno, ad quadrigerandum vina nostra seu provisiones hospicii, dum tamen dicti habitantes quadrigeram possint in unâ die dictum quadrigerium facere et eâdem die ad dictam nostram villam Maringii reddire, nec non et pro eo quod alii habitantes in dictâ nostrâ villâ Maringii non habentes animalia quadrigerancia de quibus quadrigerium possent facere, non habitantes seu existentes in dictis censivis nostris, seu non habentes hospicium in franchisiis supra dictis, tenebuntur nobis et successoribus nostris perpetuò facere seu solverè unum manoperam de bracchiis semel in anno, videlicet habitantes in uno hospicio, communes pro indiviso, unam manoperam tantum.

Ita tamen quod nos dominus prelibatus tenebimur et successores nostri tenebuntur ipsis quadrigerantibus et manoperis dare et administrare expensas pro ut est fieri consuetum.

Pro premissis omnibus et singulis et in eorum renunciationem et recompensam et tam quod bene merito hoc que prius super hoc deliberatione cum concilio nostra dicta privilegia, usacgia, franchezias, libertates et consuetudines et omnia alia supra dicta in dictis licteris incorporatis contenta ratifficamus, approbamus et tenore presentium confirmamus, et dicta privilegia, usacgia dictasque franchesias libertates et consuetudines et omnia alia universa et singula suprà dicta in presentibus nostris licteris contenta rata et ratgiata volumus et concedimus perpetuò valitura.

Preterea si necesse fuerit eadem privilegia, franchesias, consuetudines et libertates predictas et quolibet earum de novo firmamus concedimus, creamus et concedimus liberaliter et gratulanter habitantibus predictis in perpetuum. Et quod de eisdem se possint et eis liceat jurare de cetero tenore presencium licterarum ubique et absque aliquâ exibicione seu ostencione aliarum licterarum seu instrumentorum aliquorum, quia hoc ita volumus et concedimus tenore presencium licterarum.

Et nihilominus dedimus et presencium tenore damus et concedimus sponte nostrâ dictis consulibus et habitantibus dicte nostre ville Maringii et futuris successoribus eorumdem perpetuò dictum loguayt et rayregayt quos dicti habitantes in dictâ nostrâ villâ Maringii ante concessionem presencium licterarum *in dicto nostro castro Montisgasconis* facere tenebantur, et volumus et concedimus quod dicti habitantes et consules dicte nostre ville Maringii et futuri successores eorumdem de dictis logayt et rayregait ergà nos et successores nostros in perpetuum sint et remaneant quictii liberi et immunes penitùs et omninò, quod ita volumus et concedimus per presentes licteras, tamen retentis et servatis nobis, dicto nomine Montisgasconis, et successoribus nostris in perpetuum, in premissis subsequentibus non obstantibus quibuscumque juridictione et justicia, mero mixto imperio, censibus, redditibus et aliis redderenciis nobis in predictâ villâ nostrâ Maringii et pertinenciis, ac per habitantes in eadem debitis et persolvi annualiter consuetis.

Promittentes quod nos bona fide pro nobis et successoribus nostris contenta in presentibus licteris attendere et perpetuò observare et in contrarium per nos seu successores nostros non facere nec venire volentes et concedentes nos et successores nostros omnia et singula suprà dicta et infrà scripta rata firma stabilia habere, tenere, perpetuò custodire et observare.

Mandantesque omnibus et singulis officiariis et subditis nostris ut contenta in presentibus nostris licteris de verbo ad verbum teneant et custodiant pro ut sibi et eorum cuilibet pertinuerit, et in presentibus licteris continetur, absque aliqua contradictione imponenda nulloque eciam alio à nobis et successoribus expectato mandato.

In cujus rei testimonium sigillum nostrum, quo in talibus utimur, presentibus licteris duximus apponendum.

Actum et datum *quintá decimá die mensis septembris, anno domini mille-simo CCC° septuagesimo secundo.*

In quorum testimonium dictum quod tenemus sigillum hiis presenti-bus licteris duximus apponendum. Datum *die martis ante festum nati-vitatis beati Johannis Baptiste, anno Domini millesimo CCC° septuagesimo septimo.* — Detouze, facta collatio.

V

Lettre du bailli d'Auvergne à Alfonse,

AU SUJET DE L'OBSERVATION DES COUTUMES NON RÉDIGÉES [1].

(Vers 1247)

Illustrissimo viro et nobili domino suo Karissimo, Alfunso. . . . . . Henricus de Poncellis, Ballivus Arvernie, salutem et paratam ad ejus obsequia voluntatem. Cum vos mihi per vestras litteras mandaveritis quod ego burgenses de Termes ad usus et consuetudines retroactas custodirem et tenerem, vel vobis intimarem racionem quare facere non debeam, excellencie vestre innotescat quod ego accessi ad villam predictam de Termes et mecum duxi Guillelmum de Rupe Dagulphi, Guillelmum de Roise . . . . et coram ipsis feci dictos burgenses de Termes venire et comparere, dicens eis quod ego paratus eram tenere eos ad usus et consuetudines quibus alii conestabuli Arvernie, tempore preterito, tenere consueverunt, requirens a dictis Burgensibus quod mihi usus et consuetudines dicte ville de Termes scire facerent ; quod facere nolue-runt, dicentes usus et consuetudines se nescire. Ego eciam dictis bur-gensibus amplius presentavi quod si ego vel aliquis meorum in usagiis vel consuetudinibus aliquid fregerit, paratus eram coram dictis mili-tibus et aliis presentibus incontinenti emendare.

---

[1] *Trésor des chartes,* J. 192, n° 14.

VI

Charte de la ville de Riom [1].

(Ann. 1248)

In nomine Patris et Filii et Spiritus Sancti. Amen. Nos Alfonsus illustris Regis Francie quondam filius comes Pictavensis, Notum facimus tam presentibus quam futuris presentes litteras inspecturis quod nos utilitatis nostre et successorum nostrorum et universitati hominum in villa nostra de Riomo sita in Claremontensi diocesi commorantium et advenientium ibi et facientium transitum per eamdem, nunc et in futuris temporibus providere volentes. Cum humana memoria de facili elabatur, sic que [2] gesta sunt in tempore possint elabi cum eodem, usus, statuta et consuetudines et usagia perque dicta villa Riomi et homines ipsius et alii supradicti possint, et posse volumus de cetero per nos et successores nostros in perpetuum gubernari et regi, in scriptis dignum duximus redigenda [3] prout in hac presenti cedula continentur, ut valeant perpetue memorie commendari. Sane in primis scire volumus universos quòd nos dedimus et concessimus nunc et in perpetuum omnibus hominibus et mulieribus mansionem facientibus et illis qui venient mansionem facturi et qui mansuri sunt in villa Riomi et omnibus illis qui domicilium ibi habebunt, consuetudines et usus et libertates sive franchisias quæcumque poterunt meliores inveniri [4] ad opus burgensium apud Montempessulanum vel apud Montemferrandum vel apud Salviniacum seu in quibuscumque aliis bonis villis: Volentes scire universos et singulos quòd pede sive platee in quibus domus sunt edificate in camino sive in strata publica ville Riomi, sunt et debent esse sexdecim brachiatarum in longum, et in latitudinem octo brachiatarum et in qualibet peda habemus [5] quartam frumenti annuatim reddendam racione census et dominii prout in villa Riomi vendita et comparata [6]. Pede vero que sunt extra caminum in

---

[1] Vol. Ier, p. 263. — Les mots entre parenthèses sont des additions interlinéaires qui se trouvent dans la charte originale. — Nous donnons dans les notes suivantes les variantes existant entre l'expédition qui nous a été délivrée aux Archives nationales et la copie de la bibliothèque de la ville de Clermont.

[2] *Ne qua.*

[3] *Redigendi.*

[4] *Quascumque meliores inveniemus.*

[5] *Et octo brachiatarum in latitudinem, et in qualibet illarum pedarum habemus quandam.*

[6] *Venditur et comparatur.*

ipsâ villâ sunt et debent [1] esse duodecim brachiatarum in longum et sex brachiatarum in latitudinem, et in qualibet istarum [2] pedarum habemus annis singulis quandam [3] quartam frumenti racione censûs et dominii prout vendita et emita in villa Riomi [4].

Item quicumque habet domicilium in villa Riomi non tenetur dare leydam de quacumque re suâ quum [5] eam vendiderit.

Item quicumque qui acceperit vel habuerit pedam in dicta villa et non edificaverit et clauserit eam infrà annum et diem amittit eam, et potest alii dari (per connestabulum nostrum), nisi ille cujus est peda [6] aliud domicilium habuerit in villa Riomi [7].

Item si aliquis extraneus vel alienigena venerit (de terra Auvernie et terris propinquis) mansionem facturus in villa Riomi, qui possit appellari et convinci de servitute, vel de aliquâ aliâ consuetudine et non erit evocatus [8] vel requisitus super hoc infra annum et diem, ex tunc poterit remanere in villâ Riomi tanquam homo francus et liber (sicut virum de villâ) et non tenebitur super hoc alicui respondere nisi ad usum et consuetudinem ville Riomi.

Item quicumque venerint mansionem facturi apud Riomum debebunt [9] ibi stare et manere securi quamdiu parebunt juri ad usum et consuetudinem ipsius ville [10]. Si vero noluerint parere juri et justicie, nos et successores nostri debemus eos conducere et guidare, et res ipsorum [11], quadraginta diebus per loca in quibus habemus jurisdictionem et posse et districtum. Quicumque voluerint [12] à villa recedere propter franchisiam et libertatem ville Riomi (volumus quod libere recedant cum rebus suis per terram et potestatem nostram infrà quadraginta dies, ita tamen quòd (caveat defecto de jure?) si teneat alicui super circumstancia vel delicto coram nobis teneatur cuilibet conquerenti stare juri donec causam in pace vel nostro judicio sit finita nisi tale fuerit delictum, etc.).

Item quicumque miserint vel habuerint seu commendaverint vel deposuerint res vel bona sua, quecumque illa sint, in villa Riomi, hii

---

[1] *Debent.*
[2] *Illarum.*
[3] *Unam.*
[4] *Comparando vendendo; præterea quicumque habet, etc.*
[5] *Quin.*
[6] *Peda illa.*
[7] *In villa prædicta.*
[8] *Convictus.*
[9] *Debent.*
[10] *Voluerint jus facere ad usum et consuetudinem Riomi.*
[11] *Ipsas.*
[12] *Per loca in quibus jurisdictionem et districtum et posse habemus quandocumque voluerint....*

qui hoc fecerint propter pacem vel propter guerram quam habemus nunc forte contra dominos eorumdem [1], non debent res seu bona illa amittere (que posuerint ante guerram) : immo possunt ea inde asportare et transferre libere et pacifice (infra quadraginta dies) quandocumque voluerint.

Item quicumque habent vel habuerint domos in villa Riomi (et suburbiis) non amittent eas propter aliquam guerram (quam alii facerent dum tamen isti non facerent guerram), nec propter hec timebunt de nobis vel de nostris (si habeant domicilium apud Riomum) eundo et redeundo.

Item si aliquis voluerit recedere in villa Riomi [2], volens mansionem facere in dominio alterius cujuscumque, libere et pacifice cum rebus suis recedat per loca in quibus habemus districtum et posse, nisi ille qui ita voluerit recedere aliquid fecerit vel faciat propter quod ipse vel res ejus debeant ibi remanere vel detineri [3].

Item quicumque vendit apud Riomum domum vel res deforis que movent de dominio nostro, et sunt [4] de usu et consuetudine ville Riomi, nos habemus in qualibet precii illius [5] vendicionis libra duodecim denarios racione vendarum et satisfacto super vendis illius, nos vel baillivi nostri debemus concedere (justam) vendicionem et rem (juste) venditam [6] (præterquam in manu mortua etc.).

Item si quis pignori obligaverit domos vel rem aliquam aliam que sit de usu et consuetudinis [7] ville Riomi, nos et nostri debemus illud (salvo merrenno et redevanciis nostris) concedere [8] libere et absque aliquo dono (nisi ex hoc dominio nostro vel tranquillitati ville posset periculum generari).

Item preterea sciendum est quòd pede et concessiones date et facte à baillivo nostro in villa Riomi (et suburbiis) que ad nos pertinent (vel fient de cetero per connestabulum nostrum solum non per baillivum) debemus habere firmas et stabiles, et nos habituros promittimus, ac si per nos ipsos fuerint facte [9].

---

[1] *Quam haberemus tunc forte contra illos vel contra dominos. Eorumdem.*

[2] *Noluerit recedere à villa Riomi.*

[3] *Nos debemus ipsum conducere et guidare, et res ejus per loca in quibus habemus districtum et posse, nisi ille qui ita noluerit recedere, deliquerit seu commiserit evidenter tale quid propter quod ipsæ et res ejus debeant ibi remanere et detineri.*

[4] *Domos vel res alias moventes de dominio nostro et quæ sunt.*

[5] *Pretium.*

[6] *Venditionem illam.*

[7] *Consuetudine.*

[8] *Debemus concedere.*

[9] *Quòd concessiones pedarum factæ in villa Riomi à Ballivo nostro et aliarum rerum moventium de dominio nostro quæ sunt de usu et consuetudine dictæ villæ per nos debere haberi firmæ et stabiles et nos sic habituros promittimus ac si per nos met ipsos factæ fuerint.*

Item quicumque habent vel habituri sunt domos vel quascumque res alias apud Riomum, libere possunt eas dare et vendere (salvis vendis) et obligare pignori cuicumque voluerint preterquam locis reliogiosis vel presbyteris et clericis et militibus et servientibus. Et si hoc forte factum fuerit, hæ persone debent illud vendere infra annum et diem, quia tales non debent habere domos apud Riomum nisi fecerint et con- suetudines[1] ville Riomi, vel domus et possessiones et res alie ad eos devenerint occasione vel nomine hereditatis cujuscumque.

Item inter hec scire volumus universos quòd nos non debemus nec habemus nec aliquis pro nobis facere debet in villâ Riomi talliam, coltam nec questam (nisi in casibus licitis. . . . . pro filia nostra mari- tanda, pro militiâ nostrâ vel successorum nostrorum; pro subsidio transmarino, etc.), nec vendere nec emere per vim vel per compulsio- nem aliquam[2]. Nec debemus conducere vel guidare aliquos[3] in villa Riomi (nisi velit stare juri ad usus et consuetudines ville Riomi) qui aliquam injuriam fecerit hominibus ipsius ville in villa Riomi, sive voluntate illius cui facta est injuria vel illata, (vel nostra vel baillivi nostri.)

Item sciendum est quod nos dedimus et concessimus monasterium sancti Amabilis de Riomo abbati et conventui ipsius monasterii tali vero[4] et sub tali lege quòd aliquis de villa Riomi non det eis pro sepultura nisi quam cum voluerit[5]. (Mutandus est iste articulus sic : non contradicimus quam homines de villa Riomi tantum dent pro sepulturâ quantum consueti sunt dare longis temporibus re- troactis).

Item in clamore de percussione aut verbere vel de sazina corporis irato animo habemus s. sol.[6] ad voluntatem et miserationem nostram cum probatum fuerit, non aliter.

Item si aliquis qui non est de villa Riomi neque de usu vel consue- tudine ipsius ville trahit coram nobis vel coram baillivo nostro in causam aliquam de villa Riomi, ille qui non est de ipsa villa debet

---

[1] *Usus et consuetudines.*

[2] Item inter hoc scire volumus universos quod nos non habemus nec debemus facere in villa Riomi talliam neque coltam nec questam, nec habere ab hominibus dictæ villæ hebergagium nec aliquod coactum servitium, sed ipsi homines debent nobis dare et facere auxilium moderatum secundum providentiam consulum dictæ villæ. Item quando contin- geret nos unicam filiam nostram primo et una vice maritare, vel si contingeret et sonam nostram esse captam, quod absit; vel quando fieremus de novo miles, vel si contingeret nos transfretare, et hoc prima vice tantum. Item nos non debemus in villa Riomi emere vel vendere per vim vel per compulsionem aliquam.

[3] *Aliquem.*

[4] *Tali modo.*

[5] *Quantum voluerit.* — Add. *Item in clamore simplici habemus tantum tres solidos.*

[6] *Sexaginta solidos.*

nobis loytas de litigio. Et ille qui convenit et est de dictâ villâ non tenetur nobis dare vel baillivo nostro propter hoc loytas [1].

Item nos non debemus compellere aliquem de villa Riomi ad litigandum extra ipsam villam (de circumstancia vel delicto factis et initis in villa Riomi et pertinenciis ex certâ causâ appellacionis) nec debemus ab eis levare seu habere pro litigiis vel causis ipsorum loytas sive expensas [2].

Item si contigerit firmari duellum apud Riomum in nostrâ curiâ, ex quo illi qui firmant dederunt gagia duelli, nos habemus ibi LX solidos ad voluntatem et miseracionem nostram in illo qui se retraheret à duello [3].

Item si vir et mulier capiuntur in adultero, ambo debent duci nudi currendo per villam, et post cursum quilibet dabit nobis LX solidos ad voluntatem et miserationem nostram quando liquebit de hujusmodi facto.

Item quicumque perpetrat homicidium apud Riomum vel furtive facit incendium seu furtum committit et hoc probatum fuerit, corpus et res illius qui agit talia, sunt ad voluntatem et miserationem nostram quando convictus est super hoc [4].

Item, qui intrat ortum vel vineam alicujus hominis de Riomo animo malefaciendi, debet nobis duo solidos vel... (?) et duodecim denarios probationi [5] (si hunc unde possit solvere, sive, autem moderate, corporaliter castigetur).

Item si jurgium sit apud Riomum et in illo jurgio extrahatur gladius irato animo, nos habemus in hoc sexaginta solidos ad voluntatem et miserationem nostram quum hoc probatum fuerit [6] (et si percutiat de gladio dum tamen mors non sequatur LX solidos).

Item, si apud Riomum venerit aliquis ferens secum falsam monetam et aliquem deceperit et hoc probatum fuerit corpus et res illius deceptoris sunt ad voluntatem et miserationem nostram si scienter hoc facit, et nos debemus facere reddi (....) decepto capitale suum.

---

[1] Loytas et expensas, et homini de Riomo quem trahit in causam nisi ille qui trahit in causam alium fuerit assecutus quod petit, et ille qui convenit et est de dicta villa non tenetur nobis dare vel ballivo nostro propter hoc loytas neque expensas seu Messios, neque illi qui ipsum traxit in causam.

[2] Add. : *Vel defectus sive deffauts.*

[3] Item homines villæ Riomi non tenentur firmare duellum, et si firmaverint vel juraverint etiam in ipso campo duelli potest se retrahere, quicumque voluerit et ipse qui se retraxerit debet nobis sexaginta solidos. Item si contigerit firmare duellum apud Riomum in nostra curia ex quo illi qui firmant juraverint nos habemus ibi sexaginta solidos ad voluntatem nostram, in illo qui se retraheret à duello.

[4] *Super hoc ad usum villæ Riomi.*

[5] *Debet nobis duos solidos et æn. denarios illi qui hoc probat.*

[6] *Si clamor inde factus fuerit et cum hoc probatum fuerit.*

Item qui vendit scienter in villâ Riomi ad libram vel marcham falsam talis debet nobis sexaginta solidos ad voluntatem nostram cum hoc probatum fuerit. Et[1] de alna falsa et de falsa mensurâ bladi et vini et de leyda retenta[2]. De qualibet (falsitate) debentur nobis VII solidos (et capitale debemus facere reddi si scienter (?) hoc fecit quándo non).

Item qui vendit apud Riomum equum vel mulum aut mulam vel equam, emptor[3] debet de qualibet[4] quatuor denarios de leyda, de bove unum denarium, de asino unum denarium, de duodecim arietibus unum denarium, de duodecim capris unum denarium, de corio bovino obolam, de duodecim pellibus caprarum, unum denarium.

Item quicumque venit ad forum vel ad nundinas apud Riomum ad vendendum pannos vel ferrum vel asutas, hoc est cordoa, seu corium vel soculares, quolibet anno debet sex denarios, nisi illi, qui hec vendiderint, habuerint domicilium apud Riomum.

Item si mercator aliquis venerit in villa Riomi die vel tempore quo forum vel nundine non sunt ibi, et dissolverit ibi sarcinulas suas, nisi vendidit[5] ibi tunc aliquid, non tenebitur dare leydam.

Item quicumque vendit pisces apud Riomum debet nobis dare quolibet anno sex denarios, de qualibet quadrigata piscium sex denarios, de qualibet carrata matherie[6] unum denarium, de qualibet carrata circulorum quandam faistam, de qualibet quadrigata lignorum duo ligna, de qualibet quadigata urnarum unum denarium, de qualibet quadrigata cujuscumque generis fructuum unum denarium, de quolibet plaustro vendito unum denarium, de qualibet saumatâ fructuum obolam, de qualibet mola vendita duos denarios, de quolibet sextario cujuscumque bladi quamdam copam, quarum octo faciunt quartam unam.

Item leydarius qui portat quartam non debet accipere premium propter hoc leydam tantum[7].

Item in molendinis ville Riomi debent molere quicumque voluerint de ipsa villâ quemlibet sextarium pro quadam copa et non debent dare aliquid pro adjutorio nisi adjuvarentur, et si adjuvantur debent dare pro adjutorio ad usum et consuetudinem molendinorum Claromontensium. De fornagio debet dari denarios quatuor pro quolibet sextario.

Item quicumque faciunt scuta et lanceas et frena apud Riomum debent dare quolibet anno sex denarios.

Item qui vendit fluynam de ros VI (?) denarios.

---

[1] Item.

[2] Vini, et qui leydam retinuerit, de quolibet prædictorum debentur nobis Cnxx. solidi.

[3] Venditor.

[4] Quolibet.

[5] Seu fardellos nisi vendiderit.

[6] Quadrigata macerie.

[7] Primam item sed leydam tantum.

Item quicumque portat ad cossum [1] suum telam vel cotonum [2] si vendit debet dare unum denarium, de rota cere unum denarium. Qui autem vendit ceram in statione suâ debet duos denarios quolibet anno. De cultellis et forcipibus et scutellis et cyphis duos denarios quolibet anno pro unoquoque.

Item quicumque vendit unum baconem [3], unum denarium. Quilibet carnifex res septem coxas boum vel duos solidos quolibet anno [4].

Item quicumque vendit [5] apud Riomum et non habet ibi domicilium (et est de ministerio et ibi moratur in hospitio alieno) sex denarios quolibet anno [6].

Item quicumque habet domum apud Riomum et debet alicui de villâ aliquid [7] debitum (cognitum vel probatum) creditor poterit capere pignora sui debitoris quandocumque voluerit in mercato vel in nundinis (de Riomo).

Item si quis debet aliquid alicui homini de Riomo, et debitor transfert se ad aliam villam, debito non soluto, creditor faciet clamorem de eo domino illius ville vel terre et si ille dominus non fecerit solvi debitum (cognitum vel probatum) creditori, ille creditor poterit capere pignora hominum illius dominii (si dominus in defectu fuerit pro manifesto) infra villam Riomi vel extra.

Item si quis extraneus voluerit aliquid emere in villa Riomi (aliqua mercimonia non pro usu proprio) et aliquis habens in villâ domicilium supervenerit venditionis contractui (et in continenti dixerit se nullam partem habere) Riomensis habebit partem suam in re vendita, et extraneus non in re quam Riomensis voluerit emere.

Item quicumque emerit aliquid in domo alicujus Riomensis, et ille cujus [8] domus est vel ejus nuntius partem ibi habere voluerit (in forma supradicta) sicut unus ex aliis habere poterit.

Item *quicumque dat lucrum alicui de Riomo pro re sua* (empta vel vendita) vel se daturum promittit sine aliqua coactione [9], Riomensis habebit illud, et postea non tenebitur ad reddendum nisi voluerit, secundum usum et consuetudinem ville Riomi.

Item quicumque facit hominem jurare apud Riomum super sancta

---

[1] *Collum.*

[2] *Cor.*

[3] *Baconem.*

[4] *Quilibet carnifex n. solid. quolibet anno.*

[5] *Panem.*

[6] Add. *Item quicumque habet domum apud Riomum potest habere suam legitimam vini olei et bladi et marcham suam et libram et alnam legitimas.*

[7] *De villa ipsa debitum.*

[8] *Qui.*

[9] *Quicumque detrimentum alicui homini de Riomo attulit in re sua et promittit se reparare sine aliqua cautione.*

Evangelia pro ferendo testimonio, ille contra quem producitur debet dare illi qui jurat tres solidos et quatuor denarios, propter sancta[1].

Item nemo debet capere pignora alicujus scambiatoris ad mensam scambii nec ab ipsa mensa usque ad domum ipsius.

Item nemo (de villâ Riomi) debet apud Riomum (arrestare pro debito) aliquem qui est de ipsâ villâ, si velit cautionem dare de parendo juri, nec capere vestimenta ejus in vico vadiando eundem.

Item quicumque capit apud Riomum vadia debitoris sui debet pignus illud tenere per octo dies antequam vendat, et postea potest illud vendere ad usagium ville. Ille autem qui emerit pignus illud, debet illud tenere per octo dies in villa Riomi antequam...[2]. Et si ille qui vendidit acceperit amplius quam fuerit debitum ipsius, debet illud quod superest reddere illi cujus erat pignus. Si vero receperit inde minus quam fuerit et debitum potest hoc quod restat sibi solvendum de debito[3] exigere a debitore.

Item quicumque habet domicilium apud Riomum et non potest quando necesse est fidejussorem dare non debet capi (nisi delictum certius (?) erit quare debeat capi vel retineri) sed in res ipsius sententiabitur contra ipsum[4].

Item quicumque fecerit espoizo apud Riomum, ille qui se retrahere voluerit, quantacumque sit *sa expoisos* non dabit propter retractionem illam preterquam unum sextarium vini nisi voluerit.

Item de conviciis non datur emenda apud Riomum (nisi quibus conqueratur). Sed si persona inhonnesta et vilis et inconveniens conviciata fuerit alicui bono viro vel mulieri (vel etiam quicumque alius alii) ille vel illa cui dicta fuerint convicia debent nobis de hoc clamorem facere ostendendo non aliter, vel baillivo ville. Et nos vel baillivus debemus facere emendam fieri super hoc cum consilio consulum ville (tamen sequi eorum consilia nisi voluerit non tenetur, nisi sibi rationabile videretur secundum usus et consuetudines ville Riomi).

Item quicumque vendit picem apud Riomum dat quolibet anno duas comblas de pice pro leyda. Venditor salis de quolibet sextario quandam manuatam nobis et aliam manuatam de terragio (hospiti).

Item quicumque deceperit aliquem de Riomo in emptionibus et venditionibus vel in contractibus aliis apud Riomum, si deceptus dixerit et probaverit se deceptum esse in terciâ parte justi precii, contractus ille pro non facto habebitur cum hoc probatum fuerit, et si deceptus

---

[1] Cette disposition manque dans la copie de la bibliothèque de Clermont.

[2] *Distrahatur.*

[3] *Restat solvendum ex debito.*

[4] *Capi nisi in casibus talibus scilicet pro furto et homicidio, et si quis per vim stupraverit aliquam mulierem, quæ omnia primo oportet esse probata et in res ipsius sententiabitur contra ipsum.*

non fecerit querimoniam super hoc infra octo dies, contractus ille valebit et tenebit ad usum et consuetudines Riomi.

Item nemo de villa Riomi tenetur nisi voluerit de aliquo foris facto vel crimine perpetrato ab uxore suâ vel à liberis suis seu ab aliquibus de gente ipsius [1], vel ab illis qui sunt de conductu et familiâ ipsius, neque corpus neque res ejus debent dampnificari propter hoc (nisi auctor aut particeps hujus sceleris fuerit aut) nisi voluerit respondere super illis criminibus pro eis à quibus sunt perpetrata vel commissa (et nisi post foris factum scienter receperit eosdem excepto de receptionis uxoris quam à se ejicere non potest). Similiter et uxor non tenetur de aliquo crimine seu delicto perpetrato à marito suo, vel a liberis suis vel ab eis qui sunt de ipsius familia vel conductu nisi voluerit (et nisi, etc.).

Item quicumque possidet domos vel res alias (tanquam suas) ad usum et consuetudinem Riomi per decem annos, et non contradixerit paruisse [2] vel parere juri super illis in nostrâ curia (tantum presentes in presentia et taler sint qui possint agere causam suam) sunt sue, nisi forte res illas possiderit tutorio nomine alicujus vel ex conductu [3] vel pro pignore (vel simile causâ).

Item (Iste articulus temperandus est per dominum comitem). Nemo de Riomo tenetur sequi nos per vim in exercitu neque in expeditione aliquâ nisi ipsa die qua nos sequeretur posset redire ad domum propriam usque ad noctem.

Item si quis de villa Riomi incurrerit erga nos propter aliquod delictum et habuerit ponere se aliqui commendatum vel depositum (et hoc extiterit) nos debemus reddere illud commendatum vel depositum et cujus est et residuum erit ad voluntatem et miserationem nostram [4].

Item si quis de villa Riomi cum serviente vel cum mandato nostro ceperit vadia debitoris vel fidejussoris sui qui non est de ipsa villa et percussio aliqua inde invenerit (non tamen inculpata nisi (?) quam modum non excedat) nobis non tenetur in aliqua Riomensis nec coadjutores ejus, si ille cujus vadia capiuntur est de dominio alterius.

Item si aliquis (de nocte) extirpaverit de villa Riomi campum vel vineam seu arbores et ille qui est de Riomo gerit ad hec causâ defendendi (ipso clamante *anday! anday!* et non possit virum capere) et aliquem ibi mori contigerit, Riomensis propter hoc non tenebitur nobis in aliquo.

[1] *Genere ipsius.*
[2] *Contradixerit aliquid paruisse.*
[3] *Conductione.*
[4] *Penès se aliquid commendatum vel depositum vel sit obligatus debitis; nos debemus reddere illud commendatum vel depositum ei cujus est, et solvere de bonis ipsius, et residuum erit ad voluntatem et miserationem nostram.*

Item si quis de villa Riomi interfecerit aliquem (bannitum aut inimicum ville Riomi) venientem ad maleficiendum in villa, et malefactor ille non est [1] de ipsâ villa, ille qui ita interfecerit (si clamaverit et illum virum capere non possit) non tenebitur in aliquo erga nos.

Item sciendum est inter cetera, quòd quandocumque mittimus bajulum apud Riomum, ballivus ille debet jurare super sancta Dei evangelia quòd legitime faciat jus et justiciam in villâ cum consilio consulum secundum usagium ville Riomi (sicut dictum est superius).

Item si quis de villa Riomi aufuerit cum uxore alterius, vel aliqua uxorata cum marito alterius, tales non debent redire et morari in villa, nisi mandatum ecclesiæ hoc fieri faciat [3] (sicut dictum est superius)[2].

Item nullus de villa Riomi tenetur respondere in causâ vel in lite in nostra curiâ, nisi audierit clamorem de se fieri (.... debitis et.... quarum mulcta vel pena non excedat XL solidos).

Item assignationes, hoc est euget (?) quas nos faceremus alicui de villâ Riomi debent recipi et teneri et vadia (aliquorum debitorum) quæ nos vel baillivus aut servientes nostri tradent pignori, debent redimi infra xv dies.

Item nos et baillivus noster non debemus propter amicum vel inimicum vel propter pecuniam vel aliàs prolongare causas ville Riomi.

Item preterea scire volumus universos quòd nos dedimus et concessimus communitati [4] ville Riomi quòd quandocumque et quotienscumque voluerint, mittant et faciant (semel in anno) consules in villa Riomi in perpetuum (et ipsis creatis debent baillivo presentari et jurare quod ipsi servabunt jura nostra).

Item quicumque de villa Riomi interfecerit latronem quem invenerit effodientem domum suam vel furantem res ipsius (de nocte) non tenebitur erga nos in aliquo (nisi posset ipsum capere vivum).

Item nos debemus in securitate tenere (bona fide) quamcumque rem homines de Riomo habuerint in posse nostro vel amicorum nostrorum. Et si forte res ille fuerint in terra vel in posse inimicorum nostrorum, et nos cepimus eas vel aliquis nomine nostro, nos debemus eas reddere liberas et sine aliquâ redemptione nisi ille cujus res essent tradidisset easdem inimicis in nostrum prejudicium et gravamen.

Item quicumque de villa Riomi debet aliquid alicui de ipsâ villâ, si debitor [5] non est solvendo, debet vendere de rebus suis ad arbitrium

[1] *Ille est.*
[2] Item si aliqua mulier uxorata venerit meretricari apud Riomum et quotiescunque de villa non habens uxorem jacuerit cum illâ ignorans ipsam esse uxoratam non tenetur propter hoc nobis in aliquo.
[3] *Faciat cum consensu et voluntate nostra et cum consilio consulum.*
[4] *Universitati.*
[5] *Sed debitor.*

consulum pro solutione de debito [1]. Et si debitor non invenerit qui velit emere creditor debet eas accipere in solutum ad arbitrium consulum.

Item si quis de villa Riomi uxorem habens et liberos, incurrerit erga nos pro delicto aliquo perpetrato ab ipso, uxor non debet propter hoc dotem suam amittere, nec liberi debent haberi culpabiles in aliquo (nisi tamen propter crimen lese majestatis).

Item si qui de villa Riomi remanserint orphani, et unus ex ipsis fecerit aliquid propter quod incurrat erga nos, alii non debent pati dampnum propter hoc, neque portiones paterne et materne hereditatis contigentes eosdem, immo portiones ille debent eis salve et integre remanere.

Item nos vel mandatum nostrum non debemus compellere aliquem de villa Riomi (in causâ....) ad perhibendum testimonium.

Item quicumque de villa Riomi facit homicidium, non debet amplius manere in villa Riomi toto tempore vite sue sine voluntate nostra et amicorum illius qui ita fuerit interemptus et absque consensu consulum (requisito tamen non expectato). Si quis de villa Riomi ceperit vadia alicujus de ipsa villa vel qui non est de eâ, pro debito suo vel pro fidejussione [2], si incontinenti creditor probare poterit fidejussionem vel debitum, non tenebitur ei restituere vadia nisi satisfecerit super fidejussionem debitor [3].

Item de casu fortuito non tenetur nec debet aliquid vir aut mulier de villâ Riomi (nisi culpa precedat casum).

Item apud Riomum vel in pertinenciis ipsius ville non debet fieri caverne ad refugium cuniculorum que vulgariter vocantur guarena [4].

Item si casus aliquis vel aliquid factum aut negocium quod in presenti

<hr/>

[1] *Pro solvendo debito.*
[2] *Fidejussore.*
[3] *Super fidejussione vel debito.*
[4] La copie de la bibliothèque de Clermont contient les dispositions suivantes qui ne se trouvent pas dans notre expédition :
Item consules ville Riomi presententur bajulo nostro, sed non teneantur jurare eidem Bajulo verumtamen teneantur semel facere juramentum in ipsa villa Riomi et non extra, nobis vel conestabulo nostro quando fuerint requisiti in eadem villa. Item sciendum est inter cœtera quod si aliquis homo vel aliqua mulier fecerit aliquod ædificium ut gradus, vel escalierum vel croto sive estras vel aliquid tale; et super hoc fecerit injuriam, satisfaciat secundum providentiam consulum, et teneatur nobis in tribus solidis. Item si aliqua persona conqueratur de alia, ratione fraternæ portionis seu frarrechiæ et dictæ partes mangonem fecerint separatum per decem annos ad sumptus suos vel ad sumptus alterius, debent remanere immunes ab impetitione frarrechiæ nisi conquerens posset interrumpere dictam præscriptionem ratione minoris ætatis vel propter moram factam extra patriam vel alia causa rationabili. Item si pater dotaverit unam filiam suam, vel plures filias suas, volumus quod sint contentæ illa dote vel illa portione sibi assignata, et nihil aliud possint petere a fratre vel a fratribus, sed obventio de bonis earum si contigerit eas mori sine liberis ad fratrem vel fratres earum seu liberos eorumdem vel hæredes integre devolvatur.

cartulâ scriptum non est evenerit in villa Riomi, per consules debet
terminari. — Nos usus et statuta et usagia et consuetudines volumus et
precipimus teneri et observari in villa Riomi de cetero in perpetuum.
Et ut perpetui roboris firmitatem optineat [1] in futurum presentem
cartulam in quâ continentur que damus et concedimus communitati
ville Riomi, sigilli nostri munimine roboratam confirmamus. In memoriam et testimonium [2] . . . . Actum anno Domini millesimo ducentesimo quadragesimo octavo mense marcii.

VII

Décision du Conseil de régence[3].

(Ann. 1153)

Ludovicus domini regis francie illustris primogenitus. . . . Universis
presentes litteras inspecturis Salutem. Notum facimus quod cum inter
venerabilem patrem episcopum Claromontensem ex una parte: et Burgenses Claromontenses ex altera super quibusdam articulis in quadam
carta bone memorie *Roberti* quondam Claromontensis episcopi olim
Burgensibus eisdem concessa contentis in curia domini patris nostri
coram domina avia nostra clare memorie *Blanca* quondam Francorum
regina contencio esset diucius agitata. Tandem idem episcopus pro se
et procuratores dictorum Burgensium pro ipsis Burgensibus in presentia prefate domine constituti voluerunt et concesserunt quod suprà
dicta carta... Consilium domini patris nostri ordinaret corrigendo.
declarando. addendo. et minuendo prout sibi expediens videretur. In
primo itaque articulo dicte carte qui talis est. Ego *Robertus* Dei gratia
Claromontensis episcopus promitto bona fide omnibus hominibus et
mulieribus Claromontensis civitatis presentibus et futuris quod personas eorum earumve nec domos nec res eorumdem capiam nec
capi faciam nec permittam nisi pro homicidio adulterio et murtro.
Unde et persone et res erunt in mea voluntate. Addidit et declaravit....

[1] *Obtineant.*
[2] *Confirmamus in memoriam rei gestæ ac perpetuam firmitatem.*
[3] Vol. Ier, p. 255.

Consilium memoratum quod hoc idem quod de tribus articulis videlicet homicidio adulterio et murtro dicitur intelligendum est de aliis
factis pro quibus debet sequi mors vel mutilatio membri, et in hiis casibus persone et res erunt in voluntate Claromontensis episcopi secundum quod in civitate Claromontensi est usitatum. Et si casus accideret
de quo usitatum non esset, dictus episcopus super illo faceret quod
jus esset. De furtis tamen fiet secundum bonas consuetudines Montis-
ferrandi. In secundo articulo qui talis est. Cum autem clamor factus
fuerit de aliquo vel de aliqua dabit nobis fidejussores vel securitatem
sufficientem si poterit. Si vero non poterit dare jurabit se non posse.
Et si aliquas res habuerit in civitate eum eamve super illas res judi-
cabo bona fide. Addidit et declaravit. ... Consilium supradictum quod
intelligendum est in querelis catalli et hereditatis et aliis casibus
de quibus mors vel mutilatio membri sequi non debet. Et hoc idem
quod in secundo articulo dictum est intelligendum est in tertio articulo dicte carte qui talis est. Si etiam ego vel homines domus meæ
propriam querelam contra quemquam habuerimus nisi magis eligat reus
dare cautionem super res suas de querela cognoscam. In quarto articulo dicte carte qui talis est. Promitto etiam quod omnia quæ in civitate Claromontensi causa securitatis missa fuerint in pace et bello
secura existent a me et a meis, nec occasionne illius qui mittet nec
occasione illius penes quem mittentur occupabuntur. Et qui ea apor-
tabit secure quandocumque voluerit reportabit. Addidit et declaravit....
Consilium sepedictum quod hoc intelligendum est de rebus que ante
bellum mittentur in villam. Et nisi cedem res insequerentur de raubaria vel furto. In quinto vero articulo qui talis est. Nulli etiam
homini qui rapinam vel injuriam fecerit alicui homini de civitate ego
nec aliquis alius ducatum prestabimus scienter infra civitatem vel
suburbium nisi cum voluntate conquerentis. Addidit et declaravit dictum... Consilium quod intelligendum est, vel nisi vellet stare juri
coram episcopo Claromontensi. Hanc autem ordinationem fecit. . . . .
Consilium sepedictum salva voluntate domini patris nostri ut de ea
ordinet prout voluerit cum redierit de partibus transmarinis. In cujus
rei testimonium presentibus nostrum fecimus apponi sigillum. Actum
Parisius anno domini millesimo ducentesimo quinquagesimo tertio mense
junio. »

VIII

Charte de la ville de Clermont [1].

(Vers 1262)

In nomine Domini, Amen. Concedimus, promittimus bona fide omnibus hominibus, et mulieribus præsentibus, et futuris Claromontensis villæ, et Civitatis et aliunde venientibus, et degentibus, quod personas, res nec domos capiamus, nec capi faciamus, nisi pro homicidio, adulterio, ac meurtro, scilicet pro casu vel excessu....... pro quo debetur imponi pœna ultimi supplicii corporis vel mutilationis membri.

Item, quod contra quosque de prædictis hominibus seu mulieribus, per nos seu bajulos nostros, seu gentes nostras proponi non possit super aliquo de prædictis criminibus seu alio quocumque excessu per viam inquisitionis, denuntiationis et promotionis, nisi accusatore legitimo constituto, et accusationem legitimè persequentem, nisi excedens seu delinquens manifestè præsentibus aliis testibus idoneis....... seu bajulis in......... deprehenditur.

Item, cum duellum sic.... dicta villa nostra et inter homines nostros prædictos fieri probemus ac etiam volentibus, et licet petentibus partibus sed de gagia appellatis, si gagium seu duellum refutavit, seu subire recusavit, tacite vel expresse etiam si non sive usus deffenssionibus, sive competentibus seu jactu gagii non habeatur propter hoc pro commota, nec aliquam pœnam propter hoc patiatur sed appellans si velit crimen quod objicit appellatum per viam juris scripti legitimè prosequetur nec etiam appellans gagium à se oblatum contra quemcunque prosequi seu subire nullatenus compellere nec etiam volens admittatur nec pœnam seu molestiam aliquam propter hoc patiatur.

Item, volumus et concedimus quod nemo possit trahi in causam coram nobis seu coram bajulis nostris prius clamore facto contra ipsum, pro quo clamore sine sanguine debemus habere tres solidos, de clamoribus vero cum sanguine, exceptis supradictis excessibus qui exigunt imponi pœnam mutilationis membri seu ultimi supplicii sexaginta solidos exigemus, si enormis fuerit læsio, si autem levis sex solidos propter satisfactionem damni, et injuriæ passæ adstandum.

Item, de furto summæ seu valoris duodecim denariorum vel infra decem solidos exigemus, de furto vero quod erit amplioris summæ seu valoris infra tamen decem solidos de fure qui alias non fuerit de quocumque furto convictus seu deprehensus sexaginta solidos exigemus, si vero fur fuerit consuetus furari aut ultra summam prædictam decem solidos furatus fuerit punietur fur prout dictaverit ordo juris.

Item, pro transgressione banni seu præcepti nostri publici communicati seu generaliter hominibus dictæ villæ editi per nos seu bajulos nostros Claromontenses quandiu per nos seu bajulos nostros seu mandatis eorum dum factus fuerit clamor sive edictum, bannum seu præceptum sub pœna quacumque corporis seu aëris et pro causa et casu adeo rationabili quod dicta civitas et quod homines dicti teneantur obedire volumus et concedimus quod aliquis non teneatur nisi solum communitas in sexaginta solidos.

Item, de recossa facta bajulo nostro vel servienti nostro decem solidos tantummodo et non amplius exigemus. Item, pro arrecto nostro brisato seu sazinâ nostrâ brisatâ septem solidos tantum, et non amplius exigemus. Item si servientes nostri percussi fuerint sine sanguinis effusione decem solidos tantummodo exigemus, si vero magna sit læsio sexaginta solidos exigemus.

Item, si quis fuerit convictus de falsa mensura seu pondere deprehensus seu falso modo mensuraminis seu pondus redditionis septem solidos tantum et non amplius exigemus.

Item, homines nostri dictæ villæ Claromontensis non tenentur sequi nos cum armis vel sine armis nisi pro guerra seu justo bello Episcopatus nostri seu contra Episcopatum nostrum seu pro defensione corporis nostri proprii et tunc autem dictis casibus nos sequi teneantur, ac etiam compellantur, ita tantummodo non alias quod dicti homines possint redire qualibet die in occasu solis commodè ad hospitia sua taliter et ita quod tot remaneant in dicta civitate quod sufficiant dictam civitatem ad custodiendam.

Item, si quis cum muliere fuerit in adulterio comprehensus et de hoc legitimè constiterit, adulter et adultera per villam incedant vel nobis sexaginta solidos solvant et hoc sit in electione deliquentium quid facere maluerint.

Item, si aliqua mulier videlicet uxorata aliunde veniat ad villam Claromontensem et deprehendatur apud Claromontem cum aliquo vir in adulterio deprehensus non curratur nec capiatur nec in aliquo puniatur sed solum Deum habeant ultorem, et è converso si vir uxoratus aliunde veniens ad dictam Civitatem et ibidem deprehensus fuerit in adulterio cum muliere non uxorata, et ignara ipsum virum esse uxoratum in dicto casu dicta mulier non capiatur nec in aliquo puniatur sed solum Deum habeat ultorem.

Item, si quis Bajulus noster et quicumque fuerit Bajulus noster pro arbitrio taliter mutabit remittet......... et transiget seu donabit de emendis nostris seu nobis debitis seu de quibuscumque foresteriis seu ædificiis in locis publicis totam ratam habemus ac habebimus in futurum et prædicta volumus valere ac si per nos facta fuissent.

Item, volumus et concedimus quod dicti cives habeant universitatem assemblatam, et liceat eis facere ea quæ pertinent ad universitatem et promittimus nos deffendere et innare ipsam universitatem et singulos universitatis contra quoscumque.

Item, concedimus quod dicta civitas habeat, et detineat custodiam murorum, turrium, tornellarum, fossatorum et platearum vacuentium.

Item, Bajulo nostro Claromontensi seu servientibus ejusdem vel qui pro....... serviunt in hoc qui tangat seu tangere possit utilitatem seu commodum nostrum, seu ipsorum bajulorum seu servientium nullatenus credatur nisi quatenus alias legitimis constiterit documentis.

Item, si quis in horto campo, vinea, seu prato, seu tenemento, seu pascherio, vel viridario seu prædio rustico, vel urbano, aliquem seu animalia alicujus invenerit fore facientem liceat, et propria authoritate includere. Ipsum fore facientem pignorare et animalia capere seu includere in primis et secum capta, et deducere et quod supradictæ deprehensæ deprehendentis credatur per juramentum suum dummodo tamen sit homo bonæ famæ supra æstimationem vero damnificati fiat quod jus dictaverit.

Item, concedimus hominibus dictæ villæ quod ipsi possint propria authoritate pignorare et guagiare pro censu suo seu pro pensione seu pro pretio locationis domorum seu fundorum suorum.

Item, indulgemus quod si quis homo Claromontensis susceperit quemquam homicidam, furem vel alium malefactorem seu ipsum celaverit seu occultaverit seu...... furtivam seu...... alienam seu vitiosam non teneatur....... aliquid nobis nisi prius legitime sit probatum quod ille homo Claromontensis sciens ipsum malefactorem esse talem, volens enim suscepit, seu sciens rem furtivam seu vitiosam esse eam susceperit etiam si apud ipsum hominem Claromontensem vel in domo ipsius dictus malefactor vel res dicta vitiosa inveniatur.

Item, concedimus hominibus dictæ villæ Claromontensis esse quittes et immunes in futurum in quibuscumque causis negotiis, actibus et judiciis et aliis causis quibuscumque de salariis assensorum. . . . . . et. . . . . . et de mess. . . . .

Item, concedimus ac permittimus quod non dabitur cuique civi Claromontensi quamquam immunitatem seu franchesiam propter quod dictus civis eximatur seu liberetur ab oneribus seu muneribus et subjectionibus seu alenis, seu talliis seu. . . . . seu aliis prestationibus ordinariis seu extraordinariis dictæ civitatis, et si contra fecerimus dictam indulgentiam volumus non valere.

Item, concedimus quod civitas Claromontensis ac quilibet homo Claromont. possit facere commodum suum in publicis locis, viis, sive carreriis villæ et ejus pertinentiis, non tamen non invenietur vicino seu vicinis et salico, quod carreriæ non deteriorentur.

Item, concedimus quod de sigillo nostro officii simplicium litterarum tantum exigantur tres oboli de figillo vero testimonialium detur. . . . . . tres decim denarios ac obolos ab hominibus dictæ civitatis.

Item, concedimus quod si quis ex hominibus dictæ civitatis per quadraginta dies. . . . . in Sententia excommunicandi seu interdicto detur . . . . . . seu aliter fuerit excommunicatus, seu ratione provincialis consilii ut pote usurariis, quod nullam pœnam exigemus pro absolutione præstanda, et promittimus dum tamen decesserit præcedentibus signis penitentiæ, et. . . . . . emendendæ, et caverit de emendando prout jura præcipiunt tradi Ecclesiasticæ sepulturæ.

Item, concedimus quod sit in villa Claromontensi communitas seu universitas et consules, et quod communitas vel major pars possit facere vel constituere consules quos et quales, et . . . sibi videbitur faciendi, quæ communitas et consules habeant potestatem plenariam quæ debent et possunt habere consules de consuetudine vel jure.

Item, concedimus dictæ civitati et dictis consulib. quod habeant potestatem faciendi actores seu procuratores et constituendi publicas personnas scilicet preconem seu precones qui faciant officium preconatus et teneantur ad mandatum, seu jussum dictorum consulum preconisare seu tubicinare ex parte nostra Episcopi Claromontensis et bajuli nostri et consulum prædictorum et in suo officio teneantur dictis consulibus, et civitati obedire.

Item, quod habeant domum propriam et communem in qua possint habitare et decumbere. . . . . convenire, et. . . . . . quod possint pulsare, et si toties quoties voluerint per congregatam dictam communitatem, et pro negotiis ejusdem.

Item, concedimus quod dicti consules faciant preconisare per dictos precones vel quemlibet eorumdem publice et quando dictis consulibus videbitur faciendum ea quæ eis videbuntur facienda, et quod homines et consules dictæ villæ congregent se et faciant congregationem seu assemblatam, ubi, et quando et quoties, qualis et quanta dictis consulibus vel majori parti ipsorum videbitur facienda, et quod ibi dicta communitas vel major pars statuat et statuere possit ea quæ sibi videbuntur facienda, et cum sibi videbitur faciendum et quod levetur in civitate de hominibus villæ, et communitatis tallia seu manobra seu. . . . . seu guarria prestatio sibi videbitur faciendam, et quod eligat et constituat levatores quatuor vel plures vel pauciores, quos, et quales, et quoties sibi videbitur faciendum et quod dictam levatam possint levare, exigere, percipere prædictam talliam seu. . . . . . seu alias præstationes, et quod bajulus noster requisitus per dictos consules vel per majorem partem tradat et teneatur tradere dictis consulibus et levatoribus servientem unum vel plures ad compellendum rebelles in dictis exactionibus et ad compulsionem faciendam, et ad faciendum extendendum exequendum ea quæ dictis consulibus pro prædictis, et aliis actibus, rebus casibus quibuscunque dictis consulibus vel majori parti ipsorum videbuntur facienda, et si dictus bajulus noster requisitus ut dictum est non tradat dictum vel dictos servientes, volumus et concedimus quod dicti consules per hominem vel per homines dictæ villæ, quem seu quos voluerint faciant, et facere possint dictam compulsionem, et alia quæ eis videbuntur facienda.

Item, concedimus dictæ civitati et hominibus quod dicti levatores, item quod dicti consules, item quod procuratores, et actores communitatis et alii quicumque administratores dictæ civitatis seu alii gestores rerum seu actuum dictæ communitatis teneantur reddere computum seu rationem de gestis, administratis, levatis, seu perceptis, vel alias quocumque modo agitatis pro dicta civitate sive ad opus dictæ communitatis seu per tajendam dictam communitatem seu res et jura dictæ communitatis, vel majori parti ipsius, vel illis quos ad audiendam, suscipiendam rationem, computationem hujusmodi duxerint eligendis dicta communitas, vel ejus major pars.

Item, quod dicti consules, levatores, procuratores, actores, congestores vel quicumque alii administratores seu negociatores dictæ communitatis, non teneantur rationem seu computum de prædictis, nec in prædictis seu de prædictis, nobis in aliquo sint subjecti.

Item, volumus et concedimus, quod habeant arcam communem et sigillum ipsius communitatis proprium et armaturas et eis possint uti, prout de talibus est utendum.

Item, concedimus quod bajulus noster seu gentes nostræ, non possint imponere in quemquam de ipsa civitate. . . . . seu fœminam pœnam, pœnam scilicet aliquid percipiendo vel interdicendo publicè vel puerum sub pæna, et si contra fecerint non valere sed pro infecto habeantur.

Item, quod per ipsum dominum Episcopum seu ejus successores non fiat talia, questa, nec allogiamenta, nec aliquam de novo servitutem in dicta villa seu communitate seu mandamento ejusdem, nec accipietur mutuum nisi gratis mutuari vellent habitantes in dicta villa, seu communitate seu mandamento ejusdem.

Item, quod ad quæstionem, clamorem alicujus non mandabit nec citabit judex dicti domini episcopi seu bajulus ejus vel aliquis alius ejus officiarius aliquem habitantem in dicta villa seu communitate, vel infra fines, vel mandamentum ejusdem extra fines vel honores dictæ communitatis seu villæ super has quæ dictæ fuerint in dicta villa seu communitate, et eorum pertinentiis, vel supra possessionem eorumdem.

Item, si quis habitans in dicta villa seu communitate vel in mandamento ejusdem morietur intestatus vel aliter, et non disposuerit de bonis suis in sua ultima voluntate, nec habeat liberos, nec appareant alii hæredes qui ei debeant succedere, bajulus Claromontensis et consules dictæ villæ qui erunt pro tempore, bona defuncti separata tantum habeant commendandi duobus hominibus propinquis dictæ villæ seu civitatis, ad custodiendum fideliter per unum annum et diem et infra eumdem. . . . apparet hæres, qui sibi debeat succedere, omnia bona prædicta debeant integriter sibi reddere vel reddi cum fructibus mediis temporibus alioquin bona mobilia et immobilia quæ dicto Domino episcopo in feudum, vel censivam, vel alio quocumque modo tenebuntur ipso Domino episcopo tradantur, salvo jure veri hæredis si imposterum appareat et salvo jure dominorum, à quibus aliqua bona immobilia tenebuntur si de nostra, vel consuetudine in aliquod habuerit in eisdem, debita vero de quibus legitimè potissimè de bonis ipsius defuncti solvantur tam a domino Episcopo quam ab aliis ad quos bona ipsius defuncti perveniunt, pro rata quæ pervenient ad quemcumque.

Item, si aliquis alium interfecerit et culpabitur de morte, invenietur ita quod homicida reputetur, per judicium curiæ episcopalis Domini episcopi cum consilio majoris partis dictorum consulum punietur.

Item, quod habitantes infra fines et honores dictæ villæ et continentiæ quis tenetur, pacificè et quiete gaudeant ea libertate quá gaudent habitantes dicti loci.

Item, quod nemo debet capere pignora alicujus Cambiatoris in mensam Cambii, nec ab ipsa mensa, usque ad domum ipsius si in aliis rebus possit ipsum pignorare et sic de singulis habitantibus mensam seu opertoria habitantis.

Item, quod habitantes et, in futurum habitaturi in dicta villa seu civitate, et mandamento et pertinentiis, de, et pro casu fortuito minime in aliquo teneantur, nec ipsos probabiliter culpabiles reperientur.

Item, quod antequam aliquis habitantium in dicta civitate, et mandamento, et pertinentiis ejusdem condemnetur ad mortem, vel ad aliquam pœnam sanguinis aut aliter corporaliter sit legitimè convictus, vocatis et præsentibus dictis consulibus vel majori parte eorumdem, et tunc cum consilio eorumdem.

Item, quod dicti consules mensuras vini tamen justas, et nunc, et diu consuetas possint in dictâ domo caminii detinere, et eas alicui tradere in commendam qui tradet eas quicumque de dictis habitantibus, prout usque nunc et sicuti consuetum.

Item, quod pro depascenda animalia de extra civitate seu mandato in pascuis, seu codetis finium, et pertinentiarum dictæ villæ, nec alibi infra dictas fines seu pertinentias dictæ villæ dominus Claromontis nec ejus officiarius non possunt neminem alicujus pretii de passione concedere, vendere, nec assensare, nec habitantibus prædictis animalia sua depascendis dictis pascuis et codetis et locis aliis competentibus licite, et. . . . . habere nec requirere aliquam servitutem.

Item, quod consules debeant præsentare bajulo Claromontensi gasterios, et precones per ipsos consules eligendos.

Item, quod Dominus episcopus nec ejus officiarius possint aliquam informationem vel aliquas informationes facere contra aliquem de dictis habitantibus nisi in præsentia consulum vel majore parte ipsorum.

Item, si aliquis malefactor faciebat homicidium vel aliud maleficium in villa seu civitate pro quo infugerit patriam seu fines villæ, vel civitatis quod liceat dictis consulibus cum eis placuerit et videbitur faciendum prosequi facere eum malefactorem ad finem quod de dicto maleficio puniatur, et quod dictus bajulus teneatur ad requestam consulum scribere super dicta facta quæ fuerint scribenda.

Item, si casus aliquis, vel aliquod factum, aut negotium evenerit in dicta civitate vel in mandato et pertinentiis ejusdem, de quo in præsenti scripto non fiet mentio per Bajulum Claromontensem cum consilio consulum ejusdem civitatis et aliorum proborum virorum, secundum jus scriptum vel prope jus determinetur, regatur, et gubernetur.

Item, quod de præmissis omnibus et singulis ac eis tangentibus consules et habitantes possint et sibi liceat uti, vel gaudere, coram quibuscumque officiariis seu judicibus nostris, vel coram illo, seu illis causa seu quæstio visa fuerit secundum substantiam præmissorum ac singulorum eorumdem, et volumus quod dicti officiarii seu judices debeant tenere firmiter supra dicta quocumque jure seu consuetudine, alio privilegio non obstantibus.

Item, volumus quod quotiescumque fient bajuli seu constituentur vel servientes ex parte nostra in villa Claromontensi, vel quotiescumque de novo creabitur episcopus, jurabunt fidelitatem et servare supra dictam et facere justitiam.

IX

Acte du comte Alfonse

AU SUJET D'UN REFUS DE SUBSIDE DE LA PART DES HABITANTS DE RIOM [1].

(Ann. 1268)

« Alfonsus ... cum, sicut nobis relatum extitit, super requisitionibus quas dilecti et fideles clerici nostri magistri Guillelmus de Ruppe et Eustachius de Mesiaco, ex parte nostra, fecisse dicuntur super impendendo nobis auxilio pro subsidio Terre sancte, ab hominibus villarum nostrarum que in Alvernia sub nostro consistunt dominio, iidem homines, licet pluries requisiti, ut decuit, nullam aut modicam subventionem nobis spoponderint se facturos; super quo, nimirum plurimum admiramur, quia versum sit in usum et consuetudinem approbatam quod subditi dominis suis temporalibus qui crucis transmarine sunt caractere insigniti grata impendunt subsidia, non solum in pecunia, sed non nunquam etiam in personis; vobis mandamus quod homines dictarum villarum nostrarum de villis singulis sigillatim iterum requiratis ut talem nobis studeant subventionis gratiam impertiri quo de ipsis nos debeamus tenere merito pro pacatis. Eorum vero jam facta responsio minime nobis grata est vel accepta, presertim quantum ad homines nostros de Riomo, qui, cum longo tempore quiete et pacifice vixerint sub nostro regimine, nec per nos extorta sit pecunia ab eisdem, amplis ditati facultatibus non attendunt quantum a fidelibus subditis non exactori principi debeatur. Illud etiam eisdem ex parte nostra ostendere vos obmissuros nolumus qualiter dudum de quator milibus libris Turonensium nobis dandis promissionem fecerent vel aliis, nostro nomine, pro subsidio Terre sancte; ad quod si ex causa transfretare distulimus, cum nunc instat transfretandi terminus prefixus et juratus a nobis et ab aliis crucesignatis baronibus ut plerisque solutio dicte pecunie, nundum facta fuerit, tamen propter dilationem hujusmodi dicta promissio minime expiravit. Ceterum, cum sicut nobis subjectum est, in villa Riomi habitantes utuntur quibusdam privatis legibus, consuetudinibus et statutis à nobis vel a nostris predecessoribus minime confirmatis nec etiam approbatis, quorum

---

[1] Voy. vol. Ier, p. 419.

quedam in nostrum et nostri dominii prejudicium non mediocriter redundarent, si postquam ad nostram notitiam pervenerit de eisdem talibus consuetudinibus sed verius corrutelis uti in posterum sub quadam convenientia contigerit tolerari, requiratis attentius eosdem homines dicte ville Riomi, sub eisdem quibus nobis tenentur juramento et fidelitate, ne ulterius consuetudinibus seu usibus predictis minus legitimis uti attemptent, nisi demum de nostra speciali processerit voluntate, super hiis et aliis consimilibus gravaminibus et injuriis, pro quibus vel eorum aliquibus emenda nobis dignoscitur facienda, tam erga predictos homines quam circa alios qui pari modo sunt nobis obnoxii, taliter vos habentes quod jus nostrum in nullo valeat deperire, ut quas preces non emolliunt saltem sollicitet rigor judiciarie potestatis, quia non est de facili ingratis gratia confferenda. Datum apud Rampillum, die mercurii post festum beatorum apostolorum Philippi et Jacobi, anno Domini, M. CC. LXVIII. »

X

Décision du comte Alfonse

A L'ÉGARD DES CONSULS ET DES NOTABLES DE MONTFERRAND EMPRISONNÉS PAR LES ORDRES DU CONNÉTABLE[1].

(Ann. 1269)

Alfonsus ..... ex parte hominum de Monteferrando delata est ad nos querimonia super eo videlicet quod vos ejusdem ville consules et quosdam alios de melioribus detinetis carceri mancipatos, sine causa racionabili, sicut dicunt. Insuper servientes innumerosa multitudine, non sine magno eorum incommodo et gravamine, ut asserunt, in eorum domibus posuistis. Hinc est quod vobis mandamus quatinus circa factum eorumdem hominum juxta consilium in nuper preterito parlamento Candelose parisius habitum ac in scriptis redactum vobis traditum, procedatis, cum ex qua decet maturitate et cautela providentes, ne de obmissione, seu negligentia ac etiam de injusticia possitis merito

---

[1] *Voy.* vol. Ier, p. 419.

reprehendi. Si enim aliud factum de novo non evenerit, detentio, si opus fuerit, illis dumtaxat hominibus qui alias se obligasse dicuntur et fidejussores constituisse pro summa quatuor milium librarum Turonensium quam dicuntnr applegiasse pro emenda, retenta voluntate nostra quantum ad diminucionem vel augmentum dicte summe ; alios si quos captos tenetis recredere poteritis usque ad quindenam instantis festi penthecostis sub idonea cautione ; excessum etiam servientum minuatis usque ad numerum competentem cum in hiis que devorat vel consumunt nulla nobis proveniat utilitas et aliis pariatur grave dampnum. Vos vero tam super isto quam super aliis vobis injunctis negotiis curam et diligentiam taliter adhibeatis quod exinde debeatis merito commendari, refferentes vobiscum in scriptis, cum ad nos veneritis in crastinum dicte quindene penthecostis, universa et singula que super eisdem negociis fuerint expedita. Datum apud Pontem Bleaudi, die lune ante festum beati Marci euvangeliste, anno Domini M. CC. LXIX.

XI

Instruction donnée au connétable d'Auvergne

AU SUJET D'UNE AIDE DEMANDÉE PAR ALFONSE AUX HABITANTS DE MONTFERRAND [1].

(Ann. 1269)

Remambrance que du fet de Montferrant a esté ordené et commandé au conestable que li homes qni estoient pris pour le feit de l'amende de Montferrant soient recreuz dequ'à un jor certein, si brief et si covenable, toutes voies, que ils puissent avoir eu déliberation et conseil d'offre par voie de composition tel somme de pecune que li conestables puisse et doie recevoir pour monsegneur le conte; en tel menière toutevoies que li conestables ne receve meneur somme an quantité de ladite amande que deux mille livres tournois et les meite au plus tost que il pourra en bone menière.

De rechief, quant aus aides que misires a fet demander aus homes

---

[1] Voy. vol. Ier, p, 419.

de Montferrant pour mout de reisons, c'est assavoir prumièrement pour
sa chevalerie, après pour sa guerre que il ont général en Poito, de
rechief pour la voie d'outremer où il passa à l'autre foiz, de rechief
pour sa prise d'outremer, de rechief pour le secours de la terre d'outremer où il propose à aler personaument, Dieu donnant, est einsinc
ordené : que comme li procurateur à ladite vile de Montferrant se
soient parti sanz feire nule fein et sans reipit ne soufrance de la court
mensegneur le conte, que li conestables, si tost comme il sera au païs
les requiere desdites aides : et se il ne se veulent convenir à lui que il
lieve lesdites aides, et chacune par soy seron la coustume d'Auvergne,
laquele fu enquise par lui-mesmes et par meitre Guillaume de la Roche
en ce cas. Et se il veulent entendre à composicion et donner IIII mille
livres tournois au moins, tant pour les dites aides que pour l'amande,
li conestable receuvra cest offre, retenue la volanté mensegneur dou
plus ; ou se ils veulent finer des aides par soi et de l'amande par soi,
pour chacune fin pourra aceter pour mousegneur II milles livres tournois, en tele menière que il ait bone seurté de paier l'offre qui sera
feite au termes que misires ordenera. Et se il ne veulent entendre à
nule composition, ne quant aus aides ne quant à l'amande, alle avant
li connestables quant aus aides, seron la coustume du pais, si comme
dit est ; et quant à l'amande enguagent les pleiges que il a de ladite
amande dequ'à la somme dont il sont pleige.

XII

Charte de la ville de Besse [1].

(Mai 1270)

En B. de la Tor e Bertran de la Tor, fraire, donneront la villa de
Bessa e jureront sobre sans à toz los hommes et à totas las femnas
que maisos i penriont e i auriont bos usatges e bonas condumnhas las
melhors que hum trobaria à ops de borses à Montpeleir, ni al Poy, ni
à Salvanhec, ni en Altras bonas vilas, li peasos tals cals i es donada
dona una copa de froment l'an comprant et vendent, e negus hom ni

neguna femna que maison i aja non dara ia leida d'aver que venda que seus sia. Et si hom i prent peaso e bastit noi à al chap d'un an en com pogues estar, pert la. Et si hom i venia estar cui hom queris servisi, si i esta un an et mi jorn, es quitis ; e tuit aquilh home que i venriont per estatges, per torz que aja fait, si dreit vol faire, no sera destreiz. E tuit aquilh home e totas las femnas que lor aver metrant à la Bessa, per paz ni per guerra qu'en B. de la Tor aja am lor ni am lor senhoratges nol perdrant que salu e quiti l'en portarant. Tui aquilh home que à Bessa aurant maisos, per neguna guerra no las perdrant, e anar ni à venhir non aurant regard d'en Bernard de la Tor ni d'els seus. Qui sa maiso vendra, dara dits xx sol. xii d. de vendas e am las vendas o à altrejar en Bernar de la Tor e qui sa maiso engatia en Bernar de la Tor o à altrejar ses aver que hom lhen do, las peasos que lo Bailes dona à Bessa los altreis que fas que en B. de la Tor aparte donat e altrejat es com si en Bernar de la Tor o donava. E atuit aquil homme que maisos ant a Bessa las podont donar o vender à toz homes e à totas femnas, fors esans e à morgues e à Chanonis e à Chavaleirs e à sirvens, aquist noi devon ayer maiso per l'usatge de la vila. En Bernar de la Tor ni hom per lui non ant à Bessa alberiatge, ni tolta, ni talha, ni quista, ni compra forsadament. En clam iii sol. En colbz d'ome ni de femna iradamient dont clam aura en Bernard le la Tor ni sos bailes lx sol. à sa merce. Si bathala es fermada à Bessa en la cort en Bernar de la Tor, por nitat aurant à en Bernar de la Tor lx sol. à sa marce d'aquel ques recreira. D'ome que maisos as à Bessa no deu levar en Bernar de la Tor loita de plait. Qui o fai à l'altrui molher e nos proaz ni auci home ni femna ni embla altrui aver à Bessa, es en la merce en Bernar de la Tor. Qui entra en l'altrui ort à Bessa per mal faire dara ii sol. o la dent en Bernar de la Tor à la proja xii den. E si i a mescla e om i trai glasi nudamen per la mescla, lx sol. à la marce en Bernar de la Tor. E si à Bessa ven falsadre que port moneda falsa, li falsedaz es en Bernar de la Tor. Et si homs n'avia enjanat de Bessa, redria lhi en Bernar de la Tor son chaptal. De livra falsa et de marc fals, qui en vent nin compra son essient, e n'es proaz, lx sol à la merce en Bernar de la Tor. D'alna falsa vii sol. De mesura de vi falsa vii sol. De carta falsa vii sol. De laida enblada vii sol. en chaval e en ega en mul iiii d. de leida qui lo vent, d'asne i d. de beu e de vacha i d. una dotsena de moltos o de chabras i d. i coir, mealha, una dotsena de pels de chabras i d. Drapeirs et ferreis e piliceirs e cordoneirs e coireirs e sabateirs que al merchat ni à la feira venra dara usquets vi d. l'an. Si merchadeirs ven à Bessa ses merchat o ses feira, e deslia, et noi vent, no i dara ja leida. Us peisoneirs iiii d. l'an. Una charretada de peisos vi d. Una charrada de madeira i d. de charada de celcles una fuissa.

De charrada d'olas ɪ d. De charrada de lenha ɪɪ fuz. De charrada de
fruta ɪ d. de char qui lo vent ɪ d. Una sauma de fruta mealha. Una
mola ɪɪ d. De totas anonas del sisteir una copa de leida; et las vɪɪɪ
fant la copa. Lo lesdeirs que porta la copa non logeir penre per la copa
bailar mas la leida. Els moles de Bessa ant à molre l'home et las
femnas de Bessa lo sesteir per una copa ojtenal, e non deu donar per
usatge si no l'ajuda; et si l'adjuda, dara lhi per l'usatge d'els moles de
Bessa, de fornatge ɪ d. del sisteir. En escuders e en seleirs e en frei-
neirs vɪ d. de l'an. E una fluisena de ros ɪ d. en ɪ cot. E una tela
c'om porta à son col ɪ d. si la vent. En cera ɪ d. e aquel que la vent à
estaso ɪɪ d. De coltels et de forses e de naps e d'escudelas ɪɪ d. l'an.
En un baco ɪ d. qui lo vent. En maseleir ɪɪɪ coissas de vacha l'an o
ɪɪ sol. Parateirs que meiso non porta per l'usatge à Bessa ɪɪɪ denai-
radas de pan l'an. Qui aver. E si home ni femna s'en fuig am lor aver
en altra villa, segrant lo lai e clamarant o al senhor de la terra. E si
homs estrains merchada aver à Bessa, hom que maison aura à Bessa, si
ven à aquel mercha, aura i sa part, s'is vol, e l'estrains non aura ja
part el seu. Qui compra aveir en meison d'ome de Bessa, e s'el cui es
lhi maisos ni sos messatges i demanda part, aura li coma us d'els
altres. Qui dona gaanh à home de Bessa per son aver o lo li promet
ses forsa que el no lhen fassa, aura lo opois no lhon fara ja dreit.
Chamnador no deu hom gatiar à taula ni des la taula troi à la maiso.
A Bessa non deu hom home penre si fiensa vol donar, si non per crim,
ni n'ol d'eu hom gatiar de sos vestimens en charreira. Qui gatge prent
à Bessa per son aver o per fiansa, tenra lo vɪɪɪ. jorns per son terme,
et pois vendra lho; et si mais en prent, rendra lho; et si mens en prent,
queira lho. Home que maison a à Bessa, si fiansa ron post donar, n'ol
deu en Bernar de la Tor penre si non per crim as la à jutjar sobre sas
chausas. Qui fai espoiso à Bessa ia ta grans no sera que ia do s'is vol
mas ɪ sesteir de vi. De fulhia no fai om dreit à Bessa. Mas si malvaz hom
ni malvasa femna fulia prodome in pro de femna, deu o clamar en Bernar
de la Tor o à son baile, e ilh devont justifiar ses clam. Lo pegeiros dona
l'an de leida ɪɪ massas de peja. Lo salineirs deu del sisteirs una manada
de leida e altra de torratge. Qui enjana home à Bessa de merchat que
l'enjans sia per tersa part, desfara lo merchat, si dins vɪɪɪ jorns
aquel que seria enjanaz nos n'era grausaz. Danqui en ant seria lo
merchaz faiz per l'usatge de Bessa. Negus hom qu'esta à Besssa ni
neguna femna per forfait que fassa sa molor ni soi efant ni sei parent
ni hom ni femna de son conduit noi deu aver dans sos torns ni las
soas chausas. Qui porta maisos ni terra que mova d'en Bernar de la
Tor x ans à Bessa ses venda de dreit en la cort en Bernar de la Tor
es seu per l'usatge de Bessa. En Bernar de la Tor non a en home de
Bessa ni en femna mas sas dreitas condumnhas escriutas. Si negus

hom ni neguna femna de Bessa era escorreguz ves en Bernar de la
Tor, si deu aver ni à comanda duu o redre primieirament, et la roma-
nens es en Bernar de la Tor a sa merce. Toz hom que venria à Bessa
merchadeirs ni altres, ni femna, el e sa chausas sou segur pel poder de
Bessa, si fiansa noi a faite o depte noi deu. E cant en Bernar de la
Tor metra son baile à Bessa, el li deu faire jurar sobre sans que leial-
ment mene la ville els usatges ab lo cosseilh dels prodomes cuminals.
E si femna molherada cuminal venia à Bessa per putatge, e om que
non auria molher jasia am lhois, non es tenguz ves en Bernar de la
Tor. Si hom s'en fuich am l'altrui molher, ni femna am l'altrui marit,
nou deu tornar à Bessa per sagrament. Negus hom de Bessa no si deu
afiansar ves en Bernar de la Tor, ni el non deu cors d'ome sasir ni
sas meysos ni sa chausas, sinon per crim. Lenget nil gatge qu'en
Bernar de la Tor metria à Bessa devont esser tengus et non deu forsa
faire per l'usatge de Bessa. En Bernar de la Tor ni sos bailos no
devont los plaiz de Bessa alonjar per amic, ni per enemic, ni per aver.
En Bernar de la Tor à donat e altrejat al cuminal de Bessa c'a totas
las ves qu'es volrant meton cossols tos tems mais. Si sirvens d'en
Bernar de la Tor feria home de Bessa primeirament, e l'om de Bessa
l'en fai tornas, que lo feira non es tenguz ves en Bernar de la Tor si
non sobre fasio. E qui esseparia home de Bessa que volgues dreit faire,
C. sol. I deu adjudar lo cuminals de la vila à destruire lo malfaitor, e
non deu pois tornar à Bessa. Negus hom de Bessa nos deu penre am
lo senhor ni am son baile per que sos visis perda son aver, ni son cors,
ni sa terra, ni per sagramens, ni per convenens noi deu remaner pea
forsa faire à sos visis, ni li deu hom faire. E si lo sirvens o sos bailes
i prendia forsadament home ni sas maisos ni sas chausas part usatge
tuit lhen ant per sagrament. E qui faliria de la gaita, vi d. s'ena à
reimer al cuminal à la quiri que hom lhen faria, e que hom fassa la
gaita per lor cors alsamos que lo cuminals en faria. L'aver que l'home
de Bessa auriont el poder en Bernar de la Tor o de sos amics el lo
deu gardar e tener segur. E si ilh l'aviont en la terra de sos enemics,
e el lo prendia o il seu o sos poders redre lo deu ses aver. E qui
falhiria negun d'aquez establimens, deu esser encontra lhui toz lo
cuminals. En Bernar de la Tor en Bertran sos fraire an donat al
cuminal de Bessó lo champ que Peire Meirans fasia soz la reclsia à
pascheir, el champ que fasia Joan primeira, el champ que fasia
B. Berteira e Peloz e sa meire e W. la Falta, retengut lo ces qu'aquist
lhen donavont, e mais xii d. E plus lor ant donat e altreiat los pas-
cheirs els bos cuminals, et qu'ilh posthont penre els fuz al ops de
bastir per tot. E ant donat e altreiat que toz hom que volria penre
à Bessa pot bastir am xii d. e una janilha de ses. Toz hom que volria
penre peda à Bessa dins tres ans deu paiar sa part de la messio qu'es

faita per la franchedat de la vila, e lo cuminals de Bessa dona à chasque an à la Sant-Andreu, C. sol. per nom de decumin.

Aquez usatges e aquestas condumnhas c'aisi son escriutas doneront en Bernard de la Tor e en Bertrand sos fraires, als omes de Besse e à las femnas o quist o doneront et o altrogeront e o jureront sobre sans, e manderont en aquesta chartra faire per remembransa e per fermetat, e i pauseront lor saels. *Datum apud sanctum Saturninum, die jovis, post octavas beati Joannis ante Portam Latinam, anno Domini millesimo ducentesimo septuagesimo mense maii.*

XIII

Charte de la ville de Riom [1].

(Juillet 1270)

Alphos, fils del rey de Fransa, coms de Peters et de Toloza : A totz los regardadors las presens letras, salut en nostre Senhor. Nos faymes assaber que alz habitadors de la villa nostra Riom de l'eveschat de Clarmont, dins las fis o los termes de ladita villa autrehen franchezas et condumnas appres escriutas.

So es assaber que per nos et per nostres successors non sya faita en ladita villa talha o questa o alberjada, ni empruntarem à qui meymes si non de grat à nos prestar voliont l'habitant em questa meyma villa.

I. En appres que lhi habitans en ladita villa et à quil que y habitarant daysi en avant poschunt vendre,

Alfonsus, filius regis Franciæ, comes Pictaviensis et Tolosanus : Universis præsentes litteras inspecturis, Salutem in Domino. Noveritis quòd habitatoribus villæ nostræ de Riomo, diœcesis Claromontensis, intra fines seu terminos dictæ villæ, concedimus libertates et consuetudines infra scriptas.

Videlicet, quòd per nos vel successores nostros, non fiat in dicta villa talia sive questa vel albergata, nec recipiemus ibidem mutuum, nisi gratis nobis mutuare voluerint habitantes in dicta villa.

I. Item quòd habitantes in eadem et in posterum habitaturi possint vendere, dare et alienare omnia sua bona

[1] Voy. vol. Ier, p. 262.

donar et alienar toz lor bes mobles
et non mobles, à quel cuy ilh volrant, anaysi que si los non mobles
avient alienatz à gleysa, o à reli-
giosas personas, o à chavalers per
ayso non sya faytz tortz o prejudicie
à nos, o als altres senhors dals
qualz las chausas sont tengudas
maiormen en ayso que ilh non
puyschont esser costreyt las alie-
nadas chauzas for lor ma pauzar
dins i an.

II. En apprès que nos, o nostre
bayle, non penrem alcun habitador
de ladita villa, ni forsa lhi farem
o sazirem sos bes, domentre que
el sufizement affianse per sos bes
mobles et non mobles estar à
dreyt, si non per murtre, o per
mor d'home, o per plaja mortal, o
per trenchament de membre, o per
autre crim, o per proable sospeyt
de crim, per loqual so corps et sei
be de dreyt o de condumna am
fiansas esser acreut non devont,
o en autres cas, al quals o sos de
dreyt o de condumna à fayre, o per
meffayt loqual contra nos, lo conestable nostre, o nostres sirvints
als gatges nostres, o en contra
nostra meynada seria forfaits.

III. A la questio, o à la clamor
d'un autre non mandara o adjor-
nara nostre conestable d'Alver-
gnhe, ou son bayle, sinon per faits
nostres negoci, o per complainta,
o de nostres sirvens, o de nostra
maynada alcun habitador en ladita
villa, fors las fis o las honor de
ladita villa, sobre aquelas chauzas,
que serant faytas en ladita villa,
o en las pertenensas, et en lhonor
de ladita villa sobre las possessios

*mobilia et immobilia cui voluerint,
ita tamen quòd si immobilia aliena-
verint ecclesiæ, religiosis personis,
vel militibus, per hoc nullum fiat præjudicium nobis vel aliis dominis, à
quibus res tenebuntur, maximè in
hoc quin possint compelli, sic alienata extra manum ponere infra annum.*

*II. Item, nos vel noster bajulus
non capiemus aliquem habitatorem
dictæ villæ, vel vim inferemus, vel
saisiemus bona sua, dùm tamen sufficienter caveat per bona sua mobilia
vel immobilia stare juri, nisi pro
murtro, vel morte hominis, vel plaga
mortifera, vel mutilatione membri,
vel alia communi vel probabili suspicione criminis, pro quo corpus
suum vel bona sua de jure vel consuetudine fidejussoribus comitti non
debeant, vel in aliis casibus esset de
jure vel consuetudine faciendum,
vel pro delicto quòd contra nos,
conestabulum nostrum, vel servientes
nostros ad gagia nostra, seu in familiam nostram fuerit perpetratum.*

*III. Item, quòd ad quæstionem vel
clamorem alterius non mandabit vel
citabit conestabulus noster Alverniæ,
vel bajulus suus, nisi pro facto nostro, negotio, vel querela, vel servientum nostrorum, vel familiæ,
aliquem habitantem in dicta villa
extra fines, vel honorem dictæ villæ,
super his quæ facta fuerint in dicta
villa et in pertinentiis et honore
dictæ villæ, vel super possessionibus
ejusdem, nisi fortè conestabulus*

de lavant dita, si non per avantura nostre conestable fos tam negotios que à la dita villa a profeytablement anar non pogues, et adonc al ajornament dal conestable à las assizas que sirant al plus trop lhec de la dita villa, o ol terratie de lhey venir sont tengut et estar à dreyt.

IV. Si alcus habitans en ladita villa muyra sens testament, o en autra maneyra rezonablament, et aja ordenat de sos bes en la dareyra soa volontat, et non aja francs effans, ni apparessont altre hereter, que dejont sotvenir lhuy, nostre bayle et lhy cossol de ladita villa de Riom, los bes dal mort escrutz commandarant à II prodomes de la dita villa à gardar fizelment per I an et I jorn, et si dins a quel terme appressia hereter los qualz dea sotzvenir à lhui, tuyt lhi be davant deyt devont inteyrament à lhuy esser redut, am los frutz dal meya tempe, o si que no lhi be mouable et non mouable que de nos en feu o en censiva, o altra qualque maneyra serant tengut, à nos siont baylat sal lo dreyt dal veray hereter, si en appres apparessia, e sal lo dreyt dal senhor dal qual alcun be non moable serant tengut, si de dreyt o de condumna dal pais alcun dreyt aurant en ayselz.

A sertas li depte dalqualz poyera lealment apparesser dal bes dal mort, seront paia tant de nos quant dals autres als quals lhi be dal mort seront vengut per la razonabla partida que venra à chascun.

V. Negus habitans en ladita

IV. *Item, si quis habitans in dicta villa moriatur intestatus, vel alias rationabiliter, et non disposuerit de bonis suis in ultima sua voluntate, nec habeat liberos, nec appareat hœredes qui sibi debeant succedere, bajulus noster et consules dictœ villœ de Riomo bona defuncti scripta commendabunt duobus hominibus probis dictœ villœ, ad custodiendum fideliter per annum et diem, et si infra eumdem terminum appareat hœres que sibi debeat succedere, omnia bona prœdicta debent integraliter sibi reddi cum fructibus medii temporis, alioqui bona mobilia et immobilia qua à nobis in feudum vel censivam, vel alio quocumque modo tenebuntur nobis tradentur, salvo jure veri hœredis, si in posterum appareat, salvo jure dominorum à quibus aliqua bona immobilia tenebuntur, si de jure vel consuetudine patriœ jus aliquod habuerint in eisdem. Debita verò de quibus legitimè constare poterit, de bonis ipsius defuncti solvantur tam à nobis quàm ab aliis ad quos bona ipsius defuncti pervenerunt, pro rata quœ pervenerunt ad quemcumque.*

V. *Item, quòd nullus habitans in*

villa de qualcunque crim apelatz o accusatz aura estat, sia tengutz se expujar, o defendre per gatge de batalha, ni sya forsatz a gatge de batalha fayre, o si e lo refuyda non sya tengutz per ayso per vencutz, mas aquel que apela, si vol, pros lo crim loqual el avia sobremetz per garens, o per probacios leals, josta la forma de dreyt.

VI. Lhi testament fait dals habitadors de la dita villa en la presenza de garens dignes de fé, valhiont; domentre li fant franc et lhi senhor, o lhi autre sen cauza lor dreyt o lor porcio non perdont.

VII. Qualcunques ha mayso en la villa de Riom, non sya tenguts donar leyda de qualcunque chauza soa, quant el aysela aura vendut, o dautruy aura achapt.

VIII. Lo bayles et lo presbotz nostres de la dita villa ès tengut jurar cuminalment devant los cossolz dal deytleuc al commensament de sa ministratio que l'offici, aquel fizelment se aura, et que so dreyt redra à chodun per son poder et son saber, et bonas et aprobablas condumnas de la dita villa gardara et deserra, et sera tenguts las chauzas establidas de la dita villa de nos faytas, o aproadas chauzas razonables gardar.

IX. Li cossol de la dita villa siont mudat chascun an en la fasta de la nativedat de S. Joan-Baptista, et si esdevenia que lhi eleyt cossol dals altres cossols en lor no vol quessent lo fays dal cossolat recebre, lo bayles o los prebotz nostres de ladita villa, à la requesta

dicta villa de quocumque crimine appellatus vel accusatus fuerit; teneatur se purgare vel defendere duello, nec cogatur ad duellum faciendum, et si refusaverit non habeatur propter hoc pro convicto, sed appellans si velit probet crimen quod objecit vel per testes, vel per probationes legitimas, juxta formam juris.

VI. Item, testamenta facta ab habitatoribus dictæ villæ in præsentia testium fide dignorum valeant, dùm tamen liberi aut domini, aut alii sine causa jure suo aut portione debitâ non priventur.

VII. Item, quicumque habet domicilium in villa Riomi non tenetur dare leudam de quacumque re sua, quandò eam vendiderit, vel aliam emerit.

VIII. Item, Bailius, seu præpositus noster dictæ villæ tenetur jurare publicè coram consulibus dicti loci in principio administrationis suæ, quòd in officio illo fideliter se habebit, et quòd jus reddet cuilibet, pro possibilitate sua et scientia, et bonas et approbatas consuetudines dictæ villæ observabit, tenebit et statuta dictæ villæ à nobis facta vel approbata rationabilia observabit.

IX. Item, consules dictæ villæ mutentur quolibet anno in festo B. Joannis Baptistæ, et si contigerit quòd electi consules ab aliis consulibus in se nollent onus consulatûs suscipere, bajulus seu præpositus noster dictæ villæ ad instantiam et requisitionem prædictorum consulum

dal davant ditz cossol, aquals à
aysso siant tengut costranher.

X. Li dit cossol jurarant al
bayle o al prebost nostre de ladita
villa, que il ben et fielment vers
nos se aurant, et gardarant nostres
dreytz, et lo peble de ladita villa
fielment goernarant, et tenrant fielment segunt lor poder lo cossolat, et
qu'il non recebrant dalcuna persona alcus servizis per l'offici del cossolat, et li davant dit cossol devont
tosjorns aver XVI acosselhadors.

XI. Si alcus feria autre davant
lo conestable o nostre leuctenent,
al regard de nostre conestable
segund las condumnas dal pais
sya punis.

XII. Qualcunques aura ferit am
poynh, o am palma, o am pe, o
am glazi, o am fust, o ame peyra,
o ame autra choza yradament, am
sant o sez sant, lhi clama nes
fayta e lealment o proat los ferires
à nos en LX solz per justizia sya
punits.

XIII. Se alcus autre aura ausit
o murtrit e colpables de la mort
de lhuy sia trobatz en tal maneyra
que per homicida sya tengutz per
lo jutjament de la cor nostra sya
punitz, et lhi be de lhuy à nos
inteyrament siont encorregut.

XIV. Si alcus alcunas leyduras
o reproches, o parolas maliciosas
yradament laura dit et querela es
propozada, puis que ealment proat sera, dal bayle nostre en III
solz per justizia à nos sya punitz,
et esmenda fassa al laydit, segunt
la condumna de la villa de Riom
aproada.

ipsos ad hæc compellere teneatur.

X. Item, dicti consules jurabunt
bajulo, seu præposito nostro dictæ
villæ, quod ipsi benè et fideliter erga
nos se habebunt, et servabunt jura
nostra, et populum dictæ villæ fide-
liter gubernabunt, et tenebunt pro
posse suo fideliter consulatum, et quòd
non recipient ab aliqua persona ali-
qua servitia pro officio consulatûs,
et prædicti consules debent semper
habere sex-decim consiliatores.

XI. Item, si quis percusserit ali-
quem coram conestabulo, vel locum
nostrum tenente, ad arbitrium cones-
tabuli, secundùm consuetudinem pa-
triæ puniatur.

XII. Item, quicumque alium per-
cusserit cum pugno, palma, vel pede
gladio, fuste, vel petra, seu alio
modo, irato animo, sanguine non
interveniente, seu interveniente, si cla-
mor factus fuerit, et legitimè proba-
tum fuerit, percutiens nobis in LX
solidos pro justitia puniatur.

XIII. Item, si aliquis alium in-
terfecerit, et culpabilis de morte ejus
inveniatur, ita quòd homicida repu-
tetur, per judicium curiæ nostræ pu-
niatur, et bona ipsius nobis integrè
sint incursa.

XIV. Item, si aliquis aliqua con-
vicia, opprobria, vel verba contume-
liosa, irato animo, dixerit, et indè
querimonia proponatur, postquàm
legitimè probatum fuerit, à bajulo
nostro in tribus solidis nobis pro jus-
titia puniatur, et emendam faciat in-
juriam passo, secundùm consuetudi-
nem dictæ villæ Riomi diutiùs appro-
batam.

XV. Quicunques lo chalunnhe nostre o dal bayle nostre al bes dalcu pauzat per cauza rasonabla ola instanza dalcun playntiu franhera en LX solz per justizia sya punitz.

XVI. Si gatjes dal dit bayliu o per actoritat de lhu pres alhuy o à son commandement alcus aura tolt al regart dal conestable nostre, segont los usages et las aproadas condumnas dal pais sya punitz, et sobre aquesta recossa sya crezut al messatge de la cor jurat am dos garens creables.

XVII. Per deptes non siont prezas per gatge vestiduras com porte chascun jorn, o lo seu leyt, o qual aicel o sa maynada jayrant, ny ferramen ny espletamen en los quals son pa hom gazanha.

XVIII. Li habitant din las fis o las honor de ladita villa las quals ilh tenent pàziblament se ciaussissont daquelas franchesas de laqual se jaussont lhi habitador dal dit loc.

XIX. Après que no poschunt esser gatjat ny bans en lor bes, o en las chauzas de lor esser pauzatz, ny lhi us de lor maysos esser claus si no premeyrament ajornat o admoneytat serant, o si non per chauza jutjada o per coutumacia, o si non lo jorn determenat de la paiada nostre ces era de lan passat o si non en cas als quals las chauzas et lhi be de lor à nos devont esser encorregut o forfayt de condumna o de dreyt.

XX. Si alcus leyda emblat aura à nos en VII solz per justizia sya

XV. Item, quicumque inhibitionem nostram seu calomniam nostram, vel bajuli nostri in bonis alicujus positam ex causa rationabili, vel ad instantiam alicujus conquerentis fregerit, in LX solidos nobis pro justitiâ puniatur.

XVI. Item, si pignus ab eodem bajulo, seu authoritate ipsius captum sibi, vel mandato suo, quis abstulerit ad arbitrium conestabuli nostri, secundùm usus et approbatas consuetudines patriæ puniatur. et super hac ablatione credatur nuntio curiæ jurato cum duobus testibus fide dignis.

XVII. Item, quòd pro debitis non pignorentur vestes cottidianæ alicujus, vel lectus suus in quo ipse vel familia sua jacuerit, ne ferramenta, nec ustensilia aptamenta cum quibus panem suum lucratur.

XVIII. Item, quòd habitantes infra fines, seu honorem diciæ villæ quos tenent, pacificè et quietè gaudeant eâ libertate quâ gaudent habitatores dicti loci.

XIX. Item, quod non possint pignorari, neque bannum in bonis seu rebus eorum poni, nec ostia domorum suarum claudi, nisi priùs citati vel moniti fuerint, vel nec nisi pro re judicata vel contumacia, vel nisi præfixus dies solutionis annui census nostri sit elapsus, vel nisi in casibus in quibus res et bona eorum nobis debent esse incursa vel commissa de consuetudine vel de jure.

XX. Item, si quis leudam furatus fuerit, nobis in septem solidos

punits, et la leyda reda laqual non paiet.

XXI. Adultres et adultra si pres serant en adultri, o per homes creables convencut o ateynhut sobre ayso accusador apparessent et l'accuzatio sya lealment persequent o en jutjament aurant confessat lo fayt, nu corunt la villa, o à nos page chascus LX solz per justizia et ayso sya en la chauzida dal meyprenent.

XXII. Qui glazi emolt contra altruy iradament aura trayt, jasia ayso que non feyra, si clamors en es fayta, et lealement es proat, à nos en LX solz sya punis per justizia et esmende al plantyu, segont la condumna de la villa lonjament aproada.

XXIII. Si alcus aura intrat de jorn los ortz, las vinhas o los prastz d'un altre, et daqui prenda sens necessitat non eschiuabla frut, fem, palha, o lenha valent XII den. o meyns sens la voluntat daquel de cuilhi chauza sera puisque chascun an un avetz defendut o cridat, sera en III solz sya punitz. Et si oltra XII den. valia lhi chauza que aura pres en VII sols per justizia sya punitz. Et si de nuitz alcus aura intrat en fruit, fem, palha, o lenha aura pres e proat, en LX solz à nos per justizia sya punitz, et esmende convenablement, en aquel cas et altres dreyts dessus als playntiu.

XXIV. Quicunque fals pes o falsa alna o mesura tanra, en VII solz per justizia sya punitz, et de fal marc en LX solz sya punitz si doas vetz en ayso mesprent et ateyhus

pro justitia puniatur, et leudam restituat quam non solvit.

XXI. Item, adulter vel adultera si deprehensi fuerint in adulterio, vel per homines fide dignos convicti fuerint, super hoc accusatore existente, et accusationem suam legitimè prosequente, vel in jure confessi fuerint, nudi currant villam, vel nobis solvat quilibet LX solidos, et hoc sit in optione delinquentis.

XXII. Item, qui gladium emolutum contra alium, irato animo, traxerit, licet non percusserit, si clamor factus fuerit, et legitimè probatum fuerit, nobis in LX solidos pro justitia puniatur et emendet injuriam passo, secundùm consuetudinem villæ diutiùs approbatam.

XXIII. Item, si quis intraverit de die hortos, vineas vel prata alterius, et indè capiat sine necessitate inevitabili fructus, fœnum, paleam vel lignum, valens duodecim denarios vel infrà, sine voluntate cujus res fuerit, postquàm quolibet anno semel prohibitum fuerit vel præconisatum, in tribus solidis puniatur. Et si ultra XII denarios valeat res quàm ceperit, in VII solidis nobis pro justitia puniatur. Et si nocte quis intraverit, et fructus, fœnum, paleam vel lignum ceperit, et probatum fuerit, in LX solidos nobis pro justitia puniatur, et satisfaciat competenter in hoc casu et in superioribus damna passis.

XXIV. Item, quicumque falsum pondus, vel falsam alnam vel mensuram tenuerit, in VII solidos nobis pro justitia puniatur, et de falsa mensura, nobis in LX solidos pu-

naya estat o coffes al regard de
nostre conestable sya punitz o
perda l'offici en que en aytal maneyra el aura mespres perdura-
blament.

XXV. Per querela de depte, o
de convenent, o de tot altre con-
trayt si demantenent so es lo premiers jorn en la presensa de nostre bayle cofesse lo depteyres sens
playt mogut o sens alongament
nient à nos per justizia sera paiat
mas dins VIII. XV. jorns cossira
la cantitat dal depte et la qualitat
de la personna, lo baylius nostres
deu fayre paiar à deptor la chauza
confessada davant se et esser
complida o si que no deu adonc
en III solz lo depteyres à hos per
justizia sya punitz.

XXVI. Per tota simpla querela
seglar de laqual playtz sya mogutz
et alongamentz siont requerit appres la sentensa donnada III solz à
nos per justizia siont paiat et lo
demandayres si se faylh en ayso
que demanda en III solz à nos per
justizia sya punitz. Lo baylius
nostre non deu recebre justizia o
gatje tant que fayt aja pajar la
chauza jutjada o esser satisfayt à
la partida que à lo playt gazanhat.

XXVII. En questio de chauza
non moblas apres la sentensa donnada III solz à nos per justizia
siont paiat.

XXVIII. Si alcus aura tengut
alcunas chauzas deretabge o al
altrement en bona maneyra acqui-
sidas dins la fis de la dita villa
movens de nostra senhoria per
lespazi de X ans entre presens
paziblament lo demandaires non

niatur. Et si bis in hoc deliquerit, et
convictus fuerit vel et confessus, ad
arbitrium nostri conestabuli puniatur,
vel officio in quo sic deliquerit, perpetuò privetur.

XXV. Item, pro querimonia debiti vel pacti, vel cujuslibet alterius
contractûs, si statim, id est, primâ
die in præsentia bajuli nostri confi-
teatur debitor sine lite motâ, et sine
induciis, nihil sic nobis pro justitia
solvat, sed infrà octo vel quindecim
dies, consideratâ debiti quantitate et
personæ qualitate bajulus noster debet
facere solvi à debitore quod confessus
est coram ipso et complere, aloquin
ex tunc, in tribus solidis debitor nobis
pro justitiâ puniatur.

XXVI. Item, pro omni simplici
querimonia civili de qua lis moveatur
et induciæ petantur post prolationem
sententiæ, tres solidi à victo nobis pro
justitia solvantur. Et actor si in peti-
tionem ejus quod petit defecerit, debet
recipere justitiam seu gagium usque
quo solvi fecerit rem judicatam, seu
satisfieri parti quâ obtinuit.

XXVII. Item, in quæstione immobilium rerum post prolationem sententiæ tres solidi à victo nobis pro
justitia solvantur.

XXVIII. Item, si aliquis tenuerit
aliquas res edicto vel aliquo bono
modo acquisitas infrà fines dictæ
villæ moventes de dominio nostro
per spatium X annorum inter præsentes pacificè et quietè, petitor nullatenùs audiatur, secundùm consue-

sya ausits, segont la condumna de ladita villa.

XXIX. Quicunques en ladita villa o en la pertenensas daquela aura possessios o rendas per razo daquelas chauzas el et li successor seu en las despensas et missios et colectas que serant faytas dals cossols per la profeyt o la necessitat de ladita villa devont coma li altre habitador de ladita villa per solt et lhyurs, segont dreyt et condumas aproadas.

XXX. Si alcuna femna de fors villa que siua maridada venia en ladita villa, et aia fayt adulteri am homs de ladita villa, aquel homs non sya tengutz d'adulteri fayt am ladita femna cum hom non sapcha proadament de la femna si es maridada.

XXXI. Negus homs non deu penre los gatges de chamnador en la taula del chamnhe ni de la taula joca à la mayso de lhuy si el altras chauzas pot lhuy gatjar.

XXXII. Qui aura achaptat gatje à lusatge de ladita villa la deu tener per viii jorns en la villa de Riom avant que sya vendutz, et si el que lo vent cuminalment i al plus huffrent et en bona fe aura recebut plus que lo depte no valia deu lo sobreplu redre à alhuy de cui era lo gatges. Adecertas si meyns avia recebut que lo deptes no valia per lo remanent guerre al deptor.

XXXIII. Quicunques de ladita villa de Riom deu alcui de ladita villa, si lo depteyres ne pot paiar de sas chauzas moblas, deu vendre de sas chauzas non moblas al

tudinem dictæ villæ.

XXIX. Item, quicumque in dicta villa vel pertinentiis ejusdem habuerit possessiones vel reditus, ratione illarum rerum ipse et successores sui expensis et missionibus et collectis quæ fiunt à consulibus, propter utilitatem vel necessitatem dictæ villæ contribuent, prout alii habitatores dictæ villæ per solidum et libram, secundùm jura et consuetudines approbatas.

XXX. Item, si aliqua mulier de extra villam, quæ sit maritata, venerit in dictam villam et fecerit meretricium cum homine de dicta villa, idem homo non teneatur de adulterio vel meretricio perpetrato, cùm ignoret probabiliter de dicta muliere utrùm sit conjugata.

XXXI. Item, nemo debet capere pignora alicujus scambiatoris ad mensam scambii, nec ab ipsa mensa usque ad domum ipsius, si in aliis rebus possit illum pignorare.

XXXII. Item, qui emerit pignus ad usagium dictæ villæ, debet illud tenere per viii dies in illa villa Riomi, antequàm distrahatur, et si ille qui vendiderit publicè et plus offerenti et bonâ fide acceperit ampliùs quàm fuerit debitum ipsius, debet illud quod superest reddere illi cujus erat pignus, si verò minùs acceperit quàm fuerit debitum, potest residuum exigere à debitore.

XXXIII. Item, quicumque in villa Riomi debet alicui de ipsa villa, si debitor non est solvendo in rebus mobilibus, debet vendere de rebus suis immobilibus, ad arbitrium con-

regard delz cossolz per paiar lo depte, et si depteyres no troba qui volha achaptar, lo crezeyres deu las chauzas penre en paia al regart dal cossols et daltres prodomes et à nostra destressa.

XXXIV. Si alcus de ladita villa de Riom avia gatges daltre per lo seu depte, o per fiansa a se feyta dalcui, si de mantenent lo crezeres proar pot la fiansa o lo depte lhi sya satifaytz.

XXXV. Si alcus cas o altrefaytz o negossis esdevenia en ladita villa de Riom dal qual al presens escrivit, non sya foyta mencios, per lo bayliu nostre am lo cosseyt dals cossols de ladita villa e dautres prodomes, segont dreyt o prop de dreyt o segunt las condumnas de ladita villa siont determinat.

XXXVI. Nos autrez en conformen los usatjes et las condumnas, los quals et las quals lhi home de ladita villa aurant tengut et gardat en leydas, en vendas, en venditios, en vestizos, censivas, molis, forns et altras chauzas, et altras condumnas, gardadat de lor al temps que sont passat bonas ancianas razonablas et obtengudas pasiblament.

XXXVII. En totas autras chauzas las quals no sunt espressar en la present lettra nos retenem à nos et à nostres successors en ladita villa et en las pertenensas, et als habitadors, tota justizia, juridictio, subjetio, reverensa, host et chavalgada, segont lot us et las condumnas dal pais, et altras chauzas

sulum, pro solvendo debito, et si debitor non invenerit qui velit emere, creditor debet eas accipere in solutum, ad arbitrium consulum et aliorum proborum virorum et ad compulsionem nostram.

XXXIV. Item, si aliquis de dicta villa Riomi habuerit vadia alicujus pro debito suo, vel pro fidejussione sibi facta ab aliquo si in continenti creditor probare poterit fidejussionem vel debitum, non tenebitur ei restituere vadia, nisi primò super fidejussione vel debito steterit satisfactum.

XXXV. Item, si usus aliquis vel aliquod factum vel negotium evenerit in dicta villa Riomi de quo in præsenti scripto non fiat mentio, per bajulum nostrum cum consilio consulum ejusdem villæ et aliorum proborum virorum, secundùm jus vel propè jus, vel secundùm consuetudines dictæ villæ.

XXXVI. Item, concedimus et confirmamus usagia et consuetudines quæ homines dictæ villæ tenuerunt et servaverunt tam in leudis quàm in vendis seu venditionibus cum suis molendinis, furnis et rebus aliis, et etiam alias consuetudines observatas ab eisdem temporibus retroactis bonas, antiquas, rationabiles et obtentas pacificè et quietè.

XXXVII. In omnibus autem aliis quæ non sunt in præsenti littera expressa, retinuimus nobis et successoribus nostris in dicta villa et pertinentiis, et habitatoribus omnem justitiam, jurisdictionem, subjectionem, reverentiam, exercitum et cavalcatam, secundùm usus et consuetudines patriæ, et alia quæcumque,

qualcunquas verays senher pot et
deu aver en la terra soa, et en totas
las chauzas et checuna de sobre
deytas. Nos retenem poder de declarar segunt que per la mudansa
de temps o de chauzas nos veyrem
covenir.

XXXVIII. Aquestas franchesas
et condumnas, et totas las chauzas
qui sont deytas et chacuna en quant
de dreyt podem nos lausans en per-
durabla garantia nostre sual pau-
zemes en las presens letras sal
nostre dreyt en totas chausas, si
cum es dit en laltruy. Aquest
privilegis fo donatz en la villa de
Armezargues prop d'Aygas-Mortas,
l'an de l'encarnacio de nostre
senhor M. et CC. et LXX. al mes
de julhet.

*verus dominus potest et debet habere
in terrá sud, ac in præmissis omnibus et singulis retinemus potestatem
declarandi, secundùm quod propter
varietatem temporum et causarum
viderimus expedire.*

*XXXVIII. Has autem libertates
et consuetudines, et omnia prædicta
et singula quantùm de jure possumus
approbantes, in perpetuum eorum
testimonium sigillum nostrum duximus præsentibus apponendum, salvo
jure nostro in omnibus, ut dictum est,
et salvo in omnibus jure quolibet
alieno. Datum apud Armazancas
prope Aquas-Mortuas, anno Domini
M. CC. LXX. mense julii.*

XIV

Charte de la ville de Thiers [1].

(Ann. 1272)

Universis presentes litteras inspecturis Guillelmus de Hala clericus
tenens sigillum Regis Francie in Arvernia constitutum salutem in Domino. Noveritis quòd coram nobis constituti Guido dominus Tyherni
domicellus, et Guillelmus de Tyherno domicellus ejusdem Guidonis
filius emancipatus legitimè à dicto Guidone patre suo, ut dicti pater
et filius asseruerunt, per juramenta sua, necnon dictus Guillelmus filius
cum auctoritate, assensu, voluntate et mandato dicti Guidonis patris
sui, eidem filio ad omnia universa et singula infra scripta facienda,
concedenda, promittenda et juranda ab eodem Guidone patre prestitis
et concessis; sponte, scienter ac perinde [2] confessi sunt et recogno-

[1] Voy. vol. Ier, p. 265.
[2] *Provide.*

verunt pater et filius predicti in jure coram nobis presentibus Petro D'oschas et Johanne Dyas pro hominibus habitantibus et habitaturis in villa et castro Tyherni et infra fines castri et ville predictorum, et pro ipsis hominibus confessionem et recognitionem, et omnia alia universa, et singula, infra scripta, recipientibus quos Petrum, et Johannem, confessi sunt, et recognoverunt dicti pater et filius, esse procuratores quo ad hec, dictorum hominum, et ab eis super hec habere speciale mandatum, confessi sunt, inquam, et recognoverunt pater et filius predicti, et dictus Guido dominus Tyherni ex justis et legitimis causis necnon et pro melioratione [1] ville et castri predictorum, dedit et concessit predictis hominibus habitantibus et habitaturis in villa et castro predicto Tyherni, et per ibidem transeuntibus et transituris usus, libertates, ymmunitates [2], franchisias, consuetudines et privilegia, prout continetur in quibusdam litteris non rasis, non habolitis, non cancellatis non in aliquâ sui parte viciatis nec corruptis, dicto vero sigillo et integro sigillo sigillatis, quorum tenor de verbo ad verbum sequitur et est talis :

Universis presentes litteras inspecturis, magister Symon de Monciaco clericus tenens sigillum Regis Francie in Arvenia constitutum, salutem in Domino. Noveritis quòd in nostra presentia constitutus, Guido de Tyherno domicellus, dominus de Tyherno, considerans, ut asseruit, et attendens quod propter usus, franchezias et consuetudines, bonos ac etiam opportunos et concessos. Villarum communitatus meliores fuerint condiciones, ac etiam transitum facientium per easdem et per hoc ville potius sollempniter ac fiunt quam plurimum meliores, considerata insuper utilitate suâ et successorum suorum diligentissimis ac infra scripta non vi, non clam, non dolo, non precario neque machinatione aliquâ circonventus, aut sponte scienter ac proinde [3] dedit ac concessit pro se et successoribus suis, quibuscumque hominibus suis ville sue sive castri sui de Tyherno ac omnibus presentibus et futuris in eodem castro sive villâ, nunc et in futurum commorantibus et commoraturis ac etiam per idem castrum sive villam transeuntibus ni perpetuum, usus, consuetudines et franchizias infrascriptos et prout inferius continentur.

In primis quòd dicti sui homines dicti sui castri sive ville et alii quicumque possint et eis liceat vendere et emere vinum infra idem castrum sive villam annuatim in mense Augusti, et eorumquilibet indifferenter ac libere sicut in annis temporibus quibuscumque.

Item, quicumque voluerit vendere racemos suos possit, et eos liceat sibi vendere tempore vindemiarum et quicumque voluerit emere eos,

[1] Ratione.
[2] Ymmuniciones.
[3] Provide.

veniat in vineis ant in platea dicti castri sive ville aut quacunque alibi licentia dicti Guidonis non habita nec petita nec ullo uniquoque [1] tempore expectata.

Item, quòd de cetero tempore vindemiarum, idem Guido et ejus successores, aut ejus vel eorum bajulus de consilio tamen militum et canonicorum Tyherni et aliorum [2] proborum virorum dicti castri sive ville, quolibet vespere, tempore vindemiarum assignet pannum ad vindemiandum, in crastinum [3] et illud in platea dicti castri sive ville publice proponi faciat et clamari sicut fierit consuevit. Et postea non liceat ei aut suis, seu alii nomine suo aut suorum, prece aut pretio dare licentiam vindemiandi alieno extra pannum publicè vero clamatum, salvo et retento quòd dictus Guido et sui possint facere vindemiare annuatim vineas suas proprias ac etiam illas vineas in quibus medietatem, tertiam partem aut quartam percipit racemorum, per duos dies ante vindemias, si ad eas vindemiandas sint necessarie duo dies.

Item, quod de cetero, dictis Guidoni aut suis aut aliis pro ipso Guidone aut suis successoribus non liceat capere equum ronsinum aut jumentum, asinum vel asinam, mulum seu mulam alicujus commorantis in dicto castro seu villa Tyherni contra voluntatem ipsius nisi tantummodo duobus diebus quolibet anno, et tunc dictus Guido, ut asseruit, et sui tenentur cibare animalia que ceperunt per dictos duos dies et eis prestare victualia competentia, nisi forte homines dicti castri sive ville ire contingeret cum armis pro sex leucas aut ultra extra dictum castrum sive villam Tyherni, quia tunc dictus Guido poterit capere et facere capi et ejus successores hominum dicti castri seu ville animalia ad portandum armaturas hominum dicti castri sive ville.

Item, quod dictus Guido et sui successores de cetero teneant et habeant in molendinis suis nundinis et mercatis dicti castri sive ville copam talem quæ sex cope faciant rasam quartuam pro levanda leyda sera seu moldura et quod de cetero teneant mensuram fusteam ad levandam leydam et molduram voluit siquidem et concessit idem Guido quòd ipse aut ejus successores leydam de raza, quarta avene aut de quartone cujuslibet blasi seu minoris quantitatis blado leydam non exiguant neque levent prout fieri antiquitus consuevit.

Item, quod de cetero qualibet nocte vigilent sex gayete de gayetis debitalibus, quas idem Guido habet in dicto castro sive villa ad custodiendum dictum castrum sive villam in locis assignandis per dictum Guidonem cum consilio militum Tyherni et proborum hominum dicte

---

[1] *Unquam.*
[2] *Aliquorum.*
[3] *Castrum.*

ville sive castri quas gaytas dictus Guido aut ejus certus nuntius mandare debet nocte qualibet, ita tamen quod quotienscumque opus fuerit, omnes gayte debitales vigilent et per ipsum et suos mandentur vigilare, nec tamen debet dictus Guido aut sui pro dictis gaytis parcendis aut remittendis, pecuniam seu quidquam recipere vel habere.

Item, quòd si continguat dictum Guidonem aut suos mittere aliquos homines suos dicti castri seu ville quocumque dictus Guido et ejus successores debent et tenentur eis tradere aliquem militem aut domicellum aut servientem qui eos regnat et ducat expensis propriis dicti Guidonis et ejus successorum, alias dictus Guido aut ejus successores ipsos non debent nec possunt compellere ad emendam cum armis nec ipsi ire tenentur pro eodem.

Item, quod dictus Guido aut ejus successores neque servientes sui non possint nec eis liceat dictos suos homines aut aliquem ex eis gagiare seu pignorare de armaturis dictorum hominum pro debito aut clamoribus dicti Guidonis et successorum suorum, dum habebunt gagia sufficientia ad predictum.

Item, quicumque deinceps fuerit bajulus aut serviens in dicto castro sive villa per dictum Guidonem aut successores suos institutus, in principio sue institutionis vocatis militibus de Tyherno et quindecim aut viginti probis hominibus dicti castri sive ville, juret super sancta Dei Evangelia se servare usus, statuta consuetudines et franchezias que in presentibus litteris continentur, ac etiam alias, alios, aliàs in dicto castro seu villa diutius observatos, observatas ac etiam observata et antequàm predicta juraverunt, eis tanquàm bajulis et servientibus nemo obedire teneatur, et pro bajulis aut servientibus interim minime habeantur.

Item, quod dicti sui homines de Tyherno possint eligere quandocumque voluerint de semept ipsis, non tamen de nobilibus Tyherni, tres vel quatuor qui teneant et custodiant presentes litteras ut si forte ipse Guido aut ejus successores venirent contra premissa aut quicquam de premissis, illi tres vel quatuor homines aut unus vel plures eorum possint avoyare seu requirere super hoc dictum Guidonem et ejus successores, et si forte ipse vel ejus successores per se nollent emendare defectum quod fecissent in predictis, voluit dictus Guido ac concessit se ac successores suos, sive sint filii aut filie, fratres aut sorores, advunculi seu patrui, aut quoquo modo eidem succedentes et ab eo causam habentes, posse compelli à nobis, vel ab illo qui fuerit loco nostri per captionem et distractionem bonorum suorum, ad observationem predictorum.

Item, omnes alios bonos usus, statuta et consuetudines et franchezias actenus dictis hominibus per dictum Guidonem et ejus successores observatos, observatas ac etiam observata. Et pro concessione dictorum usuum seu usagiorum, statutorum, francheziarum et consuetudinum, confessus est dictus Guido se habuisse a dictis suis hominibus seu à communitate suorum dominum dicti castri sive ville quatuor centum et sexaginta libras turonensium in pecuniâ numeratâ. Promisit siquidem dictus Guido pro se et suis successoribus quibuscumque et ab eo causam habentibus sub obligatione bonorum suorum predicta omnia et singula attendere et in contrarium non venire, et se non fecisse aliquid seu facturum quominus quicquam de premissis robur obtineat perpetue firmitatis, renuncians in hoc facto exceptioni non numerate nec habite nec recepte pecunie, et spei future numerationis, doli et actioni et exceptioni in factum et cuicumque privilegio seu favori edito et edendo, et omnibus universis exceptionibus et singulis, quibuscumque rationibus, defensionibus juris et facti, usus et consuetudines, et contrà premissa, aut quicquam de premissis, factum, aut instrumentum hujusmodi, possent aliquo tempore, obire [1], seu proponi, et que dictis hominibus et communitati eorumdem possent aliquo tempore obesse et dicto Guidoni prodesse et cum auxilio et beneficio legum et canonum usus et consuetudines vel beneficiis cujuscumque restitutionis et juri cuicumque dicente generalem renunciationem non valere. Donans eisdem hominibus et toti communitati predicte, si res plures essent, volens et concedens idem Guido se et successores suos quoscumque et ab eo causam habentes posse compelli à nobis vel ab illo qui pro tempore fuerit loco nostri per captionem et distractionem bonorum suorum ad observantia predicta et cujuslibet premissorum. In cujus rei testimonium et veritatem ad rogatum et instantiam dicti Guidonis dictis suis hominibus et toti communitati predicte, has litteras concessimus dicto sigillo sigillatas salvo jure in omnibus dicti Regis. Testibus hîc presentibus Stephano de Turmis, et Stephano Amelli et Johanne de Menato, et Stephano Gundalmar Burgensibus Riomi, et magistro Petro Gay et Geraldo de Valx et Geraldo de Ruppe et Durando Bodoscherii de Riomo Clericis. Actum et datum die jovis post quindenam Pasche anno domini millesimo ducentesimo septuagesimo secundo, mense Maii.

Que autem omnia et singula premissa prout superius sunt scripta et expressa in litteris supradictis dicto vero et integro sigillo sigillatis quoquomodo ad eternam rei memoriam suprà redigimus in hiis scriptis et in formam publicam de voluntate, mandato, consensu dictorum patris et filii, ipsi pater et filius insimul et quilibet eorum per se grata, et grata habentes eadem omnia universa et singula predicta prout supra scripta sunt, voluerunt, concesserunt, confirmaverunt et rattificaverunt expresse ; verum cùm predictis usatgiis, libertatibus immuni-

1 *Obiei.*

cionibus francheziis et consuetudinibus essent aliqua adenda ac etiam declaranda, predicti pater et filius predictis usagiis, libertatibus francheziis et consuetudinibus sponte scienter et provide insimul et quilibet eorum per se addiderunt, aqumulaverunt et adjunxerunt de novo ad augmentandum habitatores dicte ville et dicti castri de Tyherno et ad reddendum benevolos habitatores presentes et futuros in villa et castro predicto et infra fines eorumdem castri et ville, prout sequitur in hunc modum videlicet, quod predicti pater et filius insimul et quilibet eorum per se voluerunt et concesserunt pro se et suis heredibus et successoribus et ab eis et eorum quilibet causam habentibus et habituris quoquomodo ac etiam expresse donaverunt donacione perpetua et irrevocabili, facta inter vivos communitati et hominibus singulis nunc habitantibus et in futurum seu posterum habitaturis in villa et castro Tyherni predictis et infra fines eorumdem castri et ville et transeuntibus et transituris per ibidem et eorum et singulorum eorum heredibus ac successoribus habitantibus et habituris, transeuntibus et transituris in villa et per villam in castro et per castrum Tyherni predictum, et in infra fines eorumdem nunc et in perpetuum ultra predicta usagia, libertates et franchezias, usus consuetudines et immuniliones predictos et predictas superius in dictis litteris expressos, expressas et expressa, usus consuetudines, libertates, immunitates seu immuniciones et franchezias infereius expressos, expressas et expressa: videlicet quod dominus Tyherni qui nunc est, qui pro tempore fuerit, seu domini Tyherni qui nunc sunt et qui pro tempore fuerint in futurum aut ab eis seu eorum quilibet causam habuerint quoquomodo aut ejus bajulus seu bajuli, aut ejus seu eorum serviens familiaris seu familiares aliqui castri et ville predictorum non possint, nec debeant, nec sibi liceat capere seu capi facere animalia dictorum habitantium nunc et in posterum habitaturorum in dicta villa seu castro Tyherni, et infra fines dicti castri seu ville equum ronsinum, equam ronsinam, mulum seu mulam, asinum seu asinam nisi per duas dietas, tantum unum de dictis animalibus dictorum habitantium aut ad duos dies tantum in singulis annis licet plura animalia habeant et quantum tum animalia habeant et teneant habitantes et habitaturi predicti, ita quod post predictos duos dies seu predictas duas dietas statim et immediate dictum animal traditum reddatur dicto tradenti indempne et illesum, ita etiam tamen quod die seu nocte precedente debet et tenetur mandare dictum animal per arcubium, vigilem seu gaytam dicti castri, et debet deffere seu deferri facere dictus arqubus vigil seu gayta seu excubia cero seu die quo seu qua mandabit dictum animal libracionem sufficientem ad opus dicti animalis quod mandabit.

Item, etiam quod si dictus habitans seu habitaturus in futurum in dicta villa seu castro seu infra fines dicti castri seu ville, diceret et

proponeret arqubio vigili exqubio seu gayte dictum animal petenti seu
mandanti quòd bis in anno seu per duas dietas suum animal habuerat,
et dicta seu dictus exqubia seu exqubis (sic) vigil seu gayta contrarium asserat, dicto habitante seu habitaturo asserente per juramentum
bis in anno seu per duas dietas in ipso anno suum animal tradidisse ipso
arcubio vigili, excubie sive gayte ad opus dicti domini Thyerni et ita
habitum bis fuisse quod juramento prestito vel prestare volenti in
presencia personarum tunc ibidem existentium, ab habitante seu habitaturo in posterum, redatur super hoc ad plenum, nulla alia proba-
tione super hoc requisita et quòd tunc idem habitans seu habitaturus
possit et debeat, ac sibi liceat sibi retinere animal predictum ac etiam
ipsum animal exqudere à dicto arcubio, vigili, exqubio sive gayte et
etiam ab alio quocumque serviente seu non serviente dictum animal
capienti nomine dicti domini Tyherni seu ejus bajuli seu bajulorum
et etiam recussum seu recussam facere dicto arcubio vigili exqubio seu
gayte et alii cuicumque servienti seu non servienti de dicto animali
indempne et absque emenda, et quod pro exqucione recussa seu recossa,
et in hobedientia (sic) ob facto dictus habitans et habitaturus emendam
nullam solvere teneatur ipsi domino Tyherni, nec ejus bajulo seu
bajulis, et quòd etiam nullam emendam seu penam incurrat tam
ratione exequtionis quam recusse seu recosse et inobedienti, et quòd
etiam postquam dictum animal per dictas duas dietas sive duos dies
tantum et semel annis singulis traditum fuerit, quod amblius peti seu
exigi non possit nec debeat, et quod etiam pro recossâ seu recussâ et
inobedientia ob hec factis emenda peti, exigi debeat neque solvi nec
ad hec quoquomodolibet compelli nec parere super eo teneatur dictus
habitans seu habitaturus super hoc videlicet super animal tradendo
nisi dicto arcubio, vigili, exqubio sive gayte modo et forma predictis.

Item, voluerunt et concesserunt ac etiam donaverunt donatione purâ,
perpetuâ et irrevocabili factâ inter vivos pater et filius predicti insimul et quilibet eorum pro se dicte communitati et hominibus habitantibus et habitaturis in futurum in villâ et castro Tyherni predictis et
infra fines eorumdem, quòd dicti homines habitatores, habitantes et
habitaturi in perpetuum possint, debeant et sibi liceat absque emendâ
et pena, molere imperpetuum blada sua ad quecumque molendina
voluerint inhibitione quacumque facta per dictum dominum Tyherni
seu ejus gentes seu preconizatione super hoc facta seu etiam faciendâ
per preconem dicte ville seu castri non obstante, et si contra dictam
inhibitionem et preconizationem aliquod factum seu attentatum fuerit
emendâ nullatenus solvi teneatur nec ad solvendum compelli debeant
homines predicti ullo modo. Item voluerunt et concesserunt pater et
filius prædicti, et etiam donaverunt pater et filius insimul et quilibet
eorum pro se donatione purâ, perpetuâ et irrevocabili factâ inter vivos

pro se et suis heredibus et successoribus et ab eis et eorum quolibet causam habentibus et habituris quoquomodo communitati et hominibus habitantibus et habitaturis predictis in perpetuum, quod dicti homines habitantes et habitaturi in villâ et castro Tyherni predictis et infra fines eorumdem, quando dominus Tyherni qui nunc est et qui imposterum fuerit dominus dicti loci erit novus miles vel quando filiam suam naturalem et legitimam maritabit vel quando voluerit ad partes transmarinas causâ peregrinacionis transfretans, in quolibet dictorum casuum dabunt et dare tenebuntur domino Tyherni qui pro tempore fuerit ducentas et quinquaginta [1] libras usualis monete seu monete currentis tunc semel duntaxat et non alias nisi in dictis casibus et eorum quolibet quum dicti casus et eorum quilibet evenerint seu evenerit et quod etiam ad nullum aliud servicium seu donum seu etiam executionem [2] aliquam teneantur domino Tyherni qui nunc est et qui pro tempore fuerit habitantes et habitaturi predicti in villâ et castro Tyherni predictis, et infra fines eorumdem, et etiam ad nullum aliud donum faciendum, prestandum seu solvendum compelli possint nec debeant allo modo.

Item, voluerunt et concesserunt pater et filius predicti ac etiam donaverunt insimul et quilibet eorum, pro se, donatione purâ, perpetuâ et irrevocabili factâ inter vivos hominibus habitantibus et habitaturis et toti communitati predictis et eorum cuilibet et eorum heredibus et successoribus imperpetuum quòd ipsi pater et filius nec eorum et cujuslibet eorum heredes et qui pro tempore fuerint domini Tyherni non possint nec debeant nec sibi liceat recipere nec tenere in villâ et castro predictis nec infra fines eorumdem Judeos Lombardos Cahercinos in futurum usuram aliquam prohibitam exercentes perpetuò nec ad tempus, salvo tamen quòd dictus miles judeus debet ibi morari et inhabitare per quatuor annos ab hoc instante festo Nativitatis beati Johannis Baptiste computandos duntaxat et non ultra.

Item voluerunt et concesserunt pater et filius predicti et etiam donaverunt insimul et quilibet eorum pro se donatione purâ, perpetuâ, et irrevocabili, factâ inter vivos dictis hominibus habitantibus et habitaturis in villa et castro predictis et infra fines eorumdum imperpetuum quòd platea de pretorio sive d'al Peyro dicte ville Tyherni sit et remaneat quitta, libera et immunis ad aysimentum castri et ville predictorum et inibi habitancium nunc et in futurum sicut fuerat ab antiquo, et quòd si aliquando sit in dicta platea dicti pretorii seu in dicto pretorio de novo factum seu concessum et a decem annis citra per

[1] Quinquagesimas.
[2] Exactionem.

ipsos patrem et filium seu eorum aliquem, quòd illud peuitùs revocetur
et adnulletur et quòd illud dicti pater et filius debeant et teneantur
revocare et adnullare ad requisicionem dictorum habitantium dicte
ville seu dicti castri, seu partis illorum seu alius eorum nomine.

Item, voluerunt et concesserunt pater et filius predicti pro se et suis
heredibus et successoribus et ab eis seu altero eorum causam habentibus quoquomodo quòd dicti homines sui de Tyherno nunc et infu-
turum habitantes in villa et castro de Tyherno predictis possint et sibi
liceat quandocumque voluerint eligere de semet ipsis, non tamen de
nobilibus Tyherni, tres vel quatuor homines probos qui teneant et
custodiant presentes litteras, usus, consuetudines, usagia, franchezias,
ymmuniciones et libertates, predictos, predictas et predicta, ut si forte
dicti pater et filius seu alter eorum aut eorum et cujuslibet eorum
heredes et successores et ab eis et eorum quilibet causam habentes
venirent contrà premissa aut contra quicquàm de premissis, illi tres
aut quatuor homines aut unus vel plures eorum possint, debeant et
sibi liceat avoyare seu requirere super hoc dictos patrem et filium et
eorum quemlibet, et eorum cujuslibet eorum heredes, successores, et
ab eis causam seu eorum quoslibet causam habentes. Et si fortè ipsi
vel eorum successores seu causam habentes ab eis per se nollent
emendare deffectum quod fecissent in predictis, voluerunt et concesserunt pater et filius predicti se et successores suos et ab eis et
eorum quoslibet causam habentes sive sint filii aut filie, fratres
aut sorores, avunculi seu patrui, aut quoquomodo eisdem succedentes aut ab eis causam habentes, posse compelli à nobis vel ab
illo qui fuerit loco nostri per captionem et distractionem bonorum suorum ad observantiam predictorum, pro quibus omnibus universis et singulis confessionibus, recognitionibus, rattificacionibus,
approbacionibus et donationibus ac concessionibus de novo facto, confessi sunt et recognoverunt pater et filius predicti se habuisse et integre recepisse à dictis hominibus Tyherni et à dicta communitate dicte
ville et castri Tyherni presentes libras Turonensium in bonâ pecuniâ
numeratâ, et etiam ultrà dictas trescentas libras Turonensium amplius
habuisse ab hominibus et communitate predictis viginti libras Turonensium nomine joellorum super quibus etiam pecunie summis dicti
pater et filius dictos homines et habitores, et dictam communitatem
castri et ville Tyherni presentes et futuros quittaverunt et perpetuò
absolverunt. Et promiserunt pater et filius predicti insimul et quilibet
eorum pro se et suis heredibus, successoribus et ab eis et eorum quolibet
causam habentibus et habituris quoquomodo sub obligacione bonorum suorum, et juraverunt super sancta Dei evangelia se predicta
omnia universa et singula prout superius sunt expressa attendere et
tenere et contrà de cetero non venire et se non fecisse nec facturos

aliquid quominus predicta omnia universa et singula perpetuam opti-
neant firmitatem, et se in expensis suis propriis deffensuros et quilibet
eorum in solidum dictis hominibus habitantibus et habitaturis nostris
in futurum in villa et castro Tyherni predictis et infra fines eorumdem
in perpetum predictos, predictas et predicta usus, consuetudines, immuniciones, libertates, franchezias et usagia ab omni impetitore seu
calumpniam movente in judicio et extra et etiam à quibuscumque
personis predicta frangere, rumpere, diminuere seu adnullare volentibus seu etiam attentibus in toto vel in parte. Et renunciaverunt in
hoc facto dicti pater et filius cum adjectione prestiti juramenti exceptioni omnium premissorum non factorum nec promissorum et dictorum usuum, consuetudinum, libertatum, francheziarum, quittationum
et usagiorum non datorum nec concessorum, et exceptioni pecunie non
numerate nec habite, et spei future numerationis et donacionum et
concessionum immensarum et factarum sive causa et infirmatione et
dicte pecunie ex certa causa non habite et recepte, et omni actioni et
exceptioni doli, lesionis et erroris cujuslibet sive causa indebita et in
factorum et omni statuto et privilegio edito et edendo, indulto et in-
dulgendo a quocumque et per quemcumque, et omni juri scripto et
non scripto sibi et eorum cuilibet competenti et competituro, et omnibus exceptionibus, deffensionibus, auxiliis et beneficiis, racionibus et
variis juris et facti usus et consuetudinis, si eorum cuilibet competentibus et competituris et jus contra factum aut instrumentum hujusmodi
aut contra quicquam de premissis et subsequentibus possent aliquo
tempore obici seu proponi et juri cuicumque dicenti nondum compé-
tentibus renunciari non potest ac generalem renunciationem non
valere. Voluerunt etiam dicti pater et filius se et suos et successores
et ab eis causam habentes quoquomodo posse compelli à nobis vel ab
illo qui fuerit pro tempore loco nostri per captionem et distractionem
omnium bonorum suorum ad predicta omnia universa et singula prout
superius sunt expressa, donata et concessa, attendenda tenenda, et
observanda. In dictorum omnium et singulorum testimonium atque
robur ad preces et rogatum dictorum patris et filii dictum sigillum
presentibus litteris apposuimus, salvo jure dicti Regis et alieno. Actum
testibus hiis presentibus dominis Guillelmo d'Yssarpa et Johanne
Tassaendi, canonicis Tyherni, Eraudo Rocherii, et Bernardo de Grau-
leita domicellis, magistro Petro Bertrandi jurisperito, Guillelmo
Tassaendi et Bertrando Textoris clericis, Triplicata est, et datum die
martis ante festum ascensionis domini, anno ejusdem millesimo trecentesimo primo.

XV

Sentence arbitrale d'Eustache de Beaumarchais,

ENTRE L'ABBÉ ET LES CONSULS D'AURILLAC, DITE **Première Paix**[1].

(Juillet 1280)

In nomine Sanctæ et individuæ Trinitatis, Patris et Filii, et Spiritûs Sancti, amen. Anno incarnationis ejusdem Filii, Domini nostri Jesu-Christi, millesimo ducentesimo octuagesimo, mense julii, notum sit universis, tàm præsentibus quam futuris, quod cum dissentiones, quæstiones et discordiæ verterentur inter venerabilem, Patrem Dominum Guillelmum, Abbatem Monasterii de Aureliaco et Conventum ejusdem, ex unâ parte, nomine Monasterii Supradicti, et Consules villæ Aureliaci, pro se et universitate dictæ villæ, ex parte alterâ, super universis et variis articulis in compromisso super hoc facta contentis; tandèm post diversa litigia et contestationes, prædictæ, partes videlicet dominus Abbas, pro se, nomine Monasterii prædicti, et Frater Guillelmus de Claveriis, Monachus ejusdem Monasterii, Syndicus et Procurator, ad hoc specialiter constitutus à prædictis Monachis et Conventu, ex unâ parte.

Et Durandus Rollandi, Durandus de Ponte, Matheus Bruni, Petrus Delborne et Vitalis Fabry, Consules dictæ villæ, vice et nomine consulatûs, pro se et Communitate villæ prædictæ, ex alterâ, compromiserunt in nobilem virum Dominum Eustachium de Bello-Marchesio, Militem, Senescallum Tolosæ et Albiensem, prout in compromisso, hic infrà scripto, de verbo ad verbum pleniùs continetur, cujus tenor noscitur esse talis.

Nos, Eustachius de Bello-Marchesio, Miles, Senescallus Tolosanus et Albiensis, notum facimus universis, quod cum contentio sive controversia verterentur et diù fuissent inter religiosos viros Dominum Guillelmum, dei gratiâ abbatem, unâ parte, et Consules et Communitatem dictæ villæ super custodia murorum et fossatorum dictæ villæ, et........ eorumdem murorum, et fossatorum et platearum communium et vacuarum, et jure seu modo præconisandi in dictâ villâ; item super custodia portarum et clavium dictæ villæ, quam dicebant se habere debere, dicti Consules, cum armis vel sine irrequisito domino Abbate; item super dominio jurisdictione dictæ villæ, quam dicebant idem Abbas et Conventus ad se, nomine dictæ Communitatis et villæ; item

*super juramento quod recipiunt dicti Consules post vocationem suam ab
hominibus dictæ villæ; item super inquestis faciendis in dictâ villâ per curiam
domini Abbatis, quibus dicti consules dicebant se habere interesse, sub diversis
modis; item super gachiis, et excuirgachis faciendis, tàm in muris quàm in
villâ Auriliaci; item super frangendo pane in dictâ villâ, cum fuerit inventus
indebiti ponderis; item super pœna sanguinum; item et super sacramento
præstendo per Abbatem et Communitatem dictæ villæ ad invicem; item super
censu in domibus Auriliaci vendendis, quæ domus tenentur ad vendas; item
super sigillo Communitatis dictæ villæ, quas scilicet litteras debeant sigillare;
item super custodia draperiæ, et punitione delinquentium in eâdem draperiâ;
item super tallia et leva quælibet a Consulibus fiat liberè in dictâ villâ, et super
aliis quibuscumque quæstionibus sive demandis quæ inter prædictos erant vel esse
poterant, usque in hodiernam diem, occasione præmissorum, vel aliis quibuscumque occasionibus, sive causis, tandèm post multas alterationes, prædictæ
partes, scilicet dominus Abbas pro se et nomine Monasterii prædicti; et Frater
Guillelmus de Claveriis, Monachus, dicti Monasterii Syndicus, seu procurator, ad hoc specialiter constitutus, à dicto Conventu seu majore parte
ipsius, pro dictis Monachis et Conventu, ex una parte; et dicti Durandus
Rolandi et Durandus de Ponte, Matheus Bruni, Petrus Delborne, Vitalus
Fabry, vice et nomine consulatûs villæ prædictæ, pro se et Communitate dictæ
villæ, ex alterâ parte; spontè, scienter et providè compromiserunt in nos dictum Eustachium de Bello-Marchesio, Militem, tanquàm arbitrum, arbitratorem seu amicabilem compositorem, vel pro voluntate dictatorem juramento,
à dictis compromittentibus solemniter ad invicem stipulata, et promissa stare
altè et bassè super præmissis omnibus, et eorum quolibet dicta arbitrio nostro,
seu meræ voluntati, et quod possimus super iis procedere et arbitrari simpliciter, et de plano, et sive libelli oblatione cognito de causæ meritis, vel non
juris ordine observato vel penitùs prætermisso in scriptis, vel sine scriptis per
nos vel alium, nobis tamen præsentibus, et quod arbitri viâ electâ possemus
nihilominùs redire ad viam arbitratoris seu amicabilis compositoris seu pro
voluntate dictatoris et è contrà. Fuit etiam actum inter dictos compromittentes
quod pœna promissa ab alterutrâ dictarum partium quotiens contradictum
nostrum lodum, pronunciationem seu etiam voluntatem venirent, sit exacta
et dictum nostrum lodum pronunciatio seu voluntas nostra vel alterius de
mandato nostro pronunciantis, nobis tamen præsentibus, remaneant in suâ perpetuâ firmitate, renunciantes dicti compromittentes prò se et dictis partibus
superdictis promissis, juri prohibenti compromitti, cum religione juramenti,
et beneficio restitutionis in integrum, et omni juri canonico, et civili, et
omni usagio, sive consuetudini, et omnibus exceptionibus et defensionibus per quæ vel eorum aliquod possent è contrà præmissa, in toto, vel in
parte venire, in quorum fidem testimonium et majorem in perpetuum firmitatem, nos dictus Abbas et Conventus, pro nobis et dicto Monasterio sigilla
nostra; et nos dicti Consules, pro nobis et dictâ Communitate Auriliacensi,*

sigillum dictæ Communitatis præsenti scripturæ duximus apponendum. Actum et datum apud Auriliacum, quinto idus Aprilis, anno Domini millesimo ducentesimo octuagesimo.

Nos autem dictus Eustachius de Bello-Marchesio, arbiter vel arbitrator, seu amicabilis compositor, seu pro voluntate dictator communiter electus à partibus supradictis, auditis quæstionibus et demandis, et rationibus et defensionibus quæ prædictæ partes simpliciter, et de plano coràm nobis exponere voluerunt, partibus in nostrâ præsentiâ constitutis: videlicet domino Abbate pro se et Fratre Petro Gofredi, Monacho. Syndico præfati Monasterii à dicto Conventu noviter, principaliter et solemniter constituto, ad prædicta nomine Monasterii et Conventûs, et subrogato in locum Fratris Guillelmi de Claveriis, præfati absentis, et in remotis agentis, et eodem Fratre Guillelmo penitùs, ab eisdem quantum juris et revocato ; et Durando Rollandi, Durando de Ponte, Matheo Bruni, Petro Delborne, Vitali Fabri, Consulibus dictæ villæ, nomine consulatûs et totius Communitatis ejusdem villæ, vocatis et comparentibus, et eisdem decisionem nostram sibi reddi instantibus die præsenti ad specialiter assignatâ, pro bono pacis et concordiæ, et ne de cœtero super dictis articulis. Seu demandis vel quæstionibus interdictas partes possit esse, vel oriri materia quæstionis peritorum plurium consilio requisito, et. . . . . dictarum partium voluntate; consideratis iis omnibus quæ secundum Deum et tranquillum statum Monasterii et villæ prædictorum nos movere poterant et debebant; dictam nostram voluntatem et ordinationem protulimus in hunc modum.

I. A la honor de Dieu lo Payre omnipoten, e del Filh, e del S. Esperit, et de nostra dona Virgis sancta Maria, e de mosenhor S. G., cofessor, et de tota la cort celestial per patz aver e tener, e per honor, e per tranquillitat, et per aoras, et per tos temps e la villa da Orlhac, nos Estacha de ben Merchiet, cavalier de nostre senhor lo Rey de Fransa, coma arbytrayre arbitrador, amicable composidor e dictador de la dicha patz, establit per mosenhor labat, e pel coven, e pels conreyers del mostier da Orlhac, et per lor sindix e procuradors dels avandihs e del mostier, e pels cossols et pel cosselh e per communaltat universitat dels

I. Ad honorem omnipotentis Dei, Patris et Filii, et Spiritus Sancti, et Beatæ Mariæ Virginis, et Beati Geraldi, Confessoris, et totius cœlestis Curiæ ad pacem, honorem, tranquillitatem, in villâ Auriliaci, perpetuò habendam et tenendam, dicimus et arbitrando pronunciamus, quod cum aliquis casus acciderit, in villâ Auriliaci, in quo de jure scripto, vel consuetudine generali, vel speciali, inquiri debeat dominus Abbas, vel ejus curia, vocabunt Consules dictæ villæ, vel majorem partem ut veniant et intersint tali inquisitioni quæ debet fieri, nam in vocatione, factum in genere specificabitur. Consules autem, hoc est duo vel tres eorum, mittentur ab aliis qui inte-

homes de la dicha villa, dizem e en arbitram pronunciam, que quant alcus cas ses devenra e la dicha vila da Orlhac, del qual per dreh, eschrih o per costuma general o per especial hom deia enquerre, mosenher labas o sa cortz apelarau los cossols de la dicha vila, tots o la maior partida que ilh venho o que sio ad aital enquesta que hom deu far. Quar quant hom los apelara hom lor deura lo fah de que hom volra enquerre especifiar, e dire quals es. Et a donc li cossol trametrau la 2 ou 3 dels cossols, et aquilh serau si veno a tot lo proces de cascuna enquesta, e especialmen al examinamen de las garentias, e quant la sentencia si gitara, e serau en aisso coma pro home per ostar tota suspicio e per donar cosselh et aiutori, e non ges coma partitier dalcuna juridictio.

Eia si aisso quelh cossol hi deio esser, eia deio esser requis, ges per aisso, quant i serau, mosenher labas o sa cortz si no is vol, non creira lo lor cosselh e la sentensa o en altre loc de l'enquesta. Mas quant ses devenra que el o sa cortz no volra estar al cosselh dels cossols o accordar ab els, maiormen e la sentensa queis deura gitar de l'enquesta, adonc per mosenhor labat o per sa cort sobre la enquesta queis fara sia facha drechura segon las confessios las quals aquilh contra cui hom enquerra aurau fachas per lor voluntat, o segon los dihs e las deposicios de las garentias que

rerunt, si venerunt toti processui inquisitionis cujuslibet, et principaliter testium examinatorum, et sententiæ proferendæ, ut suspicionem tollentes, et probi viri consilium, et auxilium impensuri, non ut jurisdictionis alicujus participes, seu portionarii existant.

Et licet interesse atque requiri debeant cum venerint, non tamen acquiescet dominus Abbas vel ejus curia, dictæ sententiæ, vel aliter eorumdem consilio, nisi velit ; sed cum stare noluerit eorum consilio, vel concordare cum eis, maximè in sententiâ proferendâ per dominum Abbatem seu ejus curiam, super inquisitione quæ fiet juxtà confessiones voluntarias eorum, contra quos inquiritur, vel depositiones testium, in dictâ inquisitione receptorum justitia tribuatur, ex processibus autem vel sententiis, vel condemnationibus quæ fient ex eis.

hom aura reseubudas de la dicha enquesta.

Et ih dih cossol contra la voluntat de mosenhor labat o de sa cort non aurau alcun profieh dels proces de las dichas enquestas, ni de las condampnacios Et si ses devenia que alcuna vetz, una vetz, o manhtas vetz, naguesso alcuna causa per gracia, aisso non pouran traire a negun dreh, ni a neguna costuma, ni a neguna esseguensa.

Et quant li cossol serau una vetz apelah, segon que es desus dih, daqui en avan per lo proces da quela enquesta non serau plus apelah, si non era aquel dias assignats ab la sabensa dels cossols anar avan a lenquesta, mosenher labat pueissas, o sa cortz agues mudat per alcuna causa, o si non era que lhi cossol lo iorn assignat per alcuna causa vertadieira no saubesso. E si ses devenia per alcun cossol que seriou eviah pels altres a lenquesta, o toh ero esospieh per alcuna causa razonabla, el luoc daquel o da quels que seriou esospiech, li cossol lor companho ni metrau altre o altres.

Empero li cosssol que serau a lenquesta o a las enquestas jurarau a la cort de monsenhor labat, que a negun home no revelarau per neguna via, ni per neguna maniera, neguna causa que e lenquesta ilh veiran ni auziran. E que ilh fielmen essenharau et acosselharau tot quant ilh veirau ni creirau que si fossa a cosselhar.

Et aisso meteis jurarau aquilh de la cort que farau lenquesta per

Dicti Consules, emolumentum aliquod contrà voluntatem dicti domini Abbatis, vel ejus curiæ non habebunt, et si aliquod semel vel pluriès ex gratiâ reportaverint, hoc ad jus aliquod consuetudinem, vel consequentiam non trahetur.

Verum semel vocati Consules, ut est dictum, ulteriùs pro processu illo minimè vocabuntur, nisi diem assignatam circà prædicta vel corum.... dominus Abbas pro eâ mutaverit, vel ejus curia, ex causâ aliquâ, vel causa subsit alia, ex quâ præfati Consules diem ignorent vel nesciverint verisimiliter assignatam. Et si contigerit quod aliqui Consules eorum qui mittentur ab aliis ad prædicta, vel omnes suspecti fuerint, ex causâ aliquâ rationabili, loco sit suspecti vel suspectorum subrogabitur alius, vel alii a Consulibus suis.

Consules verò qui intererunt prædictis, jurabunt curiæ prædictæ domini Abbatis, quod nemini revelabunt per viam aliquam sivè modum, illa quæ in prædictis et circà ca viderint vel audierint, et quod fideliter dicent et consulent quidquid viderint, crediderint consulendum.

Hoc idem etiam jurabunt curiales qui inquisitionem faciunt, si

mosenhor labat o per sa cort, cilh so noelamen mes a enquerre. Quar aisso non jurara pas mosenher labas ni ih altre que per razo del offici que ilh teno au fath sagramen general a monsenhor labat.

E es a saber quelh cossol poirau eviar a una meteissa enquesta divers cossols lhu les altres a la primadia, 2 o 3 o plus altre, altres si necessitat es, o alcuna causa razonabla o als cossols es a veire que si fossa a far.

E si li dih cossol apelah o amonestah, enaissi coma es dih desobres, a lenquesta no volian venir, e que aisso fos cert per 2 mesatges covenhables jurats de mosenhor labat, als quals hom creira sobre aisso, mosenhor labat e sa cortz anarau avan e lenquesta e intrarau en aissi coma es desus dih.

Empero si li dih cossol si tot si son auh defalhen e contumac una vetz serau reseubuth cors que venho el estamen enque trobarau lenquesta.

II. — LARTICLE DEL PES DEL PA E MERCAT COMU [1].

Item dizem mai e aordenam que quant sera aveiaire al veguier o als cossols de la dicha vila, quel pas que hom ven comunamen non es fath razonablamen, segon lo mercat comu del blat, li cossol sen ano al veguier, ol veguiers als cossols, et aisso fasso saber entre lor et en aissi lo veguiers presens les

à prædicto domino Abbate, vel ejus curia noviter dicti sint ad inquirendum, non enim jurabunt hoc dominus Abbas vel alii qui ratione sibi commissi officii generale præstiterunt juramentum universi etiàm ad prædicta mitti poterunt, si necessitas suadeat vel causa aliqua rationabilis, id exponat, vel Consulibus videatur.

Si verò dicti consules seu moniti veniêre noluerint, ut est dictum, et de hoc constiterit per duos nuntios idoneos, juratos domini Abbatis quibus creditur super eo, dominus Abbas vel ejus curia procedent in hujus modi inquisitionem, et judicabunt, ut dictum est.

Dicti tamen Consules, et si semel contumaces inventi fuerint quandocumque venerint in statu, in quo negocium invenient, admittentur.

II. Item dicimus, volumus et ordinamus quod cum videbitur Viguerio vel Consulibus dictæ villæ, panem ad vendendum publicè expositum, vel ejus denariatos non proportionari foro pretii bladi, quo communè venditur, et sic non alias Viguerius, præsentibus Consulibus, panem accipiens, ubi sibi videbitur foro bladi

[1] L'article du poids du pain et marché commun.

cossols e non en altra guiza, lo pa prenga aqui on li sera aveiaire que non es razonables ni conve-nhables al mercat del blat, e franga aitan coma lor sera aveiaire als cosssols et al veguier be e leial-men ses negun barat, et enaissi lo pa fres, lo veguiers e ih cossol lo dono per amor de Dieu als ma-laudis o als ospitals dels paures de la dicha vila, en tal manieira que negun altre profieh non re-cepcho nilh cossols nil veguiers.

E quant aisso si fara a far, lo veguiers elh cossol establirou 2 proshomes que pezarau lo pa que sera aveiaire queis fossa a franger, als pes que lor semblara que sia leyals segon lo mercat comu del blat. Empero si lo veguiers volia defalhir de far a questas causas li cossol aurau recors a mosenhor labat que fara far las causas davan dichas segon que es aordenat.

III. — LARTICLE DE LA DRAPARIA
DA ORLHAC [1].

Item volem mai dizem et arbi-tram e pronunciam que quant noels draps fahz a Orlhac sera tro-batz defalhens en pes, e lonc o e lat, les quals hom deuria gardar els draps segon que sera acostu-mat o establit, la meitat de la pena que daisso es acostumada a penre a Orlhac, o que noelamen si metria per mosenhor labat e per los cossols, mosenher labat penra la meitat, elh cossol penrau lautra meitat per so que ilh si prengo gardaj diligemmen quelh drap si

vel pretii esse improportionabilem, illum franget sicut ubi et quantum eis videbitur sine fraude et leprosie, vel hospitalibus pauperum dictæ villæ sic fractum Viguerius et Consules in eleemosinam largiantur, ex iis vel propter hoc nullum aliud commodum ullatenùs habituri.

Constituantur autem duo probi viri à Viguerio et Consulibus cum hoc habebunt fieri, qui fragendum pa-nem ad pondus quod sibi equum juxtà forum quo bladum publicè et communiter venditur, pondera-bunt. Si autem Viguerius in præ-dictis et juxtà ea vellet deferere ad prædictum dominum Abbatem, re-cursus habeatur qui prædicta fieri faciat juxtà superiùs ordinata.

III. Item dicimus, volumus et or-dinamus, et arbitrando pronuncia-mus, quod cum novus pannus factus apud Auriliacum invenietur defi-ciens in pondere longè lato, quem eis observare debebunt medietatem pœnæ ex iis recipi consuetè, vel no-viter per dominum Abbatem et Con-sulibus imponendæ, dominus Abbas recipiet medietatem dictæ pœnæ. Con-sules verò, ut juxtà hoc curam habeant diligentem quod ud commune commodum legitimi panni fiant, recipiant aliam medietatem : verùm

---

[1] L'article de la draperie d'Aurillac.

fasso leyalmen al comunal profieh. Mas si als cossols el temps que es avenir era aveiaire, o lor plazia quelh drap queis faran e la dicha vila da Orlhac non aguesso certa pes, o certa lonc, o certa lat, e que per defalha non leves hor neguna pena, la pena no remanria de totas res per las causas davan dichas.

Ma si falsedatz era trobada en a quo de que hom fa los draps soes a saber si pels de bestias, del qual hom no fa draps, ero pauzats els draps per lana, aital efalsedat mosenher labas per se puniria, coma senher, segon que deura. Empero los pes dels draps tenra e pezara los draps alcus proshom que sera establitz per mosenhor labat et pels cossols.

IV. — L'ARTICLE DEL SANC[1].

Item dizem mai en arbitran e pronunciam que si ela vila da Orlhac alcus hom ses armas maliciosamen fer altre troi a efusio de sanc, so es a saber coma am onglas, ab ma, ab ponh, o ab pe, o daltra guiza per aisso mosenher labas ni negus altre non levairira pena, ni esmenda neguna, si non era que aquel que seria feritz sen plaisses a monsenhor labat o a sa cort per manier et per enteneio de comensar plah ab aquel que lauria trah sanc.

Mas si alcus enjuriozamen e maliciozamen feria altre ab armas troi a esparzemen de sanc, coma am basto, o ab fust, o ab peira; o

si Consulibus in futurum videatur vel placuerit quod panni qui fient in villâ non habeant certum pondus vel alias longum et latum, vel quod pro defectu pœna aliqua non levetur, cessabit totaliter pœnœ prestatio pro prœdictis.

Sed si falsitas inveniatur in pannorum materiâ, ut puta si pili animalium, ex quibus panni non fiunt in pannis fuerint pro lanâ positi, falsitatem hujusmodi dominus Abbas, pro se sicut Dominus puniet, ut decebit. Pondus autem pannorum tenebit, et ponderabit pannos aliquid probus homo, qui à domino Abbate et dictis Consulibus committetur.

IV. Item dicimus, volumus et ordinamus, et arbitrando pronunciamus, quod si in dictâ villâ sanguis alicujus, ab aliquo effusus fuit sine armis, ut puta cum unguibus, manu, pugno, pede vel alias, pœnam nullam vel emendam pro iis dominus Abbas, vel alius usquàm recipiat, nisi passus injuriam dominio ipsius Abbatis per modum incohandi litigii. . . . .

Si sanguis verò alicujus, injuriosè cum armis ut puta ligno, fusto, lapidibus, vel armis aliis effundatus, dominium ipsius Abbatis

[1] L'article du sang.

ab altras armas, la senhoria en
levaria ab clam o ses clam lesmenda
que es acostumada en qual que
manieira sia proat. E daisso es
deceptat mortz si ses devenia per
razo daquel colp e per demes de
membres els cas hom gardaria a
quo que seria de drechura o de
costuma.

V. E dizem mai que si levs cas-
tiamens e molher, o en effans, o
en mainada de maijo era fath per
alcu ab peira, o ab basto, e per
a quo sancz nissia, mosenher labas
per aquo non levaria in recebria
neguna pena ni neguna esmenda.

VI. — LARTICLE DEL COSSOLAT.[1]

Item commandam mai e dizem
et en arbitram pronunciam, que la
comunaltatz de la vila da Orlhac
aio cossolat per aoras e per tos
temps, e franquamen, e cossols, e
quelh cossol aio cosselhs, e arca comuna, e tot aisso aio per nom de la
comunaltat, e sagel comu, et armas
comunas; e quelh avandih cossol
recepcho sagramen dels homes de
la comunaltat, e que la comuna de
la dicha vila, elh cossol, pel nom
de la dicha comuna, aio altres
drechs et franquesas e libertatz
que comuna cove que aia, e aquo
que es ancianaman gardat.

VII. — LARTICLE DEL SAGEL DELS
COSSOLS [2].

Item dizem mai e pronunciam
quelh cossol davandih puesco e deio,
ab lo sagel davandih comu de la

*cum clamore vel sine clamore, qua-
litercumque de prædictis extiterit,
emendam recipiet consuetam. Et si
aliis mors secuta est ex prædictis, et
membri mutilatio sicut exclusa quibus
casibus judicabitur, quod justum
fuerit vel alias consuetum.*

*V. Item dicimus et pronunciamus
quod si levis castigatio facta fuerit in
uxorem, liberos et familiam domûs
cum lapide vel baculo, et sanguis
inde effundatur, nullam pœnam seu
emendam inde dominus Abbas recipiet vel levabit.*

*VI. Item dicimus, præcipimus et
arbitrando pronunciamus quod Communitas dictæ villæ Aureliaci habeat
perpetuo et libere consulatum et Consules, qui Consules habeant consiliarios et arcam communem sigillum
et arma communia, nomine Communitatis, et quod prædicti Consules
ab hominibus dictæ Communitatis
recipiant sacramentum et alia jura
franquesias et libertates habeant quas
Communitatem habere decet, ut est
antiquitùs observatum.*

*VII. Item dicimus et pronuncia-
mus quod Consules prædicti, cum
communi sigillo dictæ villæ possint*

[1] L'article du consulat.
[2] L'article du sceau des consuls.

dicha vila, sagelar totas causas
personals que venho a els que toco
a causa o a persona, siou domes
de la vila o de fors; emai vendicios
e gatgieyras de causas no movablas e totas causas reials altras de
totas res que siou pauzadas dedins
las crotz o dedins los oradors da
Orlhac, siou de la senhoria de mosenhor labat, o del mostier, o de sa
senciva, e brevmen tota causa reial
o personal o altra que venha a els
dedins o deforas exceptat aisso
queis essec.

Empero las vendicios o altras
causas de las causas que so foras
de las crotz o dels oradors de la
vila da Orlhac que so dels fievs o
dels reire fievs, o de la senhoria,
o de la senciva de mosenhor labat,
o del mostier, o de sos prioratz, no
poirau ni devrau sagelar.

Empero totas las letras que so
sageladas ab lo dih sagel troi al
iorn duey quas que elas siau, o
daquel condicio que elas siau, e
sobre quals que causas siou fachas,
e sobre quals que contrax, o sobre
que que sia, aio plenieyria fermetat per aoras e per tos temps.

VIII. Es a saber que lescrivas
del cossolat jurara als cossols
quant li cossol lo crearau et farau
escriva de la vila, quel pretz de las
causas en que la senhoria a vendas
de las quals li cossol sagellarau las
vendicios ab lo sagel de la dicha
comuna, signifiara dins 1 mes del
temps de la venda a mosenhor
labat o als altres senhors a cui
saperteno la vendas.

*et valeant sigillare quocumque, per-
sonalia ad eos recurrentium, in rem
scripta vel non, et etiam venditiones
et hypothequas et alia realia rerum,
infrà cruces villæ vel oratoria juxtà
dictam villam de Aureliaco consti-
tutarum, etiam si sint de dominio
domini Abbatis ipsius Monasterii,
vel censivâ.*

*Venditiones autem vel alia rerum
extrà cruces villæ vel oratoria consti-
tutarum pheudis retropheudis, dominio vel censivâ domini Abbatis, vel
ejus Monasterii, vel prioratuum minimè sigillabunt.*

*Litteris omnibus sigillatis hactenùs
cum prædicto sigillo quocumque sint,
et cujuscumque conditionis existant
et super quibuscumque rebus, et
contractibus vel aliis confectis robur
perpetuum habentibus in futurum.*

*VIII. Jurabit autem scriptor con-
sulatûs in suâ creatione, Consulibus
dictæ villæ, quod pretium rerum
immobilium vendendarum quas Consules sigillabunt cum sigillo dictæ
Communitatis, significabit ex nunc
domino Abbati, vel ejus officiariis
habentibus ibi vendas è venditionis
tempore infrà mensem.*

IX. — LARTICLE DELS MURS E DELS VALATZ E DELS PORTALS E DE LAS CLAVS DELS PORTALS DA ORLHAC[1].

Item volem mai e dizem et aordenam e establem en arbitran quelh dih cossol les murs de la dicha vila ab tot lor apparelhamen, els valatz que so fors dels murs, fasso e refasso e curo e nedeio e gardo : e las portas de la dicha vila fasso e gardo per lor o per altres enaissi coma a estat acostumat troi al iorn duey ses preiudici tota via de mosenhor labat e de sa mainada, e que ilh aio franc intrar e franc issir e la vila.

Emai li cossol mandarau els murs e els portals gachas a gardar la vila, e aisso farau far pels homes de la dicha vila. E si alcu lor ero deshobedienh quant ad aisso e rebelle, li cossol lor poirau metre pena e levar atrempadamen, tota via la qual pena li cossol metrau el profich de la vila.

Et atressi li dih cossol farau gardar los valatz et ilh penrau coma a quo lor les fatz e las lenhas e las altras causas que serau els murs mai els valats, mai e las portas totas horas que lor plazera.

Ses a saber quelh cossol penrau e levarau pena certa o no certa a lor voluntat de tot aquels que esvairan la garda dels murs, mai dels valats, mai de las causas davandichas, si non era que ses devengues que hom fezes en aquelas causas murtra, o gran forfah que requeris pena de cors.

IX. Item volumus, dicimus et ordinamus, et statuimus arbitrando, quod prædicti Consules, muros dictæ villæ cum ornatu eorum et fossata quæ sunt extrà muros faciant, reficiant, mundent et custodiant, et portas dictæ villæ et earum claves similiter faciant et custodiant per se vel per alium, sicut hactenus usi sunt sine præjudicio tamen domini Abbatis et ipsius familiæ et eorum ingressu liberè ad villam et egressu.

Vigiles etiam ad custodiam villæ in muris et portalibus mandent Consules, et quod fieri faciant. Si verò aliqui in præmissis inventi fuerint contumaces et eis insuper hoc non parentes à Consulibus mulctari poterunt moderatè, quæ mulctes in utilitatem villæ à prædictis Consulibus convertentur.

Et fossata similiter dicti Consules faciant custodiri, et ipsi fustes, ligna et alia quæ in muris, fossatis et portis erunt, recipient sicut sua, quandò eis expediens videbitur.

Ab invadentibus dictam custodiam rerum Consulibus concessarum, ut suprà dictum est, Consules pænam recipient, sive mulctam, dùm tamen in eis murtrum vel delicta atrocia, committi vel fieri non contingat, vel alia quæ pænam exigant corporalem.

---

[1] L'article des murs, des fossés, des portes et des clefs des portes d'Aurillac.

X. Et si ses devenia quel cossol volguesso arestanguacios daigas et ab mossos els valats far pesquiers e metre peissos, aisso poirau far franquamen; quar totas las causas avandichas lor sou autreiadas per beltat de la vila e per los trebals, e per las messios que ilh farau et au fah e las causas avandichas.

E si ses devenia que els murs, o els portals, o els valats, las gachas entre lor, o ab altres, o ab altre, qui que siou faziou omicidi, o daltre guizia faziou excessat da quo que es desus dih, la cortz de mosenhor labat conoissera, e punira e esmenda levara si levar si fa per a quo.

Ses a saber quelh mur elh valatz elh mosso estevo et devo estar e lestamen en que so aoras e per tos temps ses neguna noeletat far en els, exceptat los cas sobredih; quar nos no volem ges que hom los coverta en altres us, mas en aquels tan solamen als quals ilh sou et au estat truey al iorn duey deputah, sal las altras causas sobre dichas. Empero les murs e la clausura elh valats dels quals es claus lo mostiers de mosenhor S. G., e las officinas de mosenhor labat e del coven viro lo mostier entendem esser exceptats de las causas sobre dichas, en aitan quan toca la comuna, els cossols e la dica vila, quar aquilh si governarau per aoras e per tos temps per mosenhor labat e per sos successors e per nom del mostier.

X. *Et si cum restagnatione aquarum ad mossos in fossatis velint pisces inducere, licebit eis hoc facere liberè, et ad decorem ejusdem villæ sibi conceduntur quæ dicta sunt, et pro laboribus et expensis ab eisdem in prædictis suis temporibus impendendis.*

Et si in muris, portalibus vel fossatis vigiles inter se cum aliis vel alii quicumque homicidium faciendo, vel aliter committendo, excesserunt, vel aliud commiserunt, à prædictis curia domini Abbatis cognoscet, puniet, et emendam levabit, si levanda sit.

De prædictis muris, fossatis, et mossis in suo statu in quo nunc sunt, perpetuò permansuris, sive novitate quácumque in eisdem facienda, exceptis casibus suprà scriptis, nolumus enim prædicta converti ad usus alios, sed ad illos, tantum ad quos sicut et fuerunt, hactenùs deputata salvis aliis supradictis; à supradictis verò omnibus et singulis, in quantum Communitatem tangunt, et Consules dictæ villæ, muros sive clausuram et fossata quibus Monasterium beati-Geraldi et officii domini Abbatis et Conventûs ejusdem juxtà Monasterium duximus clodendum domino Abbati et suis successoribus, nomine Monasterii, perpetuò gubernanda.

XI. — LARTICLE DE LES QUIRGAH[1].

Item apres aisso nos volem que si ses devenia dedins la vila da Orlhac per los maleficis queis fau alcuna vetz de nuehz o per altra drechurieira causa hom vezia que gardas e esquirgachas fosso necessarias e profechablas a la dicha vila, lhi cossol e devo signifiar a mosenhor labat, e mosenher labas deu lor bailar 2 ou 3 de sos sirvens, e volra que la vila sia gardada per los cossols, o per lor sirvens o per los homes de la dicha vila, ab los sirvens avandihs de mosenhor labat. E si mosenher labas no volia que la vila si gardes e la manieira desus dicha, li cossol la farau gardar franquamen.

E si li cossol no la volian gardar en aissi coma es desus dih, mosenher labas la fara gardar si el si vol. E si en gardan la vila negus hom colpables era trobats de nuehz, o altra causa que aia mestier de correctio, o per que neguna pena, o neguna esmenda si deia levar, totas aquestas causas, e tota conoissensa de las e tota juridictios, e tota esmenda sapertenra a mosenhor labat entieiramen. Quar nos no volem pas ni entendem que per aquesta garda neguna juridictios ni neguna conoissensa sia autreiada als dihs cossols.

XII. — LARTICLE DEL TALH[2].

Item volem mai e en arbitran pronunciam quelh cossol de la dicha vila da Orlhac que aora so

XI. *Prætereà, si infrà villam de nocte propter maleficia quæ aliquotiès occurunt et accidant, vel alium justum casum, custodes et guirgachii, sivè vigiles utiles vel necessarii videantur, dominus Abbas, Consulibus id ei significantibus, dato id eisdem ad hoc duobus vel tribus de suis servientibus acquiescet villæ custodiæ per Consules vel eorum servientes, cum prædictis domini Abbatis servientibus faciendæ. Et si dominus Abbas nollet acquiescere villæ custodiæ, ut est dictum, Consules villam faciant liberè custodiri.*

Et si Consules nollent similiter acquiescere villæ custodiæ, ut dictum est, dominus Abbas possit hoc facere, si velit, et si in custodiendà villà, quisquam culpabilis de nocte repertus fuerit, vel aliquid quod correctione indigeat, vel ex quo mulcta levari debeat, hæc omnia et omnis cognitio prædictorum, et jurisdictio et emenda ad dominum Abbatem integrè pertinebunt. Nolumus enim nec interdicimus quod propter hujusmodi custodiam eisdem Consulibus aliqua cognitio sit, vel jurisdictio attributa.

XII. *Item dicimus et arbitrando pronunciamus, quod Consules dictæ villæ Auriliaco qui nunc sunt et pro*

[1] L'article du guet à cheval.
[2] L'article de la taille.

ni que serau daissi en avan puesco e deio franquamen far comunas talhas e levar per lor, e que lor sia legat destrenger de lor propria actoritat a pagar las dichas talhas ad a quels que pagar no las volran. Ni no volem que mosenher labas ni sa cortz avia negun home complangen de la talh que sera facha sobre lui pels cossols e per lor cosselhs juratz, ni de la desmaissia o del gratiamen quelh cossol li farau per la dicha talh levar.

Ni li dih cossol de las talhas que farau en aissi coma es dih desus non auran rendre razo ni comte a negun home, mas an tres et al cossol de la dicha villa especialmen establit ad aisso.

Empero da questa comuna talha serau exceptah lo bailes de mosenhor labat de la dicha vila, e sos cuox, e sos mesatges, e sos trotiers que va a pe, el cuox del camarier, el cuox del celarier, el cuox del efermier, el cuox del ostalier, el cuox del almornier, en aissi que ilh fasso per lor lo dih offici, e mai les donatz al servi dels paures de lespital de S. G. que es pauzatz davan lo mostier. So es a saber truey a tres per nombre li quals siervo a qui continuadamen cestan e que au reseubut labit del dih espital, e ses neguna bausia lor e lor causas hau donat a Dieu e al dih espital, e da quest volem que sien quiti.

XIII. — LARTICLE DE LAS ORIDAS[1].

Item dizem mai e pronunciam

tempore fuerint. Possint et debeant liberè communes tallias facere et per se levare, et quod authoritate propriâ sit eis licitum ad solvendas dictas tallias, compellere recusantes; nec contrà impositam talliam factam per Consules et juratos consiliarios vel compulsionem factam pro dictâ tallid levandâ, per consules supradictos, dictus Abbas vel ejus curia quemquam audiant super hoc quœrelantem.

Neque dicti consules de talliis quœ fient, ut dictum est, ab eisdem, nisi inter se et dictœ villœ consilio ad hoc specialiter deputato, habeant reddere rationem.

Supradicta verò communi tallia bajulum domini Abbatis dictœ villœ et coquum et ejus messagerium seu viterinum qui pedes vadit, et coquum camerarii, et coquum cellerarii, et coquum infirmarii, et coquum hostelarii, dùm tamen dictum officium per se exerceant, necnon et coquum elemosinarii, donatos etiam se servitio pauperum hospitalis beati Geraldi, quod est ante Monasterium, qui tamen ibidem continuò servient et permanserint scilice usque ad tres...... et qui se et sua sine fraude, assumpto habitu hospitalis Deo, et prœdicto hospitali dedicaverint ad dandam et contribuendam dicimus non teneri, et eosdem immunes esse volumus super hoc et consules.

XIII. Item dicimus et pronuncia-

---

[1] L'article des criées.

que las cridas queis farau e la dicha vila da Orlhac per parlamen far, o pels cosselhs del cossolat avistar, o per armas apparelhar, o per gachas, o per esquirgachas e la dicha vila far, o per murs, o per valats far o per refar, o per recurar, o per aparelhar, volem queis fasso ses nonmar ni ses avitar alcu propri nom de dignitat o doffici, segon que es e la dicha vila gardat o auzat truey al iorn duey. E en totas las altras cridas quals que sian, queis farau e la dicha vila, cride hom e la dicha vila, de part labat, els cossols, lor noms e lors dignitat expressats.

XIV. — LARTICLE DE LA RECONOIS-SENSA DEL COSSOLAT E PER QUE SENCORRIA ET DEL AVOCAMEN E DAVAN CUI SI PLAIZARIA [1].

Item volem mai e pronunciam et en arbitran establem quelh cossol de la dicha vila da Orlhac, e lor successor que serau cossol per temps de la dicha vila da Orlhac, reconosco simplamen lor tener e tener dever de mosenhor S. G. e de mosenhor labat, e del mostier, da Orlhac e de lor successors fran-quamen e empats los murs, els valats, el cossolat de la dicha vila e tots los drehs queis aperteno a la comunaltat de la dicha vila segon que so desobre expressats, ab totas lor libertatz, els uzatges, e las franquesas que ilh au, mai de las quals ilh au uhzat ancia-namen. E la dicha reconoissensa fara si tan solamen una vetz e

mus quod in præconisationibus fa-ciendis in villâ Aureliaci, pro Parla-menti factionibus, et pro consiliariis consulatûs congregandis, et pro armis præparandis, et pro gachiis et excuir-gachiis, in dictâ villâ faciendis, et pro muris fossatis faciendis, et refi-ciendis, purgandis vel alias reparan-dis, præconisetur sine adjectione pro-prii nominis alicujus dignitatis vel officii. Prout est in dictâ villâ Aure-liaci hactenùs usitatum. Super aliis verò præconisationibus quibuscumque faciendis in dictâ villâ per Abbatem et Consules, præconisetur eorum no-minibus et dignitatibus expressatis.

XIV. Item volumus et ordinamus et arbitrando statuimus, quod Con-sules supradictæ villæ Aureliaci, et eorum successores qui pro tempore fuerant, recognoscant simpliciter se tenere, et tenere debere à beato Gene-raldo, et domino Abbate, et Monas-terio Aureliaci, et eorum successoribus liberè et quiitè, muros, fossata et consulatum dictæ villæ, et alia jura ad Communitatem villæ ejusdem pertinentia, prout superiùs sunt ex-pressata, cum omnibus suis liberta-tibus, usibus, franchesiis, quas habent et quibus usi sunt ab antiquo. Præ-dicta autem recognitio, fiet tantum semel in mutatione Abbati, et nunc qui nunc sunt recognoscant, ità vide-licet, quod propter delictum vel ex-

[1] L'article de la reconnaissance du consulat, et devant qui la cause se plaidera en cas de contestation.

muda dabat, e aura ad aquest que
es presens. Fara si en tal manieira
que pel forfah, e per lacses dels
cossols o de lor cosselhs, dalcus
o de totz no poira ni deura perir
lo cossolat, o alcun dreh de la
comuna ni caer en encorremen.
Mas si ses devenia que hom disses
quel cossolat per alcun cas fos
cachz en encorren, da quo que
Dieus lo gar, o daltra guiza, sobre
la proprietat del cossolat o dalcunas causas, e dalcus drehs que saparteno a la dicha comuna, hom
plaijaria per so que las causas de
la dicha comuna non puesco perir.
Volem que sobre totas a questas
causas, e sobre cascuna, hom
plaidege davan lo sobeira senhor,
e non pas davan mosenhor labat
o davan alcun altre.

XV. — LARTICLE DE LA SAZINA DEL COSSOLAT E QUIL POIRIA SAZIR[1].

Item dizem mai e comandam e
pronunciam que mosenhor labas
per neguna causa no puesca negun
temps sazir lo cossolat, nils drehs
de la comuna; mas si ses devenia
alcus altres que aquilh que so sus
nommah del qual mosenher labas
si complaisses per occazio del
cossolat o de la comuna, coma que
hom disses quelh cossol toh essems
o alcus dels aguesso fah un exces
non degut, o daltra guiza el si
plaisses de lor, adonc li cossol per
nom de la comuna serau teguh
dafiansar davan mosenhor labat o
davan sa cort, et estar a dreh.

cessum Consulum vel consiliariorum
suorum, vel omnium non possint nec
debeant consulatum, vel aliqua jura
Communitatis perire, vel incidere
in commissum, sed si dicatur consulatum casu aliquo incidisse, quod absit
in commissum vel alias super proprietate ipsius rerum vel jurium ad
Communitatem prædictam spectan-
tium litigetur, ne res Communitatis
valeant super hoc deperire, super prædictis omnibus et singulis coràm su-
periori Domino, non coràm domino
Abbate vel aliquo alio litigetur.

XV. Item dicimus, præcipimus et
pronuntiamus quod dominus Abbas
ullâ ex causâ unquàm saisire possit
consulatum vel jura Communitatis,
sed si casus acciderit alius à prædictis, de quo dominus Abbas conque-
retur occasione consulatûs vel Communitatis, ut puta excessus indebitus
qui Consulis vel eorum alteri imponatur, vel alter de ipsis conqueratur
Consules et Communitas coràm ipso
domino Abbate seu ejus curiâ cavere
idoneo et juri parere sicut coràm Domino tenebuntur.

---

[1] L'article de la saisie du consulat, et qui pourra le saisir.

XVI. — L'ARTICLE DE LAS CLAVS DES PORTALS[1].

Item volem mai quelh cossol las clavs des portals de la vila da Orlhac als abats que serau per temps el dih mostier, quant serau noell abah siau teguh de bailar una vetz tan solamen e signe de senhoria. E comandam que tan tost li dih abah, e cascus dels, las redo als cossols per nom de la comuna.

XVI. Prædicti namque Consules portarum claves Aureliaci Abbatibus qui pro tempore fuerint in dicto Monasterio, in suâ novitate semel tantum in signum dominii tradere teneantur, et easdem incontinenter à prædictis Abbatibus et eorum quolibet præcipimus prædictis Consulibus villæ, et nomine Communitatis prædictæ esse restituendas.

XVII. — L'ARTICLE DE LA SERQUA[2].

Item dizem mai que quant e la vila da Orlhac per occazio de layronisa o de rapinas o per altra causa drechurieyra convenra a far serqua, mosenher labas la fara far, apelats 2 ou 3 dels cossols si son aparelhah, o daltres proshomes de la dicha vila, per ostar tota mala sospicio.

XVII. Item si in prædictâ villâ Aureliaci, occasione furtorum, rapinarum, vel ex aliâ justâ causâ..... contingat fieri, dominus Abbas illam fieri faciat, vocatis duobus vel tribus Consulibus, si sint prompti, vel de aliis probis hominibus dictæ villæ, ut omnis fraudi suspicio possit super hoc evitari.

XVIII. — L'ARTICLE DE LAS VENDAS DE LAS MAIJOS, DELS CES[3].

Item dizem mai e en arbitran pronunciam que toh li ces que son venduh truey al iorn duey e las maijos de la vila da Orlhac, non devo ges de vendas; mai daissi avan non puesca negus home noel ces vendre e sa maijo ses vendas. Aus daissi en avan si negus home vendia ces una vetz o mai e sas maijos que son tegudas a vendas, sera tegut de pagar vendas segon la quantitat del prets.

XVIII. Item dicimus et arbitrando pronunciamus quod censibus domorum, nunc usque venditarum, in villâ Aureliaci, robur et libertatem vendarum habentibus, ex nunc non liceat cuique censum novum in suâ domo vendere sine vendarum onere; sed si census in eisdem domibus quæ ad vendas tenentur de novo venditus fuerit, semel vel pluries vendæ debebuntur ex contractu hujusmodi juxtà intervenientem pretii quantitatem.

---

[1] L'article des clefs des portes.
[2] L'article de la recherche.
[3] L'article de la vente des maisons et des cens.

XIX. — Larticle de las maijos del cossolat[1].

Item volem mai que en recompensacio daisso que avem dih e per be de patz, que aquelas maijos que foro sai ab enreires den Bertrandi Aost, ab tots lor drehs et ab totas lor apertenensas, las quals lo dihs Bertrandus vole e sa derieira voluntat que fosso per aora o per tos temps de la dicha comuna siau e remanho per aora o per tos temps al dihs cossols e a la dicha comuna, a loffici del cossolat. E que pago lo ces que las maijos devo, en tal manieyra quel cossol ni la comuna non puesco far a qui neguna fortaleza, ni tor, ni preijo.

XIX. In compensationem verò proximè dictorum et propter bonum pacis, dicimus, volumus et pronunciamus quod illæ domus quæ quondam fuerunt Bernardi Augusti cum omnibus juribus et pertinentiis suis, quæ idem Bernardus voluit esse in perpetuum dictæ communitatis, in suâ ultimâ voluntate quæ sunt ante domum de Vesac, quas nunc tenent et possident dicti Consules, nomine Communitatis et Consulatûs, sint et remaneant Consulibus et dictæ Communitati nunc et in perpetuum ad officium consulatûs, cum onere census earumdem, si quemquam debeant. Nullum fortalitium, turrim vel carcerem dicti Consules vel Communitas ibidem facere præsumentes.

XX. — Larticle del conquist quelh cossol farian el fiev de Labat[2].

Item dizem mai e pronunciam que cilh cossol da Orlhac aquirio daissi en avan per negun titol per nom del cossolat, alcunas causas no movablas de la senhoria del mostier da Orlhac, que aquelas causas dins I an e I iorn, pueis que ilh ne seriou requis siau teguh de gitar de lor ma e del cossolat e trasportar en tals personas de que non es defendut per dreh.

XX. Item dicimus et pronuntiamus quod si aliquæ immobilia existentia de dominio Monasterii Aureliacensi acquirant dicti Consules in futurum, ab hâc die scilicet in anteà quoquo titulo vice et nomine consulatûs illa infrà annum et diem à tempore acquisitionis computandos, teneantur extrà domum suam et consulatum ponere et transferre in personam seu personas quæ de jure minimè prohibentur.

XXI. — Larticle de la segoa[3].

Item volem mai e establem que

XXI. Item volumus et statuimus

---

[1] L'article des maisons du consulat.
[2] L'article des acquisitions que les consuls feraient des fiefs de l'abbé.
[3] L'article de la poursuite.

si alcus hom fazia notori des here-
tamen, o violensa, o forsa, al dih
mosenhor labas o a so mostier,
en cors de castel, o de priorat, o
en repaire, o en la vila del dih
mostier o e las apartenensas, lhi
cossol da Orlhac a la requesta de
mosenhor labat, serau teguh deviar
lay CC homes a pe de la dicha
comuna ab armas; les quals CC
homes administrarau al dih mosenhor labat, li qual home a pe ab
armas serau teguh de segre mosenhor labat foras da Orlhac truey
a 4 legas à las despessas de la
comuna, sia quel meteys dia et la
nueh seguen les convenia a remaner. Mas si ses devenia que lay
les calgues plus estar, a la qual
estatga nos volem que siau teguh
si mosenher labas o vol, a donc
mosenher labas lor sera teguh de
perveire a lor despes. Et aisso
volem et establem queis fossa, si
empero aquilh que fariau la forsa
requerih pels cossols no voliou de
se esmendar, o donar bonas fiansas desmendar a lesgart dels cossols o daltres proshomes.

quod si aliquis notorium...... vel
violentiam, seu forciam dicto domino
Abbati seu ejus Monasterio fecerit in
corpore castri vel prioratus aut ripa-
riarum villarum ipsius Monasterii et
et in pertinentiis Consules villæ Aureliaci ad requisitionem dicti Abbatis,
ducentos homines prædictos ejusdem
Abbati ministrabunt, qui quidem
homines prædicti cum armis dictum
Abbatem usque ad quatuor leucas
extrà villam Aureliaci, ad expensas
ipsius universitatis, sequi tenebuntur.
Si eddem die et nocte sequenti ipsos
oporteat remanere. Si verò ulterius
moram fecerunt longiorem ad quam
faciendam eos teneri volumus si de
mandato domini Abbatis processerit,
dictus Abbas in expensis eisdem tenebitur providere. Et hoc fieri volumus
et statuimus dùm tamen innovatores
requisiti per Consules ad eorum cognitionem vel aliorum proborum
hominum, prædictum statum noluerint emendare vel de emendando
idoneam cautionem.

XXII. — L'ARTICLE QUE DEU FAR
LA VILA A LABAT E LABAS A LA VILA
EN SA NOELETAT [1].

Item dizem mai et aordenam
et en arbitran pronunciam quelh
abah que serau per temps a
Orlhac, e lor noeletat, quant
lor plaira avistar lo poble de la
dicha vila davan lor el ceme-
teri o el mostier, les sanhs evangelis uberts davan lor pauzats,

XXII. Item dicimus et ordinamus,
et arbitrando pronunciamus, quod
Abbates qui pro tempore fuerint apud
Aureliacum in novitate suà, quandò
eis videbitur villæ ejus populo coràm
se in Monasterio vel ejus cimeterio
congregato, sacrosanctis evangeliis in
apertum coràm se positis, elevata

[1] L'article de ce que la ville doit au nouvel abbé, et l'abbé à la ville.

levada la ma juro e promete que als homes de la dicha vila da Orlhac menors e maiors, ses deferencias de personas, faran drechura, e quels auzirau davan lor e lor dreh, e quels defendrau coma bo senhor sal los bos uzatges del mostier les quals defendrau atressi e gardarau.

Et en aissi apres aisso toh li home de la vila e cascus aquilh que presenh serau de se, e lhaltre que presenh no serau dedins un mes o dos pueis que sobre aisso serau amonestah e requirih, que aurau xx ans o serau eluinche, jurarau a mosenhor labat o a so mandamen fialtat e que ilh laurau coma bo senhor, lor bos uzatges, e lor bonas libertats tos temps salvas.

Empero mosenher labas que aoras es quan si volra, un dels dias davan totas vias que recepcha aquest sagramen dels avandihs homes, vestit dels sanhs vesthimens, de preveire, davan la messa o apres qual que mai li plassa, prometra em paraula de preveire a quo que es dih de sobres et en aissi coma es dih, laqual causa facha, li dih home jurarau a lui de se aissi coma es dih de sobres. Et en aissi daquest sagramen de mosenhor labat que es aoras avem aordonat per ben de patz; mas no volem ges que daissi avan sia trah a neguna eseguensa als altres abats que no fasso lo sagramen tot oltra.

XXIII. — ARTICLE GENERAL[1].

Item volem mai dizem et aordo-

manu jurent et promittant quod ab hominibus Aureliaci minoribus et majoribus, sine exceptione personarum, justitiam exhibebunt et eos audient in jure suo coràm se, et defendent similiter et servabunt.

Et sic vel post hæc villæ omnes homines et singuli præsentes statim, et alii qui præsentes non fuerint infrà mensem vel duos, cum fuerint super hoc moniti vel requisiti, qui tamen vigesimum annum attigerint, jurabunt domino Abbati vel ejus Monasterio fidelitatem, et quod eum habent ut bonum Dominum bonis suis usagiis et libertatibus semper salvis.

Verùm dominus Abbas qui nunc est, cum voluerit una dierum, antequàm tamen prædictorum hominum hujusmodi recipiat juramenta, promittet in verbo Sacerdotis, inductis vestibus sacerdotalibus, ante missam vel post, quod maluerit; ut quod superiùs dictum est, quo facto homines dictæ villæ jurabunt statim eidem sicut superiùs est expressum. Et si de eodem sacramento domini Abbatis qui nunc est, pro bono pacis, duximus moderandum ad consequentiam de cætero non trahendum.

XXIII. Item dicimus, volumus,

---

[1] Article général.

nam que si en aquo que nos avem pronunciat o que pronunciarem, alcus doptes naissia lo quals per nos en alcun cas no fos declarat, o si en la dicha vila daissi en avan alcus cas ses devenia lo quals per la nostra denunciacio o pronunciacio per notorias o per manifestas costumas de la dicha vila nois pogues claramen declarar, que en tots aitals cas mosenher labas o sa cortz quant ne serau requirih siau teguh de far e rendre dreh escrih.

et ordinamus, quod si in prœnominatis verbis a nobis vel in pronunciandis aliquod dubium contingit quod per nos casu aliquo non fuerit declaratum, vel in dictâ villâ aliquis casus in futurum acciderit, qui per pronunciationem nostram vel per notarias dictœ villœ consuetudines non possit liquido declarari quod in iis omnibus dominus Abbas vel ejus curia cum requisiti fuerint, jus scriptum facere seu reddere teneantur.

XXIV. ALTRE ARTICLE GENERAL DE CUI ESTA LA SENHORIA DE LA VILA [1].

Item dizem mai et aordenam et en arbitran establem que salvas totas causas e cascuna pronunciadas et determinadas per nos, en tot o en partida, e salvas totas las costumas, e tots los uzatges, e totas las libertas de la dicha vila da Orlhac, la senhoria de la dicha vila a mosenhor labat per nom del mostier sapartenho per plenier dreh.

XXIV. Item dicimus et ordinamus et arbitrando statuimus, quod salvis universis et singulis pronunciatis, et determinatis à nobis et determinandis universaliter et singulariter, et omnibus consuetudinibus, usibus, libertatibus et franchesiis dictœ villœ Aureliaci, dominium et jurisdictio ejusdem villœ ad dominum Abbatem, nomine Monasterii et ejus Monasterio pertineat pleno jure adjicientes.

XXV. LARTICLE DE LA QUITANSA DA QUO QUE ERA PASSAT [2].

Item dizem mai que si per ocazio dalcuna causa o dalcunas per nos determinadas e pronunciadas, mosenher labas o altre proshome del mostier contra los cossols o contra la comuna podia re demandar e per altra causa que sia passada, o ilh contra luih, que tot

XXV. Quod si, occasione alicujus vel aliquorum à nobis determinatorum seu pronunciatorum, dominus Abbas vel aliquis, nomine Monasterii, Consules vel universitatem villœ aliquid possint petere, vel etiam prœteritorum, vel ipsi contrà eum omnia sint remissa, et pro remissis perpetuò

---

[1] Autre article général : à qui appartient la seigneurie de la ville.
[2] L'article de la remise du passé.

sia quiti, e que per quiti o aia hom per aoras e per tots temps.

habeantur.

XXVI. LO PODER QUE MOSÉNHER USTACHA RETEC PER SE E PEL REY [1].

Sobre tots les altres articles, si alcun so auh truey aoras autre las dichas partidas de discordia sobrels quals no sia per nos pronunciat. E volem e dizem et entendem totas las causas sobre dichas, e cascuna que so desus pronunciadas per nos esser dichas e pronunciadas, sal la voluntat de nostre senhor lo rey de Fransa, e sal a lui sos drehs en totas causas e per totas.

XXVI. Super aliis verò articulis si qui fuerint nunc usque super quibus non est per nos pronunciatum vel arbitratum, loco et tempore definiendi, et pronuntiandi retinemus plenum posse ; prædicta verò omnia et singula quo superiùs a nobis sunt pronunciata, voluntate excellentissimi Domini nostri Regis Franciæ et ejus juribus in omnibus et per omnia sibi salvis.

XXVII. LA COFERMACIOS E LA PROAMENS EL SAGELAMENS DE LA PATZ [2].

E comandam mai e enjunzem, nos davandihs Estacha, arbitraire arbitrador amicable composidor, o per voluntat dictador a las partidas sobre dichas, o a lor successors sobre la comessió de la pena el davandih compromes e pauzada queis deu cometre totas oras que alcuna de las partidas faria contra alcu dels articles avandihs. Que gardo em bona fe e ses tot frangemen totas las causas davandichas e cascuna, e per la vertat del sagramen que fahau. E que las dichas partidas, so es a saber mosenher labas per se e pel coven del dih mostier el davan dihs fraire P. Jaufres, syndix per se e pel coven del dih mostier e per lor successors; elh cossol davandih

XXVII. Præcipientes injungentes, nos prædictus Eustachius, arbiter et arbitrator seu amicabilis compositor, partibus suprà scriptis, et eorum successoribus commissione pænæ in ante dicto compromisso appositæ in singulis capitulis quibus contrà fieret committendæ, omnia et singula supradicta bond fide inviolabiliter observari et sub virtute præstiti juramenti, et quod dictæ partes, scilicet dominus Abbas, pro se et nomine Monasterii prædicti, et Frater Petrus Gofredi, Syndicus, pro se et Conventu dicti Monasterii, et successoribus suis, et Consules prædicti, pro se et nomine Communitatis dictæ villæ, et suis successoribus ordinationem prædictam, dictum arbitrium pronunciationem sive lodum approbent, emologent illicò et confir-

---

[1] Le pouvoir que monseigneur Eustache retient pour lui et pour le roi.
[2] La confirmation, et l'approbation, et le scel de la paix.

per lor e per la comuna de la dicha vila e per lor successors la dich ordinacios, lo dihs arbitre, la dicha pronunciacios e la dicha lauzor aproo e emoleguo desse e cofermo.

E nos fraire W. per la gracia de Dieu abas da Orlhac, e ieu P. que so apelatz de Braessas priors, e nos covens del davandih mostier totas las causas davandichas e cascuna pronunciadas, dichas et aordenas pel sobre dih mosenhor Estacha, de nostra certana sciensa, apres manh cossels e manhta deliberacio aproanh e ratifianh. Et ieu fraire P. Jaufres, syndix del dih mostier ad aisso espelciamen establitz, lauzam aproam e cofermam totas las causas sobre dichas e cascuna pel dih mosenhor Estacha aissi coma es desus dih et aordenadas e pronunciadas e sabem e afermam a manifest profieh e a tranquillitat e patz de nostre estamen e del dih nostre mostier esser fachas, aordenadas e pronunciadas ; e per aisso especialmen e solempnialmen avistah, fezem pauzar et apendre nostres sagels en aquesta presen carta, e fermetat e atestimony de totas las causas davandichas e de cascuna.

E nos atressi D. Rotlans, D. Dalpon, Mathieus Brus, P. Dalborn, Vidals, Fabres, cossols de la vila da Orlhac; e del cossel de nostres cosselhs, e del ascentimen requirit enaissi quant drehs vol de tota la comuna de la dicha vila da Orlhac, totas las causas davandichas e cascuna aordenadas e pronunciadas ratifiam e [pronunciam

ment.

Ad hoc, nos Frater Guillelmus, Dei gratiâ Abbas, Petrus dictus de Braxas ; Prior conventûs præfati Monasterii Aureliaci, prædicta universa et singula pronunciata, dicta et ordinata per supradictum dominum Eustachium ex certâ nostrâ scientiâ, post deliberationem multiplicem approbantes et ratificantes, et ego Frater Petrus Gofredi, Syndicus dicti Monasterii, ad hoc principaliter constitutus, laudamus, approbamus et confirmamus, et ratificamus universa omnia et singula, per prædictum dominum Eustachium prout superiùs scriptum est, ordinata et pronunciata, scientes et afferentes ad utilitatem evidentem, tranquillitatem et pacem statûs nostri et dicti nostri Monasterii facta fuisse ordinata et pronunciata, propter hoc principaliter et solemniter congregati, sigilla nostra præsentibus ad robur et testimonium singulorum et omnium præmissorum apponi fecimus, et appendi.

Nos etiam Durandus Rollandi, Durandus de Ponte, Matheus Bruni, Petrus Delborne et Vitalis Fabri, Consules Villæ Aureliaci, de consilio Consiliariorum nostrorum et assensu legitimè requisito, totius Communitatis dictæ villæ Aureliaci, præmissa universa, et singula ordinata et pronunciata ratificantes et approbantes, scientes, et afferentes ad utilitatem

et aproam e sabem et afermam totas esser fachas e pronunciadas al nostre profieh e a patz et a tranquillitat de nostre estamen, el sagel de nostra comuna fezem metre en aquestas presens lettras e fermetat et en testimony de totas las causas avandichas e de cascuna.

E pregam e requerem nos davandihs abas, priors, fraire P. Jaufres, sindix, covens e cossol, lo davandih noble baro mosenhor Estacha, nostre arbitre arbitraire arbitrador amicable composidor que so sagel pauze et apenda sobre aquestas presens e fermetat et en testimony de las causas davandichas.

E nos davandihs Estacha arbitre arbitrador a las preguieyras de las dichas partidas nostre sagel fezem pauzar et apendre en aquestas presens lettras.

nostram et tranquillum statum nostrum, ea omnia facta pronunciata esse sigillum nostræ Communitatis ad robur et testimonium præmissorum singulorum et omnium præsentibus apponi fecimus et appendi, rogantes et requirentes nos, prædicti Abbas, Prior Frater Petrus Gofredi, Syndicus conventûs, et Consules præfatum nobilem virum dominum Eustachium, arbitrum nostrum, arbitratorem seu amicabilem compositorem quod sigillum suum apponat præsentibus et appendat ad robur et testimonium præmissorum.

Nos verò supradictus Eustachius, arbiter et arbitrator ad preces partium prædictarum sigillum nostrum præsentibus apponi fecimus et appendi. Datum et actum in cimeterio beati Geraldi, præsentibus supradictis, et præsente multitudine populi dictæ villæ, die lunæ ante festum beatæ Mariæ Magdalenæ, anno Domini millesimo ducentesimo octuagesimo.

XVI

Sentence arbitrale

ENTRE DURAND DE MONTAL, SEIGNEUR, ET LES HABITANTS DE LAROQUEBROU[1].

(Février 1281)

Sachent tous ceux qui ces présentes verront, que, comme des discusssions ou des procès étaient déjà engagés, ou étaient sur le point de s'élever entre noble homme monseigneur Durand de Montal, chevalier, seigneur de la châtellenie de La Roquebrou, d'une part, et (suivent les noms de quatre-vingt-dix habitants), d'autre part.

Touchant les droits et devoirs que ledit monseigneur Durand prétendait avoir dans ladite châtellenie, et sur les habitants d'icelle, à raison du domaine haut et bas qui lui appartient sur ladite châtellenie, et touchant les us, usages, coutumes et libertés que lesdits habitants prétendaient avoir, et dont ils se disaient saisis dans ladite châtellenie et hors d'icelle; enfin lesdites parties, pour elles et leurs successeurs, spontanément, sciemment et avec réflexion ont compromis en premier et dernier ressort, librement et absolument, généralement et spécialement sur toutes et chacune des choses susdites, et ont nommé pour arbitres, arbitrateurs ou amiables, compositeurs, et selon leur volonté, dictateurs et législateurs : nous, frère Guérin de Silva, hôtelier d'Aurillac, et Astrorg Dubois, chevalier, Pierre de Petra Asinarid et Geraud de Miermont, promettant lesdites parties, sur toutes les choses susdites, et chacune d'elles, de s'en tenir à notre arbitrage, à notre composition, à notre ordonnance, à notre dire, à notre volonté, et tout ce qu'à cet égard nous dirons, ordonnerons et prononcerons, suivant la règle du droit, ou sans règle aucune; sur le tout ou sur partie, séparément ou conjointement, sans formalité de justice, parties présentes, ou en l'absence de l'une d'elles, par défaut au profit de la partie présente, elles l'observeront et le tiendront pour loi à perpétuité, ne réclameront jamais, ni par elles-mêmes, ni par d'autres, et n'essaieront en aucun temps de venir à l'encontre; lesdites parties ont juré, la main placée sur les saints évangiles, de garder et obser-

---

[1] Traduction de M. Delzons. — L'original, que nous n'avons pu nous procurer, a été communiqué à M. le baron Delzons par M. Fregeac, membre correspondant de la Commission des monuments historiques.

ver toutes les choses susdites, et chacune d'elles ; et de plus elles ont promis, à peine de 25 liv. tournois, applicables et payables aux procureurs de la fabrique, ou de la construction du pont de La Roquebrou, au nom et au profit dudit pont, par la partie qui n'obéira pas à notre sentence ou arbitrage ou qui ne l'observera pas. Lesdites parties ont encore voulu et sont demeurées d'accord, que ladite peine payée et soldée, s'il arrive qu'elle soit encourue, notre arbitrage, notre ordonnance, ou s'il nous plaît, la loi que nous aurons portée, n'en sera pas moins ferme et stable à toujours.

Il est encore convenu et ajouté par les parties à ce compromis, que s'il naissait quelque doute à l'occasion de notre arbitrage, ou s'il s'y trouvait quelque obscurité, nous aurions le pouvoir de définir, ordonner, déclarer, corriger, interpréter, pendant un an ce qu'il y aurait de douteux et d'obscur. Pour garantir le paiement de l'amende susdite aux procureurs de la construction du pont, se sont constitués cautions dudit seigneur Durand, vénérable personne monseigneur Geraud de Montal, chanoine de Mende, et messeigneurs Pierre de Biorc, Guilhaume de Veyrac, Geraud de Saint-Michel, chevaliers, qui se rendent aussi cautions de l'observation de notre sentence. Et du côté des habitants de ladite châtellenie, se sont constitués cautions, et pour le paiement de l'amende, et pour l'observation de notre arbitrage, Guilhaume Sabbatier, Guilhaume la Salesse, Guilhaume la Hugonie aîné, Guilhaume Fabri et Jean la Treille.

Nous susdits arbitres, arbitrateurs, ou à notre gré dictateurs, ayant accepté ledit compromis, invoqué le nom de Dieu tout-puissant, pris le conseil d'hommes prudents, recherché avec soin la vérité le mieux et le plus brièvement possible, vu et considéré aussi l'utilité desdites parties, qui sont en ce moment présentes devant nous, et nous supplient instamment de prononcer notre sentence, avons dit, proféré et dicté notre arbitrage, ordonnance et volonté en la forme qui suit :

1º Nous voulons, disons et ordonnons que les habitants de la châtellenie de La Roquebrou, tant ceux qui existent actuellement que ceux qui l'habiteront par la suite, jouissent et puissent jouir librement et sans contradiction, des droits de pacage, de chasse, de pêche et de chauffage, dans les forêts qui les environnent, de la même manière qu'ils en ont joui jusqu'à ce jour ;

2º *Item* nous disons et ordonnons, en ce pui touche la garde et la surveillance des jardins et autres possessions, qui sont dans les limites de la même châtellenie, que le seigneur de La Roquebrou, à la réquisition des hommes qui habiteront ladite châtellenie, établira une amende ou peine convenable, et, du consentement des habitants, nommera des gardiens, quand et aussi souvent qu'il en sera requis par lesdits habitants, et qu'il retirera les gardes, l'amende et la peine, quand et aussi souvent qu'il en sera requis; l'amende appartiendra audit seigneur;

3° *Item* nous disons et ordonnons qu'ils jouissent librement de leurs fours et moulins, sauf le droit des meuniers et fourniers, comme ils ont eu l'habitude d'en user par le passé;

4° *Item* nous disons et ordonnons que lors des ventes sur lesquelles le seigneur recevra le droit de lods, il ne pourra rien exiger pour l'apposition du sceau sur l'acte qui les constatera; pour les autres actes, il prendra le droit du sceau, mais modérément et gracieusement;

5° *Item* disons et ordonnons que le seigneur doit recevoir 20 sols tournois, pour blessures graves, qu'il y ait ou qu'il n'y ait pas de plainte; néanmoins le père ou la mère, pour blessures graves faites par eux ou l'un d'eux à leurs fils, filles ou autres descendants, soumis à leur puissance, les enfants entre eux, le maître ou la maîtresse vis-à-vis de leurs domestiques ou mercenaires, habitant sous le même toit, ne seront pas tenus à payer lesdits 20 sols tournois, s'il n'y a pas de plainte;

6° *Item* nous disons et ordonnons que le mari, pour blessures graves faites par lui à son épouse, ne soit pas tenu non plus à payer l'amende, s'il n'y a pas de plainte, mais que s'il y a plainte, il y soit tenu;

7° *Item* nous disons et ordonnons que pour coups de poings et soufflets le seigneur recevra sept sols tournois s'il y a plainte, sans plainte, rien;

8° *Item* nous disons et ordonnons que le seigneur ne reçoive rien pour les égratignures, les écorchures, ni pour le saignement de nez, à moins que le sang ne coule du nez ou d'une écorchure, à la suite d'un coup de poing ou d'un soufflet; en ce cas, s'il y a plainte, il recevra sept sols tournois, et sans plainte, rien;

9° *Item* nous disons et ordonnons que le seigneur reçoive 2 sols tournois seulement par plainte, et pour chaque contumace ou défaut contre quiconque ne se présentera pas au jour de la citation, ou au jour assigné pour le jugement, que le seigneur reçoive 18 deniers tournois seulement, et néanmoins qu'il puisse condamner le contumace ou l'absent au profit de la partie présente, selon qu'il lui paraîtra juste, ou que l'ordonnera la règle du droit;

10° *Item* disons et ordonnons que s'il est nécessaire de faire quelque perquisition ou recherche dans ladite châtellenie, dans quelque cas urgent, qu'elle soit faite par le seigneur, en présence de deux prudhommes de ladite châtellenie, pour éviter toute suspicion, néanmoins la poursuite et le jugement de la cause appartiendront au seigneur seul;

11° *Item* nous disons et ordonnons que dans les causes qui se poursuivent devant le seigneur de La Roquebrou ou sa cour, et dont la valeur n'excédera pas 30 sols tournois, le seigneur recevra de chaque

partie, pour chaque jour d'audience, 6 deniers tournois seulement, que
si l'objet ou la somme en litige dépasse 80 sols tournois, et est moindre
de 15 liv., il recevra de chaque partie 12 deniers tournois seulement;
enfin, pour une cause de 15 liv. tournois et au-dessus, il recevra de
chaque partie 2 sols tournois seulement, pour tous frais, et ne pourra
exiger rien de plus pour dépens, pour le salaire du juge, ni même de
son assesseur; ces sommes seront payées à la fin du procès; mais en
cas de duel, de gage de bataille ou d'appel, que le juge lève et perçoive
loyalement et modérément les frais nécessaires, suivant la nature de
la cause et la qualité de la personne, et qu'en ce cas il ne soit pas tenu
d'attendre l'issue du combat pour se faire payer;

12° *Item* nous disons et ordonnons que s'il y a lieu d'incarcérer quelqu'un des habitants de ladite châtellenie, qu'il ne puisse être retenu
ailleurs que dans la prison du château, et que s'il y a sujet de condamnation, qu'il y soit jugé et condamné; l'arrêt une fois rendu, le
seigneur pourra l'exécuter où il voudra;

13° *Item* nous disons et ordonnons que les habitants actuels et futurs
de ladite châtellenie ne pourront être, sans leur consentement, traduits
devant le seigneur en sa cour, hors de ladite châtellenie, à moins que
le délit ou l'objet en litige ne l'exige légalement;

14° *Item* nous disons et ordonnons que les habitants de ladite châtellenie puissent entre eux asseoir des tailles et contraindre à les payer
tous ceux qui y auront consenti; ils pourront, disons-nous, comme ils
le jugeront convenable, imposer des tailles pour l'église, pour le pont,
pour les pavés et autres choses semblables, *concernant* l'amélioration de
ladite châtellenie; ils pourront à cet effet, convoquer le peuple par le
moyen d'un ou plusieurs messagers, ou par une proclamation publique,
dans laquelle on désignera avant tout le nom du seigneur;

15° *Item* nous disons et ordonnons que les habitants actuels et
futurs de ladite châtellenie ne soient pas tenus de faire des lits dans
leurs maisons pour les hôtes du seigneur de La Roquebrou, si ce n'est
quand ils le voudront de leur plein gré et libre volonté;

16° *Item* nous disons et ordonnons que si les habitants de ladite
châtellenie suivent en armes leur seigneur, celui-ci sera tenu de leur
fournir des vivres aussi long-temps qu'ils seront hors de la châtellenie,
de loin comme de près; mais que le seigneur ne leur devra plus les
vivres quand, à leur retour, ils auront mis le pied dans la châtellenie;
si cependant le seigneur les conduisait lui-même au-delà des châtellenies de Glenat, Viescamp, Saint-Victor, Saint-Paul et Carbonnières,
ou de leurs appartenances, à leur retour dans la châtellenie le seigneur
leur devra fournir un repas seulement. Nous entendons par les appartenances de Carbonnières jusqu'à l'affar de Pruns, sis dans la paroisse
de Camps;

17° *Item* nous disons et ordonnons que lesdits habitants ne peuvent être contraints, pour quelque cause que ce soit, à faire à leur seigneur ni prêts ni dons, que tout autant qu'ils le voudraient faire volontairement ;

18° *Item* nous disons et ordonnons que les habitants de la dite châtellenie, qui vont et reviennent avec leurs marchandises, ou les envoient partout où il leur plaît, n'ont aucun droit ni péage à payer au seigneur, sauf les droits du marché de Montvert ;

19° *Item* nous disons et ordonnons que si l'on porte des fruits, du vin, de l'huile ou d'autres comestibles, pour les revendre dans ladite châtellenie, il soit permis de faire crier publiquement lesdits comestibles, et si cela est nécessaire d'en annoncer le prix ;

20° *Item* nous disons et ordonnons que si les habitants de ladite châtellenie veulent marier leurs filles, petites-filles ou autres parentes, ils puissent librement et sans payer de droits, les doter sur leurs biens, meubles et immeubles, ou les leur assigner en dot, à moins que lesdits biens ne soient estimés, car alors nous voulons que le seigneur ait les droits de lods ;

21° *Item* nous voulons et ordonnons que les gages ou nantissements livrés et engagés par le seigneur, ou son bayle, à quelqu'un des susdits habitants, pour des comestibles ou des boissons, puissent être vendus par le créancier deux mois après la livraison ; pour les autres gages, livrés par d'autres que par le seigneur et par son bayle, ils pourront être vendus après un mois ;

22° *Item* nous disons et ordonnons que s'il s'élève quelque querelle ou discussion sur les limites des jardins, prés, rues ou maisons, elle puisse être apaisée et la paix rétablie, à cet égard, par un ou plusieurs habitants de la châtellenie, sinon le seigneur la terminera ;

23° *Item* nous disons et ordonnons que si quelqu'un dans ladite châtellenie tient un faux poids, une aune fausse ou une fausse mesure, et qu'il s'en serve pour vendre, acheter ou contracter de toute autre manière, il soit condamné par le seigneur à 3 sols d'amende, chaque fois qu'il sera trouvé en délit ;

24° *Item* nous disons et ordonnons que les hommes de ladite châtellenie sont tenus de fournir des manœuvres, de prêter le fer et l'acier, et de payer les ouvriers pour réparer les fossés, quand cela sera nécessaire et qu'il y aura besoin manifeste de le faire ;

25° *Item*, ledit seigneur ayant mis en fait et soutenu que lorsqu'il veut faire ou reparer les barrières, les susdits hommes sont tenus de faire à leurs frais les pieux, que ces pieux faits par eux, et par lui portés sur place, ils doivent encore, à leurs dépens, faire ou réparer lesdites barrières. Nous ayant trouvé que c'était la vérité, disons et ordonnons qu'il en soit fait ainsi ;

26° *Item*, quant aux murs et pavés, nous n'ordonnons rien en ce moment, mais nous nous réservons d'en décider quand nous serons instruits plus à plein de la vérité ;

27° *Item* nous disons et ordonnons que s'il arrivait que le seigneur de La Roquebrou fît saisir les biens ou arrêter la personne de quelqu'un des habitants actuels et futurs, ledit seigneur soit tenu de lever ladite saisie et relaxer le prisonnier, si celui dont les biens ont été saisis ou la personne arrêtée, offre et fournit, selon son pouvoir, caution suffisante de se présenter en justice pour y procéder sur la cause de la saisie ou de l'arrestation, à moins que ces choses n'aient été faites pour une cause telle que la loi ne permette pas d'admettre la caution ;

28° *Item* nous disons et ordonnons que s'il se présentait dans ladite châtellenie quelque cas nouveau, qui ne soit pas prévu dans la présente ordonnance ou charte, le seigneur serait tenu de demander l'avis de deux ou trois prudhommes, habitants de ladite châtellenie, et de juger suivant leur conseil, si cela lui convient, sinon, d'ordonner et de prononcer, en se conformant au droit ;

29° *Item* nous ordonnons, disons et statuons que ledit seigneur et les habitants actuels et futurs doivent, à perpétuité, considérer le sarticles susdits, tous et chacun d'eux, comme leur loi commune, et les observer inviolablement, sauf audit seigneur ses droits sur toutes autres choses et le domaine direct et mixte ; sauf aussi auxdits habitants leurs autres us, usages, coutumes et libertés ;

30° *Item* il est à savoir que l'article ci-dessus écrit commençant par ces mots : *Item* nous disons et ordonnons que les habitants de ladite châtellenie puissent entre eux asseoir des tailles et contraindre, etc., et finissant ainsi : Le nom du seigneur, est ainsi modifié par nous, savoir : qu'à l'endroit dudit article où est écrit le mot *concernant*, nous voulons qu'à la place de ce mot on écrive ceux-ci : *Qui deviendront nécessaires pour*, et que, de plus, nous ajoutons audit article, à la fin ou vers la fin, c'est-à-dire après ces mots : L'amélioration de ladite châtellenie, ceux-ci : *De même qu'ils en ont usé jusqu'à ce jour.*

31° *Item* nous voulons, si l'on reconnaissait quelque obscurité, quelque ambiguïté dans la présente déclaration, avoir le droit, pendant un an, de l'expliquer, de l'interpréter, de la commenter, d'en déterminer le sens, et nous nous en réservons expressément le pouvoir.

Notre ordonnance ci-dessus écrite, ou notre sentence et arbitrage, telle qu'elle est formulée ci-dessus, a été expressément acceptée, louée, approuvée et homologuée par les deux parties présentes devant nous ; et il est à savoir que moi Bertrand de Montal, damoiseau, frère dudit noble homme monseigneur Durand, qui ai assisté à tout ce dessus, toutes et chacune les choses susdites, je loue, veux, approuve et concède, et je jure sur les saints Évangiles, par moi touchés, d'avoir à per-

pétuité pour agréables tous et chacun des susdits articles, de les
observer inviolablement, de ne rien faire ni dire à l'encontre, et en
témoignage de ce, pour donner plus de foi aux choses susdites, et les
rendre fermes et stables à toujours, nous Durand de Montal, seigneur
de La Roquebrou, et Bertrand son frère, et nous arbitres susdits avons
fait appendre nos sceaux aux présentes lettres.

Et nous Geraud de Montal, chanoine de Mende, et nous Pierre de
Biorc, Guilhaume de Veyrac, Geraud de Saint-Michel, chevaliers; et
nous Geraud, recteur de l'église de Saint-Gerons, et Geraud de Bonal
et Guilhaume Fabri, habitants de ladite châtellenie, qui avons été
présents à tout ce dessus, à la réquisition desdites parties, en témoignage des choses susdites, avons apposé nos sceaux à cette charte.

Ont encore été témoins de tout ceci messire Geraud la Hugonie,
recteur de l'église de Montesquieu, Pierre Barate, recteur de l'église de
Cros, Martin de Leyrits, recteur de l'église de Pers, chapelains; Pierre
de Silva, chevalier ; Bernard de Silva et Guérin de Messac, damoiseaux,
et Germain de Nouveau, clerc, qui a écrit cette charte.

Donné et fait à La Roquebrou, sous le règne de Philippe, par la
grâce de Dieu, roi des Français, Monseigneur Guy, étant évêque
d'Auvergne. L'an de notre Seigneur mil deux cent quatre-vingt-un.
Aux ides de février.

XVII

Charte de la ville de Billom [1].

(Mai 1281)

Nos frater Guido, miseratione divinâ Arvernorum episcopus notum
facimus Universis, præsentibus et futuris, quod cum bonæ memoriæ
Pontius, Gilabertus, Robertus, et dominus Hugo patruus noster, prædecessores nostri, ab antiquo, nostris hominibus villæ Billomi et sancti
Lupi, quædam privilegia, franchesias, et libertates, et consuetudines
concessissent, nos attendentes, et considerantes devotionem et servitia
realia, et personalia quæ antecessoribus nostris, et nobis, et Ecclesiæ
Claromontensi, homines dictæ villæ Billomi, et sancti Lupi voluntariè

saepius impenderunt; considerantes etiam alia plura circa hæc Ecclesiæ nostræ Claromontensis non modicum utilia, propter quæ ad
tranquillum eorum statum, singulorum et omnium, francum seu liberum
tenemur meritò inclinari, de consensu expresso totius capituli Claromontensis quibusdam ex dictis usibus, franchesiis et libertatibus, de
consensu dictorum hominum, et pro bono pacis correctis quibusdam,
aditis quibusdam etiam declaratis. *Hos usus* privilegia, consuetudines,
franchesias et libertates infrà scriptas eisdem hominibus, et communitati dictæ villæ Billomi, et sancti Lupi concedimus, et donamus pro
nobis et successoribus nostris, et Ecclesiæ Claromontensis de consensu
expresso capituli Claromontis, quod ex parte nostra nihil imposterum
exigatur ab ipsis nomine sepulturæ excepto eo, quod moriens legare
voluerit nobis per fideicommissum vel alias relinquere, vel ejus amici
gratis dare. Volumus etiam, et concedimus, ut dicta villa Billomi,
in qua etiam intelligimus villam sancti Lupi sit per bonos usus, et consuetudines teneatur a nobis, et ab omnibus successoribus nostris, et
bajulis et servientibus, et subditis, et officialibus, et judicibus nostris
quibuscumque, salvo jure ecclesiastico ut. . . . . . . clamoribus sine
sanguine tres solidi et dimidius caute dentur, et de omni furto duodecim denarii et infra tantumdem, id est tres solidi et dimidius, nisi
sit fur consuetudinarius, vel latro publicus, vel signatus, et tunc sive
sit furtum prædictæ summæ vel amplioris, voluntati bajuli relinquetur,
salvâ dote uxoris, et omni jure alieno; de furto vero quod erit amplioris summæ, infra tamen decem solidis præstabit sexaginta solidos,
nisi esset latro publicus, vel fur consuetudinarius, vel nocturnus, vel
signatus, et tunc voluntati bajuli relinquetur : et etiam omnes illi qui
ultra summam decem solidorum furtum convicti fuerint perpetrasse,
salvo ut supra dote, et omni jure alieno, nisi eos ætas, aut alia rationabilis causa excusaret. De clamoribus vero cum sanguine, si cum
manu vel pugno, vel pede solummodo sanguinem traxerit, septem
solidos componat, nisi cum jure inflixerit læsionem, et tunc triginta
solidos componet per satisfactionem damni et. . . . . . . passo præs-
tandam : si vero fuste vel petra, triginta solidos componet; si cultello
vel ense, vel lancea, vel gladio ferreo sexaginta solidos componet. Si
vero mortale vulnus inflixerit præstabit sufficientem cautionem vel
detinebitur quousque appareat de morte vel vita vulnerati : et si ex
vulnere mors fuerit subsecuta voluntati bajuli relinquetur, salvo ut
supra dote, et omni jure alieno, qui autem contra aliquem gladium
evaginaverit, et non percusserit, septem solidos componet, et qui homicidium, aut perditionem castelli vel villæ vel hominis fecerit, in voluntate nostra corpus et res ejus remanebunt salvo ut supra dote, et
omni jure alieno.

Item volumus, concedimus et donamus quod adulter, vel adultera

si deprehensi fuerint in adulterio et hoc constet legitime, vel per
homines fide dignos convicti fuerint super his accusatore legitimo existente, ac accusationem suam legitime prosequente, vel in jure sponte
confessi fuerint, et in confessione perseveraverint, nudi per villam
Billomi incedant vel nobis solvat quilibet sexaginta solidos, et hoc
sit in optione cujuslibet delinquentis quid facere voluerit, et nihilominus ultra prædictam penam ipsis adultero et adulteræ a confessore
suo salutaris pænitentia injungatur.

Qui vero exire de villa voluerit et guerram facere, habebit licentiam
per quindecim dies portandi res suas secure : si vero exiverit dummodo
guerram non fecerit, poterit redire securus, et sua integre recuperare.

Item concedimus quod omnis homo qui in villa prædicta rem suam
miserit, ut ipse dum in ea fuerit, sit securus, et res ejus secura, quamdiu per manum justitiæ stare voluerit, et si clamor de ipso factus
fuerit debet conveniri, et si fors factum emendare voluerit de re sua
emendetur, et quod super fuerit, ei reddatur, salvo clamore et jure
alieno.

Item volumus, et concedimus quod si quis hominibus ejusdem villæ
manifestum malum fecerit vel debitum cognitum abstulerit, nec
bajulus noster nec aliquis, nec etiam eundo eidem ducatum præbeat,
post quam erit dictum episcopo vel bajulo, absque voluntate illius cujus
erit fors factum vel debitum.

Concedimus etiam hominibus dictæ villæ qui omnia bona mobilia,
et immobilia quæ sine subterfugio justitiæ per decemnium bona fide
tenuerint, contra hominem ipsius villæ tamquam sua quæ tamen ad
dominum nostrum pertinent, ea in pace possideant, nec teneantur
ultra conquerenti respondere, nisi conquerens posset rationalem causam
allegare quare non petiisset.

Volumus etiam, et concedimus quod nihil ab eis nos sumptum exigatur, nisi de voluntate partium pro qualitate causæ assessor fuerit ad-
hibendus, et tunc charittim quoddam moderate dabitur assessori.
Occasione etiam injuriæ, vel querelæ, non debemus ab eis extorquere
nisi nobis, et bajulis nostris clamor fuerit factus, a canonicis autem,
et clericis ejusdem villæ ratione communis, vel collectæ nihil penitus
exigatur. Præterea nullus hominum dictæ villæ debet jurare, vel ligare
se ratione conjurationis vel societatis, vel alio modo cum aliquo castellano vel villa, vel burgo, vel civitate, vel castro, vel cum aliquo
homine vel etiam ad invicem, nisi ratione matrimonii, vel mercaturæ,
vel alia de causa quæ non læderet jus domini, salvis tamen usibus et
consuetudinibus dictæ villæ : et quicumque faceret, cum esset convictus vel confessus legitime in jure debet ejici de villa, et res suas
mobiles secundum quod est supra dictum, per quindecim dies potest
quocumque voluerit deferre, non tamen propter hoc res immobiles

amittet pro quibus tenebitur ad usum villæ nec causam inhabitandi villam habebit vel poterit redire nisi de nostra voluntate.

Item communitas vel aliquis hominum villæ non debent facere turrim vel fortalitiam infra clausuram villæ, in muris tamen et portalibus poterunt facere munitiones vel bistumines ad villam deffendendam, prout eis ad hæc videbitur expediri. Nos vero in dicta villa ubicumque voluerimus poterimus, cum voluerimus pro arbitrio nostro, facere unam fortaliam, et prætereà turrim unam in muro communis ubi voluerimus, præter domos quas ibimodo habemus, scilicet turrim sancti Lupi, et salam maurisalem et domos episcopales quas poterimus fortes facere ad voluntatem nostram. Ita tamen quod si in nova fortalitia facienda, terram vel domum alienam occupaverimus, æstimationem congruam reddere debemus ad cognitionem duorum proborum hominum villæ.

Item, homines villæ eligere poterunt sex consules qui nobis vel bajulo nostro præsentabuntur, et incontinenti jurabunt fidelitatem nostram, et se non venturos contra jura nostra, et quòd fraudem vel aliquam machinationem non faciant contra jura nostra, nec clamores recipiant, nec causas audiant, nec auferant clamores, nec prohibeant fieri; consulere tamen possunt illis qui erunt de parentela sua quòd pacem faciant, non tanquam consules, sed tanquam privatæ personæ, et idem poterunt facere alii homines villæ de quocumque, sive sint de parentela sua, sive non. Dicti vero consules ad necessitates villæ commune levabunt, et si quid residuum fuerit quod in necessitatibus expensum non fuerit, ipsi servabunt quousque in necessitatibus expendant : et de illo communi nos nec Bajulus, nec servientes nostri debemus aliquid habere, vel mutuo accipere et cum communitate computabunt.

Item, communitas non debet venire contra jura et dominium nostrum, et si aliquis veniret contra jura, et dominium, quod in villa habemus, ipsi se opponere debent, salvis tamen usibus et consuetudinibus villæ.

Item, quicumque prædam vel fors factum alterius qui non erit de guerra diffidata receptaret, sexaginta solidos componet cum erit convictus vel legitime confessus in jure, et domino rei in jure respondebit, quicumque res suas mittet, vel deponet seu commendabit in villa; non debet eas amittere pro aliquo homine sive pax fuerit, sive guerra, nisi ipse aliquid commiserit in propria persona, et tunc etiam judicandus erit, secundum usus et franchesias villæ.

Item, de pretio cujuslibet domus vel terræ venditæ quæ sit de domanio nostro habebimus de solido pro concessione unum denarium de vendis, et alium de servitio, nullo alio servitio ac nobis vel bajulis seu servientibus extorquendo, nisi quod contrahentes gratis dare voluerint.

Item, qui habet uxorem jacentem in prælezeo, non tenetur ire in mandatum, nec excubias facere, nisi velit, et de armis suis non debet aliquis pignorari a domino, vel ab alio, dummodo habeat alia gagia sufficentia. Claves portarum debet committere bajulus cum consilio consulum alicui probo viro, et fideli qui sit de usagio villæ, et ex causa rationabili potest eas tenere bajulus per diem vel noctem.

Item, si mandentur homines villæ, debent remanere, quot sunt necessarii ad villam custodiendam et non debent mandari nisi pro jure episcopali, et ecclesiæ Claromontensis et hominum suorum.

Item, homines villæ possunt vendere et emere bladum et vinum et res alias quandocumque voluerint.

Item, homines villæ non debent coltam, talliam, carrægium vel manobriam hominum, boum, asinorum, vel aliarum rerum vel exactionem aliquam quocunque nomine censeatur, vel mutuum violentum, vel missionem bajuli vel servientum.

Item, si forte aliquas litteras habemus et predecessores nostri hactenus habuerunt contra usus, franchesias, privilegia et libertates dictæ villæ Billomi, sive a Regibus franciæ, sive ab aliis vel super possessione, seu proprietate communis villæ, vel talliæ, vel levatæ seu extorsionis alicujus, quocumque nomine censatur, inanes, et cassas deinceps remanere volumus, et quod de cætero nullam habeant firmitatem.

Item, non recipietur aliquis extraneus in usum villæ nisi a bajulo, et ipse tenetur eum recipere nullo exacto ab eo, nisi sex mimis.

Item, volumus et concedimus quod quidquid bajulus noster concesserit in vendis, pædis et tenementis ratum, et firmum nostro nomine habeatur.

Leyderius non debet aliquid habere pro quarta, nisi tantum modo leydam.

Qui libra propria falsa, vel marcho, proprio falso vendiderit et convictus fuerit sexaginta solidos componet. De alna falsa septem solidos componet, de mensura vini falsa, septem solidos. De leyda subrepta per octo dies, septem solidos. Qui fidejussionem dare voluerit, non debet capi, nisi in casibus supra dictis. Qui pignus aliquod capit ultra terminum constitutum debet tenere per mensem, et tantumdem si non est terminus constitutus, et tunc potest tendere eum si vult bona fide tamen, et quod super fuerit reddat. Si unus peccat, nullus tenetur de fors facto filii, vel filiæ, vel alterius, nisi fuerit particeps, vel conscius, vel ejus mandato fecerit, vel nisi monitus a mandato episcopi, ob aliquam causam rationabilem stultam familiam dimittere noluerit tunc enim teneretur.

Item, mortuis ab intestato succedant parentes, vel consanguinei, et si consanguinei non fuerint, episcopus, salvo jure uxoris, et aliorum.

Item, homines immobilia possidentes in dicta villa, dum tamen jurent quod pro posse suo cavebant, non capientur, nec hostia domuum suarum claudentur, et si jurent quod cavere non poterunt dicetur eis jus super rebus suis mobilibus, et immobilibus.

Item, si Bajulus habentem aliquam causam in villa, vult fovere, vel manu tenere, vel patrocinari, mittat curiam sine suspicione causæ, tamen propter 'odium, vel amorem, vel pecuniam nullatenùs prorogetur, vel abbrevietur. In viis publicis non debet fieri ædificium, propter quod viæ deteriorentur.

Episcopus vel bajuli, vel servientes sui, vel alius pro eo non debent procurare aliquo modo quod homines sint sine cartha ista, vel usibus, seu franchesiis ipsius carthæ. Homines usacgii ultra decem non debet episcopus recipere in servientes, et illos volentes.

Item, Bajulus sine consensu communitatis, non debet recipere aliquam suspectam personam in usum villæ; et sub bajulo non debet esse alius sub bajulus.

Item, usus, seu consuetudines dictæ villæ, nullatenùs dividentur.

Item, volumus et concedimus quod bladum quod nobis debetur in dicta villa, vel in pertinentiis ipsius, vel ratione ipsius villæ, seu ratione pertinentiarum ejusdem villæ censuale, vel quolibet alio modo bajulo, vel celerario nostro ad hoc a nobis deputato, ad magnam cartam ferratam quam fecit fieri et ferrari bonæ memoriæ dominus Hugo quondam patruus, et prædecessor noster solvatur : ita quod ille qui solvet bladum radat quartam si voluerit, exceptis censibus avenæ, qui nobis debentur in dicta villa *ad magnam cartam vigeral*, de quibus volumus quod solvantur ad dictam cartam prout consuetum est : quam cartam præcipimus ferrari, et ille qui solvet, radat, si voluerit : hoc idem intelligimus de iis qui solvunt dimidiam cartam seu cartarenchiam.

Item, volumus et concedimus quod de carta bladi venditi in foro Billomi, vel alibi infrà domanium Billomi die fori, vel alia die prout consuetum est, recipiatur pro leyda una copa de eodem blado tantum de quibus copis debent perficere triginta et duæ unam cartam, et volumus quod dicta coppa ferretur, et ita radatur quod ferri appareant, ut ille qui solvet radat, si voluerit, sive fuerit de villa Billomi sive aliunde.

Item, concedimus dictis hominibus et eorum communitati, quod habeant in dicta villa unam aulam, ubi conveniant ad parlamenta sua de censiva nostra, sive de censiva alterius, salvo censu nostro, et dominio et alieno, et si ipsam juvenire poterunt de Alodio, sive de censu, illam eis concedimus salvo dominio nostro.

Item, volumus, et concedimus quod illos decem servientes quos possumus eligere de hominibus usacgiis dictæ villæ, prout suprà dictum est nominemus eisdem, et eligamus : et si aliqui alii fuerint solvant commune, et onera dictæ villæ, quos, et alios homines dicti usacgii consules dictæ villæ poterunt gacgiare per se ipsos pro communi, et oneribus villæ.

Item, volumus et concedimus dictis hominibus quod nos non possumus illos compellere ad recipiendam monetam nostram, et ad non recipiendam aliam, nisi tali modo, vel in quantum Rex Franciæ, vel barones Franciæ super hoc homines, et subditos suos compellere consueverunt.

Item volumus, et concedimus, quod consules, et singuli, seu quilibet hominum dictæ villæ Billomi, ac sancti Lupi clerici, laici, mares, et fœminœ, vineas suas, vel a se cultas, seu colendas possessas, et possidendas pacifice seu detentas, sitas utilibet in districtu nostro, seu jurisdictione nostra Billomi, et sancti Lupi, et eorum territoriis et districtu et territorio Ecclesiæ novæ vindemmiare perpetuo, ex nunc in antea libere valeant pro libito, seu quando voluerint et sibi videbitur expedire : adjicientes supra dictis, et concedentes nihilominus dictis hominibus et eorum communitati, quod in futurum, si maluerint, et sibi viderint, vel si eorum videatur consulibus expedire, distinguere vineas suas per pannos valeant et distinctionem hujusmodi omittere semel, et sæpius, et vindemias prædictas suo nomine facere libere, et sine requisitione nostra vel bajuli nostri qui est modo, et fuerit in futurum et etiam alterius cujuscumque.

Item, volumus, et concedimus quod bajulus noster Billomi qui pro tempore fuerit nihil exigere possit a dictis hominibus, vel ab aliquo eorumdem pro querelis vel quæstionibus, quas movent vel movebunt invicem prædicti homines contra se, vel contra alios, vel alii contra ipsos coram judicibus nostris ecclesiasticis, ut puta, officiali nostro, vel vicario, vel quovis alio generali, ut speciali auditore concesso a nobis vel concedendo.

Item, volumus, et concedimus hominibus dictæ villæ tam nunc viventibus quam futuris, quod nullus eorumdem, de quocumque crimine appellatur vel accusatus fuerit, teneatur seu purgare vel deffendere per gacgium, seu duellum, nec cogatur ad duellum seu bellum faciendum : et si gacgium seu bellum refutaverit, seu duellum subire recusaverit, non habeatur propter hæc pro convicto, nec pœnam aliquam propter hoc patiatur, sed appellans si velit crimen quod objicit apellato per viam juris scripti legitime prosequatur, nec etiam appellans gacgium seu duellum a se oblatum, seu procuratum contra quemcumque prosequi seu subire nullatenus compellatur, si prosequi nolit, nec pœnam seu molestiam propter hoc patiatur.

Item, volumus et concedimus hominibus dictæ villæ præsentibus et posteris, et eorum communitati quod casus emergentes in dicta villa, in hoc instrumento non specificati secundùm jus scriptum terminentur, et decidantur.

Item, volumus, et concedimus dictis hominibus dictæ villæ Billomi, et eorum communitati quod electus in episcopum Clarom. infra mensem postquam fuerit confirmatus, et regalia receperit jurare debeat ad sancta Dei evangelia usus et consuetudines, privilegia, franchesias, et libertates, suprà dictas, omnes et singulas, se firmiter, ac irrevoca-biliter perpetuò, et inviolabiliter observare et facere observari, et de quarto in quartum annum hoc juramentum renovare.

Item, omnes homines dictæ villæ Billomi et sancti Lupi a quindecim annis supra in novitate episcopi vel electi, ipsi episcopo vel electo confirmato, postquam regalia receperit, et etiam quandocumque idem episcopus eisdem hominibus dictum juramentum renovabit, jurabunt fidelitatem et quod contra jura sua non veniant.

Item, Bajulus et servientes qui pro tempore fuerint Billomi et qui-cumque alii judices nostri ecclesiastici vel seculares quolibet anno debent jurare usus, et consuetudines, privilegia et omnes et singulas franchesias se inviolabiliter observare antequam pro bajulis et servien-tibus, ac judicibus habeantur.

Verum si, quòd absit, aliquis bajulus noster vel successorum nos-trorum dictæ villæ qui est vel fuerit in futurum salutis suæ immemor, et juramenti quod tenetur prestare omni anno, dictis hominibus vel eorum consulibus, ut supra dictum est, usus et consuetudines fran-chesias seu libertates prædictas vel aliquas de eisdem fregerit seu attentaverit, ordinamus, et volumus quod ultrà pœnam a se præstiti juramenti in pœnam centum solidorum Turonensis moneta incidat penes nos, quam ab eo levare, et exigere teneri volumus nisi requi-situr a prædictis consulibus vel ab aliquo ipsorum primo certificatus de usacgio rupto de plano et sine difficultate in totaliter revocaret.

Prædicta autem privilegia usus, et consuetudines, franchesias et libert-tates supra dictas, et universa et singula superius enarrata villæ Billomi et sancti Lupi et universitati seu communitati dictæ villæ, et singulis hominibus nunc et in posterum in eadem habitantibus seu habitaturis de consensu expresso capituli Claromontensis pro nobis et successo-ribus nostris concedimus, et donamus, ac etiam confirmamus, et supra dicta omnia universa et singula perpetuò valere volumus, et servari causa qualibet, forma et modo quo vel quibus intelligi sive valere pote-runt ad majorem utilitatem et libertatem communitatis dictæ villæ, et omnium et singulorum hominum prædictorum et singula, et supra dicta omnia concedimus, et donamus hominibus dictæ villæ præsen-tibus Blancheto Ollier, et petro Galterii, petro Richerii, petro Giraldi, Bertrando Vidal et Joanne Berguoyali, consulibus recipientibus pro se et nomine communitatis, et singulorum dictæ villæ quos confitemur, et recognoscimus esse consules et procuratores communitatis dictæ villæ ad hæc specialiter constitutos. Et nos prædictus episcopus prædicta omnia et singula attendere, tenere irrevocabiliter, perpetuo et inviolabiliter observare juramus super sancta Dei Evangelia, et quod nullam vim vel exactionem aliquam faciemus vel fieri permittemus in homines vel in aliquem hominum communitatis dictæ villæ, et quod nullum donum seu servitium aliquod exigemus ab eis vel ab aliquo eorum præter usus, et consuetudines supra scriptas, obligantes nos et successores nostros de voluntate, et consensu dicti capituli Claromontis ad prædicta omnia et singula attendenda tenenda inviolabiliter, ac irrevocabiliter, et in perpetuum observanda volentes, et concedentes quod huic instrumento, nunc et in perpetuum fides plenissima habeatur in omnibus, et pro omnibus in eo contentis et enumeratis.

Nos vero capitulum Claromontense prædictum attendentes in præmis agi utilitatem dictæ ecclesiæ nostræ Claromontensis de facto et de jure ad plenum certificate, convocatoque specialiter propter hoc capitulo nostro Claromontensi, prædicta omnia universa et singula ex certa scientia dictis hominibus Billomi, et sancti Lupi, et eorum communitati consulibus prædictis, presentibus, et recipientibus pro se et nomine communitatis et singulorum dictæ villæ Billomi concedimus, et præmissis omnibus et singulis ex certa scientia de omnibus certificati ad plenum consensum et assensum etiam autenticum præstamus nostrum. In quorum omnium universorum et singulorum testimonium atque robur, et firmitatem plenissimam, et ut nulla super contentis in præsentibus previlegiis possit imposterum dubitatis, suboriri, Nos Frater Guido Episcopus supra dictus et nos Claromontense capitulum supradictum præsens privilegium, seu instrumentum sigillorum nostrorum munimine communivimus.

Præterea sciendum est quod ubicumque homo de usacgio dictæ villæ Billomi et corpus perdiderit, et ad mortem fuerit condemnatus, bona ipsius erunt in voluntate nostra, salva dote uxoris, et omni jure alieno.

Item, nos successores nostri solum si requirantur præstare debemus juramenta prædicta.

Item, illi soli judices nostri qui causas nostras ordinarias audient in dicta villa Billomi vel unam causam criminalem vel plures si a nobis et successoribus nostris, specialiter delegati contra homines de usacgio dictæ villæ, vel contra aliquem eorum audient supra dictum juramentum de quo præstando a judicibus nostris superius continetur, et tantum semel, scilicet cum primodictas causas incipient audire, præstare teneantur.

Nos vero consules supradicti nomine communitatis et dicta communitas confitemur et recognoscimus nos habuisse et habere jura communitatis nostræ prædicta privilegia et franchesias, et universa et singula supra dicta a dicto domino episcopo et prædecessoribus suis, et Ecclesia Claromontensi prædicta; in cujus rei fidem et testimonium nos dicti consules et communitas ad hoc specialiter congregati, sigillum dictæ communitatis nostræ huic apposuimus instrumento.

Datum anno domini millesimo ducentesimo octuagesimo, primo mense septembris, die Martis ante festum beati Mathæi apostoli et evangelistæ, scilicet sexto decimo kalendas octobris.

Quasquidem litteras et omnia in eisdem contenta rata, grata, et firma habentes, eas per præsentes perpetuo authoritate Regia, et ex plenitudine potestatis, de speciali gratia, et ex certa scientia, confirmamus, laudamus, ratificamus, volumus et etiam approbamus, salvo tamen in aliis jure nostro et in omnibus alieno; et ut hoc stabile, et firmum sit, et permaneat in futurum, præsentes litteras nostro sigillo fecimus roborari. Actum et datum in abbatia regali prope pontisarum, anno Domini millesimo trecentesimo quadragesimo, mense maii.

XVIII

Lettres patentes de Philippe-le-Bel

CONFIRMANT LA **Première paix** D'AURILLAC[1].

(Ann. 1288)

A tous ceus que ces présentes lettres verront: Pierre Saymel, garde de la prévosté de Paris salut. Nous faisons à savoir que nous, en l'an de grâce mil deux cens quatre-vingt et huit, le samedi devant karesme prenant, veismes les lettres notre seigneur le roi de France en la fourme qui s'en suit :

Ph. Dei gratiâ Franciæ rex, universis præsentes litteras inspecturis salutem. Notum facimus quoddudum orca materia questionis super pluribus et variis articulis, inter abbatem et conventum Aureliacensem, ex una parte, et consules et communitatem dictæ villæ de Aureliaco, ex altera; ipsæ partes tandem post multa dispendia et

---

[1] Vol. Ier, p. 270, note 4, et vol. II, p. 296.

longi temporis litigium, elegerunt et consenserunt, proborum virorum ductæ consilio, per viam compromissi ad concordiam devenire. Et super hiis inter ipsas partes jurato sollempniter compromisso, et facto in Eustachium de Bello Marcherio militem, senescallem Tholosæ. Qui Eustachius sic communiter electus, communicato bonorum et perito-rum consilio, tulit inter partes sententiam arbitralem. Quam sententiam primo à partibus approbatam, et aliquo tempore observatam, dicti abbas et conventus ex eo infringere nitebantur, quod dicebant, inclitæ memoriæ karissimo domino et genitori nostro Philippo Franciæ regi, non placuisse sententiam observari. Et super hoc ad nostram curiam questione delatâ, et partibus auditis, ipsam sententiam, prout lata erat, observari debere fuit per arrestum nostræ curiæ, etiam nobis consultis, sententialiter judicatum. Contra quod arrestum et judicium, iterato dicti abbas et conventus petierunt viâ supplicationis audiri. Qui ad hoc admissi, suas contrà dictum arrestum, et contra ipsam senten-tiam arbitralem rationes, quas voluerunt, proponere curaverunt ; ad istum finem, ut non obstante dictâ sententiâ arbitrali, nec etiam dicto arresto nostræ curiæ debebant in suo statu ipsæ partes litem prædictam, resumere sicut prius. Parte et procuratore ipsorum consu-lum et communitatis contrarium asserente. Quibus partibus et earum rationibus diligenter auditis, fuit per arrestum nostræ curiæ iterum judicatum : ipsam sententiam arbitralem, debere firmam, et illibatam de cetero ab ipsis partibus custodiri. Quare nos ex certa scientiâ, præ-dictas omnes sententias volumus et præcipimus in perpetuum observari. In cujus rei testimonium præsentibus litteris nostrum fecimus apponi sigillum.

Actum parisiis anno domini M.CCLXXXVIII mense februaro.

Et le transcrit de ces lettres nous avons scellé sous le scel de la prévosté de Paris, sauf le droit de chascun. Ce fu fait en l'an et le jour desus dis.

Collatio facta est diligentiâ P.-J. GISORS.

XIX

Ordonnance de Philippe-le-Bel

CONCERNANT LES OBLIGATIONS IMPOSÉES AUX BOURGEOIS NOUVELLEMENT
ÉTABLIS DANS LE CHATEAU DE NONETTE[1].

(Ann. 1290)

Philippe, par la grâce de Dieu, roy de France, à touz ceux qui
verront ces présentes, salut. Sachent tuit que nous voulons et octroyons
pour nous et pour touz nos successeurs que tuit cil qui sont et seront
bourgois de notre chastel de Nonette et des appartenances que ils
soient tenu de faire les choses qui s'ensuient. Premierement que
chascuns bourgois dudit lieu ou des appartenances soit tenus d'avoir
maison ou dit chastel ou ès appartenances en laquelle maison nous et
noz successeurs puissions prendre sis deniers de rente chacun an, à
touz jours mes. Et voulons que chacun dediz bourgois soit tenuz de
faire residence au commencement de sa bourgoisie ou dit chastel ou ès
appartenances un an et un jour tant seulement. Et se il avenoit que il
eust à faire en marchandises ou en autres besoignes dedens l'an et le
jour dessus dit, nous voulons que sa mesniee face residence pour lui
au dit lieu l'an et le jour dessus dit et que autant li vaille comme se il
avoit faite la residence en sa propre personne et aussi bien soit tenuz
chascun an de venir ou dit lieu a quatre festes c'est assavoir au Noël,
à Pasques, à la Penthecouste et à la Touzsaints et que il soit tenuz avec
tout ce de paier les autres choses qui sont accoustumées de paier au
dit chastel, c'est assavoir guet et maneuvre et ce fait qui est dessus dit.
Nous li donnons octroions et conformons les coustumes et les franchises de la bourjoisie dudit chastel de Nonette ensemble o alias ou toutes
les coustumes et les franchises que nous ou nos devanciers avons
otroiees à la ville de Loris en Gastineis diz nous metons eus et chascun
de eus et touz leurs biens et de chacun deus en nostre garde et en
nostre protection et deffense. Ce fu fait et donné à Paris l'an de grâce
mil deus cenz quatre-vins et dis ou mois de juing. (Archiv. nat. Sect.
hist. j. carton 1046).

[1] Voy. vol. 1er, p. 266, note 6.

XX

Charte de Montferrand [1].

(Ann. 1291)

Sensuyuent les priuiliéges, franchises et libertés donnés et octroyés ès Consulz, bourghoys, manans et habitans en la ville et mandement de Montferrand et ès appartenences d'icelle, par feu messire Loys de Beaujeu, chiualier, lors Seigneur dudict Montferrand, dans le chasteau de ladicte ville, le lundi amprès la feste Sainct Symon et Jude, au moys d'octobre, l'an de l'Incarnacion Nostre Seigneur mil deux cens quatre vingtz et onze ; lesquieulz, amprès ce que ladicte ville de Montferrand a esté vnye a la Coronne de France, ont esté confermés et ratiffiez par feu bonne memoire le Roi Phelippes, l'an (mil) trois cens et onze, et plusieurs autres Roys ensuiuans ses successeurs, jusques au Roy Charles qu'est a present, soubz la promesse et obligacion jurée de tous leurs biens et du royaume, et aussi de leurs officiers aud. Montferrand a perpetuel, de non jamais venir au contraire et de pouuoir estre contrainctz et conpellés sommairement et de plain et sans aucune figure de procès, par prinse vante et distraction de tous et chascuns leurs dictz biens et de leursdictz officiers a tousjours mais a entretenir et actendre tous et chascuns lesdictz priuiliéges sans jamais les enfraindre en aucune manière, par quelconque cause ou raison que ce soit. Et pour ce que lesd. priuiliéges qui sont beaulx et auctentiques ont esté trouués au trezor de ladicte ville escriptz en latin fort elegamment, et que par ce moyen ilz sont et ont esté par cy deuant incogneuz a la pluspart desdictz habitans, a cause de quoy n'ont esté gardés ne entretenus comme il appartient a leur grand interestz et doumaige, et plus seraient s'ils n'estoient autrement publiés ne magnifestés ou entenduz.

A ceste cause, nous Jehan Pradal, licencié en chascun droit, Consul l'année presente dudict Montferrand, auec sages hommes Loys Constancin, bourghois, George Escailhet, merchant, et Jehan Fauuel, laboreur, aussi Consulz de ladicte ville, désirans l'augmentation et entretennement des dons et priuiliéges dudict Montferrand, adce que dores-

---

[1] Traduite par Jehan Pradal. — *Voy.* vol. Ier, p 267.

nauant ilz ne se perdent ains soient gardés et obserués, comme raison
est, en ensuiuant la grant et meure deliberacion de tous lesdictz bourghois et habitans de Montferrand ou de la plus grande et saine partie
diceulx pour le present affaire plusieurs fois assemblez en plusieurs
Consulatz, selon qu'il est acostumé fere, auons, pour le bien de ladicte
ville, redigé lesd. priuiliéges de latin en françoys, en prenant la substance du latin, selon l'intencion des octroyans et le comun vsaige de
parler, au plus près que auons peu et sceu fere, saulue toute bonne
correction et l'interpretacion juridique des paroles ambiguës et invsitées
au consceil reseruée quant les cas le requerront, en la manière qui
s'en suit. Le vingt-cinquiesme jour d'aoust mil quatre cens quatre
vingtz et seze.

I. — Et premièrement sont et ont esté d'ancienneté lesdictz Consulz,
bourghois et habitans de Montferrand par priuiliége exprès en la protection et sauuegarde du Roy, ses vassaulx et mêmement subjects receuz en fidelité et serement, tellement quilz ne peuuent estre aliénéz
ne separez de la Coronne de France en quelque façon que ce soit, et
d'autresfoys l'Eschange et transport que fust faict de ladicte ville de
Montferrand par feu bonne mémoire le Roy Charles, que fust auant le
Roy Phelippes, a feu Monseigneur Loys de Clermont, duc de Bourbon
et conte de la Marche, a esté cassé et réuoqué à la plainte et doléance
desd. Consulz et habitans de Montferrand par ledict feu Roy Phelippes, dès le moys de juin mil trois cens et onze ; aussi ne peuuent estre
esloignez de lad. Coronne a temps ne apperpetuel.

II. — Item, Ont et peuuent auoir lesdictz Consulz, bourghois et habitans, a present et a perpetuel, Corps, comune, comunité, conuocacion,
congregation et assemblée, arche, maison et scel comuns, et toutes
autres choses que toute autre comunité de quelconque lieu ha et peut
plus anplement auoir de faict ou de droit, de priuiliége ou de coustume,
en quelque façon que ce soit.

III. — Item, Peuuent, lesdictz habitans deulx mesmes prandre et fere
vñg chascun an huit Consulz, lesquieulx doiuent estre le plus tost presentés audict Seigneur de Montferrand ou a son Chastellain et lieutenant ou au Baile de ladicte ville, qui est ou sera pour le temps advenir,
et lesdictz Consulz ainsi presentés, ledict Seigneur est tenu receuoir,
ou sondict chastelain, baile ou lieutenant, cellui deulx a qui premierement seront présentés et les rebelle ou rebelles contraindre, à la requeste des présentans, subir l'office de Consulat. Lesquieulx Consulz
ainsi receus sont tenus jurer qu'ilz se auront féablement en leurdict
office de Consulat enuers ledict Seigneur et aussi enuers les habitans et
tous autres dudict vsaige et mandement de Montferrand, sans y faire
fraulde aucune ne approprier a eulx aucune chose de ladicte comunité.

IIII.— Item, Peuuent lesd. Consulz auoir et prendre telz conseillers et en tel nombre qu'il leur plairra pour le gouuernement de ladicte ville et de leur chose publicque.

V.— Item, Et aussi peuuent lesditz Consultz vng chascun an a la fin de leur année, auant qu'ilz sortent de leur dict office, eslire et créer autres huit Consulz auec le conseil de leurs conseilliers pour l'autre an advenir, lesquieulx ilz sont tenus présenter au Seigneur ou Baile dudict Montferrand, comme dit est, et lesdictz presentés ainsi receuz jureront et sont tenus jurer, ainsi que cy devant a esté dit.

VI.— Item, Et pareillement sont tenus lesdictz Consulz ainsi presentés et receuz jurer, en labsence dudict Seigneur et de sondict Baile, en la maison et au lieu où ilz seront créez entre les mains de ceulx qui les auront ainsi créez et esleuz, qu'ilz feront et rendront bon compte de l'administracion qu'ilz auront en leur année ès futurs consulz et conseilliers, et aussi qu'ilz deffendront et garderont a leur pouuoir les droitz et priuiléges de ladicte comunité et leurdict office de Consulat féablement exerceront par vng an entier et qu'ilz feront et esliront autres huit Consulz par avant qu'ilz sortent de leurdict office, lesquieulx ilz presenteront comme dit est, et pareillement quilz ne retiendront aucune chose de leurdicte comunité amprès leurs comptes, ains les randront sans en riens retenir.

VII. — VIII.— Item, Et pour lentretennement des biens et heritaiges situez en la justice dudict Montferrand au proufit desdictz habitans, peuuent lesd. Consulz. ores et pour le temps aduenir, prandre et eslire en leurs années gardes ou gastiers, telz et en tel nombre qu'il leur plairra, a garder leursditz biens ainsi que l'office de garde ou gastier requiert, lesquieulx jureront a leur nouuelle entrée ès mains du Baile de Montferrand *item et ès mains desdictz Consulz*, que féablement ilz se auront en leur office durant le temps qu'ilz le tiendront envers ledict Seigneur et lesdictz habitans, et que féablement ilz garderont les biens et héritaiges estans dans la justice et mandement dudict Montferrand, et aussi jureront lesdictz gardes ou gastiers et sont tenus jurer les autres choses que l'office de garde ou gastier requiert.

IX.— Item, Et quand bon semble esd. Consulz ilz peuuent loisiblement oster et expelir lesdictz gastiers ou gardes et chascun d'eulx de leur office et en fere ou mectre vng ou plusieurs autres, ainsi qu'ils varront estre expediant, lesquieulx seront presentés et jureront comme cy dessus a esté dit. Et ne doiuent ne peuuent estre faictz ne créez audict Montferrand autres gardes ne gastiers.

X. — Item, Ont lesdictz Consulz et doiuent auoir ores et pour le temps advenir la garde dudict scel et des autres choses comunés et peuuent séeller du scel de ladicte ville quand bon leur senble, car ledict Seigneur de Montferrand le doit auoir et tenir pour auctentique et est tenu en icelluy adjouster plaine et entière foy quant ès choses scellées dudict scel entre les habitans de ladicte ville sur les différans ou affaires dudict Consulat et de la comunité dudict Montferrand. Toutesfoys la cognoissance et execucion des choses scellées dudict scel est réseruée audict Seigneur.

XI.— ITEM, Et semblablement peuuent lesdictz Consulz, qui sont de present et qui seront pour le temps aduenir, fere et instituer certain valet ou sergent pour citer et mander venir a la maison du Consulat ceulx que lesdictz Consulz lui diront estre citez ou mandés pardeuant eulx, sans ce que ledict sergent ait aucune autre conhercion pour raison et cause de ladicte citation.

XII.— ITEM, Et aussi peuuent lesdictz Consulz presens et aduenir fere et eslire vng ou plusieurs huches on cryés, et iceulx et chascun deulx oster et expelir et en leur lieu fere et instituer autres cryés et huches toutes et quantes foys ils varront leur estre expediant a cryer publicquement les vns et autres choses que se doiuent crier en ladicte ville de Montferrand. Lesquieulx huches et cryés jureront ès mains dudict Bayle, *item et ès mains desdictz Consulz*, que féablement ilz se auront en leur office enuers tous.

XIII.— ITEM, Tous les cryés et préconizacions que ce font audict Montferrand, contenans édit ou commandemant, permission ou prohibicion, ou autre quelconque senblable chose se doiuent fere et cryer de par lesdictz Baile, Consulz et preudommes de ladicte ville, et si autrement elles se font ne vouldront et ny doit estre aucunement obey. Toutesfoys les justices et executions de peines corporelles se pourront cryer de par ledict Seigneur seullement.

XIIII.— ITEM, Ont lesdictz Consulz de Montferrand pouuoir et puissance de mectre sus et inposer, toutes et quantesfoys il leur plairra, tailles et aultres mises de deniers comuns sur les habitans de ladicte ville et autres que sont et seront de l'usaige et mandement dudict Montferrand et en leurs biens et aussi ès biens immeubles des forainz situez et assis dans ladicte justice et mandement de Montferrand, telles que lesdictz Consulz et leursdictz conseilliers varront estre a fere ; et icelles tailles et mises de deniers pourront exhiger et leuer desd. habitans pour subuenir et poursuyure leurs causes et négoices et de leur dicte comunité. Et pour contraindre ceulx qui seront rebelles a payer lesdictes tailles et deniers le Baile dudict Montferrand est tenu, a la requeste desdictz Consulz, leur bailler vng sergent espécial pour gaiger lesd. rebelles et les contraindre à payer, sans prandre deulx aucun prouffit ne seruice par ledict Baile, ne aussi par led. sergent pour raison de ladite execucion. Et lesd. gaiges ainsi pris par ledict sergent, lesd. Consulz, de leur propre auctorité, pourront relascher et annuller ladicte execucion, et non autrement. Toutesfoys, si lesd. Consulz,

requis de relascher lesd. gaiges, n'en tiennent aucun compte, le Seigneur dudict Montferrand peut oyr le requerant et conplaignant, et
appelez lesd. Consulz, peut relascher lesdictz gaiges, si fere se doit,
selon ce qu'il aura esté proposé et allégué d'un cousté et d'autre;
excepté que si cellui qui aura été gaigé et executé paye son taux de
ladicte taille et mise de deniers au collecteur ou leueur desd. deniers,
desincontinant, sans aucune declaracion, doit estre degaigé.

XV. — Item, Lesditz Consulz presens et aduenir ne leurs collecteurs
ou leueurs ne sont aucunement tenuz des taillies, mises et autres
choses susdictes, ne d'aucune d'elles, ne aussi de leurs receptes, ne
despences, ne autres choses par eux administrées, faictes et non
faictes, compter ne randre compte deuant le Seigneur dudict Montferrand ne a sondict Baile, ne a aucun autre de ses gens et officiers,
et pareillement ne sont tenuz dire la quantité des choses dessus dictes
ne la cause pourquoi ilz les font ou les lieuent.

XVI. — Item, Ont et doiuent auoir à toujoursmais lesd. Consulz la
garde des portes, murs et muraillies, tours et foussez de ladicte ville de
Montferrand, et aussi des clefz desdictes portes et tours et pareillement la cure et garde des rues, places, chemins, voyes et lieux publicz,
estant dans ladicte ville tellement que pour raison desdictes choses ilz
ne peuuent par ledict Seigneur estre arrestés ne contrainctz a aucune
chose; toutesfoys peut ledict Seigneur, ses gens et autres que viendront pour luy audict Montferrand, toutes et quantes foys ils voudront,
y entrer et salir de leur propre autorité et sans consentement d'autruy,
et lesdits Consulz sont tenus leur ouvrir pourueu qu'ilz ne nuysent
indeuement a ladicte ville ne a aucun particulier d'icelle. Et s'ilz se
trouuent l'auoir faict, sont tenus l'esmender sommairement et de plain
et sans aucun delay. Et peut ledict Seigneur garnir lesdictes tours, tour-
nelles et murailles au temps de sa guerre ouuerte et notoire, ou de son
supérieur; laquelle guerre cessant, lesd. Consulz reauront la garde
desdictes choses comme parauant et ainsi que dit est.

XVII. — Item, Quiconque fera ou mectra empeschement ès choses cy
deuant dictes ou a aucunes d'icelles est tenu payer l'esmende audict
Seigneur, selon l'aduis desd. Consulz, et neantmoins celluy qui mectra
ou dounra ledict empeschement est tenu, a la requeste ou mandement
desdictz Consuls, hoster ledict empeschement dans le temps par eulx
ordonné, et s'il ne le faict, peut estre contrainct par ledict Seigneur ou
sondict Baile a hoster ledict empeschement incontinant a la requeste
desd. Consulz, somairement et de plain, et à ses despens, et sans aucun
seruice ou remunéracion ainsi que lesd. Consulz le diront ou diuiseront
audict Seigneur ou a sondict Bayle que fere ce doye.

XVIII. — Item, Et se par cas fortuit aduient aucune occuppacion ou
enpeschement ès choses des susdictes ou a l'une d'icelles au deuant

l'ostel ou ténement d'aucun ou a aucun des conduictz des rifz courans et passans par ledict Montferrand, ledict Baile est tenu, sans aucune chose prandre, contraindre, a la simple requeste desd. Consulz, celluy ou ceulx que lesd. Consulz diront estre tenuz a hoster et repparer lesd. choses ainsi que lesdicts Consulz ordonneront.

XIX. — Item, Ont lesdictz Consulz presens et aduenir la cure et gouuernement de tous les offices et mestiers qui sont en lad. ville, pourueu que a cause desd. offices et mestiers ilz ne touchent ne vsurpent en autres choses la juridiction dudict Seigneur, laquelle cure leur appartient ores et apperpetuel.

XX. — Item, Le Seigneur dudict Montferrand et soudit Baile et sergent dudict lieu ou autres quelzconques ses officiers, *item ne aucun d'eulx* ne autre quelconque ne peuuent gecter Gaige de Bataillie en la court dudict Montferrand ne ailleurs contre lesd. Consulz ne aucun deulx, *item* ne aussi contre ladicte comunité ne contre aucune d'icelle, et si de fait il aduient que ledict Gaige de Bataillie soit gecté, ne vault et ne doit tenir, ains est nul de soy mesmes sans autre declaracion, et peut estre refuzé d'estre pris par celluy contre qui ledict Gaige de Bataillie aura esté gecté, sans pour raison dudict refuz payer aucune esmende ne souffrir aucun doumaige, et encores s'il a esté pris ou accepté il peut loisiblement estre recuzé.

XXI. — Item, Les forains requerans ledict Gaige de Bataillie esdictz habitans de Montferrand pour le vuydange ou décision d'aucun differant ne doiuent point estre oys ne receuz. Toutesfoys, s'ilz sont appelez ou requis audict Gaige de Bataillie par ceulx dudict Montferrand, ils seront tenus y respondre, comme de raison.

XXII. — Item, Ont lesdictz habitans priuilliège exprez que par le Seigneur dudict Montferrand, par son Baile, ne aucun d'eulx, ne par autre quelconque pour ledict Seigneur, ne peut estre faicte aucune enqueste, inquisicion ne informacion quelconque contre lesdictz Consulz et ladicte comunité de Montferrand, ne contre aucun d'eulx, et si riens se faict au contraire est nul sans autre declaracion et ne peut aucunement nuyre esdictz Consulz et comunité de Montferrand.

XXIII. — Item, S'il aduient que aucun, de quelque part qu'il soit, accuse ou veuillie accuser en la court dudict Montferrand d'aucun crime quelconque, il soit aucun de l'usaige ou mandement dudict lieu. Audict cas l'accusateur sera tenu y proceder et fere selon la formule de droit escript, ainsi que ledict cas requerra ; et par ledict Baile ou ledict Seigneur sera terminé et decidé auec lesdictz Consulz. Autrement ledict accusateur ne soit aucunement oy en sadicte accusacion.

XXIIII. — Item, Nul ne doit estre receu à denoncer aucun crime ne aucun malefice en la court ne dans le mandement dudict Montferrand contre aucun habitant dudict lieu si le denonciateur n'est telle per-

sonne à laquelle ne soit leu ne permis par voye ordinaire de droit
accuser. Et audict cas le Seigneur dudict Montferrand, ou son Baile,
doit receuoir la denonciation dudict crime et delict, selon la qualité
dudict denonçant et dudict crime ou maléfice, a la requeste desd.
Consulz et de leur consceilh et non autrement, et ledict crime ou malefice trouué, doit pugnir et fere esmender, ou s'il n'est trouué ni adueré,
absoudre ainsi qu'il et lesdictz Consulz varront estre a fere. Et si
aucun denonçant ne s'appert sur le maléfice perpétré, lors ledict Seigneur ou Baile de Montferrand, à la simple requeste desdictz Consulz,
et auec leur consceil, et non autrement, doit fere dudict crime ou
malefice et proceder contre les personnes qui apparont l'avoir faict, en
les pugnissant ainsi qu'il et lesd. Consulz varront estre a fere.

XXV. — ITEM, S'il aduient que ledict Seigneur de Montferrand, son
Baile ou quelqu'un de ses familliers ou officiers, par quelque moyen
que ce soit, propose en ladite court ou dans le mandement dud. Montferrand contre aucun habitant dudict lieu et mandement telle chose
pour laquelle ou a l'occasion de laquelle s'en puisse leuer ou ensuyure
peine ou esmende pecunière ou corporelle, ledict Baile et ses sergents
et seruiteurs ne aucun de la familhe ou aussi dudict Seigneur ne seront
et ne doiuent estre tesmoings souffisans, et ne leur sera aucune foy
adioustée toutes et quantesfoys ledict cas eu autre quelconque aduiendra; sauf que s'il y a contencion ou debbat entre aucunes parties, lesdicts sergents, seruiteurs et familliers dudict Seigneur ou de sondict
Baile, pourront estre receuz a tesmoings, mais que auec eulx soit produit ung autre tesmoing ydoine et souffisant, qui ne soit aucunement
de ladicte familhie, conbien que encores len experast que amprès la
sentence ou accord ledict Seigneur en deust auoir quelque esmolument.
Toutesfois sont reseruées les autres obiections conpectantes contre
lesd. temoings et leurs dictz.

XXVI. — ITEM, S'il y a aucun condempné a mort naturelle ou ciuile,
ou encores bany seullement, tous ses biens incontinant doiuent estre mis
ès mains dudict Seigneur; et appellez auec lui lesdicts Consuls, ledict
Seigneur ou sondict Baile ou autre pour luy peut saisir lesdicts biens.
Toutesfois lesdictz Consulz auront et pourront auoir des mains dudict
Seigneur lesdictz biens pour payer et pacifier les debtes d'icelluy
condempné par leurs mains et dudict Baile, lesquieulx debtes payés
et pacifiés, le demourant et ce qui restera, doit estre randu par leurs
mains mesmes ès mains dudict Seigneur, pour en distribuer comme il
verra estre a fere a ceulx et en la forme et manière que veult le droit
escript, quelque costume non obstant.

XXVII. — ITEM, Nul, pris ou arresté dans ledict mandement de
Montferrand, ne peut et ne doit estre mis en torture, geyne, ne en
question.

XXVIII. — ITEM, Toutes et quantesfois il aduiendra que aucun sera trouué de nuyt ou de jour dans ledict mandement desrobant maison, grenier, cellier ou autre semblable ; bruslant ou mectant feu, rauissant ou commectant autre crime ou malefice, celluy qui le trouuera et autre quelconque peut et lui est leu et permis le prandre et amprès le bailler au Seigneur dudict Montferrand ou a ses gens. Et si le delinquant trouué ne se laisse prandre ains se deffende de cousteau, piarres, fuste, ou autre quelconque baston ou muniment inuaisible et dangereux, et que la mort, mutillacion de menbre, blessure, batement ou quelconque autre lesion ou blessement se face en la personne dudict delinquant, et que de ce que dit est en appare ou puisse apparoir souffisemment au dict et regard dudict Baile, et desdictz Consulz, ledict Seigneur ou son dict Baile, ou autre pour eulx, ne pourra ne deura à l'occasion des choses dessusdictes d'aucun exhiger aucune esmende, ne fere ou donner prinse, trouble, doumaige ne empeschement, ne aussi donner ou infliger aucune peine corporelle ; ains celluy ou ceulx qui auront recoureu et se seront mis contre et sur le delinquant seront absoulz des choses susdictes par ledict Seigneur ou sondict Baile, ainsy que ledict Baile et Consulz varront estre a fere. Et s'il ne peut des choses cydeuant dictes comme dict est, lors ledict Seigneur ou son Baile et lesdictz Consulz regarderont la qualité de celluy qui aura esté tué, blessé, ou mutilé, de quelle familhe ou renommée, alors le faict et autre chose diligemment regardés et considerés que telles et semblables choses doiuent estre regardés et considerés, ledict Seigneur ou son Baile sommairement et de plain l'en doit absoudre ou pugnir, ainsi que lesdictz Baile et Consulz varront que fere se deura.

XXIX. — ITEM, Et si sur la prinse et retention d'aucun malfacteur aucun ou aucune sont repris ou inculpés de négligence par ledict Seigneur ou ses gens, lesdictz inculpés et chargés seront et doiuent estre creus par leur serment en disant par leur serment auoir fait le pouuoir et possible en la prinse ou retention des malfacteurs, et que sans danger de leur personne ils n'eussent peu fere autre chose ou qu'ils n'ont oy les choses dessusdictes ; et auecques leurdict serment ilz seront immunés et excusés.

XXX. — ITEM, Si aucuns forains viennent d'allieurs dans le mandement de Montferrand pour forfère en aucune chose ou pour gaiger aucun indeument ou pour y fere ou donner autre doumaige et que sur eulx se soyent mis les gens dudict Montferrand, au moyen de quoy se soit icelluy ensuiuie mort, bature ou blessure, ou l'un desdictz inconuéniants, lesdictz habitans ne sont et ne doiuent estre tenus pour raison de ce audict Seigneur ne a ses officiers.

XXXI. — ITEM, Ledict Seigneur ne autre pour luy ne peuuent gaiger aucun dudict Montferrand de son vestement en rue, ne mectre aucune saisine, main mise, ou empeschement en aucune chose appartenant auxdictz habitans ou aucun d'iceulx si n'est appelé lesdictz Consulz, au moings l'un d'eulx d'iceulx, si pour lors ilz sont audict Montferrand; autrement ledict Seigneur peut procedder et empescher soit comme fere se deura, appeler les parties contendantes de ladicte saisine, auec cognoissance de cause procédant et non autrement. Et si autrement se faict ladicte main mise, saisine et main mise ne peuuent tenir et peuuent estre enfrainctes sans aucun danger.

XXXII. — Item, Le Seigneur dudict Montferrand, son Baile ne autre ne doiuent et ne peuuent gaiger aucun habitant au mandement dudict Montferrand d'aucune porte ne fenestre de son hostellerye, ne hostel auquel il sera demeurant, ne le fermer, ne aussy empescher l'entrée de la salle desdictz hostel ou hostellerye, pouruen que autrement il puisse estre gaigé dans ledict mandement d'autre chose gagheable et si le contrere se faict ne doit aucunement tenir.

XXXIII. — Item, S'il y a question ou débat entre aucunes partyes dans le mandement de Montferrand sur la possession d'aucune chose peuuent ledict Seigneur et sondict Baile ou autre pour eulx, si chascune desdictes partyes se dit estre en la possession de ladicte chose contentieuse de faict ou de droit. Non pourtant doit estre mise en la main pouruen que vn ou l'aultre desdictes partyes puisse incontinent monstrer ou justiffier par lesdictz Consulz ou les prochains voisins de la chose contentieuse de sa possession pardeuant le Seigneur dudict Montferrand ou que autrement il soit nottoire de sa possession; auquel cas icelle partie doit estre et sera deffendue en sa possession par le Seigneur ou sondict Bail et a l'autre partye contendant de ladicte possession soict faict droit. Et si par faulte de ladicte preuue ou de ladicte notoriété il aduient que la chose contentieuse soit mise ès mains dudict Seigneur ou de sondict Baile, elle doit estre incontinent baillée en garde esdictz auec ses fruicts; la despense desduite a la partye que obtiendra.

XXXIIII. — Item, Celluy que sera trouué et legitimement appréhendé dans ledict mandement en adultère, et que sur ce il soit legitimement conuaincu, il doit tout nud, auec la femme adulterane nue, audict et regard desdictz Baile et Consulz estre couru par ladicte ville de Montferrand, s'ilz ne veullent payer audict Seigneur ou a son Baile la somme de soixante solz; et audict cas, c'est ad savoir qu'ilz ou l'un d'eulx vouldroit payer ladicte somme, ne seront point accourus et seront *immunés.*

XXXV. — Item, Sy aucune p..... mariée vient dans ledict mandement de Montferrand, nul adulterans auec elle ne sera en riens tenu audict Seigneur ne a sondict Baile, si n'est qu'il soit maryé; Auquel cas doit estre faict d'eulx comme dit est en l'article precedant, c'est assauoir qu'ils seront courus tout nudz en ladicte ville ou qu'ilz ou l'un d'eulx payera la somme de soixante solz audict Seigneur ou a sondict Baile, si ledict adulterans est maryé, autrement non, mais qu'il puisse affirmer par serment ne scauoir ou ne croyre ladicte femme estre mariée a l'estranger ou foran. Doit estre creu par son serment s'il est maryé ou non.

XXXVI. — Item, Nul dudict mandement de Montferrand n'est tenu audict Seigneur ne a sondict Baile d'aucun coup ne de mort ne de quelconque autre cas fortuit, quoiqu'il en aduienne dudit cas, si ce n'est qu'il eust et apparut estre..... en coulpe, auquel cas doit estre faict selon ce que lesdictz Baile et Consulz varront estre affere.

XXXVII. — Item, Si vng cheual ou quelconque autre beste occize ou donne autre quelconque doumaige, de lui doit estre faict ainsi que par le droit escript est ordonné, quelconque costume nonobstant.

XXXVIII. — Item, Si lesdictz habitans ou les aucuns d'eulx, de propos deliberé, a trouué aucune chose a autruy appartenant, vallant en tout quatre deniers, et la retient ou la bailhe a autre qu'a celluy a qui elle appartient, pour raison de ce ne doit payer aucune esmende pouruen que le mesme jour qu'il l'aura trouué, luy estant audict Montferrand ou venu du jour en ladicte ville ou le lendemain, ou le plustôt que sera venu, rende ladicte chose on icelle presente ou reuelle audict Baile, laquelle chose amprès ce qu'il luy aura esté balhié lesditz Consulz garderont et doiuent garder l'espace d'un an au moings, ainsi qu'ilz varront estre affere, amprès doiuent la rendre audict Baile pour en fere ce que de raison ; mais celluy qui aura trouué sa propre chose ou celle qu'il aurait en garde ou celle qui serait de moindre valleur que desdictz quatre deniers n'est tenu la presenter ne reueller.

XXXIX. — Item, Ledict Seigneur dudict Montferrand ou sondict Baile ne autre pour eulx ne doiuent souffrir ne maintenir entre lesdictz habitans que l'un occie l'autre ne lui nuise, et si autrement se faict ladicte permission ou soubtiennement ne doit tenir ne aucunement pour raison de ce n'en doit estre et ne sera aucunement exempté. Aussy ledict Seigneur, sondict Baile ou autre pour eulx ne doiuent nourrir ne prolonger les causes et debbats desdictz habitans pour prix ne présent, ne sortir et traire aucuns habitants hors dudict Montferrand pour raison d'aucun procès, ne pour quelconque autre occasion, ne iceulx traire, citer ne detenir hors lesditz lieux pardeuant luy ne ses gens. Si le contrere se faict lesdictz habitans ne y sont et ne seront tenus respondre, ne obeyr, ne pour le refus de ce fere souffrir aucune peine.

XL. — Item, Ledict Seigneur, son Bailé, ne autre pour eulx ne doiuent et ne peuuent exiger ne leuer d'aucun plaidant en la cour dudict Montferrand aucune somme ne despens pour raison de quelconque cause ou procès introduict en ladicte cour.

XLI. — ITEM, Ledict Seigneur dudict Montferrand, son Baile, ne autre pour eulx ne doiuent prandre, saisir, empescher ne arrester les biens d'aucun trespassé que audict Montferrand n'a esté delinquant, ou que par crainte d'aucun crime par lui commis ne se soit occiz, ne iceulx biens dire ne maintenir estre siens ne lui appartenir, pourueu que ledict trespassé ayt laissé aucuns heritiers ou successeurs que de droict ou de cousteume luy peussent et veulent succeder par testament ou *ab intestat*, de quelque façon que ce soit, de quelque estat ou condicion que soit ledict deffunct et de quelque façon qu'il soit trespassé.

XLII. — ITEM, Si ledict deffunt en sa bonne mémoire a faict vne ou plusieurs donacions ou legatz a quelque lieu et quelque personne que ce soit, et que de ce il en puisse apparoir suffisamment, le don vauldra et tiendra, quelque costume non obstant. Et lors s'il ne appert aucun heritiers, successeurs, ne executeurs dudict trespassé, ses biens seront et pourront estre saisis par ledict Baile après lesdictz Consulz, lequel Baile les doit bailler et desliurer auxdicts Consuls par lesquieulx ou par leur mandement lesdictz biens seront et doiuent estre gardés; et par iceulx et ledict Baile les clameurs contre le deffunct mises seront paciffiées, et lesdicts legatz et donacions payées s'il appert suffisamment que par luy ayt esté donné ou laissé. Et s'il ne fait aucuns legatz ou donacions, amprès ce que lesdictes clameurs ont été paciffiées, le resideu et demeurant de ses biens, si aucuns en y a, lesdictz Consulz garderont et peuuent garder vng an entier, lequel passé s'il n'appert aucunement qui pour soy ne pour autre se dyent ou pretendent auoir droit esdictz biens dont ilz ne puissent justiffier vallablement et dès lors en auant lesdicts Consulz doibuent rendre le resideu ou demeurant audict Seigneur ou a sondict Baile, excepté les biens qui sans leur coulpe ont esté perdus et consommés; et si ladicte coulpe leur est objectée ou mise aduent, les Baile, Consulz et chascun d'eulx seront creus par leur serment, et aussy sur toutes et chascune les autres choses qu'ilz auront faictes et payées desdictz biens, et pareillement sur le compte et administration d'iceulx, lesquieulx Baile et Consulz doiuent estre et seront presentz esdictz afferes et negoisses sans autre preuue quelconque.

XLIII. — ITEM, Ledict testament redigé par escript ou sans escript, a la derniere vollonté, et aussy toutes donacions faictes par quelconque personne que ce soit, desquelles y peut apparoir par l'aduis et le regard desdictz Baile et Consulz, vauldront et tiendront inviolablement en tous lieux, doiuent estre gardés, et celluy ou ceulx qui sont institués ou faictz héritiers esdict testament seront preférés tant en la propriété que en la possession et saisine des biens et successions desdictz testateurs des quieulx partout sera question a tous autres venant ou voulant venir *ab intestat* en quelque et par quelconque cause que ce soit; reseruée toutesfoys aux enfants descendus desdictz testants et disposantz, si aucuns en y a, la legitime portion a eux deue de droit escript esdictz biens et successions; mais s'il aduient aucun trespasse *ab intestat* sans enfants et sans sœurs ne frères germains les biens et successions desquieulx il n'aura de sa vie aucunement disposé ne aliéné retourneront a l'estoc et a ceulx dudict estoc duquel seront prouenus, si aucuns il en a; et s'il n'y a aucuns dudict costé ou estoc suruiuant ilz seront a ceulx dudict mandement et vtsaige dudict Montferrand qui suiuant droit escript pourront succéder; queque coustume non obstant.

XLIIII. —. Iтем, Les filles qui seront mariées par leur père ou par leur mère ou autrement ascendant, ne les enfants d'elles ne succéderont et ne pourront succéder esdictz biens des père et mère ne ascendant *ab intestat*; mais qu'ilz ayent laissé aucuns enfants, masles suruiuants, ayent ilz filles à marier ou non qui leur veulle succéder seront les filles ainsi mariées et les enfants contentes de leur douaire et chancelle[1]; rézervés a elles et a leurs enfants les dons et legatz qui leur auront esté faictz. Si lesdictz père et mère ascendants n'ont dellaissé aucuns masles voullant succéder, lesdictes filles ainsi mariées par eulx et leurs dictz enfants leur succéderont et pourront succéder auec leurs autres filles a marier par esgalles portions en conférant leursdictz douhaires et chancelles.

XLV.— Iтем, Les sœurs mariées par leurs frères seront contentes de leur douhaire pour tous les biens que seront et pourront estre et qui ont esté et peuuent estre en quelque façon que ce soit communs entre eulx et le résidu demeurera a leursdictz frères et a leurs enfants perpetuellement. S'il aduient que ung desdictz frères trespasse *ab intestat* sans enfants, ses biens seront et appartiendront aux frères suruiuants et à leurs enfants entièrement, lesdites sœurs forclozes et totalement déboutées de ce que dit est et des biens du frère trespassé *ab intestat*; tiendra et aura lieu que desdictz biens de la sœur trespassée *ab intestat*.

XLVI. — Iтем, Si la femme mariée va de vie a trespas par aduant son mary, sans enfants d'elle, ou auec enfants qui trespassent *ab intestat*, la moitié des biens meubles dotaux demeureront a son dict mary et a ses heritiers a perpetuel, ou icelle pourrait exhiger et demander si elle n'a esté payée. Et la moitié desdictz biens meubles ensemble tous lesdicts immeubles dotaux retourneront du costé ou estoc duquel seront prouenus, si n'est que des dictz immeubles et moitié desdictz meubles ladicte femme mariée en eust autrement ordonné.

---

[1] Chambre de l'épousée; ses meubles et habits. — Ce vieux mot est resté dans le patois du pays avec la même signification.

XLVII. — ITEM, Toutes et quantes fois le Seigneur de Montferrand vouldra mectre Baile audict Montferrand il le doit mectre en la présence desdictz Consulz ou par ses lectres patentes adressées esdictz Consulz et a ladicte comunité de Montferrand, lequel Baile jurera entre les mains desdictz Consulz sur les saincts Esuangilles de Dieu de féablement garder et observer toutes les choses contenues en la presencte charte ou instrument, et quant a vng chascun qui aura besoigné deuers lui il fera et complira les choses dessus dictes et autres contenues en la presente charte, et que selon icelle il fera bon et brief droit esdictz Consulz et a vng chacun de ladicte comunité toutes et quantes fois droict fere se deura.

XLVIII. — ITEM, Les sergents seront créés et institués par ledict Seigneur dudict Montferrand ou son Baile en la presence desdicts Consulz, lesquieulx jureront entre les mains dudict Baile et Consulz que féablement ilz garderont et entretiendront toutes et chascune les choses ici contenues. Et si lesdictz Baile ou sergents sont autrement institués leur institution est nulle et ne doit tenir aucunement et ne leur sera ne deura estre obéy ne a aucun autre pour ledict Seigneur ou sondict Baile.

XLIX. — ITEM, En ladicte ville de Montferrand ne sera aucun dessus ne dessoubz ledict Baile, si n'est que ledict Seigneur veulle mectre vng sien lieutenant ou chastellain sur ledict Baile lequel puisse corriger les fautes dudict Baile, auquel sera recouru ou appellé par la faute dudict Baile; et aussy ledict chastelain ou lieuteuant dudit Seigneur jurera et sera tenu jurer le contenu en ces presentes ainsi que ledict Baile est tenu de jurer.

L. — ITEM, Si par lesdictz Baile ou lieutenant ou par le Seigneur dudict Montferrand les biens d'aucuns habitans de ladicte ville sont arrestés ou gaigés a luy pour ledict Seigneur, qui sera premier trouué pour l'empescher audict Montferrand faira et sera tenu fere la prouision et desgagement du droict sur icelluy ou a tout le moings relacion desdicts biens gaigés ou arrestés jusques à vn certain jour que par eulx sera signé pardeuant celluy desdictz officiers qui aura fait ledict arrest et gaigement, et si au dict jour il est venu il fera sur ledict desgaigement ou relaschement ce que sera et deura selon l'vsaige dudict Montferrand : ou autrement s'il n'est venu fera ledict Baile ce que dict est, ou ledict desgaigement ou relaschement tiendra jusques a ce que celluy d'entre eulx qui aura faict ledict arrest sera venu.

LI. — ITEM, S'il aduient qu'aucun habitant dudict Montferrand appelle dudict Baile audict Seigneur ou a son lieutenant ou dudict lieutenant audict Seigneur pour raison de ce ledict Seigneur de Montferrand n'aura et ne doit auoir aucune esmende sur ledict appellant; posé encore que par luy fust mal appelé.

LII. — ITEM, Nul dudict Montferrand et vsaige de Montferrand n'est tenu respondre pardeuant ledict Seigneur, sondict Baile ou sondict lieutenant, si n'est qu'il ayt complaignant contre luy faisant péticion ou demande a laquelle il soit tenu respondre; et quant requeste aucune se fera vng chascun a qui elle touchera sera tenu de soy deffendre selon les vsaiges et priuilliéges de ladicte ville.

LIII. — ITEM, Si aucun veult maintenir et debbatre en la cour dudict Baile n'auoir esté aucunement citté ne adjourné il en doit estre creu par son serment, si n'est que de l'adjournement se prouuast par le sergent qui l'aura faict auec un tesmoing idouhaine et suffizant ou par deux esquieulx sera creu et non au serment dudict deffendant.

LIIII. — ITEM, Ledict Seigneur, son Baile, ne autre pour eulx, ne peuuent et ne doiuent leuer aucune esmende ne deffaud par aucune contumace ne deffaud d'aucuns habitans au mandement dudict Montferrand, mais le défaillant peuuent gaiger et tenir gaige jusques a qu'il aura purgé sa conscience en proceddant au procès introduict.

LV. — ITEM, Le sergent que a faict aucun adjournement, aucune matière ou exécution dans la ville et bastiments dudict Montferrand, à la requeste d'aucun, doit prendre deux deniers tant seulement; mais hors les bastiments dudict Montferrand, toutefois dans le mandement et justice dudict lieu, il doit auoir six deniers tant seulement.

LVI. — ITEM, Ledict Seigneur ou sondict Baile pour clam ne doit auoir que trois solz seulement; toutesfois si celluy contre qui ladicte clam aura esté faicte confesse la demande contre luy faicte et du contenu en icelle il contente le demandeur dans xv jours, ou auant que ladicte demande soit contre luy faicte, ledict Seigneur ne son dict Baile, ne doit auoir aucun clam; mais si les partyes contendentz l'une contre lautre payeront ladicte clam et pareillement que icelles ne contendent poinct, ne payent la debte dans xv jours comme dit est.

LVII. — ITEM, Ledict Seigneur ou sondict Baile ne peuuent et ne doiuent leuer aucune esmende ne aucunes choses pour les clams jusques a ce que le complaignant et demandeur qui aura esté cause de ladicte clam sera payé et satisfaict, si le deffendeur est tant pauure que les biens ne puissent habonder pour le payement de la chose ou somme demandée ne de la clam et esmende. Toutesfois, si lesdictz biens sont suffisants pour tout payer, ledict Seigneur de Montferrand pourra auoir la clam et esmendes ainsi qu'elles seront deues et néantmoings le demandeur sera payé et satisfaict.

LVIII. — ITEM, Quiconque fera aucun bastement ou autre impulsion et forfaict malicieusement, dont le sang en suiue, pourueu qu'il n'y ayt mort, abecizion de membre, ne autre mutillacion perpetuelle, si sur ce en est faict complainte et que la cause soit legitimement conuaincue, il doit audict Seigneur de Montferrand ou a son Baile, la somme de III liv.

seulement pour l'esmende, et au blessé ou nauré doit satisfaire tant
sur ses despens que sur l'injure au regard desdictz Baile et Consulz.
Mais si du susdict bastement et forfaict ne s'ensuit aucune effusion de
sang, et qu'il soit petit et legier, ledict Seigneur, sondict Baile ne
autre auroit que II liv., toutesfois le blessé et batu sera satisfait
pour son interest, excepté celluy qui en gaghant son debte aura fet
ledict bastement ou forfaict, car il ne sera tenu payer aucune chose
audict Seigneur ne a sondict Baile, si n'est que autrement injurieuse-
ment il l'eust commis.

LIX. — Item, Celluy qui gaigera vng autre pour autre chose que pour
le doumaige et forfaict ou il soit trouué, ou pour autre de ses ecus ou
d'autre louage de maison, ou autre chose immeuble, ou pour raison de
ses deniers, esquieulx cas il est permis a vng chascun gaiger en tout
temps, il est tenu payer audict Seigneur ou à sondict Baile cinq solz
seulement pour la clam ou esmende et satisfera le gagé au regard
desdictz Consulz, pouruu que de ce en soit faicte plaincte ou doleance
et qu'il en soit conuaincu.

LX. — Item, Si le créancier par auctorité dudict Seigneur ou de
sond. Baile, faict prendre aucun gaige de son débiteur ou de son
plaige et fidejusseur ou de leur vouloir, il luy est leu et permis, huict
jours de terme de payer passé, vendre lesditz gaiges selon l'usance
dudict Montferrand ; mais si aucun terme n'est passé a fere ledict
payement, ledit créancier peut, tous les huit jours passés après lesdictz gaiges pris et receus, iceulx vandre et alliesner, et s'ilz sont
vendus en chascun desdictz cas pour le plus que le debte ne monte
ledict créancier est tenu randre la plus value audict Seigneur desdictz
gaiges; aussi s'ils ont esté moings vendus il pourra demander ce que s'en
faut.

LXI. — Item, S'il aduient qu'il soit en nécessité vendre aucuns biens
immeubles d'aucun débiteur pour satisfere a son créancier et qu'il ne
se trouue aucun acheteur qu'il veulle donner le juste prix desdictz biens
audict et regard desdictz Baile et Consulz, le créancier sera contrainct
d'achepter lesdictsbiens et les prendre pour le payement de ses deuz, a
justeprix audict et regard desdictz Baile et Consulz et sondict débiteur
seracontrainct lui fere ladicte vendicion et lui en bailler lectres suffi-
zantes, si n'est que ledict créancier ayme mieux attendre sondict debte
que prendre lesdictz biens en payement.

LXII. — Item, Toutes et quantes fois il aduiendra que le dict Seigneur ou son Baile fera prouuer aucun dudict Montferrand auoir faict
aucune recourse ou désobéissance ou auoir enfrainct aucune sauuegarde ou autre semblable forfaict, et qu'il soit prouué par témoings
ydoines et non prohibés légitimement, ledict accusé est teuu payer au
dict Seigneur ou à sondict Baile pour ladicte recourse une livre ; *item*

pour la désobéissance, 10 solz; *item* pour la sauuegarde enfraincte, 30 solz. Toutes fois, si par ignorance lesdictes choses ont esté faictes il ne sera tenu payer aucune chose si n'est que au moyen de la dicte sauuegarde enfraincte il a prins ou emporté aucune chose elle doit estre rendue et restituée au lieu où elle se trouuera prinse.

LXIII. — ITEM, Tout homme ou femme qui s'enfouira auec l'argent ou le bien d'aucun dudict Montferrand, si ledict fugitif est trouué dans le mandement dudict lieu, il pourra estre pris et arresté licettement par le premier qui l'aura trouué, mais s'il s'en est fouy hors ledict mandement dudict Montferrand et en autruy seigneurie, ledict Seigneur et sondict Baile et tous autres dudict Montferrand le doiuent suiure et ayder a recouurer les choses et biens par la fuite emportés.

LXIIII. — ITEM, Ung chascun qui sera trouué et aprehandé de jour en autruy gast doumaige ou forfaict, doibt payer audict Seigneur deux solz seullement, ou vne. . . . pour l'esmende a son élection; et si de nuict il a esté surprins et trouué, doit payer III liv., tant seullement. Et en chascun desdictz cas, s'il a esté trouué de jour ou de nuict par les gastiers, il est tenu payer douze deniers, et sur ladicte deprehencion faicte de nuict, le gastier doit estre creu par son serment auec un autre tesmoing ydouhaine : et si par autres deux tesmoings ladicte deprehencion auoit esté faicte par autre que par ledict gastier, il payera ce que dict est, et en oultre est tenu payer le gast et doumaige faict a celluy qui l'aura souffert, selon qu'il l'estimera par son serement.

LXV. — ITEM, S'il aduient que aucun occie la beste dautruy, quelconque elle soict, en son gast ou dommaige qui i l'eust bien peu clorre en bonne façon sans occire ne tuer, il est tenu payer ladicte beste selon l'estimacion que fera celluy à qui elle appartient par son serement, et si doit payer audict Seigneur cinq solz pour l'esmende, seullement si plainte en est faicte; mais si par ignorance et sans malice il l'a tuée, il ne est tenu payer aucune chose pour l'esmende, toutesfoys il doit payer ladicte beste audict et regard desdictz Baile et Consulz de Montferrand.

LXVI. — ITEM, Quiconque aura trompé et deçu autre habitant de Montferrand en bailliant faulce monoye, or ou argent, il lui est tenu payer son interest, la faulceté trouuée, selon qu'il le jurera auoir esté interessé ; et si sciemment et malicieusement il la faict, outre ledict interest, doit estre pugny ainsi que lesdictz Baile et Consulz varront estre a fere.

LXVII. — ITEM, Vng chascun qui vsera sciemment de faulx poidz, faulces mesures quelconques elles soyent, audict Montferrand, est tenu payer audict Seigneur sept solz seulement pour l'esmende, ladicte faulceté trouuée, sauf interest et doumaige de celluy qui pour raison de ce auroit esté interessé ; sur lequel interest et doumaige il doit estre creu par son serement.

LXVIII. — Item, Vng chacun habitant dudict Montferrand peut et luy est loisible auoir toutes facons de poidz et de mesures justes, desquieulx il peut vser franchement et sans licence, tant en ses choses que d'autruy.

LXIX. — Item, Si aucun outraige est faict verballement en l'assise dudict Baile ou du lieutenant dudict Seigneur, il doit estre esmendé et reparé audict Seigneur par sondict Baile auec le conseil desdictz Consulz.

LXX.— Item, Vng chascun qui dira a l'autre injure et outraige hors ladicte assise le Seigneur ne doit auoir aucune esmende mais doit auoir la clam, seulement si plaincte en est faicte. Toutesfois ledict accusé doit esmender a l'injure ainsi que le droit veult au regard desdictz Baile et Consulz, et si ledict injuriant accusé est personne vile et de petit estat et condicion, ledict Seigneur ou sond. Baile, ait il plaincte ou non, est tenu fere esmender a celluy qui est outraigé par ledict injurient, accusé de son corps ou de ses biens, au dict et regard desditz Baile et Consulz.

LXXI. — Item, Si les sergens ou les aucuns d'eulx dient aucune injure ès habitans dudict mandement de Montferrand, ou ès aucuns d'eulx ou qu'ilz les batent et ampres lesdictz habitans dient esdict sergent ou sergens autres injures quelzconques, ou iceulx batent ou frapent ou l'un d'eulx, ledict Baile est tenu fere repparer ou esmender esdictz sergens sommairement et de plain l'injure par eulx dicte, comme lesdicts Baile et Consulz varront estre a fere ; et du batement par eulx faict, ledict Baile le fera repparer et esmender esdictz sergens en leurs corps ou en leurs biens, ou par la priuacion de leur office, ainsi que lesdictz Baile et Consulz varront estre a fere. Item, nul sergent dudict Seigneur, ne aussi ledict Seigneur ou son dict Baile ne doiuent estre receuz pour aduocatz contre les habitans dudict Montferrand ne aucun d'eulx.

LXXII. — Item, Ledict Seigneur et sondict Baile ne peuuent contraindre aucun pour tesmoniaige contre son père, sa femme ne ses enfans, ne contre certaines autres personnes contre lesquelles de droit escript nul ne peut estre contrainct porter tesmoniaige ; et s'il est contrainct porter contre autres personnes, il doit auoir ses despens auant quil deppose telz que seront tauxés par lesdictz Baile et Consulz de Montferrand.

LXXIII. — Item, Tout habitant audict mandement de Montferrand qui est ou sera saisi d'aucune chose laquelle quelcun maintieigne luy auoir esté desrobée ou prinse indeuement et sans raison, doit estre creu et excusé par son serement en disant ou allégant cause valable ou

tiltre soufisant pour la conseruacion de sa bonne fame et renommée
seullement, et en ce faisant doit estre tenu quicte de l'esmende : si
n'est qu'il soit par autre directement accusé de larrecin ou de maul-
uaise prinse touchant ledict saisissement, ou qu'il soit si vehemente-
ment suspectionné dudict cas que pour raison d'icelluy, il soit par
ledict Bayle poursuyui, auquel cas ne doit point estre excusé par sondict serement, sinon que au contraire il preuue sa bonne fame et
renommée. Toutesfois, celluy qui demandera ladicte chose trouuée et
saisie, laquelle il dira estre sienne et a lui appartenir, sans autrement
accuser le cas, et qu'il en justiffie souffisement, il la pourra et deura
recouurer liberallement, en rendant seulement et remboursant les pos-
tures et despences en icelle faictes sans fraude ne malice, si aucunes
en ont este faictes au dict et regard desditctz Baile et Consulz de Montferrand.

LXXIIII. — Item, Si aucun habitant audict mandement est suspe-
cionné d'auoir faict ou commis aucun crime ou forfaict, moyennant son
serement, il doit estre excusé et sera faict de luy ainsi qu'il a esté dit
dudict saisinement en l'article precedant.

LXXV. — Item, Nul dudict Montferrand, soit frere ou seur comuns
en biens, n'est aucunement tenu pour raison d'aucun contract faict ou
cellebré par sondict frere auec vng autre, ne pour raison de ses biens
aucunement obligés, si n'est pour autant que ledict contract sera con-
uertu a son propre vsaige et vtilité, ou que par auctorité dudict Baile,
auec le consentement desdictz Consulz, icelluy contract ait esté faict.

LXXVI. — Item, Quiconque prendra tutelle, curatelle ou autre administracion d'autruy dans ledict mandement de Montferrand, il est tenu
fere inuentaire des biens et d'iceulx randre le compte ainsi que lesdictz
Baile et Consulz uarront estre a fere, sauf toutes voyes et reserué qu'il
ou son négociateur et facteur doiuent estre creuz par leurs serements sur
les menues et petites mises ou receptes sans autre preuue.

LXXVII. — Item, Les transhactions, compromis ou amyables compo-
sicions et telles semblables pacifficacions ou accordz faictz ou faictes
entre aucunes parties contendans de quelques biens ou paroles litigieuses en la court dudict Montferrand sur les questions, causes et
debbatz d'entre eulx vauldront et tiendront pourueu que de ce en soit
faicte foy entiere, conbien que n'aient esté faictz ne faictes en ladicte
court, ne deuant ledict Seigneur, ne sondict Baile, ne de leur licence
et consentement : et si ne doit auoir ledict Seigneur aucune esmende
ne autre droit, si n'est là clame, la plaincte faicte, au cas quelle soit
deue, ou l'esmende si aucune y escheoit.

LXXVIII. — Item, Le Seigneur ne la Dame dudict Montferrand,
leur Baile ne aucun d'eulx, ne autre pour eulx, n'ont et ne peuuent
auoir dans le mandement dudict lieu, ne sur les habitans en icelluy ne

aucun d'eulx, aucun albenaige, queste, taille, colte ne achept, ne aucun autre droit, ne seruice forcé ou contrainct, ne aussi en leurs biens, ne autres choses a eulx appartenans, et auec ce ne peuuent et ne doiuent lesdictz habitans, ne aucun d'eulx, estre contrainctz bailler aucune chose du leur ni de ce qu'ilz ont ou auront en leur garde ne les leur prester, vandre, louer ou changer, donner ne autrement les bailler ou aliéner, ne receuoir aucune chose d'eulx, ne aussi appuier aucune choses en leurs maisons ou autres choses a eulx appartenants. Et si contre la volonté desdictz habitans, ou d'aucun d'eulx, aucune chose leur est faicte ou actemptée au contraire, ilz et chascun d'eulx y peuuent sans peine ne esmende contredire et résister.

LXXIX. — Item, Les hommes dudict mandement de Montferrand, pour chascun feu ou il y aura homme et non autrement, sont tenuz suyure leurdict Seigneur ès armes et en la guerre par vng jour aleurs despens, pour la garde et tuicion de son corps s'il en a craincte vraisemblalement, et pour cas de fellonie et exheredacion dudict Seigneur, et aussi toutes et quantes fois vraisemblablement il en aura a fere pour chacun desdictz cas; mais oultre vng jour, ledict Seigneur leur est tenu fere les despens. Et qui ne y vouldra aller auec lui, il est tenu y enuoyer pour luy vng homme armé ydoine et souffisant; et si ledict Seigneur a affaire vray senblablement de l'ayde d'aucuns hommes armés pour la garde et tuicion de sa terre, de sa femme ou d'autre en Auvergne, lesdictz habitans lui sont tenus enuoyer soixante hommes, armés et habillez, ès despens dudict Seigneur tant pour leur demeurance que peur leur aller et venir. Toutesfois une seule pouure femme, tenant feu et lieu audict Montferrand, n'est point tenue ès choses dessusdictes en aucune manière.

IIIIxx. — Item, Les Seigneurs dudict Montferrand n'ont et ne peuuent auoir dans le mandement dudict lieu aucune garenne, ban ne bandie aucune de vin ne d'autre chose quelconque, ne aussi ès vendanges ne ès autres choses ou biens, appartenans ès habitans dudict Montferrand.

IIIIxxI. — Item, Ledict Seigneur, son Baile, ne les autres dessusdictz ne doiuent et ne peuuent mestre dans ladicte ville de Montferrand aucuns forains, hostelliers ne autres estrangiers, sans le consentement desdictz Consulz, pour nuyre à ladicte ville; et s'ilz y font doumaige, ledict Seigneur est tenu l'esmender et reparer.

IIIIxxII. — Item, Aussi ne doiuent et ne peuuent rompre, empescher ne venir au contraire des gaigemens, louaiges et obligacions qu'ilz auront faict a l'un des habitans dudict lieu, ains sont tenuz les deffendre et conserver et peut celluy desdictz habitans en fere comme si vng autre priué eust besoigné auec eulx.

IIIIxxIII. — Item, Nul dudict mandement de Montferrand ne peut estre gaigé des instrumens desquieulx il laboure et trauailhe pour acquerir et soubstenir sa vie.

Item, Et pareillement, nul habitant de Montferrand ne peut estre gaigé en sa maison ou il aura femme gisant d'enfant, ou qu'il sera malade detenu en griesue maladie. Aussi ne doiuent estre gaigées les femmes de leurs litz propres esquieulx elles couchent et gisent quant autres gaiges se peuuent trouuer.

IIIIxxIIII. — Item, Tout merchant estrangier et autre quelconque sont et doiuent estre seurs et aussi les choses et biens qu'ilz pourteront ou conduiront audict mandement de Montferrand, tant qu'ilz y vouldront demeurer, et soy regir et gouuerner selon les droits et vsances de ladicte ville, reserué ce que cy ampres est dit des forains : et s'ilz ou aucun autre dudict mandement s'en veult aller dudict Montferrand, et soy transpourter ailleurs, ilz le pourront faire seurement, sans aucune licence, et empourter leurs biens lesquieulx ledict Seigneur et ses gens sont tenuz garder et deffendre, ensemble leurs personnes, par toute sa terre de Montferrand, et le demeurant de leurs biens qui restera dans ledict mandement sera en seurté tant qu'ilz y se vouldront regir et gouuerner selon le droict et vsaige dudict Montferrand comme deuront, sauf et reserué les choses dessus dictes.

IIIIxxV. — Item, Si aucun forain ou estrangier merchande quelque chose, quelconque elle soit, dans le mandement de ladicte ville, vng chascun dudict lieu qui se trouuera audict marché et aussi leurs valetz et seruiteurs peuuent auoir part audict marché, si part ilz y veulent auoir ; et aussy celluy en la maison duquel le marché se fera, si bon luy semble. Mais ne sera pas ainsi au cas contraire, car si le forain ou estrangier se trouue au marché que fera l'un desdictz habitans audict mandement de Montferrand il n'y aura part aucune : posé qu'il la y veuilhe auoir.

IIIIxxVI. — Item, Si aucun dudict mandement et vsaige de Montferrand est deçu en quelque contract ou marché par luy faict jusques au tiers du juste pris, s'il s'en plainct audict Seigneur ou a son Baïle dans huit jours, ledict contract ou marché sera et doit estre reuoqué et tenu pour nul et de nulle efficace et valeur.

IIIIxxVII. — Item, Vng chascun dudict vsaige et mandement peut et luy est leu et permis vendre et distraire tous et chascuns les biens qu'il a sans licence et sans aucune crié ne preconisacion ; et s'il a maison qui soit sienne propre dans ledict mandement de Montferrand, il n'est tenu payer audict Seigneur pour lesdictz biens aucun peaige ne layde.

IIIIxxVIII. — Item, Quiconque dudict mandement aura joy et vsé paisiblement et par bonne foy aucune chose ou heritaige dans ledict mandement de Montferrand l'espace de dix ans entiers et continuelz, comme sienne, sans auoir fally d'obeyr et ester a droit sur icelluy en la court dudict Montferrand, dès lors en auant luy doit demeurer, sauf le cens et directe dudict Seigneur. Et si ampres ledict temps il est mis en procès par aucun pour raison dudict heritaige, le demandeur ne peut et ne doit estre aucunement oy, ains luy doit estre imposé scillance apperpectuel, si n'est que ledict demandeur fust dans ledict temps mineur de quatorze ans, ou absent du pays, ou tel que par l'enpeschement de son corps ou par la subgection d'autruy ou autrement fust tellement enpesché qu'il ne l'ait peu demander; car lors il doit estre oy et luy doit estre faict droit selon l'vsaige dudict lieu. Et ainsi est et doit estre faict entre freres et seurs et autres quelzconques de ligniaige qui vouldront demander partaige des biens comuns et autres, quant ilz auront demeuré separés les vngs des autres a part l'espace de dix ans paisiblement; car a ce ne seront et ne doiuent point estre oys, conbien qu'ilz alleguent n'auoir auoir parti ne faict partaige entre eulx.

IIIIxxIX. — Item, Tout homme qui viendra audict Montferrand, de quelque estat et condicion qu'il soit, s'il y a demeuré vng an entier des lors en auant il pourra paisiblement demeurer pouruen quil soit Crestien, comme vng chascun autre dudict Montferrand, de franche condicion, et ne sera tenu de respondre a aucun, si n'est a l'usaige dudict lieu, ne pourra estre trauailhé par aucun pour raison d'aucune servitute.

IIIIxxX. — Item, Les bailz et inuestizons ou aisances que le Baile dudict Montferrand a faict et fera doresnauant sur quelzconques actes, contractz ou negoices, vauldront et tiendront et seront gardées comme si par le Seigneur mesmes eussent ou fussent esté faictes, baillées, ou investies.

IIIIxxXI. — Item, Vng chascun qui prendra aucun vaccant ou *peazo* dans le mandement dudict Montferrand est tenu y ediffier ou icelle clourre dans an et jour, et ampres, jasoit ce que ledict ediffice ou clousture elle cheoit et tunbe en hermite ou friche, toutefois ne la perdra point, pouruen qu'il en paye le cens deu audict Seigneur ou a sondict Baile.

IIIIxxXII. — Item, Les vaccans ou *peazos* qui sont baillez au chemin doiuent auoir six brasses de longueur et huit brasses de largeur, et les autres qui seront hors le chemin doiuent auoir chascune d'elle douze brasses de longueur et six brasses de largeur, et en chascune d'icelles le Seigneur doit auoir, vng chascun an, vne quarte froment de cens, comme il a en la pierre qu'est jouxte la chapelle dudict Montferrand; laquelle quarte froment vng chascun qui la payera la pourra razer et aussi toutes les autres mesures deues audict Seigneur par quelconque cause ou raison que ce soit. Toutesfois, ledict Seigneur en a baillé par adsance aucunes vaccans, *siue peazos*, dudict Montferrand en cens d'argent, a plus et a moins de blé et aucunes plus grandes et autres moindres quil n'est dict cy dessus. Et si sur aucune chose de ce que dit est y a question ou debbat entre ledict Seigneur ou ses gens d'une part, et le possesseur ou possesseurs desdites vaccans d'autre, le possesseur s'il la eue par succession et veult jurer que luy et ses predeccesseurs ont tenu et possedé ladicte vaccant l'espace de dix ans, tant luy que celluy dont il la eue auec un tel cens, ou s'il la achaptée audict cens, il en sera creu par son serement par ledict Seigneur ou sondict Baile et demeurra en paix.

IIIIxxXIII. — Item, Si sur le payement d'aucun cens deu audict Seigneur y a question ou debbat s'il a esté payé ou non, celluy qu'il dira auoir payé ledict cens en sera creu par son serement d'ung an. Et si ledict cens est demandé par ledict Seigneur d'aucun temps auant trois ans passez le tenancier de l'eritaige en sera aussi creu par son serement.

IIIIxxXIIII. — Item, Vng chascun qui aura achapté ou achaptera maison ou autre heritaige mouuant du cens dudict Seigneur il payera et sera tenu payer douze deniers pour liure de vantes, auec lesquelles vantes ledict Seigneur ou sondict Baile, le plus tost qu'il sera requis, est tenu inuestir l'achapteur et sceller les lectres sur ce faictes et passées sans aucune retencion ne detencion d'icelles et sans aucun autre gain ou seruice quelconque.

IIIIxxXV. — Item, Si aucunes choses mouuant du cens ou du fief dudict Seigneur sont gaigées ou empeschées ampres quatre ans, quant ledict Seigneur sera requis il les doit bailler et rendre sauf son droit; mais dans les quatre ans, s'il en est requis, il n'en doit auoir pour raison dudict gaigement ou empeschement aucun droit ne deuoir.

IIIIxxXVI. — Item, Ceulx qui ont dans ledict mandement de Montferrand aucuns biens meubles ou immeubles, debtes ou autres biens quelzconques, ne les pardront aucunement par quelconque guerre, discorde ou debbat qu'il ou son Seigneur aura, ou aucun autre contre le Seigneur dudict Montferrand, ou ses gens et subgects, ou autres quelzconques, et ne peuuent estre saisis ou arrestés sesdicts biens. Et s'il veult mectre sesdictz biens audict Montferrand ou les en sourtir, ilz seront seurs et doit estre secoru par ledict Seigneur, son Baile, sergens et les Consulz dudict Montferrand.

IIIIxxXVII. — Item, Le Conte Guillaume et la Contesse sa mere ont donné le mounastaire et cymitière de Montferrand a Sainct-Robert de la Chaize-Dieu, librement et franchement, et soubz telle conuenance que nul n'est tenu de donner sa sepulture audict mounastaire ne aucune chose pour raison de sa dicte sepulture, si n'est que de son franc vouloir il y vueilhie donner.

IIIIxxXVIII. — Item, Vng chascun qui promet aucun gain licite a aucun habitant dudict Montferrand il est tenu le bailler et ne le peut recouurer aucunement.

IIIIxxXIX. — ITEM, Les changeurs demeurans audict Montferrand ne peuuent aucunement estre gaigés de leurs tableaux, ne depuis leurs estaulx jusques en leurs maisons ou ilz demeureront.

C. — ITEM, Vng chascun qui fera ou aura faict quelque mise ou gaigement a perdre ou a gaignier, s'il pert, il n'est tenu donner s'il ne veult, sinon vng sextier de vin : de quelque quantité ou qualité que ladicte mise ait esté faicte.

CI. — ITEM, S'il aduient que les biens d'aucun dudict Montferrand viegnent ou soient en la terre ou puissance dudict Seigneu, ou de ses amys ou ennemys, par quelque facon, et qu'il ou ses gens les puissent recouurer, ilz sont tenus les rendre a celluy de qui sont sans prandre d'eulx aucun gain ne seruice.

CII. — ITEM, Le laidier qui louera la laide dudict Montferrand, est tenu jurer en la presence desdicz Consulz que feablement et sans fraude il se aura au leuaige de ladicte laide, et que pour bailler ou prester la quarte a mesurer il ne prandra aucune chose et que loyaulment il se aura en sondict office enuers tous. Et en cette forme et manière est tenu de jurer le peagier commis à leuer le péaige.

CIII. — ITEM, Vng chascun vendant audict Montferrand cheual ou jument, mule ou mulet, s'il doit layde, il est tenu payer pour chascune desdictes bestes quatre deniers.

CIIII. — ITEM, Et pour asne ou anesse, beuf ou vache, venduz, d'ung chascun ung denier de leide.

CV. — ITEM, Pour douzaine de berbiz ou de moutons, de chièvres ou cheureaulx venduz, un denier de leyde et autant de la douzaine de peaulx desdictes bestes; et de cuyr de beuf, vache, cheual ou mulet, vne malhe.

CVI. — ITEM, Vng drappier, pelletier, courdonier, et tout aultre merchant estrangier vendant et marchandant es foyres et marchés dudict Montferrand, vng chascun d'eulx est tenu payer six deniers pour an de leyde, c'est a scauoir deux deniers a chascune foyre.

CVII. — ITEM, Vng chascun merchant qui vient audict Montferrand pour vendre aucune danrrées ou marchandises n'est tenu payer aucune leyde s'il ne vend de sa marchandise : posé qu'il l'ait desliée.

CVIII. — ITEM, Tout poissonnier qui a acoustumé venir vendre audict Montferrand est tenu payer quatre deniers de leyde vng chascun an.

CIX. — ITEM, De chascune charge ou charretée de poisson, six deniers.

CX. — ITEM, De chascune charretée de Madière un denier de leyde.

CXI. — Item, Pour charretées de cercles vne faisse ne trop grande ne trop petite, mais moyenne, de leyde.

CXII. — Item, Pour charretée de bois, deux pièces de bois de leyde.

CXIII — Item, Pour charretée de potz de terre et de semblables vaisseaux, vng denier.

CXIIII. — Item, D'un charroir vendu vng denier.

CXV, — Item, D'une charge ou somade de pomes, poyres et autre fructaige, vne mailhe.

CXVI. — Item, Vng chascun qui a acoustumé vendre fromaiges audict Montferrand doit bailler vng chascun an six deniers de leyde; autrement ne sont tenuz riens payer.

CXVII. — Item, Pour meule de moulin vendue, deux deniers de leyde.

CXVIII. — Item, D'un chascun sextier froment, auoyne : orge et autre senblable grain vne conge de leyde, laquelle doit estre telle que les huit facent la quarte de la grandeur qu'est la Quarte de piarre estant auprez la chapelle dudict Montferrand.

CXIX. — Item, De chascune coite et de chascune toile que se vend au col vng denier de leyde, si n'est que le vendeur eust acoustumé les vendre en boutïcque audict Montferrand; auquel cas doit payer seullement six deniers pour an, c'est a scauoir deux en chascunes foires.

VIxx. — Item, Pour sarreuze vendue vng denier; et qui vend ordinairement en boutique deux deniers de leyde.

VIxxI. — Item, Vng coustellier et vendeur de forces et de senblables choses deux deniers pour an.

VIxxII. — Item, D'une gebessière ou gibas venduz vng denier.

VIxxIII. — Item, Les bouchiers qui ordinairement vendent char audict Montferrand, vng chascun an, chascun d'eulx doit payer deux solz ou une cuysse de vache de leyde.

VIxxIIII. — Item, Chascun bolángier vendant pain ordinairement doit payer trois deneréez de pain vng chascun an, s'il n'a maison dans ledict mandement de Montferrand ; car vng chascun y aiant maison, et de quelque part qu'il soit, en nul cas n'est tenu payer de sa danrée ou merchandise peaige ne leyde.

VIxxV. — Item, Qui vendra comunement poye doit payer chascun an deux masses de poye pour leyde.

VIxxVI. — Item, Pour chascun sextier de sel vendu doit estre payée une poignée de sel pour leyde et autant pour le terraige.

VIxxVII. — Item, Vng chascun qui doit leyde audict Montferrand, s'il scet icelle deuoir et la retient plus de huit jours, il est tenu payer auec la leyde sept solz d'esmende seullement : et néantmoins il est tenu payer la leyde. Toutesfoys si dans lesdictz huit jours il paye la leyde, ou qu'il notiffie au leydier icelle deuoir, il est tenu randre la leyde sans en payer aucune esmende. Et s'il est debbat de ladicte leyde pour scauoir si elle a esté payée ou non, celluy qui dit l'avoir payée en doit estre creu par son serment. Si aucun retient par ignorance la leyde, en icelle payant doit estre quicte sans en esmander et sur ce en doit estre creu par son serment.

VIxxVIII. — Item, Si dans ledict mandement de Montferrand se faict aucun achept ou aucune vante entre quelzconques personnes que ce soit, de quelque chose non estant dans ledict mandement, il n'est deu aucune leyde si n'est que amprès ladicte chose vendue fust randue a l'achepteur dans ledict mandement, car lors ladicte leyde doit estre payée.

VIxxIX. — Item, S'il aduient que le Seigneur ou la Dame dudict Montferrand ou leur Baile, sergens ou autres leurs gens, facent aucune chose a aucuns desdictz habitans contre les priuilliéges dudict Montferrand ou en ses biens, vng chascun en peut poursuyure ledict coulpable, lequel est tenu esmender le doumaige et l'injure et aussi les despens a cellui qui aura esté injurié, selon son serment, et selon l'extimacion qui en sera faite par lesdictz Consulz et aussi par celluy que sera par ledict Seigneur : pourueu qu'il ne soit coulpable dudict cas.

VIxxX. — Item, Tous et chascuns les cas que aduiendront audict Montferrand que ne se pourront terminer par les ordonnances et priuilliéges dudict Montferrand se pourront et deuront vuyder par le Seigneur dudict Montferrand, son Baile, auec le conseil et consentement desdictz Consulz, lequel pour ce fere doit estre prins et receu, et pareillement les sentences et aduis que ce feront ou se dourront doresnauant dans ledict mandement de Montferrand.

VIxxXI. — Item, Ledict Seigneur de Montferrand, ses Baile, sergens et autres officiers sont tenus, à l'entrée de leurs offices et parauant qu'ilz les exercent, jurer de garder et observer lesdictz priuilliéges sans aucunement venir au contraire ; et pareillement chascun Seigneur dudict Montferrand a sa nouuelle entrée est tenu donner lectres confirmatiues desditctz priuilliéges, scellées de son scel et autrement en la meilleure forme que fere se pourra, a la requeste desdictz Consulz sans prendre d'eulx aucun argent ne autre seruice quelconque.

VIxxXII. — Item, Toutes les clauses et priuilliéges cy-dedans con tenues et inscerées en faueur des masles sont et doiuent estre entendus en faueur des femelles, et pareillement ce qu'est escript en faueur des femelles peut et doit estre entendu en la faveur des masles. Et pareillement si les choses cy-dedans contenues ou les aucunes d'icelles sont obscures ou doubteuses, elles peuuent et doiuent estre entendues et interpretées pour et en faueur desdictz Consulz et habitans et de leur dicte comunité et d'un chascun d'eulx.

VIxxXIII. — Item, Nul habitant audict Montferrand ou ès appartenances d'icelluy ne peut et ne doit perdre ses biens ne partie d'iceulx par quelconque forfaict ou delict que ce soit si n'est ès cas esquieulx selon le droit escript les biens d'un delinquant doiuent estre perdus, car lors le tout doit estre audict Seigneur. Mais en tous autres cas esquieulx par costume seullement les biens d'un delinquant ou partie d'iceulx doiuent estre perduz et confisqués ledict Seigneur ne doit auoir que la moitié seullement, et l'autre moitié doit demeurer et appartenir ès héritiers et successeurs dudict delinquant, lesquieulx lui succèderont par testament ou *ab intestat*, ainsi que le cas aduiendra.

VIxxXIIII. — Iᴛᴇᴍ, Deux desdictz Consulz pour tous les autres et pour leurdicte comunité sont et doiuent estre oys et receuz en la cour dudict Montferrand tant en requérant, agissant que deffendant; et les citacions, adjournements et dénonciations que seront faictes ès deux desdicts Consulz sont et doiuent estre souffisans et valables comme si elles auoient esté faictes a tous lesdictz Consulz ou a la plus grande partie d'iceulx.

VIxxXV. — Iᴛᴇᴍ, Vng chascun habitant dudict Montferrand peut bailler ses heritaiges a cens nouueau. Toutesfois la vestizon se doit prendre dudict Seigneur de Montferrand lequel en doit auoir les vantes et aussi dudict surcens s'il est vendu; et les surcens ja faits demeurront en leur estat au prouffit de celluy ou ceulx qui les auront mis et des leurs.

VIxxXVI. — Iᴛᴇᴍ, Nul habitant audict mandement de Montferrand ne peut estre pris au corps s'il peut bailler pleige selon la coustume dudict lieu pour venir en jugement ou qu'il ait biens immeubles dans la justice dudict Montferrand, si n'est en grant cas et criminel que requiere mort et mutilacion ou banissement, icelluy prouué ou confessé. Et lors le delinquant accusé desdictz cas doit estre detenu en féable et seure garde, pouruen que soit atrossé ne pourtant blessé ne doumaigé. Toutesfois la forme de proceder cy-dessus insérée doit estre gardée et obseruée esdicts cas et crimes. Aussi leurs biens ne seront et ne pourront estre arrestez sans cognaissance de cause, procedant selon l'usaige dudict Montferrand.

VIxxXVII. — Iᴛᴇᴍ, Toutes et quantes fois la crié de justice sera faicte pour l'aide contre lesdictz malfacteurs affin de les prandre ou mectre en fuyte, celluy que ny viendra n'est aucunement esmendable pouruen qu'il afferme par serment auoir esté absent au temps de ladicte crié, ou malade dans ladicte ville, ou ne l'auoir oy fere, ou autrement legitiment auoir esté empesché.

VIxxXVIII. Iᴛᴇᴍ, Nul n'est tenu payer ne donner aucun terraige, quelque chose qu'il ait vendue ou exploitée licitement audict Montferrand.

VIxxXIX. — Iᴛᴇᴍ, S'il aduient qu'il soit besoing de fere aucune veue ou monstre d'aucun heritaige duquel soit procès ou debbat entre le Seigneur dudict Montferrant d'une part et aucun habitant dudict Montferrand d'autre, celluy qui demandera que ladicte monstre et ostencion luy soit faicte ne dourra et n'est tenu donner aucune chose a celluy que sera pour ledict Seigneur pour ladicte monstre, ne pour la peine d'icelle.

VIIxx. — ITEM, En tous les cas esquieulx lesdictz Consulz de Montferrand doiuent assister et estre presens, selon qu'il est contenu esdictz priuilliéges, auec lesdictz Baile, chastellain, lieutenant dudict Seigneur, pour iceulx juger, conseiller ou accorder, s'il aduient aucun cas auquel lesdicts Bailes et consulz soient en différant de le juger, conseiller ou accorder, lors lesdictz Consulz auront conseil et conférance auec leurs conseillers; et si lesdictz Consulz et conseillers sont de l'oppignon desdictz Baile, chastellain ou lieutenant dudict Seigneur, audict cas ledict Baile ou celluy d'eulx qui sera pour ledit Seigneur doit proférer ladicte sentence et jugement en la présence desdictz Consulz et des parties contendants. Et s'il aduient que lesdictz Consulz et conseillers soient d'une oppignon et ledict Baile et autres susdictz étaient d'un autre, lors lesdictz Baile et Consulz doiuent aller ou enuoyer un ou plusieurs pour demander conseil sur ledict cas et differant en la prochaine assise du Baillif que sera plus prochaine du chasteau de Montferrand, ou s'il aduient que en autre lieu dans ledict chasteau se puisse trouuer copie de conseils et de saiges pour pouuoir auoir conseil dudict cas, lesdictz Baile et Consulz doiuent aller ou enuoyer vng ou plusieurs, comme dit est, pour demander et oyr l'aduis et conseil dudict cas et différant; et selon le conseil de la plus grant et saine partie des conseillers ledict Baile doit fere par foy et serment sondict jugement, appelez lesditz Consulz, et spécialement ceulx qui auront demandé ledict conseil et aussi lesdictes parties contendants; sauf et reseruè dudict jugement ainsi proféré que dit est que l'une ou l'autre desdictes parties que se dira auoir esté greuée en pourra appeller.

VIIxxI. — ITEM, Toutes et chascunes les lectres scelléez du scel dudict Seigneur et confectes soubz sondict scel sur les concessions et permissions données esdictz Consuls et comunité de Montferrand pour acquerir maison comune, et aussi sur l'octroy et concession des places vaccans, doiuent demeurer en leur fermeté et valeur et les cens depuis mis et imposez par ledict Seigneur en aucunes parts desdictes places où sont les édiffices sont et demeurent a ladicte comunité de Montferrand.

VIIxxII. — ITEM, Tous les extraits que sont ou seront faicts desdictz priuilliéges et vsaige feront et doiuent faire foy et preuve en tous cas, pouruen qu'ilz soient scellés du scel dudict Seigneur de Montferrand; aussi ne sont tenuz lesdictz Consulz et habitans exhiber aucuns originaux, sinon ainsi qu'ilz vouldront et quand ils les vouldront fere, et lesdictz originaulx peuuent estre doublés tant de fois qu'ilz vouldront.

VIIxxIII. — Item, Vng chascun Seigneur dudict Montferrand, son chastellain ou lieutenant soient tenuz fere et jurer les choses et en la forme et manière que ledict Baile est tenu faire de par soy ou auec lesdictz Consulz, comme dit est.

VIIxxIIII. — Item, Toutes les generalités contenues esdictz priuilliéges et en iceulx mentionnez ont et doiuent auoir tel effect en chascun cas espécial et particulier que se peut conprandre ou entendre en chascune desdictes généralités, comme si chascun desdicts cas particuliers estaient exprimez expressement esdictz priuillieges.

VIIxxV.—Item, Deuoient lesdictz Consul et habitans à leur Seigneur cinq cas : c'est à scauoir que : quant le Seigneur dudict Montferrand, une fois seullement, aura esté en terre saincte ou Ihérosolimitane ; Item, quant il sera faict chiualier ; Item, quant il aura marié vne fille et non plusieurs ; Item, quant il sera pris une fois seullement de ses ennemis pour sa guerre ouuerte et notoire et qu'il conuiendra le rechapter ; Item, quant une fois il sera pris et detenu des infidèles et qu'il conuiendra le rechapter. Et à chascun desdictz cas lesdictz Consulz et Comunité de Montferrand donneront audict Seigneur de Montferrand, une fois seulement en la vie d'un chascun Seigneur, la somme de trois cens liures tournois de petite monnoye. Toutesfois ici est a noter que a l'oure desdictz priuilliéges lesditz Consulz et habitans de Montferrand n'estoient pas au Roy comme sont de present, par quoy a present ne sont contribuables esdictz cinq cas ; car, par la coustume notoirement tenue en ce pais d'Auuergne, les habitans des terres qui ont esté autres foys au Roy ne sont point tenuz ès ladicte tailhe quatre cas : posé que soient deuenuz en autre mains subgectes a ladicte tailhe au moyen de la haute justice, selon lad. coustume. Et par ainsi par plus forte raison les subgectz du Roy ny doiuent estre tenuz.

VIIxxVI. — Item, Ne peut ne doit ledict Seigneur priuillegier ne exempter aucun habitant au mandement dud. Montferrand en sa personne, ne en ses biens, ne pareillement aucun forain en ses biens immeubles qu'il aura, assis et situez dans ladicte uille de Montferrand ou ès appartenances d'icelle, ne aussi empescher que telles gens ne facent et ne soubstieignent les faix et charges comuns, tailles et autres charges presens et aduenir de lad. comunité de Montferrand. Et s'il aduient que ledict Seigneur exempte ou afranchise aucun habitant dudict mandement de Montferrand en sa personne, ou en ses biens, ou en tous deux, il a permis et jurer le procurer et pourchasser de reuoquer et fere reuoquer en tout et partout et le tout adnuller entièrement.

VIIxxVII. — Item, Ont lesdictz consulz et habitans de Montferrand

priuilliége exprez de pouuoir contraindre les nobles et gens d'églize
ayant maisons dans ladicte ville a contribuer es collectes et deniers
comuns d'icelle pour la valeur de leursd. maisons, comme les autres
priuéz et particuliers habitans dudict Montferrand, ou a tout le moins
a vuyder leurs mains dans l'an de leursdictes maisons.

VIIxxVIII. — ITEM, Et en suiuant ledict priuilliége feu bonne mémoire le Roi Philippes en l'an mil trois cent vingt et neuf, a la simple
doléance et requeste desdictz Consulz, commist et manda au Bailly
d'Auuergne qui pour lors estoit, sans ordonner ne prendre autre cognoissance de cause, qu'il eust a contraindre toutes et chascunes les
personnes tant d'eglize que autres tenans et joissans terres, maisons
ou autres heritaiges en et dans le doumaine dudict Montferrand, dont
les tenenciers et possesseurs le temps passé auoient accoustumé contribuer tant au mart de l'or que ladicte ville doit au Roy vng chascun
an pour ne pouuoir ne deuoir estre separée de la Coronne de France
et auoir esté mise en la protection et sauuegarde du Roy que ès autres
tailles et succides necessaires de ladicte ville, a payer leur part et
pourcion dud. mart de l'or et des autres tailles et succides dud. Montferrand, par prinse, vante et distraction de leurs biens et heritaiges et
aussi par la dectempcion de leurs personnes.

VIIxxIX — ITEM, Et saichant feu Reuerend pere en Dieu Monseigneur Henrry, Seigneur et Euesque de Clermont, le priuilliége estre
tel audict Montferrand et la contribucion desdictz deniers commis sur
toutes gens estre raisonnable, a la requeste et plaincte desdictz Consulz, donna et octroya licence, consentement et comission, expresse a
feu Jehan de Bonnefont et a deux autres clercs soubz nomez en ladicte
comission, pour contraindre sans autre cognoissance de cause tous les
clercz, prestres et autres gens d'église dudict Montferrand, a fere le
guet et garde des portes de ladicte ville et aussi a contribuer au payement des gaiges du cappitaine et des repparacions des murs de ladicte
ville et génerallement a contribuer a toutes autres charges et affaires
necessaires pour la reparacion, conseruacion et garde dudict Montferrand; et adce fere contraindre les rebelles et reffusants par prinse,
vante et distraction de tous leurs biens meubles et autrement en la
meilleure forme et maniere que fere se porrait et qu'il est accoustume
de fere en telles et semblables matieres; en leur dònnant quant a ladicte contraincte pouuoir et mandement especial.

VIIxxX. — ITEM, Et en l'an mil trois cens quatre-vingtz et cinq lors
ensuiuant, feu bonne memoire Jehan, filz de Roy, duc de Berry et
d'Auuergne, et lieutenantgeneral pour le Roy esdictzs pays, adraissa
autre comission et pactente ès Esleuz des Aides dudict pays pour contraindre incontinant et sans delay tous Nobles et gens d'Eglise, mon-
noyers, sergens d'armes et tous autres tenans et joissans biens meubles

et immeubles dans ledict Montferrand, a contribuer selon leurs facultés ès charges et subcides nécessaires pour la garde et deffence de ladicte ville.

VIIxxXI. — ITEM, Et pour ce que lesdictz habitans de Montferrant sont subgectz au Roi, tellement qu'ilz ne peuuent, en nul temps ne par aucuns temps, estre mis ne eloignez de la Coronne de France, ilz ont priuilliège donné et octroyé par feu nostre sainct Père le pape Grégoire, confermé par le sainct pere Alexandre, a la terre du Roi de France, que en ladicte ville de Montferrand, ne autres lieux estans de la terre du Roy, nul ne peut donner ne proufferer aucune sentence de interdict ne d'excomuniement, sans licence especiale du sainct Siege Apostolique, et est dactée la bulle de nostredict sainct Père le pape Gregoire *nono Kalendarum Aprilis, Pontifficatus nostri anno primo*, et dudict Alexandre *decimo Kalendarum, Octobris Pontifficatus nostri anno primo*. Lesquelles bulles furent comises a executer a monseigneur l'abbé sainct Denys en France, lequel a la requeste dezdictz Consulz coumist et dellegua les abbez de la Chaize-Dieu et de Mauzat et le Prieur de Montferrand et chascun d'eulx.

VIIxxXII. — ITEM, Ont lesdictz Consulz, bourghois et habitans de Montferrand et chascun d'eulx, tant le moindre que le plus grant, ores et pour le temps aduenir, pouuoir et puissance de sonner et fere sonner, quant bon leur semblera, pour tous et chascuns leurs affaires particuliers et communs, les cloches petites et grandes de Nostre-Dame dudict Montferrand, sans licence du Chapitre et colliège de ladicte Eglize et sans en payer aucune chose, en recogniossant par ledict colliege et Chapitre lesdictes cloches auoir esté faictes et repparées des propres deniers de ladicte ville, comme il appert par certaine conposicion sur ce faicte dactée d'ung jour de mecredi, feste saint Nicolas d'yuer, mil trois cens dix-huit.

VIIxxXIII. — ITEM, Ont lesdictz Consulz de Montferrand, presens et aduenir, pouuoir et puissance de prendre et créer tant de bourghois en ladicte ville qu'ilz vouldront, de quelque lieu qu'ilz soient et iceulx fere participans des franchises et libertez de ladicte ville, et iceulx présenter au prevost dudict Montferrand, lequel est tenu leur bailler sergent exprez pour garder lesdictz bourghois de toutes molestacions et trauaulx, ainsi que d'ancienneté lesdictz Consulz ont acoustume fere. Lequel pouuoir leur reste, donné par le feu Baile d'Auuergne qui pour lors estoit, le samedi ampres la feste saint Urbain, l'an mil trois cens vingt et trois.

VIIxxXIIII. — ITEM, Aussi ont et peuuent lesdictz habitans de Montferrand auoir dans ladicte ville vng Lieutenant ou deux, l'un en l'absence de l'autre, commis par les Esleuz pour le Roy du bas pays d'Auvergne, pour faire raison sur les différens des aides entre lesdictz habitans et autres fourains alant et venans ès foires et marchés dudict

Montferrand; et autres fois fust commis par lesdictz esleuz, en l'auctorité et mandement du Roy, Maistre Guillaume Grantval et aussi
Gerault Solussat et chascun d'eulx dont les lectres sont dactées le
vingt-septiesme jour de januier, mil quatre cens et quatorze.

VIIxxXV. — Item, Ont aussi lesdictz Consulz et habitans de Montferrand priuilliége que les habitans de Clermont ne peuuent auoir ne
tenir, aucun jour de mercredi, vendredi, ne autre jour de sepmaine,
aucun marché de toutes danrrées, si n'est fagotz ou autre menu bois,
oignons et autres menues danrrées, et ne peuuent, ne doiuuent auoir
aucunes enseignes de marché : tellement que par arrest de Parlement,
dacté du vingtieme jour de mars mil quatre cent quarante-vng, fust
dit que les estaulx et loges que auoient esté faictes par lesdictz habitans
de Clermont pour ledict marché seroient abbatues reaument et de faict,
ce que fust faict et executé.

VIIxxXVI. — Item, Ont aussi priuilliége que la foire qu'ilz ont des
prouisions dure et peut durer huit jours. C'est ascauoir du vandredi
auant caresme jusques a l'autre vandredi en suiuant, et fut ledict priuilliége donné par le Roy, à Montrichart, en mil quatre cens trente-six.

VIIxxXVII. — Item, Ont aussi priuilliége lesdictz Consulz de Montferrand de cognoistre et estre juges pour le Roy au faict de la purge
touchant la maladie de Lépre sur tout le pays d'Auuergne, hault et bas,
et autres pays circonuoisins; tellement que la cognoissance de ladicte
matiere leur a esté autresfois ranvoyée par le chastellain dudict Montferrand, et par plusieurs autres juges dudict pays, duquel priuilliége
ilz ont tousjours joy par cy deuant et font encores.

XIIxxXVIII. — Item, Ont lesdictz Consulz et habitans de Montferrand priuilliege de tenir et pouuoir tenir tous heritaiges francz et
quictes dans la justice de ladicte ville de cens et rentes, sans pour
raison d'iceulx deuoir payer aucune indempnité de finance au Roy.
Lequel priuilliége a esté conferme par sentence de monseigneur le
Bailly dudict Montferrand ou son Lieutenant, feu maistre Estienne
Pradal, qui pour lors estoit commissaire pour le Roy des Francz-fiefz
et nouueaulx Aquetz audict pays,

VIIxxXIX. — Item, Et generallement ont lesdictz Consulz et habitans de Montferrand tant d'autres privilliéges et telle et si ample puissance pour les garder et deffendre, ensemble toutes leurs vsances et
libertez que ont ou peuuent avoir tous autres Consulz et comunités
dudict pays d'Auuergne, quelz qu'ilz soient, par eulx choisiz et esleuz,
et autant plus de priuilliéges et libertez qn'ilz peuuent plus amplement
auoir de droit par coustume ou de faict.

XXI

Sentence de Guillaume d'Achillosas,

BAILLI DES MONTAGNES D'AUVERGNE,

ENTRE L'ABBÉ ET LES CONSULS D'AURILLAC, DITE **Deuxième Paix** [1].

(Août 1298)

AISSO ES LA PATZ NOUELA AORDENADA ENTRE MOSENHOR LABAT EL COVEN
DEL MOSTIER ET ELS COSSOLS DA ORLHAC [2].

Al nom de nostre senhor Dieu Jhu Crist, et de madona sancta Maria
vergis, e de mosenhor S. G., confessor, e de tota la cort celestial. E lan
de la encarnacio de nostre senhor, MCC nozanta VIII, el mes daost,
so es a saber, lo none dia del issimen del dih mes, renhan lonrable
mosenhor Felip rei dels Franx. Nos W Dachilhozas cavaliers, bailieus
de las montanhas dAlvernhe establit, conoguda causa fam als univers
presens futurs : que cum entre lonrable paire mosenhor P. per la gracia
de Dieu abat, el coven, els conreyers del dih mostier, per nom del
mostier davandih davas una part; els cossols e la universitat dels homes
de la vila da Orlhac, per nom de la comunaltat universitat e del cossolat de la dicha vila, davas laltra part; dissencios, questios, controversias, e discordias fosso, o esperesso esser sobrels articles dius escrihz,
e per occazio daicels so es assaber : Sobre las despessas levaidoiras e
persebedoiras, pels jutges e pels curials de mosenhor labat, e dels
conreyers del dih mostier, de las personas que plaideiaran o licigaran
davan lor. Item sobre la summa queis devia recebre per toriatge e so la
manieira e la forma de penre e darestar, et dencarcerar los deliquens
els sospechos, els encolpatz de crim. Item sobre los prosses gardadors e las enquestas fazedoiras, tan contra los presens quan contra los
absens, e coras e per qual manieira hom sia banitz o absols. Item sobre
las cridas et las préconiziacos e las subastacios en qual manieira e per
qual forma siau fazedoiras, e de la mostra de las armas. Item sobre
la forma denquerre contra aicels que fau draps de falsa matéria, sobre

---

[1] Voy. vol. Ier, p. 271.

[2] Ceci est la paix nouvelle ordonnée entre monseigneur l'abbé, les moines du
monastère, et les consuls d'Aurillac.

la punicio de lor. Item sobre la forma de far sazina de bes ad sigillacio, e sobre la garda dels dihs bes. Item sol annuncio de noela obra, e enqual manieira e per qual forma sia autreiadoira o deneyadoira licensia de bastir.

Item sobre la manieira e la forma denquerre e de procezir contra los sospechos e de lebrozia, e contra aicels que de fah contrao segon matrimonj, extan lo matremonj prumier. Item en qual forma sia enquerit e procezit contra clergues criminos. Item de las armas dels esvazens, et dels evazitz, quals e coras deia esser punitz em perdre las armas. Item da la execucio dels arbitratges prolatz o proferedors pels cossols de la dicha vila, e sagelatz de lor sagel. Item en qual cas li cossol siau teguh respondre davan mosenhor labat o davan sa cort. Item per qual manieira e coras sia fazedoira la tacsacios del prets del vi e de la pena dels esvazidors. Item en qual manieira e entruey a qual hora li revendedor deio esser devedah a revendre a la dicha vila quant als fruhs, pels, venacios e blatz, et en quals luox, e quals meiuras, blah si devo vendre e la dicha vila e meiurar. Item sobrels encantadors aordenadors e sobre certz pes establidors, e sobre la garda del gros pes de la dicha vila. Item sobre la forma de pausar e de metre gadis e bans e dex, els ortz, els blatz, els verdiers, e elas terras de la dicha vila, e sobre lo sagramen del baile, e dels gadiers prestador. Item per quals e aqual manieira si fassa enhibicios a temps que quart, o alcunas altras causas non passo per alcus certz luox de la dicha vila.

Item per quals e en qual manieira si decida controversia sobre los calsatz cabrimens e sobre semblaus causas que saparteno a la reparacio de las carieiras de la dicha vila, et de reparadoiras las dichas carieiras. Item sobrel luoc pauzat juxta lo prat Monziel, juxta lo luoc de las clauzieiras e sobre los esplechamens dels homes de la dicha vila els pratz apelatz Monzial e Comtal. Item sobre la percepcio del peatge fazedoria per Astorc da Orlhac sotz lolm de la prada. Item sobre la maijo e la tor de la maijo de la comunaltat e de la universitat de la dicha vila. Item sobrel talh de la maijo Davalaitz, e del molenier del mole apelat Mole Nuou, e del messatgier del coven del dih mostier. Item sobre las causas els plahs mogutz entre las dichas partidas, e las cortz de Roma et de Fransa e en altras cortz, e sobre las despessas fachas de sai e delai, e sobre la commessio de las penas.

Item sobre la plantha dels dihs cossols, dizens esser procurat e frau dels homes de la dicha via per las gens del dih mostier esser fachas querimonias sobre sanc petit. Item sobre aquo que era dih, les cossols de la dicha vila empachar las cortz els drehs de mosenhor labat e dels conreyers del dih mostier. Item sobrel sagramen prestador de sai e de lai, e sobre totas altras causas que saparteno a las causas avandichas, e sobrels uzatges e las costumas e las observantias sobrels dihs articles e per occazio de lor.

Alenderier aprop moltas altercacios e divers tractatz autz e demenatz entre las partidas davandichas, et a honor de Dieu lo Paire, e del Filh, e del S. Esperit, et de madona sancta Maria Vergis, e de mosenhor S. G., e de tota la cort celestial; a la patz, honor, e tranquillitat el mostier et en la vila da Orlhac, e entre las dichas partidas avedoira o per tos temps avegardadoira, e al estamen del dih mostier, e de la dicha vila, e governamen bo, e bonaventuros, e pazible, emeianansaus, e tractaus.

Nos bailieus avandihs, el discretz baros mosenhors Hue de Camburat, e S. de Remuzat, doctors e leis, e maestre B. Bastida, savi en dreh, autz per nos e per lor, e davan nos e lor, sobre las causas dius escrichas, diligen deliberacio, tractat, e manh parlamen ab las dichas partidas, regardadas e cossiradas las utilitatz els profichs del dih mostier e de la dicha vila, els uzatges, et las observansas, et las costumas ancianas del dih mostier, e de las cortz, e de la dicha vila; vista la tenor de la patz anciana entre las dichas partidas e lor ancessors, sai enreires pronunciada per mosenhor Estacha de bel Merchiet, cavaliers, sai enreires e per lonrable nostre senhor rei de Fransa cofermada, a nos bailada pels dihs cossols. E vistas e auzidas las doptozas altercacios els articles natz e issitz de la dicha patz anciana de sai e de lai, li religios baro fraire W. de Merle, priors claustrals del dihs mostier, Gui de Manhama, cameriers priors Delborc, e Bertrans Rebufa, priors de Labrossa, sindix procurador et actor del dih mostier, e del dih mosenhor labat e del coven, establitz per davan nos; auh en dius escrichas, general especial mandamen e ple e deslievre, e poder a lor ela nostra presensa donat et autreiat pel dih mosenhor labat, e pel coven, e per totz essengles del dih coven e del mostier, tan pels conreyers, officiers, o altres morgues e fraires del dih mostier davas una part. Elh honrable baro W. Dissartz, Gui de Ganhac, e maestre D. Delmole, savis en dreh, e W. Casals, procurador sindic et actor dels cossols, e de la universitat dels homes de la dicha vila establitz per davan nos, li qual aviau general e especial mandamen e ple e deslievre poder a lor donat e nostra presensa a las causas dius escrichas, per nom dels cossols e de la universitat e de la comunaltat de la dicha vila, davas laltra part. Retegut e protestat e convengut especialmen entre las dichas partidas, que las acordansas, e las composicios e las altras causas dius escrichas entendo a far, si platz a nostre senhor lo Rei, e si podo obtener que las avandichas causas siau cofermadas per la reial maiestat, en aitant quant entre lor nois desacordo mas sacordo, e que las dichas partidas non entendo a preiudicar a lor dreh. Protestat mai e retegut e especialmen pels procuradors els sindix dels cossols, e dels homes de la dicha vila, que per las causas dius escrichas, non entendo a departir de la convencio penal de CC marx dargen, de laqual pena es facha mencios expressa e la dicha patz anciana ni sentendo a departir de las altras contegudas a la dicha patz, mas en aitan quant si desacorda la dicha patz am las causas dius escrichas, si aquestas causas que deios si conteno non optenian cofermar del Rei. Protestat mai e retegut especialmen et expressamen pels procuradors e pels sindix del davandih mostier, que per las causas desus dichas et dedins escrichas non entendo la davan dicha patz, aproar o cossentir en ela, ni reputar per patz, si las causas dius escrichas nois confermavo de la reial maiestat. La quals protestacios, totas e senglas, e cascuna de lor repetiro e volgro las dichas partidas enaissi coma toqua a cascu de lor repetiro e volgro esser repetidas expressamen e sengles articles, e sengles covens, e conclusios dius escrichas.

E las composicios, e las convencios, e las aordenansas dius escrichas feiro et aordenero acordadamen, nos entrevenens elh dih maestre e la manieira que se sec.

SOMMA DE LAS DESPESSAS LEVAYDOYRAS E LAS CORTZ DEL MOSTIER[1].

Al comensamen, sobre las despessas leyadoiras e la cort de mosenhor labat e dels conreyers del dih mostier, aordenero e declarero que las lor cortz puesco despessas iurgals juxta las summas dius escrichas enaissi. Si causa civils e pecuniaria la quals si ventilaria en alcuna de las cortz avandichas no sobremonto la summa de XLIX sol. tor. que no sia levat per nom de despessas de la cort VI D. tor. per cascun iorn de cascuna partida. E si la dicha causa sobremontava la summa de L lib. de tor. enclusivamen, que adounx per cascun dia no sia levat, per nom de despessas de la cort, oltra XII D. tor. de cascuna partida, e que aitals despessas siau finals, e que aquel que caira deplah, per patz, o per jutgamen pague las despessas. E si la causa era tals, que de sa cura non contenha alcuna somma de peccunia, ni extimacio peccuniaria puesca aprofechablamen recebre, aissi coma so e edicta e interdicta e semblans clausa, quan grans que sia la causa, no sia levat oltra XII D. tor. per cascun dia de cascuna partida.

E si sobre la executio de sentencia o de comandamen o de las letras de la cort de mosenhor labat, o dels conreyers del dih mostier, sia requiritz o emploratz officis de jutge, quan que dure la causa sobre aisso, negunas despessas no siau levadas de las partidas per las cortz avandichas, e si quals que persona apelada per las dichas cortz al clam duna altra persona, si lapelatz cofessa lo deude de lo prumier iorn, que negunas despessas no siau levadas da quel que cofessara lo deude.

---

[1] Sommes que l'on prélèvera pour dépens en la cour du monastère.

Item quelh escriva, elh siruenh de las dichas cortz aio per lor treballh lor salari taxador atrempadamen pel jutge, o altra las despessas si desus dichas. E quelh clam siau levah per las dichas cortz et en aissi coma es acostumat a far, aissi que pel clam puesco levar XVIII D. tor. e non plus.

E si quals que persona confessava la deude senes clam e las cortz avandichas, que adonx no siou levadas despessas ni clams da quel que confessara lo deude. Mas si de la cofessio era facha escriptura que a quel que cofessara lo deude setisfossa al escriva de sa escriptura.

LA FORMA DARESTAR E DE PENRE E QUALS SUMMA DEU ESSER RECEUBUDA PEL TORIATGE DELS PRES QUE SERIAN COLPABLES[1].

Item que coras que quals que persona seria preza pel baile o pels sirvens de mosenhor labat, quel dihs pres no sia mes en carcers ni tengut en arest, mas solamen e la villa da Orlhac o el castel de S. Estephe; e i sera encarceratz per tal fah, o per tal crim que requieira carcer, e sobre qual fah el sia trobatz colpables, quel gardaire de la carcer o al carcener del dih mosenhor labat puesca recebre pel toriatge v sol. tor. e non oltra plus. Empero a quel que no sia trobatz colpables no pague re de toriatge et en aissi la carcer sia facha e la vila da Orlhac dins les murs o el castel davandih.

E si quals que persona era preza pels baile o pels sirvens o per las gens de mosenhor labat, per razo o per occasio dalcun critz o dalcu exces lo quals requieira carcer, que el no sia panzatz de mantanen el fons de la tor del dih castel o de la vila, mas en carcer o e maijo convenen, juxta la qualitat del crim o la condicio de la persona, o en altra manieira, e en altre luoc be e diligenmen sia gardatz, en la vila o el castrestel avandih, e sia tegutz, a la despessas da quel que seria pres. E aia cascuna de las gardas xv D. tor. tan solamen pel dia e per nueh per lor salari e per las despessas de lor vien, e que las dichas gardas siau doas o tres solamen, segon la condicio de la persona preza e la qualitat del crim. E aquestas causas siau fachas entruey que per la cort de mosenhor labat siau facha summaria conoissensa al plus leu que la dicha cortz poira utialmen sobrel crim pel qual seria pres, apelatz e presens les cossols o 2 de lor, si volo presens esser, aissi coma si conte e la patz el article de las enquestas, de la qual apareissera si el fons de la tor del dih castel o en altre luoc deia esser pauzatz et gardatz, segon la qualitat del crim, e la condicio de la persona, e la facultat e la fama del dih pres. E aisso fossa si el pres no volia mai esser gardatz e la carcer que aver gardas. E aquestas causas siau

[1] La forme des arrestations, des emprisonnements, et quelle somme on doit recevoir pour droit de geôle des prisonniers trouvés coupables.

fachas si alcus non era pres per fah o per crim notori e manifest, e per tal que requieira pena corporal. E que sia permes al pres aver despessas da quo seu, o de sos amix li qual li volriau perveire. E per so que als pres o als incarceratz non puesca alcuna causa defalhir a so necessari vieure, que a la requesta dels amix dels pres, a quel que seria pres sia mostratz pel baile a dos proshomes no sospechos pel baile cauzidors, e la presensia da quels que requerau la dicha mostra, e que aquilh los quals eligiria no siau de la mainada ni de las raubas de labat, e queis fossa en hora no sospechoza. El bailes per una vetz e la semana senes alcuna exaccio sia ad aisso tegutz a far. Empero que aquelas personas lasquals cauziria lo bailes juro al baile que e las non estruirau lo dih pres nil revelarau ses licensia del baile lo secret per que el fo mes en carcers.

Item que neguna persona a Orlhac no sia preza ni arestada per las gens de mosenhor labat sobre dih, sobre accio real o personal, quant la partida fa sa demanda contra la partida, o en altra manieira, si volia o era aparelhatz de donar fiansas, o jure se no poder dar causio sino juratoria, sinon el mezeis sastringia ad aisso e las actas de la cort o ab letras de monsenhor labat. E aquestas causas o senglas e contegudas el article del toriatge volgro esser alargadas als arbitradors e als homes de la dicha vila.

DELS PROCES GARDADORS E LAS ENQUESTAS FAZEDOYRAS [1].

Item que quan la cortz de mosenhor labat fara enquesta e volra enquere, apelatz e presens los cossols si volo esser presenh en aissi coma e la patz, siau bailah ad a quel contra lo qual si fa lenquesta, en escrih lharticle sobrels quals sera enqueridor, si sobre articles sera enquerit, o prevencios e loc darticles si es enquirit sobre la prevencio.

Si equal contra lo qual es enquerit, o demanda o requieira qua respondre precizamen per sagramen als articles o a la prevencio, sia dada a lui una dilacios de x dias solamen, si la vol aver, sino a quel contra loqual es facha la prevencios, si era aondos de plus brev dilacio; e a quel dia totas dilacios delaissadas, sia tegutz respondre. Epueis el proces quan luox sera, siau dadas a lui doas dilacios a perpauzar sas deffessas, a quelas que perpauzar volra. De las quals dilacios cascuna sia de VIII dias, oltra las quals no puesca dia dilacio demandar perpauzar sas deffessas.

Apres aisso quan luox sera siau dadas al prevengut III dilacios tan solamen, a proar las deffessas per lui perpauzadas, de las quals cascuna contenha lespazi de xv dias tan solamen, a proar las deffessas; en aissi que des a qui en oltra altra dilacio no puesca demandar a proar ab

sollempnitat de dreh, o en altra manieira, si no per la causa la qual
jures lo prevengutz esser venguda de noel a sa conoissensa, o se
non poder aver autz testimonis los quals el vol aoras produire. La quals
dilacios si deu esser dada brevs o longa, sia meza taxadoira el arbitre
del jutge, e que la enquisicios sia pùbliada apres aquelas causas que
seriau enquiridas e proadas de sai o de lai; e des a qui en oltra sia fah
drehs e sia procesitz e las altras causas, apelatz e presens les cossols,
si volo presenh esser, en aissi coma la patz el article de las enquestas.

LA FORMA DEL SANC GROS [1]

Item quant alcus sera apelatz per la cort de mosenhor labat, sobre
sanc gros, lo quals sanc gros sera dih lui violenmen aver fah, si de
bon grat vuelha senes presensia dels cossols respoudre, e senes sagramen
cofesse se aver fah aquel sanc; adoncs senes apelar les cossols, e els
no presens, puesca el esser condampnatz per la dicha cort e que lhes-
menda acostumada si puesca levar de lui per la dicha cort.

Si empero no vuelha respondre senes la presensia dels cossols, siau
apelah per la dicha cort li cossols, o doi de lor, si volo presenh esser,
aissi coma e la patz; e la presensa dels quals cossols o e lor absensia,
si presenh no volo esser, aissi coma e la patz, de mantanen, jure e sia
tegutz a jurar senes bailah dalcun article e per sagranem responda, e
si cofessa lo dih sanc, si non perpauze e proe drechuneyras defencios,
per que no deia esser condampnatz a la pena acostumada pel dih jutge,
apelatz e presens les cossols, si esser volo, en aissi coma es e la patz,
el article de las enquestas.

Si empero lo dihs a quel pervengutz neiava las causas avandichas,
sia procesit, da qui en oltra, contra lui, a enquerir e auzir las defes-
sas, els testimonis resenbutz, en breve de pla sia procezit e absolver
o condampnar lui a la pena acostumada, aissi coma sera de razo, apelatz
et presens les cossols, si presenh vuolo esser, coma e la patz.

LA FORMA DE PROCEZIR CONTRA LOS SOSPECHOS ABSENS [2].

Item si aquel lo quals seria dihs sospechos dalcun crim, senfugia o
sabsentava de la vila da Orlhac, siau fachas certas cridas, anoncios e
bans, e certas preconizacios, e la manieira que se sec. So es a saber
que quant alcus a Orlhac seria sospechos dalcun crim o dalcun forfah
que requieira penà corporal, e no puesca pels sirvens de mosenhor
labat, a Orlhac esser trobatz senes serca, sia facha la serca, aissi coma
si conte e la patz. E si en aissi non es trobatz, sia citatz per sirven de
mosenhor labat, a son domicili, si la; o si no la, sia citatz al luoc ont

---

[1] La procédure pour les blessures graves.
[2] Comment on doit procéder contre les prévenus absents.

a mai acostumat estar, e que asigne a lui cert dia, el qual dia el comparesca e la cort de mosenhor labat, precidors personalem sobre aital crim del qual el es dih sospechos. Al qual dia lo dihs sirvens, o altre curials de mosenhor labat juratz, apele, e sia tegulz apelar les cossols o la maior partida de lor, aissi coma e la patz, quel dih cossol a la dicha cort venho per aisso al dih dia pel dih sirvens asignat. Siau vengut o non, apelah per doas vetz, aissi coma si conte e la patz, lo jutges ol bailes de la cort de mosenhor labat o sos mandemens, presens les cossols o dos de lor si volo presens esser, creeus sobre la dicha citacio al sirven jurat per so sagramen, procezisca en aissi, et fassa cridar per tres vetz per alcu dels curials e la cort : « Si es aissi aitals » hom e si comparesca, sia procezit am lui et contra lui, en aissi coma » prezen e contra prezen. »

Si empero non venia, la cortz pauze en defalha, e que la defalha sia escricha el libre de la cort, e quel jutges o la cortz comande al sirven de la cort que de mantenen cite lui publicamen tres vetz, e la cortz, dizen en aissi : « Aitals hom que era dihs sospechos daital fah era citatz » ahuey saius, per procezir el dih fah, aitan quan razos seria; quar » el non vengutz, la cortz la mes en defalha, hora lo sito aissi » peremptoriamen que venha saius aital dia personalmen procezir sobrel » dih fah. »

E aisso diga tres vetz lo sirvens; e mai quel cite e son domicili, si la, si no la, el luoc ont a mai acostumat a estar, que al dih iorn venha e comparesca personalmen davan la cort, respondedors sobrel crim del qual es dih sospechos. Et apres aisso, la cortz diga al trompadors, apelatz e presens les cossols de la dicha vila, o dos de lor, si volo presenh esser aissi coma e la patz, queilh publio lo prumier avandih defalhamen, e que lui cito publicamen pels caireforx de la vila da Orlhac, am trompas, al dih dia, li qual trompadors fasso e siau teguh a far la dicha citatio, e digo en aissi :

« Auiatz queus fahom a saber a totz comunalmen, de part mosenhor » labat els cossols, que aitals hom que era sospechos daital crim, segon » queh om ditz, es estatz citatz personalmen que vengues aital dia davan » la cort de mosenhor labat, per procezir sobrel dih crim, aitan coma » seria de razo, quar el non es vengutz; ni altre per lui sufficienmen, » la cortz la mes en defalha, e lha donat aital iorn que venha personal- » men davan la cort; e si non ve, la cortz procezira contra lui, aitan » quan de razo sera. »

E en aissi sera citatz, e pauzara iorn en defalha tres vetz, e serau publiadas las defalhas, e e semblan manieira e sotz aqusla forma sera citatz, e publiada sa defalha la quarta vetz. E la quarta publica citacio que sera facha am las trompas, aissi coma es dih, sera avistat, e si non es vengutz al dia assignat, la cortz procezira contra lui a banir aitan quan sera de razo. E que cascuna citacio contenha lespazi de xv dias.

E que adoncas las avandichas citacios fachas, aissi coma es dih, la cortz de mosenhor labat, apelatz e presens les cossols, si volo presenh esser aissi coma e la patz, regardadas las dichas contumacias e la summaria enquesicio facha emieh sobrel dih crim, aissi coma si poiria far razonablamen regardadas las dichas citacios si so sufficiens, presens les cossols o dos de lor, si presenh i volo esser, aissi coma e la patz, enquieira al plus plenieramen, sufficienmen et perfiecamen que poira sobrel crim lo qual lo dihs absens a comes, segon que es dih. E si per la enquesta labsens seria absolvedors, lavandicha cortz requerit et aut lo cosselh dels cossols, aissi coma e la patz, lo dih absens dins VIII mes absolva e sia teguda absolver.

Si ompero per lenquesta labsens era banidors, que sia banitz per la cort apres I an, requirit et aut lo cossell dels cossols aissi coma e la patz, e que la absolucios, ol bans siau escrih el libre de la cort. E de mantenen siau publiah e la cort, pel sirven de la cort, presens les cossols, aissi coma es dih, dizen en aissi :

« Aitals hom era dihs sospechos sobre aital crim, sobre qual a estatz » citatz personalmen e peremptorialmen, una vetz, doas vetz, tres vetz, » quartas vetz, publicamen, sufficienmen, quar la cortz la trobat innocen » del fah, la absol. »

Et aisso es si aquel era absols; si empero era banitz, diga en aissi :

« Quar el non es vengutz, e la cortz a trobada causa contra lui, per » que deu esser banitz; la cortz de mosenhor labat lo banis desta vila » e de ses apartenensas, e comanda a totz quel tenho per banit, e que » negus hom no sio arditz que auze receptar, e qui faria lo contrari, » mosenher labas e sa cortz lo puniria ses tota merce aitant quant seria » de dreh, e levaria la pena establida contrals receptadors dome cri- » minos e banit. »

. E de mantenen apres aisso la dicha cortz diga als trompadors de la dicha vila, apelatz e presens los cossols o dos de lor se i volo esser, aissi coma e la patz; que lavandih ban publio pels caireforx de la dicha vila, ab las trompas, li quals trompadors aissi fasso e siau teguh a far, e digo en aissi :

« Auiatz queus hom a saber a tot, comunalmen de part mosenhor » labat els cossols, que coma aitals fos sospechos daital crim, e sia » estatz citatz personalmen e peremptorialmen sobrel dih crim, una » vetz, doas vetz, tres vetz, quartas vetz sufficienmen e sollempnialmen » et el no sia vengutz, ni altre sufficiens per lui, e la cortz aia trobada » causa contra lui per que deu esser banitz. La cortz de mosenhor » labat lo banis de la vila da Orlhac e de sas apertenensas, e comanda » hom a totz que negus no sia tan arditz que lauze receptar a Orlhac

» ni e las apertenensas, e qui lo contrari faria seria punitz per
» mosenhor labat ses tota merce, coma receptaire dome criminos e
» banit. »

Si empero non apareissia per lenquesta sia absolvedors a quel que no
seria dihs sospechos del crim, sia absolvedors o banidors, sia pauzat per
la cort de mosenhor labat, presens les cossols, si esser volo, e requerit
e aut lor cosselh, aissi coma e la patz, e suffrensa et a la fi dels vi mes
comensadors del temps de la dericria citacio, e a quest pauzamens, e la
suffrensa sera escrih el libre de la cort, aissi cum es dih desus, da quels
que seriau absols, e non era vengutz dins les vi mes sia procezit contra
lui. Et adounc de la fi del dihs vi mes sia comensatz lans de la annun-
ciacio dels bes, lo qual an passat, puesca esser banitz, aissi cum sera
de razo.

DE LAS CRIDAS E DE LAS SUBASTACIOS, EN QUAL MANIEIRA SIAU
FAZEDOIRA [1].

Item sobre la preconiacios et las cridas fazedoiras des aissi ab enan, e
la vila da Orlhac; quant alcus dira se aver perdut e la vila da Oalhac,
bestia, coltel, o altra causa, senes frau o engan dalcu; o si alcus avia
trobadas aquestas causas o semblans; que senes la requesta, e la
voluntat, el consentamen de mosenhor labat o de so mandamen, o dels
cossols, puesca, se is vol, las avandichas causas far cridar ses trompas e
ses corn, e ses altres estrumen, ab la boca tan solamen, pels caireforx
de la vila da Orlhac ad un dels trompadors de la dicha vila, o pel garso
dels trompadors, o del un de lor, dizen en aissi:

« Qui auria trobada una clau aital, o un coltel, o un aze aital, e en
» aissi daltras causas; vengeus a me que hom o remeria. »

Item en altres cas dizen en aissi:

« Qui auria perduda una clau, o un aze, o un capairo, et en aissi
» daltras causas, vengues a me que ieu lho essenharia. »

Item e semblan manieira fassa, o puesca far cridar, per las cridas o
per una de lor, senes voluntat e la requesta del dih mosenhor labat, o de
so mandamen, o dels cossols avandichs, quals que volria a Orlhac,
vendre quals que fruhs, lana, peis, o altres, o altras quals que causas
venals, dizen en aissi en cascun cas:

« Al bo vi, e al bel, a iii D. la copa, a la maijo daital home. » Portan,
o no portan per la dicha crida, la partida de la causa venals, aissi coma
li plaira. E en aissi de las altras causas venals dizen, e en a quela
manieira, e per aquelas mezeissas cridas, siau cridah li torneamen e
las justas, e semblans causas e totz iuocs e a totz horts, senes la
requesta, et la licensia, e la voluntat de monsehor labat o de so manda-

<hr>

[1] Des criées et des publications, et comment elles seront faites.

men o dels mandamens dels cossols avandihs, ab trompas, o ses trompas, aissi cum plaira a la crida ; e a quela dicha crida no fassa mencio del nom de mosenhor labat, o dels cossols, o daltra dignitat.

Las cridas de las fieras e dels mercatz, de las unas noelas oficinas, o de quals que semblans altras causas, quam se devenrau a Orlhac, siau fachas de part mosenhor labat els cossols, ab trompas, a la requesta daquel que auria requirit mosenhor labat els cossols sobre aquestas causas ; e que la crida sia donat en aquest cas aissi coma es acostumat.

Las subastacio empero de las causas e dels bes dels menors, e daltras causas levada de las quals besonha de subastacio, siau fachas des aissi abenan pel sirven de mosenhor labat, e la glieyia de sancta Maria da Orlhac, o el mostier de S.-G., dias dinmergals e festivals, et la presensa del poble, dizen en aissi:

« La maijos daitals home si ven per la actoritat de la cort de
» mosenhor labat, qui la volria crompar venha aital iorn que hom lalh
» vendra. »

E aisso fassa si davan que alcus pretz de la causa sia presentatz. Si empero lo pretz era presentatz, lo sirven diga en aissi:

« Aitals maijos daital hom si ven per la actoritat de la cort de
» mosenhor labat, e hom vol i donar aitan, qui mai i dara, venia aital
» iorn davan la dicha cort. »

Et en aissi fassa si les altres iorns a sia fah e dih en aissi publicamen cum sera de razo truei quel subastacios fos facha.

Si empero ses devenia, que pel mandamen dalcu sobeira, la crida si fassa dels bes dalcu queis vendo per alcuna, adounx sia facha la crida elh preconiacios pels trompadors de la dicha vila da Orlhac pels caireforx de la dicha vila, de part mosenhor labat els cossols. Et en totas las altras cridas fazedoiras e la vila da Orlhac, sia gardada la patz anciana.

LA MOSTRA DE LAS ARMAS [1].

Item que coras que la mostra de las armas sia comandada a far e la vila da Orlhac, per tal persona a la qual non auze hom contradire a la dicha mostra ; que adoncas la mostra de las armas de part mosenhor labat els cossols, e quel luox, el dias on si fassa la monstra, sia expressatz nominadamen e la dicha crida ; et que la dicha mostra sia facha el avandih luoc e dia, a mosenhor labat o a so mandamen et als cossols de la dicha vila ; en aissi empero que per aisso no sia fahs, ni puesco esser fahs negus prejudicis als homes de la dicha vila, e la segoa la qual la dicha vila deu far, juxta la patz, ab armas al dih mosenhor labat, ni e las altras cridas que is farau a Orlhac per occazio

---

[1] La montre des armes.

de la mostra de las armas, de las quals es aordenat en lapatz, o en altra manieira acostumat.

E si per aventura, per occasio de la dicha mostra facha, aissi cum es dih desus, lhome, olh cossol de la dicha vila, per nom de la universat de la vila avandicha, fosso malmenah per que il que persona ; que a la requesta dels homes, o dels cossols avandihs, lo dih mosenher labas, o sos procuraire sufficiens, lo quals procuraire jure, e sia tegutz a jurar e la ma del dih mosenhor, que el si portara fielmen e la defensio de lor, dins les baillatges de las montanhas e dal be del dih mosenhor labat persegre la causa de la deffensio e de la impeticio dels dihs homes. Empero negunas despessas no fara als homes avandhis. E deforas a quetz baliatges mosenher labas, o sos procuraire ajude, e sia tegutz ajudar, als dihs homes e cossols avandihs, am sos prevelegis e en altra manieira a las despessas solamen dels homes e dels cossols avandihs. E que la pena da quels que non venriau a la mostra de las armas, sia et aremanha als cossols, aissi cum es acostumat, e si conte e la patz.

LA FORMA DE LA CONOISSENSA DELS DOS PROSHOMES ELEGITZ ELS DRAPS FALS [1].

Item que quand doi prohome que so acostumah et elegitz, per mosenhor labat els cossols, sobrel fah dels draps, juxta la ordenansa conteguda e la patz, sacordarau que alcus draps sia sospechos de falsedat per mesclamen de falsa materia, que adonx lo dih draps sia aportatz a la cort de mosenhor labat jutgardors sobre la falsedtat avandicha.

Si empero aquih dos baro sobre ladicha sospicio ero desacordable, que adonc, un certz baros loqual cascun an elegisca e sia tengutz elegir mosenher labas, lo qual nosia de la mainada ni de las raubas del dih mosenhor labat, loqual jurara e la presensa dels cossols, si volo presenh esser aissi coma e la paz, al dih mosenhor labat, o a sa cort, que el si portara fielmen en aquel offici, conosca, e puesca e sia tegutz conoisser la dicha sospicio ab les avandihs dos baros, o ab qual que sia delor ab lo qual si poira mielhs acordar, o sols, e si aura conogut lo drap sospechos per la dicha causa, que a quel drap sia aportatz de mantenen a la dicha cort, jutgadors per la cort dicha sobre aisso, aissi coma es dih. Laquals cortz, la dih draps et aicels que serau dih colpables de la dicha falsedat, si presenh so, dins XL iorns comdadors continuadamen del iorn de la derieira portacio, jutge sobre la dicha falsedat, en condampnan, o en absolven, en aissi coma a la dicha, vertat trobada,

---

[1] Des deux prud'hommes élus pour les faux draps et comment ils procéderont.

sera vist a far (apelat e presens les cossols, si presenh i volo esser, aissi coma el a patz, el article de las enquestas).

Aicel empero que de la dicha falsedat sera trobatz colpables, aia las dilacios, si las demanda, aissi cum aven dih de sus, el article de las enquestas, non obstan la prefinida del temps des dihs XL dias. Elas avandichas causas aio luox en draps veñals, e non aquels draps les quals quals que persona faria alcus de sa mainada.

Et que sobre las dichas causas seria trobatz colpables per la prumieira falsedat, sia condampnatz en L sol de Tor, e par la seconda en C S, e per la tersa en C L sol de Tor, sia condampnatz.

Et que oltra las dichas penas non deia esser condamnatz pel jutge de la dicha cort, per la quarta; e deis a qui en oltra, sia relinquitz el arbitratge egal e drechurier del jutge de la dicha cort, apelatz e presens les cossols en cascun cas avandich, si volo presenh esser, aissi coma en la patz, el article de las enquestas. Daisso non obstan la tersa partz del dih drap fals sia arsa e luoc manifest per la cort avandicha, e las doas partz del dih drap fals siau dadas, pels cossols et pel baile, als paubres de la dicha vila da Orlhac.

LA FORMA DE SAZINA FAZEDOIRA AB SIGILLACIO [1].

Item que quant el cas, el cal o els quals de dreh o de costuma a Orlhac seria sazina fazedoira ab sigillacio per la cort del dih mosenhor labat, aitals sazina si fassa e si deia far e aitals sigillacios e disigillacios per la cort avandicha, appelatz e presens les cossols o dos delor, o els non trobatz, aprofechablamen altres dos prohosmes vesis e de la vila, aissi coma e la serca fazedoira es aordenat e la patz. E del enventari dels bes sia redutz per la cort la trascripcios als amix daicel del qual serau li be. Quant la cort seria requerida sobre aisso.

LA GARDA DELS BES DES SOSPECHOS [2].

Item que quan sera esdevengut e la dicha vila, alcus cas per razo del qual li be daquel que seria dihs sospechos daquel cas deio esser sazih. Que sirvenh no siau mes a gardar les dihs bes, mas la cortz de mossenhor labat (apelatz et presens les cossols aissi coma es fazedor elas enquestas juxta la patz), anote e fassa escrire les bes movables e se movens, e que doble lescriptura sobre aisso fazedoira, e la una de las dichas escripturas aretenha vas se, a ostar ea esquivar tota sospicio, e quel trascrihs de la dicha tenor baile an aicel del qual serau li dih be, si presens es, e si presens non es, als amix de lui. Et en aissi li

---

[1] Forme de la saisie et des scellés.
[2] De la garde des biens des suspects.

dih be aremanho el luoc on serau trobah, si aquel de cui serau li dih be, o siei amic, o sos procuraire convehables dono, e dar vuelho judicals causios de regardadors e de representadors les dihs bes a la cort, salva la racio dels alimens que per dreh seran deguh els deudes que devria lo dihs sospechos quan sobre aisso ne serau requerih.

En altra manieira la dicha cortz, e la presensa dels cossols, si apelah hi volo presenh esser juxta la patz, meta e pauze les dih bes ela maijo dalcu prohome de la vila da Orlhac gardadors, e entieramen reservadors entroi que conogut et aordenat sia dels dihs bes. En aissi empero que enueh la molher, elh efanh, e la mainada non siau defraudah de lor cothidias alimens.

LA FORMA DE LA ANNUNCIACIO DE NOELA OBRA [1].

Item que coras que sia facha derenunciacios de noela obra per alcuna persona e la vila da Orlhac e las manieiras e elas formas establidas en dreh, lo desnuncians, a quel dia que desnunciara, o lendema al plus lonh, perpauze e expresse, e sia tegutz perpauzar e exprimar davan la cort de mosenhor labat causa razonable de sa denunciacio, la qual causa si non o fazia aissi cum es dih, que per la dicha cort sia dada et auctreiada la licensia de bastir an aicel que bastia, nulha causio reseubuda.

Si empero lo denuncians avia perpauzada causa razonabla a la dicha cort, que adonx a quel que bastia si laisse da qui en oltra per VIII iorns, dias comtadors del iorn el qual la dicha causa fo perpauzada pel denuncian. Les quals VIII iorns, lo denuncians proe e fossa fe de son dreh, si proar o vol. Et si, dins lo dih temps, el provava causa razonabla per la qual sia vist a la avandicha cort quel bastimens a quel si deia remonre e ostar, que per la dicha cort sia devedat al basten que plus non batisca.

Si empero la causa non avia proada, dins lo dih temps, que fos vista razonabla a la dicha cort, que adonx sia dada licensia de bastir al basten. Receubada caucio convenabla prumieramen, del bastimen ostador e deroquador si apareissia a lui non drechunieriamen aver bastit.

Aisso ajustat, quel denuncians davan totas causas jure, e sia tegutz a jurar davan lo jutge, que pel coratge de calumpniar non denuncia noela obra, en altra manieira no seria auzitz.

LA FORMA DENQUERRE CONTRA LOS SOSPECHOS DE LEBROZIA [2].

Item sobre la forma e manieira denqueire e de procezir, e la dicha vila, contra aicels que so dihs sospechos de lebrozia e la dicha vila,

---

[1] La forme de la dénonciation de nouvel œuvre.
[2] La forme d'enquérir contre les suspects de lèpre, etc.

e contra aicels doble matremonj; las dichas partidas saccordero entre lor amigablamen.

LA FORMA QUANT HOM ES ESVAZITZ PER ALTRE[1].

Item que quals que daissi ab enan e la dicha vila e esas apartenensas, auria esvazit alcun altre, ab irat, corratge, ab armas, o ab alcuna specia darmas, e que colp noi aia aut, quel esvazens perda totas las armas e siau aplicadas al dih mosenhor labat o a sa cort. E si sobre aisso seria enquisicios fazedoira, que la dicha enquisicios sia facha, appelatz e presens les cossols, aissi coma e las enquestas. E si ab las dichas armas el nol na frava, que lesvazens no sia tegut a neguna altra pena. E si aquel que seria esvasit avia prezas e trachas armas a sa defensio, que el non perda aquelas armas. Et si doptes era quas de lor era aut esvazit o esvazens, que las armas de cascu siau depregadas vas i prohome per la cort, entruei que sia estat conogut quals era lesvazit e lesvazens, e que per aisso no sia prejudicat an aicelas causas que foro aordenadas sobre las armas e la pat anciana.

LA FORMA DELS ARBITRATGES QUELH COSSOL AURAU FAHS[2].

Item quels arbitratges ab pena, o senes pena, ab sagramen, o senes sagramen, pels cossols de la dicha vila prolatz o proferedors; la cort de mosenhor labat mande e sia teguda de mandar a execucio de son offici, simplamen e de pla, e senes alcuna decepcio, et senes alcus despes de jutge.

Et sobre aquestas causas sia creut a las letras sageladas del sagel des cossols avandihs.

Et que las causas menudas sia creut a la relacio del cossols o de dos de lor. E aquelas causas siau fachas, si no contra lo qual si faria la execucios, perpauze causa razonabla per que no sia la execucios fazedoira; la qual causa jure de mantenen esser vertudieira, et la qua proe dins viii iorns aital e ental manieira que empedis execucio de causa jutgada si era perpauzada.

E que las altras causas, la cortz crea a letras sageladas del sagel dels dihs cossols, e si la cortz de monsenhor labat en aisso era negligens, que lo requerens puesco sobre aisso requerre sobeira loquals mande a execucio las dichas causas el defalhamen de mosenhor labat o de sa cort. Li sirvenh empero li qual aisso metrau a execucio aio per lor trebalh, lor salari a lor taxador pel jutge.

Item que monsenher labas o sa cortz, conosca e jutge, e mande a

[1] Du cas où un homme en attaque un autre.
[2] Forme des arbitrages faits par les consuls.

execucio les accios personals entre e contra les cossols, o en altra manieira, exceptatz e expressatz les cas contegutz especialmen e la patz, aissi cum a qui s conte.

TAXAR LO VI [1].

Item que coras que a mosenhor labat o als cossols seria vist aprofechable taxar lo vi, que sia taxatz per mosenhor labat, apelatz et presens les cossols, e conssentens o dos de lor seis podo, sobre aisso entre lor acordar. Si empero nois podio acordar, o nois noliau, que de mantenen siau elegih dos proshomes, lus per mosenhor labat, et laltre pels cossols; liqual dos prohomes elegih, juro e la ma de mosenhor labat o de so mandamen, presens les cossols, quilh farau be e leialmen la taxacio, la qual sobre aisso farau, bailarau de mantenen a mosenhor labat o a son mandamen, presens les cossols.

E si per aventura, a quilh dos prohomes elegih aisso no volian recebre e lor, o nois podiau acordar sobre la taxacio fazedoira, que ilh siau destreh per la cort de mosenhor labat de mantenen elegih lo tertz, loqualh elegih et juratz, aissi coma es dit del dihs dos, loqualz empero no sia de la mainada ni de las raubas de mosenhor labat, fassa la dicha taxaxio dins dos dias, am les dihs dos prohomes, o ab qual que sia de lor ab loqual si poira mielh acordar; o sol si lhaltre nois violau acordar am lui. E que aquel tertz sia destrehs a recebre e se la dicha taxacio fazedoira et a taxar lo dih vi. E fassa la dicha taxacio aissi cum es dih, lo dihs mosenhor labas o sos mandamens la publio presens les cossols o dos de lor, e que publicamen sia cridat per la vila, de part mosenhor labat els cossols, aissi com es acostumat a far.

E la avandicha taxacios sia facha a la requesta de mosenhor labat e dels cossols e que res no sia aordenat de las dichas causas sinô apelatz e presens les cossols.

Et aquil que serau elegih siau destreh egalmen e siau tals pesonas que puesco esser destrechas; e sia fah de temps a temps. Las penas daicels que venrian de contra, siau levadas per mosenhor labat o per so mandamen aissi cum es acostumat a far.

E oltra las costumas acostumadas de las penas, aicel que auria vendut lo vi oltra lo pretz taxat, sia destrechs oltra sa voluntat vendre lo v daquel cubel juxta la taxacio facha. Et aquel que doas vetz oltra la taxacio aura vendut lo vi, que perda una saumada del dih vi. Laquals saumada sia donada e destribuida per baile de mosenhor labat e pels cossols als paubres et als bos luox de la dicha vila. Vis empo poiritz e corumputz si es vendutz al pretz taxat al paures de la dicha vila sia

[1] Taxe du vin.

donatz, o sia escampatz pel baile de la dicha, presens les cossols de la dicha vila.

ESTABLIMEN QUE NEGUS NO CROMPE FRUCHS PER REVENDRE[1].

Item que sia establit a gardar de temps a temps que negus no sia arditz e la dicha vila o en sas pertenensas, ni dins una lega de viro, crompar a revendre, e saubudamen vendre als revendedors liqual au acostumat a revendre, o que revendrau el temps que es avenir, alcus fruhs, peis, o venacios a revendre alh altres, truei quels campana sia sonada a hora de tercia el mostier de S. G.; et en semblans cas que negus no sia arditz en la dicha vila o en sas apartenensas, ni dins una lega de viro la dicha vila, crompar o saubudamen revendre pels revendedors alcuna especia de blat, o de lhegum, loquals sia aportatz a la dicha vila, entruei quel dih blat o lhegume sia aportatz a la peira davan lo dih mostier, o la civada sia aportada a la peira, o e la plassa de nostra dona, entruei quelh campana sia sonada a hora de mieh iorn el mostier avandih.

Et que la civada des aissi ab enan no sia venduda, ni comprada duna emina ensus e la dicha vila, ni de viro una lega, la quals sia aportada e la dicha vila a vendre, mas solamen en quals que sia dels dih luox. E si non era mejurada a certenas mejuras las quals siau establidas certanas e senhadas et la dicha vila, per mosenhor labat, o per aicel del mostier al qual saperte las mejuras servar, apelatz e presens les cossols o dos de lor si volo esser presenh.

E qui las avandichas causas faria lo contrari o frau; que aquilh siau teguh a pagar al dih mosenhor labat o an aicel del mostier alqual saperte de las mejuras per cascuna venguda XVIII D tor de pena et aquestas causas siau fachas e regardadas de temps a temps, a la requesta dels cossols o daltres prohomes de la dicha vila: e la negligencia dels dihs cossols. E que sia facha certana mejura de peira que sia pauzada e la plassa de nostra dona ala qual civada sia mejurada.

LA FORMA DE LENCAN[2].

Item que e la vila da Orlhac siau establitz dos tan solamen encantadors, liqual vendo e encanto publicamen pels carreforx, e per las carieiras de la dicha vila, las causas avandichas, las quals seriau a lor bailadas per qual persona; en aissi que negus altre non auze publicamen portar a vendre las causas estranhas per la dicha vila, mas solamen li doi avandihs, o lus queus de lor. E se no lo senher de cui seriau las causas venals, aquelas causas volgues vendre per se, o per altre senes encan.

---

[1] Défense que personne n'achète du fruit pour revendre.
[2] Forme de l'encan.

Liqual dos encantador siau creah e establih, e remoguh, quan sera
vist a far, per mosenhor labat o per sa cort, apelatz e presens les
cossols o dos de lor, aissi coma e la patz. E la presensa dels quals, li
dos encantador jurarau et afiarau convenhablemen, e la cort de
mosenhor labat, quilh uzarau de lor offici fielmen, juxta la forma a lor
bailada.

LESTABLIMEN DEL PES [1].

Item que sian establitz a Orlhac, per mosenhor labat, o per aicels
del dih mostier alqual saperte del pes, essemps ab les cossols certas
pes maior e menor, so es a saber : quintal, miech quintal, quarto de
quintal ; peza, mieia peza, quarto de peza ; libre, mieia libre, quarto
de libre, mieh quarto de libre ; una onsa, e mieia onsa, e quarto de
lonsa ; de mieh marc, quarto de marc e altres pes quals que siau a
Orlhac.

E que siau senhah per mosenhor labat e pels cossols comunalmen ;
e queli contra uzo daquel pes e non daltres ; e que negus daltres pes
non auze usar en contraen e la dicha vila, si no persona que saubes
e fos certifiada sobre aisso. E si alcus fazia lo contrari, a mosenhor
labat, o a un daicels del mostier lo quals saperte dels pes, pague e sia
tegutz de pagar xviii D tor per non de pena. E si sospicios era sobre
aisso contra alcu, per laqual sospicio si deia far serca o enquesta, que
sia fah aissi coma e la patz es aordenat.

LA FORMA DEL PEZAR [2].

Item que e la dicha vila sia establitz en alcuna maizo, viro la meitat
de la vila, e luoc convenhable, per mosenhor labat e pels cossols
essemps, un cert quintals, e toh lhalhtre pes discendens de lui, truei
al quarto del quintal enclusivamen ; liqual pes siau certz, e als avandihs
pes gardadors empezar am lor, e a levar, e a colligir fielmen, que daqui
venrien sia establitz un proshom de la dicha vila, pels dihs mosenhor
labat els cossols ; loqual jurara et afiara convenhablamen e la ma de
mosenhor labat o de sa cort e la presensa dels dihs cossols, que el si
portara e fara be e fielmen e las dichas causas.

E negus no sia si arditz des aissi ab enan, crompar o vendre e la
dicha vila, alcunas causas a pezar, si non ero pezadas als dihs pes,
apelat comunal, del quarto del quintal inclusivamen entruei a un
quintal, empoian quan que poge a causas vendables o pezables o quan
que discendo entruei a lavandih quarto de quintal inclusivamen. Et
aissso sia, si ambe doi les contrahens, o alcu de lor, plazia aquelas

---

[1] L'établissement du poids.
[2] De l'usage du poids.

causas pezar, o si non ambe doi li contrahen volriau esser aondos dels
pes dalcun dels contrahens.

Item si alcunas causas pezablas sio logadas a portar fors la dicha
vila da Orlhac, o daltre luoc siau portadas a la dicha vila ; li qual
portanh o loganh venho aquelas causas pezar; que ilh no puesco aquelas
causas pezar mas al dih pes comunal, si a lor plazia aquelas causas
pezar. E que las dichas causas siau pezadas per las mas del avandih
prohome, o de so cert mandamen, et que pel treballh, et per la garda,
sia pagat a lui, per cascu quintal daicels que volriau pezar ı D tor. solamen, e pel mieh quintal, e per cascu altre pes, del mieh quintal entruei
a la peza inclusivamen, une mealha torneza solamen. E si alcus venia
contra aquelas causas, o frau fazia en so que es dih, sia punitz e xx sol
tor. pagadors per tantas vetz per quantas venria de contra, a mosenhor
labat e als cossols aplicadors, comunalmen devezidors, ab totz los pro-
fiehs et ab totas las obvincios del avandihs pes pagatz. Empero pru-
mieiramen lo convenhal salari de la dicha garda, e la pencio de la
maijo, e totas las altras causas avandichas ; la meitat del qual profieh
e de las penas li dih cossol aio. Empero que per so sieu parderier
dalcuna juridiccio en aquest cas, mas per treballh, e per la garda, e per
la diligensa quilh aurau vas las dichas causas. Empero de las dichas
penas e del esvasimens, conosca e pronuncie la cortz de mosenhor labat,
apelatz e presens les cossols aissi coma e la patz el article de las enquestas.

Item que aquil gros pes sio roconoguh pel baile doas vetz lan, si so
leial o no, apelatz e presens les cossols aissi coma e la patz el article
de las enquestas. E si empero aquilh proshom establitz, aissi cum es
dih, al pes gardador fazia frau e son offici, e cometia contra lo dih son
offici alcun crim, es facha lenquesta per la cortz de mosenhor labat,
apelatz les cossols aissi coma e la patz el article de las enquestas, que
mosenher labas o sa cort lo punisca, aissi cum si cove juxta la qualitat del crim, e que la pena da qui issens sia aplicada del tot a
mosenhor labat.

LA FORMA DEL BAN DELS ORTS E DELS PRATS, BLATS, ETC. [1]

Item que quand sera vist al cossols de la dicha vila, quelh ortz,
verdier, e blatz, lhegum, els fruhs que naisserau de lor e la dicha vila,
o dedins las crotz o dedins los oradors da Orlhac, besonho de garda
els quals es acostumat pauzar e mettre ban. A la requesta dels cossols
sobre aisso fazedoira a mosenhor labat o a so luoc tenen, venra lo
bailes de mosenhor labat a la glieija de nostra dona, e congregatz
a qui les cossols, el poble de la vila, o la maior partida, jure, el ma
e la ma dalcu cossol tenen los evangelis, que be e fielmen entruei

---

[1] Le ban des jardins, des prés et des blés, etc.

al temps establidor el ban pels cossols avandihs, gardara o fera gardar las avandichas causas, per dos sos sirvens juratz, e negun home non encolpe si colpables non era juxta lo pocio del ban, ni a negu no fara gracia del ban, ni de la pena de lesmenda. E que de mantenen a quels sirvens que volrau establir a far aisso, fassa jurar e sa ma, e la presensa dels cossols e de tot lo parlamen, que be e legalmen gardarau las avandichas causas per lor meteis e quel dih ban levaran, dhomes, de fenmas, de bestias cometens lo ban, aissi coma e la dicha vila es acostumat a levar; e que non encolpara si colpable non era, ni alcu no faran gracia sobre la pena nil ban. La pena empero acostumada a levar dels homes e de las fenmas delinquens el ban es aitals: de nuehs, x S. tor.; de dias, xviii D. tor., e de las bestias grossas iii D tor; de porx, de cabras, de box, de moltos, de fedas, ii D tor.; daucas i D. La quals pena sera levada del delinquans e del cometens el ban, e sera aplicada al baile e al sirvens avandihs. E da questas causas volgro esser quitis aquilh que, de la voluntat del senhor, o de la dona de cui so las avandichas causas, o dels effans de lor, intraran els ortz, o els blats, o e las terras, o els verdiers estranhs e da qui penrau o levarau alcus fruhs.

Item aicels ne volgro esser quitis liqual, a lapelamen del senhor, o de la dona, o de lor effans presens e lort, venriau a lor, passan pels estranhs orts, o per las terras, els verdiers, enueh empero, que re non prendo per que puesco esser teguh al ban, e sobre a questas causas sia creutz al sagramen del senhor, o de la dona, o de lor effans a lapelamen del qual laltre fos vengut a lor.

Item volgro esser quitis aicels del ban o de la pena li qual, moguh per enondacios daigas, o per altra causa razonabla, passarien pels dihs luox.

Item aicels, li qual segriau lor bestias, que lor seriau escapadas pels dihs luox, mas que re non prengo dels dihs luoc, per que deguesso esser teguh al ban. Item volgro esser quitis del ban et de la pena, las estranhas personas que passarien pels dihs luox; am que juro que noi sabien ban.

Item si doptes o questios nassia, sobre la levacio del dih ban, que aquilh questios no sia decisa pel baile, apelatz un, o dos dels cossols sobrel luoc, aissi coma e la patz el article de las enquestas. E si era vist, que fos mestiers, aprofechabla causa, que la dicha questios sia decisa per la cort de mosenhor labat; quan ne seria enquerida, senes atayuas, et senes despes per aisso.

Empero no volgro, ni entendero esser derogah en re, a la juridiccio de mosenhor labat, ni negu prejudici esser fah, ni engenrat, ni a la garda ni a la pena, la qual li cossol au, juxta la pat, els murs, els baratz, els fossatz, de la dicha vila.

LA ENEBICIOS [1].

Item que coras que pel mandamen de sobeira, o per altra causa drechuneyra, e mergen, expedira o sera aprofechable, que sia facha enebicios a temps, que carre, o altras causas non passo per alcus luox cert de la dicha vila, que la dicha enebicios sia facha pel baile, o per altre curial de mosenhor labat, ab I o ab II dels cossols apelatz en aisso e presens, aissi coma e la pat, el article de las enquestas, los quals cossols auzia e auzit lo bailes ol curials avandhihs.

PER LA CONTROVERSIA DALCUS PEL REPARAMEN DE LAS CARIEIRAS [2].

Item si entre los homes de la dicha vila, per la refectio o per la reparacio de las carieiras, de las calsadas, o per altra causa semblan que sapertenha a la reparacio de las carieiras de la dicha vila, controversia era, si no lo bailes de mosenhor labat am les cossols, venens al luoc del contrast, aisso podia acordar; la cortz de mosenhor labat, trobada la vertat, apelatz e presens les cossols, aissi coma e las enquestas, la dicha controversia divina e determine brevemen e de pla, e senes despens del plah, e lempachamen da qui fassa ostar, si pels cossols o per qual que persona altra, la dicha cortz era daisso enquirida. Per aisso empero non entendo li cossol esser parderiers dalcuna juridiccio.

Las altras refectios, reparacios, e melhuramens siau fachas, aissi coma es acostumat a far.

LA FORMA DEL LUOC DE LAS LAUSIEIRAS [3].

Item quel luocs pauzats juxta las Lausieiras e juxta la planca, e juxta lo prat Monziel, del cap soteira, vas la via, e val castel de St-Estephe, lo quals luox es claus davas una part, am lort que fo sai enreires de P. de Sovia, un rivet dih de las Laucieiras, e en la fi, dos rivetz discendens de laiga Jordana, et davas altra part, ab un rivet de la dicha aiga, la comunal via megieira per la qual hom va dal portal de St-Estephe, val mole de maestre W. Rotlan, en la qual es acostumat e si pot far, soes a saber salhdors, del mieh del mes de martz, entruei quel dih pratz si segatz, sia e aremanha a mosenhor labat; e sia, des aissi ab evan, de las pertenensas del dih prat Monziel.

[1] La prohibition.
[2] De la contestation de quelques-uns pour la réparation des rues.
[3] Du lieu dit de las Lauzieras.

DE PAISSER ES PRAT MONZIEL E COMTAL [1].

Item quelh home de la dicha vila, si puesco esplechar del paisser ab lor bestias, lo prat Monziel, el prat Comtal, aitan de temps del quan seriau prah, eno da qui en oltra; del temps del qual seriau segah, entruei al mieh mes de martz, en aissi que l'esplachans pague, e sia tegutz de pagar a mosenhor labat o a so mandamen, per razo de lespleh, per cascuna grossa bestia cavalhiva, am sos polhi o senes polhi, paissen el dih prat, VI D. tor. al mai; e per grossa bestia bovina o vaciva, ab bedel o ses bedel, III D. tor. al mai; e per cascuna bestia menuda paissen, I D. tor. al mai, per tot lo temps avandihs, per lesplecha dels dihs pratz.

LA PERCEPTIO QUE ASTORX PREN EL PEATGE DE LA PRADA [2].

Item que de la voluntat e de la licencia de mosenhor labat, o de sos successors que serau pel temps abatz da Orlhac, e del pertenemedemen dels cossols, e dels homes de la dicha vila, Astorcs da Orlhac, essiei heretier, puesco levar o percebre el temps de sotz e juxta lalbre apelat solamen de la prada, e el luoc el qual es aoras lalbre apelat avandhis, de las causas solamen de las quals es acostumatz peatges levar, e las fieiras queis fau a Orlhac, e las festas de S.-G. e de Sancta-Lucia, e els dias solamen els quals, e las dichas fieras, es acostumat peatge levar, pel dih Astorcs e per sos ancessors. Lo quals luox es e la prada comunal dels homes de la dicha vila, davan la maijo de B. de Parlan, la comunal estra estrada megieira per la qual hom va, de la vila da Orlhac, vas lo ga de Belmon, e cofronta si lo dihs luox, davas una part, am lestrada avandicha, e davas laltra part, am lestrada publica per hon va hom, vas la malaudia; e si altras cofrontacios hia. La proprietat e la possessio del dih luoc, remaneus a la comunaltat de la dicha vila.

LA MAIJO COMUNAL [3].

Item que e las maijos comunals de la universitat de la dicha vila, ab la tor queis toca am las dichas maijos, et ab sas altras apartenensas, que fo sai enreires du Btn. Aost, e es pauzada davan la maijo dAvezac, sia, e remanha a la dicha comunaltat. La dicha comunaltatz sia teguda ostar la dicha tor, o menuar, non obstans las letras o las pronunciacios las quals, aoras o el temps futur, apareguesso, o poguesso aparer fachas o pronunciadas, oltra las causas contegudas e la patz facha e aordenada sai en reires, per noble baro mosenher Estachs de Belmerchiet, cavalier.

---

[1] Dépaissance des prés Monjol et Comtal.
[2] La perception par Astorg du péage de Laprade.
[3] La maison commune.

LA FORMA DE LA MAIJO DE VALAYTZ; DEL TALH COMU[1].

Item que la maijos que fo sai enreires de Valaitz, la quals es deputada al servizi del ospital de S.-G., aitan quan servira als paures, sia lieura e quitia del talhs, que serau fah e la vila da Orlhac. Si empero, la dicha maijos seria meza ad altres us quan al servizis dels paures del ospital avandih, que adoncas sia talhabla, e done talh comunal de la dicha vila.

Item quel moleniers del Mole-Nuou, juxta lo portal de St-Estephe, lo quals per se, e sa persona deservira al mole avandih, e a las talhas que serau fachas e la dicha vila, non dono, ni sia tegutz de donar. Empero bes, si alcus avia lo dih moleniers e la dicha vila, o e las appartenensas, el pague, e sia tegutz talh a pagar.

SOBRE TALH COMU DEL TROSSIER DEL COVEN[2].

Item quel trociers del coven que aoras es, e que sera per temps, lo quals e sa persona fara loffici del trocier, un solamen, non dono a las talhas conventuals de la dicha vila.

SOBREL TALH MOLENIER DEL CAMARIER[3].

Item quel moleniers del camarier del dih mostier, loquals, e sa persona fara offici de molenier pel dih camarier, el mole del bui sobeira, sotz lo mas Lhimanhas, per sa persona, e per aicelas causas que aura el dih mole, non done e las talhas, que serau fachas e la dicha vila. Empero si altres bes avia e la dicha vila, o e las appartenensas, que per aicelas lo dihs molenier sia tegutz de pagar talh.

Item que totas las causas, e toh li plah, e totas las controversias, las quals tan e la cort de Roma, quant e la cort de nostre senhor lo rei de Fransa, si ventilavo, o sesperavo a ventilar, entre lo dih mosenhor labat, elh mostier, elh procurador, elh sindic de lor, davas una part; elh cossol avandih, o lor procurador, davas laltra; si cesso, eis retardo del tot, des aissi ab enan; e que sobre las controversias, de las quals litigavo entre lor, e la cort de Roma, no sia facha per mosenhor labat avandih, e per sos successors, des aissi ab evan, alcuna noeletat non deguda, als cossols, e als homes, e als laix, e als clergues de la dicha vila; ni per alcunas causas, las quals mosenher labas auria fah, e las causas de las quals era moguda o sesperava amoure controversia, e la dicha cort de Roma, entre lor sia fah, ni de sai ni delai, alcus prejudicis. Las penas empero, si alcunas via comezas, demandadas, o demandadoiras, e las despessas fachas de sai e de lai, siau demessas; e totas las causas de personas singulars, las quals si ven-

[1] De la maison de Valetz, et de la taille commune.
[2] De la taille commune du messager du couvent.
[3] De la taille du meunier du camérier.

tilavo davan nos, dih balics, per occasio de la controversia, que era
entre las dichas partidas, si cesso, o sire tardo del tot; salvas las
protestacios e las retencios desus dichas.

Item quelh cossol avandih, li qual aoras so, e que serau per temps,
per lor o per altres, non empedisco, ni procuro empachar non degu-
damen, des aissi ab enan, las cortz de mosenhor labat, o del conreyers avandihs, ni endugo les plaideians, ni a quels que volrieu
plaideiar e las dichas cortz, a comprometre e lor, per menassas, ni
per accios de prest, e en altras manieiras nolegudas ; mas que li dih
cossol si delaisso del tot de las causas avandichas. E en aquela semblan manieira que las gens del dih mosenhor labat o de sa cort, o altre
qual que siant, non procuro en frau, ni clams, ni querimonias esser
fachas davan lor, o davan lor cort, sobre sanc menut.

Item que per so que tota fraus e tota sospicios e occasios dengan, sia
envitada e ostada del tot aquelas causas desus dichas: egalmen am la pat
anciana facha e pronunciada entre mosenhor W. sai enreires abat del
dih mostier e lor sindic davas una part; els cossols de ladicha vila que
adonc ero per nom de la vila e de la universitat davas laltre part; per
noble baro mosenhor Estacha de Belmerchiet, cavaliers; sai enreires,
e cofermada per nostre senhor lo rei dels Franx, sia plus diligenmen
observada, salvas solamen las protestacios, e las retencios desus dichas;
li jutge, li baile, li sirvenh, li forestier, li carcerier de mosenhor labat,
e lor creacio e elor noeletat, juro e siau teguh jurar al dih mosenhor
labat, e ajustar el sagramen que sera reseubut de lor de far ficlmen
l'offici.

Que totas las causas avandichas essems am la patz anciana, en aitan
quant entre lor nosi desacordero, li tenho fielmen, e gardo, aitan
quan sapertenra a loffici de cascu de lor, e quelas dichas causas ilh
no cometrau frau ni engan.

Li clergue empero, elh cosselh dels cossols de la dicha vila, elh
sirven, elh trompador dels dihs cossols de la dicha vila, e lor novitatz
e elor creacio, juro e siau teguh jurar, als dihs cossols, que totas las
avandichas causas, aitan quan sapertenrau a lor, fasso fielmen e gardo,
e que frau ni engan noi cometo.

Item quel dihs mosenher labas que aoras es, dins vi mes, des pueis
que las avandichas causas seriau cofermadas per la reial maiestat, don
empero sia e la dicha vila da Orlhac, e siei successor abah del dih
mostier, dins vi meis pueis que, obteguda lor cofermacio, serau tornah
de Roma, e venguh e la vila da Orlhac, presto, e fasso, e siau teguh
de far, lo sagramen, del qual fo aordenat et la pat anciana, pel dih
mosenhor Estacha. Apres loqual sagramen, i home de la dicha vila
jure, e siau teguh jurar, dins le temps establit e la patz aissi coma e
la patz si conte.

E salvas las dichas partidas, e a cascuna, de las protestacios et las
retencios desus fachas per lor, et en cascun article e capitol, de totas
las causas desus contegudas, e que, en totase senglas causas desus
contegudas, repetidas, e especialmen expressadas ih avandih sindic,
procurador et actor dels dihs mosenhor labat, e del coven, et del mostier, et de lor successors, davas la una part; elh avandih sindic, procurador, et actor dels dihs cossols, e dels cosselhs, e de la universitat
dels homes de la dicha vila, e per lor successors, davas laltra. E espel-
cialmen, que si ses devenia las avandichas causas esser cofermadas,
per la reial maiestat; que no sia derogat per las causas desus dichas,
en aicelas causas que is conteno et la patz anciana, mas solamen en
aicelas causas desacordariau am la patz anciana, e las quals desus si
conteno; las avandichas causas totas, uiversas e senglas contegudas, e
escrichas desus, en aissi entre lor, e de sai e de lai, aordenero e
declarero, e acordero e volgro atendudas, e cossiradas las observan-
cias, las costumas, els usatges ancias del dih mostier e de la vila.
E las dichas causas volgro per totz temps valer, e aver per durabla fermetat, e la melhor manieira que podo, e poiriau levar el dih mostier
et e la dicha vila.

E prometro las dichas partidas sollempnialmen, de sai e de lai, totas
las causas avandichas e cascuna d'aicelas, tener, observar, et fac téner
e gardar per tos temps, e procurar las dichas esser per la reial maiestat
confermadas, e de contra no far, ni venir, sot la pena de CC. marc
dargen, per las dichas partidas, de sai e de lai, sollempnialmen stipu-
lada, e promeza donadors, e pagadors per la partida non obezen,
e non gardan las dichas causas, a la partida obedien e gardan. Laqual
pena volgro et autreeiro esser comeza el tot, en cascu article e capitol,
e per cascuna partida de las dichas causas, contegudas els capitols e
articles avandihs, per tantas vetz per quantas, per qual que sia de las
dichas partidas, seria fah e vengut de contra, en tot o em partida;
e que comeza la dicha pena e pagada, e per una vetz, e per nombras
vetz que non obstan a quo, que totas las avandichas causas aio per
durabla fermetat. Et que cascuna partida non obediens e no gardans
las dichas causas, o venens de contra, caia a la pena avandicha, et sia
tegutz a pagar, pauzat que laltra partida evans fos caecha e la dicha
pena. Et a la paga de la dicha pena volgro, e cossentiro, et autriero,
et a observacio de totas las causas avandichas, et de cada una daicelas,
se per nos esser destrechas, de nostre pur offici simplamen, e de pla a
la requesta de la una de laltra, ses libel, e senes alcuna decepcio.
E per totas las avandichas causas e senglas tenedoiras, gardadoiras, e
complidoiras, e per la dicha pena e la somma penal donadoira, e paga-
doira tan soen quan sera comeza, obliguero li dih procurador, sindic
et actor del dih mosenhor labat, e del coven, e del mostier, a laltra

partida, per noms que desus es dih, lor els dihs mosenhor labat, el coven, el dih mostier, els bes de lor.

Elh dih procurador, sindic et actor, pels dihs cossols, e de la universitat, e dels homes de la dicha vila, per nom que desus es dih, lor, els dihs cossols, e la universitat de la comunaltat, obliguero a laltra partida ; e volgro, e antreiciro, e cossentiro las dichas partidas, las causas avandichas esser cofermadas per la reial maiestat ; e esser gardadas, essems am la patz anciana, en aitan quant entre lor no si desacordo.

Laqual patz anciana, els articles e la dicha pat contegutz, li dih mosenhor labas, el covens, presens per davan nos, elh avandih sindic, procurador et actor de lor, e del dih mostier, en aitan quant la dicha patz no si desacordo ab aquesta, aprovero, e ratifiero expressamen, don empreiro, que las causas desus dichas siau cofermadas per la reial maiestat ; e volgro, que cofermadas las dichas causas, aissi cum es dih, que adonx valha la presens aprobacios e ratificacios, e aia per durabla fermetat ; e non entendo en altra manieira per las dichas causas, la dicha patz en ten men alcu poinh aproar.

E totas las avandichas e senglas causas, dichas e fachas, aordenadas, e declaradas, e promesas entre lor, per nom que desus es dih, e per nom de las dichas partidas, de tener, e de complir, gardar, e atendre, de contra de far, ni venir, per lor, ni per altre, ni negu frau ni engan cometre, ih avandih sindic, procurador e actor dels dihs senhors labat, el coven, e del mostier e lor aimas, e del dih mosenhor labat, el del coven, e de cascu del coven ; elh dih sindic, procurador, e actor dels dihs cossols, e de la universitat, de la comunaltat, e dels homes de la dicha vila, e lor aimas, e dels cossols, e de la universitat, e dels homes de la dicha vila, de cascu de lor ; jurero, al St-Evangelis, per lor e per cascu de lor, tocatz corporalmen, e de sai e de lai ; covengut e protestat que per alcunas causas desus dichas no sia prejudicat a mosenhor labat sobre lor dreh de las estras fachas e fazedoiras e la dicha vila cum es acostumat.

E en testimoni de totas e senglas las causas avandichas, nos dihs baillieus, lo sagel avandih de nostre senhor lo rei, establit e la dicha bailia e las montanhas d'Alvernhe aven apauzat en aquestas presens letras, sal lo dreh de notre senhor lo rei et tot altre. E nos fraire P., per la divina miseracio abas del mostier da Orlhac, el coven del dih luoc ; e nos lhi cossol da Orlhac, per nos e per nostres successors, aven apauzatz nostres sagels en aquestas presens letras, a maior memoria avedoira, am lo sagel avandih del dih nostre senhor lo rei. AMEN.

XXII

Accords et Sentences arbitrales

ENTRE L'ABBÉ ET LES CONSULS D'AURILLAC, FAISANT SUITE A LA
Deuxième paix.

(Ann. 1298)

A. — Universis præsentes litteras inspecturis, Guillelmus de Achilhosiis, miles, ballivius montanorum Arverniæ, ex potestate domini nostri
regis Franciæ, tenens que sigillum ejusdem domini nostri regis in dictâ
balliviâ montanorum Arverniæ constitutum ; salutem et pacem.

Noveritis et norint universi, quod constituti coram nobis religiosi
viri, domini, Guillelmus de Merula prior claustralis monasterii Aureliacensis, Guido de Manhama camerarius, Guillelmus de Claveriis prior
de Burgo et Bertrandus Rebuffa pior de Brussia ; procuratores, syndici et actores venerabilis patris domini abbatis et conventus monasterii Aureliacensis, coram nobis legitime constituti et habentes ad infrà
scripta mandatum sufficiens, generale et speciale, et plenam ac liberam potestatem, in nostrâ præsentiâ, sibi datam et concessam a domino abbate et conventu prædictis, ex unâ parte ; et Guillemus d'Yssart
et magister Durandus de Molendino, jurisperiti, et Guido de Guay-
naco, et Guillelmus Cazals procuratores, syndici et actores consulum et
universitatis et hominum dictæ villæ, coram nobis legitime constituti
et habentes ad infrà scripta mandatum sufficiens, generale et etiam
speciale, ac plenam et liberam potestatem, in nostrâ præsentiâ sibi
datam et concessam à consulibus suis et consiliariis consulum et universitate et communitate hominum dictæ villæ, ex parte altera.

Cum inter partes prædictas essent, seu esse sperarentur questiones
et controversiæ seu dissentiones, super modum inquirendi et proce-
dendi in villâ Aureliaci contra suspectos de lepra ; et contra illos qui de
facto secundas nuptias, constante primo matrimonio, dicuntur contraxisse ; item qualiter et per quem modum inquiratur et procedatur
contra clericos criminosos ; prædictæ partes, et priùs nominatæ personæ, vice et nomine suarum partium, quarum sunt syndici procuratores et actores, et præsentibus litteris, sic in se ordinaverunt, convenerunt, pepigerunt et declaraverunt.

Quod si aliquis de villâ Aureliaci dicatur suspectus de leprâ, quod antequam de hiis solennis fiat inquisitio seu informatio, ne contrà sanum aliqua fiant quæ ad infamiam ejus cedant; judex domini abbatis, vocatis consulibus aut duobus ex ipsis, et aliis bonis viris, qui de talibus habeant experientiam, vel habere dicantur, se informet secrete ab eis, an de leprâ sit et præsumatur suspectus. Qui omnes jurent quod fideliter consultent, quod id nemini revelabunt, nisi hic suspectus de leprâ leprosus post modum apparuerit evidenter. Et si, factâ hujus modi informatione seu *aprisiâ*, concordent qui ad hoc adhibiti fuerint, aut major pars eorumdem, illum esse, vel verisimiliter apparere de leprâ suspectum, judex domini abbatis, vocatis ad hoc et præsentibus duobus clericis de villâ Aureliaci, juratis et non suspectis, non tamen de familiâ aut de raubis domini abbatis, ac etiam aliis viris in arte medicinæ expertis, procedat ulterius ad inveniendam veritatem, sit ve leprosus nec ne. Et ulterius prout fiat rationis, in sententiâ petat, et petere teneatur consilium ab eisdem clericis, ut fit de consulibus in inquestis. Et si sentencia aut execucio fiat, fiat hoc in præsentiâ eorumdem, si voluerunt adesse. Et consules dictum dominum abbatem aut ejus curiam non impediant de præmissis.

Item quod in inquestis, et si quas faciat curia domini abbatis contra clericos criminosos, non vocentur consules, nec et si inquiratur ad pœnitentiam injungendam, seu pœnam canonicam, de jure, usu aut consuetudine, et pecuniariam infligendam contrà aliquem qui, primâ uxore vivente, dicatur secundum de facto matrimonium contraxisse; aut si mulier, primo viro vivente, dicatur de facto ad secundum maritum convolasse. Et in hiis casibus et quolibet eorumdem, ut omnis fraudis suspicio evitetur, judex domini abbatis seu ejus curia duos clericos de villâ Aureliaci, bonos viros et ad hoc expertos, et hiis contrà quos fiet inquisitio non suspectos, juratos, et non de raubis seu familiâ domini abbatis, seu conreariorum dicti monasterii, vocet et adhibeat, et vocare et adhibere teneatur. Et ipsis præsentibus procedat, ut si sententiet, petat et petere teneatur consilium ab eisdem, ut fit de consulibus in inquestis. Et si sententia aut execucio fiat, fiat hoc in præsentiâ eorumdem, si voluerint inter esse, et consules dictum dominum abbatem, ejus judicem, seu curiam non impediant in præmissis. Carceratio autem ac punitio monachorum vel moventium ad dominum abbatem pertineat, nec de eisdem teneatur aliquid, nisi voluerit communicare ac etiam adhibere.

Et hæc omnia facere, tenere, servare, attendere, complere, dictæ partes et personæ prædictæ, nominibus quibus suprà, inter se ad invicem promiserunt; et non contrà facere aut venire sub pœna centum marcharum argenti à parte parti stipulatâ, dandâ per partem inhobedientem parti hobedienti, semel et pluriès; et quotiens aliquam partium contingeret contra venire. Hoc acto, quod commissa pœna, aut non semel aut pluriès, præsens ordinatio et concordia remaneat semper salva.

Et juraverunt hæc dicti procuratores syndici et actores dicti domini abbatis et conventus et monasterii in animas suas; et dictorum domini abbatis et conventus et cujuslibet de conventu. Et antedicti procuratores syndici et actores consulum universitatis et communitatis dictæ villæ et cujuslibet de eisdem ad sancta Dei evangelia ab ipsis hinc et inde corporaliter manu tacta, sub obligatione bonorum dicti monasterii, et consulatus et universitatis prædictorum. Sub juris renunciatione quâlibet et cautelâ.

Et ad præmissa omnia et singula tenenda et servanda voluerunt et concesserunt se per quemcumque superiorem compelli simpliciter et de plano, sine libello et quâlibet aliâ sollempnitate. Et hæc fecerunt, convenerunt et promiserunt inter se valere; et teneri et servari voluerunt perpetuo inter partes, si et dummodo compositiones, renunciationes, pactiones, quitationes et declarationes factæ inter partes prædictas et inhitæ hodie coram nobis à regiâ celsitudine confirmentur, aliter ad præmissa se teneri aut astringi, aut partes suas nullatenûs voluerunt.

In quorum omnium fidem et testimonium nos dictus ballivius sigillum domini regis prædictum in dictis montaniis constitutum, una cum sigillo dictorum domini abbatis et conventus et consulum prædictorum, præsentibus litteris duximus apponendum, jure domini nostri regis in omnibus salvo et retento. Et nos frater Petrus miseratione divinâ humilis abbas Aureliacensis et conventus ejusdem loci; et nos consules dicti loci; sigilla nostra una cum sigillo domini regis, præsentibus duximus apponenda in testimonium prædictorum.

Acta fuerunt hæc Aureliaci nona die ab exitu mensis Augusti anno domini millesimo ducentesimo nonagesimo octavo.

———

B. — Universis præsentes litteras inspecturis Guilellmus de Achilhosiis miles, ballivius montanorum Arverniæ ex potestate domini nostri regis Franciæ, tenens que sigillum ipsius domini nostri regis in balliviâ montanorum Arverniæ constitutum, salutem et pacem.

Noveritis et noverint universi quod cùm inter venerabilem patrem dominum Petrum, Dei gratiâ, abbatem et conventum monasterii Aureliaci, vice et nomine dicti monasterii, ex parte unâ;

Et consules et universitatem ac communitatem villæ Aureliaci, vice

et nomine consulatûs, communitatis et universitatis et hominum ejusdem villæ ex alterâ parte ;

Questiones seu controversiæ verterentur et essent, seu vertere et
esse sperarentur super eo videlicet quod idem dominus abbas et conventus, seu eorum syndici, procuratores, et actores dicebant et asserebant dictos consules impedivisse alveum antiquum et deviasse aquam
de Jordana, opere manu facto, in locis seu graveriis, dictis Lagra-
veyra de Lasfarguas, de subtus pontem dal Boys et de Ulmeto ; propter-
que dicebant impediri debitum cursum aquæ, quæ ammoveri petebant
et ad statum antiquum reduci.

Item et super eo quod dominus dictus abbas et conventus dicebant se
debere percipere vendas de parietibus et dimidiis parietibus qui ven-
duntur apud Aureliacum et de appodiationibus et consimilibus.

Item super eo quod dicebant dictus dominus abbas et conventus se
posse et debere percipere emendam de sanguine minuto, ex quo solùm
deposita est querimonia, per illum cui facta est sanguinia contra illum
qui sanguiniam fecit, vice contentâ in pace, esto quod non fuit
contrà reum oblatus libellus nec ulterius litigetur.

Parte dictorum consulum et hominum dictæ villæ seu eorum syndicis,
procuratoribus et actoribus hæc negantibus et inficiantibus, et asserentibus præfatas Graverias esse universitatis et communitatis et hominum
dictæ villæ, et ex opere ibi manu facto per eos nemini dari damnum ; ac
etiam dicentibus se non teneri ad vendas prædictorum, nec etiam ad
emendam pro sanguine minuto, nisi demùm cùm conquerens obtulisset
libellum.

Tandem post multos et varios tractatus super præmissis habitos inter
prædictas partes, religiosi viri fratres Guillelmus de Merula, prior
claustralis dicti monasterii ; Guido de Manhama, camerarius dicti monasterii ; Guillelmus de Claveriis, prior de Burgo, et Bertrandus
Rebufa, prior de Brussiâ ; syndici, procuratores et actores dictorum
domini abbatis et conventus et monasterii, coràm nobis constituti et
habentes ad infrà scripta generale et speciale mandatum et plenam ac
liberam potestatem, in nostrâ præsentiâ sibi datam et concessam per
eosdem dominos abbatem et conventum coràm nobis pro eisdem domino
abbate et conventu et monasterio et vice et nomine et mandato eorumdem, ex unâ parte.

Et venerabiles viri Guillelmus d'Yssart, et Guillelmus Cazals, consules villæ Aureliaci, et magister Durandus de Molendino, jurisperitus,
et Guido de Ganhac, syndici, procuratores et actores consulum, universitatis, communitatis et hominum dictæ villæ, pro eisdem consulibus et consulatu, communitate et universitate hominum dictæ villæ,
coràm nobis legitime constituti et habentes ad infrà scripta generale
et speciale mandatum et plenam ac liberam potestatem in nostrâ præ-

Heading

sentiâ sibi datam et concessam ab universitate et communitate ipsorum, vice et nomine cousulum, consulatûs, universitatis et communitatis hominum ejusdem villæ, ex parte alterâ.

Compromiserunt se concorditer indiscretos viros dominum Hugonem de Camburato, legum doctorem et in magistrum Bernardum Bastida, clericos et jurisperitos, et in nos ballivum prædictum, ut in superiorem tertium, nisi dicti duo dominus Hugo et magister Bernardus possent super præmissis inter se concordare super questionibus, controversiis et contentionibus prædictis, tanquàm in arbitratores seu amicabiles compositores et promiserunt eædem partes ad invicem sibi, stipulatione solemni, tenere et servare, attendere et complere dictorem voluntatem, pronunciationem, ordinationem et arbitratgium prædictorum sapientum, etiàm sine nobis vel una nobiscum, nisi hiidem dominus Hugo et magister Bernardus possent inter se concordare super præmissis, per nos ipsos proferendum et eadem ratificare et emologare et approbare et contrà nunquàm facere vel venire, per se, vel per alium, vel alios, voléntes, concedentes et consentientes quod ipsi sine nobis vel nobiscum possint et possimus cognoscere de et super præmissis jure, vel à more, vel amicabili compositione, juris ordine servato, vel non servato, omni die feriato, vel non feriato, stando vel sedendo, et quod possint et possimus pro ut ipsorum meræ placuit voluntati, supponentes in præmissis se et illos quorum nomine compromiserunt ipsorum omni modo voluntati et ordinationi et nostræ, nisi prædicti duo magistri possent inter se concordare ; et præmissa omnia et singula tenere, servare, attendere et complere et contrà non facere vel venire promiserunt dictæ partes ad invicem, videlicet una pars alteri, stipulatione solemni, sub pœnâ ducentarum librarum turonensium ab eisdem partibus ad invicem stipulatâ solemniter et promissâ, dandarum per partem inhobedientem et non servantem præmissa omnia et singula parti hobedienti et servanti eadem. Quam pœnam voluerunt et consentierunt ac etiàm concedunt committi, in solidum et cum eflectu in, et pro quolibet articulo et capitulo, et etiàm pro quâlibet parte de contentis in dictis articulis et capitulis super scriptis, totiens quotiens per alterutram de dictis partibus fieret vel veniret, in toto vel in parte, contrà præmissa vel aliqua de præmissis ; et quâ pœnâ commissâ, solutâ et exactâ, semel et pluries, nihilominus præmissa omnia et singula et dictum arbitratgium, pronunciatio et voluntas dictorum arbitratorum, sine nobis vel nobiscum, perpetuam habeant firmitatem ; sic quod ad utrumque possit agi in solidum et cum effectu ad pœnam, si et quotiens committetur. Et ad observationem dictæ pronunciationis et arbitratgii dictorum arbitrorum, sine nobis vel et nobiscum, pro præmissis omnibus et singulis servandis, tenendis, attendendis et complendis et pro dictâ pœnâ et summâ pœnali solvendâ quoties committatur, se se, nominibus quibus suprà, eædem partes ad invicem et bona partis suæ quæ libet alteri obligantes. Et præmissa omnia tenere, servare, attendere et complere, ratificare et emologare et contrà nunquàm facere vel venire, per se vel per alium, juraverunt prænominati syndici, procuratores et actores dictorum domini abbatis et conventûs et monasterii, in animas suas et dictorum dominorum abbatis et conventûs et cujuslibet de conventu. Et prænominati consules hiidem que syndici, et alii syndici, procuratores et actores consulatûs, communitatis, universitatis et hominum dictæ villæ, in animas suas et consulum et hominum dictæ villæ et cujuslibet eorumdem juraverunt similiter, ad sancta Dei evangelia, ab ipsis compromittentibus hinc et inde corporaliter manu tacta ; et renunciaverunt eædem partes compromittentes super præmissis, hinc inde, reclamationi et provocationi ad arbitrium boni viri et authenticæ *decernimus* et omni alio juri et juris auxilio, quibus contrà præmissa venire possent, vel eorum pars, vel in aliquo se juvare ; volentes, consentientes et concedentes hinc inde, se ad præmissa et singula et ad tenendum dictam pronunciationem, voluntatem et ordinationem nostrum et nostram, et dictorum magistrorum super præmissis proferendum et proferendam, compelli per nos et per superiorem quemcumque, de plano sine litigio et disceptatione quâcumque.

Qui quidem magistri scilicet dominus Hugo de Camburato et Bernardus Bastida, jurisperiti arbitratores prædicti, suscepto in se, pro bono pacis et concordiæ, hujus modi compromisso, visis, auditis hiis quæ partes prædictæ coràm eisdem arbitratoribus, proponere voluerunt seu et curaverunt ; visis etiam et subjectis oculis, locis dictarum Graveriarum, et inspectis per eosdem, prænominatis que partibus ac personis, vice et nominibus quibus suprà, coràm ipsis arbitratoribus et petentibus.

Hiidem magistri arbitratores concorditer dixerunt et pronunciaverunt dictam suam voluntatem, ordinationem et pronunciationem, super præfatis questionibus, in modum qui sequitur.

In primis super questione dictarum Graveriarum dixerunt, voluerunt, pronuntiaverunt et ordinaverunt quod, opera manu facta in dictis Graveriis et eædem Graveriæ, uti nunc sunt, ità sint et remaneant ; et plus quòd consules possint reficere et meliorare easdem Graverias et operas easdem, et refectas tenere quatenus opera manu facta extant, se extendant, et non ultrà ; et in hiis dictus dominus abbas et sui monachi nullum præstent impedimentum eisdem ; ulterius verò in aquâ, seu versus aquam, consules per se vel per alios, nihil operis faciant sine domini abbatis voluntate, licentiâ et permissu.

Item dixerunt, pronuntiaverunt et ordinaverunt quod si in villâ Aureliaci, et extrà infrà cruces, paries domûs in toto vendatur, cum sit pars domûs, dentur vendæ, si servitus appodiationis vel similis imponatur, aut si pars parietis percrustam vendatur, nullæ ex hoc solvantur vendæ; nisi quis primo emeret medietatem parietis et post modum aliam medietatem, quo casu vendas solvere teneatur de toto.

Item voluerunt, pronunciaverunt et ordinaverunt quod si aliquis exposuit clamorem contrà aliquem coràm curià seu curialibus domini abbatis super sanguine minuto quem sibi effusum conqueratur et faciat citare adversarium ; licet non persequatur clamorem, curia, ex officio suo, vocatis consulibus, ut in pace in articulo inquestarum, possit inquirere, cognoscere, pronunciare et exequi breviter et sine scriptis, et de culpabili emendam consuetam levare ; nisi conquerens querelam faciat ad instigationem curialium. Et super hoc cum juramento inquiratur veritas cum eisdem, quo reperto non teneatur citatus ad emendam. Et cum hiis voluerunt quod sit pax et concordia perpetuo super præmissis et præmissa tangentibus. Ad dictum laudum, pronunciationem et ordinationem et omnia suprà scripta, eædem præsentes personæ compromittentes et superiùs nominatæ pro se et nominibus quibus suprà ratificaverunt et emologaverunt et approbaverunt expressè. Et prædictus dominus abbas suum in præmissis consensum adhibuit, voluntatem, licentiam et promissum. In quorum omnium fidem et testimonium, nos dictus ballivius, sigillum prædictum domini nostri regis in ballivià montanorum Arverniæ constitutum ad preces et instantiam prædictorum præsentibus litteris duximus apponendum, jure domini nostri regis salvo in omnibus et retento, unà cum sigillis dictorum domini abbatis et conventus et consulum prædictorum. Nos vero frater Petrus, permissione divinà humilis abbas monasterii Aureliacensis, nec non et conventus dicti loci, et nos consules antedicti sigilla nostra præsentibus litteris duximus apponenda unà cum sigillo domini nostri regis, in fidem et testimonium præmissorum. Datum et factum Aureliaco, septimà die ab exitu mensis Augusti, anno domini millesimo ducentesimo nonagesimo octavo.

XXIII

Charte de Vollore.[1]

(Septembre 1312)

Nos Girardus de Rumano, Judex forensis, notum facimus universis
præsentes litteras inspecturis, etc. Cum hactenus multæ discordiæ ortæ
sint, et plures in posterum suscitari providentur, pro eo quod in villa Volubrii dicuntur fuisse et esse aliquæ franchisiæ retroactis temporibus
indultæ per dominos dictæ villæ incolis et habitantibus ipsius, et quia
eas oblivio quasi deleverat, cum non fuissent redactæ, homines dictæ
villæ accedentes personaliter ad præsentiam illustrissimi viri dominici
Ludovici de Thierno, Militis, Domini de Volubrio, eidem humiliter
supplicaverunt quod pro evitandis discordiis et periculis quæ ex hoc
in posterum evenire possent, et ad hoc ut dicta villa Volubrii certis
scriptis et indubitatis privilegiis per ipsum dominum Ludovicum, Militem, corroboretur, et ejus incolæ et habitatores tam in personis quam
rebus ipsis gaudentes privilegiis, libertatibus et franchisiis et immu-
nitatibus de bono in melius cooperante domino prosperentur, quatenus
sibi placeret, super hoc statui et utilitati incolarum et habitantium
ipsius præsentium et futurorum salubriter providere, qui Dominus
Ludovicus attentè cogitans et solerter animadvertens in prædictis tam
suam privatam quam publicam utilitatem versari, eorum supplicationibus concedens, diligenti deliberatione prohabitâ et communicato consilio cum probis personaliter constitutis coram Mandato nostro videlicet
Joanne Mayrandi de Arlaco, Jurato nostræ curiæ forensis, pro se et
successoribus suis in perpetuum concessit, dedit et indulsit habitatoribus et incolis, præsentibus et futuris, masculis et fœminis, habitantibus et habitaturis infra limites et terminos infra scriptos, qui incipiunt
videlicet à via publica quâ itur de Montguerlho ad Volubrium, eundo
ab hinc ad terras de Las-Chezas, quas colit Durandus Melheyras, et
descendendo ab hinc usque ad terras dicti Melheyras, et ab eisdem
terris descendendo rectè usque ad rivum de Boisson, et sequendo ab
hinc ipsum rivum usque ad viam publicam quâ itur de Thierno apud
Augeroles, includendo domum infirmariæ cum suis pertinentiis universis inter ipsam viam et villam Volubrii, quæ infirmaria sita est infra
dictos confines, et à dicta via prout rectè itur ad rivum de Volpeta, et

---

[1] Voy. vol. 1er, p. 267.

sequendo sursum ipsum rivum de Volpeta usque ad Prædariam de Chasseyras et ascendentem de dicta Prædaria pro ut rectè itur ad terras Durandi et Petri Melheyras, quæ terræ Petri Melheyras sunt infra dictos fines, pro ut ab hinc rectè revertitur ad dictam viam publicam quâ itur de Montguelrho apud Volubrium, ubi incipiunt dicti fines. Et prædicto jurato nostro tanquam personæ publicæ recipienti et solemniter stipulanti, nomine et vice dictorum incolarum et habitantium dictæ villæ Volubrii præsentium et futurorum, masculorum et fæminarum, et generaliter omnium quorum interest vel interesse poterit in futurum libertates, privilegia, immunitates et franchisias infra scriptæ et infra scriptas, imprimis donavit, indulsit et concessit, ut supra quod habitatores et incolæ qui nunc sunt vel perpetuis temporibus erunt infra prædictas limites habeant et habere possint et nunc, perpetuis, futuris temporibus universitatem, corpus et collegium, et omnia jura et beneficia ipsa universitas, corpus et collegium ipsius villæ Volubrii habeat, et eis juribus et beneficiis gaudeat quibus gaudere potest de jure vel de consuetudine universitas, corpus et collegium de jure vel consuetudine approbatum vel approbatæ.

Item, quod dicta universitas, vel duæ partes ipsius, hâc primâ vice sibi possint eligere de se ipsis quatuor consules qui electi habeant potestatem nomine et vice totius universitatis ipsius villæ et pertinentiarum gerendi et administrandi negotia, et ad intentandum et exercendum agendo et deffendendo actiones dictarum villæ et universitatis, et potestatem omnia alia faciendi et exercendi quæ ad officium consulum et syndicorum cujuslibet universitatis spectant et pertinent de consuetudine vel de jure, et specialiter et expressè ea facere et exercere possint quæ eis conceduntur per infra scripta : quorum quatuor electorum consulum officium erit annuale, nec ultrà annum eorum officium extendetur, nisi de voluntate totius universitatis ulteriùs prorogetur. Et corporale præstabunt publicè juramentum quod jura dictæ universitatis bene et fideliter conservabunt, et quod bona, si quæ habuerint, penès se ad universitatem spectantia fideliter et integrè eorum successoribus in officio tradent et restituant, et de administratis per eos, consulibus eorum successoribus in præsentia aliquorum virorum proborum dictæ villæ computam reddent et legitimam rationem et quod in eligendo sibi successores nihil considerabunt, nisi publicam utilitatem : et quod ad ipsum officium omni amore et odio, prece et pretio cessantibus et exclusis, eligent magis idoneos et utiles dictæ universitati, secundum eorum conscientiam, quos in ipsâ universitate poterunt reperire, qui quatuor consules circa finem officii eorum eligere poterunt, et eligere tenebuntur, alios quatuor probos viros et homines bonæ famæ de dicta universitate in consules dictæ villæ; paria et eadem post eos onera et potestatem habentes, qui quatuor electi et subrogati necesse habebunt, hujusmodi officium suscipere, nec ipsum poterunt refutare.

Quod si facerent à quolibet electo officium non suscipiente, vel ipsum suscipere recusante, eo ipso quod electus statim non consentierit vel refutaverit, eo ipso incidat in pœnam centum solidorum ab eo exigendam et levandam, et universitati seu communitati dictæ villæ applicandam. Expensæ autem quas dicti consules, eorum officio durante, fecerint pro utilitatibus et negotiis dictæ communitatis, seu universitatis, de communi solventur. Qui quatuor consules pro prædictis poterunt facere eorum propriâ autoritate, sine consensu vel licentia Domini vel successorum suorum, communem impositionem seu collectam, à cujus solutione nullus se poterit excusare; et si aliquis solvere recusaret, Bajulus Domini ad requestam Consulum ipsum compellere ad solutionem teneatur.

Item, quod ipse Dominus Ludovicus et ejus successores Domini de Volubrio ad regimen et gubernationem dictæ villæ ponant unum Bajulum et duos servientes et non plures, qui Bajulus et Servientes in eorum nova creatione officii teneantur in manibus Domini et successorum suorum vel locum suum tenentis, præsentibus dictis consulibus præstare publicè juramentum quod ipsi libertates, privilegia, immunitates et franchisias dictæ villæ, et specialiter prædicta et infra scripta bene et fideliter, integrè quantùm ad eorum spectabit officium, servabunt et facient observari, et contrà non facient vel venient aliquo quæsito colore, et ante præstationem hujusmodi juramenti eorum officia exercere non poterunt, quod si facere presumerent, quod exercuerint nullum sit, et eo ipso sit irritum et inane, et eis non pareatur impune per homines dictæ villæ.

Item, et si post juramentum contra facerent vel venirent, Dominus et successores ejus contra facientem amovendo ipsum officio vel aliâ pœnâ debitâ punient.

Item, quod dicti consules annis singulis eligere possint gasterium et forestarium nemorum de Plana Veza, quos electos dicto Domino Ludovico et ejus successoribus Dominis de Volubrio præsentatos refutare non poterunt, qui gasterius et forestarius in manus Domini vel ejus locum tenentis præstabunt publicè juramentum bona hominum dictæ villæ et prædicta nemora cum eorum pertinentiis bene et fideliter custodire, et ante omnia teneantur in manu dictorum consulum per fidejussores idoneos sufficienter cavere, quod si in dictis officiis delinquerint, delictum et malefactum emendabunt pro quorum delicto consules vel universitas in nullo teneantur vel obligentur, sed delinquens pro modo et qualitate delicti puniatur et ab officio privetur. Si delicti qualitas id exposcat, quo privato alius idoneus per modum prædictum loco privati in officio subrogetur.

Item, Quod habitatores et incolæ prædicti infra prædictos terminos præsentes et futuri, mares et fæminæ non teneantur ex nunc dicto Domino Ludovico vel ejus successoribus solvere, vel facere, vel præstare coltam, tailham, questam, charragium, operam, manoperam, nec gallinam, nec aliquod aliud servitium reale vel personale, nec aliquas alias servitutes vel præstationes, nisi illa tantùm quæ nominatim inferiùs exprimuntur : videlicet quod dictus Dominus Ludovicus et ejus successores Domini de Volubrio habeat et recipiat quolibet anno in quolibet igne seu domicilio dictorum habitantium et incolarum, exceptis Capellanis et Clericis qui nunc sunt, manoperam per duos dies, secundùm conditionem cujuslibet, videlicet habentes boves et currum, ipsam manoperam præstabunt cum bobus et curru, habentes autem roncinum, equum, asinum vel asinam, ipsam manoperam præstabunt cum ipsis animalibus : non habentes autem boves, currum, roncinum, equum, asinum vel asinam, ipsam manoperam præstabunt cum corpore suo. Et si exacta fuerit manopera corporis ab aliquo ultra ab eodem, illo anno manopera cum animali vel curru, licet ea habeat, exigi ab invito vel levari non possit; et si aliquis fuerit qui non possit aut nolit præstare vel facere manoperam cum curru vel animali, licet habeat, non teneatur ad præstandum pro quâlibet manoperâ nisi duodecim denarios turonenses, et hoc sit in electione hominis cui manopera mandaretur. Pro qualibet verò manopera quæ fieri debet cum corpore hominis, Dominus vel ejus Bajulus exigere possint sex denarios vel ipsam manoperam exigere, et hoc sit in electione Domini vel ejus Bajuli, et si forte dubitatio oriatur inter illum qui mandat manoperam et illum cui mandatur, utrum videlicet ille cui mandatur præstiterit vel non, illo anno stetur et credatur super hoc juramento illius à quo manopera exigitur, nullâ aliâ præstatione ab eo exigendâ; quæ quidem manoperæ omnes fient et pæstabuntur ad expensas Domini et suorum successorum, qui Dominus et successores tam hominibus quam animalibus ministrabunt expensas necessarias.

Item, Retinuit et reservavit sibi et successoribus suis quod homines existentes nunc vel in posterum infra fines dictæ villæ Volubrii et pertinentiarum suarum solvant et reddant sibi et successoribus suis, vel eorum certo mandato census et præstationes bladorum, pæcuniæ et gallinarum, et alios quoscumque quos modo sibi debent, ita quod nihil aliud ratione rerum quas ab eo tenent ab invitis possit exigere vel extorquere.

Item, Concessit eliam et indulsit quod si aliquis vel aliqui prædictorum incolarum et habitantium infra prædictos fines decesserit sine hærede legitimo, suo corpore procreato, quod hereditas et bona ipsius existentis infra franchisiam vel extra, mobilia et immobilia deveniant ad ascendentes collaterales vel transversales propinquiores ipsius descendentis, ita quod Dominus vel ejus successores nihil penitus in bonis

vel hæreditate taliter descendentis sibi usurpare vel appropriare possint,
servatâ semper ejus ultimâ voluntate seu dispositione, si quam, dum
viveret, duxerit faciendam.

Item, Concessit insuper et indulsit quod si aliquis vel aliqui prædictorum incolarum vel habitantium propter crimen ultimo supplicio pu-
niretur, quod de bonis ipsius solvantur dotes et debita ad quorum
solutionem damnatus tenebatur; et si animalia habuit ad commendam,
capitale restituatur Domino animalium cum aliis juribus quæ habet
in eis certis bonis damnati Domino et ejus successoribus applicandis
pleno jure.

Item, Indulsit et concessit ut supra pro se, hæredibus et successoribus suis quod si homo aliquis uxoratus de villa prædicta et finibus
ejusdem inventus fuerit per Bajulum seu servientem Volubrii cum
aliqua uxorata de dicta villa vel de extra villam, quod debeant ambo
fustigari, seu cursum facere nudi per villam more solito, vel quod
teneantur solvere Domino Volubrii loco dicti cursus sexaginta solidos,
et quinque solvantur pro lecto ad opus servientium; et hoc sit ad
electionem hominis vel fæminæ sic captorum, et si aliquis homo
uxoratus extraneus captus fuerit in adulterio cum aliqua fæmina de
dicta franchisia uxorata, vel non uxorata, quod remanere debeant ipse
et fæmina ad voluntatem penitus de faciendo cursu dicto, vel de solvendo
summam sexaginta solidorum et quinque solidorum pro lecto ad opus
servientium, ut dictum est. Et si homo aliquis simplex inventus fuerit
in adulterio cum aliqua extranea, si sit meretrix publica, licet uxorata
credatur, nihil solvi debeat donec sciatur et notorium sit ipsam esse
uxoratam, et tunc debebit tantum decem solidos pro emenda. Et si
aliquis uxoratus fuerit cum quadam fæmina, aut si fæmina sit uxorata,
et homo non, et sit aliqua persona cum his duobus quod capi non debeant pro facto adulterii, nisi de nocte fuerit sine igne. Et si quis
inventus fuerit cum aliqua, et ambo sint diffamati de facto, de crimine
adulterii, licet sit cum eis certa persona, et sit de nocte vel de die, si
sint in loco firmato post inhibitionem sibi factam per servientem
Domini cum duobus testibus fide dignis, ne in loco firmato hujusmodi
permaneant simul, quod capi debeant et detineri quoad dictum cursum,
vel ad solvendum sexaginta solidos pro cursu et quinque solidos servientibus pro lecto, et hoc sit in electione eorumdem. Et si aliquis inventus fuerit solus cum tabernaria uxorata vel alia panem et cibaria
vendenti in hospitio, nisi sit de nocte sine igne vel de die in domo
firmata, quod capi non debeant nec æqualiter pro facto adulterii
arrestari.

Item, Concessit et indulsit eisdem ut supra quod si Bajulus aut serviens Volubrii veniret de nocte et extra horam pulsare ad ostium cujuslibet personæ in franchisiâ dictæ villæ Volubrii habitantis, quod

debeat secum adducere duos vel tres socios notos de ipsa villa qui ad
loquelam dignosci valeant, vel quod deferat ignem, aut aliter nemo
de villa debeat nec teneatur sibi tali horâ suum hospitium aperire.

Item, Concessit et indulsit ut supra quod de quolibet foco dictæ
villæ una persona venire debeat, ut citiùs poterit ad quamcumque
præconisationem quam faceret cum tuba gayta Castri Volubrii pro
adjutorio ipsius Castri seu pro igne, et qui non veniret auditâ tubâ,
quod debeat Domino solvere quinque solidos pro emenda ; et si allegaret
se non audivisse tubam, quod ejus juramento super hoc credatur; et
si juraverit se non audivisse tubam, quod sit quittus de emenda ; et si
aliquis non veniret tubâ auditâ ad defensionem dicti castri seu terræ,
si cum armis per guerram defyatam à quibuscumque adversariis
occuparetur, seu inciperet occupari vel hoc esset per adversarios
attentatum, quod teneatur Domino solvere sexaginta solidos pro emenda,
et nihilominus possit compelli per Dominum aut successores suos ad
præstandum de corpore debitum adjutorium in præmissis.

Item, Retinuit et reservavit sibi et sucessoribus suis in perpetuum
bannum seu stagnum vini per totum mensem Augusti tantùm annis
singulis, ita quod nullus vendat vinum ipso mense sine expressis
voluntate et licentiâ Domini et successorum suorum; alio autem tempore vinum aut alias res liceat prædictis habitatoribus et incolis,
vendere, distrahere et alienare bona eorum mobilia sine licentiâ dicti
Domini vel suorum, cui Domino vel successoribus suis aut eorum
officialibus nullis unquam temporibus liceat sub nomine emptionis aut
achati accipere ab invitis incolis vel habitatoribus prædictis vinum,
racemos vel alia quæcumque victualia, nisi de voluntate et consensu
expressis illorum quorum fuerint; remittens dictus Dominus ex nunc in
perpetuum prædictis habitatoribus et incolis carractas et somatas lignorum ad quæ sibi præstanda tenebantur in tempore mensis Decembris.

Item, Cum sit inter dictum Dominum Ludovicum, Dominum Volubrii,
nomine suo et hæredum ac successorum suorum et dictos homines et
personas dictæ villæ Volubrii qui nunc sunt amicabiliter concordatum
quod ipse Dominus retinet et retinere debet pro se et successoribus suis
quartam partem totius nemoris de Plana-Veza inferius confinati,
videlicet, sicut ducit via publica per quam itur de Thierno versus
Olliergues à parte orientali, et sicut ducunt terræ de la Bargia à
parte occidentali, et sicut ducit rivus de Volpeta à parte meridiana, et
sicut ducit rivus de Boisson in prædaria de Volubrio à parte boreæ, modo
et forma infrà scriptis; videlicet, quod in dictâ quartâ parte dum
divisa fuerit quæ ad competendum requestam ipsius Domini dividi
debet per ipsos homines et personas, nullus de dictis hominibus et personis scindere posset ligna aliqua de eadem quartâ parte ad Dominum retenta, nisi de lignis mortuis, et quod possint tam in eadem quartâ parte

quam in aliis, tribus partibus ipsius nemoris depascere cum animalibus
suis et porcis, tam in herbis quam in glandibus, fagina seu feyna, more
solito; et quia dicti homines et personæ habeant, ut dicebant, et semper habuerunt ab antiquo usum calefagii et ædificii, pasqueragii ac
passonagii in toto nemore supra dicto per consuetudinem, Dominus
ratione dictæ quartæ partis dicti nemoris sibi retentæ de voluntate
dictorum hominum et personarum, et ex gratia speciali ab eisdem
hominibus et personis super hoc sibi facta, voluit, indulsit et concessit
nomine quo supra quod eorum consuetudo in hoc sit approbata per
eum, laudata et perpetuò per se et suos successores observetur; videlicet, quòd dictâ quartâ parte nemoris ad se remanente et successoribus
suis sub modis et formis prædictis præfati homines et personæ semper in perpetuum habeant usagium, et eorum quilibet resecandi et
apportandi omnia quæ sibi erunt necessaria de aliis tribus partibus
dicti nemoris, quoad calefacium et ædificium, et aliud servitium sibi
necessarium in perpetuum; hoc salvo quod non possint vendere aliquid
alicui personæ extraneæ, seu distrahere de lignis seu maderia dicti
nemoris nisi inter se; videlicet, unus de villa Volubrii alteri ipsius villæ
et non extraneo, et quod per totum nemus prædictum habeant pasque-
ragium, tam in dicta quarta parte dicti nemoris ad Dominum retenta
quam in aliis tribus partibus, tam in herbis quam glandibus, et fagina
seu feynâ, cum animalibus suis et porcis more solito, et quod habeant
calefagium suum in lignis mortuis quæ essent in dicta quarta parte
dicti nemoris ad se retenta, et quod his salvis et retentis eisdem hominibus et personis vendito passionagii, sive la Passou, totius nemoris
prædicti, et pretium ipsius passionagii, sive la Passou, ad Dominum
et suos successores debeat perpetuo pertinere pleno jure; et quod
Dominus de novo alicui non possit, nec sibi liceat, neque successoribus
suis, dare usagium seu calefagium in dictis tribus partibus dicti nemoris, nec alicui vendere seu distrahere de iisdem nec dare pasquera-
gium in herbis sine voluntate dictorum hominum et personarum. Si
forestarius Domini in prædicto nemore de Plana-Veza aliquem extra-
nerum à dicta franchisia invenerit damnum dantem, Dominus ab eis
exiget pro emenda ad voluntatem suam, et forestarius habebit secu-
rim vel aliud quodcumque instrumentum cum deprehendetur damnum
dare in ipso nemore.

Item, Concessit et indulsit ut supra quod à prædictis existentibus de
prædicta franchisia pro quolibet defectu non leventur vel exigantur nisi
duo solidi, et pro clama decem octo denarii, qui si citati fuerint coram
judice, et Bajulo et aliis officialibus Domini respondere non teneantur
nisi per octo dies ante diem quâ convenienter citatus fuerit per servientem, nisi fortè de facto proprio conventi agatur, vel nisi citatus
apparent ad instantiam hominis extranei transeuntis, quibus duo-

bus casibus ad mandatum judicis respondere tenebuntur; si aliquis
de dicta franchisia sanguinem fecerit sine gladio, sine petra et sine
palo, solvat tres solidos, si tamen læsus conqueratur et non aliter;
si vero sanguinem fecerit cum gladio, petra vel palo, et percutiens sit major quatuordecim annis, solvat sexaginta solidos, et si non
est major quatuordecim annis, nihil solvat pro hujusmodi delicto.

Dominus Volubrii et ejus successores tenebunt duos furnos in villa
Volubrii, et alii furni ibidem remanebunt, ut est hactenus consuetum,
infra fines franchisiæ; non accipient servientes Domini in gagiamenta
vel in regula nisi tres denarios, si tamen gagiamentum vel regula fiant
pro facto Domini nihil accipient. Pignora capta per servientes stabunt
sine venditione vel distractione infra villam per octo dies; post octo
vero dies, distrahi et vendi poterunt, ita tamen quod post alios octo
dies teneantur infra villam secundùm consuetudinem dictæ villæ, et si
lis aut questio oriatur super expensis vel pasturis pignorum sedabitur
et terminabitur ad ordinationem et æstimationem Consulum. Si Guasterius Domini invenerit animal grossum dumnum dans, pro quolibet
animali grosso habebit duos denarios, pro quolibet porco unum denarium, pro quolibet ove unum obolum, pro quolibet ansere unam
gaylardam, pro qualibet capra sex denarios, et tenebitur Dominus animalis vel dimittere animal pro damno, vel damnum emendare passo. Si
canis tempore quo racemi sunt maturi non habens talot inveniatur in
vineis damnum dans, habebit dominus de Volubrio à domino canis
duos solidos, Gasterius sex denarios; si tamen dominus canis jurare
voluerit quod cani hujusmodi imposuerit talot, et quod ipsum sine
culpa domini amiserit, nihil pro cane solvat, sed incontinenti sibi
reponatur talot vel canis moriatur. Si animal aliquod inventum fuerit
de nocte damnum dans, custodes vel pastores ipsius animalis puniantur
ad voluntatem Domini, nisi tamen custodes vel pastores ipsi juxta pos-
sibilitatem ipsorum ipsum animal quærerent et insequerentur, in quo
casu nihil debebunt, sed emendabunt damnum passo. Si aliquis porcus
vel sus inveniatur tempore quo racemi sunt maturi in vineis de nocte,
dominus vineæ, si velit, impunè ipsum poterit occidere, si vero de die
dominus ipsius emendabit damnum passo ad æstimationem Consulum.
Si Guasterius aliquem invenerit qui intraverit in vineam, pratum,
bladum, vel tale causâ nocendi in eis vel fructibus arborum de die,
solvet Domino duos solidos et Gasterio sex denarios, et si de nocte fuerit
solvet Domino decem solidos et emendabit damnum passo. Si vero
inventus fuerit per Gasterium in horto vel virgulto clauso causâ
nocendi, solvet Domino sexaginta solidos et emendabit damnum læso.
Si vero per Guasterium aliquis inventus fuerit nocte damnum dans in
aliquo ploujono, puniatur inventus ad voluntatem Domini. Pro falsa vero
mensura vini, olei, bladi, salis vel pro falsa libra, solvet Domino

septem solidos; pro falso verò pondere balanciæ vel libratæ debebuntur Domino sexaginta solidi. Si panis venalis repertus fuerit juxta pretium bladi minus juxta æstimationem Consulum panis ipse per gentes Domini frangetur et pauperibus erogabitur. Si tabernarii consueti vendere vinum venderent nimis carum, consules poteruut taxationem in pretio ponere, vocato priùs Bajulo cum eisdem, juxta quam taxationem vendere tenebuntur. Infra dictam franchisiam fient perpetuis temporibus mensuræ vini secundum modum et quantitatem mensuræ Thierni; mensuræ autem bladi ad mensuram granerii Domini Volubrii, mensuræ verò salis ad mensuram d'Oliergues; quæ verò mensuræ ad forum necessariæ, et fideliter custodiantur per consules et sine præstatione aliqua prætii, liberè tradantur et gratis ementibus et vendentibus. Si aliquis laydam consuetam et debitam ultra octo dies ipsam, non solvendo, tenebitur Domino solvere septem solidos, infra autem octo dies prædictos propter hoc in aliquo non tenebitur. Nullus existens de dicta franchisia solvere tenebitur laydam, pedagium neque pedagia Domino Volubrii vel ejus successoribus pro quacumque venditione per ipsum facienda de quibuscumque rebus, ubicunque eam faciat; taxabitur autem layda per dominum et per consules. Fabri villæ tenebuntur facere ferramenta propria hominum villæ Volubrii et dictæ franchisiæ juxtra æstimationem Consulum. Si familiares Domini vel aliquis eorum cum mandato, et per ejus potentiam ipsi familiares Domini damnum quod dederint sine legitima causa alicui de hominibus dictæ franchisiæ, ad requestam Consulum Dominus de suo proprio emendabit vel faciet emendari. Si aliquis existens de ipsa franchisia vendiderit domum vel alia bona immobilia, tenebitur Domino pro viginti solidis pretii solvere viginti denarios de venditionibus, et sic deinceps; et nihil aliud propter hoc tenebitur domino vel suis facere vel præstare. Si aliquis in hæreditatem uxoris suæ undecunque fuerit, sive sit de franchisia sive de extra, intraverit, tenebitur dare Domino ratione intragii duas libras ceræ et nihil ultra; quicunque undecunque venerit volens intrare in franchisiam, recipiatur per consules cum assensu Domini, pro quo consensu præstando Dominus ab intrante nihil possit exigere vel levare; et si Dominus recusaverit consentire, consules poterunt ipsum per se ipsos recipere. Si aliquis fecerit expoissons seu fermanciam infra fines prædictos, quantumcunque sit magnæ quantitatis, non teneatur nisi uno sextario vini. Si filius, frater vel familiaris alicujus contraxerint vel delinquerint, pater, frater vel Dominus non tenebuntur nec compellentur, nec bona ipsorum non capientur, nisi quantum ex contractu filii, fratris vel familiæ pervenisset ad eos, et nisi de delicto culpabiles reperiantur. Si unus vel plures ad custodiam castri vel villæ propter guerram de nocte vigilare non potuerit et non possit, seu non bonum ussoye vigilandi, solvat sex denarios et non ultra.

Item, Concessit ut supra quod si homines dictæ franchisiæ pro rebus eorum quas vendunt vel aliter quoquomodo accipiant pignora Domini, vel gentium suarum, quod ipsi possint ipsa pignora explectare et vendere sicut pignora aliorum; quæ quidem pignora vendi possunt per creditorem sicut cætera pignora privatarum personarum; et si aliquod animal inveniatur marritum dominus nihil debebit, sed emendabitur damnum passo. Si aliquis extraneus infrà prædictos limites habens hortum vel pedam, licet illum non ædificet vel claudat infra unum annum, non propter hoc res perdatur, dum tamen Domino solvat censum. Dominus etiam Volubrii vel ejus successores non poterunt affranchire aliquem hominem, vel libertatem seu immunitatem concedere gratis, vel accepto pretio in præjudicium dictæ universitatis alicui de dicta universitate vel extra.

Item, Concessit ut supra quod pro nullo debito pignoretur vel gagietur aliquis de dicta franchisia in operatorio suo, vel in tabula sua in die fori seu mercati, nec ex parte alicujus pro aliquo debito capiatur, nihil ad hoc se obligaverit. Si Bajulus Domini investiverit aliquem de aliqua re immobili sub certo annuo censu, firmum permaneat, perquæ ac si per Dominum fuisset investitus. Si aliquis de franchisia rem suam immobilem existentem infra prædictos terminos alicui extraneo cujuscumque conditionis existat, vendat, emptor jurare tenebitur se servaturum usagia et consuetudines franchisiæ prædictæ, aliter verò non recipiatur nec investiatur per Dominum. Omnes habitatores et incolæ prædicti infra prædictam franchisiam eorum autoritate propriâ sive autoritate Domini vel licentiâ vel suorum poterunt pro eorum voluntate facere ostia vel fenestras in eorum parietibus exeuntia vel respicientia in carreriis vel locis publicis. Quilibet in suo infra prædictam franchisiam novum ædificium facere et construere poterit. Si tamen vicinus per ipsum ædificium prætenderit sibi injuriam fieri, ædificans teneatur super hoc stare cognitioni et ordinationi Bajuli Domini et quatuor Consulum. Cives existentes infra dictam franchisiam libere poterunt extra eam ad quæcumque loca remota vel vicina mutare eorum domicilia, et bona eorum mobilia et immobilia remanentia infra prædictam franchisiam quoad dominium, proprietatem et possessionem penès eos remanebunt. Si aliquis de dicta franchisia alicui existenti de ipsa franchisia vendiderit aliquam rem suam mobilem vel immobilem, et venditor velit conqueri se læsum ultra tertiam partem pretii et infra octo dies ex die venditionis computando coram Consulibus super hoc reclamaverit, deceptione tertiæ partis probatâ, venditio rescindetur ad cognitionem Consulum; post octo vero dies reclamans nullatenus audiatur. Consules verò prædicti infra alios octo dies post dictam reclamationem tenebuntur sibi facere justiciæ complementum.

Item, Concessit ut supra quod si aliquis de dicta franchisia debeat aliquod debitum alicui qui sit de ipsa franchisia, et ipsum debitum solvere recuset, debitor pro ipso debito per Bajulum Domini vel ejus mandatum pignoretur ; quæ pignora vendantur et distrahantur secundùm consuetudinem Villæ ; emptore autem non invento, creditor ipsa pignora recipiet in solutum juxta æstimationem per Consules de eis faciendam, juxta quam æstimationem debitor ipsa pignora creditori concedere et vendere teneatur. Si fuerint fratres, vel alii cohæredes, vel alii habentes aliqua bona immobilia inter se, et unus quittaverit partem suam ipsorum bonorum vel hæreditatis aliis fratribus, cohæredibus vel consociis suis, pretio accepto Dominus accipiet pro vendis et subvendis pro singulis viginti solidis viginti denarios pretii quod pro eis dabitur, vel si Dominus dicat pretium legitimum et justum non intervenisse stetur super hoc æstimationi faciendæ per probos viros per Consules eligendos.

Vindemiarum tempore Consules qui pro tempore fuerint, venire debent ad Dominum vel ejus Bajulum, et ipsum requirere de vindemiis faciendis ; quorum requisitioni Dominus vel Bajulus annuere tenebitur, retentis tamen et reservatis Domino duobus diebus, in quibus duobus diebus ante alios vindemiare possit, si voluerit, quibus duobus diebus elapsis à die requisitionis sequenti die, existentes infra dictam franchisiam poterunt vindemiare nullà aliâ licentiâ petitâ vel obtentâ, secundùm pannos hactenus assignatos.

Nullus de dicta franchisia pro quocumque vel pro quâcunque causâ tenebitur recipere gagium vel subire duellum invitus, licet super hoc impetatur pro quocunque crimine.

Bajulus vel officialis Domini vel hæredum aut successorum suorum nullum hominem vel mulierem in dicta franchisia capere aut arrestare poterunt personaliter, nisi pro crimine tali pro quo de jure vel consuetudine infligenda sit mors vel membri mutilatio; quod si facerent ad requestam Consulum, ipsum debent sine difficultate quâlibet à captione liberare, retentâ ab eo de parendo juri juratoris cautione, vel alia quam præstare potuerit. Custodiam autem captorum nemini de franchisia invito committent servientes Domini, nisi ex causa serviens invocaverit ad custodiam alicujus capti auxilium alicujus hominis, quo casu servientes ad custodiendum captum cum illo, cujus auxilium invocaverint, remanere teneantur.

Pro debitis Domini nullus de dicta franchisia pignoretur, nisi de redditibus in quibus Domino tenebitur pro possessionibus quas ab eo tenebit infrà franchisiam vel extra.

Bajulus vel Officialis Domini homines de dicta franchisia citare vel adjornare non poterunt vel compellere ipsos litigatores extra prædictam franchisiam invitos, quod si fecerint, sit irritum et inane.

Bajulus vel Officialis Domini expensas vel sportulas aut salarium à litigantibus coram eis pro quacunque causa non poterunt extorquere.

Item, Concessit et indulsit eisdem ut supra quod quandocunque successor ejus Dominus Volubrii fuerit novus Miles, vel ipse Dominus Ludovicus aut ejus successor Dominus Volubrii caperentur propter guerram quod absit vel transfretaret ultra mare, aut maritaret filiam suam, quando contraheret et iniret sponsalia, universitas dictæ Villæ pro quolibet actu prædictorum sibi solvere tenebitur triginta libras turonenses et non ultra.

Gentes dictæ franchisiæ Dominus vel ejus successores aut Officiales cum armis nulli præstare poterunt, vel compellere eos ad præstandum alicui cum armis invitos, excepto Domino Rege Francorum et Domino Comite forensi, salvo quod ipse Dominus expensis suis propriis poterit præstare decem homines cum armis alicui de amicis suis : quo casu Dominus vel ejus Bajulus personaliter ire tenebitur.

Si Bajulus vel serviens Domini aliquod præceptum fecerit alicui de prædicta franchisia contra prædicta vel aliquod prædictorum, licet ille cui præceptum factum fuerit, non obtemperaret præcepto, propter hoc in nulla emenda tenebitur Domino, si aliquis de dicta franchisia pignoraverit alium coram autoritate propria, propter hoc nullam emendam debebit Domino nisi pars conqueratur, quo casu Domino tenebitur solvere decem et octo denarios et non ultra. Si super saysina seu possessione alicujus rei vertatur quæstio inter aliquos quorum quilibet prætendat se de ipsa saisistum, cadens à causa, propter hoc debebit Domino viginti solidos et non ultra.

Domus confrariæ sancti Spiritûs Ecclesiarum de Volubrio habeant calefagium suum et bastimentum in dictis tribus partibus nemoris de Plana-Veza, et etiam possint accipere in toto nemore ligna mortua, nec dabit Domino fornagium pro coquendo pane, sed Dominus et ejus successores Domini de Volubrio debent tenere perpetuis temporibus in confratria sancti Spiritûs unum pauperem pro se.

Domus Leprosorum de Plana-Veza non debet solvere vel præstare Domino vel ejus successoribus manoperam, neque charegum, aut aliud quodcumque servitium, nisi tamen modo censum bladi, pecuniæ et fæni quem in ea Dominus consuevit percipere ab antiquo.

Item, Quod omnia bona mobilia et immobilia hominum de dicta franchisia ubicunque sint in terra dicti Domini, gaudeant privilegiis et libertatibus et supra dictis.

Item, Voluit et concessit ut supra quod ejus successores Domini Volubrii teneantur et sint adstricti ad requisitionem Consulum dictæ

villæ jurare in præsentia dictorum Consulum publicè prædicta omnia
et singula pro posse suo fideliter observare et facere observari; et
contra ea vel aliquod eorum per se vel per alium non facere vel venire,
et quod pro præstatione juramenti hujusmodi nihil ab ipsis Consulibus
vel universitati exigere valeat vel habere.

Item, Voluit et concessit ut supra quod si per ipsum Dominum Ludovicum vel ejus hæredes aut successores judices, Bajulos, servientes vel
Officiales, ac per homines etiam dictæ franchisæ, facto vel verbo,
tacitè vel contra prædicta vel aliqua prædictorum fieret, quod per
ipsos actus vel per abusum aut desuetudinem prædictorum, vel alicujus eorum quantocumque longo vel longissimo temporis tractu
contra prædicta fieret, vel prædicta in abusum vel desuetudinem deve-
nirent, prædictis vel aliquo prædictorum nullis unquam temporibus
derogetur, sed ipsis semper in sua firmitate, vigore, stabilitate et virtute
manentibus quocunque usu vel consuetudine in contrarium observatis
non obstantibus. Ipse Dominus Volubrii et ejus successores judices,
Bajuli, servientes et Officiales perpetuò teneantur ad observantiam
omnium prædictorum, volens et concedens quod contra prædicta vel
aliquod prædictorum præscripto, usus vel consuetudo etiam longissimi
temporis currere non possint in præjudicium universitatis prædictæ.
Renuntians ipse Dominus Ludovicus certioratus et ex certa scientia
conditioni et exceptioni doli in factum sine causa vel ex justa causa,
et demum omni alii juris et consuetudinis beneficio et privilegio impe-
trato et impetrando per quæ contra prædicta venire posset vel in aliquo se juvare. Volens quod præsens clausula generalis extendatur ad
omnia in quibus de jure vel consuetudine exigitur renuntiatio specialis,
et prædicta omnia universa et singula attendere, observare, complere,
et contra ea vel aliquod eorum per se vel per alium de jure vel de
facto, in toto vel in parte, non facere vel venire promisit idem dominus Ludovicus, sub expressis obligatione vel hypothecâ omnium bonorum suorum habitorum et habendorum, et juravit ad sancta Dei
Evangelia ab ipso coporaliter manu tacta, et volens totis viribus,
quod prædicta omnia universa et singula inviolabiliter observentur.
Super ipsorum et cujuslibet ipsorum observantia supposuit et sub-
misit se jurisdictioni et correctioni nostræ et successorum nostrorum
in officio judicaturæ et Domini Ballivi forensis qui nunc est qui pro
tempore fuerit et cujuslibet nostrum judicum ad observantiam prædictorum, et ad ordinandum ad statum debitum si ipse vel successores sui
Domini de Volubrio, vel Officiales, vel familiares in aliquo contra facerent vel venirent, compelli possent mero judicis officio ad simplicem
requisitionem et querelam Consulum vel eorum Procuratoris per
saysinam et captionem bonorum suorum, per pœnarum et mulctarum
impositionem, et aliis juris remediis à quibus quidem compulsione,

saysina et captione bonorum, pœnarum et mulctarum impositionibus, ipse vel ejus successores Domini de Volubrio, vel eorum Officiales, seu familiares, appellare vel provocare non possint; quibusquidem beneficiis appellationum, reclamationum et provocationum pro se et successoribus suis renuntiant expresse per pactum et per juramentum per eum, ut præmittitur super hoc præstitum.

Et insuper promisit per suum jam præstitum juramentum se concessurum dictis hominibus et personis ad opus sui et suorum in perpetuum, ad requestam dictorum Consulum, vel eorum alterius seu Procuratoris dictæ villæ, alias litteras Domini Episcopi Claromontensis qui nunc est vel pro tempore fuerit, vel ejus Officialis, vel alias litteras cujuscunque Curiæ continentes in prædicta substantiam tenorem præsentium litterarum, et est sciendum quod cum prædicta et subsequentia non posset capere seu suscipere pellis unica pergameni, propter verborum superabundantiam ut hoc nobis constat, et constare potest cuilibet intuenti, præsentes litteras fieri ac conscribi fecimus in duabus pellibus pergamenorum insertis, mediante tenaci glumo ac conjunctis. Et ad omnem fraudem et machinationem removendam, ac collusionis et sinistræ suspicionis scrupulum prorsus tollendum in marginibus præsentium litterarum, videlicet in principio et fine cujuslibet inscripturæ et conjuncturæ sigillum plombeum Domini nostri, Domini Comitis Forensis duximus apponendum, et ad majorem roboris firmitatem, et testimonium omnium præmissorum prædictum sigillum plombeum una cum sigillo cereo Curiæ Forensis apponi et appendi fecimus in fine præsentium litterarum, jure præfati Domini Comitis in omnibus semper salvo. Actum et datum apud Volubrium in domo Domini Joannis Boyerii, Presbyteri, videlicet, decimo octavo Calendas septembris, anno Domini millesimo trecentesimo duodecimo, testibus præsentibus ad hoc vocatis Petro Delpomier, Hugone de Montbartous, Hugone de Bargia, Joanne Giraudi de la Brunilhia, Joanne Deponnhyat, Joanne de la Cout, Petro de la Gardella, et me Joanne Mayrandi de Arlaco, Jurato Curiæ Forensis, qui præsentes litteras expedivi sub hoc meo signo.

XXIV

Charte aux Auvergnats[1].

(Juin 1319)

Philippus dei gratiâ etc. Notum facimus universis presentibus et futuris, quod cum barones, nobiles et ceteri habitantes in ballivia Arvernie, et ejus ressorto, nobis supplicaverint humiliter et devotè, ut nonnullas gratias sibi faceremus, et indebitas novitates, quas sibi illatas, et factas fuisse asserebant, per officiales nostros ejusdem ballivie et ressorti ipsius, contra consuetudines eorumdem, ac contra seriem, et tenorem privilegiorum sibi à nostris predecessoribus concessorum, revocari, et ad statum debitum reduci facere dignaremur, et ipsas consuetudines et privilegia observari. Nos attendentes eorum grata servitia, dona, fidelitatis et obedientie constantiam, ac bonas voluntates, quæ, quam et quas ipsi, et eorum predecessores carissimis Dominis genitori et germano nostris quondam dictorum regnorum regibus, et aliis predecessoribus nostris, ac nobis impenderunt, et etiam habuerunt, attendentes etiam, quod temporibus retroactis, quibus regnum nostrum Francie predictum, per quamplures subditos, et incolas dicti regni requestis et gratiis extitit oneratum, prefati barones et nobiles habitantes, multo magis liberaliter, et gratanter nostris predecessoribus, et nobis servierunt, absque eo quod à nostris predecessoribus, vel à nobis petierint, aut voluerint gratiam aliquam reportari, preterquam illam que clementer à regia mansuetudine condescendit, unde nos eosdem volentes non immerito favore prosequi benivolo, ac etiam generoso, auditis eorum supplicationibus et requestis, visisque eorum privilegiis diligenter, de quibus fecerunt nobis plenam fidem, deliberatione, que nedum semel, sed pluries cum majori nostro consilio, tam super predictis, quam super omnibus et singulis infra scriptis, habitâ pleniori, ex certâ scientiâ, et de gratiâ speciali, per presens privilegium, eisdem, et eorum successoribus, pro nobis, et nostris successoribus concedimus gratias, libertates, declarationes et franchisias inferius annotatas. Et cum ipsi dicerent ad eos pertinere, et pertinere debere cognitionem et executionem quarumcunque litterarum sub nostris sigillis confectarum, et conficiendarum, ex privilegiis sibi concessis,

[1] Voy. vol Ier, p. 275.

per predictos dominos nostros genitorem et germanum, super quibus cognitione, et executione dicebant se per gentes nostras fuisse indebite impeditos, suppliciter postulantes per nos declarari predictas cognitionem et executionem ad eos debere totaliter pertinere, et impedimentum quodlibet in premissis appositum amoveri. Volumus et concedimus eisdem.

I. — *Primo*, Quod dicti barones, nobiles, et habitantes dicte ballivie, et ejus ressorti, et eorum successores, habeant de cetero in terris eorum, in quibus habent altam justitiam, executiones litterarum, et cognitiones descendentes ab eisdem litteris, sub obligationibus quibusque confectarum, et conficiendarum, sub sigillis regiis, que habemus, aut nos, seu successores nostri habituri sumus in dictis ballivia et ressorto, preterquam in debitis nostris, aut si fuerint negligentes vel etiam deffectivi. In casu vero in quo super dicta cognitione falsitatis scripture duntaxat, aut sigilli debatum oriretur, ipsius debati cognitionem, nobis et nostris successoribus reservamus.

II. — *Item*, Volumus, et concedimus eisdem, (et sic aliàs dominus et genitor noster voluit et concessit) quod prepositi nostri firmarii, seu censuarii, non judicent, neque taxent emendas quas petent à subditis suis, ymo eas petent coram ballivo dicte ballivie, qui eas taxabit, ac etiam judicabit.

III. — *Item*, Volumus et concedimus eisdem, quod si aliquis denunciaverit contra aliquem baronum, nobilium, aut habitantium predictorum, crimen tale, propter quod denunciatus in prisione debeat detineri, dictus denunciatus in dicta prisione nullatenus intrudatur, donec denunciator ad sancta dei Evangelia juraverit, quod ad denunciationem hujusmodi ex fraude et malitiâ non procedit.

IV. — *Item*, Volumus et concedimus eisdem, quod procuratores nostri dicte ballivie et ejus ressorti, ad quorumvis religiosorum, seu aliorum dicentium se esse in nostrâ gardiâ, instanciam, et cum ipsis nullam partem, occasione dicte gardie, faciant, contra aliquem baronum, nobilium, seu habitantium predictorum, si prius se opposuerit, dicendo hoc nostram gardiam non tangere, donec prius cognitum fuerit et de plano, an causâ hujusmodi tangat gardiam supra dictam.

V. — *Item*, Volumus et concedimus eisdem, quod ex nunc, quicumque appellaverit a falso judicio, a quovis officialium nostrorum ad ballivum nostrum Arvernie, et succumbat in causa appellationis predicte, non solvat pro emendâ, nisi sexaginta solidos turonenses duntaxat.

VI. — *Item*, Volumus et concedimus eisdem, quod dum manus nostra in bonis aliquibus mobilibus, sive immobilibus alicujus, quamvis ex causâ apponatur, dicta bona sufficienti persone, et locupleti commendentur, que de eis, et fructibus, ac emolumentis ex eis provenientibus,

possit et debeat reddere rationem; et tenebitur ballivus, et ceteri officiarii nostri, ille, vel illi, auctoritate cujus, vel quorum manus hujusmodi apponetur, litteras concedere requirenti, continentes casum
propter quem manus fuerit apposita in predictis.

VII. — *Item*, Volumus et concedimus eisdem, quod de cetero nullus
dictorum baronum, nobilium, sive habitantium, pro quovis casu, civili vel
criminali, extra suas residentias ad judicium evocetur, seu etiam
extrahatur coram dicto ballivo, seu aliis officialibus nostris in Arvernia
et ressorto quibuscumque. Volumus tamen quod dictus ballivus, aut
alii officiales nostri ballivie, et ressorti predictorum, capere et detinere
possint in dicta ballivia et ejus ressorto ubilibet, in domanio tamen
regio, criminosos.

VIII. — *Item*, Volumus et concedimus eisdem, quod ex nunc in antea,
sit duntaxat in dicta ballivia et ressorto, servientium numerus infrascriptus. Videlicet quindecim servientes generales tantum in ballivia
Arvernie. Item in prepositurâ de Riomo undecim servientes, videlicet
in villâ de Riomo quatuor tantum, in villâ sancti Boniti unus, et sex
in ressorto alio dicte prepositure; in prepositurâ Montisferandi et ejus
ressorto, adjuncto ressorto, quod solebat esse de Ponte Castri, sex
servientes; et pro ressorto Montonii tres servientes. In prepositurâ
Ruppis Sonatorie tres. In prepositurâ Nonete sex, in prepositura Alzonii
quatuor. In prepositurâ Largiaci quatuor; in prepositurâ de Corne
unus; in prepositurâ Bullionis duo; in prepositurâ Geherni quatuor;
in prepositurâ Vichiaci quatuor; in prepositurâ Cuciaci tres; in
prepositurâ Podii Rogerii tres; in prepositurâ Langiaci tres; in
prepositurâ Paluelli sex; in prepositurâ Bellegarde tres; in prepositurâ Ruppis de Donnezac unus bajulus et unus serviens et in
ressortis dictarum prepositurarum. In villa Cornonii unus bajulus et
unus serviens communes. In villa Pollogneti unus bajulus et unus
serviens communes solum. In ballivia vero Montanarum Arvernie erunt
tantummodo viginti et sex servientes, videlicet duo generales, in prepositurâ Aureliaci decem, in prepositurâ Sancti Flori septem; in prepositurâ de Mauriaco septem, et isti iidem erunt servientes cancellarie
Montanarum. Preterea in cancellariâ de Riomo erunt solummodo duodecim servientes. In cancellariâ Montisferandi erunt octo; in cancellariâ Nonete sex; in cancellariâ Langiaci quatuor; in cancellariâ
Cornonii quatuor; in cancellariâ Paluelli sex. In cancellariâ Bellegarde tres tantummodo servientes. Volentes et concedentes quod servientes predicti, et numerus eorumdem non possint a modo per dictum
ballivium aut per alium quomodolibet augmentari, sed altero eorum
sublato de medio, vel aliàs amoto, ex quavis causa aliâ, dictus ballivus,
loco illius alium instituat servientem, quodque predicti servientes generales et prepositurarum predictarum non sint, aut esse possint ser-

vientes dictarum cancellariarum Arvernie et è converso predicti servientes dictarum cancellariarum Arvernie non sint, aut esse possint
servientes generales dicte ballivie aut prepositurarum predictarum.

IX. — *Item*, Volumus et concedimus eisdem, quod nulla commissio,
gardie, saisine, aut aliquod aliud officium servientis cujusvis persone
committatur, preterquam servientibus predictis generalibus et servientibus prepositurarum predictarum.

X. — *Item*, Volumus et concedimus eisdem, quod ex nunc in antea,
nullus auctoritate nostrâ notarius publicus sit in dictis balliviâ et
ressorto, aut fungatur in eisdem officio notarii publici quoquomodo.

XI. — *Item*. Volumus et concedimus eisdem, quod de cetero, ad
quorumvis instanciam panuncellus, paillo, brando, baculus, vel quodvis
aliud simile signum regale, in quibuscumque abbatiis, religiosis locis,
aut aliis quibuscùmque existentibus, infra altam justitiam baronum,
vel nobilium aut habitantium predictorum ratione gardie nullatenus
apponantur, apposita que jubemus illico amoveri, esto quod illi ad
quorum instantiam, seu requestam tales panuncelli, paillones, bran-
dones, baculi, vel alia similia signa regalia jam posita, vel forsan in
posterum apponi requirerentur, sint, vel esse se advocent in, et de
nostrâ gardiâ speciali, reservato tamen nobis nostrisque successoribus,
quod personis et locis in nostrâ speciali gardiâ existentibus, possimus
per modum alium de opportuno remedio providere, sine prejudicio tamen
justitie alterius cujuscumque.

XII. — *Item*, Volumus et concedimus eisdem, et sic dictus dominus
Germanus noster concessit, quod ballivus noster qui nunc est, et pro
tempore fuerit in balliviâ supradictâ, non recipiat nisi sex denarios
turonenses tantummodo pro scriptura, et sigillo cujuslibet littere commissionis, acti, sive alterius cujuscumque. Et solvendo dictos sex
denarios erit quillibet quittus a sigillo et scriptura, nec plus modo
quolibet exigi poterit propter hoc ab eodem.

XIII. — *Item*, Volumus et concedimus eisdem, quod ballivus Arvernie
predictus et sui successores faciant sua judicia de consilio militum,
sapientium et bonarum gentium patrie memorate.

XIV. — *Item*, Volumus et concedimus eisdem, quod in qualibet cavalcatâ, seu portatione armorum, principalis possit suos socios advoare, et
totum factum cavalcate, seu portationis armorum predictorum; et
hujusmondi advoatione mediante, ipse principalis et omnes sui socii
quitti sint, et remaneant a cavalcata, et a portatione armorum predictorum, solvendo propter hoc unam emendam duntaxat. Si principalis
predictus fuerit vexillarius, vel Castellanus, aut miles, nisi tamen casus
fuerit criminalis juxta consuetudinem Arvernie observatam.

XV. — *Item*, Volumus et concedimus eisdem, quod exinde ballivus
noster Arvernie, et quicumque alii officiales nostri dictorum ballivie

et ressorti, qui nunc sunt et qui pro tempore fuerint, in eorum novâ creatione, sive institutione, ad solam ostensionem presentis privilegii jurent
in eorum assisiis, seu placitis, vel alibi in loco debito requisiti, ad
sancta Dei evangelia, quilibet semel tantum presens privilegium et
quecumque in eo contenta et cetera privilegia dictis baronibus, nobilibus, et habitantibus a prefatis dominis genitore et germano [1] nostris
et aliis predecessoribus nostris concessa et contenta in eis, tenere et
servare, et contra modo aliquo, non venire. Quod ut firmum et stabile
permaneat in futurum, presentibus litteris nostrum fecimus apponi
sigillum.

Actum et datum apud Boscum Vicenarum, 1319 mense junii, per Dominum regem.

<hr>

XXV

Ordonnance

CONCERNANT SPÉCIALEMENT LA HAUTE-AUVERGNE [2].

(Juin 1319)

Philippus dei gratia Franciæ et Navarræ Rex. Notum facimus universis præsentibus et futuris, quod cùm Barones, Nobiles, et ceteri
habitatores in ballivia montanarum Arverniæ et ejus ressorto nobis
supplicaverint humiliter et devotè ut nonnullas gratias sibi faceremus,
et indebitas novitates, quas sibi illatas, et factas fuisse asserebant, per
officiales nostros ejusdem balliviæ et ressorti ipsius, contra consuetudines eorumdem revocari, et ad statum debitum reduci, et ipsas consuetudines teneri et observari facere dignaremur, nos attendentes eorum
grata servitia, dona, fidelitatis et obedientiæ constantiam, ac bonas
voluntates, quæ, quam et quas ipsi et eorum predecessores carissimis
Dominis genitori, et germano nostris quondam dictorum regnorum
Regibus, et aliis predecessoribus nostris, ac nobis impenderunt, ac etiam
habuerunt, attendentes etiam, quod temporibus retroactis, quibus
regnum nostrum Franciæ prædictum, per quamplures subditos, et incolas

1. Voy. Lett. de mars 1303, mai 1304, et déc. 1315
2. Voy. vol. Ier, p. 275 et suiv.

dicti regni requestis et gratiis extitit oneratum, præfati Barones, nobiles, et habitantes multo magis liberaliter, et gratanter nostris predecessoribus, et nobis servierunt, absque eo quod à predecessoribus nostris et a nobis petierint, aut voluerint aliquam gratiam reportari, preterquam illam quæ clementer à regia mansuetudine condescendit, unde nos eosdem volentes non immerito favore prosequi benivolo ac etiam gratioso, auditis eorum supplicationibus ac requestis deliberationeque, nedum semel, sed pluries cum majori nostro consilio, tam super predictis, quam etiam super omnibus et singulis infra scriptis, habitâ pleniori, ex certâ scientiâ, et de gratiâ speciali, per presens privilegium eisdem, et eorum successoribus, pro nobis et nostris successoribus concedimus gratias, libertates, declarationes, et franchisias inferius annotatas.

I. — Et primo, volumus et concedimus eisdem quod dicti barones, nobiles et habitatores dictæ ballivie et ejus ressorti et eorum successores habeant de cetero in terris eorum, in quibus habent altam justitiam, executiones litterarum, et cognitiones descendentes ab eisdem litteris, sub obligationibus quibuscumque confectarum, seuconficiendarum, sub sigillis regiis, quæ habemus, aut nos seu successores nostri habituri sumus in dictis ballivia et ressorto, preterquam in debitis nostris, aut si fuerint negligentes vel etiam deffectivi. In casu verò in quo super dictâ cognitione falsitatis scripture duntaxat, aut sigilli debatum oriretur, ipsius debati cognitionem nobis et nostris successoribus reservamus.

II. — Item, volumus, et concedimus eisdem, quod prepositi nostri, firmarii, seu censuarii non judicent neque taxent emendas quas petent à subditis suis, immo eas petent coram prædicto ballivo, qui eas taxabit ac etiam judicabit.

III. — Item, volumus et concedimus eisdem, quod si aliquis denuntiaverit contra aliquem Baronum, nobilium, aut habitantium prædictorum crimen tale propter quod denuntiatus in prisione debeat detineri, dictus denuntiatus in dicta prisione nullatenus intrudatur donec denuntiator ad sancta dei evangelia juraverit quod ad denuntiationem hujusmodi ex fraude et malitiâ non procedit.

IV. — Item, volumus et concedimus eisdem, quod procurator noster dictæ ballivæ et ejus ressorti ad quorumvis religiosorum seu aliorum dicentium se esse in nostrâ gardiâ, instantiam, et cum ipsis nullam partem, occasione dictæ gardiæ, faciant, contra aliquem Baronum, nobilium, seu habitantium predictorum, si prius se opposuerit, dicendo hoc nostram gardiam non tangere, donec prius cognitum fuerit et de plano, an causa hujusmodi tangat gardiam supradictam.

V. — Item, volumus et concedimus eisdem, quod ex nunc, quicumque appellaverit a falso judicio à quovis officialium nostrorum ad Ballivum

nostrum montanarum Arverniæ et ab eodem Ballivo ad ballivum
Arverniæ, et succumbat in causâ appellationis prædictæ, non solvat
pro emenda nisi sexaginta solidos Turonenses duntaxat.

VI. — Item, volumus et concedimus eisdem, quod dum manus nostra
in bonis aliquibus mobilibus, sive immobilibus alicujus, quamvis ex causa
apponatur, dicta bona sufficienti personæ et locupleti commendentur,
quæ de eis, et fructibus, ac emolumentis ex eis provenientibus, possit et
debeat reddere rationem. Et tenebitur Ballivus et ceteri officiarii
nostri balliviæ predictæ montanarum illi vel ille auctoritate cujus, vel
quorum manus hujusmodi apponetur, litteras concedere requirenti,
continentes casum propter quem manus fuerit apposita in prædictis.

VII. — Item, volumus et concedimus eisdem, quod de cetero nullus dictorum baronum, nobilium, sive habitantium, pro quovis casu civili vel
criminali extra suas residentias ad judicium evocetur, seu etiam extrahatur coram dicto ballivo montanarum aut alii officiales nostri
balliviæ et ressorti prædictorum capere ac detinere possint in ballivia
montanarum prædicta et ejus ressorto, ubilibet, in domanio tamen
regio, criminosos.

VIII. — Item, volumus et concedimus eisdem, quod ex nunc in antea,
sit duntaxat in dictis ballivia et ressorto montanarum servientium
numerus infrascriptus, videlicet viginti sex servientes duo scilicet
generales in prepositurâ Aureliaci decem, item in prepositurâ sancti
Flori septem, item in præpositurâ de Mauriaco septem. Et isti iidem
erunt servientes cancellariæ montanarum. Volentes et concedentes
quod servientes prædicti et numerus eorumdem non possint amodo
per dictum Ballivum montanarum aut per alium quomodolibet augmentari, sed altero eorum sublato de medio, vel aliàs amoto ex quavis
causâ aliâ, dictus ballivus montanarum alium loco illius instituet
servientem.

IX. — Item, volumus et concedimus eisdem, quod nulla commissio,
gardie, saisine, aut aliquod aliud officium servientis cuivis personæ
committatur, preterquam servientibus memoratis.

X. — Item, volumus et concedimus eisdem, quod ex nunc in antea
nullus auctoritate nostra notarius publicus sit in dicta ballivia et ressorto, aut fungatur in eisdem officio Notarii publici quoquo modo.

XI. — Item volumus et concedimus eisdem, quod de cetero ad quorumvis instantiam panuncellus, paillo, brando, baculus, vel quodvis aliud
simile signum regale, in quibuscumque abbatiis, religiosis locis, aut
aliis quibuscumque existentibus, infrà altam justitiam baronum, vel
nobilium aut habitantium prædictorum ratione gardiæ nullatenus
apponantur, appositaque jubemus illico amoveri, esto quod illi ad
quorum instantiam, seu requestam tales panuncelli, paillones, brando-
nes, baculi, vel alia similia signa regalia jam posita, vel si forsan in poste-

rum apponi requirerentur, sint, vel esse se advocent in, et de gardiâ nostrâ speciali, reservato tamen nobis nostrisque successoribus, quod personis et locis in nostrâ speciali gardiâ existentibus, possimus per modum alium de opportuno remedio providere, sine præjudicio tamen justitiæ alterius cujuscumque.

XII.— Item, volumus et concedimus eisdem, quod ballivus noster qui nunc est, et qui pro tempore fuerit in balliviâ supradictâ, non recipiat nisi sex denarios turonenses tantummodo pro scripturâ et sigillo cujus libet litteræ, commissionis, acti, sive alterius cujuscumque ; et solvendo dictos sex denarios erit quilibet quittus a sigillo et scripturâ, nec plus modo quolibet exigi poterit propter hoc ab eodem.

XIII. —Item, volumus et concedimus eisdem, quod ballivus prædictus et sui successores faciant sua judicia de consilio militum, sapientum et bonarum gentium patriæ memoratæ.

XIV. — Item, volumus et concedimus eisdem, quod in qualibet cavalcatâ seu portatione armorum, principalis possit suos socios advoare, et totum factum cavalcatæ, seu portationis armorum prædictorum ; et hujusmodi advoatione mediante, ipse principalis et omnes socii quitti sint et remaneant à cavalcatâ et portatione armorum prædictorum, solvendo propter hoc unam emendam duntaxat. Si principalis prædictus fuerit vexillarius, vel Castellanus, aut miles, nisi tamen casus fuerit criminalis juxta consuetudinem in dictâ balliviâ observatam.

XV.—Item volumus et concedimus eisdem, quod exinde Ballivus prædictus, et quicumque officiales nostri in dictâ balliviâ et ressorto, qui nunc sunt et qui pro tempore fuerint, ad solam ostensionem præsentis privilegii jurent in eorum officiis seu placitis vel alibi in loco debito requisiti, in eorum nova creatione sine institutione quilibet semel tantum præsens privilegium, et quæcumque in ea contenta, tenere et observare et contra modo aliquo non venire. Quod ut firmum et stabile permaneat in futurum, præsentibus litteris nostrum apponi fecimus sigillum. Actum et datum apud Boscum Vincenarum, anno Domini MCCC decimo nono, mense junii.

XXVI

Accord

ENTRE L'ABBÉ AYMERIC ET LES CONSULS D'AURILLAC.

(Mai 1347)

Universis præsentes litteras inspecturis, Guillelmus de Chabenot, domini nostri Franciæ regis clericus, tenens que sigillum ipsius domini nostri regis, in ballivià montanorum Arverniæ constitutus, salutem et pacem ; noveritis :

Quod cum contentio sive controversia foret, aut esse speraretur, inter venerandum in Christo patrem et dominum, dominum Aymericum, Dei gratià abbatem, et conventum, et conrarios Aureliacensis cœnobii, et syndicos ejusdem monasterii, vice et nomine ejusdem monasterii, ex unà parte ; et consules, et univertitatem, et homines villæ Aureliacensis, vice et nomine communitatis, universitatis, et consulatus dictæ villæ, ex parte alterà ; super ponderatione bladi et farinæ in dictà villà perpetuò faciendà per certas personas super hoc eligendas ; item et super mundatione fossatorum dictæ villæ, et murorum reparatione faciendis, nec non et super murorum et fossatorum in dictà villà novà factione pro tuitione et defensione ejusdem villæ et habitantium in eàdem.

Item et super ponderatione panis venalis, seu qui pro vendendo fit in dictà villà, in pastà etiam pro in perpetuum faciendà. Item et super mensuris salis, olei et calcis. Item super prævisione ad bonam calcem et bonos lateres, sive teules, cayrels et meytados, in dictà villà perpetuò faciendam et faciendos. Item et super intorticis, candelis et torceis quæ de cerà fiunt in dictà villà pro vendendo. (Item super stateris quibus de ceco utetur in dictà villà.) Item super signo faciendo in vasis, seu vayssellamentis argenteis et stagneis quæ fient in dictà villà.

Item et super quibusdam quæ una pars alteri opponebat contrà aliam facta fuisse, contrà tenorem compositionis, sive legis municipalis, quæ pax nuncupatur ; ex quibus una pars ab alià ad invicem petebat pœnas, quibus cavetur in dictis compositionibus ; nec non et super expensis, quas ad invicem quælibet partium proponebat se fecisse occasione præmissarum ob culpam alterius partis.

Tandem post multas altercationes, et varios tractatus super hiis et aliis infrà scriptis, habitas inter partes prædictas, ad honorem omnipotentis Dei patris, et Filii, et Spiritus sancti, et beatæ Mariæ virginis, beati que Geraldi, confessoris et patroni monasterii et villæ prædictorum, et totius celestis curiæ; ad pacem, honorem et tranquillum statum et regimen felix et prosperum dicti monasterii et villæ et partium prædictarum habendum perpetuò et servandum; et pro utilitate publicâ seu communi; et ut maliciis et fraudibus obvietur, habitis super hiis deliberationibus pro ut fuit et est possibile; diligenti inter partes prædictas simul ipsarum partium consilio coadunato; et etiam seorsum in capitulo dicti monasterii dicto domino abbate et toto conventu, ad sonum campanæ ut mos est super hiis pluriès congregatis; ac in consulatu dictæ villæ Aureliacensis, dictis consulibus et suo consilio, ad sonum campanæ et tubarum et de more solito, pluriès congregatis; consideratis que in hiis utilitate dicti monasterii et villæ, et usibus et observantiis in talibus et aliis in dictâ villâ diutiùs observatis, ut per dictas partes ibidèm dictum fuit, coram Johane Daguzo et Durando de Cazis, clericis, notariis, juratis dicti sigilli regii, et per nos deputatis ad audiendum et recipiendum, vice et autoritate nostrâ, obligationes, recognitiones, pacta, juramenta, compromissa, ordinationes, pronuntiationes, arbitratgia, declarationes, transactiones, contractus, renunciationes et omnia alia quæcumque dicto sigillo fuerint sigillanda. Quibus quo ad suprà et infrà scripta recipienda, loco nostro commisimus et per præsentes committimus vires nostras : personaliter constituti, venerabiles et religiosi viri domini, Helias Arramundi, hostalarius monasterii Aureliacensis, Raymundus Delboy, eleemosinarius, et Petrus de Pradinas, infirmarius, et monachi dicti monasterii, syndici, procuratores, yconomi, et actores dicti domini abbatis, conventus et monasterii, habentes ad infrà scripta generale et speciale mandatum, ac etiam plenam et liberam potestatem, in præsentiâ dictorum notariorum eisdem datam et concessam, ab eisdem domino abbate et conventu, et omnibus et singulis de dicto conventu et monasterio, tam conreariis, officiariis et aliis monachis et fratribus ejusdem monasterii in dicto capitulo ad sonum campanæ, ut mos est, congregato, ex una parte; et discreti viri, Durandus Bruny, Hugo Vernhi, Guillelmus de Vaurelhas et Geraldus Pengedre, procuratores, syndici et actores consulum et universitatis et hominorum dictæ villæ, habentes ad infrà scripta mandatum generale et speciale, et plenam ac liberam potestatem, in præsentiâ dicti Durandi de Cazis et Hugonis de Romegos, notariorum dicti sigilli, eisdem per consules et alios habitatores dictæ villæ, seu majorem partem eorumdem datam et

concessam, vice et nomine consulatus et universitatis et hominum
dictæ villæ, ex parte aliâ ; amicabiles compositiones, pactiones, transactiones, conventiones, declarationes, et ordinationes inter se fecerunt
et inhierunt in modum qui sequitur et in formam. Acto priùs et ante
omnia protestato et retento specialiter et expresse convento, inter partes
prædictas et per ipsas et quam libet earum, et una de voluntate alterius,
ad invicem etiam in quolibet articulo de sub scriptis et quâlibet parte
earum, quod per aliqua de suprà et infrà scriptis non intendunt disce-
dere a pace antiquâ nec novâ, nec ab aliquâ compositione dudum factâ,
inter dominos abbates et conventum Aureliacensem qui fuerunt pro
tempore, seu procuratores et syndicos eorumdem, et consules qui etiam
pro tempore in dictâ villâ fuerunt, aut procuratores et syndicos consulum prædictorum qui fuerunt, nec ab aliquo de contentis in eis, nec
à conventione pœnali ducentorum marcharum argenti, nec aliâ, de quâ
fit mentio in eisdem, nec quâlibet earum, nec in eis, nec circa ea,
aliquam novationem facere, nec quodcumque facere aliud per quod, in
toto aut in parte, eis præjudicaretur; quod si facient, pro infectis
haberi voluerunt et nullius esse efficaciæ et valoris. Salvo de inferiùs
ordinandis quæ valere voluerunt, etiam quàtenus discreparent et discor-
darent à dictâ pace antiquâ aut aliis compositionibus prædictis, seu
contentis in eisdem, quoad omnia alia dicta pace antiquâ et novâ et
omnibus et singulis aliis compositionibus, dudum inter prædecessores
dictarum partium factis, remanentibus in suo statu per omnia pro
ut ante.

Et si quod jus aut consuetudo, stylus curiæ esset, dici aut allegari
posset per quem, quam, seu quod, eâ aut aliqua de eis, novata, seu
infecta, aut aliter enervata in toto aut aliqua parte, dici aut allegari
possent, hiis articulis exceptis qui in præsenti compositione continentur, in quibus per expressum ab eis receditur, ut est dictum : illi juri,
consuetudini et stylo procuratores et syndici dictarum partium renuntiaverunt, pro se et suis, et ex suâ certâ scientiâ specialiter et expresse ;
ac promiserunt et juraverunt se, successores que suos, aliquem ve,
per eis unquam juvare, de eisdem jure, consuetudine aut stylo, nec
quæcumque in judicio aut extrà, aliquo tempore allegare, per quod
dici possit, per hic contenta recessum esse à dictis pace novâ et antiquâ, nec aliquâ de compositionibus ante dictis ; volentes si secùs facerent, sibi judiciarum aditum et audientiam denegari.

Quas protestationes omnes et singulas et quamlibet ex eis, quælibet
dictarum partium de consensu alterius ad invicem, quàtenus faciunt,
per eisdem repetierunt et repetitas esse volunt expressè in singulis
articulis conventionibus et conclusionibus infrà scriptis.

In primis fuit inter dictas partes amicabiliter compositum, pactum, transactum, conventum, declaratum et ordinatum, quod statuantur et fient per dominum abbatem, vocatis et præsentibus consulibus, expensis consulum, pro tempore dictæ villæ, certa pondera quintalis et infrà in dictâ villâ perpetuò duratura, quæ signentur signis quibus alia quintalia dictæ villæ sunt signata, vocatis et præsentibus consulibus aut duobus ex ipsis, cum quibus totum bladum quod habitatores dictæ villæ et pertinentiarum ejusdem moli pro suâ necessitate aut alienâ facient in futurum; ac etiam farina bladi prædicti à certo et perpetuo ponderentur. Quod quidem bladum portare pro ponderando, et farinam reportare, reddere ad dicta pondera pro reponderando, et deinde ad hospitium, illius cujus erit deferre, molenerii dictæ villæ et pertinentiarum ejusdem seu nuntii eorumdem perpetuò teneantur. Ita tamen quod pro laboribus et præsentiâ eorum qui in hiis intererunt pro domino abbate, nihil solvent consules, sed omnia alia quæ materia ponderum, facto refecto et partu et alia opera dictorum ponderum decostabunt, exceptis tamen à suprà scriptis inferiùs exceptatis.

Item quod consules qui sunt et qui erunt pro tempore, possint acquirere in perpetuum in dictâ villâ aliquam domum competentem ad opus dicti ponderis et ponderatoris, in alios usus non convertendam; in quâ non poterunt facere, nec fieri facere turrim nec tornellam, nec crenellos, nec alia fortalitia, nisi duntaxat necessaria ponderi prædicto. Et erit licitum dictis consulibus conducere aut procurare habere aliam seu alias domum seu domos, sufficientem seu sufficientes et necessarias in dictâ villâ ad opus prædictum duntaxat, donec dicta domus fuerit per ipsos consules ad hoc, ut permissum est, acquisita. Et tenebitur dicta domus per ipsos consules in perpetuum acquirenda, a beato Geraldo et dicto monasterio et a domino abbate qui nunc est et ejus successoribus, ratione dicti monasterii, ut alii habitantes dictæ villæ tenent domos quas habent in dictâ villâ à beato Geraldo et monasterio et abbate prædicto. Salvo quod dictus dominus abbas et ejus successores et curiales, pro arreratgia census quæ debebuntur pro pondere prædicto et emolumentis ponderis, accipere emolumenta dicti ponderis, et dictam domum sazire et ad manum suam ponere poterit, quotiens arreratgia debebuntur, et ad manum suam tenere quò usque satisfactus fuerit de arreratgiis debitis, et satisfacto de arreratgiis, manus et quodcumque impedimentum ibi appositum, erunt et habebuntur ipso facto pro amotis, nec ex aliquâ aliâ re sive causâ erit licitum dicto domino abbati nec ejus successoribus nec gentibus sazire, nec ad manum suam ponere dictam domum nec emolumenta dicti ponderis, nisi causæ cognitione præcedente et pertinente et licitâ. Et quocumque casu ponentur ad manum, fieret impune officium ponderis, pro ut ante manus appositionem, scilicet quod ponderaretur per ponderatores ad hoc priùs deputatos, et emolumenta sub

428 INSTITUTIONS DE L'AUVERGNE.

dictâ manu ponerentur et tenerentur in tuto per probos viros, non de raubis nec de familiâ dicti domini abbatis. Et si contingeret manum dicti domini abbatis per ipsum, successores, gentes ve suas, in dictâ domo aut emolumentis ponderis de facto, sine causæ cognitione poni, alio colore quam arreragiorum, quod haberetur pro non apposita, ac si non poneretur, et impune esset.

Item quod dicti pro tempore consules, eligent duos probos viros anno quolibet et quotiens opus erit; vel unus ex ipsis, dictum bladum et farinam cum dicto pondere habebunt suo tempore ponderari. Qui quidem probi viri habebunt presentari, per dictos consules, dicto domino abbati et ejus successoribus, seu ejus vicario, aut judici, aut bajulo, et in alterius eorum manibus jurabunt, et in præsentiâ dictorum consulum aut duorum ex ipsis, si esse voluerint, (infrà octo dies postquam electi fuerint,) quod bene et legaliter dictum ponderationis officium exercebunt, absque fraude et lezione quibuscumque, cessantibus que odio, timore, gratiâ aut favore. Et antequam, ut præfertur, juraverint, non valeant suum officium exercere. Si verò dicti dominus abbas, vicarius, judex seu bajulus dictum juramentum indebite recipere recusarent, aut morose et sine justâ causâ differrent, loco et tempore congruis penitus requisiti, quod eo casu, dicti consules dictum juramentum recipere valeant, vice et nomine dicti domini abbatis, illa vice duntaxat, seu vicibus quâ seu quibus, dictum juramentum recipere recusarent aut differrent indebite et morose; et dictis electis ponderare liceat, perinde ac si dominus abbas ab eis recepisset idem juramentum. Et hæc toties fiant quoties opus erit ponderatoribus præcedentis anni suum officium exercentibus, quo usque à successoribus suis, juxtà præmissa receptum fuerit juramentum. Et in casu quo ponderatores præsentis anni nollent aut non possent dictum officium exercere, quod eo casu et casibus, liceat dictis consulibus qui pro tempore fuerint, alium seu alios vice et nomine dicti domini abbatis ponere, et juramentum ab eo aut eis recipere, et talis ponderare possit quousque a novis electis receptum fuerit per dictum abbatem, vicarium, judicem aut bajulum hunc ce juramentum.

Item quod omnes et singuli habitatores dictæ villæ et pertinentiarum ejusdem teneantur necessarium bladum quod moli facient et farinam facere ponderare ad dictum pondus, exceptis domino abbate, et conventu, decanis, conreariis, et aliis monachis ac etiam aliis personis quæ non tenentur, secundum alias compositiones quæ pax villæ nuncupantur, contribuere in talhiis seu collectis villæ prædictæ. Quæ quidem personæ exceptæ, bladum et farinam quod et quam, pro eorum seu sui hospitii expendent necessitatibus, non tenebuntur adportare nec ponderare ad pondus prædictum, et si dictum bladum et farinam ad dictum pondus portare et ponderare, et reponderare vellent, non tene-

buntur aliquid solvere ratione ponderationis et reponderationis prædictorum. Imo dicti ponderatores tenebuntur ea libere ponderare et
reponderare absque cujuscumque emolumenti receptione et sine dila-
tione morosa quâcumque.

Item quod domini molendinores habitantes nunc, seu pro tempore
in suis molendinis, aut contiguè dictis molendinis, et molenarii tenentes
nunc, seu pro tempore, molendinia prædicta, non teneantur bladum
suum et farinam ad victum suum et hospitii necessaria portare et reportare ad dictum pondus, sed teneantur solvere pro pondere tantum
quantum ascenderet emolumenta dicti ponderis anno quolibet si ibi
ponderarent, habitâ consideratione bladi quod expendere deberent
communiter quolibet anno.

Item et quod habitatores locorum de Buxo et St-Stephani non teneantur adportare blada sua ad dictum pondus nisi velint, in casu tamen
quo adportarent, quod teneantur solvere, sicut alii habitantes dictæ
villæ.

Item quod dicti ponderatores recipient et recipere poterunt et debebunt tantummodo duos denarios turonensis monetæ pro tempore currentis, aut unum si dictis consulibus expediens videretur, de et pro
quolibet sestario cujuscumque bladi in farinam redacti, et secundum
magis et minus pro majori vel minori quantitate bladi, salvo quod de
unâ solâ quartâ cujuscumque bladi et unâ eminâ avenæ ponderandâ et
eorum farinâ reponderandâ nihil recipere et exigere valeant neque
possint quovis modo. Cum imo unam quartam cujuscumque bladi et
eminam avenæ et eorum farinam ponderare et reponderare ad dictum
pondus libere teneantur, nisi ex multiplicatione ponderationis unius
quartæ cujuscumque bladi et eminæ avenæ et eorum farinæ notoriè
appareret de fraude in dictâ ponderatione committendâ.

Item quod dicti ponderatores possint, et eis licitum sit farinam pon-
deratam per ipsos, penes se licite retinere impune, donec eisdem satisfactum fuerit de omni eo quod levare debebunt ratione præmissâ.

Item quod de emolumentis ex dicto pondere pro tempore provenientibus, levandis per dictos ponderatores, seu alios per dictos consules
dictæ villæ deputandos ad hoc, dominus abbas et sui successores
viginti libras turonenses renduales habeant et recipiant in et super
dicto pondere et ejus emolumentis, perpetuò in festo nativitatis Domini
annuatim. Ita tamen quod consules qui sunt et erunt pre tempore dictæ
villæ, quindecim libras turonenses renduales infrà oratoria dictæ villæ,
aux extra, infrà tamen juridictionem dicti domini abbatis, in bonis locis
et sufficientibus, dictas quindecim libras turonenses bene valentibus,
absque tamen aliâ fraude vel alio prejudicio monasterii, acquirere
valeant impune quocumque velint, et ipsas quindecim libras turonenses
renduales acquisitas per ipsos consules, dictus dominus abbas seu ejus

pro tempore successores pro dictis quindecim libris sic ab acquisitoribus percipiendis per dictum dominum abbatem et ejus successores temporibus quibus dicti redditus erunt solvi consueti, teneantur quindecim libras turonenses renduales, de dictis viginti libris turonensibus cum dictis consulibus permutare.

Et dictâ permutatione factâ ipsos consules ac consulatum et pondus prædictum quittare de dictis quindecim libris, ut præmittitur permutandis cum dictis quindecim libris rendualibus per dictos consules acquirendis, quâcumque prescriptione temporis non obstante. Residuis verò centum solidis turonensibus rendualibus, per in perpetum in et super dicto pondere remanentibus et percipiendis nomine census ejusdem dicti ponderis anno quolibet in festo nativitatis Domini, per dictum dominum abbatem et successores ejusdem.

Item quod de emolumentis prædictis conventus monasterii aureliacensis percipiat annuatim in festo nativitatis Domini centum solidos turonenses renduales, super dicto pondere et emolumentis ejusdem, donec eidem conventui satisfactum integrè fuerit de centum libris turonensibus semel tantum. In et de valore monetæ currentis, in festo annunciationis beatæ Mariæ, de anno Domini millesimo trecentesimo quadragesimo sexto, non obstantibus quibuscumque ordinationibus factis seu faciendis per dominum nostrum regem super cursum monetarum suarum, quibus ordinationibus, medio juramento renuntiaverunt. Et si debatum esset, in et super valore dictæ monetæ dictarum centum librarum turonensium, quod de et super hujusdem modi debato dictæ partes stare deberent esgardo et cognitioni domini abbatis dicti monasterii qui tunc esset. Et satisfacto de dictis centum libris turonensibus semel, dictum pondus et emolumenta ex inde provenientia sit liberum et quittum libera et quitta a prestatione et solutione dictorum centum solidorum turonensium rendualium, dicto conventui, ut præfertur, debitorum.

Item quod totum residuum quod super erit de emolumentis prædictis habeant et percipiant, habere et percipere libere perpetuò possint et debeant consules qui sunt et qui pro tempore erunt in dictâ villâ, et ea expendere et convertere valeant et debeant in reparatione seu refectione murorum et fossatorum et carreriarum dictæ villæ, et in aliis necessitatibus et negotiis communibus dictæ villæ.

Hoc tamen excepto quod pecuniam quam de dictis emolumentis recipient ipsi consules non debebunt nec poterunt convertere nec ponere in litigiis, si haberent, quod absit, pro tempore consules seu universitas dictæ villæ contrà dictum dominum abbatem aut ejus successores, aut contrà conventum, aut aliquem de religiosis dicti monasterii, neque in aliquâ aliâ re, causâ, lite seu negotio quæ forent prejudicialia domino abbati et successoribus suis, aut conventui, aut alicui alii de monasterio ante dicto ; et sub pœnâ centum marcharum argenti dicto domino abbati et ejus successoribus totiès quotiès contrarium fieret per dictos consules, seu et deputatos ab eisdem applicandâ et exsolvendâ, et ab ipsis consulibus exigendâ. Quod quidem emolumentum dicti consules habeant non tamen ut sint partenarii seu participes alicujus juridictionis in hanc causam, sed pro labore et custodiâ et diligentiâ quam adhibebunt in præmissis et de causis superiùs expressatis.

Et nihil ominus deputati per dictos consules ad recipiendum emolumenta prædicta jurabunt in manu domini abbatis, vicarii aut judicis, quod si quovis modo scirent, aut aliter cognoscerent seu aliter quovis modo ad eorum notitiam venire posset, quod illa emolumenta converterentur contrà monasterium ac personas superiùs nominatas, quod hæc haberent revelari domino abbati prædicto aut vicario seu judici ejusdem. Quam quidem pœnam centum marcharum argenti procuratores et syndici dictorum consulum et communitatis dictæ villæ vice et nomine prædicto promiserunt dare et solvere solenni stipulatione interveniente procuratoribus et syndicis dictorum dominorum abbatis et conventus vice et nomine dictorum domini abbatis et conventus et successorum suorum stipulantibus, totiens quotiens in contrarium fieret per dictos consules qui nunc sunt et qui pro tempore erunt seu etiam deputatos aut deputandos ab eisdem. Quam pœnam voluerunt et consenserunt committi, in solidum et cum effectu, totiens quotiens per dictos consules dictæ villæ, qui nunc sunt et qui pro tempore erunt, seu etiam deputatos aut deputandos ab eisdem, contrà contenta in præsenti articulo fieret, et quod pœna commissa et exacta semel et pluriès, nihilominus contenta in hujusdem compositione et articulo haberent perpetuam firmitatem, et quod pars dictorum consulum et communitatis dictæ villæ in dictam pœnam incidat et eam solvere teneatur totiens quotiens contrà fieret, ut est dictum. Et si contingebat contrà prædictam partem dictorum dominorum abbatis et conventus et successorum suorum facere et venire ; quod ad desistendum et observandum suprà dicta, et ea reponendum in statu compellatur. Et omnia superiùs dicta rata remaneant et firma, et quod neutra partium prædictarum quæcumque possit opponere contrà aliam, quominus teneantur perpetuò et serventur omnia et singula contenta in præsenti compositione et stipulatione pœnali et ad solutionem ejusdem pœnæ totiens quotiens contrà fieret, et ad desistendum, nec contrà dictos dominum abbatem et conventum et successores eorumdem seu singulares personas dicti monasterii, dicti consules qui nunc sunt seu qui pro tempore erunt seu deputati aut deputandi ab eisdem, aliquo unquam tempore expendent de pecuniâ et emolumento exigendo et levando de dicto pondere bladi et farinæ de quo suprà habetur mentio, voluerunt, concesserunt et consenserunt dicti procuratores et syndici dictorum consulum et communitatis dictæ villæ vice et nomine communitatis et consulum prædictorum, se, nomine dicto, et dictos consules qui nunc sunt et qui pro tempore erunt, et communitatem dictæ villæ, compelli per nos et successores nostros et per dominum ballivum qui est et pro tempore erit montanorum Arverniæ et per quemlibet eorumdem, communatim seu divisim, ex mero officio, simpliciter et de plano, ad requestam alicujus partis, sine monitione, libello et disceptatione quâcumque, et aliter pro ut certam finem compositionis hujus modi continetur.

Item quod de emolumentis prædictis, dictis consulibus remanentibus, dicti consules habebunt satisfacere dictis ponderatoribus, et ponderatoribus pastæ seu panis inferiùs expressatis pro labore suo et salario competenti per ipsos consules eisdem ponderatoribus statuendo.

Item quod dicti consules de emolumentis quæ provenient ex dicto pondere successoribus suis et consilio et nemini alteri, quem ad modum de talliis communibus dictæ villæ est consuetum hactenùs fieri, reddere comptum teneantur.

Item quod quicumque de habitatoribus dictæ villæ seu pertinentiis ejusdem, exceptis personis et locis ac minimis quantitatibus bladorum et farinæ superiùs exceptatis, non portaverint, aut portare procurarent seu fecerint dictum bladum ad dictum pondus et ibidem ponderare priusquam molatur; nec non et quicumque molenerii ac etiam nuntii eorum, qui farinam ex dicto blado redactam non reportaverint seu reportare et reponderare ad dictum pondus non fecerint, quilibet delinquentium, seu fore facientium in hiis, et pro qualibet vice, triginta solidos turonenses pro pœnâ, dicto domino abbati, et ejus successoribus dare et solvere teneatur, et nihilominus quarta pars dicti bladi seu farinæ, casu quo de consensu illius cujus erit bladum fraus fieret, per bajulum et consules prædictos erogatur pauperibus existentibus infrà parrochiam et oratoria dictæ villæ, aut in alios pios usus convertatur.

Ponderatores verò ac molinerii ac etiam nuntii eorum seu quicumque alii, si fraudem aliquam contra præmissa aut aliquem eorum facere contingeret, aut aliter officium suum aut administrationem bene et fideliter non administrarent, possint per curiam dicti domini abbatis puniri legaliter, vocatis consulibus aut duobus ex ipsis ac præsentibus si esse voluerint, pro ut in articulo de enquestis posito in pace seu compositione antiquâ continetur.

Item quod prædicti ponderatores, præsentibus dictis consulibus, aut duobus ex ipsis jurent, et jurare habeant et teneantur, nec non molenerii et eorum nuntii domino abatti, aut judici, aut bajulo ejusdem domini abbatis modo et forma qui et quæ sequuntur.

Item jurabunt dicti ponderatores dicti ponderis quolibet anno, in suâ novâ creatione, et præsentibus dictis consulibus si adesse volunt, quod ipsi bene et·legaliter ponderabunt totum bladum et totam farinam quod et quæ ad dictum pondus adportabuntur pro ponderando et reponderando, cessantibus odio, gratiâ et favore, et quod si reperiebatur per eosdem seu alterum eorumdem farinam quæ adportabitur per molenerios pro reponderando ad dictum pondus, minus ponderare quam debet, deductâ moldurâ et aliis per molenerios debite percipi consuetis; quod ipsi non sustinebunt quod animalia quæ deferrent dictam farinam recedant de domo dicti ponderis, quousque illud quod deficiet de dictâ farinâ esset restitutum illi cujus esset dicta farina, aut ejus nuntio, posito quod ille aut illa cujus esset dicta farina, aut ejus nuntius quittarent hujus modi defectum molineriis ante dictis.

. Item quod in casu quo eis committetur per dictos consules quod levarent emolumenta dicti ponderis ipsis omnes denarios quos habebunt et accipient de dicto emolumento dicti ponderis, ponent incontinenter post receptionem eorumdem in sacco seu cartâ ibidem statuto seu statutâ per dictos consules et in presentiâ personarum quæ eadem emolumenta solvent, et quod non permittent aliquid moveri de dicto sacco seu cartâ, nisi per dictos consules seu mandatum eorum.

Item quod in casu quo aliquis aut aliqua conquereretur quod bladum suum non esset bene moltum, aut aliquid esset illi immixtum, et ponderatoribus videretur coloratam esse querelam; quod ipsi ponderatores retinebunt animalia quæ adportabant dictam farinam quousque custodes dicti ponderis hoc scivissent et respexissent si erat bene moltum, aut alliquid esset illi immixtum aut non, et declarassent et emandare fecissent damnum in quo molenerius posset teneri. Ratione præmissorum et absentibus custodibus, ad ponderatorem dicta summaria cognitio pertineat. Ita tamen quod si de cognitione dictorum custodum aut ponderatorum quærela exponetur quod suprà hæc curia domini abbatis habeat quod justum fuerit ordinare, et animalia relaxare receptis pignoribus statim vendendis pro præmissorum emendâ si eidem curiæ videatur faciendum.

Item quod si aliqua fraus, seu dolus aut damnum fieret in dicto pondere, aut aliis pertinentibus dicto ponderi, quod ipsi hæc manifestabunt dicto domino abbati, seu judici, procuratori aut bajulo ejusdem, et dictis consulibus, tam scitò quam ipsi ponderatores hæc scirent aut cognoscerent, et quod aliquam personam non celabunt de hujus modi fraude, seu dolo aut damno.

Item quod ipsi non manifestabunt dictis moleneriis nec ductoribus bestiarum quantum ponderabunt blada per ipsos ponderata nisi quando farina fuerit reponderata, nec tunc nisi in casu quo reperiretur dictam farinam non reddi justè secundum pondus; illi tamen cujus bladum erit quantum ponderat manifestabunt ad partem, absentibus moleneriis seu ductoribus ante dictis.

Item quod si in personis eorumdem ponderatorum legitime reperiebatur, quod per eorum artem aut subtilitatem, aut alterius eorum, aut per aliquem ipsis scientibus et celantibus ; in dicto pondere aut pertinentia eidem ponderi fieret fraus, seu dolus, et ipsi tam scitò quam hæc scirent, non denuntiarent curiæ et consulibus dictæ villæ hujus modi fraudem seu dolum ; his casibus et quolibet eorumdem, ipsi ex nunc aut ex tunc se subponunt pœnæ et emendæ quæ per judicem seu curiam dicti domini abbatis imponetur ipsis aut bonis suis, vocatis consulibus ut in pace in articulo enquestarum,†factâ tamen cognitione super præmissis summariâ et de plano et sine strepitu judicii et figurâ.

Item jurabunt dicti molenerii farinerii que et eorum nuntii in manibus dicti domini abbatis, aut ejus vicarii, judicis, seu bajuli, vocatis dictis consulibus et præsentibus, si adesse voluerint, quod ipsi bene et fideliter molent, salvabunt et custodient de diminuando et deteriorando totum bladum et farinam quod eis tradetur et commendabitur pro molendo et pro portando ad molendinum, in quo ipsi morabuntur, et pro reportando farinam ad pondus prædictum.

Item jurabunt quod totum bladum habitantium dictæ villæ et ejus pertinentiarum quod eis tradetur pro molendo ipsi portabunt, aut portare facient ad dictum pondus, et facient ipsum ponderare antequam ipsum advertent ad molendinum excepto de personis, locis et quantitatibus exemptatis in compositione præsenti.

Item quod quando dictum bladum erit moltum, aut quum moletur, ipsi non sustinebunt per se ipsos aut per nuntios illorum quorum erit dictum bladum, nec per alios, aliquâ arte aut ingenio, aliquid diminui, nec moveri, nec adjutari de dicto blado, nec de dictâ farina, in damnum domini dicti bladi.

Item quod dicto blado ponderato et redacto in farinam bene et fideliter dictam farinam reportabunt ad dictum pondus et facient reponderare, et quod dictam farinam non exhonerabunt, nec facient, nec patientur exhonerari de animali quod ipsum apportabit, per se, nec per aliam personam, in aliquo loco, nisi in domo ponderis ante dicti, nisi aliud evidens necessitas exigit.

Item quod bladum ponderatum, quod fuerit ingranatum non levabunt de intremuerâ in quâ positum extitit pro molendo, nec sustinebunt quod levetur, seu moveatur per alium, quousque sit moltum, nisi esset necessitas aut utilitas evidens et manifesta bladi, seu molendini, seu alia quæcumque.

Item quod blado redacto in farinam non tenebunt ipsam farinam in ipso molendino aliquâ faude, imo illâ eadem die quâ erit moltam ipsi eam reportabunt ad hospitium illius cujus erit, dum tamen ipsam possent fecisse ponderare ad dictum pondus et reportare ad dictum

hospitium de die. Et hoc nisi cessarent hoc facere aliquâ causâ neces-
sariâ, et quod tunc non tenebunt dictam farinam in dicto molendino
ultrà unam noctem et quod in omni casu custodient ipsam farinam de
humore et omni alio damno; et quod curabunt quod saccus cum farinâ
non stabit extensus nec jacens in terrâ, sed in fustibus aut postibus
taliter quod non possit humectari dicta farina

Item quod aliquod bladum adportatum ad caput, aut ad collum,
aut aliter per habitatores dictæ villæ et pertinentiarum suarum, non
molent quòusque venerit ad dictum pondus et ibidem ponderatum
extiterit, et quod de eis constet per visum, aut signum aut relationem
ponderatorum prædictorum, nisi de unâ quartâ cujuscumque bladi et
unâ eminâ avenæ, et nisi de aliis personis et locis superiùs exceptatis
pro ut in eisdem compositionibus continetur.

Item quod si aliquis submolenarius, aut ductor bestiarum, aut alia
familia quibus pertinet præstare justum juramentum se mutabant in
molendino in quo ipsi morabunt illo anno, qui non fecissent juramentum quod præstare debent, ratione hujus modi ponderis secundùm
suum officium; quod ipsi, infrà tres dies à dictâ mutatione computandos, hæc manifestabunt bajulo, judici aut procuratori, aut uni e
consulibus dictæ villæ, ad finem quod ab eis recipiatur dictum juramentum.

Item quod si aliqua fraus seu dolus fiebat in præmissis, seu propter
præmissa et erit cognita, seu cognitus per ipsos, ipsi hæc manifestabunt
et revelabunt dictis domino abbati, aut ejus vicario, judici, seu bajulo,
aut uni ex consulibus dictæ villæ incontinenter postquam venisset ad
notitiam eorumdem.

Item quod omnia præmissa custodient, tenebunt et complebunt,
sub dicto juramento, per totum annum et per alios consequentes, quòusque fuerint requisiti de jurando iterum, de complendo et tenendo
præmissa, et dictum præstarent iteratum juramentum.

Item quod alicui personæ dictæ villæ seu pertinentiarum suarum,
non molent bladum quod fuerit adportatum ad caput, nec ad collum,
seu aliter, ultrà unam quartam cujuscumque bladi, aut unam eminam
avenæ, nisi adportaverit signum ordinatum traditum eidem per ponderatorem, et nisi esset de aliis personis et locis superiùs exceptatis.

Item quod molduram eis debitam recipient in loco firmo et non in
entremuerâ seu alio loco tremolento cum mensurâ signatâ, debitâ
et rationabili.

Item quod ipsi non facient insimul ponderare blada duarum personarum, nisi in uno sacco esset sibi traditum, aut nisi esset simul
habitantium personarum.

Item quod bladum quod eis tradetur pro molendo, seu farinam, non mutabunt de sacco in quo dictum bladum detulerunt, in alios saccos; nisi procedat de voluntate personæ cujus erit dictum bladum et farina. Et in casu quo cognoscent contrarium fieri per aliquam personam, quod hæc denunciabunt domino abbati, aut ejus vicario, judici, bajulo, et consulibus, aut uni ex ipsis.

Item quod si ipsi, tempore pluvioso, adportarent bladum aut farinam, portabunt ea sufficienter cooperta.

Item quod si in personis eorumdem legitime reperiebatur quod, per artem seu ingenium eorumdem fieret fraus seu dolus, per ipsos, aut per alios, in dicto pondere aut pertinentibus ad ipsum, aut in suo officio, ipsis celantibus et scientibus, quod tam scito quam hæc scirent ipsi præmissa non denuntiabunt curiæ aut consulibus aut uni ex consulibus dictæ villæ, in hiis casibus et quolibet eorumdem, ipsi ex nunc aut ex tunc se subponunt pœnæ et emendæ quæ imponetur per judicem seu curiam dicti domini abbatis supra ipsis aut bonis suis, vocatis consulibus ut in pace articulo inquestarum, factâ tamen cognitione supra præmissis summariâ et de plano, et sine strepitu judicii et figurâ.

Item quum molæ molendinorum siliginis eorumdem picabuntur per eosdem, ipsi post hujus modi picationem, non facient nec permittent moli ibidem bladum habitantium dictæ villæ et pertinentiarum suarum, donec ipsi molenerii moli fuerint de blado suo, usque ad quantitatem duarum ponhediarum siliginis aut circà.

Item quod dicti consules teneant et recognoscant simpliciter se tenere et tenere debere à beato Geraldo et à domino abbate et monasterio et eorum successoribus, liberè et quietè, dicta pondera et emolumenta inde provenientia, ad libertates et sub libertatibus franchesiis et modis quibus consulatum et bona communia tenent et tenuerunt ab antiquo a beato Geraldo et dicto domino abbate et ejus monasterio, juxtà tenorem compositionum dudum inter abbatem et conventum, seu eorum syndicos, et consules dictæ villæ seu eorum syndicos, nomine communitatis dictæ villæ factarum et habitarum, et salvo tamen quod idem dominus abbas et conventus ejusdem monasterii habeant dictum censum et alia, ut superiùs est expressatum, in et super dicto pondere et juxtà modum superiùs expressatum, et quod pro retardatione dicti census, ipse dominus abbas possit sazire emolumenta dicti ponderis, ut superiùs dictum fuit.

Item poterunt etiam dicti consules et eorum successores de emolumentis prædictis, aut aliis bonis communibus dictæ villæ, muros, fossata et portalia ad clausionem *dels barris* dictæ villæ de novo facere, si eisdem consulibus visum fuerit utile dictæ villæ, absque tamen alio aliquo prejudicio monasterii supra dicti.

Item quod muri, vallata, portalia et fossata qui et quæ fient de novo, tenebuntur per consules a beato Geraldo et a domino abatte, et ejus monasterio et eorum successoribus; et eos et ea dicti consules et eorum successores custodiant, et eadem jura in eisdem habeant quæ haberent in antiquis muris, portalibus, vallatis et fossatis, secundum formam contentam in pace et constitutionibus ante dictis. Et quod dominus abbas, monachi dicti monasterii et eorum gentes, et familiares eorumdem habeant in portalibus murorum dictæ villæ quæ nunc sunt et quæ reficient et fient de novo, liberum ingressum et egressum, et alia jura quæ habebant in muris et portalibus antiquis, prout in compositionibus, quæ *pax villæ* nuncupantur, continetur; et remanentibus in suo statu, efficaciâ et virtute hiis de quibus, in pace et aliis compositionibus inter dictas partes seu eorum prædecessores dudum factis fit mentio, super et de ingressu et egressu faciendo per dominum abbatem et ejus familiares per portalia dictæ villæ; fuit inter dictas partes dictum et concordatum, quod per dicta portalia antiqua et quæ de novo fient, dictus dominus abbas et monachi dicti monasterii qui sunt et pro tempore fuerunt, et eorum gentes et familiares liberum ingressum habeant perpetuo et egressum; nec possint in dicto ingressu et egressu dictorum novorum et antiquorum portalium per consules impediri, nec per successores consulum, nec per deputandos per consules ad custodiam eorumdem. Et si contingeret quod impedirentur dominus abbas et ejus familia per consules, aut per eosdem a consulibus deputatos seu deputandos ad custodiam novorum portalium prædictorum in ingressu et egressu eorumdem; quod tunc committetur per consules et eorum successores pœna centum marcharum argenti, dictis domino abbati et conventui et eorum successoribus in perpetuum dandarum per dictos consules, qui nunc sunt et qui pro tempore erunt et per communitatem dictæ villæ; si et prout continetur, retento tenore pacis, si dominus abbas aut ejus familiares impedirentur in ingressu et egressu portalium antiquorum taliter et novorum. Quæ pœna exigi et levari eo tunc per dictum dominum abbatem et ejus successores à dictis consulibus et eorum successoribus possit, in eo casu totiens quotiens reperiretur commissa. Quam quidem pœnam centum marcharum argenti procuratores et syndici dictorum consulum et communitatis dictæ villæ, vice et nomine prædictis voluerunt dare et solvere, solemni stipulatione interveniente, procuratoribus et syndicis dictorum dominorum abbatis et conventus et successorum suorum stipulantibus, toties quoties in contrarium fieret. Vel si dominus abbas et ejus familia impedirentur, ut et dictum per dictos consules qui nunc sunt et qui pro tempore erunt, seu etiam deputatos et deputandos ab eisdem et sub conditionibus si prout pœna pacis antiquæ et novæ committetur. Si dominus abbas aut ejus familia impedirentur in ingressu et egressu portalium antiquorum et non aliter. Quam pœnam voluerunt et concesserunt et con-

senserunt eo casu et in dictarum conventionum eventu committi in
solidum et cum effectu totiens quotiens per dictos consules dictæ villæ,
qui nunc sunt et qui pro tempore erunt, seu et deputatos aut deputandos ab eisdem contrà fieret, ut dictum est et non aliter. Et quà pœnà
commissâ et exactâ semel et pluries, nihilominus contenta in hujus
modi compositione et articulo haberent perpetuam firmitatem et quod
pars dictorum consulum et communitatis dictæ villæ in dictam pœnam
incidat et eam solvere teneatur, casu quo committetur, toties quoties
quam fieret, ut est dictum. Et si contingebat contrà prædictam partem
dictorum dominorum abbatis et conventum et successorum facere aut
venire, quod ad desistandum et servandum suprà dicta, et ea reponendum
in statu compellatur, et omnia supra dicta rata remaneant et firma. Et
quod neutra partium prædictarum quæcumque possit opponere contrà
aliam quòminus teneantur perpetuò et servantur omnia et singula
contenta in præsenti compositione et stipulatione pœnali ad solutionem
ejusdem pœnæ toties quoties contrà fieret, casu et casibus prædictis
et ad desistendum. Ne contrà dictos dominos abbatem et conventum et
successores eorum, seu singulares personas dicti monasterii et familiares dicti domini abbatis, dicti consules qui nunc sunt seu qui pro
tempore erunt, seu deputati aut deputandi ab eisdem ad custodiam
novorum portalium prædictorum aliquo unquam tempore impediant
aut perturbent in libero ingressu et egressu eorumdem, voluerunt et
concesserunt et consenserunt dicti procuratores et syndici dictorum
consulum et communitatis dictæ villæ, vice et nomine communitatis
et consulum prædictorum, se, nomine dicto, et dictos consules qui
nunc sunt et qui pro tempore erunt et communitatem dictæ villæ,
compelli per nos et per successores nostros, et per dominum baillivum qui nunc est et qui pro tempore erit montanorum Arverniæ, et
per quemlibet eorumdem conjunctim, seu divisim, ex mero officio,
simpliciter et de plano, ad requestam alterius partis, sine libello,
monitione et disceptatione quâcumque, et aliter pro ut circa finem
compositionis hujus modi continetur.

Item quod dicti consules qui sunt et qui erunt pro tempore, per se,
seu per alios non possint, nec debeant facere compelli dictum dominum
abbatem qui est, nec qui erit pro tempore, neque conventum dicti
monasterii ad ædificandum, construendum, reparandum, mundandum
muros et fossata si qui sint clausurare dictum monasterium et offici-
niaria ejusdem aliquo tempore in futurum, casu quo muri et fossata
qui et quæ de novo fieri debebunt, juxtà modum et formam contentum
et contentam in litteris hodie concessis coram dictis notariis per dictas
partes super impositis, donec muri a portali vocato de sancto Stephano
usque ad portale dal Boys, et a portali dal Boys versùs et usque dictum
molendinum Hugonis Vernhi, quod fuit dudum Durandi Valeta, et

deinde usque ad muros antiquos, ædificati omnino fuerint ac completi, et eisdem novis completis dominus abbas qui nunc est aut qui erit pro tempore, in muris et clausuris antiquis dicti monasterii quandocumque ædificare et construere vellet in hoc per dictos consules impediri non poterit quovis modo.

Et insuper cum per dictos consules et universitatem dictæ villæ sæpe sæpius dictum fuit, quod dictus dominus abbas qui nunc est et alii abbates et administratores dicti monasterii et eorum officiales qui pro tempore fuerunt, ac etiam dictus conventus et curiales dicti domini abbatis seu monasterii ante dicti, conjunctim seu divisim, pluries venerint et fecerint contra pacem antiquam et novam dictæ villæ, seu compositiones per consules et universitatem dictæ villæ seu eorum et dictæ universitatis syndicum seu syndicos ex unâ parte; et dominos abbates qui pro tempore fuerunt et conventum dicti monasterii seu syndicum seu syndicos eorumdem ex alterâ, dudum factas, incidendo pluries et frequenter et diverso modo in pœnam ducentorum marcharum argenti ipsis consulibus et universitati prædictæ dandarum, virtute compositionum, per dictam majestatem regiam pro majori parte, ut dicti consules dicebant, confirmatarum, ac etiam in pœnis quarumdam aliarum compositionum inter prædecessores dictarum partium dudum factarum, ultrâ compositiones pacis antiquæ et novæ. Ac contrario etiam procuratores et syndici dictorum dominorum abbatis et conventus dicerent consules et universitatem dictæ villæ incidisse pluries et frequenter in pœnis prædictis; et super hiis quædam causæ seu lites inter partes prædictas penderent et motæ essent tam in curiâ Franciæ quam etiam in curiâ domini ballivi montanorum Arverniæ; et utrinque movi sperarentur.

Fuit per dictas partes transactum, compositum et ordinatum quod omnes et singulæ pœnæ, occasione dictarum antiquæ et novæ pacis, seu compositionum dictam pacem antiquam et novam consequentium, ac etiam quarumcumque aliarum compositionum pœnalium non servatarum seu infractarum hinc et inde, usque in hunc diem commissæ, sint quitæ et remissæ, et pro remissis perpetuò habeantur, et eas incontinenter sibi ad invicem remiserunt. Et quod pars dictorum dominorum abbatis et conventus, nec cujuslibet eorum successorum, à dictis consulibus qui sunt et pro tempore erunt seu universitate, nec consules qui nunc sunt et erunt pro tempore et universitas dictæ villæ à dictis domino abbate qui nunc est et qui pro tempore erit nec à conventu dicti monasterii nec à curialibus eorumdem seu altero eorumdem, conjunctim seu divisim, pœnas aliquas, si quæ de præsenti commissæ sint, pro infractione seu transgressione lapsi temporis, peti possint, aut pro eo quia non fuerint servata aliqua capitula pacis antiquæ et novæ, seu aliarum compositionum petere, seu agere possint, in judicio seu extrà.

Item fuit actum inter dictas partes quod dicti consules qui nunc sunt seu pro tempore erunt non possint expensas in quibus dicti dominus abbas, bajulus et procurator ejus erga ipsos seu dictam universitatem in parlamento regio parisiensi, per dominos parlamenti condemnati fuerunt, et pro quibus taxandis dictæ partes diem habent in parlamento præsenti, petere seu exigere a dictis domino abbate bajulo et procuratore ejusdem, seu aliâ quâcumque personâ. Et vice versâ, dicti consules et communitas quiti sunt de expensis, si quas dominus abbas, bajulus et procurator a dictis consulibus et communitate petere poterant hâc de causâ; imo dictæ expensæ sunt omnino quitæ et remissæ præfatis domino abbati, bajulo et procuratori, consulibus et communitati prædictis, et eas dictæ partes sibi ad invicem de præsenti remiserunt et quitaverunt domino abbati, bajulo et procuratori prædictis, consulibus et communitati prædictis et cuilibet eorumdem, præsentibus et recipientibus, prout eorum quemlibet tangit, remissionem et quitationem prædictas. Pactum expressum, solenni stipulatione vallatum, facientes sibi ad invicem, dictas pœnas, lapsis temporibus commissas et expensas prædictas de alterutro non petendi, nec dictas taxationem seu exsolutionem expensarum prædictarum, et de non litigando in præsenti parlamento, seu aliter alibi, super præmissis.

Pro futuro verò tempore quo ad pœnas et expensas futuras, si contrarium contentorum in dictis pace antiquâ et novâ et aliis compositionibus fieret; dictis pace antiquâ et novâ et omnibus et singulis aliis compositionibus dudum inter prædecessores dictarum partium factis, remanentibus in suo statu per omnia, prout ante. Ita tamen quod pœnæ usque nunc commissæ et expensæ expressè remissæ in compositione præsenti nullathenus peti possint; et quod pœna committi et exigi possit totiens quotiens in toto aut in parte in posterum fieret contra tenorem eorum, si et prout committi et exigi possent pro hiis quæ in contrarium in posterum fierent, si non essent factæ compositiones præsentes.

Item quod certæ mensuræ calcis ad similitudinem magnitudinis mensuræ avenæ ut olim in dictâ villâ statutæ, fiant in dictâ villâ, quæ signis conventis signentur de certo, per dictum dominum abbatem seu ejus gentes, vocatis et præsentibus consulibus, aut duobus ex ipsis si adesse volunt. Et quod nullus in posterum sit ausus cum aliis mensuris vendere; et qui in præmissis contrarium faceret, solvat et solvere teneatur decem et octo denarios turonenses dicto domino abbati et ejus successoribus pro pœnâ. Et ultrà dictam mensuram perdat, dicto domino abbati seu ejus curiæ confiscandam.

Item quod nullus de cetero lapides pro calce faciendâ in calfurno pro decoquendo ponere audeat, donec per duos probos viros in talibus expertos, per dictum dominum abatem et consules eligendos, visum et diligenter expertum·fuerit si dicti lapides sint boni et sufficientes, ac sufficienter estimati pro calce faciendâ ex ipsis. Qui quidem probi viri ad requestam illorum qui calcem facere voluerint de dictis lapidibus, ad calfurnum accedere et dictos lapides inspicere, et ipsos probare et reprobare, et licentiam dictos lapides ponendi in dicto calfurno dare aut denegare, ac juramentum ab ipsis recipere de non immiscendo aliquid propter quod minus valere posit. Et dicti calcem facere volentes dictis probis viris super hiis obedire teneantur. Si quis vero lapides in calfurno absque dictorum proborum virorum licentiâ et approbatione posuit, et calcem inde fecit, aut facere incepit, pœnam triginta solidorum turonensium domino abbati et ejus successoribus applicandam, nec non et aliorum triginta solidorum per bajulum et consules, amore Dei, dandarum pauperibus parrochiæ dictæ villæ et infrà oratoria dictæ villæ existentibus, quâlibet vice solvere teneatur, seu in alios pios usus convertatur.

Item quod nullus calcem de furno seu calfurno extrahere audeat donec per dictos probos viros inspectum fuerit utrum sufficienter cocta fuerit, et per ipsos probos viros licencia data fuerit extrahendi eam. Contrarium vero faciens pœnam triginta solidorum turonensium domino abbati et ejus successoribus applicandam, ac etiam aliorum triginta solidorum per bajulum et consules, amore Dei, pauperibus parrochiæ et infrà oratoria dictæ villæ existentibus erogandorum solsolvere teneatur. Et eo casu quo dicta calx, de dicto calfurno abstracta, absque dictorum proborum virorum licentiâ et approbatione, reperiretur, non que sufficienter decocta, teneatur delinquens decem solidos turonenses dicto domino abatti pro pœnâ solvere, et quod nihilominus tertia pars dictæ calcis, amore Dei, pauperibus parrochiæ dictæ villæ et infrà oratoria dictæ villæ existentibus aut in alios pios usus per bajulum et consules erogetur, et quod dicti probi·viri, si dicta calx insufficiens sibi appareat, eam sazire, seu ad manum dicti domini abbatis, ejus auctoritate ponere possint, ne ulterius fraus in eâ committatur, ita tamen quod eâdem die et crastinâ dictam sazinam seu manus appositionem demonstrare procuratori seu bajulo dicti domini abbatis habeant et teneantur, et ita in sua creatione jurare teneantur.

Item quod dicti probi viri in eorum creatione, in manibus domini abbatis seu ejus vicarii, judicis aut bajuli, præsentibus consulibus, aut duobus ex ipsis, si adesse voluerint, juramentum prædictum prestare teneantur, nec non quod bene et legaliter in dicto officio se habebunt, et quod maliciose non different ad dictos lapides et calfurnum accedere pro approbatione aut reprobatione dictorum lapidum et calcis, cum

fuerint requisiti. Qui quidem probi viri pro quâlibet furnatâ seu calfurnatâ decem et octo denarios turonenses ab illo qui calcem fieri
faciet habebunt recipere pro labore.

Item quod statuentur in dictâ villâ certæ formæ, sive *molli* de tegulis,
sive *tculles* magnis et parvis, et de *cayrels*, et de *meytados*; quiquidem
molles, sive formæ signentur certis signis, per dominum abbatem, seu
ejus bajulum, aut deputandos ab eisdem aut altero eorumdem, vocatis
et præsentibus dictis consulibus aut duobus ex ipsis, si adesse voluerint,
ita quod nullus audeat lateres sive teulles, cayrels neque meytados in
aliis facere, quam in dictis formis sive mollis signatis ut suprà. Et qui
in præmissis contrarium fecerit, solvat domino abbati et ejus successoribus, nomine pœnæ decem et octo denarios turonenses, et nihilominus quod dicti lateres, cayrels aut meytados qui essent facti in dictis
formis sive mollis signatis, erogentur Monasterio ecclesiis aut hospitalibus dictæ villæ, aut et, pro Deo dentur per bajulum et consules suprà
dictos.

Item quod nullus de cetero audeat dictos lateres sive teulles, cayrels,
aut meytados ponere in furno seu calfurno pro decoquendo donec
per duos probos viros in hoc expertos per dominum abbatem, vicarium seu judicem aut bajulum et consules eligendos fuerit visum et
diligenter inspectum an sint de bonâ et sufficienti terrâ et bene estimatâ pro lateribus seu aliis prædictis faciendis, et donec fuerit eisdem
per dictos probos viros data licentia eosdem lateres, cayrels sive
meytados, tanquam factos de bonâ et sufficienti terrâ, in furno seu
calfurno ponendi, et qui in præmissis contrarium faciet solvat domino
abbati et suis successoribus nomine pœnæ decem solidos turonenses
pro quâlibet calfurnatâ et plus decem solidos dare et solvere teneatur
qui erogentur per bajulum et consules dictæ villæ pauperibus parrochiæ et infrà oratoria dictæ villæ existentibus.

Item quod si dicti lateres sive teulles, cayrels aut meytados reperirentur per dictos probos viros non fuisse factos de bonâ terrâ et bene
estimatâ, frangi debebunt per probos viros suprà dictos.

Item quod nullus audeat de dicto calfurno dictos lateres sive teulles
cayrels aut meytados extrahere, donec per dictos probos viros inspectum fuerit si sint bene decocti, et fuerint per dictos probos viros tanquam bene decocti approbati; et qui contrarium in præmissis fecerit,
teneatur dare et solvere domino abbati et ejus successoribus, pro pœnâ,
quindecim solidos turonenses et nihilominùs teneatur ad alios quindecim solidos qui per bajulum et consules habebunt erogari pauperibus parrochiæ dictæ villæ et infrà oratoria existentibus. Et eo casu
si lateres sive teulles, cayrels aut meytados qui essent abstracti de
dicto calfurno, absque approbatione et licentiâ dictorum proborum
virorum reperirentur minus sufficienter decocti, per relationem dicto-

rum proborum virorum, quod illi cujus essent lateres prædicti, cayrels, sive meytados decem solidos turonenses ultrà dictos quindecim, dicto domino abbati et ejus successoribus, nomine pœnæ, solvere teneatur; nec non et tertia pars dictorum laterum et aliorum prædictorum erogetur per bajulum et consules suprà dictos, aut in pios usus committatur.

Item quod in casu in quo dicti lateres sive teulles cayrels aut meytados in dicto calfurno, antequam essent abstracti de dicto calfurno, dum decocti dicentur reperirentur per dictos probos viros insufficienter decocti, ille qui culpabilis de hiis reperiretur dare et solvere teneretur, nomine pœnæ, dicto domino abbati quinque solidos turonenses : nec non et tertia pars dictorum laterum et aliorum prædictorum erogetur pauperibus per bajulum et consules suprà dictos.

Item quod dicti probi viri in eorum creatione in manibus domini abbatis seu ejus vicarii, judicis aut bajuli, in præsentiâ ipsorum consulum teneantur præstare juramentum de bene et legaliter eorum prædicto officio exercendo, et quod maliciose non differrent ad locum seu loca ubi erunt dicti lateres sive teulles, cayrels aut meytados et calfurnum accedere, pro inspiciendo eosdem, priusquam in calfurno pro decoquendo ponantur; et postea dum dicentur fore decocti, et quod approbando aut reprobando terram de quâ facti fuerunt, et ad decernendum an bene aut male decocti sint. Qui quidem probi viri pro quâlibet calfurnatâ seu furnatâ dictorum laterum (sive teulles cayrels aut meytados), ab illo qui faciet seu facere faciet, decem et octo denarios turonenses recipiant pro labore. Et quod dicti probi viri, si dicti teguli, cayrels aut meytados insufficientes sibi appareant, ad manum domini abbatis ponere possint, ne ulterius fraus ibi commitatur. Ita tamen quod eâdem die aut crastinâ dictam sazinam seu manus appositionem denunciare procuratori, aut bajulo dicti domini abbatis habeant et teneantur. Et ita in sui creatione jurare habeant et teneantur.

Item quod fiant in dictâ villâ certæ mensuræ olei signandæ per dictum dominum abbatem, vocatis et præsentibus consulibus, si adesse voluerint, signis prædictis, et quod uno quolibet sestariarum oli sint et contineantur quinquaginta duo copelli olei et non ultra; et quod nullus cum aliis mensuris vendere, seu aliter contrahendo edere audeat in eadem. Et qui in præmissis contrarium faceret, solvat et solvere teneatur pro pœna decem et octo denarios turonenses domino abbati, et perdat nihilominus mensuras prædictas domino abbati seu ejus curiæ confiscandas.

Item quod statuantur in dictâ villâ certæ mensuræ salis, parvæ et magnæ, et signentur per dominum abbatem seu deputandos ab ipso,

vocatis dictis consulibus aut duobus ex ipsis et præsentibus, si adesse
voluerint, signis prædictis. Et mensura vocata quarta tantum conti-
neat quantum mensura bladi vocata eminale et fiat ad ejus similitudinem, et omnes aliæ mensuræ ut media quarta et ita descendendo
fiant, habito respectu ad dictam quartam. Et qui in præmissis contrarium faceret, solvat et solvere teneatur domino abbati pro pœnâ decem
et octo denarios turonenses, et ultrâ illas mensuras amittat domino
abbati applicandas.

Item quod omnes et singuli faces sive torquæ, intortici, candellæ
quæ in posterum pro vendendo fient de cerâ in dictâ villâ, habeant
fieri taliter quod quatuor partes sint de bonâ et sufficienti cerâ, et
quinta de pabilo, lichino aut cotone existat, et nihil aliud in eisdem
ponetur. Et quod facientes seu fieri facientes jurent semel in anno
quolibet, in manibus domini abbatis seu judicis, aut bajuli, præsentibus
consulibus seu duobus ex ipsis, se præmissa custodire et in contrarium non facere. Si quis in contrarium faceret, pro quâlibet face seu
tortico unam libram ponderante, et pro quâlibet librâ candelarum seu
torticiorum parvorum, decem et octo denarios turonenses pro pœna
domino abbati solvere teneatur. Si verò minus ponderaret debet de
pœnâ prædictâ diminui, et diminutâ solvi secundum magis et minus
pro quotâ. Et nihilominus quod prædictæ faces intortici et candelæ,
sive parvæ sive magnæ quæ alio modo factæ esse reperirentur erogentur, pro amore Dei, per bajulum et consules monasterio et ecclesiis
dictæ villæ.

Item quod panis qui fiet in dictâ villâ pro vendendo ponderetur in
pastâ per certos probos viros deputandos ad hoc per dominum abbatem, seu per illum ad quem pertinet et per dictos consules priusquam
in furno ponatur, et ille panis sive pasta qui non reperiretur fore justi
ponderis erogetur pauperibus infrà oratoria dictæ villæ existentibus
per bajulum aut viguerium et consules suprà dictos. Fornerii verò qui
ponerent in furno panem in pastâ, ut præmissum est, non ponderatum,
teneantur domino abbati pro quâlibet furnatâ in tribus solidis turonensibus pro pœnâ solvendis, et in aliis tribus solidis turonensibus
ut dictum est, pauperibus erogandis, per bajulum et consules suprà
dictos; nisi ponderatores essent in morâ ponderandi. Et quod ponderatores prædicti panem in pastâ insufficientem per eos ponderatum
possint ponere ad manum domini abbatis, et facere decoqui per fur-
nerios ante dictos; et debebit ibidem esse et stare sub dictâ manu,
donec fuerit datum ut est dictum per suprà dictos. Sed in eâdem die
ullâ morâ sistendi, hoc habeant denunciare procuratori curiæ domini
abbatis aut ejus bajulo.

Item quod omnes balanciæ ad quas seu cum quibus res venditæ seu
vendendæ ponderabuntur in dictâ villâ, fiant ad similitudinem earum

quæ vocantur *los pes comu* et prout sint omnes balanciæ quæ fuerint
pro ponderando argentum, ad finem ne quis in justo libramento de
cetero decipi valeat. Et qui aliis balanciis in dictâ villâ contrahendo
utentur decem et octo denarios pro pœnâ domino abbati et ejus successoribus solvere teneantur. Et nihilominus dictas balancias amittat
domino abbati confiscandas.

Item quod si qua vasa argentea aut stagnea in dictâ villâ fieri seu
operari contingebat, signari debeant signo prædicto per certos probos
viros deputandos per dominum abbatem cum consilio consulum. Qui
probi viri jurare habeant ad sacra Dei evangelia de bene et legaliter
in hujus modi officio haberi peritos.

Item quod in quibuscumque cognitionibus et punitionibus dictarum
emendarum per dictum dominum abbatem ejus successores eorum
gentes et officiarios, et alios ad quod pertinet et pertinebit faciendis,
dicti consules qui nunc sunt et pro tempore fuerint aut duo ex ipsis
vocentur et sint præsentes, si adesse voluerint, prout in inquestis,
secundum tenorem pacis seu compositionum sunt vocandi.

Item quod in quolibet dictorum casuum, quibus dominus abbas, vicarius, judex aut bajulus, juxtà præmissa fuerint requirendi seu advo-
candi, ea sint facienda gradatim et alterum requiri sufficiat. Ita ut
dominus abbas qui est, et qui pro tempore fuerit requiri debeat primo,
si in villâ Auriliacensi aut etiam infrà tantum mediam leucam fuerit;
et in domini abbatis absentiâ ejus vicarius; quibus domino abbate et
vicario à dictâ villâ aut etiam infrà mediam leucam absentibus, judex
requiri debeat; et in omnium præmissorum absentiâ, bajulus requiratur.

Item quod per prædicta nec aliqua de prædictis in quibus consules
sunt vocandi, seu et ipsi consules qui sunt et qui pro tempore fuerint,
seu universitas aut communitas dictæ villæ, seu aliæ personæ de suprà
scriptis deputatæ, seu deputandæ, non sint alicujus juridictionis dictæ
villæ participes; sed consules pro tempore dictæ villæ et aliæ personæ
suprà dictæ et boni viri ad ea vocentur et intersint, si interesse voluerint, ad omnem suspicionem tollendam, et taliter ut in pace, non
tamen aliæ personæ quam consules vocabuntur in inquestis, scilicet
utentur sibi commissis officiis prout suprà.

Item quod nec dictus dominus abbas, nec ejus successores, nec conventus, teneantur dictis consulibus nec eorum successoribus de evictione,
si qua in hiis aut eorum aliquo movetur, et fieret per aliquem seu
aliquos nisi duntaxat, de domino abbate, conventu et singulis personis
de conventu et successoribus cujuslibet eorumdem, et de decanis
conreariis prioribus, monachis et officiariis qui sunt et qui erunt pro
tempore in et sub monasterio prædicto, et membris ejusdem. Sed ipsi
consules tenentur causam evictionis persequi suis sumptibus et sum-

mis, si videretur dictis consulibus expediens quod litigarent pro re seu causâ in et pro quâ evictio moveretur, per alios quam superiùs expressatos.

Item quod ex arresto imposito in personis Guillelmæ Bartholimena, sive de Rajaut aliter dicta, la Sigala; et Agnetis dictæ Lapeyroliera uxor Johannis de Juou; et ex præcepto judiciali eis et cuilibet earum facto de rendendo certis factis, per curiam et curiales domini abbatis, ex officio impositis contrà quemlibet earum, vel contrà dictam Lapeyrolieram de adultero, et contrà dictam la Sigala de adultero et incestu, quæ dicebantur commisisse; et ex sentenciis per judicem dictæ curiæ abbatiæ latis, super confiscationibus bonorum contrà Johannem Nöel et contrà Johannem de Corda; et ex processibus et aliis factis per dictam curiam et curiales abbatiæ contrà Johannem Molas; et requesta seu injunctione factis dudum consulibus Aureliaci, prædecessoribus consulum qui nunc sunt de accedendo apud sanctum Stephanum pro audiendo et interessendo quibusdam causis quorumdam incarceratorum qui detinebantur arrestati et capti in castro sancti Stephani et ex quibuscumque appellationibus et inhibitionibus ex inde secutis; et ex processibus eorum occasione, in curiâ balliæ montanorum Arverniæ factis et habitis inter partes quas ea tangebant et tangunt; et aliis ex prædictis secutis, seu eorum aliquo, nullum prejudicium possit fieri dictis consulibus nec universitati, nec etiam dicto domino abbati et conventui, nec monasterio; et compositionibus inter prædecessores dictarum partium dudum factis, nec franchesiis et libertatibus dictarum partium seu alterius earumdem. Et si quod factum sit, quod pro non facto habeatur, nec aliqua possessio nec quasi possessio possint per aliquam dictarum partium allegari, nec premissa seu earum aliqua ad consequentiam quomodolibet in futurum possint trahi, per ipsas partes nec per aliquam partium prædictarum, seu successorum eorumdem; et quod præcepta facta et arrestata imposita et alia ex præmissis secuta in curiâ abbatiæ, contra dictas Guillelman Bartolimena et Agnetem Lapeyroliera pro non factis et impositis habeantur; et quod quicumque processus pro hiis in curiâ dictæ balliæ montanorum, et alii processus pro quibuscumque causis moti et pendentes inter dominum abbatem et conventum ex unâ parte, et dictos consules ex aliâ, tam agendo quam deffendendo in curiis domini ballivii Arverniæ, et in curiis Franciæ cessent et cessare habeant et ulteriùs per dictas partes non persequantur, nec persequi valeant in futurum. Et quod omnia, si quæ in præmissis aut aliter facta essent, contrà libertates, seu contrà tenores dictæ pacis antiquæ et novæ et aliarum compositionum dictæ villæ, seu contrà dictum monasterium aut quolibet eorumdem sint cassa, nulla, et irrita et omnino penitus careant firmitate, et quod ad consequentiam nullathenus possint trahi,

Acto tamen et expresso inter dictas partes quod et supra dictis domino abbate et ejus successoribus nec dictis consulibus et universitati eorumdem super inquirendis in similibus criminibus et puniendis nullum præjudicium pro futuro tempore possit innovari; dictis antiquâ et novâ pace et aliis compositionibus inter prædecessores dictarum partium dudum factis et libertatibus dictæ villæ remanentibus in suo statu per omnia prout ante. Et quod omnes et singuli processus dictorum litigiorum in dictis curiis dictarum bailliarum et Franciæ et curiâ abbatiæ et earum quamlibet, jure ordinario, seu virtute commissionum regiarum pendentes, pro non factis habeantur, nec ex eis possit alicui dictarum partium aliquod prejudicium innovari, nec una pars contrà aliam se juvare. Exceptis et remanentibus de partium assensu, integris et illæsis, in sui efficaciâ et virtute, si quam haberent et non aliter, litteris dudum per consules à regiâ majestate, ut dicitur, obtentis, et baillo montanorum, ut dicitur, directis de compellendo dominum abbatem ad prestandum juramentum de quo in pace antiquâ et novâ fit mentio, et mandato à curiâ baillivii super hoc, ut dicitur, obtento per consules, et processibus deffectu et arresto qui et quod inde secuti dicuntur, ad instantiam et requestam ipsorum tunc consulum dictæ villæ.

Item quod coqui conventus dicti monasterii, dum officium hujus modi per se exercebunt et quamdiù exercebunt, in talhiis communibus dictæ villæ quæ fient non contribuent, nec contribuere teneantur.

Item quod in compositionibus et concessionibus præmissorum fuit actum et conventum quod omnia singula concedebantur et fiebant per dictas partes quantum de jure poterant et in eis erat, retentâ in hiis in quibus esset necesse regiâ voluntate et supplicaverunt dictæ partes et quælibet earum, et per præsentes supplicant regiæ celsitudini ut præmissa omnia et singula approbare et confirmare dignetur, et auctoritatem interponat ad firmitatem perpetuam eorumdem.

Et salvis dictis partibus et cuilibet earum protestationibus, retentionibus, renunciationibus superiùs à se factis, et in quolibet articulo et capitulo de contentis superiùs ac etiam in omnibus et singulis suprà contentis repetitis specialiter et expresse ; prænominati syndici procuratores et actores dictorum domini abbatis et conventus et monasterii pro se et pro eisdem domino abbate et conventu et monasterio et successoribus eorumdem ex unâ parte ; et prædicti syndici, procuratores et actores dictorum consulum, universitatis, communitatis et hominum dictæ villæ pro se, et pro eisdem consulibus, uiversitate, communitate et habitantibus dictæ villæ et successoribus eorumdem ex parte alterâ, præmissa omnia et singula suprà contenta et scripta recognoverunt, et confessi fuerunt fore utilia ipsis partibus, et earum cuilibet, et sic inter se ad invicem ordonaverunt, convenerunt et concordaverunt, pepigerunt, composuerunt, transigerunt et declaraverunt, attentis et consi-

deratis usibus, observantiis et consuetudinibus antiquis dictorum monasterii et villæ, et eadem valere meliori modo quo possit perpetuò
in dictis monasterio et villâ, et tenere et servare voluerunt et eadem
omnia et singula tenere et servare perpetuò, facta sibi ad invicem,
prout ad quamlibet ipsarum pertinet; et se procuratores, cum effectu et
bonâ fide, eadem à regiâ celsitudine confirmari promissi sunt, stipulatione solenni, et contrà ea non facere aut venire, et si contrà fieret per
aliquam dictarum partium, in toto, aut in parte, illud voluerunt esse
nullius efficaciæ et valoris, sive semel, sive pluries fieret. Imo pro
infecto haberi, nec aliquod jus tribuere posse in possessione aut proprietate, aliquo cursu temporis seu præscriptionis neminem juvante,
aut juvare valente. Et fuit expresse actum inter dictas partes de consensu unanimo quod, in casu quo curia domini abbatis præmissa,
quantum ad ipsam curiam spectaret, non faceret observare, sed in
hiis aliquo ve eorum esset, seu circa ea observare facienda negligens
aut remissa, quod eo tunc et eâ vice aut vicibus quâ seu quibus et quotiens duntaxat fuerit negligens aut remissa, pœna aut pœnæ prædictæ, per alios quam per dictos consules committendæ, quæ ad dominum abbatem pertinent, pauperibus dictæ villæ per bajulum domini
abbatis et consules erogentur. Quas pœnas declarare commissas aut
non commissas esse judex curiæ teneatur.

Item ut omnis fraus et fraudis suspicio et occasio tollatur et penitus
evitetur, et ut præmissa diligentius observentur, salvis tamen retentionibus et protestationibus suprà dictis, judices, bajuli, procuratores
et servientes in sui creatione seu nominatione, et ex nunc, illi qui sunt
creati, jurent, et jurare teneantur dicto domino abbati, et addere juramento de fideliter suo officio exercendo, quod prædicta omnia teneant
fideliter et observent quathenus pertinet ad officium cujuslibet eorumdem ; et quod in præmissis non committent fraudem aliquam neque
dolum. Clerici etiam, consiliari consulum dictæ villæ et deputati ac
deputandi ad omnia et singula capitula supra scripta, servientes que
et trompatores eorumdem consulum, in sui creatione seu nominatione,
et ex nunc, illi qui sunt creati, jurent et jurare teneantur consulibus
dictæ villæ quod præmissa omnia quathenus ad ipsos pertinent, teneant
fideliter et observent, et quod in eisdem fraudem non committent
aliquam neque dolum. Et præmissa omnia et singula sic facta,
dicta, transacta, conventa, pacta, ordinata et declarata et promissa
inter easdem partes, nominibus quibus suprà, et nominibus earumdem
partium tenere, servare, attendere, et complere et tenere facere, prout ad
quamlibet pertinet, et contra ea nihil unquam facere, aut venire per
se aut per alium, et in eis et adversus ea fraudem aut dolum non committere vicissim solemniter promiserunt prænominati syndici, procuratores et actores dictorum domini abbatis et conventus et monasterii

et consulum et universitatis et communitatis et hominum dictæ villæ ;
et nihilominus in manus dominorum suorum et cujuslibet eorumdem
juraverunt ad sancta Dei Evangelia à se corporaliter et eorum quolibet
manu tacta, hinc et inde, se nihil nec dictos dominos suos allegaturos
aut proposituros in judicio, aut extrà, contra præmissa aut aliquid
præmissorum, propter quod minorem obtineant firmitatem, et in eis et
adversus ea fraudem aut dolum se non commissuros. Pro quibus præmissis omnibus et singulis tenendis, servandis, complendis, ut est dictum, et tenere et servare faciendis, dictæ partes et eorum quælibet pro
ut quamlibet earum tangit, vel dicti procuratores syndici, yconomi, aut
actores domini abbatis et conventus prædictorum, nominibus eorumdem obligaverunt præfatis censulibus, communitati et universitati
dictæ villæ, dictis procuratoribus, syndicis seu actoribus dictorum
consulum et universitatis stipulantibus et recipientibus solenniter,
nomine dictorum consulum, communitatis et universitatis, omnia et
singula bona domini abbatis et conventus prædictorum et successorum
suorum, et dicti monasterii præsentia et futura; et dicti procuratores, syndici seu actores consulum communitatis et universitatis dictæ
villæ, nomine eorumdem, obligaverunt dictis domino abbati et conventui præsentibus et recipientibus dictis procuratoribus syndicis seu
yconomis dictorum domini abbatis et conventus, omnia et singula bona
communitatis consulatus præsentia et futura. Et ad observantiam omnium et singulorum præmissorum ipsæ partes et eorum quælibet,
prout quamlibet earum tangit et nominibus quibus suprà voluerunt et
consenserunt se et successores suos posse compelli per nos, aut per
mandatum nostrum, seu per quoscumque a nostro officio successores,
per dictum ballivium montanorum Arverniæ qui erit pro tempore et
mandatum et dicti ballivii curias, seu alteram earumdem, quam pars
quæ pro præmissis conquerere seu exponere voluerit, duxerit eligen-
dam, simpliciter et de plano, per captionem, venditionem, et distractionem bonorum domini abbatis et conventus, consulum et communitatis
prædictorum et successorum suorum, tanquam pro re judicatâ, et in
judicio confessatâ, sine citatione, monitione, copiâ præsentium litterarum, libello et disceptatione quâcumque. Hic expresse etiàm renunciantes medio juramento, vel una et quælibet dictarum partium ad simplicem requestam alterius ad invicem et successorum suorum aut
mandati sui subponentes et subvenientes, hinc et inde, vel dicti procuratores et syndici dictorum domini abbatis et conventus bona omnia et
singula dicti monasterii præsentia et futura, et procuratores et syndici
dictorum consulum bona dictæ communitatis præsentia et futura, com-
pulsioni, cohertioni, juridictioni, foro, stylo, et districtiis dicti regis
sigilli, et curiæ dicti domini ballivii et cujuslibet eorumdem ; ita quod
pro executione seu compulsione per unam incepta pro præmissa, aut

eorum aliquo, possit ad alium judicem recurri, et ut unus si noluit, ad primum judicem reduci.

Renunciantes nihilominus dictæ partes et earum quælibet pro se et nominibus quibus suprà, super prædictis omnibus et singulis, prout tangunt quamlibet partium prædictarum, omni in integrum restitutioni, generali, speciali, et omnibus et singulis aliis juris renunciationibus pariter et cautelis et juri dicenti generalem renunciationem non valere nisi specialis sit expressa. Et si quod jus, aut consuetudo, stylus curiæ esset dici aut allegari posset per quem, quam, seu quod ea aut aliqua de eis novata aut infecta aut enervata in toto aut in aliquâ parte dici aut allegari possent, hiis articulis exceptis qui in præsenti compositione continentur, in quibus per expressum ab eis receditur, ut est dictum, illi juri consuetudini aut stylo procuratores et syndici dictarum partium renuntiaverunt pro se et suis successoribus, ex suâ certâ scientiâ specialiter et expresse et promisi sunt et juraverunt se successores que suos, aliquem ve pro eis, nunquam juvare se eisdem jure, consuetudine, aut stylo, nec quodcumque in judicio aut extrà, aliquo tempore allegare per quod dici possit per hic contenta recessum esse à dictis pace novâ et antiquâ, nec aliquâ de compositionibus ante dictis. Volentes si secus facerent sibi judiciarium aditum et audientiam denegari.

Et promisi sunt præfati syndici, procuratores et yconomi dictorum domini abbatis et conventus, absque juramento tamen seu obligatione prædictâ, se curaturos et procuraturos cum effectu quod sigilla dictorum domini abbatis et conventus ad requestam dictorum consulum et successorum suorum, semel præsentibus litteris apponentur impendentia. Et vice versâ dicti procuratores et syndici et actores dictorum consulum et communitatis et successorum suorum promisi sunt absque juramento, sub obligatione prædictâ se curaturos et procuraturos cum effectu, quod sigillum dictæ communitatis ad requestam dictorum domini abbatis et conventus semel præsentibus litteris apponatur impendens.

Item fuit actum et in pactum deductum inter dictas partes quod dicti notarii tradant syndicatum dictorum religiosorum, super hæc per dictos notarios receptum, ingrossatum et sigillatum dictis consulibus et suis successoribus, quod consules et eorum successores ipsum in perpetuum teneant, et tenere possint et debeant. Et vice versâ quod syndicatum dictorum consulum tradant dicti notarii grossatum et sigillatum dictis religiosis viris, qui religiosi et successores eorumdem dictum syndicatum eorumdem consulum teneant et tenere possint et debeant. In quibus syndicatibus et compositionibus præsentibus dictæ partes, prout quamlibet tangit, sigilla dominorum abbatis et conventus consulatus et communitatis prædictorum apponere debeant. Et quod ad hoc compelli possint et debeant dictæ partes prout suprà.

Item voluerunt et concesserunt dictæ partes quod de prædictis omnibus et singulis fiant cuilibet dictarum partium una littera aut plures litteræ per dictos notarios seu alterum eorumdem sub dictis sigillis substantiâ non mutatâ si et dum fuerint requisiti.

Quæ prædicta omnia et singula, sic acta, concessa, ordinata, pacta, declarata fuerunt, coram dictis notariis præsentibus et venerabilibus et religiosis viris domino Petro de Folhola decano Varinii, Helia de Malamorte cellario monasterii Aureliacensis, domino Aymerico de Turre monacho dicti monasterii; et nobilibus viris domino Eustachio Fabri, et Geraldo de Montanhaco militibus; et discretis viris magistris Johanne de Cuniis, Petro Brugerii, Hugone Laginesta, Petro Ponheti, clericis jure peritis; magistro Durando de Villa notario, Guillelmo Juliani, Guillelmo Baldelli, Nicholao Bodini, et Petro filio Stephani Aymerici, testibus ad præmissa vocatis specialiter et rogatis, prout dicti notarii nobis retulerunt in hiis scriptis, quibus notariis et eorum relationi fidem plenam adhibentes in testimonium præmissorum.

Nos dictus, tenens dictum sigillum dicti domini nostri regis in dicta ballivia montanorum Arverniæ constitutum, ad præces et instantiam dictarum partium, et ad majorem firmitatem et testimonium omnium præmissorum dictum sigillum, una cum sigillis dominorum abbatis et conventus et consulum et communitatis prædictorum, duximus litteris præsentibus apponendum, salvo in omnibus jure dicti domini nostri regis et quolibet alieno.

Datum et actum in castro sancti Stephani prope Aureliacum, die jovis in festo Inventionis sanctæ crucis quæ fuit tertia dies introitus mensis maii, anno domini millesimo trecentesimo quadragesimo septimo.

JOHANNES DAGUZO, DURANDUS DE CASIS.

Et nos frater Aymericus, Dei et sedis apostolicæ gratiâ abbas dicti monasteriiAureliacensis ad romanam ecclesiam nullo medio pertinentis ad et pro nobis et successoribus nostris et conventus ejusdem monasterii, quantum de jure possumus et in nobis est, et nos Petrus Javeni, Johannes Bigorra, clerici; Geraldus Brugerii, Raymondus Aymerici, Guillelmus Palati et Geraldus Teysserii, consules villæ prædictæ Aureliaci; pro nobis communitate et universitate dictæ villæ et successoribus nostris, quantum de jure possumus et in nobis est, præ dicta laudantes, approbantes et confirmantes, sigilla nostra, cum dicto sigillo dicti domini nostri regis duximus præsentibus litteris apponenda, ad majorem fidem et firmitatem omnium præmissorum, die et anno prædictis, datum et actum ut suprà.

XXVII

Lettres de Charles, duc de Normandie,

AUX ÉLUS DE CLERMONT ET DE SAINT-FLOUR [1].

(Janvier 1357)

Charles aîné, fils du roi de France et son lieutenant, duc de Normandie, etc., à nos amés et féaux Maître Ebrant de Chalenco, Chanoine de Clermont, Gralh de St-Nectier, Seigneur dudit lieu en partie, et Jacques Tixier, bourgeois de Clermont, demeurants à Clermont, Esluz ez villes et diocèse de Clermont et de St-Flour, de nostre authorité par les trois Estats du Royaume de France en la Languedoil, sur le fait de l'ayde advisé et ordonné par lesdits trois Estats, être faite pour cause des présentes guerres, salut et dilection. Comme à notre commandement, lesdits trois Estats aient estés assemblés à Paris par plusieurs fois et dernierement au cinquième jour de février dernierement passé, et aus jours ensuivants, pour nous donner conseil et ayde sur la délivrance de nostre très-cher Seigneur et Père, et sur la garde bon gouvernement, tuition et défense dudit Royaume : et par yceuls aient estés avisiez par grant et meure délibération, tant sur le conseil comme sur l'ayde, en certaine mainère à vous exposéee et plus à plein contenue en certains Rolles et écritures, lesquelles après la première assemblée ont été portées par les païs, lues et approuvées par ceulx des païs, tant gens d'Eglise, comme nobles, bourgeois des bonnes Villes et autres, et rapportées à cette dernière assemblée; et de rechef, veuz levez et approuvez, tant par nous et nostre Conseil, comme par lesdits trois Etats étans en ladite dernière assemblée : et entre les autres choses ayent advisé et ordonné à faire certaine ayde pour un an pour les causes dessus dites.

C'est à sçavoir l'Etat du Clergier disieme et demi de tous leurs bénéfices, rentes et autres revenus. . . . . Et l'Etat des nobles semblablement, disieme et demi de toutes leurs rentes et autres revenus. . . . . Et l'Etat des bourgeois des bonnes Villes et plat-pays de cent feuz un homme d'armes de demi écu de paye le jour. . . . . Et avec ce, ont ordonné et advisé que vous soyez eleuz ez Villes et Dio-

[1] Voy. vol. 1er, p. 312.

cèses de Clermont et de St-Flour, et aurez pouvoir de nostre auctorité
de assoir, cuillir et recevoir par vous ou par autres que vous députerez
ad ce ez Villes et Diocèse de Clermont et de St-Flour, toutes les revenus dudit Ayde. *Item......* etc. 8. *Item* Ont advisé que vous aurez
pouvoir et auctorité de nous, de mander et faire assembler à Clermont
et à St-Flour, ou ailleurs ezdites Diocèses, au nom des trois Estats généralement et espécialement tous ceulx des trois Estats desdites Dioceses,
et aucun d'euls ainsi et toutes fois que bon vous semblera, pour le
fait des susd. aydes et les dependances : et Nous dès maintenant l'octroyons et avons octroyés.

XXVIII

Lettres patentes de Charles V,

ORDONNANT LE DÉNOMBREMENT DES FEUX A COMPRENDRE DANS LE RÔLE
DES IMPOSITIONS DE LA VILLE DE CLERMONT [1].

(Mai 1370)

A tous ceux qui ces présentes lettres verront, les élus pour le roi
mis au diocèse de Clermont sur les aides ordonnées pour la guerre,
Salut. Nous avons reçu les lettres . . . . du roi notre sire
contenant la forme qui s'ensuit. Charles, par la grâce de Dieu, roi de
France, aux élus et receveurs sur le fait des aides ordennés pour la
guerre es cités et diocèses de Clermont et de St-Flour, salut. Comme
au commencement de cette présente année que les d. aides furent mis
sus, nous eussions mandé les fouages de six francs pour feu en villes
fermées, et de deux francs en plat pays, ordenés avec les autres aides
pour le d. fait, être mis sus et levées esd. dioceses selon le vrai nombre de feux que par nouvelle cherche y seroient trouvées. Lesquels
fouages nous ramenames depuis à IIII francs pour feu en forts et II francs
et demie en plat pays. Depuis lequel mandement pour ce qu'il étoit
besoin d'envoyer preste finance lors pour convertir au payement des
gens d'armes étant à nos gages, vous eut été mandé que le premier

payement des d. fouages vous fissiès lever hativement, selon l'ancien
nombre des feux, jouxte lequel les fouages précédents avoient été levés
pour nous esd. diocèses, et cependant vous procédassiès à la cherche
du d. vrai nombre de feux, et jouxte icelui faissiès ceuillir et lever les
autres deux payements des dits fouages pour cette année en recouvrant
sur les d. payements anciens ce que nous auroit été payé comme du
pour le d. premier selon le d. vrai nombre, et rebutant aussi ce que
trop auroient pris ; si comme es instructions et mandements sur ce à
vous envoyés est plus à plein contenu. Et il soit ainsi que comme
entendu avons par les complaintes des habitants du pays d'Auvergne
que pour nous montrer et exposer les griefs et la charge d'icelui ont
envoyés pour devers nous nos amés et feaux conseillers l'abbé de
Menat et le vicaire de Clermont, vous vous efforciès des d. fouages
lever et continuer aud. pays selon le d. nombre ancien, qui par mor-
talité et pestilence de guerre est amoindri et appetissé grandement, et
tant que en plusieurs villes et paroisses ou les d. anciens fouages furent
levés ne demeure a present aucune personne, et avec ce voulès contraindre pauvres et misérables personnes mendiants, querants pain,
aux d. fouages payer ; desquelles choses s'ensuivroit la destruction
dud. pays, si pourvu n'y étoit. Si comme ils disent requerants sur ce
notre grace ; nous mus a cette considération nous mandons et com-
mandons et a chacun de vous si comme à lui appartiendra que tantot
et sans délai vous faites et fassiès faire la d. cherche et recolement du
d. nombre des feux et selon le vrai nombre des d. feux sans y comprendre pauvres et misérables personnes pain querants. Asséiès et faites
ceuillir et lever les d. fouages es cités et diocèses dessus dites pour
les deux termes à venir de cette d. année, en recouvrant sur les d.
habitants des villes et paroisses des d. diocèses ce que moins auroient
payés qu'il n'appartient, jouxte le d. vrai nombre pour le d. premier
terme et rescrivant ce que fait en aurès tantot et sans délai par certains messages à nos amés et feaux les généraux conseillers sur le d.
fait, aux quels vous enverrès le d. vrai nombre de feux enclos sous nos
sceaux, afin qu'il appert de notre diligence. Et nous voulons que
sachiès que se faute y est trouvée après vous, par faveur ou autrement,
nous vous en ferons tellement punir qu'il sera exemple a tous autres.
Donné a Paris le XIᵉ jour de mai, l'an de grace 1370 et le VIIᵉ de notre
regne. Ainsi signé par le roi à la relation des généraux conseillers
sur le fait des aides ordennés pour la guerre. P. Cadoret. Au dos des
quelles lettres étoient écrites les paroles qui s'ensuivent. De part les
généraux conseillers sur le fait des aides ordennés pour la guerre
elus et receveurs sur le d. fait es cités et diocèses de Clermont et de
Saint-Flour accomplissés chacun pourtant comme à li touché le contenu au banc selon sa forme et teneur. Donné à Paris le XXIᵉ jour

de mai l'an de grâce 1370, ainsi signé P. Cadoret. Et depuis les
bourgeois et habitants de la ville et cité de Clermont ville fermée, qui
paravant étoient au nombre de quatre cent quatre-vingt-douze feux,
pour lesquels eux avoient accoutumés à contribuer aux fouages passés,
ordennés pour la défense du royaume des quels Thomas de la Garde
a été receveur au d. diocèse de Clermont sont venus devers nous
disants que pour cause de guerre et autres empêchements que les
ennemis de royaume et autres gens d'armes qu'ont été continuement
et sont aud. pays leur ont fait et font encore et pour plusieurs autres
griefs oppressions et dommages qu'ils ont soutenus et soutiennent.
. . , . . , ...

Plusieurs des d. habitants sont morts sans hoirs et sans aucun bien,
autres qui s'en sont allés et vont vagabonds et mendiants pour le pays,
ou transporté d'un lieu en autre pour labourer et avoir la sustentation
de leur pouure vie, et ceux même que sont demourés sont si pouures
et appetissés de tous biens temporels que bonnement eux n'en avoient
de quoi vivre ni de quoi labourer leurs pêtits héritages pour la sustentation de leur vie et parconséquent ne auroient de quoi payer les
presents fouages ; considéré les autres charges et aides que eux payent
et supportent, se non que grande modification leur soit faite du nombre de leurs d. feux. Requerants que pour les causes dessus dites
nous leur voulissions faire modification suffisante du nombre de leurs
d. feux. Et nous considéré leur d. requête et le contenu aux d. lettres
du roi notre sire incorporées ci-dessus, avons fait venir pour devant
nous à Clermont aujourd'hui messire Etienne Chatbert curé de la paroisse de Notre-Dame-du-Port de Clermont, Etienne Jauffroy, Jean
Bazelles, Etienne Pons, Guillaume Deroche, Jean Revel habitants de la
d, paroisse. Messire Durand Torel curé de la paroisse de Saint-Geneys
de Clermont, Durand Debas, Hugues Dupuy, Hugues Albeyre, Hugues
Lepellier et Etienne Févalh habitants de la d. paroisse, messire
Etienne Chassaing curé de la paroisse de St-Pierre de Clermont,
Etienne Fouchier, Jean Lobbéry, Durand Durif, et Pierre Tuhel,
habitants de la d. paroisse, lesquels nous avons fait jurer solemnelle-
ment en nos mains sur les saints évangiles de notre seigneur qu'ils
nous baillassent pour écrit en un ou plusieurs roles de parchemins sous
les sceaux des d. curés par noms et par surnoms tous les habitants
de la d. ville et cité, forts et foibles que y étoient aux fouages passés
et au mois de janvier dernier passé, que le d. fouage commença à avoir
cours et qui paravant étoient compris au-dessus dit nombre de quatre-
cent-quatre-vingt-douze feux et déposassent par leur d. serment, lesquels seroient soufisants à payer et à supporter le d. fouage en tout,
ou en partie, et lesquels en devroient être otés et quittes selon le
contenu aux d. lettres, les quels curés et habitants nous ont baillés les

d. roles scellés des sceaux d'iceux curés et signés de leurs mains, et nous ont déclarés ceux qu'ont aucune petite substance pour supporter le d. fouage, et les autres qui n'ont de quoi payer et qui sont pouures, mendiants et vagabonds ou morts et iceux ont été signés esdits roles et déduis du d. nombre, et trouvons qu'ils peuvent être deux-cent-soixante-sept feux plus aisés des autres pour supporter le d. fouage. Et tout considéré les d. habitants ont composés à nous pour le présent fouage réservé la volonté du roi notre sire et de nos seigneurs les généraux conseillers sur les d. aides. Considéré aussi qu'en la d. ville a grande quantité et grand nombre de gens d'église que n'ont contribues, ne sont tenus de contribuer au d. fouages, selon le contenu aux instructions du roi notre sire, et que depuis que le d. fouage fut ordenné plusieurs des d. habitants se sont faits et se font de jour en jour gens d'église pour estiver de contribuer aux d. fouages. Et aussi considéré que en la d. ville a plusieurs nobles des plus grands d'icelle tant par lignée de vraie nobilitation comme par lettres et autrement, lesquels appellés pardevant nous, sur ce ont élus à payer les d. fouages selon leurs facultés; et sur ce avis et mure délibération et par composition faite avec les élus et receveurs pour le roi notre sire esd. cités et diocèses sur les impositions de XII deniers pour livres mis sur le sel, appellé avec ce honorable homme Raymond Courtane trésorier général de très-haut et puissant prince monseigneur le duc de Berri et d'Auvergne pour tant comme le peut toucher : c'est à savoir au nombre de quatre cents feux, exclus les d. gens d'église et nobles, pour lequel nombre ils payeront le d. fouage. Si donnons en mandement au receveur des d. aides qu'il tienne de point en point la d. modification et non les contraigne à payer autrement les d. fouages que pour le d. nombre des d. quatre-cent feux. Car rappourtant ces présentes lettres et le d. role scellé des sceaux des d. curés et signés de leurs mains attaché à ces présentes sous nos signés, dont autant en demeurera sous nos sceaux devers lesdits habitants. Le d. receveur n'en sera tenu de compter ne de rendre de plus grande somme que du d. nombre des d. quatre-cent feux. Et en témoin des choses dessus dites nous avons scellés ces presentes lettres de nos sceaux. Donné à Clermont le neuvième jour d'aoust l'an mil trois cent soixante-dix.

XXIX

Charte de la ville d'Aigueperse[1].

(Janvier 1374)

Gilbert, comte de Montpensier, dauphin d'Auvergne, comte de Clermont, seigneur de Mercœur et du pays de Combraille : A tous ceux qui ces présentes verront : Salut. Comme plaids et procès aient été meus et pendans en la cour de parlement, entre nos chers et amés les consuls, bourgeois, manans et habitans de notre ville d'Aigues-Perse, demandeurs en cas d'excès de saisine, et de nouvelleté d'une part, et nous, et nos officiers audit comté, et autres défendeurs esdits cas, d'autre part, sur et à l'occasion de ce que lesdits consuls, pour leur corps commun et habitans, désiroient et vouloient dire, qu'anciennement ils étoient doués de plusieurs beaux, grands et notables priviléges, lesquels étoient escripts et rédigés en forme deüe et authentique, et d'iceux avoient joui et usé, tant et si long-temps qu'il n'estoit mémoire du contraire, et jusques à ce qu'en l'an. . . ., le comte Bernard de Ventadour, lors comte de Montpensier, ou quoi que ce soit, son fils-ayné, du vouloir et consentement dudit comte Bernard, pour aucunes haines que lors ils avoient conceues contre lesdits habitans de nostre dite ville d'Aigues-Perse, et par exprès en haine de ce qu'ils ne lui vouloient être tributaires aux quatre cas, prist par force et violence nostredite ville d'Aigues-Perse, et icelle fit piller et dérober ; au moyen de quoi, lesdits bourgeois, manans et habitans de nostredite ville d'Aigues-Perse perdirent et leur furent desrobés et pillés tous leurs écrits, priviléges et autres leurs titres servant à ce : pourquoi ils se tirèrent pardevers feu, de bonne mémoire, Charles VI, roi de France, que Dieu pardonne, et lui remontrèrent et exposèrent comme lesdits de Ventadour, en commettant crime ou autrement, grandement délinquans, avoient pris ou fait prendre nostredite ville, et icelle avoit fait piller et dérober ; et, comme de toutes ces choses, lesdits bourgeois, manans et habitans de nostre ville d'Aigues-Perse firent suffisamment apparoir. Pour lesquels excès et forfaictures, lesdits de Ventadour, à la requête du procureur du roi et desdits habitans, furent appelés et mis en procès en la cour de parlement, à ce que tant fût procédé que

[1] Voy. vol. Ier, p. 267 et suiv.

parties au long ouies en tout ce qu'elles voulurent dire et alléguer
d'un côté et d'autre, par arrêt définitif, nostredite ville d'Aigues-Perse,
ensemble les droits seigneuriaux d'icelle et qui lors compétoient esdits
Ventadour, furent déclarés confisqués au roi, après laquelle déclaration, lesdits sieurs à la prière, supplication, et requisition de feu nostre
très-redouté sieur aïeul Jean, duc de Berri, père de feu nostre très-
redoutée dame Marie de Berri, mère de feu nostre très-cher sieur et
aïeul le duc de Bourbon, nostredite ville d'Aigues-Perse, ensemble
tous les autres droits seigneuriaux envers lesdits sieurs confisqués par
la manière que dit est, et combien, que lesdits consuls, bourgeois,
manans et habitans de ladite ville, tant de raison qu'autrement, deussent jouir des anciens priviléges qu'ils jouissoient du temps et auparavant ladite prise de nostre ville, de leurs écrits, franchises et libertés;
ce néanmoins, pour ce que aucuns des officiers de nostre dit aïeul, duc
de Berri, non avertis des droits, franchises et libertés desdits consuls,
bourgeois et habitans, en leursdits droits et franchises, leur voulurent
donner aucun trouble, destoubier et empêchement; pour laquelle
cause, iceux habitans se tirèrent pardevers nostredit aïeul et remon-
trance à lui faite des choses dessusdites, icelui nostre aïeul, sachant, et
suffisamment informé des anciens priviléges desdits habitans, et qu'ils
avoient d'iceux perdu leur chartres et anciens écrits, au moyen desdites prise et pillerie faites par lesdits de Ventadour en nostre dite ville,
de nouvel, en tant que besoin estoit ou seroit dès-lors ou le temps à
venir, de sa grace spéciale, donna, octroya, approuva, et ratifia les
priviléges, franchises et libertés estant écrits et rédigés en certaines
ses lettres patentes, desquelles la teneur s'ensuit.

Jean, fils de Roi de France, duc de Berri et d'Auvergne, comte de
Poitou et pair de France : Savoir faisons à tous présens et à venir,
que, comme nos bons amés bourgeois et habitans de nostre ville
d'Aigues-Perse en Auvergne, avant ce que ladite ville fut prise et
occupée dernièrement (par messire Roubert de Ventadour, chevalier,
fils du comte de Ventadour, qui de présent est, eussent corps complet,
arche, scel, maison commune en toutes autres choses et signées. . . .
. . . . plusieurs autres priviléges, libertés et franchises dont il nous a paru suffisamment par une lettre ou escrit contenant icelles.

Ce sont les priviléges que les habitans et commune de nostre ville
d'Aigues-Perse ont eus anciennement, ont et auront toujours ; c'est à
savoir, quatre consuls, seize conseillers, ou plus ou moins, communs
corps, scel, arche, maison propre, sergent à faire les choses dessus et
ci-dessous écrites; lesquels consuls seront mis chacun à la quinzaine
de pasques, les grandies toutes fois et quantes fois il plaira aux prédécesseurs consuls, communs et habitants de ladite ville; lequel jour

ou autre, les consuls qui auroient esté eslis cette année précédente, et le conseil, de leurs conseillers en esliront autre quatre, lesquels consuls, en leur nouvelle création, jureront en la main de notre chastelain d'Aigues-Perse, ou de son lieutenant ou commis, à bien et loyalement gouverner le commun et garder les franchises, usages et libertés de ladite ville, selon leur pouvoir, et s'il avenoit que ledit chastelain, ou son lieutenant ou commis, prolongeassent de prendre desdits consuls leur serment, et néanmoins, lesdits consuls seront tenus de faire ledit serment, puisqu'ils l'auroient présent à lui faire, en icelui cas, lesdits consuls pourroient et leur sera leu user de leur office de consulat, tout en la manière comme ils eussent fait ledit serment ; de laquelle présentation seront crus lesdits consuls par leur serment ; et néanmoins, lesdits consuls seront tenus de faire ledit serment à la requeste dudit chastelain ou de son lieutenant ou commis, et les y pourront forcer et contraindre : et par cette manière, nostre chastelain dudit lieu ou son lieutenant, et nos sergents et autres officiers de ladite ville, chacun an, en sa nouvelle création, à la requeste desdits consuls, et en la présence d'iceux, jureront et seront tenus de jurer sur les saints évangiles de Dieu, bien et loyalement, et sans fraude, garder les libertés, usages et franchises de ladite ville en ces présentes lettres écripts ; et si convenoit que ledit chastelain, sergent et autres officiers fussent refusans de faire ledit serment, nous voulons qu'à ce faire soient contraints et compellés par notre sénéchal et baillif, et par tous autres, à la requeste desdits consuls ; que jusques à tant que lesdits sermens seront faits, lesdits consuls ne lesdits habitans de ladite ville ne leur doivent ne seront tenus d'obéir.

Item. Voulons et octroyons, que lesdits consuls et conseillers, ou la grande partie d'iceux, puissent et leur soit leu de leur propre autorité, indire et imposer toutefois qu'il leur plaira sur les habitans de ladite ville et dedans les franchises d'icelle que ci-dessous seront limitées, et sur tous les autres qui ont et auront bien en ladite ville et franchise, taille, queste, guêpce, commun et imposition, et icelle lever, cueillir et recevoir, pour les faits, négoces de ladite ville, toutefois qu'il leur plaira, et qu'ils verront qu'il sera à faire ; et au cas que ceux sur lesquels lesdites tailles communes et impositions seront imposées, seront rebelles de payer leur part qui leur sera indite et imposée, il en seront contraints et compellés par nos officiers, par prise de corps et de biens, vente, et distraction d'iceux biens, à la requeste d'iceux consuls, sans que nos gens en doivent avoir aucune chose ; laquelle franchise est confinée et limitée dedans les fins ci-dessous déclarés, c'est à savoir, de la croix de l'aube-pin de Courail, de la voye qui va au pastural et s'en passe dessous Puy-Jobert, et s'en va à la croix que l'on appelle la croix Bonin-Fournier, et d'icelle, la voye qui va au pont ferré, et d'icelle, à la croix du Maro ; la voye qui va à Lentilhat, et d'icelle, la voye qui va au Sauchet de Juilha, et d'icelle la voye qui s'en va sous la Croix-Saint-Ligier, et d'icelle, la voye qui s'en va droit audit aube-pin.

Item. Quiconque sera ou mettra main prenant et malicieusement sur le sergent desdits consuls et commune, et les consuls s'en plaignant, celui qui fera ladite injure payera pour cause d'amende soixante sols à nous, quand sera prouvé ou atteint loyalement par loyaux tesmoins devant notre chastelain ou son lieutenant ; et si ainsi estoit que lesdits consuls ne s'en plaignissent, rien n'en sera demandé ou levé : de tout prest fait ausdits consuls, pour le fait de ladite ville et de toutes tailles communes et autres choses reçues par lesdits consuls ou autre par eux de leur commandement, et de toutes les frais et mises par eux faites, rendra compte à ceux qui viendront après nouveaux consuls, en la présence de leurs conseillers ; seront crus lesdits consuls par leur serment, se lesdits consuls nouveaux qui recevront le compte le témoignent et en tiennent pour contens et pour payés, et ne seront tenus de compter devant autres.

Item. Lesdits habitans et commune peut et pourront toutefois, et en la manière qu'ils voudront, et leur plaira, saufve les choses ci-dessous écriptes, eslire, mettre et oster consuls en ladite ville et conseillers, et eux croître et apéticier, sans venir pardevant nous ou nos gens, et sans nous, ne eux requérir.

Item. Qu'à la requeste des consuls qui auront esté leur année, nostre chastelain et autres officiers seront tenus de contraindre et compeller, par prise de biens, arrest et détension de leurs personnes, ceux qui auront esté esleus consuls de nouvel, à prendre l'office de consulat, et à faire le serment dessusdit, au cas qu'ils seroient refusans de le prendre.

Item. Que l'on ne pourra faire ne contraindre lesdits habitans ne aucuns d'eux à prendre l'office de consuls de ladite ville, fors que de sept en sept ans une année, et passé lesdits sept ans, les pourra-t-on eslire, ainsi comme dessus est dit pour une année, de sept en sept ans, et plus ne les pourroit-on forcer par avant, ce n'estoit de leur volonté.

Item. Que les consuls auront leur sergent, lequel a et aura pouvoir d'ajourner, à la requeste desd. consuls, les habitans à ladite maison commune, gaiger, arrester, et d'exécuter et prendre les biens desdits habitans et d'user et faire office de sergent pour lesdits consuls et commune, sans venir devant nous ni devant nos gens, si n'estoit par faute ou négligence des consuls, et lequel sergent pourra, à la requeste desdits consuls, saisir, arrester, brandonner tous les biens de ladite franchise, de tous ceux qui demeurent ou demeureront, ou auront possessions ou héritages dedans ladite franchise ou dedans nostre justice ou chastellenie d'Aigues-Perse, et par le fait commun pour ce qu'il sera deub à ladite commune, ou par les tailles et impositions qui seront faites pour lesdits consuls pour cause de ladite commune, et par toutes autres choses que leur pourroient estre dues pour raison de charités, bastiment, luminaire des églises de ladite ville, ou par quelconque autre cas touchant et appartenant à ladite commune, et pourra ledit sergent, vendre et exploiter tous les biens qu'il prendra sur lesdits habitans, à la requeste desdits consuls, huit jours passés, et d'en faire à savoir la vente à celui à qui les biens vendus estoient; et la vente ainsi faite, ledit sergent peut vendre et délivrer les biens vendus audit achepteur, et payer les prix qu'il les aura vendus ausdits consuls, et quiconque desdits habitans désobéira ou fera recousse au dit sergent, en faisant son office, payera soixante sols à nous; se les consuls s'en vouloient plaindre, ou le sergent ou autres desdits habitans à qui appartiendra, ou autrement n'en seront tenus d'en rien payer.

Item. Que lesdits consuls d'Aigues-Perse puissent mettre et oster chacun an, et quand bon leur semblera, gardes et bladiers, iceux comme ils voudront, par les vignes et champs garder, et autres choses desdits habitans, en telle manière que lesdits consuls doivent présenter à nous ou à nostre chastelain ou à son lieutenant devant dits, gardes et bladiers des vignes et champs et autres choses, lequel devant dit chastelain ou son lieutenant, doivent recevoir et faire jurer, qu'ils garderont bien et loyalement le droit de nous et de ladite ville, et les priviléges et franchises d'icelles cy-contenues.

Item. Que lesdits consuls puissent et pourront mettre et oster chacun an, et quand bon leur semblera, lesdits gardes ou bladiers, et lesdits courretiers, et leur faire faire serment de loyalement garder nostre droit et de la commune et habitans de ladite ville et franchise en la manière anciennement accoutumée.

Item. Que nuls ne soient receus contre aucuns desdits habitans par voye de dénonciation en nul cas civil ou criminel, s'il ne juroit qu'il croit le fait estre vrai, et qu'il soit tenu à rendre les dépens et dommages à la partie contre qui la dénonciation seroit faite, et le fait dénoncé ne se pouvoit trouver.

Item. Nous, nos hoirs et successeurs, seigneurs de ladite ville, ne pouvons, ne devons, ne doresnavant pourrons ne devrons prendre sur lesd. habitans, ne sur leurs biens, quelque part qu'ils soient, taille, tolte, compte, queste, charroir, manèbre, ne corvée, ne nul autre service, hors ce à quoi ils nous soient tenus pour raison, ni ne pouvons, ne devons, sur lesdits habitans, prendre aucune chose de leurs biens, quels qu'ils soient, chevaux, jumens, asnes, bœufs ou autres quelconques, bestes, chards, charrestes, bleds, vins, vaissellement et garnison d'hostel, ne nuls autres biens-meubles, quelconques ils soient, pour la garnison de nostre hostel, ne pour autre cause quelle qu'elle soit, si ce n'est pour justes et loyaux pris.

Item. Que nul de nos sergents, ne autres ne puissent prendre sur lesdits habitans, aucuns de leurs biens-meubles, ne héritages, se ce n'estoit pour cas criminel ou chose jugée, connue et atteinte suffisamment devant nous ou nostre chastelain ou son lieutenant, si ce n'estoit aussi pour debtes de monsieur le roi ou pour les nostres.

Item. Que lesdits habitans ou aucuns d'eux ne seront tenus de venir à nos halles, ne pour vendre, ne pour achepter, ce n'est de leur volonté, et ne soient tenus de rien payer pour cause desd. halles, si ainsi n'estoit que aucuns d'eux ne y tenoient table ou loge pour vendre en icelles.

Item. Qui occupera par clôture ou par fossés les voyes communes, chemins et sentiers, ou partie d'iceux, les occupans payeront quarante sols à nous ou au-dessous, à l'ordonnance du juge ordinaire, quand sera prouvé par loyaux témoins et tournera la chose en tel point comme elle doit.

Item. Qui l'autrui héritage occupera qui sera borné par fossé ou par clôture, quand sera prouvé par loyaux témoins, l'occupant payera quarante sols à nous ou au-dessous, au regard du juge ordinaire, et sera tenu de retourner la chose en estat, et payer à partie ce que sera regardé raisonnablement.

Item. Qui entre en l'autrui pré, vigne ou vergier, pour cueillir fruits, raisins et aucun dommages seroit de jour, quand sera prouvé ou atteint, sept sols payera, et de nuit soixante sols, et le dommage amendera à celui à qui fait sera, quand seront atteints.

Item. De livre fausse, de marc faux et d'aune fausse, de mesure de vin fausse, de quarte fausse et de toutes mesures de vin ; c'est à savoir, l'esminal et les autres mesures fausses, sept sols à nous par amende, quand ladite fausseté sera trouvée ou atteinte et connue pour la première fois, et se deux fois y est trouvée, l'amende sera arbitraire, et sera portée en la maison du consulat, où nous voulons qu'elles soient portées et eschantillées par lesdits consuls, ès mesures et poids dudit consulat.

Item. Lesdits consuls ont et doivent avoir et tenir les mesures du vin ; c'est à savoir l'esminal et les autres petites mesures de vin à vendre à destail en la maison de l'hospital des pauvres de cette ville, duquel ils ont l'administration, et doivent lesd. habitans audit hospital pour lesd. mesures, et par chacune fois qu'il les prendra, par chacune fois un denier audit hospital.

Item. Que lesdits habitants en ladite ville et franchise puissent cuire

ès fourgs de ladite ville, où il leur plaira, en payant pour cause du
fournage, pour chacun septier de bled, ainsi comme ils ont accoutumé d'ancienneté; et, si les fourniers ou fournerons ou autre
par nous empiroit ou afouloit le pain d'aucuns desd. habitans,
ou par faute d'eux led. pain fût mal appareillé, lesd. fourniers ou
fournerons seront tenus de l'amender à celuy à qui le dommage sera;
et, si le dommage passe douze deniers, il en payera sept sols d'amende
à nous.

Item. Si hommes et femmes de ladite ville et franchise meurent
sans hoirs apparoissans, nostredit chastelain doit en la présence de
bonnes gens faire inventaire des biens et bailler à garder à gens
suffisans de les rendre sans rien retenir, lesquels doivent tenir et garder quarante jours; et si dedans lesd. quarante jours nul ne reste à
lignage, ils seront vendus, ainsi comme il est accoutumé.

Item. Que le chastelain ou le sergent ordonné esdits consuls, à la
requeste d'iceux consuls, fassent prendre dedans ladite franchise toutes
manières de mauvaises denrées, pourries, corrompues, soit chair, poisson, ou autre chose, et par le chastelain en soit faite, telle punition
comme le cas requerra.

Item. Comme les boulangiers et panetiers d'Aigues-Perse et les fourains ayent accoutumé à faire et vendre en la ville d'Aigues-Perse et
franchise dessusd. pain à destail, et plusieurs fois entr'eux le fassent
de moindre prix qu'ils ne doivent, selon la valeur du bled, nous voulons
que le sergent ordonne esdits consuls, et à leur requeste et en leur présence, fassent prendre toutefois qu'il leur plaira et leur semblera le pain
estre petit, selon la valeur du bled, et ledit pain pris donner pour
Dieu, et avec ce qu'ils puissent et leur soit leu de forcer et faire forcer
et compeller par leurdit sergent lesdits boulangiers et panetiers fourains et autres à faire ledit pain à destail et de mesure, selon le prix
dudit consulat.

Item. Que nul desdits habitans ne nous doit suivre et ne enchevau-
cher, si n'estoit par nostre déshéritement, auquel cas nous les devons
mener, mais tant seulement qu'ils s'en puissent retourner et revenir le
jour même à Aigue-Perse, et ce doit estre à nos despens.

Item. Si homme ou femme de ladite ville et franchise estoit pris en
adultère avec homme marié ou femme mariée, soixante sols y avons,
quand seront atteints ou prouvés suffisamment en la présence desd.
consuls ou de leurs procureurs, si appellés suffisamment ils y veulent
estre.

Item. Que les gens dedans et dehors ladite ville et franchise que nous
mettrons en arrest dedans la ville d'Aigues-Perse pour nostre debte et
pour l'autrui, ou pour autre quelconque chose, ne doivent estre mis à
tenir l'arrest en maison ne en hostel dedans ladite ville et franchise,

ce n'estoit de la volonté de celuy à qui sera la maison ou hostel, et qui tiendroient la maison ou hostel; et si ainsi avenoit que nos gens fissent le contraire en aucune manière, celui à qui sera la maison ou hostel en peut jetter et mettre hors celui que nos sergens ou nos gens y auront mis, et par cause de le mettre ainsi hors, celui qui le fera n'en sera en rien tenu envers nous, par cause d'amende ne autrement.

Item. Hommes ne femmes de ladite ville et franchise, n'est, ne sera, ne voulons qu'il soit à notre merci de corps, ne d'avoir par chose ni délit qu'il commette, ains que par trois cas seulement; c'est à savoir, pour meurtre, larcin et roberie, et ces trois choses doivent estre atteintes loyalement devant nous, ou devant nostre chastelain, en la présence desdits consuls ou de leur procureurs, lors appellé suffisamment, se ils y veulent estre.

Item. Que les habitans de ladite ville et franchise ne soient tenus d'aller à exécution de justice hors la chastellenie de Montpensier.

Item. Que lesd. consuls par leurs sergens, tous les fumiers qui seront au grand chemin dedans les portes de la ville, pourront oster ou faire oster toutes les fois qu'il leur plaira, en compellant à ce faire ceux qui tenus y seront, et qui en sera désobéissant ou rebelle, lesdits consuls pourront donner lesdits fumiers et faire porter là où il leur plaira.

Item. Que nous voulons que nul desdits habitans ne soit tenu de venir à la garde de nos foires ne de nos marchés de ladite ville, et que nul n'y soit contraint d'y aller, se n'est de sa volonté, aincoit, nous et nos gens fairons garder lesdites foires et marchés par autre gens, si nous voulons, à nos despens.

Item. Quiconque habitant de ladite ville et franchise puisse garder et assener pour cause de son cens en la censive et pour cause de son surcens en la chose sur laquelle lesdits surcens seront assis, et pour les loyers de leurs hostieux et maisons et des biens qui trouvera dedans, et puisse aussi gager en ses autres héritages ceux qu'il y trouvera mesfaisant. •

Item. Et se hommes ne femmes de ladite ville et franchise tient peazon de nous, dont ils nous doivent cens et rente et aucun content estoit entre nous ou nos successeurs et le tenancier, de mais ou de moins de cens ou de rente que nous demandassions, le tenancier sera cru par son serment, se nous ne pouvons prouver par lettres ou par bons témoins, et la preuve faite, ledit tenancier sera quitte, en payant le cens prouvé, sans autre amende, et nous, et nos successeurs devons lever et prendre nos cens et rentes qui nous sont deus, ou seront au temps à venir, en ladite ville ou franchise, à la quarte du marché d'Aigues-Perse, vendant et comptant; et se aucun des habitans en

ladite ville, n'ont accoustumé payer cens à la quarte sensal, nous sera
tenu de payer pour le croist de la quarte, de dix quartes une quarte, à
la quarte du marché, et plus plus, et moins moins, selon le feur dessusdit. Nul homme et nulle femme qui maison a ou aura au temps à
venir en ladite ville, ne payera ne devra leyde de bled ni d'autre chose
qu'il vende qui sien soit, et se homme ou femme prent peazon en ladite
ville et franchise, il y doit bastir dedans un an, ou la doit closre, et
puis qu'elle sera bastie ou close de la chose demeure en ça, parce ne la
pert, mais qu'ils payent les cens à nous ; et si aucuns hommes ou femmes
étrangiers venoient demeurer en ladite ville ou franchise dessusdite, et
fussent appellés de servitude, et ne seroient poursuivis dedans un an
despuis en ça, pourroient demeurer francs en ladite ville et franchise
dessusdite, comme les autres habitans de ladite ville, et ne seront tenus
de répondre, mais aux ust et coustumes de ladite ville, et les hommes
et femmes qui leur avoir mettront ou commenderont en ladite ville et
franchise dessusd. pour paix ou pour guerre que nous avons en leurs
seigneuries, ne les perdront, ains sauve et quitte l'emporteront, et tant
les hommes et femmes qui en lad. ville et franchise auront maison, par
nulle guerre ne les perdront, ne à aller ne à venir, ne doivent avoir
regard de nous ni des nostres.

Item. Quiconque achepetera terre, maison ou autre chose en ladite
ville, ou en la franchise qui mouvera de nous, payera pour vente de
vingt sols, vingt deniers ; et, en payant lesdites ventes, nous devons
octroyer et recevoir l'achepteur, sans avoir retenue ou autre émolument ; et si aucun chancelier ou autre pour nous, demendent les ventes
des choses qui seroient vendues dès un an en ça, l'achepteur ou créancier en sera cru de la paye par son serment, sans autre preuve faire,
puisque la vente sera faite ou connue pardevant nous ou nostre chancelier, et qui, sa maison ou sa chose en ladite franchise mouvant de
nous engageroit, nous ou nos gens, ne nos successeurs, n'en devons
avoir vente ne profit, si l'engagement n'estoit outre cinq ans.

Item. Les peazons et les choses que nostre chastelain ou son lieutenant baille ou baillera au temps à venir, et les octroyements qu'il a
faits ou fera pour nous ou nos successeurs auront telle valeur, et telle
fermeté, comme si nous l'avions fait ou octroyé.

Item. Que toute personne qui a ou aura, au temps à venir, maison
ou autre héritage dedans la ville et franchise, les peut donner, vendre,
eschanger ou autrement, transporter à tous hommes et toutes femmes,
fors qu'à moynes, à clercs ou chanoines et autres religieux, ou à
nobles iceux manière de gens ne doivent avoir ou bien ou maison pour
usage et franchise dans ladite ville ; et si maison ou autre héritage y
avoient, et par aucune aventure, ils doivent et seront tenus de payer

et contribuer à tous les frais de ladite ville, ainsi comme les habitans en icelle ville.

Item. Nous, ne nos successeurs, ne pouvons, ne devons mettre Juifs ni Juives par estage en ladite ville d'Aigues-Perse, ne en ladite franchise.

Item. Nous, ne nos successeurs, ne autre pour nous, ne pouvons ne devons avoir en ladite ville d'Aigues-Perse et franchise, maison ni hebergement, fors tant seulement les maisons qui furent de celuy, et qui furent d'un Vincent Viaire, et une grange qui se tient ès maisons le fossé de ladite ville entre deux, çà qui fut en arrière de bonne hoir; et si par aucun titre ou manière, maison ou hebergement nous advenoit en ladite ville et franchise, nous ou nos gens pour nous, les devons vendre, donner, bailler et oster de nostre main à personnes non nobles, non religieux, ne sainte église, ains à personnes lais ou à tels qui fassent les frais de ladite ville, et contribuassent ainsi comme les autres habitans de ladite ville et franchise dessusdites.

Item. Nous ne devons, ne ne pouvons mestre, ne garder homme, ne femme en ladite ville et franchise, sans la volonté des consuls de ladite ville qui fors aye fait à homme, ne à femme de ladite franchise, et lors les doivent garder, droit faisant, en amendant le forfait au regard desd. consuls.

Item. Nostre antécesseur et notre lignage donnèrent les montres d'Aigues-Perse et les cemitières aux habitans de ladite ville, par telle manière et par telle convenant, que homme, ne femme de ladite ville et franchise ne doive rien payer de sépulture; mais ce qu'il leur plaira tant seulement.

Item. En clame sen ney ceux qui le devront ne payeront que douze deniers, et si n'en y a, trois sols payera, et est à entendre, et ainsi le voulons nous, que se la chose dont sera fait demande ne vaut outre six deniers, que nous n'en puissions rien demander par la clame.

Item. Si aucun fust un autre grandement et par manière de courroux, que celui qui sera battu en fait plainte, quand seront confessés, atteint ou prouvé par bons témoins, les consuls appellés ou leur procureur, et présens, se appellés suffisamment y veulent estre devant nostre chastelain, soixante sols y avons. Qui saisi ou prent homme ou femme grandement ou par violence, et clameur y a, quand sera prouvé ou atteint devant nostre chastelain, appellé les consuls où leur procureur, et présent par devant nous ou devant nostre chastelain, si appellés suffisamment y veulent estre, sept sols y avons dans la franchise d'Aigues-Perse.

Item. Nous, ne nos devanciers, ne aucuns onques, ne dorésnavant n'auront sur aucuns habitans de ladite ville et franchise, aucun deffaut, ne aucun autre profit, s'ils deffaillent de venir et comparoir devant nous, nostre sénéchal, bailly et chastelain, ne autres de nos officiers, quand ils auront jour.

Item. Dedans la ville et franchise dessusdite, ne peut avoir gage de bataille, ne doit estre jugé, par nous ou par nos gens, ne par les consuls, sur homme, ne sur femme de ladite franchise, par appellement de meurtre, de trahison, de roberie, que pour nul autre cas qu'on demande à autre, ains doit estre atteint, et prouvé par loyaux garens, devant nous ou devant nostre bailly ou chastelain, appellés les consuls et présens, ou leur certains procureurs, et doit-on juger les plaids selon les paroles.

Item. Comme nos devanciers, ayant donné et octroyé aux habitans de ladite ville, les fons, le abreuveur, et les esgassadours des chevaux et des autres bestes et les conduits des eaux venant à ladite fons, et abreuveurs, et esgassadours, encore les donnons-nous, et voulons que aucuns empeschemens y a et mis, et seroit en-devant dit, conduit quelque part que ce soit, au temps à venir, lesdits consuls at autres pour eux, lesdits empeschemens puissent faire oster de leur propre autorité; et, qui leur empescheroit d'oster lesdits empeschemens où conduiroit l'eau, venant au-devant des lieux, payera, et sera tenu payer à nous dix livres pour chacune fois qu'ils empescheront les devant dits cours et conduit, quand sera prouvé et atteint au regard des consuls et des conseillers.

Item. Se nous ou nostre bailly ou chastelain mettions sergent en lad. ville d'Aigues-Perse, pour gager ou pour faire exécution sur les habitans de ladite ville et franchise, nous ou celui de nos gens que ledit sergent establira, lui devons faire jurer sur saints évangiles, présens lesd. consuls ou leur procureur, que bien et loyalement tienne et garde les hommes et les femmes de ladite ville et franchise, selon les ust, libertés, franchises accoustumées de ladite uille, et jusques à tant que ledit sergent aura juré en la manière que dessus est dit, lesdits habitans de lad. ville d'Aigues-Perse et franchise, ne aucun, ne seront tenus d'obéir à lui, et se ledit sergent puisqu'il aura fait ledit serment, faisant aucune chose que fût contre les priviléges, libertés et franchises de lad. ville, nous, nostre bailly ou nostre chastelain, la lui devons faire amander, et au regard desdits consuls.

Item. En ladite ville et franchise d'Aigues-Perse, ne peut avoir de nous que deux sergens : un pour faire l'office appartenant au baillif, chastelain, trésorier, grenetier et receveur, et l'autre pour faire l'office appartenant à nostre chancelier, et l'un desdits sergens ne se peut entremettre de l'office de l'autre, et n'auront lesdits sergens pour gagement qu'ils fassent dedans ladite ville et franchise, que deux deniers pour chacun gagement, et pour ajournement qu'ils fassent, néant.

Item. Qui fera recousse à nostre baillif ou nostre chastelain, ou à

autre de nos gens ou officiers, quels qu'ils soient, par amende ou fait
connu atteint ou prouvé, soixante sols y avons tant seulement en recousse de sergent juré, ainsi comme dessus est dit, sept sols, quand
seroit prouvé par loyaux témoins appellés et présens les consuls ou
leur procureur, si il appellé suffisamment y veulent estre en recousse de
bladier ou de gastier, trois sols y avons, quand sera prouvé, appellés
les consuls, comme dit est dessus.

Item. Par chose que lesdits habitans en ladite ville, et franchise
doivent à nous ou à autre personne, ils ne doivent estre arrestés ne
leurs huis, portes, osts ne selles, ne sur eux ne sera mise garnison, ne
par chose que soit ne doivent estre arrestés, si ce cas n'estoit criminel,
et iceux que raisonnablement et sans fraude dust estre, pris arrestés.

Item. Se aucun qui ne fût en l'âge de quinze ans se clamoit d'autre,
ou autre de lui, nous ne autres pour nous n'en devons rien lever de
clame; et si hommes ou femmes de ladite franchise d'Aigues-Perse
trouveront aucune chose à la valeur de douze deniers, ou de moins, et
la veulent receler, il n'en sera de rien amendable pour le recellement,
ains sera tenu de la rendre et bailler à justice, quand sera suffisamment prouvé et connu.

Item. Si aucuns faussaires viennent en ladite ville d'Aigues-Perse, qui
apportent fausse monnoie, et en décevoient homme ou femme, l'amende
est nostre, et il en doit estre puny, selon le cas, et nous serons tenus
de restituer à celui qui déçu en aura esté, la perte et dommage qu'il en
aura receu, si tant peut monter tout ce que devers le faussaire sera
trouvé.

Item. Si tavernier ou panetier usager de ladite ville fait aucune
créance de ses denrées, il en sera cru de ce qu'il demandera par son
serment jusques à cinq sols, si lesdits consuls de ladite ville témoignent et rapportent qu'il soit de bonne fame.

Item. De la leyde retenue, si ceux qui la donnent ne la payent dedans
huit jours au leydeur, à son certain commandement, sept sols y avons,
quand sera suffisamment prouvé pardevant nostre chastelain ou autres
nos officiers, en la présence des consuls, de leur procureur, si appellés
y veulent estre; en cheval, jument, mul ou mulle qui feront vendre
par gens qui n'auront hostel ou peazon en ladite ville, et franchise, le
vendeur payera par chacun quatre deniers de leyde, par bœuf un
denier, par vache autant, par douzaine de moutons ou de chèvres un
denier, d'un cuir de bœuf ou de vache ou de cheval peloux maille.

Item. Si homme ou femme d'Aigues-Perse vendoit aucuns héritages
ou autres choses assises dans ladite ville ou franchise, ou en leurs
appartenances, nous ne autres n'y avons retenue pour cause de lignage
ou de fief ou de censive, ne avoir ne la devons ne devra dedans lad.
ville et franchise, ne nous ne l'aurons ailleurs en nostre seigneurie.

Item. Chacun drapier, fermier, pelicier, courdonnier, savetier ou autres marchands venant aux marchés ou foires de ladite ville d'Aigues-Perses, donneront chacun an six deniers de leyde tant seulément, et s'ils deslient leurs denrées et ne vendent rien, rien ne payeront.

Item. Chacun poissonnier de poisson frais, payeront par an six den. de leyde.

Item. Pour chacune charreste de poisson salé, six deniers de leyde; de beste chargée de poisson salé en bast, payera deux deniers de leyde.

Item. Une charreste de madière un denier de leyde, et de charreste de cercles douze deniers, et de moins moins, au regard des consuls; de charreste de busche un denier; de charreste de chanèsi, maille, et charreste de vaisseaux de terre, un denier; une saume de fruit, maille, une meule de moulin, deux deniers.

Item. De tous les bleds qui se vendent en ladite ville ou franchise par gens qui n'auront hostel ou peazon en icelle ville et franchise pour chacun septier payeront une coupe de leyde.

Item. Escorciers, celliers ou firmiers payeront par an chacun six den. de leyde; c'est à savoir, chacune foire deux deniers.

Item. En une toile, et autre drap linge qui l'apportât à son col, et les vend, payera six deniers pour tout l'an; c'est à savoir, deux deniers à chacune foire.

Item. Le pegeur devra l'an deux peges de péga de leyde; le saulnier d'un septier de sel, une mance de leyde et autre mance de terrage.

Item. En cire, qui la vendra entre mains, un denier de leyde, et qui vendra à loge, trois deniers pour tout l'an.

Item. De costeaux costelles, forces et ameaux, payera chacun six den. de leyde par an; c'est à savoir, chacune foire six deniers.

Item. Le leydeur qui tiendra et portera la quarte du bled pour mesurer les bleds qui se vendront par les forains, ne doit prendre rien pour bailler la quarte, fors que la leyde tant seulement.

Item. Qui doit avoir à homme d'Aigues-Perse ou de la franchise, il peut faire gaiger dedans ladite franchise, soit à jour de marché ou de foire, ou en autre temps; et si aucuns marchands ou autres étrangiers acheptoit aucunes denrées dedans ladite ville, et le marché se faisoit en la présence d'aucuns des habitans de ladite ville, ayant maison ou peazon en icelle, ou y survenoient tantost à l'estrousse du marché, ils y auront leur part, s'ils veulent, et si estrangiers y survenoient, ne aura sa part en la marchandise.

Item. Qui achepteroit aucunes denrées ès maison, à qui est la maison, ou ses messagers, y demandoient, part aura la, si il veut.

Item. Qui donne guain à homme d'Aigues-Perse, ou lui promet, ou lui fait commerce sans force, que lui homme lui fasse terme et pris, ne lui peut rien demander pour l'usage.

II

Item. Les changeurs de ladite ville ne autres venant aux marchés et foires d'icelle ville, ne fera gage à son change, ni à sa table pour rien qu'il doive, jusqu'à tant qu'il sera retrait dans sa maison ou hostel, où il sera hostellé, et qui fera ce contraire, soixante sols en aurons d'amende.

Item. A Aigues-Perse, ne en la franchise, ne doit-on prendre, ne homme, ne femme, se fience veut donner, d'ester à droit pardevant nous, ou pardevant nostre baillif ou chastelain, ne les doit-on gager de leur vestement, de leur lit et de leurs chevaux et jumens; si les cas n'estoient iceux, pourquoi la personne dût estre prise, ou pour sa fience tinra les huit jours, passé les huit jours, le vendra à l'usage ; et si plus en peut avoir, rendre à celui de qui le gage sera; et si moins en a que dû ne lui sera, il sera sauve de demander sur le débiteur le surplus. Si homme ou femme de ladite ville et franchise, fait fermance à Aigues-Perse d'aucune somme ou autre chose, celui qui prendra, ne sera tenu de payer, mais un septier de vin, ou dix-huit deniers tant seulement, supposé que la fermance fût de grande valeur, et si l'on appelle l'autre, meurtrier ou larron ou robeur, et disoit de quoi, il le pourroit prouver, soixante sols y avons; si clameur y a, quand sera prouvé par loyaux témoins, le avoir que les hommes d'Aigues-Perse auront en nostre jurisdiction et justice ou autre part en nostre pouvoir ou au pouvoir de nos amis, nous les pouvons tenir, et garder à nostre pouvoir seur, et s'ils le avoient en la terre de nos ennemis, et nous et les nostres les pouvons recouvrer par nous et nos amis, nous devons à celuy et à ceux qui seront sans rien retenir ne donner.

Item. Tous hommes et toutes femmes qui sont de l'usage d'Aigues-Perse, s'ils se veulent oster et aller en autre seigneurie, ils le peuvent et pourront faire, et emporter sainement et acquittement tous leurs biens et toutes les choses, en payant ce qu'ils devront, ou pourront devoir de temps passé, et nous les devons garder par toute nostre terre sainement de nous et des nostres, et se aucune chose de celuy ou de celle ramenoit en ladite ville ou en nostre seigneurie, devront estre sauves, tant comme ils vaudront prendre droit, selon l'usage de lad. ville.

Item. — Que les biens des habitans de ladite ville et franchise d'Aigues-Perse ne seront, prins, arrestés, ne mis en nostre main propre par le délict et coulpes de leurs femmes, ne de leurs enfans mêmes, si ce n'estoit que se trouvât que les maris et les parents des délicts et mesfaicts fussent coupables et consentans.

Item. Nous voulons et octroyons ausd. consuls, commune et habitans qu'ils puissent et leur soit leû, gaiger et assener ès maisons et aux autres propriétés mouvans de nous, ou d'autres pour la rente et services qui leur en sera deub d'icelles maisons et propriétés, ainsi comme fussent, si en icelles choses iceux habitans eussent la directe et seigneurie.

Item. Comme nos devanciers seigneurs de ladite ville au temps passé ayent donné à ladite commune un denier à prendre doresnavant sur chacune beste qui porte et portera marchandise passant par la chastellenie de Montpensier, pour aide de réparer les choses de ladite ville et des murs, nous en confirmant ladite donation, voulons, octroyons que les devant.dits consuls et leurs sergens et les fermiers dudit debvoir puissent faire rappeller les chaussées, sans rendre compte à nous ne à autre.

Item. Nous voulons et octroyons que nos officiers, de quelque estat et condition qu'ils soient, qui habitent et qui habitoient doresnavant dedans ladite ville et franchise, ou qui ont et auront aucunes possessions ou propriétés en icelles, dès lors en avant sans contredit, soient tenus de contribuer avec lesdits consuls et commune, et faire et payer tout fait de ville, tout ainsi comme les autres habitans de ladite ville et franchise, font et ont accoustumé contribuer et contribueront à payer aux consuls devantdits et commune; c'est à savoir, les habitans comme habitans, et les autres qui y auront leurs possessions et n'y habiteront, contribueront à la réparation et garde de ladite ville.

Item. Nous voulons et octroyons que nuls des habitans ne dehors, ne puissent, ne doivent achepter poisson, ne fruit, poules, agneaux, chevreaux, salnaime, pour revendre en ladite ville même, jusques à tant que l'heure de tierce sera passée; et celui qui fera le contraire, payera sept sols pour amende à nous, quand sera prouvé ou autant.

Item. Si aucun des habitans dedans ladite ville et franchise estoit pris et emprisonné pour aucun délit ou forfait, il ne doit estre jetté, ne mené hors ladite ville en autre prison; et si fait estoit au contraire, nos gens, à la requeste desdits consuls, ou de leurs procureurs, et d'aucun amis du prisonnier, les y feront retourner sans aucun délai.

Item. Qui escouperoit vigne ou saulzée, ou autre plante, il amendera le dommage à celui à qui la chose escoupée sera, cent sols tant seulement à nous pour cause d'amende; et se aucun prenoit aucuns des habitans en ladite ville et franchise ou son avoir, nous voulons et avons octroyé que se celui qui auroit fait la prinse et maléfice estoit trouvé en ladite ville et franchise, ou autre part en nostre justice, que celui qui aura esté pris ou son avoir à se aidant, ou tout autre, supposé qui ne soient officiers, le puissent prendre, arrester et mener en nostre prison dedans ladite ville, et franchise, et nous, lesdits consuls et toute la commune leur en devons donner confort et aide.

Item. Si aucun des habitans de ladite ville et franchise d'Aigues-Perse avoit commis aucun délit, ou fait chose pourquoy ses biens nous fussent, deussent estre commis et confisqués, et le délinquant devoit

aucune chose, ou avoit pris en garde d'autruy aucuns biens, nous voulons que premièrement, et avant toute œuvre, les debtes soient
payées aux créanciers, se le commende se estoit, et se n'estoit la valeur à icelui à qui appartiendra prouvée suffisamment par lettres ou
par témoins, se les biens du délinquant sont d'icelle value.

Item. Tous hommes et teutes femmes qui voudront venir à Aigues-
Perse pour marchander, seront gardés par nos gens de toutes oppressions et grevances, allant et venant, et demeurant illecques, s'ils n'estoient obligés par lettre ou n'estoient par cas de crime ou par excès
faits aux foires et marchés.

Item. Nous voulons que lesdits consuls et habitans ne laissent entrer
en ladite ville, aucun nombre de gens d'armes qui seront fort d'eux,
se nous n'y estions en nostre personne ou nostre compagne, ou nos
enfants ou autres nos gens ou officiers, chef d'office, ou qu'ils leur mon-
trassent exprès mandement de nous.

Item. Se femme mariée commune venoit à Aigues-Perse pour pu-
tage, ou homme qui meneroit femmes qui se coucheroient avec lui,
et connoîttroit charnellement, de la volonté d'elles, il n'est tenu de rien
envers nous, ne envers nostre cour.

Item. Se gens d'armes ou autres gens venoient à Aigues-Perse pour
mal faire, ou pour gagner ou assaillir ladite ville, ou aucun homme
d'icelle, nous voulons qu'il soit leu ausdits habitans d'eux deffendre,
et se en ce coup estoit donné, ou autre chose fait, dont mort et mutilacion s'en ensuivit, que pour cause de ce lesdits habitans, ou aucuns
d'eux, ne soient de rien poursuivis, ni aucune chose demandée.

Item. Et gages, se nous les mettons en ladite ville et franchise pour
nostre debte, doit-on garder huit jours, et puis l'on les peut vendre et
exploiter selon l'usage.

Item. Nous, nostre sénéchal, baillif ou chastelain, ou autres officiers
pour nous, ne doivent prolonger les plaidoiries et causes qui seroient
menées entre lesd. habitans ou autres contre eux, pour amis, ou pour
ennemis, pour dons, services ou promesses, par haine ne par faveur,
ains abréger les devront, le mieux qu'ils pourront, selon raison et les
coustumes et styles du pays gardés. Tous hommes et toutes femmes
d'Aigues-Perse qui devroient debte à autre, homme ou femme de ladite
ville et franchise, et n'auroient biens-meubles de quoi pût payer, sans
son vivre de ce mesme, le créancier sera tenu de prendre de ses héritages en payement, au regard de l'estimation desdits consuls, se le
débiteur s'offre de bailler, et de ce faire, les débiteurs aux créanciers
seront contraints et compellés par nostre sénéchal, baillif ou chastelain, par toutes voyes raisonnables.

Item. Que se hommes d'Aigues-Perse ou de ladite franchise qui ait
femme, ou enfants estoient atteints vers nous pour cas de crime, la

femme ne doit perdre sa chancelle, ne son doale pour soi que son mari fasse, ne ses enfans, se elle n'estoit consentante ou coupable.

Item. Nous ne devons octroyer, que se un tue l'autre pour promesse ne pour avoir, que lui nous en doive.

Item. Et se content estoit entre grenetier et receveur, et aucuns desd. habitans, pour cause d'arrérage de nos cens, nous voulons, octroyons que se celui à qui les arrérages seront demandés, peut montrer qu'il ait payé de trois années prochaines et dernièrement passées, que des arrérages précédans, ne lui soit rien demandé, se bonne diligence n'en avoit faite sur lui par ledit receveur ou grenetier; semblablement aura lieu et tinra esdits habitans.

Item. Et se nos officiers ou nos autres gens faisoient aucune chose qui fût contre ledit consulat et commune de ladite ville, nous les devons tantost faire réparer.

Item. Se hommes ou femmes mettoit en fiance, ou plège, homme ou femme d'Aigues-Perse, celui qui auroit fait ladite fiance ou plège en vouloit estre quitte, celui qui lui auroit mis l'en doit jetter, à la requeste qui lui fera, puisque le terme seroit passé, et nous ou nostre chastelain, le devons forcer sans autre amende ne profit avoir.

Item. Les habitans de ladite ville ou franchise ne seront tenus de payer péage d'avoir que leur soit en ladite ville d'Aigues-Perse, ne autre part dedans nostre justice d'Aigues-Perse.

Item. Les habitans de ladite ville et franchise ne doivent estre adjournés pour plaids, ne pour autre chose hors de lad. ville d'Aigues-Perse; et se adjournés estoient autre part, ils n'en seront tenus de répondre; mais seront tenus à Aigues-Perse, comme en leur ressort, se non des causes et querelles qui ne doivent point estre jugées en ressort.

Item. Nous ne pouvons, ne ne devons avoir, vendre vin, ne autre chose dedans ladite ville et franchise d'Aigues-Perse, ne dedans les fins ci-dessus déclarées; c'est à savoir, de la croix de l'aube-pin de Courail, et va au pastural et s'en passe sous Puy-Jobert, et va à la croix que l'on appelle la croix Bon-Fournier, et d'illec, la voye qui au Ponteil-Fersal, et dillec, à la croix Armant, et de ladite croix, la voye qui va à l'Entilhat, et dillec, la voye qui va au fousset de Juilhat, et dillec, la voye qui s'en va sous la croix Ligier, et dillec, la voye qui s'en va au moulin de Corail, et dillec, la voye qui s'en va droit à olmes de l'aube-pin; ains pourront et sera leu ausdits habitans, de vendre leur vin, leur bled et leurs autres denrées, toutes fois qu'il leur plaira, par tout temps et par toute saison, et dedans icelles fins et limitations, lesdits habitans pourront pescher ès fossés et en rases, chasser dedans icelles fins, aux coint, aux porcs sangliers, cerfs, biches, s'il y en venoit, et ce prendre et convertir à leur profit, et dedans les autres limitations qui s'ensuivent; c'est à savoir, de la croix de Pessat, la voye qui va de la croix de la Sarre, et dillec, à la porte de Montpensier, et dillec, la voye de dessous Puy-Jobert, qui va au pastural de Saint-Bonnet, et dillec, à l'aube-pin, et dillec, au moulin de Corail et par toute nostre justice d'Aigues-Perse, hors nos bois et nos forests et garennes.

Item. Et nous voulons et octroyons, que si aucuns desdits habitans ou autres demandent debte ou autre chose ausdits consuls, pour raison de ladite ville et consulat, et les en mettront en cause, que les consuls puissent produire des autres habitans en témoin, et vaille autant le témoignage, comme s'ils estoient produits par autre personne étrangère et singulière.

Item. Se aucun cri estoit fait en ladite ville pour commandement de justice, à jour de foire ou de marché, par lequel cri fût commandé qu'on allât en aucun lieu hors de la ville, nul des habitans ne sera tenu d'aller ne d'y envoyer, et se cri y estoit fait à autre jour les y désobéissans payeront d'amende sept sols.

Item. Et d'aller à la justice sont et seront compris prêtres, clercs, femmes, enfans sous âges, lesquels n'y seront tenus d'aller ny envoyer de par ce privilége.

Item. Nous voulons et octroyons, que lesdites franchises puissent donner, permuter, vendre ou autrement transporter, pour quelque titre ou manière que ce soit, en leur vie ou en leur dernière volonté ou testament, leurs maisons, leurs possessions et propriétés qu'ils auront dedans ladite ville et franchise, à personne quelconque, soit fors à les nobles et à ceux personnes qui seront tenus et doivent supporter les frais et charges de ladite ville, et soient tenus de contribuer et de payer ce que sera deu et imposé par le fait de ladite ville, ainsi comme les autres de ladite ville et franchise.

Item. Nous voulons et octroyons que les habitans en ladite ville et franchise, les choses que sont leurs estant en ladite franchise, que de nous ou d'autres mouvans, à cens ou redevances, puissent assenser ou surassenser à tel cens et surcens, comme il leur plaira et bon leur semblera.

Item. Nous ne nos gens pouvons, ne ne pourrons, ne devrons, nobles, religieux, prêtres, clercs, ne autres personnes vestir des choses et possessions quelconques, estant dans lad. ville et franchise, qui de nous sont ou seront tenus tels, se ne promettoient et juroient sur saints évangiles de Dieu, en la main desdits consuls, de payer et contribuer en tous les frais et charges de ladite ville, tout ainsi comme les autres lais non nobles de ladite franchise, selon ce qui seront taxés pour les possessions qu'ils auroient dans ladite franchise, et pourront lesdits consuls, par leurs sergens, faire saisir, prendre et arrester lesdites possessions, et vendre à l'usage de ladite ville, se comme dessus est dit, et tout en cette même manière se doivent faire, et sont et seront tenus de faire, les autres qui ont censes et redevances dedans ladite ville et franchise.

Item. Comme les hospitaux, bastimens des églises et les luminiers et les charités et confrairies de ladite ville soient à ladite commune, nous voulons et octroyons, que lesdits consuls ou conseillers, puissent mestre et oster luminiers, maistre d'hospital et bastimens desd. églises et leveurs desd. charités ou confrairies, et recevoir compte des amendes luminiers, maistres et leveurs, bailles, administrateurs, et de chacun d'eux toutes fois qu'il plaira et leur semblera faire ; et pourront, lesdits consuls et conseillers, contraindre et faire cempeller par prise de corps et de biens, de rendre à eux bon et loyal compte.

Item. S'il avenoit, dont à Dieu ne plaise, que aucuns excès, forfait, délit ou estandère se faisoit dedans ladite ville et franchise ou autre part, par grand nombre, multitude ou assemblée desdits habitans, nous ne voulons que par cause de ce, les consuls et commune en soient en aucune manière poursuivis, et que l'on leur en puisse rien demander, se les consuls et conseillers ensemble ne avoient le fait pour agréable, ou qu'ils en eussent esté consentans, et fusse fait de leur volonté, ains que les singuliers que auroient fait ce mesfait et délit, en soyent punis singulièrement, selon raison et les us et coustumes de ladite ville.

Item. Nous voulons et octroyons ausdits habitans, que se femme de lad. ville et franchise veut avoir la garde et administration de ses enfants mineurs d'âge, qu'elle soit sans contredit, se le père desdits enfans n'en avoit autrement ordonné au contraire.

Item. Nous avons voulu et octroyé, voulons et octroyons ausdits habitans, consuls et commune, que toutes les choses qui se feront et s'accorderont en la maison dudit consulat et de ladite commune, par lesdits consuls et conseillers, touchant le fait du consulat et commune, et desdits habitans, tiennent et soient tenues par lesdits habitans, et gardées, et se iceux habitans avoient aucun destort ou débat entr'eux, ce en quoi la greigneure et la plus saine partie desdits habitans se accordera, sera tenu et mis en exécution, sans fraude.

Item. Que lesdits consuls puissent instituer et mettre maistre en l'hospital d'Aigueperse, se comme leur plaira, et le oster et muer, quand leur plaira, et recevoir par led. hospital, toutes donations, soit d'hommes ou de femmes, et de toutes choses que l'on y voudra donner, oster, s'il est nécessaire, tout en la manière qu'il leur plaira, sans venir ne sans requérir nous ne nos gens.

Item. Comme les murs et les fossés d'Aigues-Perse fussent anciennement à ladite commune, et nous et nos gens devanciers avons assancé partie desdits murs et fossés à plusieurs de ladite ville, nous voulons et octroyons, que tous les cens et rentes que nous avons et nous sont deubs pour cause desdits fossés et murs, soient remis, parce que tout est à présent pris et converti à la défense de ladite ville, et le revenant desdits fossés et murs qui ne sont pas assensés, soient et demeurent à toujours, mais pour la closture et défense de ladite ville.

Item. Nous voulons et octroyons que les consuls et commune puissent avoir et tenir à toujours, mais en la maison du consulat, balances, marc, poids, livre, mesure et aulne, et mesures de vin bonnes et loyaux pour maintenir droiture, et que les marchands et tous vendeurs desdites choses soient tenus d'eschantiller et prendre par les mains desd. consuls ou de leurs commis lesd. mesures, aulnes, livres et poids, et seront tenus de payer à la maison de ladite commune, six deniers pour chacune fois que l'on eschantillera des mesures, aulnes, poids, livres, mesure ou marc ; lequel marc sera selon le marc de trois ; car ainsi est accoutumé par Auvergne ; et la livre qui sera en la maison de lad. commune, doit peser treize onces et demie au marc du changeur.

Item. Voulons et octroyons qu'un chacun des habitans puissent tenir poids, livre et mesure bonnes et loyaux, selon celles du consulat, en son hostel, pour mesurer ce qu'il vendroit et achepteroit, soit bled et quelconques choses. Le vendeur qui sera hors de ladite ville et franchise, et n'aura point de peazon, devra la leyde, et l'achepteur le doit dire au leydeur, et celui qui l'acheptera soit cru par simple parole de la somme qu'il acheptera, et le vendeur par son serment sans autre preuve.

Item. Voulons et octroyons que lesdits consuls puissent et leur soit leu d'appeller et convoquer leurs conseillers, commune et habitans dedans leur maison dudit consulat, ou ailleurs, toutefois que bon leur semblera, par campane ou sainsonnant ou autrement, en la meilleure manière qu'il leur semblera ; laquelle campane et sain leur octroyons qu'ils puissent avoir, mettre et tenir à maison du consulat, ou ailleurs, ainsi comme bon leur semblera.

Item. Voulons et octroyons que le capitaine de notre ville doresnavant, et par nous ou nos gens, soit institué et ordonné à la présentation desdits consuls.

Item. Avons voulu et octroyé, voulons et octroyons par ces présentes, que desdites choses lesdits consuls, commune et habitans jouissent et usent perpétuellement, tous en la manière que dessus est contenu ; et des autres cas dont en ces présens privilèges n'est fait mention, voulons et octroyons qu'ils en usent et jouissent toutefois que le cas y viendra, tout en la manière et forme que d'ancienneté et çà en arrière ils en ont accoutumé d'user.

Et afin que nous ou nos oficiers, ores ou au temps à venir, ne rappellerons en doute iceux privilèges, libertés et franchise, ou qu'empeschement ne leur soit mis en ce et en leurs autres usages, privilèges et franchise, nous a esté humblement supplié de partie desdits consuls, que nous sur ce les veuillons pourvoir de remède convenable.

Nous considérés les choses dessusd. eu sur ce meure délibération avec les gens de nostre conseil. . . . . de la prinse et occupation de ladite ville et de plusieurs outrages qui faits y ont esté par led. messire Roubert et ses complices, dont souvenir nous déplaît, et désirant gracieusement pourvoir en ces choses.

Avons voulu et voulons et aux dessusdits consuls, bourgeois et habitans, de nostre certaine science et grace spéciale, avons octroyé et octroyons par la teneur de ces présentes, que lesdits consuls, bourgeois et habitans usent des choses dessusd. et déclarées, et de chacune d'icelle et de ces présens priviléges jouissent et usent doresnavant, sans contredit, et les choses dessusd. et chacune d'icelles leur avons déclaré et déclarons avoir à perpétuel valeur.

Si donnons en mandement à nostre sénéchal d'Auvergne et à tous nos autres justiciers et officiers, ou à leurs lieutenans présens et à venir, et chacun d'eux, et comme à lui appartiendra, que lesdits consuls, bourgeois et habitans laissent, souffrent, fassent, permettent jouir et user de nostre présent octroy et choses dessusd. sans les empescher ou molester en aucune manière au contraire, et tout ce qui fait seroit ou attenté contre la teneur de ces présentes, audit cas nous voulons estre de nulle value, nonobstant mandemens, coutumes de pays, usages de cours, ordonnances, ne deffenses à ce contraires.

Et pour ce que ce soit ferme chose et stable à toujours, nous avons fait mettre nostre scel à ces présens, sauf en autres choses nostre droit et tous autres l'autrui. Donné en nostre ville d'Aigues-Perse, l'an de grace mil trois cent soixante et quatorze, au mois de janvier, et est écrit au replis desdites lettres par M. le duc en son conseil, auquel M. le comte . . . . et plusieurs autres estiez, et *signé* ASSELLIN.

XXX

Extrait de Lettres d'Assiette

POUR UN OCTROI DE SEIZE MILLE ÉCUS ET UN FOUAGE DE CINQUANTE-TROIS
SOUS QUATRE DENIERS PAR FEU [1].

(8 Janvier 1398)

Jean, fils du Roy de France, duc de Berry et d'Auvergne, comte de
Poitou, de Boulogne, et d'Auvergne, à tous ceux qui ces présentes
lettres verront, salut : . . . , ... les gens d'Eglise, Nobles et
communes de notre Pays et montagnes d'Auvergne assemblés sur ce,
nous ayant donné et octroyé présentement un fouage ou aide de
16 mille écus à payer, la moitié à la fête de notre Dame de la Chandeleur prochaine venant, et l'autre moitié à la fête de Saint-Michel,
l'an en suivant, comme est contenu en certaines instructions ou ordonnances, sur ce faites ; parce qu'il nous convient prestament partir de
notre dit pays d'Auvergne, pour aller en France, fimes dire et exposer esdits gens d'Eglise et Nobles de notre dit Pays, qu'ils nous
voulussent aider d'une somme à lever présentement, en notre dit Pays
d'Auvergne, lesquelles gens d'Eglise et Nobles de notre dit Pays, nous
octroyèrent la somme de 1,000 francs à lever présentement en notre
dit pays d'Auvergne, outre la somme de 16 mille écus.

Et pour nous payer ladite somme de 1,000 francs, et aussi pour
payer certains autres créances, et pour payer aussi certains frais,
missions et dépenses, faites par aucuns des gens d'Eglise et Nobles
de notre dit Pays, étant par devers nous à Clermont, à Riom, à Aigües-
Perces, et autre part, et pour amener besognes et requêtes touchant le
fait dudit pays furent d'accord lesdits gens d'Eglise et Nobles, de notre
dit pays d'Auvergne de mettre sus et lever un fouage de 53 sols 4 deniers tournois, par feu, lequel fouage a été mis sus par nous, à lever
prestement audit Pays, par Berthon Sennadre ; lequel sera tenu de
nous payer incontinent ladite somme de 1,000 francs, et aussi plusieurs
autres sommes cy-dessous nommées et pour les causes dessus et cy-
après déclarées.

Premièrement, à nos amés et féaux Chancelier, etc. (*Suit le détail des*

---

[1] *Voy.* vol. Ier, p. 314, note 2.

officiers du prince, des gens d'Eglise et de grands seigneurs à chacun desquels il est assigné une somme pour leurs dépenses pendant la tenue des Etats et certaines missions). Item, à l'abbé de Mozat et à M. Pierre de Perrol, élus pour lesdits gens d'Eglise, au Seigneur de Canillac, au Seigneur d'Alegre, au seigneur de Monmaury, au Seigneur de Montrodez, Commis par lesdits Nobles dudit Pays, pour aller après nous. . . . . pour poursuivre certaines Requettes que ledit Pays nous avoit faites. . . et aussi pour imposer de présent et mettre sus laditte somme de 16 mille écus à nous premièrement octroyée et aussi la somme de 53 sous 4 deniers tournois, sur chacune Paroisse dudit Plat Pays et les sommes qui s'ensuivent, c'est à sçavoir, audit abbé de Mozac, 50, etc. . . *Item,* à Chatard de Biollet, pour abbattre le Roc d'Auzat, dont grand dommage pouvoit advenir audit Pays, la somme de 40 livres. *Item,* pour faire appiller et bâtir le pont de Langhac qui est defait dont grand dommage advient audit Pays, la somme de 50 livres, ci 50.

Item, pour faire appiller et bâtir le pont du Pont du Chastel, lequel est aussi defait dont grand dommage en advient audit Pays, la somme de 50 livres, ci 50.

Item. . . . . a été élu et choisi Receveur par lesdits gens d'Eglise et Nobles audit Pays, Berthon Sennadre, aux gages. . . . . Donné le 8 janvier 1398.

XXXI

Extrait de Lettres d'Assiette [1].

(13 Mars 1401)

Jean, fils du Roi, etc., sçavoir faisons que comme le 8ᵉ jour de juillet dernierement passé, nous eussions mandé par nos lettres closes aux gens d'Eglise, Nobles et communes de notre Pays d'Auvergne, que se comparussent et assemblassent pardevant nos amés et féaux Conseillers, l'Evêque de Poitiers notre Chancelier, et le sire d'Alègre, notre Chambellan, sur certaines choses et Requettes, etc.

Iceux gens d'Eglise, Nobles et communes, après plusieurs journées sur ce tenues, en conseil et délibération entre eux, nous ont libérale-

---

[1] *Vny.* vol. 1ᵉʳ, p. 314, note 2.

ment accordé et octroyé, de leur bonne volonté, commun accord et consentement, la somme de 16,000 écus d'or, de laquelle somme les habitans du Plat Pays d'Auvergne nous payeront 8,000 écus d'or; les habitans des bonnes villes. . . . .

Item, a été ordonné par lesdits gens d'Eglise, et Nobles qu'il soit payé, baillé et délivré aux personnes cy dessous contenues, les sommes cy dessous déclarées, en recompensation des frais, missions, et dépenses qu'ils ont fait en la Ville de Clermont, par plusieurs fois, en venant en icelle, pour lesdites journées et pour ordonner des négoces et besognes dudit pays. . . . . . . c'est à sçavoir :

A notre très-cher et amé cousin l'évêque de Clermont. 60

A l'abbé de Mozat. 40

A l'abbé d'Issoire. 10

A l'abbé de Manglieu. 10

Au Prieur de Sauxillange. 10

Au Prieur de St-Pourçain, compris un voyageur particulier. . 25

Au Prieur de Partenai le Viel. 10

Au vicomte de Polignac pour semblable cause. 60

Au Sire de la Tour. 60

Au Sire d'Apchon. 50

Au Sire de Revel. 50

Au sire de Tournoille. 20

A M. Hugues Dauphin. 20

Au Sire de Langhac. 25

Au Sire de Monrodez. 40

Au Sire de Monmauri 30

A Jean Chagordon, châtelain de Vodable. 8

Item. . . . .

pour lesquelles sommes dessus contenues et déclarées être accomplies, entermées et payées à nous et aux autres personnes en ces présentes instructions nommées, lesdits gens d'Eglise, et Nobles, ont voulu, octroyé et accordé que un fouage de dix francs quinze sols tournois pour feu sera mis sus et imposé, sur les habitants dudit Plat Pays d'Auvergne, levé et reçu selon le nombre des feux, qui à présent ont cours audit pays. . . . .

XXXII

Extrait de Lettres d'Assiette [1].

(26 Janvier 1402)

Jehan, fils du Roy de France, Duc de Berry, d'Auvergne, etc.,
salut, . . . sçavoir faisons. . . . Nous avons fait assembler en notre
ville de Riom les Gens d'Eglise, Nobles et communes de notre dit pays
d'Auvergne, le 19e jour de décembre dernièrement passé. . . , . . à iceux
gens d'Eglise, Nobles et communes, avons exposé que pour le bien et
l'honneur du Royaume, Nous étant en France (*à la cour*) a convenu à
tenir grands Estats, et faire plusieurs frais, mises et dépenses. . . .
lesquels frais nous ne pourrions bonnement supporter sans l'aide de
notre dit pays et de nos Subgez, en leur requérant que telle et semblable ayde comme devant ils nous avoient donné, nous voulissent à
présent donner et accorder. Lesquels gens d'Eglise, Nobles et communes dessusdits, oye notre dite requête et heu délibération entr'eux,
nous ont, très-libéralement et de bonne volonté octroyé et accordé telle
et semblable ayde qu'ils nous avoient donné et octroyé dernièrement
au mois de juillet l'an 1401 ; c'est assavoir la somme de 16 mille écus.

Item, outre ladite somme, nous ont donné et octroyé pour acheter
certains hôtels qui nous sont nécessaires envers notre palais de Riom,
et pour piarres nécessaires à édifier lesdits hôtels, 3 mille écus.

Item, ont donné et octroyé à notre dite très-chère et très-amée compagne la Duchesse pour sa bonne venue. . . . . 2 mille écus.

Ont voulu et ordonné qu'il soit baillé et délivré à Guillaume Cherce
pour plusieurs lettres closes qu'il a faites pour envoyer à plusieurs
gens d'Eglise, Nobles, et aux Elus et Consuls des bonnes Villes, afin
qu'ils fussent à ladite journée, 6 écus.

Item, Ont ordonné que une huche soit faite bonne et sûre, fermant à
deux clefs, laquelle demourera dedans l'église de Clermont, pour être
plus sûrement ; en laquelle l'en mettra les lettres, papiers, mémoires
et autres écritures que toucheront le fait public dudit pays ; et aussi
sera fait un grand papier où l'en enregistrera lesdites choses pour ce
pour accomplir lesdites choses, et ce qui y sera nécessaire, le Receveur
dépendra ou administrera 35 écus.

[1] *Voy.* vol. Ier, p. 314, note 2.

Lesquelles parties dessus déclarées, montent la somme de 23,700 écus.

De laquelle somme le Pays des montagnes de notre dit pays d'Auvergne, payera la quatrième partie, c'est assavoir 5,925 écus.

Les bonnes Villes du Plat-Pays d'Auvergne. . . . le Plat Pays. . . .

Pour lesquelles sommes dessus dites payer avec la moitié du don dessusdit à nous fait, lesdits Gens d'Eglise, Nobles et communes ont ordonné qu'il soit mis un fouage de 12 écus pour feu sur ledit Plat-Pays, qui se payera à deux termes, c'est assavoir. . . . .

Et semblablement payeront lesdites bonnes Villes les deux parts à la Chandeleur et le reste à l'Ascension, en suivant.

Du quel fouage et des portions desdites bonnes Villes, sera Receveur Berthon Sennadre aux gages. . . . .

Lesquelles ordonnances et instructions dessus contenues et déclarées, nous louons et approuvons. Si donnons en mandement. . . . . Donné en notre ville de Riom, le 26ᵉ jour de janvier, l'an de grace 1402 [1].

XXXIII

Transaction

ENTRE LOUIS, SEIGNEUR DE MONTBOISSIER, ET LES HABITANTS DES CHATEAUX ET CHATELLENIES DE MONTBOISSIER, AUBUSSON, LE MONTEL, BOISSONELLE ET VEAUX-MÉAUDE [2].

(Ann. 1403)

Universis præsentes litteras inspecturis et audituris Petrus de fonte Burgensis Cunlhaci, tenens sigillum Regium curiæ cancellariæ Exemptionum Arverniæ apud Cunlachacum in Arvernia constitutum, salutem in domino.

Noveritis quod cum dudum lis, controversia, debatum et questionis materia inter nobilem et potentem virum Dominum Ludovicum Montis Bulxerii Albussonis et de Monteil Boissonnelle et de Veaulxmeaudes

---

[1] A la suite de chaque lettre d'assiette se trouvent toutes les paroisses du plat pays, classées et distribuées en onze *prévôtages* ; et chaque paroisse est taxée pour le nombre de feux auquel est fixée sa contribution.

[2] *Voy.* vol. Iᵉʳ, p. 411, note 1ʳᵉ.

castrorum in Claromontensi diœcezi et Senescalia Arverniæ constitutorum militem, ex una parte; et homines amphiteotas, censivos suos ac homines justiciabiles et habitantes in districtu, mandamento et Ressorto Castellaniarum dictorum quinque castrorum . . . . Spontè scienter dictæ partes . . . . in perpetuum transigerunt, composnerunt pacta et conventiones de et super hujusmodi controversiis et debatis jam ortis et verisimiliter oriendis, inierunt in modum quod sequitur mediantibus litteris licenter habitis et obtentis per ipsas partes a domino nostro Francorum Rege, et etiam ab Excellentissimo principe nostro Domino Duce Bitturisensi et Arverniæ locum tenente dicti Domini Regis in Lingua occitana et Ducatu Guiennium de quibus promptam fidem fecerunt.

Primo antedictus Dominus Ludovicus qui asserebat mortaliarum manum mortuam in præfatis districtibus et suis hominibus qui tamen sunt ejusdem domini amphiteotæ et tenementarii sic habere privilegiatiam quod in successione ipsorum hominum quandocumque decedentium præferebatur cunctis agnatis et cognatis et de genere existentibus præterquam filiis in patriâ potestate constitutis cum hæreditaria paterna vel materna successio eveniebat et præterquam fratribus seu sororibus quorum bona tempore decessus ad invicem erant communia, dictis hominibus omnimodo contrarium asserentibus, voluit et concessit pro se et suis successoribus et ab eo causam habentibus et in posterum habituris quod hujusmodi homines, omnes et singuli amphiteotæ tamen et tenementarii Domini hujus et ante dicta mortalia et manu mortua et jure suo si quos in eadem habeatu sive remaneant quicti et liberi, quod quandiu et ad quemvis gradum reperiantur superstistes de genere descendentes, sive decedentium hominum sæpe dictorum præsentium et futurorum sive sine collaterale, sive ascendentes sive descendentes in omnibus prædiis urbanis et rusticis, juribus actionibus et nominibus, sive creditis, et cæteris quibuscumque bonis mobilibus et immobilibus, ipsorum decedentium sive morientium juxta et secundum generaliorem consuetudinem Arverniæ et observantiam communiorem ab intestato sive ex testamento hujusmodi decendentibus liberis, succedere possint et valeant indistincte, cessante autem sive defficiente parentella decedentium retinuit dictus dominus sibi et successoribus suis ab eo causam habentibus, et in perpetuum habituris plenarium jus succedendi in dictis bonis cujuscumque seu quorumqumque decedentium ita quod eo casu in quo videlicet cessaret dicta parentella in successione hujusmodi, quemcumque extranæum videlicet qui seu de genere non esset decedentis sic excludat idem dominus et sui successores, quod etiam ex testamento hujus modi successio bonorum quorumqumque ipsi Domino aut suis aufferri non possit per quamvis dispositionem ultimæ voluntatis hujusmodi decedentis sive decedentium nisi forte per legata ad pias causas et loca religiosa et sacra, quæ sæpe dictus decedens seu decedentes facere valeat seu valeant usque ad quartam partem bonorum suorum et non ultra qui, omnia et singula supra scripta in præsenti articulo contenta antedicti homines dictarum quinque castellaniarum universaliter ut et singuli et singulariter universi acceptaverunt, approbaverunt, homologaverunt et concesserunt, volentes illa habere tam pro se et suis quam contra se et suos perpetuum robur firmitatis. -

Item, idem dominus Ludovicus et homines et sui ante dicti universaliter, ut singuli et singulariter ut universi super tailliabilitate convenerunt et transigerunt in hunc modum videlicet quod Dominus hujusmodi sæpe dictus et successores sui et ab eo causam imposterum habituri possint et valeant dictos homines et eorum successores omnes et singulos taillare, et eisdem hominibus ipsi Domino aut suis successoribus subditis vel prædium seu prædia a domino hujusmodi et suis tenentibus et tenenturis taillias ac subsidium imponere ac taillias ab eisdem cum effectu rogare et levare in quatuor casibus seu ipsorum altero quotiescumque ipsos seu ipsorum alterum vel alteros evenire continget, videlicet quotiescumque Dominus montis Bulxerii et cæterorum castrorum et castellaniarum qui erit pro eo tempore sua suscipiet insignia et miles efficietur.

Item, quotiescumque dictus Dominus qui erit pro eo tempore filiam suam seu filias maritabit seu quoties filia seu filiæ hujusmodi vivente patre nuptiis tradetur seu tradentur.

Item, si et quotiescumque Dominus memoratus qui est vel erit pro tempore montis Bulxerii et aliorum castrorum prædictorum continget capi ab hostibus, seu hostili carceri mancipari.

Item, si et quando sæpe dictum Dominum qui est vel erit pro tempore ultra mare continget proficisci seu viagiare, his casibus Dominus qui est vel erit tailliabit dictos homines qui sunt vel erunt pro tempore secundum generaliorem et communiorem consuetudinem Arverniæ in taillibus per alios Dominos in suis hominibus servari solitant, considerata tamen ipsius domini qui est vel erit necessitate negotii sive casus qualitate et quantitate, nec non et hominum hujusmodi facultate secundum consuetudinem ante dictam, hoc salvo quod si homines prædicti subditi et justiciabiles dicti Domini et non tenementarii seu amphiteotæ ejusdem aut eorum aliqui reperiantur in dictis quatuor casibus, forte aliorum Dominorum tailliabiles ad dictas taillias hujusmodi Domino persolvendas minimè teneantur. Cæterum a presenti articulo sive capitulo excipiuntur vilagia quæ sequuntur et eorum tenementarii videlicet villagium seu hospitium des Matussieres cum suo tenemento antiquo parochiæ Augeroliarum castellaniæ Albussonis vilagium seu

hospitium de Meydat de Soubre, cum suo tenemento antiquo parochiæ
de Condat Castellaniæ montis Bulxerii villagium seu hospitium de Forin,
cum suo tenemento antiquo parochiæ Auzelle ejusdem Castellaniæ,
vilagium seu hospitium de Prat parochiæ sancti Flori, castellaniæ
Boissonelles quoniam tenementarii dictorum vilagiorum et tenementorum ad taillias præstandas in præfatis quatuor casibus minimè
tenebuntur, verum si tenementarios eorumdem vilagiorum et tenementorum, vel successores eorumdem, alia tenementa sive prædia ab eodem
Domino, qui est vel erit pro tempore, tenere contingat, tunc ipsorum
occasione ad taillias præfatas in ipsis quatuor casibus nihilominus
tenebuntur sicut et cæteri.

Item dictæ partes similiter transigerunt, convenerunt, et pactæ sunt
ad invicem quod in majorem, ampliorem et uberiorem dictæ tailliabili-
tatis prætensæ ad voluntatem et misericordiam Domini recompensatè
domino et suis facientibus idem Dominus qui est vel erit pro tempore
perpetuò ab hinc et antea de sex annis in sex annos habet in sexto
anno qui prius occurret die dictæ presentium inchoando et numerando
et sic deinceps in perpetuum in revolutione cujuslibet sexti anni omnes
et singulas taillias seu pecuniarum summas quæ in terrariis vel chartis
et libris censualibus dictorum castrorum et castellaniarum continentur
et aliter de novo continebuntur, si contingat dictos libros chartas et
terraria legaliter renovari in singulis festivi talibus sancti Juliani quæ
mense Augusti solemnisantur sive celebrantur secundum infra scripta
solvendas, idem quidem Dominus qui est vel erit pro tempore perpetuò
possit et valeat duplicare, et tam principales taillias, sive pecuniarum
summas sancti Juliani prædictas quam duplicaturas hujusmodi ab
eisdem hominibus et suis successoribus in futurum realiter et cum
effectu exigere et levare quandiu tamen iidem homines ejusdem Domini
et suorum prout homines et suorum prædiorum tenementarii et amphiteotæ per hujusmodi autem duplicare non valebit quoslibet alios census,
præsertim caseorum quorum nomine quandoque exsolvitur pecunia.

Item similiter dictæ partes transigerunt convenerunt et pactæ sunt
ad invicem super manoperis sive manobris quod quilibet hominum
prædictorum et successorum suorum amphiteotarum et tenementario-
rum ejusdem Domini imposterum singulis annis in festo beati Juliani
proxime lapso jam inchoatis teneantur debeant et compelli possint
præstare et facere quinque manoperas cum instrumentis et organis
suis, secundum artem mecanicam et opus manuale quod unusquisque
exercere sciet et vallebit, videlicet una die pro una manopera compu-
tata, videlicet homo quilibet habens boves seu vaccas domitos et jugales,
cum uno pari bovum seu vaccarum tantum uno cum curru ita quod
plures boves non præstabit, licet plures haberet, habens jumentum
domitum cum illo, carpentarius cum suis instrumentis, latonus cum

suis, falcator pratorum cum falce, fossor cum bigone sive fossorio aut pedisodio, et sic de cæteris et singulam et unam quamque dictarum manoperarum ad simplicem requestam Domini qui est vel erit pro tempore, seu ejus mandatum tenebitur exsolvere Dominus autem hujus modi eisdem hominibus manoperantibus, quoties manoperas ante dictas præstabunt, et eorum animalibus et jumentis, si cum illis easdem operas præstare contingat, tenebitur tam in pane quam in pitantia quam fœno et cæteris alimentis et expensis ministrare et de sumptibus secundum statum unius cujusque concedentis providere; cæterum homines unius castellaniæ nullo casu suas dictas operas seu manoperas præstare seu facere tenebuntur ad necessitates sive ad opus alterius castri seu castellaniæ ipsorum districtum, ibidem necessarium et faciendum nisi forte cum Dominus sæpe dictus qui est vel erit sua superlectilia, ustancilia et provisiones pro statu et victu suo et suæ familiæ de uno castro seu castellania ad aliam vellet transferre, quo casu homines castellaniæ de qua hujusmodi tres transferentur ad castrum seu castellaniam ad quam transferrentur, teneantur dictas manoperas præstando res ipsas portare alias autem hujus modi manoperas præstabunt indistincté; verum si casu contingeret Dominum hujus modi qui est vel erit pro tempore iis omnibus manoperis aut ipsarum aliqua uno anno non indigere, tunc pro una quaque manopera bovum masculorum decem et octo denarios, pro manopera vaccarum quindecim, pro una manopera mechanici artificis et carpentarii, latoni et pratorum falcatoris et similium duodecim denarios, pro una manopera unius jumenti cum famulo, similiter duodecim denarios, pro una manopera operarii simplicis ut fossoris vel similis brachii octo denarios turonenses idem dominus qui est vel erit ab eisdem hominibus aut ipsorum aliquo exigere valebit et levare, ita quod semper Domino qui est vel erit, remanebit optio exigendi et levandi manoperas seu manobrias realiter et in ipsius operis aut in pecunia numerata modo præmisso limitatas estimatas et taxatas, hoc a dicto moderamine quod si Dominus qui est vel erit infra verum quemque annum diligentiam sufficientem non fecerit exactionis et leve hujus modi alternative, prout superius est scriptum, lapso anno quolibet manoperas ipsius anni seu arreragia ipsarum manoperarum in inde sequentibus annis exigere non valebit, sed omnis actio circa illas eo casu sit pœnitus extincta.

Verum unusquisque hominum prædictorum et suorum successorum perpetuò dictas quinque manoperas præstare tenebitur modo et forma prædictis quamvis non teneat a dicto Domino qui est vel erit pro eo tempore nisi unicum prædium quantumcumque, nec etiam ad plures præstandas tenebitur quamvis plura et lata prædia rustica vel urbana ab eodem Domino qui est vel erit pro tempore hominem hujus modi tenere contingat ita quod licet causa prædiorum et proprietatis hujus

modi præfatæ, qüinque manoperæ per unum quemque hominem sint
præstandæ, præstabuntur tamen secundum numerum hominum et non
secundum numerum prædiorum et proprietatis, ita quod quilibet ·
tenementarius dictas qüinque manoperas præstabit et non plures nec
pauciores.

Est autem sciendum quod mansi sive villagia inferius nominata et
expressa non tenentur nec tenebuntur ad præfatas quinque manoperas
præstandas, sive in operis sive in pecunia numerata, videlicet mansus
· sive villagium seu hospitium de Matussieres cum suo tenemento antiquo
parochiæ Augeroliarum castellaniæ Aïbussonis, mansus sive villagium
seu hospitium de meydat le Soubra cum suo tenemento antiquo, in·
parochia de Condat castellaniæ montis Bulxerii, mansus sive hospitium
de la Chaslin ejusdem parochiæ, mansus seu hospitium de Forenlum
cum suo tenemento antiquo, parochiæ Auzele, mansus seu hospitium de
Janauld cum tenemento antiquo parochiæ Caulhaci, quoniam tenementarii dictorum locorum ratione ipsorum penitus sunt et erunt immunes
a præfatis quinque manoperis sive manobris; attamen si tenementarios
dictorum locorum seu ipsorum successores tenere contingat ab eodem
Domino montis Buxerii qui est vel erit pro tempore alia loca sive
prædia, tunc occasione ipsorum, modo et forma prælibatis ad dictas
quinque manoperas præstandas nihilominus tenebuntur; similiter tenementarii vilagiorum seu hospitiorum de Coudert, et del Prat cum suis
tenementis antiquis parochiæ Sancti Flori castellaniæ Boissonnelle ad
dictas quinque manoperas præstandas occasione dictorum locorum nullo
modo tenebuntur, sed tenebuntur eorumdem villagiorum ocasione seu·
causa ad custodiendum captos incarceratos quandocumque necessitas
postulabit et fuerint requisiti, qui videlicet incarcerabuntur in turri de
Soles præfatæ castellaniæ de Boissonnelle et in super ad dictas quinque
manoperas præstandas minime tenebuntur tenementarii villagiorum
de Chantagreil, de Pommeyrol, Las Astorgues, de Lagrange parochiæ
de Condat castellaniæ montis Buxerii, sed tenebuntur mandati ad
præstandas manoperas in venatione seu venationibus, quotiescumque
in dicta castellania montis Buxerii per Dominum dicti loci seu ejus
mandato illam seu illas fieri continget: verum si alia tenementa vel
prædia ab eodem Domino qui est vel erit pro tempore præfatos tenementarios tenere contingat, tunc ad præfatas quinque manoperas
præstandas tenebuntur.

Item dictæ partes transigerunt, convenerunt et pactæ sunt ad invicem
super molendinis et moltura sive emolumento ipsorum, videlicet quod
molendina eclesiarum infra eosdem districtus scitarum et vassallorum
seu feudatoriorum et hominum dictorum Castrorum et castellanarium
quæ de jure speciali, vel de consuetundine præscripta habent banum
seu chanongum et sunt banneria seu chanungiala : hoc est in quibus et

non alibi, certi homines dictarum castellaniarum sua blada molere et
emolumenta pro eisdem solvere sunt adstricti remaneant in suo jure
et statu debito et antiquo præsertim que erant ante hujusmodi lites
motas videlicet ante tempus triginta et novem annorum nunc finitorum
et lapsorum.

Item quod molendina quæ sunt in tenementis certorum villagiorum,
præfatorum districtuum non de novo, nec à dictis temporibus et annis
erecta, sed anterioribus temporibus ibidem disposita et constructa,
in quibus videlicet homines ipsorum vilagiorum talibus molendinis
munitorum libere solent molere, sint et remaneant in suo pleno jure,
et statu debito, nihilque eis derogetur per præsentem compositionem·

Item et iis prædictis salvis et exceptis, omnes et singuli homines
castellaniæ montis Buxerii sive sint tenementarii dicti Domini sive
non et de suo mero imperio et alta jurisdictione teneantur et debeant
et sint adstricti, molere in molendinis dicti domini montis Buxerii
qui est vel erit pro tempore infra ipsam castellaniam constitutis tamquam Banneriis, videlicet quilibet in molendino ipsius Domini propin-
quori habitationis suæ, salvis tamen jure speciali, usibus et consuetudinibus legitime præscriptis, per quas forte aliqui homines molere
consueverunt et debent in alio ipsius Domini molendino, aliquantatum
magis remoto, et in castellania albussonis et vice comitatu ejusdem
castellaniæ, circa molendina inibi constituta pariter et uniformiter
observetur, et in castellania de Monteil simili modo observabitur
et in Castellania de Vaulmeode, observabuntur similia suo modo
tenebuntur autem dicti homines, et eorum successores modo et forma
præmissis in molendinis præfati Domini sua blada molere et molturas
ibidem solvere solitas et debitas, ut est dictum. Duobus adjectis mode-
raminibus, primo videlicet quod si contingeret quemvis dictorum
hominum acquirere quovis titulo blada extra districtum dictarum
castellaniarum, et vellet etiam exterius et antequam intrare eosdem
districtus, seu bladum hujus modi intromitteret, molere hoc liberum
sit, sed postquam bladum prædictum intromiserit infra districtus præ-
libatos, tunc eo casu teneatur molere modo præmisso in molendinis
Banneriis sæpe dictis; secondo quod casu molendina sæpe Dicta Domini
Montis Buxerii et aliorum castrorum qui est vel erit pro tempore,
contingat vel contigerit devenire seu devenisse ad ruinam, et
propter ruinas prostrata seu ipsorum unum vel plura, tunc hujus
modi Dominus tenebitur ante dictis hominibus, seu ipsorum alicui vel
aliquibus ille videlicet seu illis qui in molendino seu molendinis ruinoso
seu ruinosis in quo seu in quibus molere tenebantur adstricti propin-
quum molendinum, cujuscunque existat terra tamen suæ et sui districtus facere ministrari absque alio emolumento et moltura præterquam solita et debita. Cœterum per hujus modi quantocumque tempore

sic fuerit observatum seu imposterum observetur etiam si ejus initii
seu contrarii memoria hominum non existeret, non fiat præjudicium
nec currat præscriptio contra molendina præfata ipsius domini Bane-
ria, quominus ipsis restauratis et reparatis illi qui secundum hanc
præsentem compositionem ad illa pro multura venire tenebantur et
tenentur et tunc venire etiam quandocumque teneantur, et præsens
compositio illibata servetur.

Item quod homines hujus modi non possint intra mansos et villagia
seu tenementa sua erigere de novo molendina nec de novo et a tempore
litium hujus modi sint erecta, hoc est a triginta novem annis, citra
manum tenere, nec illis uti valeant nisi prius obtenta licentia ab eodem
domino qui est vel erit pro tempore et investito cursu aquæ alvei
molendini hujus modi ab eodem Domino, item circa malleos, et bati-
folos paria et similia quæ de molendinis sunt supra scripta inter
easdem partes observabuntur, et sint perpetuò.

Item dictæ partes similiter transigerunt convenerunt et pactæ sunt
ad invicem quod homines dictorum districtuum qui sunt vel erunt pro
tempore tam tenementarii prædiorum dicti Domini, quam non tenementarii poterunt libere piscari in omnibus ripariis dictarum castellaniarum, salvis et exceptis vivariis et stagnis, salvis etiam et exceptis
riparia dalho molendino de la Sepede usque ad Brossam et ripario de
Meode a Curtili des Champs usque ad iter publicum tendens à Boissonnelle a maison de Lavaure, et riparia de Cousu in mandamento
Albussonnis videlicet a malleis de Bechepan usque ad rivum de Dore
in quibus quidem ripariis dicti homines non piscabuntur cum sint
solitæ deffendi et inhiberi nisi de licentia Domini aut suorum, his ergo
salvis et exceptis sæpe dicti homines ubicumque voluerunt piscabuntur
et cujusque licentia minime requisita sed pro libito voluntatis ad usus
proprios pisces convertere valebunt.

Item dictæ partes transigerunt convenerunt et pactæ sunt ad invicem,
quod sæpe dicti homines et eorum successores in futurum tam tenementarii quam non tenementarii Domini prædicti infra ambitus suos
et limites suorum vilagiorum et tenementorum possint apros lupos
bichias et capreolas venari et capere cum laqueo, funeis decipulis sive
pegiis, et cum canibus et aliter dummodo non cum agis sive sexibus
vel retibus, aut cum solemni venantium congregatione, sed solum unus
quisque cum sua familia et hominibus villagii quem inhabitabit talia
facere valebit, cujusque licentia minime requisita, poterunt que eo
casu et valebunt dictas feras bestias ubique insequi in terra ipsius
Domini, exceptis nemoribus et garenis ejusdem; medietatem autem
apri seu aprorum, capreolarum et bichiarum, quoties ipsos sic capi
continget, hujus modi homines sub pœna sexaginta solidorum tenebuntur defferre domino qui est vel erit pro tempore seu ejus offi-

ciariis in castro castellaniæ in qua præfata venatio et captio facta fuerit;
verum si casu aliquo Dominus qui est vel erit per se vel per alium
vellet causa spatii aliquando intra eosdem limites venari et hujusmodi
ipsis hominibus signifficet, teneantur ipsi homines cessare a prædicta
venatione Domino spectando.

Item pariter et non aliter sæpe dicti homines venari poterunt et
capere libere cervum intra ante dictos limites venientem et ipsum
insequi modo et forma quibus insequi possunt alias feras ante dictas,
tenebuntur autem dicti homines cervum, seu cervos, sic captum vel
captos, omnes indistincte ex toto et integrabile defferre sub pœna sexaginta solidorum domino qui est vel erit pro tempore, seu officiariis in
castro castellaniæ ubi talia fient residentibus.

Item dictæ partes transigerunt, convenerunt et pactæ sunt quod homines sæpe dicti ipsarum castellaniarum et terrarum omnes et singuli
ubicumque infra districtum præfatarum castellaniarum, exceptis tamen garennis et nemoribus Domini, possint venari et capere et ad usus
proprios convertere vulpes et lepores, cujusque licentia minime requisita, etiam cum reticulis seu bursis, dummodo non cum magnis retibus
seu telis et dummodo hujus modi venatio non fiat cum solemni venantium congregatione, per hæc autem non fiat prejudicium ipsi Domino
quominus possit adcensare venationem leporum et ulpium in suis
nemoribus et alibi pro suo libito volenti assenssare, jure prædicto
hominum sæpe dictorum nihilominus illæso remanente.

Item omnis alia venatio quarumcumque ferarum animalium sylves-
trium et avium occupatio ex eis hominibus et suis successoribus interdicta et ab illa abstinere tenebuntur.

Item hujus modi homines de mero imperio et alta jurisdictiona dictorum castrorum et castellaniarum existentes et sui imposterum successores omnes et singuli indistincte tenebuntur necessitatis tempore
in castris hujus modi guetare et excubias facere quoties casus occuret,
sive recolligant corpora, vel bona inibi pro eorumdem custodia, sive
non homines autem qui sua aut suorum corpora vel bona in his castris
recolligent et non alii palos seu palicia extra ambitum murorum et
castrorum ante dictorum fieri solita et necessaria reficere quoties
casus occuret, fossata etiam solita ibidem consistentia si quæ sint res-
taurare et reparare etiam tenebuntur ad reparationes autem principa-
lium murorum vallo modo tenebuntur nec ad alias reparationes nisi ad
illam ad quam generalis consuetudo Arverniæ illos constringeret, salvo
semper articulo de manoperis supra scripto, fient quidem hæc omnia
per homines castellaniæ castri montis Buxerii in eodem castro et per
homines castellaniæ castri Boissonnelle in eodem et per homines
castellaniæ castri Albussonis et vice comitatus in eodem castro, et per
homines castellaniæ castri de Monteil in eodem, et per homines cas-

tellaniæ castri de Veaulmeode in eodem castro, similiter hæc fient et observantur proviso tamen quod debitus ordo et numerus excubiarum hujus modi non excedantur sed ordinentur limitentur et mandentur dictæ excubiæ quacumque fraude cessante.

Item cum castra et loca de Veaulmeode et de Monteil sunt de presenti inhabitabilia propter maximas ruinas de Monteil reputetur quasi unitum Albussonis Volmeode vero Boissonnelle similiter quasi unicum reputetur; convenerunt dictæ partes quantum quamlibet ipsarum tangit pro se et suis quod excubiæ seu guetum reparationes manoperæ venationem redictiones et similia quæ secundum præmissa et sequentia fieri debent et debebunt in ipso castro de Volmeode quandiu placuerit Domino et durabit talis unio fierit et præstabuntur in castro seu castellaniæ Boissonnelle et non ultra eisdem fiat circa monteil Albussoni videlicet quod quandiu Dominus volet et durabit talis unio præmissa fierit et prestabuntur in castro Daubusson et non ulterius.

Item sæpe dicti homines et eorum successores pro sigillis brisatis sexaginta solidos et non ultra, pro simplici inobedientia mandamento officiorum facta septem solidos et non ultra, pro uno deffectu septem solidos et non ultra eidem Domino aut suis solvere tenebuntur, salva tamen in omnibus misericordia Domini.

Item quotiescumque continget in prædiis seu proprietatibus Domini vaccantibus ad tempus annonciationis Beatæ Mariæ usque ad festum sancti Martini hiemalis animalia dictorum hominum per se aut per suos servos ac familiares custodiri, aut alia Dolose vel lata culpa et grandi negligentia intromittere seu intrare sexaginta solidos et non ultra si autem sine dolo et aliter casu fortuito vel levi et levissima culpa seu negligentia animalia hujus modi inveniri contingat septem solidos et non ultra solvere teneantur, salva semper misericordia domini et gratia de qua præfati homines confidunt secundum quod casus requiret latam autem culpam volunt intelligere quando animalia tenent pœnitus sine pastore alleganti autem dolum incombat probatio legitima, hoc adjecto moderamine quod si Dominus qui est vel erit pro tempore, aut si quemvis antedictorum hominum et verisimilibus conjecturis de fraudibus et dolis circa præmissa cum ipsis suspectum, habeant possint vacantes per talem damnificationem apponere titulos et manum Domini in eosdem ponere post oppositionem et sufficientem intimationem si animalia hujus modi quomodo ibidem reperta fuerunt absque debita licentia sexaginta solidos in isto casu solvere teneatur, salva semper misericordia et gratia Domini.

Item dictæ partes transigerunt convenerunt et pactæ sunt quod homines sæpe dicti et eorum successores quotiescumque res aliquas seu prædia de directo Domino et censiva domini memorati qui est vel erit pro tempore moventes vendi, seu emi continget, emptores quidem

tantum quantum ascendet tertia pars rei venditæ pro vendiis et lau-
dimiis, venditores autem quantum ascendet quarta pars pretii hujus
modi rei venditæ pro subvendis solvere tenebuntur.

Item quod dominus hujus modi qui est vel erit pro nuptiis intra-
dictas castellanias quandocumque celebrandis seu jure in illis sibi
debito nullum emolumentum exigi nec levari faciet, nisi ab hominibus
locorum a quibus et eorum predecessoribus a quadraginta annis citra
tale emolumentum consuetum et exigi et levari, nec tunc excedere
poterit nec aliud exigere poterit nisi illud quod eisdem temporibus est
levari et exigi consuetum; cæterum si forte in aliquibus locis aliquando
solvi consuetum sit pro hujus modi re ultra summam trium solidorum
turronensium cum dimidio solvendo ipsam sommam trium solidorum
cum dimidio homines locorum ipsorum erunt quieti, alia autem loca
aut personæ quam prædictæ ad talia emolumenta præstanda minime
tenebuntur.

Item dictæ partes transigerunt convenerunt et pactæ sunt quod
homines hujusmodi et eorum successores omnes et singuli imposterum quandiu erunt tenementarii prædiorum Domini hujus modi, omnes census reditus et proventus non pecuniarios, ut sunt blada, fæna,
cazei, cera et ova quæ in terrariis et libris censualibus vel chartis ante
dictis continentur seu continebuntur, et cætera taillia eidem domino
solvere tenebuntur et suis et in rerum ipsarum specie, pondere,
numero, et mensura in eisdem terrariis et chartis sive libris censualibus expressis seu de novo exprimendis si eosdem libros chartas et terraria legaliter renovari contingat, ad emendum autem dictos census
seu illos solvendum in pecunia numerata per dominum qui est vel
erit pro tempore vel suos minime adstringi possint inviti, quilibet
autem cazeus si solvatur in specie solvetur ponderis duarum librarum,
exceptis cazeis vicecomitatus pro quorum quolibet ab antiquo debentur
duo solidi cum dimidio et exceptis aliquibus et paucis villagiis nunc
vaccantibus juxta terram Celliniarum positis quæ ad cazeos pondere
in terrariis præfati Domini expressatos nihilominus tenebuntur.

Item dicti homines et eorum successores de cætero realiter et integraliter annis singulis solvent taillias mensis martii seu pecuniarum
summas quæ in libris terrariis vel chartis sæpe dictis descriptæ sunt et
in mense martio mandantur solvi.

Item similiter hujus modi homines omnes et singulas gallinas in eisdem libris terrariis vel chartis pro tenementis et prædiis descriptas
solvere etiam annis singulis sub termino tenebuntur, verum si contingat unum tenementum, villagium, prædium, vel prædia de cætero in
plura dividi, vel plura in unum, vel duo reduci, gallinæ hujus modi
propter hoc, non recipient inter tenementarios augmentum nec dimi-
nutionem, sed quando fiet præmissorum inter plures tenementarios

et amphiteotas divisio, fiat pariter gallinarum hujusmodi divisio, sicut cæterorum redituum et censuum et ubi plurium, in unum fiet reunio seu reductio, ille tenementarius omnes gallinas pro toto tenemento terrariis descriptas solvere adstringetur quemadmodum et cæteros reditus et census, et hæc observabuntur licet aliter in paginis levæ forte reperiatur.

Item quod homines castellaniæ Boissonnelles et Veomodes quandocumque in præfatis libris et terrariis quovis titulo ad unum sextarium avenæ eosdem predecessores vel successores eorumdem aut ipsorum aliquem vel aliquos exsolvendum reperientur teneri, si non fiat expressio in eisdem libris cum dictum sextarium avenæ debeatur rasum vel cumulum tenebuntur, pro dicto sextario solvere Domino qui est vel erit octo cartonnes cumulatos sive combles mensuræ communis et granerii et non aliud ultra, similiter si reperiatur quis ipsorum debere unum cartonem avenæ solvendo hujus modi domino unum cartonem cumulatum sit liber et quietus, similisque modus observetur perpetuo in majori vel minori numero mensurarum avenæ.

Item voluit Dominus præfatus pro se et suis in perpetuum quod homines castellaniæ Albussonis et de Monteil ad adssensandum singulariter vel in communi leydas vel pedegia ipsi domino infra ipsam castellaniam, debita per ipsum Dominum, aut suos minime possint compelli invito, nec pedagia solvere nisi in locis ab antiquo destinatis, nec leydas nisi vendant infra dictas Castellanias, nec tunc nisi quando et ubi vendent usu contrario per aliquos officiarios ut dicitur per desurpartionem introducto non obstante.

Item quotiescumque celerarii dictarum castellaniarum pro super mensuris, sive labore sui mensurandi, hujus modi homines gravare nitentur, Dominus qui est vel erit eisdem conquerentibus super hujus modi secundum allegata et approbata promptam teneatur administrare justitiam.

Item per hanc præsentem compositionem partes hujus modi non intendunt in aliquo derogare privilegiis et compositionibus villagiorum montis Buxerii Albussonis et tenementorum in pertinentiis dicti Albussonis sectorum et in chartis dictorum privilegiorum designatorum.

Item præfatus Dominus montis Buxerii voluit et expresse concessit quod per presentem compositionem non derogatur seu prejudicium in aliquo fiat compositionibus seu accordiis alias inter ipsum Dominum et priorem sancti Desiderii et eorum predecessores, factis, initis et habitis, sed semper remaneant in sua firmitate.

Item memoratus Dominus humanitate motus super populum suum et homines hujus modi pro se et suis vult et concedit quod homines ipsi et sui et super omnibus arreragiis omnium debatorum et rerum litigiosarum prædictarum præcipue tailliarum martii, remaneant quieti usque ad presentem annum et immunes, homines autem ipsi omnes et singuli qui sunt amphiteotæ et tenementarii ipsius Domini, pro eo jure quod idem Dominus tam dictorum arreragiorum quam mortalium prædictorum ratione se super eis habere prettendebant eidem Domino concedunt, offerunt et donant mille et ducentos francos auri tignei Regii sive ipsorum valorem in pecunia numerata pro emendo sexaginta libratos terræ censuales et redituales, et illas eidem solvere promittant, terminis qui sequuntur, videlicet centum et viginti francos in festo beati Marii intranti, et centum et viginti in festo assenssionis Domini inde sequenti et sic deinceps annis singulis eisdem festivitalibus et terminis, solvere dicti homines tenebuntur donec et quousque dicta summa mille ducentorum francorum ante dicta fuerit integraliter persoluta.

Item si forte contingeret in futurum sæpe dictum Dominum qui est vel erit aut homines hujus modi sive ipsorum successores contra tenorem hujus compositionis seu omnium aut singulorum ejus capitulorum et articulorum uti, vel secundum tenorem ipsum non uti, nullum jus proprietatis, nullum jus possessionis parti sic utenti vel patienti, contra præmissa acquiratur, vel fiat quantocumque tempore usum vel non usum hujus modi durare contingat etiam si per tantum tempus cujus initium seu contrarium in memoria hominum non existeret, sed dictis usu vel non usu rejectis, præsens compositio illibata servetur et perpetuum robur obtineat firmitatis.

Item illi qui se alias erga dictum Dominum pro tenementis suis obligaverunt gaudebunt hac compositione, non obstante alia obligatione.

Item dominus præfatus protestatus est pro se et suis in perpetuum et protestatur ipsis hominibus pro se et suis quantum ipsos et quemlibet ipsorum tangit seu tangere potest in futurum consentientibus, quod per presentem compositionem aliquem vel aliquos articulorum in eadem descriptorum non intendit renunciare, præjudiciare derogare quo modo juri actioni quod seu quam habet seu habere potest in et super aliis hominibus et personis vilagiis et tenementis, locis et rebus infra hanc compositionem præsentem non infertis.

Item præmissis omnibus mediantibus dictæ partes per pactum expressum renonciaverunt et renonciant omnibus causis, processibus, litigiis et controversiis in curiis parlamenti magnorum dierum Arverniæ et senescalis arverniæ et alibi agitatis et pendentibus tam præmissorum quam aliorum quorumcumque ratione vel causa et absque expensis et emendis per alterutram dictarum partium alteri persolvendis et refundendis quando quidem compositionem et omnia et singula in eadem contenta nobiles Antonius Ludovicus Joannes et Petrus de monte Buxerio præfati Domini filii in quantum eorum quemlibet

tangere potest de consensu et authoritate dicti eorum genitoris,
eisdem expresso quod ad hujusmodi restrictus approbaverunt et emologaverunt et juraverunt ad sancta dei Evangelia corporaliter a se
tacta quod omnia et singula in dicta præsenti compositione contenta
legaliter et absque fraude observabunt et adimplebunt et adimpleri et
observari facient, pariter que omnes et singuli homines supra nomi-
nati pro se et suis et dictus Dominus montis Buxerii consimiliter omnia
et singula super scripta in quantum eorum quemlibet tangit voluerunt
et consenserunt et ea sub obligatione bonorum suorum quorumcumque mobilium et immobilium per fidem et juramentum dictæ
partes hoc inde firmiter servare et adimplere promiserunt et pro-
mittunt, et renunciaverunt dictæ partes et earum quælibet in præmissis omnibus et singulis cum juramentis suis exceptioni dictæ
compositionis non factæ non concessæ et aliorum universorum et
singulorum præmissorum superius et inferius scriptorum in eadem
contentorum, non factorum nec concessorum ut expressum et declaratum est superius et doli mali, metus, vis, erroris et deceptionis cujuscumque et in factum actioni et conditioni sine causa et omni juri
scripto et non scripto canonico et civili, usui usagio et consuetudini,
utrumque, et omni juri per quod deceptis et non deceptis subvenitur,
et omnibus aliis juribus rationibus allegationibus deffensionibus privilegiis barris cautelis, usagiis et consuetudinibus quibuscumque quibus
seu per quæquælibet dictarum partium posset venire vel innovare
contra prædicta, vel aliqua de prædictis juri que dicenti quod juri
quod modum competit renunciari non potest juri dicenti generalem
renonciationem non valere nisi præcesserit specialis. Et voluerunt
concesserunt dictæ partes et earum quælibet prout ad earum quamlibet pertinebit se et suos posse et debere compelli a nobis vel ab illo
qui fuerit loco nostro pro tempore per captionem venditionem omnium
universorum et singulorum bonorum suorum mobilium et immobilium
præsentium et futurorum et sine monitione et licentia dictæ curiæ
præcedentis, ad premissa omnia et singula attendenda tenenda com-
plenda firmiter que immobiliter quocumque privilegio non obstante
voluerunt et concesserunt dictæ partes et earum quælibet quod de et
super prædictis fiant et compleantur ita bonæ et firmæ litteræ sicuti
per aliquem sapientem virum poterunt dictari factæ substantia in aliquo non mutata, et quod possint fieri et refici semel et pluries licet in
judicio fuerint exibitæ, in quorum omnium singulorum universorum
præmissorum testimonium et firmitatem ad relationem dictorum notariorum, nobis in his scriptis fideliter referentium prædicta omnia et
singula sic coram eis acta fuissent testibus iis præsentibus, religioso
viro Domino Ludovico de la Faye monaco et elemozinario Celsiniarum,
discretis viris Joanne Devilla nova procuratore dicti domini ducis

Bitturicensis et Arverniæ, Stephano Rouver advocato dicti domini
Ducis in curia sua Riomi, Astorgio de Serment alias Condat, Joanne de
Murat dicto de Moranteres, Amberto de Larichardie, Roberto Durfay
domicellis Itierio Coradelli clerico Domino Bertrando Bouchet curato
sancti Desiderii, Michaele Daigueperse, Joanne Deholme Guillelmo
Bachelard præbiteris, Roberto Roux dicto Dupuy, Berton de la Bois-
soneuze, Guillelmo Souchet et Andrea de Laigrette serviente regio
quibus notariis dictarum que relationum sic ab eisdem nobis factarum,
virtute fidem adhibendam plenariam iis litteris præsentibus dictum
sigillum regium quod tenemus jussimus apponendum ; verum quia prædicta omnia capi seu comprehendi non poterant propter facti substantiam et verborum superabondantiam, in pelle unica pergaminis prout
apparet et apparere potest cuilibet intuenti, idcirco nos ea scribi fecimus in iis quatuor pellibus pergaminis et in hac penna pergaminis
dicti inseri committi et glutine tenaci conglutinantis, et ad omnem
fraudem et sinistrum scrupulum tollendum nos in principio et in fine
harum præsentium pellium pergaminis contra sigillum dicti sigilli quod
tenemus apposuimus. Acta fuerunt hæc in loco sancti Desiderii, Die
Lunæ ultima aprilis, Diebus martis mercurii jovis veneris et sabati
sequentibus, prima seconda tertia quarta et quinta mensis maii anno
millesimo quatercentesimo tertio.

XXXIV

Acte de députation au roi Charles VI

POUR FAIRE DES REMONTRANCES ET SE POURVOIR AU PARLEMENT CONTRE
LA LEVÉE D'UN IMPÔT ACCORDÉ PAR LES GENS D'ÉGLISE ET LES NOBLES
SANS LE CONCOURS DES BONNES VILLES.

(14 Juillet 1409)

Universis præsentes litteras inspecturis. . . . .
cives et habitantes Claromontenses pro se et aliis civibus et habitantibus Claromontensibus majorem et saniorem partem eorumdem habitantium facientes, ut asseruerunt, pro parte dictorum electorum, dictum et expositum extitit ipsis habitantibus, ipsos habitantes dictæ
civitatis Claromontensis, unâ cum aliis habitantibus bonarum villarum

patriæ Arverniæ, ad summam sex mille quatercentum scutorum auri, per gentes Cleri et Nobiles dictæ patriæ Arverniæ, ad summam sex mille scutorum quatercentum auri, quolibet, pro viginti duobus solidis et sex denariis turonensibus, computato; in et pro quodam subsidio, per dictas gentes Ecclesiæ et Nobiles dictæ patriæ, noviter concesso, excellentissimo principi, et Domino, Domino Duci Bituriæ et Arverniæ, et Domino Comiti Armanhaci, præjuvando ipso, ad construendam quamdam turrim in loco de Luzinhant, octo mille scutorum auri, pro quibusdam missionibus et expensis factis pro demolitione castri lucii. Quorum subsidiorum pars et portio habitantium dictæ civitatis ascendebat ad summam novem centum decem et octo librarum turonensium ; quæ subsidia fuerunt concessa per ipsas gentes Ecclesiæ et Nobiles dictæ patriæ Arverniæ ; ipsis habitantibus et aliis bonarum villarum dictæ patriæ inscientibus et minime vocatis. Quod cedebat in ipsorum habitantium et aliorum bonarum villarum patriæ Arverniæ grande prejudicium, non modicum, et gravamen, et majus damnum ipsis insequi posset ; nisi contra prædicta provideretur : quia semper et amodo, inanes ipsos, extarent, non vocatos et minime præsentes etiam erat necesse mittere Parisiis, pro exponendo Domino nostro Regi et Dominis et gentibus consilii ipsius miserabilem querimoniam dictorum habitantium. . . . . . Quapropter ipsi habitantes volentes providere circà præmissa, et occurere reipublicæ voluerunt unanimiter, et concesserunt quod electi, una cum aliis commissis, ad providendum super negotiis villæ prædictæ Claromontensis, seu ipsorum majors pars possint ordinare et eligere unum hominem sufficientem et idoneum, vel duo, pro mittendo Parisiis et exponendo dicto Domino Regi, et Domino Duci Bituriæ certisque aliis Dominis de consilio dicti Domini nostri Regis, miserabilem querimoniam dictæ civitatis Claromontensis : et nihilominus prosequi quantum poterit seu poterunt causam apelationis factam in Parlamento per dictos habitantes, unà cum aliis habitantibus bonarum villarum patriæ Arverniæ contrà Dominum Senescallum Arverniæ et alios Nobiles patriæ Arverniæ, et alia negotia tractare et prosequi modo et formâ contentis in instructionibus super hoc factis. . . in quorum omnium fidem et testimonium præmissorum, his præsentibus litteris sigillum Curiæ sæcularis Claromontensis apponi fecimus. Actum, ... et datum die decimâ quartâ mensis julii, anno Domini millesimo quatercentesimo nono.

XXXV

Statuts des trois États d'Auvergne [1]

(27 Mai 1430)

« Le vingt septyeme jour de may mil quatre cens et trente, en la
ville d'Yssoire, où estoient assemblez par lettres de monseigneur le
comte de Clermont, les gens des trois estas du païs d'Auvergne, par
monseigneur le conte de Montpencier, conte Daulphin d'Auvergne et
de Sancerre, messeigneurs les evesques de Clermont et de Chartres,
certaines gens envoiez par monseigneur l'evesque de Saint-Flor, les
abbés de la Chesedieu, de Mozat, Menat, d'Esbreulle, les chapitres de
Clermont, de Bireude et de plusieurs autres gens d'église ; messeigneurs
de la Tour, de Dampierre, le mareschal de la Fayete, le seigneur de
Langhat seneschal d'Auvergne, le vicomte de Nerbonne seigneur
d'Apchon, les seigneurs d'Alegre, de Monteil, de Blot, de Chasteauneuf,
de la Fere, de Dyrme, de la Gastine, les gens envoiez par les seigneurs
de Canillac, de Montboecier, de Tornoelle, d'Ollereigue, d'Arlent, de
Chazeron, de Murat, de St-Flour, et par plusieurs autres seigneurs et
nobles dudit païs, et par les gens envoiez par les villes de Clermont,
de Riom, d'Aigueperse, ceux de ceste ville d'Yssoire et aucunes autres
villes dudit païs. Après que, par le chancellier de monseigneur le duc de
Bourbonnois et d'Auvergne, et de mondit seigneur le conte de Clermont, ont esté rapportées certeines choses avisées par mondit seigneur
le conte de Clermont, touchant la seurté dudit païs d'Auvergne, et des
païs de Bourbonnois, Forés et Beaujeulois, en especial pour contrester
et obvier es pilleries, roberies et autres maulx que ont acoustumé de
faire, et de jour en jour se parforcent de continuer, les rotiers, gens
de guerre et autres gens souvent alans, venans et séjournans esdiz
païs, a esté avisié que, pour le bien et garde d'iceulx païs, ou dit païs
d'Auvergne, ara six vins hommes d'armes et quatre vins hommes de
trait, lesquels seront sous ceulx qui s'ensuivent, c'est assavoir : ledit
seneschal d'Auvergne, le bailli de mondit seigneur de Montpencier,
lesdits messeigneurs de la Tour, de Dampierre et ledit monseigneur le
mareschal, chascun 24 hommes d'armes et 16 hommes de trait, lesquelz
ils choisiront, les vauldront par escript, et prendront seurté, chascun

---

[1] Voy. vol. 1er, p. 315.

à son endroit, de ceulx qui seront soubz lui et en son role, pour eulx employer à la garde et defense desdiz païs, là où il sera besoin présentement, et après que sera venu à leur cognoissance. Et afin que lesdites gens d'armes et de trait soient prestz, leur sera fait paiement d'un mois. Et pour ce que de present ledit païs d'Auvergne n'a mie argent ensemble, les dessus diz qui aront les charges desdites gens d'armes et de trait cheviront à ceulx qui seront soubz eulx jusques le païs ara mis argent sus, que fera la première foiz que ceulx dudit païs seront assemblez, et lors, pour la garde dudit païs, seront mis sus deux ou trois mille frans, ou autre somme tele que sera avisié. Lequel argent sera mis en une huche où il ara cinq clefs que tiendront messeigneurs Pierre de Cros, le prieur de la Volte, l'official de Clermont, Hugues Roland, et le gouverneur de Clermont; et Gaillard Noel recevra ledit argent, et, par l'ordonnance des dessus diz jureront aux évangiles de Dieu que dudit argent ne emploieront en quelque chose que ce soit, sinon au fait desdites gens d'armes et de trait, pour la dite garde, et que, paravant ils paient aucune chose, ils verront ou feront voir les monstres desdites gens, et ne y passeront aucun qui ne soit en estat convenable, et ne souffreront, ne feront aucune faulse poste à quelconque personne que ce soit. Semblablement emploieront à la garde des diz païs de Bourbonnois, Forès, Beaujeulois, quant sera besoin, moiennant ce que aussi ceulx des diz païs viendront secourir ledit païs d'Auvergne, quant l'affere y viendra, c'est assavoir le païs de Bourbonnois à 40 hommes d'armes et 20 hommes de trait, le païs de Forès à 20 hommes d'armes et 15 hommes de trait, le païs de Beaujeulois à 15 hommes d'armes et 10 hommes de trait. Et après les avis dessus diz les cinq esleus devant nommez à pourvouer les dites gens d'armes ont promis de eulx employer à la garde dudit païs, tout le mieulx qu'ils porront, là où sera besoin. Et tous les seigneurs et autres dessus diz, monseigneur de Montpencier, gens d'église, nobles et autres ont promis de aidier, secourir et porter les diz cinq esleus, en faisant les choses dessus dites, et de les emparer et defendre es choses que, pour occasion de ce, surviendront, et paier et contenter ce qui ara esté missionné en faisant les choses dessus dites. Et pour vérification de ce que dit est, les cy dessoubz escripz ont cy après mis leurs noms, l'an et jour dessus diz. Loys de Bourbon, Daulphin, Bertrant, Thoulon, Langhat, Lagnastine, Fayete.

XXXVI

Règlement

POUR L'ÉLECTION DES CONSULS D'AURILLAC ET LEURS FONCTIONS [1].

(Vers 1463)

Pour la conservation et entretenement de la cause publique et de communaulté de la ville d'Aurillac, a esté advisé par ladite communaulté qu'à la pollice et gouvernement de leur consulat sont néccessaires et expédiens pour le temps advenir, les choses qui s'ensuyvent. Retenu, et avant toute œuvre, le bon advis et consentement de très-révérend père en Dieu, Monseigneur l'abbé, seigneur temporel et spirituel de ladite ville, duquel ladite communaulté est subjecte sans aucun moyen.

Premièrement, ladite communaulté proteste que, en aulcune manière, n'entend préjudicier aux privilléges, libertez, coustumes et franchises données à ladite ville, par ledit monseigneur l'abbé, ou par ses prédécesseurs au temps passé, mais entend et prétend que tant seullement ladite police et gouvernement soit déclaration en partie desdits privilléges et coustumes, affin que pour le temps advenir bonnement en soit usé à la utilité de ladite cause publicque et communaulté.

Item. A esté advisé par ladite communaulté que ceux qui ont esté commis par messire maître Jehan Cabu, conseiller du roy et maistre des requestes de son conseil, commissaire depputé en ceste partie, et esleuz par ladite communaulté au gouvernement dudit consulat et de la cause publicque et par consuls et par conseillers, demeureront audit gouvernement, d'aujourd'hui jusques au vendredy devant le premier dimanche de septembre prochainement venant, et de celluy jour en ung an, s'il est le bon plaisir du roy.

Item. Ledit vendredi anplye ladite année, lesdits consuls et conseillers se assembliront audit consulat, par la manière acoustumée, et appelleront avecque eulx pour eslire les consuls et conseillers pour l'année ensuyvant, c'est à savoir: deux bailles de la confrerye de sainct Gerauld, deux bailles de sainct Jacques, ung baille du corps de Dieu, ung baille de sainct Blayse, ung baille de sainct Martin, ung baille de Notre-

---

[1] Voy. vol. Ier, p. 289 et suiv.

Dame, ung baille de sainct Jean, deux bailles de sainct Marsal, deux nobles ou bourgeois, deux clercs ou notaires, qui sont quinze personnaiges, lesquels tous ensemble, après que auront presté le serment, en tel cas acoustumé, esliront vingt-quatre conseillers des habitants de ladite ville, des notables, saiges et experts que pourront trouver pour le gouvernement de la cause publicque. Et avecque ceulx vingt-quatre conseillers assisteront et seront conseillers les six consuls de l'année passée, pour remonstrer aux nouveaulx consuls et conseillers les affaires de ladite ville. Et par ainsi seront trente personnes au gouvernement de ladite cause publicque, desquels trente personnaiges seront esleuz six consuls; c'est à savoir : deux de la partie d'Aurenque, deux de la partie des Frères, et deux des autres parties de ladite ville. Et au cas que lesdits quinze personnaiges ou aucuñg d'eux ne vouldraient estre à ladite eslection, fête que soit dilligence suffisant de les faire venir faire ladite eslection, lesdits consuls et conseillers procèderont à leur eslection. Et pourront estre lesdits consuls nouveaulx, des conseillers de l'année passée, si bon leur semble.

Item. Par ainsi lesdits consuls et conseillers, et lesdits quinze personnaiges n'en esliront de nouveau que dix-huit personnaiges pour conseillers, lesquels seront esleuz, de la partie d'Aurenque, six; de la partie des Frères, six; et des autres parties de la ville, six personnaiges, si en icelles parties se peuvent bonnement eslire, sy non soient prins de là, ont se trouveront au prouffit de la cause publicque. Et par ainsi seront chacun an trente personnaiges, lesquels seront, chacun an, muables pour la fourme dessus dite.

Item. Lesdits consuls seront publyés en l'église parrochialle de Notre-Dame, le premier dimanche de septembre pour la fourme qu'est acoustumée. Et illecques feront le serment acoustumé aux consuls vieulx. Et pareillement les conseillers, le second dimanche de septembre, feront ledit serment aux consuls nouveaulx.

Item. Ceulx qui seront esleuz à consuls et conseillers seront tenus de le prendre, à la peyne de dix livres, à appliquer à la réparation de ladite esglise, et d'estre privés dudit consulat à toujours, mais sinon qu'ils eussent excusation raysonnable. Lesquels seront contraincts à payer lesdites dix livres par lesdits consuls et conseillers.

Item. Dorsenavant lesdits consuls n'en auront aucune franchise de tailles, réparations ne d'entrée de ladite ville, et n'en auront tant seullement que les robes et foulreures et chapperons du prix acoustumé, et payeront lesdites tailles et entrées, ainsi ¡comme les autres habitants, et les autres charges de ladite ville aussi.

Item. Et pourront estre consuls et conseillers, fils estant au pouvoir du père, s'ils sont plus utilles pour servir au prouffit et utilité de ladite que leursdits pères, excepté que père et fils ne seront point en ung an mesmes consuls ne conseillers.

Item. Lesdits consuls et conseillers ne pourront commencer aucun procès contre aucun habitant de ladite ville ne autres, sans appeler lesdits quinze personnaiges et sans leur consentement, ne sans appeler d'autres gens notables de ladite ville, jusques au nombre de cent personnes entre tous. *Item.* Ne pourront mettre sus aucune taille en ladite ville, oultre les deniers du roi, qu'il ne soit du voulloir et consentement desdits quinze personnaiges, et apelés avecques eulx d'autres personnaiges et notables gens de ladite ville, jusques audit nombre de cent ou plus, s'il estoit de nécessité. Et chacun habitant de ladite ville sera tenu de payer ladite taille et toutes autres charges de ladite ville qui seront par lesdits personnaiges octroyées.

Item. Quand sera octroyée ladite taille ou tailles, seront esleuz deux consuls et quatre conseillers, six personnes desdites quinze dessus nommés; et par ainsi y seront esleuz douze personnaiges et deux laboureurs de la parroisse de ladite ville de Notre-Dame, pour la despartir et esgaller bonnement et loyaument et comme se doit faire. Et quand sera despartye et esgallee, avant que lesdits consuls la puissent faire lever, ils seront tenus de apeler le conseil et lesdits quinze personnaiges; et en leur présence, lyront tout le rolle, pour veoir et visiter si ladite taille seroit bien gettée et despartye. Et y pourront faire réparation de ce que se trouvera mal desparty et esgallé, ainsi comme sera nécessaire. Et après qui vouldra avoir la coppie du rolle de ceulx qui y seront, la pourra avoir et prendre, ou lire, ou faire lire, quand se vouldra, ez mains du recepveur. Toutefois ils ne pourront point eulx-mesmes réparer, mais s'ils sont grévez, lesdits consuls les répareront à part. *Item.* Ladite taille ou tailles et autres charges de ladite ville seront imposées et despartyes sur toutes manières de gens, excepté ceulx qui, par les compositions octroyées par ledit monseigneur l'abbé ou ses prédécesseurs, en sont exempts et exceptés.

Item. Y aura chacun an recepveur, lequel administrera toute la despense et mise de ladite ville par les consuls et desliberations desdits consuls et conseillers.

Item. Ledit recepveur sera tenu de rendre compte auxdits consuls et conseillers de la despense que aura faicte un chacun moys, par la deslibération desdits consuls et conseillers; et de là faire signer de leur consentement au greffe dudit consulat, en la présence desdits quinze personnaiges dessus nommés.

Item. Ne sera rien alloué audit recepveur, sinon qu'il monstre quittance des personnes à qui aura faict payement ou descharge par ladite ville.

Item. Ledit recepveur aura ses gaiges raisonnables parmy ce qu'il fera lès deniers bons, et gardera la ville de despense. Et à cè sera préféré céllui qui a meilleur marché le vouldra faire, mais qu'il soit solvable, ou qu'il baille bonnes pleiges et cautions, et que ledit recepveur ne soit consul.

Item. Au regard de l'entrée de ladite ville, sera baillée par manière de accense, au plus offrant et dernier enchérisseur. Et l'argent dudit assensement viendra ez mains dudit recepveur, lequel exposera et mettra l'argent de ladite entrée ez réparations de ladite ville, là où sera advisé par lesdits consuls et conseillers, et, sellon leurs priviléges, avec lesdits quinze personnaiges, sinon que autrement fut advisé par les dessus nommés qu'il fust plus expédient de lever ladite entrée par la main de ladite ville, que par manière de accense. Auquel cas aussi sera levée par la main dudit recepveur, comme les autres deniers, et y sera mis contreroolleur qui tiendra le signet, et le portier de ladite ville qui recepvra lesdits signets, et fera son livre, et tous feront serment de loyaument servir en leurs offices et iceulx exercer. Et se lèvera vingt sols pour muy sur ceulx qui le vendront, comme est acoustumé; et dix sols pour muy sur ceulx qui le despendront et beuvront en leurs maisons. Retenu toutesfois que quant ladite communaulté vouldra oster cette charge de sur elle, ils la pourront ouster.

Item. Lesdits consuls ne pourront faire mise ne despense, ou faire faire audit recepveur par une mesme chause, de trente sols en sus, sans consentement dudit conseil, sur peyne de recouvrer sur eulx, sinon qu'il soit le payement des tailles ou des causes ordinaires.

Item. Que lesdits consuls et conseillers ne pourront faire faire aucune despense ou mise extraordinaire audit recepveur de dix livres en sus, sans appeler lesdits quinze personnaiges et leur consentement, sinon des choses dessus dites.

Item. Toutes les deslibérations qui se feront audit consulat, seront enregistrées par le greffier dudit consulat, affin que en temps et lieu se puissent trouver audit consulat. Et aussi les livres desdites tailles seront signés de la main dudit greffier du consentement desdits consuls et conseillers et desdits quinze personnaiges dessus nommés.

Item. Toutes pensions qui seroient acoutumées en ladite ville, tant des clercs comme d'autres, cesseront doresenavant, sinon que autrement soit advisé par lesdits consuls et conseillers de ladite ville, et lesdits quinze personnaiges dessus nommés, pour le prouffit et utilité du bien commun de ladite ville. Et en icelluy cas, sera faicte par certain temps et non perpétuellement.

Item. Seront tenus lesdits consuls et recepveur de rendre leurs comptes de toute leur recepte et leur despense dedans trois moys, après que seront issuz de consuls, aux consuls et conseillers qui viendront après eux, appelez avecque eulx lesdits quinze personnaiges, sur peyne de cent livres à appliquer au prouffit et utilité de ladite communaulté, et d'estre privez de non estre jamais consuls ni conseillers, sinon qu'il y eust chose suffisante, et en icelluy cas, leur sera prolongé le terme qu'il sera advis aux dessus dit.

Item. Rendus lesdits comptes, s'il y a aucun reliqua, il sera baillé ez mains dudit recepveur qui y sera mis de nouveau, pour en faire recepte et despense. Et si parmi lesdits comptes appert que iceulx consuls ayent plus despendu que reçu, lesdits consuls nouveaulx feront respondre de leur dû audit recepveur.

Item. Seront tenus lesdits consuls et recepveur, quand auront rendus les comptes de prendre quittance de leurs œuvres et de leurs comptes desdits consuls et conseillers, et desdits quinze personnaiges à qui les rendront.

Ainsi signé et soubscript: H. de Boyssadel, présent aux choses ci-dessus, et scellé de cire verte suspendue à une double queue.

FIN DU TOME DEUXIÈME.

TABLE DES MATIÈRES

Contenues dans le second volume.

———

FIN DE LA TABLE.

TABLE ALPHABÉTIQUE

DE L'HISTOIRE

DES INSTITUTIONS DE L'AUVERGNE

———

Le chiffre romain indique le volume, et le chiffre arabe la page.

———

A

ARNAUD (*Antoine*), Jurisconsulte, né en Auvergne, II. 168.

ARNAUD (*Antoine*), avocat éloquent, né à Riom, II. 175.

ARRIÈRE-BAN. — Voy. *Ban.*

ARSENAL. — Celui de Clermont, au XVe siècle, I. 326.

ARTAUD. — Avocat à Clermont, II. 196. — Ses travaux, *ibid.*

ARTILLERIE. — Voy. *Arsenal.*

ARVERNES. — Quelle partie de la Celtique ce peuple occupait, I. 2. — Origine des Arvernes, I. 3. — Leur ancienne puissance, I. 4. — Ils disputent longtemps aux Eduens la suprématie des confédérations, I. 4 et suiv. — Leur organisation politique, au moment de la conquête romaine, I. 50 et suiv. — Voy. *Arvernie, Constitution politique, Droit, Droit romain, Peuples libres, Régime municipal, Royauté, Sénat.*

ARVERNIE. — Etymologie de ce nom, I. 2. — Limites de cette contrée au moment de la conquête romaine, I. 2 et suiv. — Comprise, après la division faite par Auguste, dans la nouvelle circonscription, qui ajoutait à l'ancienne Aquitaine douze peuples de la Gaule, I. 45. — Fait ensuite partie de la première Aquitaine, I. 46. — Conserve son ancien nom celtique, I. 47. Sa situation territoriale et politique pendant les périodes mérovingienne et carlovingienne, I. 123 et suiv. — Entre dans l'Aquitaine Austrasienne, I. 126. — Voy. *Auvergne.*

ASSÉEUR. — Ce que c'était, II. 57. Voy. *Impôts.*

ASSEMBLÉE. — Le droit de s'assembler était une des plus précieuses prérogatives des consulats, I. 286. — Dans quels lieux de l'Auvergne ce droit était interdit, I. 286 et suiv.; 292. — Accordé d'une manière expresse par la plupart des chartes de cette contrée, I. 287. — Droit accordé aux habitants de Salers, et à ceux du Haut pays, en général, de s'assembler pour la nomination des luminiers, I. 292.

ASSEMBLÉE PROVINCIALE. — Projet de Turgot, II. 33 et suiv. — Mémoire de Necker, II. 35 et suiv. — Réforme proposée par Necker appliquée partiellement, II. 36. — Discours de Calonne, *ibid.* — Assemblées provinciales créées par l'édit de juin 1787, *ibid.* — Assemblée de la Généralité de Riom instituée pour la Haute et la Basse-Auvergne, *ibid.* — Assemblées municipales, *ibid.* — Assemblées d'Election, *ibid.* — Assemblée provinciale d'Auvergne, II. 37. — Nomination de ses membres, *ibid.* — Sa réunion, *ibid.* — Sa composition, *ibid.* — Fixation de sa durée, *ibid.* — Ses principales attributions, *ibid.* — Exécution de ses délibérations, II. 38. — Commission intermédiaire, *ibid.* — Ses attributions, *ibid.* — Procureurs syndics, *ibid.* — Leurs fonctions, *ibid.* — Rôle de l'intendant, *ibid.* — Réunion préliminaire du 15 août 1787, *ibid.* — Entrée en fonctions de la Commission intermédiaire, *ibid.* — Réunion de l'Assemblée provinciale, du 8 novembre 1787, *ibid.* — Cessation de ses séances, *ibid.* — Nouvelle entrée en fonctions de la Commission intermédiaire, II, 38, 39. — Sa dernière séance, II. 40. — Observations sur les Assemblées provinciales, II. 40 et suiv.

ASSISES. — Celles des baillis royaux, I. 464. — Lieux où elles devaient être tenues, I. 491. — Qui siégeait aux assises du bailli de la Basse ou de la Haute-Auvergne, I. 491 et suiv. — Epoques de leurs sessions, I. 491. — Par qui le Sénéchal était accompagné, aux assises, pendant l'apanage du duc de Berry,

més, II. 117. — Disposition de l'ordonnance du 21 octobre 1467, *ibid.* — Commencent à déchoir de leur autorité sous François Ier, II. 118 et suiv. — Pouvoirs des baillis restreints dans les temps modernes, II. 13. — Voy. *Baillage, Baillie, Baylies, Prévôtés.*

BAILLIAGE. — Bailliages royaux de l'Auvergne dans les temps modernes, II. 128 et suiv. — Celui de Montaigut-en-Combraille, *ibid.* — Sa composition, *ibid.* — Bailliage de Salers, II. 129. — Sa composition, *ibid.* — Bailliage de Vic-en-Carladès, *ibid.* — Sa composition, *ibid.* — Bailliage de Saint-Flour, *ibid.* — Son ressort et sa composition, II. 129, 130. — Voy. *Appel, Baillie.*

BAILLIE. — Celle de la Haute-Auvergne, I. 482. — Epoque de l'établissement du bailli dans la Haute Auvergne, I. 481 et suiv. — Noms de plusieurs baillis de cette contrée, *ibid.* — Traitement du Bailli Geoffroy de Montirel, I. 482. — Devant qui étaient portés les appels des sentences des baillis de la Haute-Auvergne, I. 483. — Noms des baillis de la Haute-Auvergne, de 1284 à 1307, I. 488. — Baillie de cette contrée soumise à une organisation particulière, I. 482. — Etendue de cette juridiction, de 1271 à 1360, I. 488. — Etablissement des baillages de Saint-Martin-Valmeroux et Andelat, pendant l'apanage du duc de Berry, I. 500.

BAN. — Le ban, au XIVe siècle, I. 325. — Ban d'Auvergne de 1304, *ibid.* — Qui avait le droit de faire *arierebans*, d'après l'ordonnance de 1356, *ibid.* — Convocation du ban et de l'arrière-ban faite par les rois dans des cas graves, I. 327. — Les convocations du ban et de l'arrière-ban de l'Auvergne, en 1472, 1475, 1479, 1480, et 1512, I. 329. — Elles deviennent de plus en plus rares, I. 330. — Colonel général

et revue annuelle sous François Ier, *ibid.* — Exemptions pendant le XVe siècle et les siècles suivants, *ibid.* — Décadence de l'arrière-ban au XVIe siècle, *ibid.* — A quelle époque cessèrent les convocations du ban et de l'arrière-ban, I. 331.

BANALITÉ. — Quel était ce droit, I. 427. — Le droit de banvin, selon les chartes de l'Auvergne, I. 427 et suiv. — Banalité des fours et moulins en Auvergne, I. 428 et suiv. — Le fournage, I. 428. — Les bans de vendanges, selon les chartes de l'Auvergne, I. 429.

BANDIE. — Droit seigneurial, en Auvergne, I. 433.

BANVIN. — Voy. *Banalité.*

BARANTE (*Amable-Guillaume-Prosper Brugière de*). — Historien et publiciste, né à Riom, II. 224 et suiv. — Ses travaux, II. 225 et suiv. — Appréciation de ses principales œuvres, *ibid.*

BARDE. — Voy. *Druidisme.*

BARON. — Rang du baron dans la hiérarchie féodale, I. 212.

BARREAU. — Celui de l'Auvergne, au moyen-âge, I. 504 et suiv. — Observations sur les origines de l'ordre des avocats, I. 504, 505. — Discipline du barreau, I. 506. — Tableau, *ibid.* — Stage, *ibid.* — Avocats du roi, *ibid.* — Considérations sur le barreau d'Auvergne, à la même époque, I. 507 et suiv. — Langage, *ibid.* — Voy. *Assistance judiciaire, Procureur.*

BASMAISON-POUGNET (*Jean de*). — Jurisconsulte de l'Auvergne, II. 177 et suiv. — Sa vie, ses travaux, *ibid.*

BASOLUS. — Gouverneur de l'Auvergne, I. 123. — Révolte dans ce pays pendant son gouvernement, I. 123 et suiv.

BATARD. — Voy. *Droit de bâtardise.*

BATARDISE (Droit de). — Droit des seigneurs sur la succession des bâtards, I. 425. — Incapacité des bâtards, *ibid.*

BAYLE. — Voy. *Baylies.*

D

DALLET. — Voy. *Chartes.*

DANTY. — Jurisconsulte, né à Murat, II. 200.

DAUPHINÉ D'AUVERGNE. — Ce qu'il comprenait, I. 227.

DÉCURIONS. — Diverses espèces, I. 87.

DÉFENSEUR. — Son existence dans la cité Arverne, I. 90. — Origine, caractère, nomination et attributions du défenseur, I. 90 et suiv., 119. — Voy. *Juridiction.*

DÉLITS MILITAIRES. — Par qui étaient punis les délits militaires en Arvernie, I. 27.

DÉMEMBREMENT. — Défense de démembrer le fief, I. 397.

DÉNOMBREMENT. — Ce qu'on entendait par cet acte, en matière de fief, I. 391. — Comment il était appelé en Auvergne, *ibid.*

DÉSHÉRENCE. — Droit des seigneurs sur les successions en déshérence, I. 425.

DÎME. — Son origine et son établissement, I. 138. — Peines prononcées contre ceux qui refusaient de la payer, I. 139. — Sur quels objets elle était perçue, *ibid.* — Répugnance des populations à payer ce tribut, I. 139. — Dîmes inféodées, I. 436 et suiv. — Origine de ces dîmes, *ibid.* — Quand elles disparurent, I. 437. — La dîme considérée comme un impôt direct en nature, II. 66. — Voy. *Concile, Synode.*

DIOCÈSE. — Formation du diocèse de St-Flour, en 1317, I. 240. — Deux diocèses en Auvergne, I. 240, 241.

DOMAINE. — Domaine direct, domaine utile, sous le droit féodal, I. 379.

DOMAT (*Jean*). — Célèbre jurisconsulte né à Clermont, II. 187 et suiv. — Sa vie, ses travaux, *ibid.* — Appréciation de l'œuvre de Domat, II. 189 et suiv.

DOMINICAINS. — Se maintiennent dans les faveurs du clergé, I. 245.

— Sont chargés de l'inquisition dans les Etats d'Alfonse, *ibid.*

DOT. — Voy. *Coutume d'Auvergne.*

DOUAIRE. — Voy. *Coutume d'Auvergne.*

DOUBLE LIEN. — Privilége du double lien, II. 105. — Voy. *Coutume d'Auvergne.*

DONATION. — Voy. *Coutume d'Auvergne.*

DOYENNÉ. — Celui de Mauriac, II. 74.

DROIT. — Etat du droit et de sa culture scientifique chez les Arvernes, à l'époque de la conquête romaine, I. 30 et suiv. — N'était pas écrit, I. 38. — Sa destinée après la conquête, I. 38 et suiv., 43, 51. — A quelle époque l'Arvernie a abandonné son droit pour adopter le régime civil romain, I. 50, 51, 52. — Sources du droit de l'Arvernie, au temps de son autonomie, I. 51 et suiv.

DROIT CIVIL. — Condition des personnes, constitution de la famille et de la propriété chez les Arvernes, à l'époque de la conquête romaine, I. 31.

DROIT COUTUMIER. — Distinction du droit coutumier et du droit écrit faite par plusieurs chartes de l'Auvergne, I. 279. — Origine de cette distinction, I. 441 et suiv. — Observations sur l'existence du droit coutumier et du droit écrit en Auvergne, I. 442. — Mélange remarquable de ces deux lois dans cette contrée, *ibid.* — Explication de cette bigarrure, I. 445 et suiv. — Quels étaient les pays de droit coutumier en Auvergne, *ibid.* — Plus nombreux dans la Basse Auvergne que dans le Haut Pays, I. 443. — Le droit coutumier est essentiellement provincial, II. 6 et suiv.

DROIT ÉCRIT. — Quels étaient les pays de droit écrit en Auvergne, I. 442 et suiv. — Plus nombreux

Leurs attributions, I. 478, 479, 480.

EPAVE. — A qui appartenait le bénéfice des épaves sous le régime féodal, I. 424.

EPISCOPAT. — Droit d'élection des évêques proclamé par Charlemagne, I. 136.

ÈRE MODERNE. — Observations préliminaires sur les temps modernes, II. 5 et suiv.

ESCLAVAGE. — Diminution de l'esclavage romain sous la seconde race, I. 157. — Voy. *Esclave.*

ESCLAVE. — Pourquoi les esclaves ordinaires étaient peu nombreux en Arvernie, à l'époque de la conquête romaine, I. 31. — Les esclaves, en Arvernie, aux IVe et Ve siècles, I. 72.

ESUS. — Voy. *Druidisme.*

ETABLISSEMENTS. — Influence des Etablissements de St-Louis sur les chartes de l'Auvergne, I. 303 et suiv. — Leur application restreinte par les coutumes locales, I. 305.

ETATS D'AUVERGNE. — Voy. *Etats provinciaux.*

ETATS GÉNÉRAUX. — Commencements de ces grandes assemblées nationales, I. 306 et suiv.

ETATS PROVINCIAUX. — Tradition des assemblées de province conservée dans le midi de la France, I. 306. — Origine et institution des Etats provinciaux, I. 309 et suiv. — Etats de l'Auvergne, et diverses tenues de ces Etats, I. 311 et suiv. — Résolutions des Etats de Clermont du 29 décembre 1356, *ibid.* — Dévouement et patriotisme des Etats d'Auvergne, I. 311, 313, 314, 315, 322. — Composition de ces Etats, I. 316. — Assemblées, lieu et objet de leur réunion, I. 318. — Convocation et tenue des Etats provinciaux pour l'envoi des représentants aux Etats généraux, I. 319. — Titres et documents concernant les Etats d'Auvergne, I. 316. — Règles relatives à leurs délibérations et résolutions, I. 322. — Etats de la province d'Auvergne dans les temps modernes, II. 25 et suiv. — Les députés des bonnes villes conservent le privilège de représenter seuls le Tiers-Etat, II. 25 et suiv. — Organisation, II. 27. — Attributions, II. 27, 28. — Convocation, II. 28. — Assemblées pour la députation aux Etats Généraux, II. 28 et suiv. — Suppression des Etats de l'Auvergne, II. 29 et suiv. — Voy. *Bonnes Villes.*

EUBAGE. — Voy. *Druidisme.*

EUDES. — Sa campagne en Aquitaine, I. 131. — Sa campagne en Arvernie, *ibid.*

EUDON. — Célèbre duc d'Aquitaine, I. 127. — A en son pouvoir toute l'Aquitaine orientale, dans laquelle se trouvait l'Arvernie, I. 127.

EVÊCHÉ. — La province d'Auvergne divisée en deux évêchés, celui de Clermont et celui de St-Flour, I. 240; II. 69.

EVÊQUES. — Intervention des rois dans leur nomination, I. 134. — Despotisme épiscopal, I. 135. — Anarchie de l'aristocratie épiscopale, au VIIe siècle, I. 136. — Lutte des prêtres de paroisse contre les évêques, I. 136. — Lutte des évêques et des comtes en Arvernie, I. 137. — Les évêques établis par Charlemagne comme magistrats égaux et même supérieurs aux comtes, I. 137. — Devenus comtes souverains de la cité sous la seconde race, I. 232. — Lutte entre les évêques et les seigneurs en Auvergne, au XIIe siècle, I. 236 et suiv. — Les évêques étaient tous guerriers, I. 237. — Voy. *Episcopat.*

EVODIUS. — Comte de l'Arvernie, I. 108.

EXEMPTS. — Qui statuait sur les causes des exempts de la juridiction seigneuriale, pendant l'a-

II. 86. — Direction de l'Hôtel-Dieu de Clermont, à partir de de la seconde moitié du XVIe siècle, *ibid.* — Composition des commissions, *ibid.* — Administration de l'Hôtel-Dieu de Riom, *ibid.* — Administration de l'hôpital général de la même ville, *ibid.*

HOSPICE. — Voy. *Cordeliers.*

HOSPITALITÉ. — Celle qui était exercée par les communautés agricoles de l'Auvergne, I. 361.

HOSTILITIUM. — En quoi consistait cette prestation de guerre, I. 204.

I

ICIODORE. — Voy. *Issoire.*

IMMEUBLES. — Voy. *Coutume d'Auvergne.*

IMMUNITÉ. — Caractère de l'immunité sous les deux premières races, I. 200. — Les immunités du Monastère de Manglieu, *ibid.* — Droits remis à l'immuniste sous la troisième race, *ibid.*

IMPÔTS. — Régime des impôts en Arvernie, à l'époque gallo-romaine, I. 96 et suiv. — Système des impôts auquel les provinces étaient soumises sous la République romaine, I. 96. — Sous l'Empire I. 97. — Si les provinces jouissant du droit italique conservèrent leur immunité après l'introduction de l'impôt en Italie, I. 97 et suiv. — Si les cités libres furent, à cette époque, privées de la même immunité, I. 98. — L'impôt en Italie et dans les provinces, sous les empereurs chrétiens, *ibid.* — L'impôt foncier, sa répartition, son assiette, I. 99 et suiv. — L'impôt personnel, I. 101. — Sur qui pesait cette contribution, *ibid.* — Impôt sur les bestiaux, *ibid.* — A qui le recouvrement de l'impôt était confié, à la même époque, I. 202. — Responsabilité de la Curie, *ibid.* —

Persistance de l'impôt romain dans la Gaule mérovingienne. I. 205. — Existence de l'impôt territorial en Arvernie, à la même époque, I. 206 et suiv. — L'impôt par tête maintenu dans cette contrée, sous les Mérovingiens, I. 207. — Droit sur les pâturages et forêts, en Arvernie, *ibid.* — Ce que devinrent les impositions publiques sous la seconde dynastie, I. 208 et suiv. — Impôts de l'Auvergne pendant la féodalité, 332 et suiv. — Taille du roi, I. 332 et 334. — Le fouage, en Auvergne, au XIVe siècle, I. 333 et suiv. — Origine du fouage, I. 207. — Recensement des feux ordonné par Charles V, I. 334. — Opération de la répartition de la taille par paroisses, *ibid.* — Réductions des fouages en faveur de la ville d'Aigueperse, I. 335 et suiv. — En faveur de Clermont, I. 334. — Opérations, en Auvergne, au XVe siècle, pour établir un impôt et le mettre en perception, I. 336 et suiv. — Subsides devenus annuels, I. 337. — Tailles devenues permanentes, *ibid.* — Privilége de l'impôt foncier, vers la fin du XIVe siècle, I. 338. — Personnes exemptes de la taille, I. 338 et suiv. — Aides, 339 et suiv. — A quelle époque les aides devinrent permanentes, *ibid.* — Exemptions et suppression des aides en Auvergne, I. 340, II. 64. — Impôts dans les temps modernes, II. 55 et suiv. — Mode d'assiette et de recouvrement de la taille, au XVIe siècle, II. 57 et suiv. — Dans le siècle suivant, II. 58. — Qui avait la direction de la dresse du brevet de la taille *ibid.* — Inconvénients et abus de la répartition et de la perception, II. 59. — Injustices et inégalités résultant des immunités admises par la loi, *ibid.* — Élévation successive de la taille, surtout depuis

L

LAROCHE. — Voy. *Charles.*

LARONADE (*Jean-André de*). — Auteur d'un Commentaire inédit sur la Coutume d'Auvergne, II. 180 et suiv.

LÉGIONS PROVINCIALES. — Instituées sous François Ier, I. 329. — L'Auvergne formait, avec le Dauphiné, la Provence et le Lyonnais, une des sept légions provinciales, I. 329. — Cette institution diversement appréciée, *ibid.*

LÉGISLATION. — Celle de l'Arvernie, du VIe siècle à la fin du Xe, I. 146. — Celle des chartes de l'Auvergne, I. 293 et suiv. — Dispositions de ces chartes en matière de droit privé, I. 293, 294, 295, 296. — En matière de procédure civile, I. 297. — En matière de droit pénal, de police et de procédure criminelle, I. 299 et suiv.

LÉGITIME. — Voy. *Coutume d'Auvergne.*

LÉPREUX. — Voy. *Léproseries.*

LÉPROSERIES. — Celles de l'Auvergne, au moyen-âge, I. 356 et suiv. — Formalités suivies contre les personnes soupçonnées d'être atteintes de la lèpre, I. 357 et suiv.

LÈTES. — Ce qu'était cette population, I. 77 et suiv. — Ceux de l'Arvernie, I. 77.

LEYDE. — Droit perçu par les seigneurs sur la vente des denrées et marchandises dans les foires et marchés, I. 429 et suiv. — La leyde du blé et des autres grains, I. 429 et suiv. — Tarifs des chartes de l'Auvergne, I. 430 et suiv. — Par qui le droit de leyde était dû, I. 431.

LEZOUX. — Voy. *Charles.*

L'HÔPITAL (*Michel de*). — Né à Aigueperse, II. 168. — Sa conduite politique, II. 169 et suiv. — Son noble caractère, II. 170. — Son génie organisateur, *ibid.* Sa sollicitude pour la bonne

administration de la justice, II. 170 et suiv. — Ses travaux scientifiques et littéraires, II. 171. — Sa mort, *ibid.*

LIEUTENANT CRIMINEL. — Celui de la Sénéchaussée d'Auvergne, II. 122.

LIEUTENANT DU ROI. — Officier établi sous François Ier, II. 14. — Lieutenants du roi dans le gouvernement d'Auvergne, sous Charles IX, II. 14 et 15. — Depuis Henri IV, jusqu'en 1692, II. 15. — Nouvelles charges créées en 1692, *ibid.* — Lieutenants généraux, *ibid.*

LIEUTENANT GÉNÉRAL. — Celui de la Sénéchaussée, II. 118. — Son autorité, II. 119.

LIEUTENANT PARTICULIER. — Celui de la Sénéchaussée, II. 118. — Celui qui était l'assesseur du lieutenant criminel, II. 123.

LIZET (*Pierre*). — Jurisconsulte et magistrat, né en Auvergne, II. 166. — Sa vie et ses travaux, II. 166 et suiv.

LODS ET VENTES. — Droit payé lors de la vente d'un immeuble tenu en censive, I. 404, 431. — A qui il était payé, *ibid.* — Taux de ce droit dans la Haute-Auvergne, I. 432. — Dans la Basse-Auvergne, *ibid.* — Par qui il était payé, *ibid.*

LOI PERSONNELLE. — Observations sur la personnalité de la loi romaine, en Arvernie, sous l'Empire franc, I. 148 et suiv.

LOUIS XI. — Ses égards pour les institutions municipales, I. 287. Droits municipaux accordés par ce prince à la ville de Clermont, et à celle d'Aigueperse, I. 287 et suiv.

LUERIUS. — Ordinairement cité comme roi de l'Arvernie, I. 15.

LUMINIER. — Droit accordé à la ville de Salers d'avoir des luminiers, I. 292. — Voy. *Assemblée.*

M

MAGISTRAT.—Par qui le magistrat suprême de l'Arvernie était nommé, I. 16. — Portait-il le nom de *Vergobret? ibid.*

MAINMORTABLE. — Voy. *Main-morte.*

MAIN-MORTE. — Condition intermédiaire entre la servitude et la franchise, I. 159, 408 et suiv. —Hérédité des mainmortables, I. 409. — Diverses espèces de main-morte, I. 410. — Main-morte réelle, la plus générale, *ibid.* — A quelle époque la main-morte cessa en Auvergne, I. 410 et suiv. — Ses caractères, d'après la transaction de Montboissier, en 1403, et selon Masuer, I. 410 et suiv.—Principes de la Coutume d'Auvergne, I. 412.— Droit de suite conservé dans le pays de Combraille, *ibid.* — Ce qu'on appelait, dans un autre sens, *gens de main-morte,* I. 439. — Voy. *Amortissement.*

MAÎTRISE. — Maîtrise des eaux et forêts, II. 143. — Origines, II. 143 et suiv. — Maîtrises de l'Auvergne, *ibid.*—Composition, *ibid.* — Compétence, II. 144 et suiv.— Appel, II. 145.

MAJORITÉ. — Voy. *Coutume d'Auvergne.*

MALADRERIES.— Leur suppression et leur réunion à l'Hôtel-Dieu de la ville la plus proche, II. 85. — Voy. *Hôpital, Léproseries.*

MALOUET (*Pierre-Victor*).—Homme politique, né à Riom, II. 209 et suiv.— Sa vie et ses travaux, *ibid.*

MALTE. — Voy. *Langue.*

MANGLIEU. — Voy. *Ecole, Immunité, Monastères.*

MANSE. — Ce qu'on entendait par ce mot, sous l'Empire franc, I. 171 et suiv. — Manse domanial ou seigneurial, I. 172. — Manse tributaire, *ibid.* — Déclin du système de la division des propriétés territoriales en

manses, I. 172. — Leur désorganisation, *ibid.* — Nombreuses traces de l'organisation primitive dans la Basse-Auvergne, I. 172 et suiv.—Voy. *Casa, Cella, Colonia.*

MARCHÉS. — Leur antiquité, I. 369 et suiv. — Dispositions des chartes de l'Auvergne, I. 370.— Voy. *Foires.*

MARÉCHAUSSÉE.— Ce que c'était, II. 145. — Prévôté de la Maréchaussée d'Auvergne, *ibid.* — Sa composition, *ibid.* — Compétence, II. 145 et suiv. — Vices de l'institution des prévôts de la Maréchaussée, II. 146. — Abolition des Maréchaussées, *ibid.*

MARILLAC (*Charles de*). — Avocat, puis archevêque, né à Aigueperse, II. 172.

MARILLAC (*Gilbert de*). — Jurisconsulte et magistrat, né à Aigueperse, II. 172.

MARINGUES. — Voy. *Chartes.*

MARTIAL D'AUVERGNE.—Issu d'une famille originaire de l'Auvergne, II. 163 et suiv.

MASCULINITÉ. — Voy. *Coutume d'Auvergne.*

MASUER (*Jehan*). — Coutumier de l'Auvergne, I. 449 et suiv. — Auteur de la *Practica forensis,* I. 449 et suiv. — Date de sa mort, I. 449.— Voy. *Coutumier.*

MASUER (*Pierre*). — Jurisconsulte de l'Auvergne du XIVe siècle, II. 160.

MATHAREL (*Antoine de*). — Jurisconsulte né en Auvergne, II. 172.

MAURIAC. — Voy. *Chartes, Monastères.*

MAURS. — Voy. *Chartes.*

MEINSAC. — Voy. *Monastères.*

MENAT. — Voy. *Monastères.*

MENDICITÉ. — Voy. *Paupérisme.*

MERCURE. — Le Dieu le plus vénéré des Arvernes, I. 19.

MESURE.— Diverses mesures territoriales mentionnées dans le Cartulaire de Sauxillanges, I. 176. Voy. *Poids.*

N

mont, II. 42, 43. — Conseil de ville, II. 43. — Organisation de la municipalité de Riom par l'arrêt du 16 juin 1691, II. 43 et suiv. — Assemblées générales, II. 44. — Composition du conseil de ville, *ibid.* — Greffiers et procureurs du roi héréditaires, *ibid.* — Dispositions de l'édit d'août 1692, II. 45 et suiv. — Création de maires en titre d'office, *ibid.* — Droits et prérogatives des maires perpétuels, II. 46 et suiv. — Conseillers ou assesseurs créés en titre d'office héréditaire, II. 47. — Leurs droits et prérogatives, *ibid.* — Syndic perpétuel, *ibid.* — Lieutenant de maire, *ibid.* — Places d'échevins érigées en titre d'office, *ibid.* — Création d'un maire perpétuel et d'un lieutenant de maire, alternatifs et triennaux, *ibid.* — Motifs de toutes les mesures précédentes, II. 48. — Autorisation de rembourser les offices de maire et de lieutenant de maire, *ibid.* — Délibération de la ville d'Aigueperse à ce sujet, II. 48, 49. — Restauration de l'ancien ordre municipal, II. 49. — Offices municipaux de nouveau mis en vente par le Régent, II. 49 et suiv. — Offices de nouveau supprimés, II. 50. — Puis rétablis, *ibid.* — Puis encore supprimés, *ibid.* — Droit d'élection restitué aux villes et communautés par les édits de 1764 et 1765, mais restreint et altéré, II. 50 et suiv. — Corps de ville, II. 50. — Assemblée des notables, II. 50, 51. — Régime particulier en faveur du duc d'Orléans, II. 51 et 52. — Rétablissement de la vénalité des offices municipaux par l'édit de 1771, II. 52 et suiv. — Composition du corps de ville de Riom depuis cet édit, II. 52. — Composition du corps de ville de Clermont, *ibid.* — Plaintes des officiers municipaux de cette

ville adressées, en 1788, au ministre et secrétaire d'Etat de Villedeuil, II. 52, 53. — Observations générales sur l'administration municipale, au XVIIIᵉ siècle, II. 53 et suiv. — Voy. *Consul, Consulat, Municipalité, Municipal, Municipe, Régime consulaire.*

RELIEF. — Droit de relief généralement inconnu en Auvergne, I. 396. — Voy. *Fief.*

RELIGION. — Celle des Arvernes avant la conquête romaine, I. 19 et suiv. — Voy. *Christianisme, Druidisme, Eglise, Génie, Mercure, Polythéisme.*

REPRÉSENTATION. — Voy. *Coutume d'Auvergne.*

RETRAIT CENSUEL. — Ce que c'était, I. 404, Voy. *Surjet.*

RETRAIT FÉODAL. — Ce que c'était, I. 396. — Son origine *ibid.*

RETRAIT LIGNAGER. — Ce que c'était, I. 406 et suiv. — Existait dans les plus anciennes coutumes de l'Auvergne, I. 406 et suiv. — A quels biens il s'appliquait, I. 407. — Voy. *Coutume d'Auvergne.*

RIGAULT (*Antoine*). — Jurisconsulte d'Auvergne, II. 185. — Auteur d'un traité latin *Des Prescriptions, ibid.*

RIOM. — Voy. *Chartes, Ecole, Hôpital.*

ROCHEFORT. — Voy. *Hôpital.*

ROLLAND (*Jean*). — Jurisconsulte de l'Auvergne du XIVᵉ siècle, II. 160 et suiv.

ROQUEBROU (LA). — Voy. *Chartes.*

ROUTIERS. — Ce que c'était, I. 327. Leurs incursions en Auvergne à diverses époques, *ibid.*

ROYAUTÉ. — A quelle époque elle a existé en Arvernie, I. 13 et suiv. — La monarchie était-elle déjà ancienne dans cette contrée avant la première apparition des Romains dans la Gaule? *ibid.* Luerius et Bituit les deux seuls rois cités par les historiens, I. 14. — Caractère de la royauté

Communautés agricoles, Mainmortables.

TERRE D'AUVERGNE. — Réunie à la couronne après la mort d'Alfonse, I. 229. — Donnée en apanage au duc de Berry, I. 229. — Voy. *Comté d'Auvergne.*

TERRES. — Condition des terres de l'Arvernie, pendant son autonomie, I. 49, 79 et suiv.—Leur condition, aux IVᵉ et Vᵉ siècles, I. 79 et suiv.—Terres létiques, en Arvernie, I. 80. — Fonds vectigaliens, emphytéotiques, à la même époque, I. 81. — Condition des terres sous les deux premières dynasties, I. 165 et suiv.—Voy. *Aleu, Bénéfices, Propriété.*

TESTAMENT. — Droit de tester accordé aux bourgeois par plusieurs chartes de l'Auvergne, I. 407. — Voy. *Coutume d'Auvergne.*

THIERRY. — A dans son lot, en Aquitaine, l'Arvernie avec d'autres contrées, I. 123.

THIERS. — Voy. *Chartes.*

TIERS-ÉTAT. — Comment celui de la province d'Auvergne était représenté, I. 316 et suiv. — Voy. *Bonnes villes, Etats provinciaux.*

TORTURE. — Abolie par la Charte de Montferrand, I. 303.

TRÈVE DE DIEU. — Est l'objet du concile de Clermont de 1095, I. 233.

TRIBUN.— Sens du mot *Tribunus* pendant la période mérovingienne, I. 185.

TRIBUNAUX. — Voy. *Organisation judiciaire.*

TUSCHINS. — Bandes de paysans auvergnats révoltés en 1384, I. 214.

TUTELLE.— Voy. *Coutume d'Auvergne.*

U

UNIVERSITÉ. — Universités provinciales fondées à diverses époques, I. 354. — L'école de Riom n'était pas une université, I. 353 et suiv. — Voy. *Instruction.*

USAGES. — Ceux de l'Arvernie maintenus par le Code d'Alaric, I. 153.

USTENSILE.— Impôt appelé ustensile d'infanterie et de cavalerie, II. 61. — Voy. *Impôts.*

V

VACANTS. — Droit des seigneurs sur les vacants, I. 424. — Dispositions de quelques chartes de l'Auvergne sur certains vacants, *ibid.*

VAIR (*Jean du*). — Jurisconsulte né en Auvergne, II. 174.

VAVASSEUR. — Ce que c'était, I. 212.

VAZEILLES. — Jurisconsulte né à Riom, II. 207 et suiv.—Ses travaux, *ibid.*

VELAUNES. — Peuplade soumise aux Arvernes, I. 4.

VERCINGÉTORIX. — Sa mort, I. 45.

VERGOBRET. — Voy. *Magistrat.*

VERNYES (*Jean de*). — Président à la cour des aides de Clermont, II. 175. — Né à Salers, *ibid.* — Ses mémoires, *ibid.*

VICAIRE. — Voy. *Gaule, Vicairie.*

VICAIRIE. — Division administrative du comté, I. 180. — Les vicairies de la Basse-Auvergne, I. 180 et suiv. — Celles de la Haute-Auvergne, I. 182.

VIC-EN-CARLADÈS.—Voy. *Bailliage.*

VIC-LE-COMTE.—Capitale du comté d'Auvergne, I. 228.

VICOMTE.—Quel degré il occupait dans la hiérarchie féodale, I. 212.

VICTORIUS.—Comte de l'Arvernie, I. 107.

VIGERIE. — Droit seigneurial, en Auvergne, I. 433.

FIN DE LA TABLE ALPHABÉTIQUE.

ERRATA.

PREMIER VOLUME.

Page 336, ligne 6, au lieu de : *avait mis,* lisez : *avaient mis.*
— 488, note 4, — *chartiers,* — *chartriers.*

DEUXIÈME VOLUME.

Page 8, ligne 11, au lieu de : *publiscites,* lisez : *publicistes.*
— 13, — 3, — *divisée,* — *divisé.*
— 17, — 26, — *sous le non,* — *sous le nom.*
— 80, — 5, — *Cermont,* — *Clermont.*
— 91, — 23, — *ni inspecteur,* — *ni inspection sérieuse*
— 96, — 10, — *Baillages,* — *Bailliages.*
— 112, — 8, — *ou,* — *où.*
— 140, — 7, — *élections, compétence,* — *élections compétence*
— 144, — 19, — *plus ensuite que,* — *plus que.*
— 149, — 18, — *et l'existence,* — *ou l'existence.*
— 152, — 17, — *à Mortier,* — *à mortier.*
— 170, — 14, — *par le succès,* — *de succès.*
— 177, — 14, — *politique,* — *politiques.*
— 191, — 5, — *l'avait aperçu,* — *l'avaient aperçu.*
— 193, — 17, — *Thomassius,* — *Thomasius.*
— 222, — 5, — *fut prise,* — *fût prise.*

Riom, imp. G. Leboyer.

www.ingramcontent.com/pod-product-compliance
Lightning Source LLC
Chambersburg PA
CBHW031400210326
41599CB00019B/2830